NESTA H. WEBSTER

SOCIÉTÉS SECRÈTES et MOUVEMENTS SUBVERSIFS

OMNIA VERITAS.

Nesta Helen Webster
(1876–1960)

Nesta Helen Webster est une essayiste et historienne britannique. Son point de mire étant l'étude des révolutions. Elle est sollicitée pour donner des conférences devant des officiers et des membres des services secrets britanniques. C'est à leur demande spéciale qu'elle va écrire : *La Révolution mondiale, le complot contre la Civilisation*. Après avoir rédigé une analyse du judaïsme et de la franc-maçonnerie, elle est citée respectueusement par Winston Churchill qui parle de : « *Ce mouvement parmi les Juifs… dont Mme Webster a si bien démontré qu'il a joué un rôle éminent dans la tragédie de la Révolution française* ». Nesta Webster a également publié des mises en garde contre les dangers du communisme. De plus, elle montre un intérêt intermittent et assez critique envers le féminisme. (Source Babelio)

SOCIÉTÉS SECRÈTES ET MOUVEMENTS SUBVERSIFS

Secret Societies and Subversive Movements
London, Boswell Printing & Publishing Co. London, 1924

Traduit en français et publié par Omnia Veritas Ltd

OMNIA VERITAS®

www.omnia-veritas.com

© Omnia Veritas Limited – 2023

"Il existe en Italie un pouvoir que nous mentionnons rarement dans cette Assemblée... Je veux parler des sociétés secrètes... Il est inutile de nier, parce qu'il est impossible de cacher, qu'une grande partie de l'Europe - toute l'Italie et la France et une grande partie de l'Allemagne, sans parler des autres pays - est couverte d'un réseau de ces sociétés secrètes, comme la surface de la terre est aujourd'hui couverte de chemins de fer. Et quels sont leurs objectifs ? Ils ne cherchent pas à les dissimuler. Ils ne veulent pas de gouvernement constitutionnel, ils ne veulent pas d'institutions améliorées... ils veulent changer la tenure des terres, chasser les propriétaires actuels du sol et mettre fin aux établissements ecclésiastiques. Certains d'entre eux peuvent aller plus loin..." (DISRAELI à la Chambre des communes, 14 juillet 1856.)

PRÉFACE

J e regrette de n'avoir pu poursuivre la série d'études sur la Révolution française dont *Le Chevalier de Boufflers* et *La Révolution française, une étude de la démocratie*[1] ont constitué les deux premiers volumes. Mais l'état du monde à la fin de la Grande Guerre semblait exiger une enquête sur la phase actuelle du mouvement révolutionnaire, d'où ma tentative de suivre son cours jusqu'à l'époque moderne dans *World Revolution*. Et maintenant, avant de revenir à ce premier cataclysme, je me suis senti poussé à consacrer un livre de plus à la Révolution dans son ensemble, en remontant cette fois plus loin dans le passé et en essayant de retracer ses origines depuis le premier siècle de l'ère chrétienne. Car ce n'est qu'en ayant une vue d'ensemble du mouvement qu'il est possible de comprendre les causes de telle ou telle phase de son existence. La Révolution française n'est pas née uniquement des conditions ou des idées propres au XVIIIe siècle, ni la Révolution bolcheviste des conditions politiques et sociales de la Russie ou de l'enseignement de Karl Marx. Ces deux explosions ont été produites par des forces qui, utilisant la souffrance et le mécontentement populaires, avaient depuis longtemps rassemblé leurs forces pour attaquer non seulement le christianisme, mais aussi tout l'ordre social et moral.

Il est extrêmement important de noter avec quel ressentiment ce point de vue est accueilli dans certains milieux. Lorsque j'ai commencé à écrire sur la révolution, un éditeur londonien bien connu m'a dit : "N'oubliez pas que si vous adoptez une ligne anti-révolutionnaire, vous aurez tout le monde littéraire de contre vous." Cela m'a semblé extraordinaire. Pourquoi le monde littéraire devrait-il sympathiser avec un mouvement qui, depuis la Révolution française, a toujours été dirigé contre la littérature, l'art et la science, et qui a ouvertement proclamé son but

---

[1] *La Révolution française, une étude de la démocratie*, traduit en français et publié par Omnia Veritas Ltd, www.omnia-veritas.com.

d'exalter les travailleurs manuels au détriment de l'intelligentsia ? "Les écrivains doivent être proscrits comme les plus dangereux ennemis du peuple", disait Robespierre ; son collègue Dumas disait que tous les hommes intelligents devaient être guillotinés. "Le système de persécution contre les hommes de talent était organisé... On criait dans les sections de Paris : "Méfiez-vous de cet homme, car il a écrit un livre !"[2] C'est exactement la même politique qui a été suivie en Russie. En Allemagne, sous le socialisme modéré, ce sont les professeurs, et non le "peuple", qui meurent de faim dans les mansardes. Pourtant, toute la presse de notre pays est imprégnée d'influences subversives. Non seulement dans les ouvrages partisans, mais aussi dans les manuels d'histoire ou de littérature destinés aux écoles, on reproche à Burke de nous avoir mis en garde contre la Révolution française et on applaudit le panégyrique de Carlyle. Et tandis que le moindre faux pas d'un auteur anti-révolutionnaire est saisi par la critique et cité en exemple, les erreurs les plus flagrantes, non seulement de conclusions mais de faits, passent inaperçues si elles sont commises par un partisan du mouvement. Le principe énoncé par Collot d'Herbois est toujours valable : "Tout est permis pour quiconque agit dans le sens de la révolution."

Tout cela m'était inconnu lorsque je me suis lancé dans mon travail. Je savais que les écrivains français du passé avaient déformé les faits pour les adapter à leurs propres opinions politiques, qu'une conspiration de l'histoire était encore dirigée par certaines influences dans les loges maçonniques et à la Sorbonne ; je ne savais pas que cette conspiration se poursuivait dans ce pays.

L'avertissement de l'éditeur ne m'a donc pas découragé. Si je me trompais dans mes conclusions ou dans les faits, j'étais prêt à être remis en question.

Des années de recherches historiques laborieuses ne devraient-elles pas être reconnues ou réfutées de manière raisonnée et érudite ? Mais bien que mon livre ait reçu un grand nombre de critiques généreuses et appréciatives dans la presse, les critiques hostiles ont pris une forme que je n'avais jamais prévue. Pas une seule tentative honnête n'a été faite pour réfuter ma *Révolution française* ou ma *Révolution mondiale* par les

---

[2] *Moniteur* du 14e Fructidor, An II.

méthodes habituelles de la controverse ; les affirmations fondées sur des preuves documentaires se sont heurtées à une contradiction flagrante, sans la moindre contre-preuve. En général, le plan adopté n'était pas de réfuter, mais de discréditer par des erreurs de citation flagrantes, en m'attribuant des opinions que je n'avais jamais exprimées, ou même en utilisant des personnalités offensantes. On admettra certainement que cette méthode d'attaque n'a d'équivalent dans aucun autre domaine de la controverse littéraire.

Il est intéressant de constater que c'est exactement la même attitude qui a été adoptée il y a cent ans à l'égard du professeur Robison et de l'abbé Barruel, dont les travaux sur les causes secrètes de la Révolution française ont fait une immense sensation en leur temps. Les critiques légitimes qui auraient pu être faites sur leurs travaux ne trouvent pas leur place dans les diatribes lancées contre eux ; leurs ennemis se contentent de calomnies et d'injures. Un écrivain américain contemporain, Seth Payson, décrit ainsi les méthodes employées pour les discréditer : Les témoignages du professeur Robison et de l'abbé Barruel auraient sans doute été considérés comme suffisants dans toute affaire qui n'aurait pas intéressé les préjugés et les passions des hommes contre eux. Le mépris et l'odieux dont ils ont été chargés sont parfaitement naturels et conformes à ce que la nature de leur témoignage laissait prévoir. Les hommes s'efforceront d'invalider les preuves qui tendent à dévoiler leurs sombres desseins, et il ne faut pas s'attendre à ce que ceux qui croient que "la fin sanctifie les moyens" soient très scrupuleux quant à leurs mesures. Ce n'est certainement pas lui qui a inventé le personnage suivant et l'a appliqué arbitrairement au Dr Robison, alors qu'il aurait pu être appliqué avec autant de justesse à n'importe quelle autre personne en Europe ou en Amérique. Le personnage dont il est question ici est tiré de l'American *Mercury*, imprimé à Hartford le 26 septembre 1799 par E. Babcock. Dans cet article, sous la prétendue autorité du professeur Ebeling, on nous dit

"Robison avait vécu trop vite par rapport à ses revenus et, pour combler ses lacunes, avait entrepris de modifier un billet de banque ; il avait été découvert et s'était enfui en France ; après avoir été expulsé de la loge d'Édimbourg, il avait demandé le deuxième grade en France, mais il avait été refusé ; il avait fait la même tentative en Allemagne, puis en Russie, mais n'avait jamais réussi ; depuis lors, il vouait à la maçonnerie la haine la plus amère ; Après avoir erré en Europe pendant deux ans, en écrivant au secrétaire Dundas et en lui présentant un exemplaire de son livre qui, pensait-on, répondrait à certains objectifs du ministère, les poursuites contre lui ont été arrêtées, le professeur est rentré en triomphe dans son pays et vit maintenant d'une belle pension, au lieu de subir le sort de son prédécesseur, Dodd."[3]

Payson poursuit en citant un auteur du *National Intelligencer* de janvier 1801, qui se définit comme un "ami de la vérité" et parle du professeur Robison comme d'un "homme qui se distingue par sa dépendance abjecte à l'égard d'un parti, par les crimes ignobles que sont la falsification et l'adultère, et par de fréquents paroxysmes de démence". Mounier va encore plus loin, et dans son pamphlet *De l'influence attribuée aux Philosophes,… Francs-maçons et… Illuminés*, etc., inspiré par l'Illuminatus Bode, cite une histoire selon laquelle Robison souffrait d'une forme de folie qui consistait à croire que la partie postérieure de son corps était en verre ![4]

Robison était un savant bien connu qui a vécu sain d'esprit et respecté jusqu'à la fin de ses jours. À sa mort, Watt a écrit à son sujet :

"C'était l'homme le plus lucide et le plus scientifique que j'aie jamais connu"[5] John Playfair, dans un article lu devant la Société royale d'Édimbourg en 1815, tout en critiquant ses *Preuves d'une conspiration* — *tout en* admettant qu'il n'avait jamais eu accès aux documents consultés par Robison — a rendu l'hommage suivant à son caractère et à son érudition : Son champ d'action scientifique était des plus étendus ; il était familier avec tout le cercle des sciences exactes… Rien ne peut ajouter à l'estime qu'ils [c'est-à-dire "ceux qui l'ont personnellement connu"] ont ressentie pour ses talents et sa valeur, ni au respect qu'ils portent aujourd'hui à sa mémoire.[6]

Néanmoins, les mensonges diffusés contre Robison et Barruel ne sont

---

[3] Seth Payson, *Proofs of the Real Existence and Dangerous Tendency of Illuminism* (Charleston, 1802), pp. 5–7.

[4] Ibid. p. 5 note.

[5] Cité dans la Vie de John Robison (1739-1805) par George Stronach dans le *Dictionnaire de biographie nationale*, Vol. XLIX. p. 58.

[6] *Transactions of the Royal Society of Edinburgh*, Vol. VII, pp. 538, 539 (1815).

pas restés sans effet. Treize ans plus tard, un autre Américain, franc-maçon cette fois, avoue "avec honte, chagrin et indignation" qu'il a été emporté par "le flot de vitupérations déversé sur Barruel et Robison au cours des trente dernières années", que les pages de titre de leurs ouvrages "lui font peur" et que, bien que "souhaitant calmement et candidement enquêter sur le caractère de la franc-maçonnerie, il a refusé pendant des mois d'ouvrir leurs livres".

Pourtant, lorsqu'il les lit pour la première fois en 1827, il est étonné de constater qu'ils montrent "une tendance manifeste à la franc-maçonnerie".

Barruel et Robison, réalisa-t-il alors, étaient tous deux "des hommes érudits, des hommes candides, des amoureux de leur pays, qui avaient un respect pour la vérité et la religion". Ils donnent les raisons de leurs opinions, ils citent leurs autorités, en nommant l'auteur et la page, comme des gens honnêtes ; ils avaient tous deux le désir de sauver la Maçonnerie britannique de la condamnation et de la fraternité de la Maçonnerie continentale et semblent être sincèrement animés par le désir de faire le bien en mettant leurs travaux à la disposition du public".[7]

La justesse de l'auteur dans sa description de l'attitude de Barruel à l'égard de la franc-maçonnerie est démontrée par les propres paroles de Barruel à ce sujet : L'Angleterre surtout est pleine de ces hommes droits, de ces excellents citoyens, de ces hommes de toute espèce et de toute condition, qui se font un honneur d'être maçons, et qui ne se distinguent des autres hommes que par des liens qui semblent renforcer ceux de la bienveillance et de la charité fraternelle. Ce n'est pas la crainte d'offenser une nation au sein de laquelle j'ai trouvé un refuge qui me pousse à faire cette exception.

La gratitude l'emporterait sur toutes ces terreurs et je dirais au milieu de Londres : "L'Angleterre est perdue, elle n'échappera pas à la Révolution française si les loges maçonniques ressemblent à celles que je dois dévoiler. Je dirais même plus : le gouvernement et tout le christianisme seraient perdus depuis longtemps en Angleterre si l'on

---

[7] La *franc-maçonnerie, ses prétentions exposées...* par un maître maçon, p. 275 (New York. 1828).

pouvait supposer ses francs-maçons initiés aux derniers mystères de la secte."[8]

Dans un autre passage, Barruel observe que la Maçonnerie en Angleterre est "une société composée de bons citoyens en général dont le principal objet est de s'entraider par des principes d'égalité qui ne sont pour eux que la fraternité universelle"[9] : "Admirons-la [la sagesse de l'Angleterre] d'avoir su faire de ces mêmes mystères qui cachent ailleurs une conspiration profonde contre l'État et la religion, une source réelle de bienfaits pour l'État".[10]

La seule critique que les francs-maçons britanniques peuvent faire à ce verdict est que Barruel considère la franc-maçonnerie comme un système qui contenait à l'origine un élément de danger qui a été éliminé en Angleterre, alors qu'ils la considèrent comme un système à l'origine inoffensif dans lequel un élément dangereux a été inséré sur le continent. Ainsi, selon la première conception, la franc-maçonnerie pourrait être comparée à l'une des douilles en laiton ramenées des champs de bataille de France et transformées en porte-pot de fleurs, tandis que selon la seconde, elle ressemble à un porte-pot de fleurs en laiton innocent qui a été utilisé comme réceptacle pour des explosifs. Le fait est que, comme je m'efforcerai de le montrer au cours de ce livre, la franc-maçonnerie étant un système composite, ces deux théories sont justifiées. Dans les deux cas, on verra que seule la Maçonnerie continentale est condamnée.

Le projet de présenter Robison et Barruel comme les ennemis de la Maçonnerie britannique ne peut donc être considéré que comme une méthode pour les discréditer aux yeux des Francs-Maçons britanniques, et par conséquent pour amener ces derniers à se ranger du côté de leurs antagonistes. C'est exactement la même méthode d'attaque qui a été dirigée contre ceux d'entre nous qui, au cours des dernières années, ont tenté d'avertir le monde des forces secrètes qui travaillent à la destruction de la civilisation ; dans mon propre cas, même le projet de m'accuser d'avoir attaqué la Maçonnerie britannique a été adopté sans l'ombre d'un

---

[8] *Mémoires sur le Jacobinisme*, II. 195 (édition de 1818).

[9] Barruel, op. cit. II. 208.

[10] Ibid. II. 311.

fondement. Depuis le début, j'ai toujours fait la différence entre la Maçonnerie britannique et la Maçonnerie du Grand Orient, et j'ai compté de grands Maçons britanniques parmi mes amis.

Mais quelle est la principale accusation portée contre nous ? Comme Robison et Barruel, nous sommes accusés d'avoir lancé une fausse alerte, d'avoir créé un épouvantail ou d'avoir été victimes d'une obsession. Jusqu'à un certain point, c'est compréhensible. Alors que sur le continent, l'importance des sociétés secrètes est considérée comme une évidence et que les bibliothèques des capitales étrangères regorgent de livres sur la question, dans ce pays, on s'imagine vraiment que les sociétés secrètes appartiennent au passé — des articles en ce sens ont paru tout récemment dans deux grands journaux londoniens — alors que pratiquement rien de valable n'a été écrit à leur sujet dans notre langue au cours des cent dernières années. C'est pourquoi des idées qui sont des lieux communs sur le continent apparaissent ici comme sensationnelles et extravagantes. L'esprit de l'Anglais n'accepte pas facilement ce qu'il ne peut pas voir ou même parfois ce qu'il peut voir et qui est sans précédent dans son expérience, de sorte que, comme le fermier de l'Ouest américain, confronté pour la première fois à la vue d'une girafe, il a tendance à s'écrier avec colère : "Je n'y crois pas ! "Je n'y crois pas !"

Mais tout en tenant compte de l'ignorance et de l'incrédulité, il est impossible de ne pas reconnaître une certaine méthode dans la manière dont le cri de "l'obsession" ou du "croquemitaine" est lancé. On remarquera en effet que les personnes spécialisées dans d'autres domaines ne sont pas qualifiées d'"obsédées". Nous n'avons pas entendu dire, par exemple, que feu le professeur Einstein avait la relativité "dans la tête" parce qu'il écrivait et donnait des conférences exclusivement sur cette question, ni que M. Howard Carter était obsédé par l'idée de Toutankhamon et qu'il serait bon qu'il se mette en route pour le pôle Sud en guise de changement. Par ailleurs, tous ceux qui mettent en garde le monde contre des éventualités qu'ils considèrent comme un danger ne sont pas accusés de créer des épouvantails. Ainsi, bien que Lord Roberts ait été dénoncé comme un alarmiste pour avoir exhorté le pays à se préparer à se défendre contre un projet ouvertement avoué par l'Allemagne, à la fois en paroles et en écrits, et en 1921, le duc de Northumberland a été déclaré victime d'un délire pour avoir cru à l'existence d'un complot contre l'Empire britannique qui avait été proclamé dans un millier de harangues et de pamphlets révolutionnaires.

Des gens qui, sans se donner la peine de produire la moindre preuve documentaire, avaient tiré la sonnette d'alarme sur la menace de "l'impérialisme français" et affirmé que nos anciens alliés étaient en train de construire une vaste flotte d'avions pour attaquer nos côtes. Ils n'ont pas été pris pour des alarmistes ou des fous. Au contraire, bien que les événements aient prouvé que certains d'entre eux s'étaient complètement trompés dans leurs pronostics au début de la Grande Guerre, ils sont toujours considérés comme des oracles et parfois même décrits comme "pensant pour la moitié de l'Europe".

Un autre exemple de ce type peut être cité dans le cas de M. John Spargo, auteur d'un petit livre intitulé *The Jew and American Ideals*.

À la page 37 de cet ouvrage, M. Spargo réfute les accusations portées contre les Juifs :

La croyance en des conspirations généralisées dirigées contre des individus ou l'État est probablement la forme la plus courante que prend l'esprit humain lorsqu'il perd son équilibre et son sens des proportions.

Pourtant, à la page 6, M. Spargo déclare que lors de sa visite dans ce pays en septembre et octobre 1920 :

J'ai trouvé en Angleterre de grandes organisations nationales, manifestement bien financées, qui se consacraient au sinistre objectif de créer un sentiment antijuif. J'ai trouvé des articles spéciaux dans des journaux influents consacrés au même objectif maléfique. J'ai trouvé au moins une revue, manifestement bien financée elle aussi, exclusivement consacrée à l'encouragement de la suspicion, de la peur et de la haine à l'égard des Juifs... et dans les librairies, j'ai découvert toute une bibliothèque de livres consacrés à la même fin.

On verra donc que la croyance en des conspirations généralisées n'est pas toujours à considérer comme un signe de perte d'équilibre mental, même lorsque ces conspirations restent totalement invisibles pour le grand public.

En effet, ceux d'entre nous qui se trouvaient à Londres à l'époque de la visite de M. Spargo n'ont rien vu de ce qu'il décrit ici. Où se trouvaient ces "grandes organisations nationales" qui s'efforçaient de créer des sentiments antijuifs ? Quels étaient leurs noms ? Par qui étaient-elles dirigées ? Il est vrai, cependant, qu'il existait à cette date des organisations nationales instituées dans le but de combattre le bolchevisme.

L'antibolchevisme est-il alors synonyme d'"antisémitisme" ?[11] C'est la conclusion à laquelle on est inévitablement conduit. Car on remarquera que quiconque tente d'exposer les forces secrètes qui sous-tendent le mouvement révolutionnaire, qu'il mentionne les Juifs à ce propos ou même qu'il s'évertue à les disculper, s'attirera l'hostilité des Juifs et de leurs amis et sera toujours qualifié d'"antisémite". La prise de conscience de ce fait m'a amené à inclure particulièrement les Juifs dans l'étude des sociétés secrètes.

L'objet du présent ouvrage est donc de poursuivre l'enquête que j'ai commencée dans *Révolution mondiale*, en retraçant le cheminement des idées révolutionnaires à travers les sociétés secrètes depuis les temps les plus reculés, en n'indiquant le rôle des Juifs que là où il est clairement décelable, mais en ne cherchant pas à les impliquer là où il n'y a pas de preuves suffisantes. C'est pourquoi je ne baserai pas mes affirmations sur des ouvrages simplement "antisémites", mais principalement sur les écrits des Juifs eux-mêmes. De même, en ce qui concerne les sociétés secrètes, je m'appuierai autant que possible sur les documents et les aveux de leurs membres, point sur lequel j'ai pu recueillir un grand nombre de données nouvelles qui corroborent entièrement ma thèse précédente. Il doit être entendu que je ne me propose pas de faire une histoire complète des sociétés secrètes, mais seulement des sociétés secrètes dans leurs rapports avec le mouvement révolutionnaire. Je n'essaierai donc pas de décrire les théories de l'occultisme ni d'enquêter sur les secrets de la franc-maçonnerie, mais simplement de relater

---

[11] J'utilise ici le mot « antisémitisme » dans le sens où il a été utilisé, c'est-à-dire antijuif, mais je le mets entre guillemets parce qu'il s'agit en réalité d'un terme erroné inventé par les juifs dans le cadre de la lutte contre le racisme afin de créer une fausse impression. Le mot antisémite désigne littéralement une personne qui adopte une attitude hostile à l'égard de tous les descendants de Sem — les Arabes — et de l'ensemble des douze tribus d'Israël. Appliquer ce terme à une personne qui est simplement antagoniste de cette fraction de la race sémite connue sous le nom de Juifs est donc absurde et conduit à la situation ridicule selon laquelle une personne peut être décrite comme « antisémite et pro-arabe ». Cette expression a été utilisée dans *The New Palestine* (New York), le 23 mars 1923. On pourrait tout aussi bien parler d'être « anti-britannique et pro-anglais ».

l'histoire de ces systèmes afin de montrer la manière dont ils ont été utilisés dans un but subversif. Si je ne parviens pas à convaincre les incrédules de l'existence de forces secrètes de révolution, ce ne sera pas faute de preuves.

NESTA H. WEBSTER.

PARTIE I — LE PASSÉ

1. L'ANCIENNE TRADITION SECRÈTE

L'Orient est le berceau des sociétés secrètes. Quelles que soient les fins auxquelles elles ont été employées, l'inspiration et les méthodes de la plupart de ces associations mystérieuses qui ont joué un rôle si important dans les coulisses de l'histoire du monde émanent des pays où se sont joués les premiers actes du grand drame humain : l'Égypte, Babylone, la Syrie et la Perse. D'une part, le mysticisme oriental, d'autre part l'amour de l'intrigue orientale, ont encadré les systèmes qui, plus tard, ont été transportés en Occident avec des résultats d'une telle ampleur et d'une telle portée.

Dans l'étude des sociétés secrètes, nous avons donc une double ligne à suivre : celle des associations qui s'enveloppent de secret pour poursuivre la connaissance ésotérique, et celle des associations qui utilisent le mystère et le secret à des fins ultérieures et, en général, politiques.

Mais l'ésotérisme présente à nouveau un double aspect. Ici, comme dans chaque phase de la vie terrestre, il y a le *revers de la médaille — le blanc* et le noir, la lumière et l'obscurité, le ciel et l'enfer de l'esprit humain. La quête de la connaissance cachée peut se terminer par l'initiation à des vérités divines ou à des cultes sombres et abominables. Qui sait avec quelles forces il peut être mis en contact au-delà du voile ? L'initiation qui conduit à l'utilisation des forces spirituelles, qu'elles soient bonnes ou mauvaises, est donc capable d'élever l'homme à des hauteurs ou de le rabaisser à des profondeurs qu'il n'aurait jamais pu atteindre en restant sur le plan purement physique. Et lorsque les hommes s'unissent ainsi en associations, il en résulte une force collective qui peut exercer une immense influence sur le monde qui les entoure. D'où l'importance des sociétés secrètes.

Qu'on se le dise une fois pour toutes, les sociétés secrètes n'ont pas toujours été formées à des fins malveillantes. Au contraire, nombre d'entre elles sont nées des plus hautes aspirations de l'esprit humain — le désir de connaître les vérités éternelles. Le mal qui découle de ces systèmes a généralement consisté en la perversion de principes qui étaient autrefois purs et saints.

Si je n'insiste pas davantage sur ce point, c'est parce qu'une vaste littérature a déjà été consacrée à ce sujet, de sorte qu'il n'y a lieu que de l'évoquer brièvement ici.

Depuis les temps les plus reculés, il existe des groupes d'initiés ou de "sages" qui prétendent détenir des doctrines ésotériques connues sous le nom de "mystères", impossibles à appréhender par le vulgaire, et qui concernent l'origine et la fin de l'homme, la vie de l'âme après la mort, et la nature de Dieu ou des dieux. C'est cette attitude exclusive qui constitue la différence essentielle entre les initiés du monde antique et les grands maîtres de la religion avec lesquels les occultistes modernes cherchent à les confondre. En effet, alors que les chefs religieux tels que Bouddha et Mahomet recherchaient la connaissance divine afin de la transmettre au monde, les initiés pensaient que les mystères sacrés ne devaient pas être révélés aux profanes, mais devaient rester exclusivement entre leurs mains, même si le désir d'initiation pouvait naître des aspirations les plus élevées, la satisfaction, réelle ou imaginaire, de ce désir conduisait souvent à l'arrogance spirituelle et à une tyrannie abominable, se traduisant par les épreuves redoutables, les tortures physiques et mentales, aboutissant même parfois à la mort, auxquelles le néophyte était soumis par ses supérieurs.

LES MYSTÈRES

Selon une théorie répandue dans les cercles occultes et maçonniques, certaines idées étaient communes à tous les "Mystères" les plus importants, formant ainsi une tradition continue transmise par des groupes successifs d'initiés de différents âges et pays. Parmi ces idées, il y aurait eu la conception de l'unité de Dieu. Alors qu'il était conseillé à la multitude de prêcher le polythéisme, car ce n'est qu'ainsi qu'elle pouvait appréhender les aspects pluriels du Divin, les Initiés eux-mêmes croyaient en l'existence d'un seul Être suprême, le Créateur de l'Univers, qui imprègne et gouverne toutes choses, Le Plongeon, dont l'objet est de montrer une affinité entre les Mystères sacrés des Mayas et ceux des Égyptiens, des Chaldéens et des Grecs, affirme que "L'idée d'une divinité unique et omnipotente, créatrice de toutes choses, semble avoir été la croyance universelle dans les premiers âges, chez toutes les nations qui étaient parvenues à un haut degré de civilisation." Le même auteur poursuit en disant que "la doctrine d'une divinité suprême composée de trois parties distinctes les unes des autres, mais ne formant qu'une seule, était universellement répandue parmi les nations civilisées d'Amérique, d'Asie et les Égyptiens",[12] et que les prêtres et les savants d'Égypte, de Chaldée, d'Inde ou de Chine "... la gardaient profondément secrète et ne s'en préoccupaient pas... gardaient un secret profond et ne le transmettaient qu'à un petit nombre d'initiés aux mystères sacrés".[13] Ce point de vue a été exprimé par de nombreux autres auteurs, mais il n'est pas étayé par des preuves historiques.

Il est cependant certain que le monothéisme existait en Égypte avant l'époque de Moïse. Adolf Erman affirme que "même dans les premiers temps, la classe cultivée" croyait que toutes les divinités de la religion égyptienne étaient identiques et que "les prêtres ne fermaient pas les yeux sur cette doctrine, mais s'efforçaient de saisir l'idée d'un Dieu unique, divisé en différentes personnes par la poésie et le mythe...". Les prêtres n'ont cependant pas eu le courage de franchir le dernier pas, de supprimer ces distinctions qu'ils déclaraient immatérielles et d'adorer le Dieu unique sous le nom unique".[14] C'est à Amenhotep IV, plus tard connu sous le nom d'Ikhnaton, qu'il revint de proclamer ouvertement cette doctrine au peuple. Le professeur Breasted a décrit les hymnes de louange au dieu Soleil qu'Ikhnaton a lui-même inscrits sur les murs des chapelles-tombeaux d'Amarna : Ils nous montrent la simplicité et la beauté de la foi du jeune roi dans le Dieu unique. Il avait acquis la conviction qu'un seul Dieu avait créé non seulement toutes les créatures inférieures, mais aussi toutes les races d'hommes, égyptiens et étrangers. De plus, le roi

---

[12] Auguste le Plongeon, *Mystères sacrés chez les Mayas et les Quiches*, p. 53 (1909).

[13] Ibid. pp. 56 et 58.

[14] Adolf Erman, *Life in Ancient Egypt*, p. 45 (1894).

voyait en son Dieu un Père bienveillant, qui entretenait toutes ses créatures par sa bonté… Dans tout le progrès des hommes que nous avons suivi pendant des milliers d'années, personne n'avait jamais eu une telle vision du grand Père de tous.[15]

La raison pour laquelle Ikhnaton fut plus tard qualifié d'"hérétique" n'est-elle pas qu'il avait violé le code de la hiérarchie sacerdotale en révélant cette doctrine secrète aux profanes ? D'où peut-être aussi la nécessité dans laquelle se trouvait le roi de supprimer le sacerdoce qui, en persistant dans son attitude exclusive, empêchait le peuple d'accéder à ce qu'il percevait comme la vérité.

Le premier centre européen des Mystères semble avoir été la Grèce, où les Mystères d'Éleusis ont existé très tôt.

Pythagore, né à Samos vers 582 avant J.-C., passa quelques années en Égypte, où il fut initié aux mystères d'Isis. Après son retour en Grèce, Pythagore aurait été initié aux Mystères d'Éleusis et aurait tenté de fonder une société secrète à Samos. Cette tentative s'étant révélée infructueuse, il se rendit à Crotone, en Italie, où il rassembla autour de lui un grand nombre de disciples et fonda finalement sa secte. Celle-ci était divisée en deux classes d'initiés : les premiers n'étaient admis qu'aux doctrines exotériques du maître, avec lequel ils ne pouvaient parler qu'après une période de probation de cinq ans ; les seconds étaient les véritables initiés, auxquels tous les mystères des doctrines ésotériques de Pythagore étaient dévoilés. Cet enseignement, dispensé, à la manière des Égyptiens, au moyen d'images et de symboles, commençait par la science géométrique, dont Pythagore, pendant son séjour en Égypte, était devenu un adepte, et aboutissait enfin à des spéculations abstruses sur la transmigration de l'âme et sur la nature de Dieu, qui était représenté sous la forme d'un Esprit universel diffusant à travers toutes les choses. C'est toutefois en tant que précurseur des sociétés secrètes formées plus tard en Europe occidentale que la secte de Pythagore entre dans le champ d'application de ce livre. La tradition maçonnique ancienne fait remonter la franc-maçonnerie en partie à Pythagore, qui aurait voyagé en Angleterre, et il y a certainement des raisons de croire que ses idées géométriques sont

---

[15] J.H. Breasted, *Ancient Times: a History of the Early World*, p. 92 *(1916)*.

entrées dans le système des guildes opératives des maçons.

LA CABALE[16] JUIVE

Selon Fabre d'Olivet, Moïse, qui "connaissait toute la sagesse des Égyptiens", a puisé dans les mystères égyptiens une partie de la tradition orale qui a été transmise par les chefs des Israélites.[17] De nombreux auteurs juifs pensent qu'une telle tradition orale, distincte du mot écrit contenu dans le Pentateuque, a bien été transmise par Moïse et qu'elle a ensuite été mise par écrit dans le Talmud et la Cabale.[18]

La première forme du Talmud, appelée Mischna, est apparue vers le deuxième ou le troisième siècle de notre ère ; un peu plus tard, un commentaire a été ajouté sous le nom de Gemara. Ces deux ouvrages constituent le Talmud de Jérusalem, qui a été révisé entre le troisième et le cinquième siècle

[A]. Cette dernière édition a été baptisée Talmud de Babylone et c'est celle qui est aujourd'hui utilisée.

Le Talmud traite principalement des affaires de la vie quotidienne — les lois sur l'achat et la vente, la conclusion de contrats — ainsi que des observances religieuses externes, sur lesquelles les détails les plus minutieux sont donnés. Comme l'a exprimé un écrivain juif :

... les idées rabbiniques les plus étranges sont développées dans de nombreux volumes avec la dialectique la plus fine, et les questions les plus absurdes sont discutées avec les plus grands efforts de puissance intellectuelle ; par exemple, combien de poils blancs une vache rousse peut-elle avoir, tout en restant une vache rousse ; quelles sortes de croûtes

---

[16] Ce mot est orthographié de diverses manières par différents auteurs, comme suit : Cabala, Cabbala, Kabbala, Kabbalah, Kabalah. J'adopte la première orthographe comme étant celle employée dans l'*Encyclopédie juive*.

[17] Fabre d'Olivet, *La Langue Hébraïque*, p. 28 (1815).

[18] « Selon le point de vue juif, Dieu avait donné à Moïse sur le mont Sinaï à la fois la loi orale et la loi écrite, c'est-à-dire la loi avec toutes ses interprétations et ses applications » — Alfred Edersheim, *The Life and Times of Jesus the Messiah*, I. 99 (1883), citant d'autres autorités juives.

nécessitent telle ou telle purification ; si un pou ou une puce peut être tué le jour du sabbat — le premier étant autorisé, tandis que le second est un péché mortel ; si l'on doit égorger un animal par le cou ou par la queue ; si le grand prêtre met d'abord sa chemise ou ses bas ; si le *Jabam*, c'est-à-dire le frère d'un homme mort sans enfant, tenu par la loi d'épouser la veuve, est déchargé de son obligation s'il tombe d'un toit et s'enfonce dans la boue.[19]

Mais c'est dans la Cabale, mot hébreu signifiant "réception", c'est-à-dire "doctrine reçue oralement", que se trouvent les doctrines spéculatives et philosophiques ou plutôt théosophiques d'Israël. Elles sont contenues dans deux livres, le *Sepher Yetzirah* et le *Zohar*.

Le *Sepher Yetzirah*, ou Livre de la Création, est décrit par Edersheim comme "un monologue d'Abraham, dans lequel, par la contemplation de tout ce qui l'entoure, il arrive finalement à la conclusion de l'unité de Dieu"[20] ; Mais comme ce processus est accompli par un arrangement des émanations divines sous le nom des Dix Séphiroths, et dans la permutation des chiffres et des lettres de l'alphabet hébreu, il ne transmettrait certainement pas une telle idée — ni même probablement aucune idée du tout — à l'esprit non initié aux systèmes cabalistiques. Le *Sepher Yetzirah* est en effet un ouvrage d'une extraordinaire obscurité[21] et presque certainement d'une extrême ancienneté. Monsieur Paul Vulliaud, dans son ouvrage exhaustif sur la Cabale récemment publié,[22] dit que sa date a été placée aussi tôt que le sixième siècle avant Jésus-Christ et aussi tard que le dixième siècle après Jésus-Christ, mais qu'il

---

[19] *Solomon Maimon : an Autobiography*, traduit de l'allemand par J. Clark Murray, p. 28 (1888). L'original est paru en 1792.

[20] Alfred Edersheim, *La vie et les temps de Jésus le Messie*, II. 689 *(1883)*.

[21] « Il n'existe pas dans la littérature juive de livre plus difficile à comprendre que le Sepher Yetzirah » — Phineas Mordell dans le *Jewish Quarterly Review*, New Series, Vol. II. p. 557.

[22] Paul Vulliaud, *La Kabbale Juive : histoire et doctrine*, 2 vol. *(Émile Nourry, 62 Rue des Écoles, Paris, 1923). Ce livre, qui n'est ni l'œuvre d'un juif ni d'un « antisémite », mais d'un étudiant parfaitement impartial, est précieux pour l'étude de la Cabale, plutôt comme un vaste recueil d'opinions que comme l'expression d'une pensée originale.*

est en tout cas plus ancien que le Talmud est démontré par le fait que dans le Talmud les rabbins sont décrits comme l'étudiant à des fins magiques.[23] Le Sepher Yetzirah est également dit être l'ouvrage auquel le Coran fait référence sous le nom de "Livre d'Abraham".[24]

L'immense compilation connue sous le nom de *Sepher-Ha-Zohar*, ou Livre de la Lumière, est cependant d'une plus grande importance pour l'étude de la philosophie cabalistique. Selon le Zohar[25] lui-même, les "mystères de la sagesse" ont été transmis à Adam par Dieu alors qu'il se trouvait encore dans le jardin d'Eden, sous la forme d'un livre remis par l'ange Razael. D'autres auteurs juifs déclarent cependant que Moïse l'a reçu pour la première fois sur le mont Sinaï et l'a communiqué aux soixante-dix anciens, qui l'ont transmis à David et Salomon, puis à Esdras et Néhémie, et enfin aux rabbins du début de l'ère chrétienne.[26]

Jusqu'à cette date, le Zohar était resté une tradition purement orale, mais pour la première fois, il aurait été mis par écrit par les disciples de Simon ben Jochai. Le Talmud raconte que pendant douze ans, le rabbin Simon et son fils Eliezer se sont cachés dans une caverne où, assis dans le sable jusqu'au cou, ils méditaient sur la loi sacrée et recevaient fréquemment la visite du prophète Elias.[27] C'est ainsi, ajoute la légende juive, que le grand livre du Zohar a été composé et mis par écrit par le fils du rabbin, Eliezer, et son secrétaire, le rabbin Abba.[28]

---

[23] « Rab Hanina et Rab Oschaya étaient assis la veille de chaque shabbat pour étudier le Sepher Ietsirah ; ils créaient une génisse de trois ans et la mangeaient » — Traité Talmud Sanhédrin, folio 65.

[24] Coran, sourate LXXXVII. 10.

[25] Zohar, section Bereschith, folio 55, et section Lekh-Lekha, folio 76 (traduction de De Pauly, Vol. I. pp. 431, 446).

[26] Adolphe Franck, *La Kabbale*, p. 39 ; J. P. Stehelin, *Les Traditions des Juifs*, I. 145 (1748).

[27] Adolphe Franck, op. cit. p. 68, citant le traité du Talmud Sabbat, folio 34, Dr Christian Ginsburg, *The Kabbalah*, p. 85 ; Drach, *De l'Harmonie entre l'Église et la Synagogue*, I. 457.

[28] Adolphe Franck, op. cit. p. 69.

La première date à laquelle on sait avec certitude que le Zohar est apparu est la fin du treizième siècle, lorsqu'il a été mis par écrit par un juif espagnol, Moses de Leon, qui, selon le Dr Ginsburg, a déclaré avoir découvert et reproduit le document original de Simon ben Jochai ; sa femme et sa fille, cependant, ont déclaré qu'il l'avait entièrement composé lui-même. [29] Qu'est-ce qui est vrai ? L'opinion juive est fortement divisée sur cette question, l'une soutenant que le Zohar est l'œuvre relativement moderne de Moïse de Léon, l'autre déclarant qu'il est d'une extrême antiquité. M. Vulliaud, qui a rassemblé toutes ces opinions au cours d'une cinquantaine de pages, montre que si le nom de Zohar a pu naître avec Moïse de Léon, les idées qu'il contenait étaient bien plus anciennes que le treizième siècle. Comment, demande-t-il avec pertinence, les rabbins du Moyen Âge auraient-ils pu être trompés en acceptant comme document ancien un ouvrage d'origine tout à fait moderne ?[30] Il est évident que le Zohar n'est pas la composition de Moïse de Léon, mais une compilation faite par lui à partir de divers documents datant de très loin. D'ailleurs, comme l'explique M. Vulliaud, ceux qui nient son ancienneté sont les anti-cabalistes, Graetz en tête, dont l'objet est de prouver que la Cabale est en désaccord avec le judaïsme orthodoxe. Théodore Reinach va jusqu'à déclarer que la Cabale est "un poison subtil qui pénètre dans les veines du judaïsme et l'infeste complètement" ; Salomon Reinach l'appelle "l'une des pires aberrations de l'esprit humain".[31] Ce point de vue, beaucoup d'étudiants de la Cabale ne le contesteront pas, mais dire qu'il est étranger au judaïsme est une autre affaire. Le fait est que les principales idées du Zohar sont confirmées par le Talmud. Comme l'observe la *Jewish Encyclopædia*, "la Cabale n'est pas vraiment en opposition avec le Talmud" et "de nombreux juifs talmudiques l'ont soutenue et y ont contribué".[32]

Adolphe Franck n'hésite pas à le décrire comme "le cœur et la vie du

---

[29] Christian Ginsburg (1920), *La Kabbale*, pp. 172, 173.

[30] Vulliaud, op. cit. I. 253.

[31] Ibid. p. 20, citant Théodore Reinach, *Historie des Israélites*, p. 221, et Salomon Reinach, *Orpheus*, p. 299.

[32] *Encyclopédie juive*, article sur la Cabale.

judaïsme"[33] "La plupart des rabbins les plus éminents des XVIIe et XVIIIe siècles croyaient fermement au caractère sacré du Zohar et à l'infaillibilité de son enseignement".[34]

La question de l'ancienneté de la Cabale est donc en réalité largement une question de noms. Qu'une tradition mystique ait existé chez les juifs dès la plus haute antiquité ne sera contesté par personne[35] ; il ne s'agit donc, comme l'observe M. Vulliaud, "que de savoir à quel moment la mystique juive a pris le nom de Cabale".[36]

Edersheim affirme que — Il est indéniable que, déjà à l'époque de Jésus-Christ, il existait un ensemble de doctrines et de spéculations qui étaient soigneusement cachées à la multitude. Elles n'étaient même pas révélées aux savants ordinaires, de peur de les entraîner vers des idées hérétiques. Ce genre portait le nom de Kabbale, et comme l'indique le terme (de Kabbale, recevoir, transmettre), il représentait les traditions spirituelles transmises depuis les premiers âges, bien que mêlées au cours du temps à des éléments impurs ou étrangers.[37]

---

[33] Adolphe Franck, op. cit. p. 288.

[34] Vulliaud, op. cit. I. 256, citant Greenstone, *The Messiah Idea*, p. 229.

[35] H. Loewe, dans un article sur la Kabbale dans l'*Encyclopædia of Religion and Ethics de* Hastings, dit : « Ce mysticisme secret n'est pas apparu tardivement. Bien qu'il soit difficile de prouver la date et l'origine de ce système philosophique, ainsi que les influences et les causes qui l'ont produit, nous pouvons être à peu près certains que ses racines remontent très loin et que la Kabbale médiévale et géonique était le point culminant et non le début du mysticisme ésotérique juif. Depuis l'époque de Graetz, il est de bon ton de décrier la Kabbale et de la considérer comme une incrustation postérieure, comme quelque chose dont le judaïsme avait raison d'avoir honte ». L'auteur poursuit en exprimant l'opinion que « la tendance récente nécessite un ajustement. La Kabbale, bien que plus tardive dans sa forme que ne le prétendent ses adeptes, est bien plus ancienne dans son contenu que ne le prétendent ses détracteurs ».

[36] Vulliaud, op. cit. I. 22.

[37] Ibid. I. 13, 14, citant Edersheim, *La Société Juive an temps de Jésus-Christ* (traduction française), pp. 363-4.

La Cabale est-elle donc, comme l'affirme Gougenot des Mousseaux, plus ancienne que la race juive, un héritage transmis par les premiers patriarches du monde ?[38] Nous devons admettre que cette hypothèse ne peut être prouvée, mais elle a trouvé un tel écho auprès des étudiants des traditions occultes qu'elle ne peut être ignorée. La Cabale juive elle-même la soutient en faisant remonter sa descendance aux patriarches — Adam, Noé, Hénoch et Abraham — qui vécurent avant que les Juifs, en tant que race distincte, n'aient vu le jour. Éliphas Lévi accepte cette généalogie et raconte que "la Sainte Cabale" était la tradition des enfants de Seth transmise de Chaldée à Abraham, qui était "l'héritier des secrets d'Hénoch et le père de l'initiation en Israël".[39]

Selon cette théorie, que nous retrouvons proposée par le franc-maçon américain, le Dr Mackey[40], il existait, outre la Cabale divine des enfants de Seth, la Cabale magique des enfants de Caïn, qui descendait jusqu'aux Sabéens, ou adorateurs des étoiles, de Chaldée, adeptes de l'astrologie et de la nécromancie. La sorcellerie, comme nous le savons, était pratiquée par les Cananéens avant l'occupation de la Palestine par les Israélites ; l'Égypte, l'Inde et la Grèce avaient également leurs devins et devineresses. Malgré les imprécations contre la sorcellerie contenues dans la loi de Moïse, les Juifs, sans tenir compte de ces avertissements, attrapèrent la contagion et mêlèrent à la tradition sacrée dont ils avaient hérité des idées magiques en partie empruntées à d'autres races et en partie inventées par eux. En même temps, le côté spéculatif de la Cabale juive a emprunté à la philosophie des mages perses, des néo-platoniciens [41] et des néo-pythagoriciens. L'affirmation des anti-cabalistes selon laquelle ce que nous appelons aujourd'hui la Cabale n'est

---

[38] Voir sur cette question les chapitres de Gougenot des Mousseaux dans *Le Juif, le Judaïsme et la Judaïsation des Peuples Chrétiens*, pp. 499 et suivantes (2ème édition, 1886). La première édition de ce livre, publiée en 1869, aurait été achetée et détruite par les Juifs, et l'auteur serait mort de mort subite avant que la seconde édition ait pu être publiée.

[39] Éliphas Lévi, *Histoire de la Magie*, pp. 46, 105. (Éliphas Lévi était le pseudonyme de l'abbé Constant, célèbre occultiste du XIXe siècle).

[40] *Lexique de la franc-maçonnerie*, p. 323.

[41] Ginsburg op. cit. p. 105; *Jewish Encyclopædia*, article sur la Cabale.

pas d'origine purement juive est donc quelque peu justifiée.

Gougenot des Mousseaux, qui avait fait une étude approfondie de l'occultisme, affirme qu'il y avait donc deux Cabales : l'ancienne tradition sacrée transmise par les premiers patriarches de la race humaine ; et la mauvaise Cabale, dans laquelle cette tradition sacrée a été mêlée par les rabbins à des superstitions barbares, combinées à leurs propres imaginations et désormais marquées de leur sceau.[42] Ce point de vue s'exprime également dans l'œuvre remarquable du juif converti Drach, qui se réfère à : "L'ancienne et vraie Cabale, que nous distinguons de la Cabale moderne, fausse, condamnable et condamnée par le Saint-Siège, œuvre des rabbins, qui ont également falsifié et perverti la tradition talmudique. Les docteurs de la Synagogue la font remonter à Moïse, tout en admettant que les principales vérités qu'elle contient étaient celles connues par révélation aux premiers patriarches du monde.[43]

Plus loin, Drach cite la déclaration de Sixte de Sienne, un autre juif converti et dominicain, protégé par Pie V : "Puisque par le décret de la Sainte Inquisition romaine tous les livres appartenant à la Cabale ont été récemment condamnés, il faut savoir que la Cabale est double ; que l'une est vraie, l'autre fausse. Le vrai et le pieux est celui qui... élucide les mystères secrets de la sainte loi selon le principe de l'anagogie (c'est-à-dire de l'interprétation figurative). Cette cabale n'a donc jamais été condamnée par l'Église. La Cabale fausse et impie est un certain type de tradition juive mensongère, pleine d'innombrables vanités et faussetés, qui ne diffère guère de la nécromancie. C'est donc cette sorte de superstition, improprement appelée Cabale, que l'Église a condamnée à

---

[42] Gougenot des Mousseaux, *Le Juif, le Judaïsme et la Judaïsation des Peuples Chrétiens*, p. 503 (1886).

[43] . P. L. B. Drach *De l'Harmonie entre l'Église et la Synagogue*, Vol. *I. p. xiii (1844)*. *M. Vulliaud (op. cit., II. 245) signale que, pour autant qu'il puisse le savoir, l'ouvrage de Drach n'a jamais été réfuté par les Juifs, qui l'ont accueilli dans le plus grand silence. L'*Encyclopédie juive *a un article sur Drach dans lequel il est dit qu'il a été élevé dans une école talmudique et qu'il s'est ensuite converti au christianisme, mais elle ne tente pas de remettre en question ses affirmations.*

juste titre au cours des dernières années.[44]

La Cabale juive moderne présente un double aspect, théorique et pratique, le premier concernant les spéculations théosophiques, le second les pratiques magiques. Il serait impossible de donner ici une idée de la théosophie cabalistique avec ses imaginations extraordinaires sur les Sephiroth, les attributs et les fonctions des bons et des mauvais anges, les dissertations sur la nature des démons et les détails minutieux sur l'apparence de Dieu sous le nom de l'Ancien des Anciens, de la tête duquel 400 000 mondes reçoivent la lumière. "La longueur de ce visage à partir du sommet de la tête est de trois cent soixante-dix fois dix mille mondes. On l'appelle la 'Longue Face', car tel est le nom de l'Ancien des Anciens".[45] La description des seuls cheveux et de la barbe de ce visage gigantesque occupe une large place dans le traité zoharique Idra Raba.[46]

Selon la Cabale, chaque lettre des Écritures contient un mystère qui ne peut être résolu que par les initiés.[47] Grâce à ce système d'interprétation, des passages de l'Ancien Testament se révèlent porteurs de significations totalement insoupçonnées pour le lecteur ordinaire. Ainsi, le Zohar explique que Noé a été mutilé à vie par la morsure d'un lion alors qu'il se trouvait dans l'arche,[48] les aventures de Jonas dans la baleine sont relatées avec une extraordinaire richesse d'imagination,[49] tandis que la belle histoire d'Élisée et de la femme Shunnamite est travestie de la manière la plus grotesque.[50]

Dans la Cabale pratique, cette méthode de "décodage" se réduit à un système théurgique ou magique dans lequel la guérison des maladies joue un rôle important et s'effectue par l'arrangement mystique de chiffres et de lettres, par la prononciation du Nom ineffable, par l'utilisation

---

[44] Drach, op. cit. vol. II, p. xix.

[45] Franck, op. cit. p. 127.

[46] Traduction de De Pauly. Vol. V. pp. 336-8, 343-6.

[47] Zohar, traité Beschalah, folio 59 *b* (De Pauly, III. 265).

[48] Zohar, Toldoth Noah, folio 69 *a* (De Pauly, I. 408).

[49] Zohar, traité Beschalah, folio 48 *a* (De Pauly, III. 219).

[50] Ibid. folio 44a (De Pauly, III. 200).

d'amulettes et de talismans, ou par des composés censés contenir certaines propriétés occultes.

Toutes ces idées découlent de cultes très anciens ; même l'art de faire des miracles en utilisant le Nom divin, qui, après l'appropriation de la Cabale par les Juifs, est devenu la pratique particulière des faiseurs de miracles juifs, semble avoir pris naissance en Chaldée.[51] L'insistance sur la théorie du peuple élu, qui constitue la base de tous les écrits talmudiques et cabalistiques, ne peut pas non plus être considérée comme d'origine purement juive ; les anciens Égyptiens se considéraient eux aussi comme "le peuple particulier spécialement aimé par les dieux".[52] Mais entre les mains des Juifs, cette croyance est devenue une prétention à la jouissance exclusive de la faveur divine. Selon le Zohar, "tous les Israélites auront une part dans le monde futur"[53] et, à leur arrivée, ils ne seront pas remis, comme les *goyim* (ou races non juives), aux mains de l'ange Douma et envoyés en enfer.[54] En fait, les *goyim* se voient même refuser les attributs humains. Ainsi, le Zohar explique à nouveau que les mots de l'Écriture "Jéhovah Élohim a fait l'homme" signifient qu'Il a fait Israël.[55]

Le traité rabbinique du XVIIe siècle Emek ha Melek observe :

Nos rabbins de mémoire bénie ont dit : "Vous, les Juifs, vous êtes des hommes à cause de l'âme que vous tenez de l'Homme suprême (c'est-à-dire Dieu). Mais les nations du monde ne sont pas appelées hommes parce qu'elles n'ont pas, de l'Homme Saint et Suprême, la Neschama (ou âme glorieuse), mais elles ont la Nephesch (âme) d'Adam Bélial, c'est-à-dire l'homme malveillant et inutile, appelé Sammaël, le Diable Suprême".[56]

Conformément à cette attitude exclusive à l'égard du reste de la race

---

[51] *Encyclopédie juive*, article sur la Cabale.

[52] Adolf Erman, *Life in Ancient Egypt*, p. 32.

[53] Zohar, traité Toldoth Noah, folio 59b (De Pauly, I. 347).

[54] Zohar, traité Lekh-Lekha, folio 94a (De Pauly, I. 535).

[55] Zohar, traité Bereschith, folio 26a (De Pauly, I. 161).

[56] L'*Emek ha Melek est l'*œuvre du cabaliste Napthali, disciple de Luria.

humaine, l'idée messianique qui constitue le thème dominant de la Cabale est mise au service d'intérêts purement juifs. Pourtant, à l'origine, cette idée n'était peut-être pas juive. Les croyants en une ancienne tradition secrète commune à d'autres races que les Juifs affirment qu'une partie de cette tradition se rapportait à un âge d'or passé où l'homme était libre de tout souci et où le mal n'existait pas, à la chute ultérieure de l'homme et à la perte de cette félicité primitive, et enfin à une révélation reçue du ciel annonçant la réparation de cette perte et la venue d'un Rédempteur qui devait sauver le monde et restaurer l'âge d'or.

Selon Drach :

La tradition d'un Homme-Dieu qui devait se présenter comme le maître et le libérateur de la race humaine déchue a été constamment enseignée parmi toutes les nations éclairées du globe. *Vetus et constans opinio*, comme le dit Suétone. Elle est de tous les temps et de tous les lieux.[57]

Drach poursuit en citant le témoignage de Volney, qui avait voyagé en Orient et déclaré que "les traditions sacrées et mythologiques des temps anciens avaient répandu dans toute l'Asie la croyance en un grand médiateur à venir, en un futur Sauveur, Roi, Dieu, Conquérant et Législateur qui ramènerait l'âge d'or sur terre et délivrerait les hommes de l'empire du mal."[58]

Tout ce que l'on peut dire avec quelque certitude au sujet de cette croyance, c'est qu'elle existait chez les Zoroastriens de Perse aussi bien que chez les Juifs. D'Herbelot, citant Abulfaraj, montre que cinq cents ans avant Jésus-Christ, Zerdascht, le chef des zoroastriens, prédisait la venue du Messie, à la naissance duquel une étoile apparaîtrait. Il a également annoncé à ses disciples que le Messie naîtrait d'une vierge, qu'ils seraient les premiers à en entendre parler et qu'ils devraient lui apporter des cadeaux.[59]

Drach pense que cette tradition était enseignée dans l'ancienne

---

[57] Drach, *De l'Harmonie entre l'Église et la Synagogue*, I. 272.

[58] Ibid. p. 273.

[59] D'Herbelot, *Bibliothèque Orientale* (1778), article sur Zerdascht.

synagogue,[60] expliquant ainsi les paroles de saint Paul selon lesquelles aux Juifs "ont été confiés les oracles de Dieu"[61] : cette doctrine orale, qui est la Cabale, avait pour objet les vérités les plus sublimes de la Foi qu'elle ramenait sans cesse au Rédempteur promis, fondement de tout le système de l'ancienne tradition.[62]

Drach affirme en outre que la doctrine de la Trinité faisait partie de cette tradition :

Quiconque s'est familiarisé avec l'enseignement des anciens docteurs de la Synagogue, en particulier ceux qui ont vécu avant la venue du Sauveur, sait que la Trinité en un seul Dieu était une vérité admise parmi eux depuis les temps les plus reculés.[63]

M. Vulliaud signale que Graetz admet l'existence de cette idée dans le Zohar : "Il enseignait même certaines doctrines qui paraissaient favorables au dogme chrétien de la Trinité ! Et encore : "Il est incontestable que le Zohar fait allusion aux croyances en la Trinité et en l'Incarnation".[64] M. Vulliaud ajoute : l'idée de la Trinité doit donc jouer un rôle important dans la Cabale, puisqu'il a été possible d'affirmer que "la caractéristique du Zohar et de sa conception particulière est son attachement au principe de la Trinité".[65] Il cite ensuite Edersheim qui dit qu'"une grande partie des explications données dans les écrits des Cabalistes ressemble d'une manière surprenante aux plus hautes vérités du Christianisme".[66] Il semblerait donc que certains vestiges de

---

[60] Ibid. I. 18.

[61] Rom. iii. 2.

[62] Drach, *De l'Harmonie entre l'Église et la Synagogue*, II. 19.

[63] Ibid. I. 280.

[64] Vulliaud, op. cit. II. 255, 256.

[65] Ibid. p. 257, citant Karppe, *Études sur les Origines du Zohar*, p. 494.

[66] Ibid. I. 13, 14. Dans le Vol. II. p. 411, M. Vulliaud cite l'affirmation d'Isaac Meyer selon laquelle « la triade de l'ancienne Cabale est Kether, le Père ; Binah, le Saint-Esprit ou la Mère ; et Hochmah, le Verbe ou le Fils ». Mais afin d'éviter la séquence de la Trinité chrétienne, cet arrangement a été modifié dans la Cabale moderne de Luria et de Moïse de Cordovero, etc.

l'ancienne tradition secrète aient subsisté dans la Cabale. L'*Encyclopédie juive*, peut-être involontairement, approuve cette opinion, puisqu'en se moquant des cabalistes chrétiens du seizième siècle qui affirmaient que la Cabale contenait des traces de christianisme, elle poursuit en disant que ce qui semble chrétien dans la Cabale n'est qu'une ancienne doctrine ésotérique.[67] Ici, donc, nous avons l'autorité des érudits juifs modernes pour dire que l'ancienne tradition secrète était en harmonie avec l'enseignement chrétien. Mais dans l'enseignement de la synagogue postérieure, la philosophie des sages antérieurs a été réduite pour convenir au système exclusif de la hiérarchie juive, et l'ancien espoir d'un Rédempteur qui restaurerait l'homme dans l'état de félicité qu'il avait perdu à la Chute a été transformé en l'idée d'un salut pour les seuls Juifs[68] sous l'égide d'un Messie triomphant et même vengeur.[69] C'est ce rêve messianique perpétué dans la Cabale moderne que l'avènement du Christ sur terre est venu troubler il y a dix-neuf cents ans.

LA VENUE DU RÉDEMPTEUR

Le fait que de nombreuses doctrines chrétiennes, telles que la conception d'une Trinité, la naissance miraculeuse et le meurtre d'une divinité, aient trouvé leur place dans des religions antérieures a souvent été utilisé comme argument pour montrer que l'histoire du Christ n'était qu'une nouvelle version de diverses légendes anciennes, celles d'Attis, d'Adonis ou d'Osiris, et que, par conséquent, la religion chrétienne est

---

[67] *Encyclopédie juive*, article sur la Cabale, p. 478.

[68] « Tout ce qu'Israël espérait, c'était la restauration et la gloire nationales. Tout le reste n'était que moyen pour atteindre ces buts ; le Messie lui-même n'était que le grand instrument pour y parvenir. Dans cette optique, l'image présentée serait celle de l'exaltation d'Israël, plutôt que celle du salut du monde.... L'idéal rabbinique du Messie n'était pas celui d'une 'lumière pour éclairer les Gentils et la gloire de son peuple Israël' — la satisfaction des besoins de l'humanité et l'achèvement de la mission d'Israël — mais tout à fait différent, jusqu'à la contrariété. » — Edersheim, *The Life and Times of Jesus the Messiah*, I. 164 (1883).

[69] Zohar, section Schemoth, folio 8; cf. ibid. folio 9 b : « La période où le Roi-Messie déclarera la guerre au monde entier ». (De Pauly, III. 32, 36).

fondée sur un mythe. La réponse à cette question est que l'existence du Christ sur terre est un fait historique qu'aucune autorité sérieuse n'a jamais nié. Les tentatives d'écrivains tels que Drews et J.M. Robertson pour établir la théorie du "mythe christique", qui trouvent un écho dans les déclarations des orateurs socialistes,[70] ont fait l'objet de critiques si pertinentes qu'elles n'ont pas besoin d'être réfutées. Sir James Frazer, qui ne sera certainement pas accusé d'orthodoxie bigote, observe à ce propos :

Les doutes qui ont été émis sur la réalité historique de Jésus sont, à mon avis, indignes d'une attention sérieuse…

Dissoudre le fondateur du christianisme dans un mythe, comme le font certains, n'est guère moins absurde que de faire de même pour Mahomet, Luther et Calvin.[71]

Le fait que certaines circonstances de la vie du Christ aient été préfigurées par des religions antérieures n'indique-t-il pas, comme l'observe Éliphas Lévi, que les anciens avaient l'intuition des mystères chrétiens ?[72]

Pour ceux qui avaient adhéré à l'ancienne tradition, le Christ est apparu comme l'accomplissement d'une prophétie vieille comme le monde. C'est ainsi que les mages vinrent de loin pour adorer l'enfant de Bethléem, et lorsqu'ils virent son étoile en Orient, ils se réjouirent d'une joie immense. En Christ, ils saluaient non seulement celui qui était né roi des Juifs, mais aussi le Sauveur de toute l'humanité.[73]

À la lumière de cette grande espérance, cette nuit merveilleuse à

---

[70] Un discours blasphématoire intitulé « *L'homme Dieu* », prononcé par Tom Anderson, le fondateur des écoles du dimanche socialistes, sur Glasgow Green devant un public de plus de 1000 travailleurs en 1922 et imprimé sous forme de brochure, était entièrement fondé sur cette théorie.

[71] J. G. Frazer, *The Golden Bough*, Part VI. « The Scapegoat », p. 412 (édition de 1914) ; E.R. Bevan approuve ce point de vue.

[72] *Histoire de la Magie*, p. 69.

[73] On pense généralement que les mages sont venus de Perse, ce qui concorderait avec la prophétie zoroastrienne citée plus haut.

Bethléem apparaît dans toute sa sublimité. Mais ce n'est pas aux puissants d'Israël, aux grands prêtres et aux scribes que sa naissance a été annoncée, mais à d'humbles bergers qui gardaient leurs troupeaux pendant la nuit. Et ces hommes de foi simple, ayant entendu des anges "la bonne nouvelle d'une grande joie" qu'un Sauveur, "le Christ Seigneur", était né, sont allés en hâte voir l'enfant couché dans la crèche, et sont revenus "glorifiant et louant Dieu". De même, pour les pieux d'Israël, pour Siméon et pour Anne la prophétesse, le grand événement apparut dans sa signification universelle, et Siméon, s'en allant en paix, sut que ses yeux avaient vu le salut qui devait être "une lumière pour éclairer les nations", ainsi que la gloire du peuple d'Israël.

Mais pour les Juifs, entre les mains desquels l'ancienne tradition avait été tournée à l'avantage exclusif de la race juive, pour les rabbins, qui s'étaient d'ailleurs constitués les seuls gardiens, au sein de cette nation, de ladite tradition, la manière dont elle s'accomplissait était nécessairement odieuse. Au lieu d'un Messie resplendissant qu'ils devaient présenter au peuple, c'est un Sauveur qui naquit au sein même du peuple et qui fut amené à Jérusalem pour être présenté au Seigneur ; un Sauveur qui, en outre, au fil du temps, communiqua son message divin aux pauvres et aux humbles et déclara que son Royaume n'était pas de ce monde. C'est bien ce que Marie voulait dire lorsqu'elle affirmait que Dieu avait "dispersé les orgueilleux dans l'imagination de leur cœur", qu'il avait "renversé les puissants de leur siège, et élevé les humbles". Le Christ était donc doublement haïssable pour la hiérarchie juive en ce qu'il attaquait le privilège de la race à laquelle ils appartenaient en ouvrant la porte à toute l'humanité, et le privilège de la caste à laquelle ils appartenaient en révélant les doctrines sacrées aux profanes et en détruisant leur prétention à une connaissance exclusive.

Si l'on ne considère pas cet aspect, on ne peut comprendre ni l'antagonisme manifesté par les scribes et les pharisiens à l'égard de notre Seigneur, ni les dénonciations qu'il a formulées à leur encontre. "Malheur à vous, Scribes, car vous avez enlevé la clef de la connaissance ; vous n'êtes pas entrés vous-mêmes, et ceux qui entraient, vous les avez empêchés.... Malheur à vous, scribes et pharisiens hypocrites, car vous fermez le royaume des cieux aux hommes : vous n'entrez pas vous-mêmes, et vous ne laissez pas entrer ceux qui entrent." Qu'entendait le Christ par la clé de la connaissance ? Clairement la tradition sacrée qui, comme l'explique Drach, préfigurait les doctrines du christianisme.[74] Ce sont les rabbins qui ont perverti cette tradition, et ainsi "la culpabilité de ces perfides docteurs a consisté à cacher au peuple l'explication traditionnelle des livres sacrés grâce à laquelle il aurait pu reconnaître le Messie en la personne de Jésus-Christ".[75]

Beaucoup de gens, cependant, le reconnurent ; en effet, la foule l'acclama, étendant ses vêtements devant lui et criant : "Hosanna au Fils de David ! Béni soit celui qui vient au nom du Seigneur". Les auteurs qui ont cité le choix de Barabbas à la place du Christ comme un exemple de jugement populaire erroné, oublient que ce choix n'était pas spontané ; ce sont les grands prêtres qui ont délivré le Christ "de l'envie" et qui "ont poussé le peuple à demander à Pilate de leur relâcher plutôt Barabbas". C'est *alors que* le peuple, obéissant, s'écria : "Crucifie-le !".

De même, ce sont les rabbins qui, après avoir caché au peuple le sens de la tradition sacrée au moment de son accomplissement, ont ensuite empoisonné ce même ruisseau pour les générations futures.

Des calomnies abominables sur le Christ et le christianisme apparaissent non seulement dans la Cabale, mais aussi dans les premières éditions du Talmud. Selon Barclay, notre Seigneur et Sauveur y est "celui-là", "un tel", "un fou", "le lépreux", "le trompeur d'Israël", etc. On s'efforce de prouver qu'il est le fils de Joseph Pandira avant son mariage avec Marie. Ses miracles sont attribués à la sorcellerie, dont il a apporté le secret dans une fente pratiquée dans sa chair lors de sa sortie d'Égypte. Il aurait d'abord été lapidé, puis pendu la veille de la Pâque. Ses disciples sont traités d'hérétiques et d'opprobres. Ils sont accusés de pratiques immorales et le Nouveau Testament est qualifié de livre de péché.

Les références à ces sujets manifestent l'aversion et la haine les plus amères.[76]

On pourrait chercher en vain de tels passages dans les traductions

---

[74] Drach, op. cit. II. p. 32.

[75] Ibid. II, p. xxiii.

[76] Joseph Barclay, *The Talmud*, pp 38, 39; cf. Drach, op. cit. I 167.

anglaises ou françaises du Talmud, car il n'existe pas de traduction complète dans ces langues. Ce fait est d'une grande importance.

Alors que les livres sacrés de toutes les autres grandes religions ont été traduits dans notre propre langue et peuvent être étudiés par tous, le livre qui constitue le fondement du judaïsme moderne est fermé au grand public. Nous pouvons lire des traductions anglaises du Coran, du Dhammapada, du Sutta Nipata, du Zend Avesta, du Shu King, des Lois de Manu, de la Bhagavadgita, mais nous ne pouvons pas lire le Talmud. Dans la longue série des livres sacrés de l'Orient, le Talmud ne trouve pas sa place. Tout ce qui est accessible au lecteur ordinaire consiste, d'une part, en des versions expurgées ou des sélections judicieuses faites par des compilateurs juifs ou pro-juifs et, d'autre part, en des publications "antisémites" auxquelles il serait dangereux de se fier. La principale traduction anglaise de Rodkinson est très incomplète et les folios ne sont indiqués nulle part, de sorte qu'il est impossible de retrouver un passage.[77] La traduction française de Jean de Pauly [B] prétend présenter le texte intégral du Talmud vénitien de 1520, mais il n'en est rien.[78] Le traducteur, dans la Préface, avoue en effet avoir laissé de côté les "discussions stériles" et s'est efforcé d'atténuer "la brutalité de certaines expressions qui offensent nos oreilles". Cela lui laisse bien sûr une latitude infinie, de sorte que tous les passages susceptibles de déplaire aux "Hébraïsants", à qui son ouvrage est particulièrement dédié, sont discrètement expurgés. La traduction de la Cabale par Jean de Pauly semble cependant être complète.[79] Mais une traduction juste et honnête de l'ensemble du Talmud en anglais ou en français reste encore à faire.

De plus, même l'érudit hébraïque est obligé de faire preuve d'une certaine discrimination s'il souhaite consulter le Talmud dans sa forme originale.

En effet, au XVIe siècle, lorsque l'étude de l'hébreu s'est généralisée

---

[77] *Le Talmud*, par Michael Rodkinson (alias Michael Levy Rodkinssohn).

[78] *Le Talmud de Babylone* (1900).

[79] Le Zohar, traduction en 8 volumes par Jean de Pauly, publiée en 1909 par Émile Lafuma-Giraud. Dans la mesure du possible, lorsque je citerai le Talmud ou la Cabale, je ferai référence à l'une des traductions mentionnées ici.

parmi les chrétiens, les tendances antisociales et antichrétiennes du Talmud ont attiré l'attention du censeur et, dans le Talmud de Bâle de 1581, les passages les plus odieux et l'ensemble du traité Abodah Zara ont été supprimés.[80]

Dans l'édition de Cracovie de 1604 qui suivit, ces passages furent rétablis par les Juifs, ce qui suscita une telle indignation parmi les étudiants chrétiens de l'hébreu que les Juifs s'en inquiétèrent. En conséquence, un synode juif, réuni en Pologne en 1631, ordonna que les passages incriminés soient à nouveau supprimés, mais — selon Drach — remplacés par des cercles que les rabbins devaient remplir oralement lorsqu'ils donnaient des instructions aux jeunes juifs.[81] Après cette date, le Talmud fut pendant un certain temps soigneusement édulcoré, de sorte que pour découvrir sa forme originale, il est conseillé de remonter au Talmud vénitien de 1520, avant qu'aucune omission ne soit faite, ou de consulter une édition moderne. En effet, maintenant que les juifs ne craignent plus les chrétiens, ces passages auraient tous été remplacés et l'on ne cherche plus, comme au Moyen Âge, à prouver qu'ils ne font pas référence au fondateur du christianisme.[82]

Ainsi, l'*encyclopédie juive* admet que les légendes juives concernant Jésus se trouvent dans le Talmud et le Midrash et dans "la vie de Jésus" (Toledot Yeshu) qui a vu le jour au Moyen-Âge. La tendance de toutes ces sources à déprécier la personne de Jésus en lui attribuant une naissance illégitime, de la magie et une mort honteuse y est littéralement

---

[80] *Encyclopédie juive*, article Talmud.

[81] Drach, op. cit. I. 168, 169. Le texte de cette encyclique est donné par Drach en hébreu et aussi en traduction, ainsi : « C'est pourquoi nous vous enjoignons, sous peine d'excommunication majeure, de ne rien imprimer dans les éditions futures, que ce soit de la Mischna ou de la Gemara, qui se rapporte en bien ou en mal aux actes de Jésus le Nazaréen, et de lui substituer un cercle comme celui-ci O, qui avertira les rabbins et les maîtres d'école de n'enseigner ces passages aux jeunes que viva voce. Par cette précaution, les savants parmi les Nazaréens n'auront plus de prétexte pour nous attaquer sur ce sujet ». Cf. Abbé Chiarini, *Le Talmud de Babylone*, p. 45 (1831).

[82] Sur ce point, voir l'annexe I.

assumée.[83]

Le dernier ouvrage mentionné, le *Toledot Yeshu*, ou le *Sepher Toldos Jeschu*, décrit ici comme datant du Moyen-Âge, appartient probablement en réalité à une période beaucoup plus ancienne. Éliphas Lévi affirme que "le Sepher Toldos, auquel les Juifs attribuent une grande ancienneté et qu'ils ont caché aux chrétiens avec tant de précautions que ce livre est resté longtemps introuvable, est cité pour la première fois par Raymond Martin de l'Ordre des Frères Prêcheurs vers la fin du XIIIe siècle.... Ce livre a manifestement été écrit par un rabbin initié aux mystères de la Cabale."[84] Que les Toledot Yeshu aient existé pendant de nombreux siècles avant d'être mis au jour ou qu'il s'agisse d'un recueil de traditions juives tissé en un récit cohérent par un rabbin du treizième siècle, les idées qu'ils contiennent peuvent être retracées au moins jusqu'au deuxième siècle de l'ère chrétienne. Origène, qui au milieu du troisième siècle a écrit sa réponse à l'attaque de Celse contre le christianisme, fait référence à une histoire scandaleuse ressemblant beaucoup aux Toledot Yeshu, que Celse, qui vivait vers la fin du deuxième siècle, avait citée sur l'autorité d'un Juif.[85] Il est donc évident que la légende qu'il contient était depuis longtemps courante dans les cercles juifs, mais le livre lui-même n'est pas arrivé entre les mains des chrétiens avant qu'il ne soit traduit en latin par Raymond Martin. Plus tard, Luther le résuma en allemand sous le nom de *Schem Hamphorasch* ; Wagenseil en 1681 et Huldrich en 1705 en publièrent des traductions latines.[86] On le trouve également en français dans les *Évangiles Apocryphes* de Gustave Brunei.

Bien qu'il soit répugnant de transcrire n'importe quelle partie de cet ouvrage blasphématoire, il faut en donner ici les grandes lignes afin de retracer le cours ultérieur de la tradition secrète antichrétienne dans laquelle, comme nous le verrons, il s'est perpétué jusqu'à nos jours. Brièvement donc, les Toledot Yeshu racontent avec les détails les plus

---

[83] *Encyclopédie juive*, article sur « Jésus ».

[84] Éliphas Lévi, *La Science des Esprits*, p. 40.

[85] Origène, *Contra Celsum*.

[86] S. Baring-Gould, *The Counter-Gospels*, p. 69 (1874).

indécents que Miriam, coiffeuse de Bethléem,[87] fiancée à un jeune homme nommé Jochanan, fut séduite par un libertin, Joseph Panther ou Pandira, et donna naissance à un fils qu'elle nomma Johosuah ou Jeschu. Selon les auteurs talmudiques de la Sota et du Sanhédrin, Jeschu fut emmené pendant son enfance en Égypte, où il fut initié aux doctrines secrètes des prêtres, et à son retour en Palestine il se livra à la pratique de la magie.[88] Le Toledot Yeshu, cependant, poursuit en disant qu'à l'âge adulte Jeschu apprit le secret de son illégitimité, à cause duquel il fut chassé de la Synagogue et se réfugia pour un temps en Galilée. Or, il y avait dans le Temple une pierre sur laquelle était gravé le Tétragramme ou Schem Hamphorasch, c'est-à-dire le Nom ineffable de Dieu ; cette pierre avait été trouvée par le roi David lors de la préparation des fondations du Temple et avait été déposée par lui dans le Saint des Saints.

Jeschu, le sachant, vint de Galilée et, pénétrant dans le Saint des Saints, lut le Nom ineffable, qu'il transcrivit sur un morceau de parchemin et dissimula dans une incision sous sa peau. Il put ainsi faire des miracles et persuader le peuple qu'il était le fils de Dieu annoncé par Isaïe. Avec l'aide de Judas, les Sages de la Synagogue réussirent à capturer Jeschu, qui fut alors conduit devant le Grand et le Petit Sanhédrin, qui le condamnèrent à la lapidation et finalement à la pendaison.

Telle est l'histoire du Christ selon les Cabalistes juifs, qu'il convient de comparer non seulement avec la tradition chrétienne, mais aussi avec celle des Musulmans. On ne sait peut-être pas assez que le Coran, tout en niant la divinité du Christ et le fait de sa crucifixion,[89] dénonce

---

[87] Baring-Gould, op. cit. citant le Talmud, traité Sabbat, folio 104.

[88] Ibid. p. 55, citant le Talmud, traité Sanhédrin, folio 107, et Sota, folio 47 ; Éliphas Lévi, *La Science des Esprits*, pp. 32, 33.

[89] Selon le Coran, ce sont les Juifs qui ont dit : « 'En vérité, nous avons tué le Messie, Jésus, fils de Marie, apôtre de Dieu.' Ils ne l'ont pas tué, et ils ne l'ont pas crucifié. Ils ne l'ont pas tué, ils ne l'ont pas crucifié, ils n'ont gardé que sa ressemblance.... Ils n'avaient pas de connaissance sûre à son sujet, mais suivaient une opinion, et ils ne l'ont pas vraiment tué, mais Dieu l'a enlevé pour Lui-même. » — Sourate iv. 150. Voir également la sourate iii. 40. Le révérend J.M. Rodwell, dans sa traduction du Coran, observe dans une note de bas de page à propos de ce dernier passage : « Muhammad croyait probablement que Dieu

néanmoins avec indignation les légendes infâmes perpétuées par les juifs à son sujet, et confirme dans un langage magnifique l'histoire de l'Annonciation et la doctrine de la Conception miraculeuse [90] : "Rappelez-vous quand les anges dirent : "Ô Marie, en vérité Dieu t'a choisie et purifiée, et il t'a choisie au-dessus des femmes du monde.... Rappelle-toi quand les anges ont dit : "Ô Marie, en vérité Dieu t'annonce la Parole de Sa part : Son nom sera Messie, Jésus fils de Marie, illustre en ce monde et dans l'autre, et l'un de ceux qui ont un accès proche à Dieu".

La Mère de Jésus est montrée comme pure et ayant "gardé sa virginité"[91] ; ce sont les Juifs qui ont proféré contre Marie "une calomnie grave "[92] ; Jésus lui-même est décrit comme "fortifié par l'Esprit Saint", et il est reproché aux Juifs d'avoir rejeté "l'Apôtre de Dieu"[93], à qui a été donné "l'Évangile avec ses conseils et sa lumière qui confirment la Loi précédente".[94]

Ainsi, au cours des siècles qui ont vu la naissance du christianisme, bien que d'autres forces non chrétiennes se soient dressées contre la nouvelle foi, c'est aux juifs qu'est revenu le soin de lancer une campagne de dénigrement contre la personne de son fondateur, que les musulmans vénèrent encore aujourd'hui comme l'un des plus grands maîtres du monde.[95]

---

avait emporté le corps de Jésus au ciel — pendant trois heures, selon certains — alors que les Juifs avaient crucifié un homme qui lui ressemblait.

[90] Sourate iii. 30, 40.

[91] Sourate xxi. 90.

[92] Sourate iv. 150.

[93] Sourate ii. 89, 250 ; v. 100.

[94] Sourate v. 50.

[95] Dans le périodique maçonnique *Ars Quatuor Coronatorum*, Vol. XXIV, un franc-maçon (Fr. Sydney T. Klein) observe : « On ignore généralement que l'une des raisons pour lesquelles les mahométans ont déplacé leur Kiblah de Jérusalem à La Mecque était qu'ils se querellaient avec les juifs au sujet de Jésus-Christ, et la preuve en est encore la Porte d'Or menant à la zone sacrée du Temple, qui a été maçonnée par les mahométans, et l'est encore aujourd'hui, parce qu'ils ont

LES ESSENES

Un moyen plus subtil de discréditer le christianisme et de saper la croyance dans le caractère divin de notre Seigneur a été adopté par des auteurs modernes, principalement juifs, qui ont entrepris de prouver qu'il appartenait à la secte des Esséniens, une communauté d'ascètes détenant tous les biens en commun, qui existait en Palestine avant la naissance du Christ.

Ainsi, l'historien juif Graetz déclare que Jésus s'est simplement approprié les caractéristiques essentielles de l'essénisme et que le christianisme primitif n'était "rien d'autre qu'une ramification de l'essénisme".[96]

Le Dr Ginsburg, juif chrétien, se rallie partiellement à cette opinion dans une petite brochure[97] qui contient la plupart des preuves qui ont été apportées à ce sujet, et il exprime lui-même l'opinion qu'" on ne peut guère douter que notre Sauveur lui-même ait appartenu à cette sainte confrérie".[98] Ainsi, après avoir représenté le Christ comme un magicien dans les Toledot Yeshu et le Talmud, la tradition juive cherche à expliquer ses œuvres miraculeuses comme celles d'un simple guérisseur — idée que nous retrouverons jusqu'à aujourd'hui dans les sociétés secrètes. Bien entendu, si cela était vrai, si les miracles du Christ étaient simplement dus à une connaissance des lois naturelles et si ses doctrines étaient le fruit d'une secte, c'est toute la théorie de sa puissance et de sa mission divines qui tombe à l'eau. C'est pourquoi il est essentiel

---

déclaré que personne ne devait entrer par ce portail jusqu'à ce que Jésus-Christ vienne juger le monde, et c'est ce que dit le Coran ». Je ne peux pas retrouver ce passage dans le Coran, mais le révérend J. M. Rodwell, qui ajoute dans la note citée ci-dessus, transmet à peu près la même idée : « Les Mahométans croient que Jésus, à son retour sur terre à la fin du monde, tuera l'Antéchrist, mourra et sera ressuscité. Une place vacante est réservée à son corps dans le tombeau du Prophète à Médine ».

[96] Graetz, *Geschichte der Juden*, III. 216-52.

[97] *The Essenes: their History and Doctrines,* essai de Christian D. Ginsburg, LL.D. (Longmans, Green & Co., 1864).

[98] Ibid. p. 24.

d'exposer les sophismes et même la mauvaise foi sur lesquels repose la tentative de l'identifier aux Esséniens.

Or, il suffit d'étudier attentivement les Évangiles pour se rendre compte que l'enseignement du Christ était totalement différent de celui propre aux Esséniens.[99] Le Christ n'a pas vécu dans une fraternité, mais, comme le souligne le Dr Ginsburg lui-même, il a fréquenté des publicains et des pécheurs.

Les Esséniens ne fréquentaient pas le Temple, alors que le Christ s'y rendait fréquemment. Les Esséniens désapprouvaient le vin et le mariage, alors que le Christ a sanctionné le mariage par sa présence aux noces de Cana en Galilée et y a transformé l'eau en vin. Ginsburg ignore un autre point, le plus concluant de tous, à savoir que l'un des principaux traits des Esséniens, qui les distinguait des autres sectes juives de l'époque, était leur désapprobation des onguents, qu'ils considéraient comme une souillure, alors que le Christ a non seulement félicité la femme qui avait apporté le précieux pot d'onguent, mais a reproché à Simon d'avoir omis de le faire : "Tu n'as pas oint d'huile ma tête, mais cette femme a oint de parfum mes pieds". Il est évident que si le Christ avait été un Essénien mais qu'il avait dérogé à sa coutume en cette occasion par respect pour les sentiments de la femme, il aurait compris pourquoi Simon ne lui avait pas offert la même attention, et en tout cas Simon se serait excusé pour cette raison.

De plus, si ses disciples avaient été des Esséniens, n'auraient-ils pas protesté contre cette violation de leurs principes, au lieu de se contenter d'objecter que l'onguent était d'un genre trop coûteux ?

Mais c'est en attribuant au Christ les doctrines communistes des Esséniens que les conclusions du Dr Ginsburg sont les plus trompeuses — un point d'une importance particulière étant donné que c'est sur cette fausse hypothèse que le soi-disant "socialisme chrétien" a été construit.

---

[99] Edersheim (op. cit., I. 325) réfute habilement Graetz et Ginsburg sur ce point, et montre que « l'enseignement du christianisme allait dans une direction opposée à celle de l'essénisme ». M. Vulliaud (op. cit., I. 71) rejette l'origine essénienne du christianisme comme ne méritant pas une attention sérieuse. « Soutenir l'essénisme de Jésus est une preuve de frivolité ou d'ignorance invincible ».

"Les Esséniens, écrit-il, avaient tout en commun et désignaient l'un des frères comme intendant pour gérer le sac commun ; il en est de même pour les chrétiens primitifs (Actes ii. 44, 45, iv. 32-4 ; Jean xii. 6, xiii. 29). Il est parfaitement vrai que, comme l'atteste la première référence aux Actes, certains des premiers chrétiens après la mort du Christ se sont constitués en un corps ayant tout en commun, mais il n'y a pas la moindre preuve que le Christ et ses disciples aient suivi ce principe. Les seuls passages de l'Évangile de saint Jean, que le Dr Ginsburg peut citer à l'appui de cette affirmation, font peut-être référence à un sac d'aumônes ou à un fonds pour certaines dépenses, et non à une mise en commun de toutes les richesses monétaires. Il n'y a pas non plus de preuve que le Christ ait prôné le communisme pour le monde en général. Lorsque le jeune homme possédant de grands biens demanda ce qu'il devait faire pour hériter de la vie éternelle, le Christ lui dit de suivre les commandements, mais lorsque le jeune homme demanda ce qu'il pouvait faire de plus, il répondit : "Si tu veux être parfait, vends ce que tu as et donne-le aux pauvres. Le renoncement — mais non la mise en commun — à toute richesse était donc un conseil de perfection pour les quelques personnes qui souhaitaient consacrer leur vie à Dieu, comme l'ont toujours fait les moines et les moniales, et n'avait aucun rapport avec le système communiste des Esséniens.

Le Dr Ginsburg poursuit : "L'essénisme mettait tous ses membres sur le même plan, interdisant l'exercice de l'autorité de l'un sur l'autre et préconisant le service mutuel ; ainsi le Christ (Matt. xx. 25-8; Marc ix. 35-7, x. 42-5). L'essénisme ordonnait à ses disciples de n'appeler aucun homme maître sur la terre ; ainsi le Christ (Matt. xxiii. 8-10)". En fait, le Christ a fermement défendu l'exercice de l'autorité, non seulement dans le passage souvent cité "Rendez à César ce qui est à César", mais aussi dans son approbation du discours du centurion : "Je dis à un homme : Va, et il va ; à un autre : Viens, et il vient ; à mon serviteur : Fais ceci, et il le fait. Partout, le Christ loue le serviteur fidèle et enjoint l'obéissance aux maîtres. Si nous recherchons la référence à l'Évangile de saint Matthieu où le Dr Ginsburg dit que le Christ a ordonné à ses disciples de n'appeler aucun homme maître sur la terre, nous constaterons qu'il a non seulement perverti le sens du passage, mais aussi inversé l'ordre des mots qui, à la suite d'une dénonciation des rabbins juifs, se lisent comme suit : "Ne vous faites pas appeler Rabbi, car un seul est votre maître, le Christ, et vous êtes tous frères.... Ne vous faites pas appeler maîtres, car un seul est votre maître, le Christ, et vous êtes tous frères. Mais celui qui est le plus grand parmi vous sera votre serviteur". Les apôtres n'ont donc jamais reçu l'ordre de n'appeler personne maître, mais de ne pas être eux-mêmes appelés maîtres. De plus, si nous nous référons au texte grec, nous verrons qu'il s'agissait d'un sens spirituel et non social. Le mot pour "maître" est dans le premier verset διδ σκαλος, c'est-à-dire enseignant, dans le second, καθηγητ ς littéralement guide, et le mot serviteur est διακ νοσ. Lorsque les Évangiles font référence aux maîtres et aux serviteurs au sens social, le mot employé pour maître est κ ριος et pour serviteur δο λος. M. Ginsburg aurait dû être conscient de cette distinction et du fait que le passage en question n'avait donc aucune incidence sur son argumentation. En fait, il semblerait que certains apôtres aient eu des serviteurs, puisque le Christ les félicite d'avoir exigé une attention stricte à leur devoir : Lequel d'entre vous, ayant un serviteur qui laboure ou fait paître le bétail, lui dira de temps en temps, lorsqu'il reviendra des champs : Va t'asseoir à table ? Ne lui dira-t-il pas plutôt : Prépare ce qu'il faut pour que je puisse souper, ceins-toi et sers-moi jusqu'à ce que j'aie mangé et bu, et après tu mangeras et tu boiras ? Remercie-t-il ce serviteur d'avoir fait ce qui lui était ordonné ? Je crois que non.[100]

Ce passage suffirait à lui seul à montrer que le Christ et ses apôtres n'habitaient pas des communautés où tous étaient égaux, mais qu'ils suivaient les pratiques habituelles du système social dans lequel ils vivaient, tout en adoptant certaines règles, comme celle de ne prendre qu'un seul vêtement et de ne pas porter d'argent lorsqu'ils partaient en voyage. Les ressemblances entre l'enseignement des Esséniens et le Sermon sur la Montagne que le Dr Ginsburg indique ne se réfèrent pas aux coutumes d'une secte, mais à des préceptes généraux de conduite humaine — humilité, douceur, charité, etc.

En même temps, il est clair que si les Esséniens se conformaient en général à certains des principes établis par le Christ, certaines de leurs doctrines étaient en totale contradiction avec celles du Christ et des chrétiens primitifs, en particulier leur coutume de prier le soleil levant et leur incrédulité à l'égard de la résurrection du corps.[101] Saint Paul dénonce l'ascétisme, doctrine cardinale des Esséniens, en des termes sans

---

[100] Luc xvii. 7-9.

[101] Ginsburg, op. cit. p. 15, 22, 55.

mesure, avertissant les frères que "dans les derniers temps, quelques-uns s'éloigneront de la foi, pour obéir à des esprits séducteurs et à des doctrines de démons, [...] interdisant de se marier et prescrivant de s'abstenir des viandes que Dieu a créées pour qu'elles soient reçues avec action de grâces par ceux qui croient et qui connaissent la vérité. Car toute créature de Dieu est bonne, et il n'y a rien à refuser, si on la reçoit avec des actions de grâces... Si tu rappelles ces choses aux frères, tu seras un bon ministre de Jésus-Christ".

Cela suggère que certaines idées esséniennes s'étaient glissées dans les communautés chrétiennes et étaient considérées par ceux qui se souvenaient du véritable enseignement du Christ comme une dangereuse perversion.

Les Esséniens n'étaient donc pas des chrétiens, mais une société secrète, pratiquant quatre degrés d'initiation, et tenue par de terribles serments de ne pas divulguer les mystères sacrés qui leur étaient confiés. Et quels étaient ces mystères, sinon ceux de la tradition secrète juive que nous connaissons aujourd'hui sous le nom de Cabale ? Le Dr Ginsburg jette une lumière importante sur l'essénisme lorsque, dans un seul passage, il fait référence à l'obligation des Esséniens "de ne divulguer les doctrines secrètes à personne, [...] de conserver soigneusement les livres appartenant à leur communauté". de conserver soigneusement les livres appartenant à leur secte et les noms des anges ou les mystères liés au Tétragramme et aux autres noms de Dieu et des anges, compris dans la théosophie ainsi que dans la cosmogonie qui jouait aussi un rôle si important parmi les mystiques juifs et les kabbalistes".[102] La vérité est clairement que les Esséniens étaient des cabalistes, mais sans doute des cabalistes d'un genre supérieur. La Cabale qu'ils possédaient descendait très probablement des temps pré-chrétiens et n'avait pas été contaminée par la souche anti-chrétienne introduite par les rabbins après la mort du Christ.[103] Les Esséniens sont importants pour le sujet de ce livre parce

---

[102] Ginsburg, op. cit. p. 12.

[103] Fabre d'Olivet pense que cette tradition a été transmise aux Esséniens par Moïse : « S'il est vrai, comme tout l'atteste, que Moïse a laissé une loi orale, c'est chez les Esséniens qu'elle a été conservée. Les Pharisiens, qui se flattaient tant de la posséder, n'en avaient que les formes extérieures (*apparences*), comme Jésus le leur reproche à chaque instant. C'est de ces derniers que descendent les

qu'ils sont la première des sociétés secrètes dont on peut tracer une ligne directe de tradition jusqu'à nos jours. Mais si, dans cette communauté pacifique, aucune influence réellement antichrétienne n'est perceptible, il n'en va pas de même pour les sectes pseudo-chrétiennes qui lui ont succédé et qui, tout en professant le christianisme, ont mêlé aux doctrines chrétiennes le poison de la Cabale pervertie, source principale des erreurs qui ont désormais déchiré l'Église chrétienne en deux.

LES GNOSTIQUES

La première école de pensée à avoir créé un schisme dans le christianisme est l'ensemble des sectes connues sous le nom générique de gnosticisme. Dans ses formes les plus pures, le gnosticisme visait à compléter la foi par la connaissance des vérités éternelles et à donner un sens plus large au christianisme en le reliant à des croyances antérieures. "La croyance que la divinité s'était manifestée dans les institutions religieuses de toutes les nations"[104] a ainsi conduit à la conception d'une sorte de religion universelle contenant les éléments divins de tous.

Le gnosticisme, cependant, comme le souligne l'*Encyclopédie juive*, "était de caractère juif bien avant de devenir chrétien".[105] M. Matter indique la Syrie et la Palestine comme son berceau et Alexandrie comme le centre par lequel il a été influencé à l'époque de son alliance avec le christianisme.

Cette influence était, elle aussi, essentiellement juive. Philon et Aristobule, les principaux philosophes juifs d'Alexandrie, "entièrement attachés à l'ancienne religion de leurs pères, résolurent tous deux de l'orner des dépouilles d'autres systèmes et d'ouvrir au judaïsme la voie à d'immenses conquêtes".[106] Cette méthode consistant à emprunter à d'autres races et religions les idées utiles à leur but a toujours été la

---

Juifs modernes, à l'exception de quelques vrais *savants* dont la tradition secrète remonte aux Esséniens » - *La Langue hébraïque*, p. 27 (1815).

[104] Matter, *Histoire du Gnosticisme*, I. 44 (1844).

[105] *Encyclopédie juive*, article sur la Cabale.

[106] Matter, op. cit. 58.

coutume des juifs. La Cabale, comme nous l'avons vu, était constituée de ces éléments hétérogènes. Et c'est là que nous trouvons le principal géniteur du gnosticisme. Le franc-maçon Ragon en donne l'indice en ces termes : "La Cabale est la clé des sciences occultes. Les gnostiques sont nés des cabalistes".[107]

En effet, la Cabale était bien plus ancienne que les gnostiques. Les historiens modernes qui la datent simplement de la publication du Zohar par Moïse de Léon au treizième siècle ou de l'école de Luria au seizième siècle obscurcissent ce fait très important que les savants juifs ont toujours clairement reconnu.[108] L'*Encyclopédie juive*, tout en niant la certitude d'une connexion entre le gnosticisme et la Cabale, admet néanmoins que les recherches de l'anti-cabaliste Graetz "doivent être reprises sur une nouvelle base", et elle poursuit en montrant que "c'est Alexandrie du premier siècle, ou plus tôt, avec son étrange mélange de culture égyptienne, chaldéenne, judéenne et grecque, qui a fourni le sol et les semences de cette philosophie mystique."[109] Mais comme Alexandrie était à la même époque le foyer du gnosticisme, qui s'est formé à partir des mêmes éléments que ceux énumérés ici, la connexion entre les deux systèmes est clairement évidente. M. Matter a donc raison de dire que le gnosticisme n'était pas une défection du christianisme, mais une combinaison de systèmes dans lesquels quelques éléments chrétiens ont été introduits. Le résultat du gnosticisme n'a donc pas été de christianiser la Cabale, mais de cabaliser le christianisme en mêlant son enseignement pur et simple à la théosophie et même à la magie. L'*Encyclopédie juive* cite l'opinion selon laquelle "la doctrine centrale du gnosticisme — un mouvement étroitement lié au mysticisme juif — n'était rien d'autre que la tentative de libérer l'âme et de l'unir à Dieu" ; mais comme cela devait apparemment être réalisé "par l'emploi de mystères, d'incantations, de noms d'anges", etc..., on verra à quel point même cette phase du gnosticisme diffère du christianisme et s'identifie à

---

[107] Ragon, *Maçonnerie Occulte*, p. 78.

[108] « La Cabale est antérieure à la Gnose, opinion que les écrivains chrétiens comprennent mal, mais que les érudits du judaïsme professent avec une légitime assurance » — Matter, op. cit. Vol. I. p. 12.

[109] *Encyclopédie juive*, article sur la Cabale.

la Cabale magique des juifs.

En effet, l'homme généralement reconnu comme le fondateur du gnosticisme, un Juif communément appelé Simon Magus, n'était pas seulement un mystique cabaliste, mais un magicien avoué qui, avec un groupe de Juifs, dont son maître Dosithée et ses disciples Ménandre et Cérinthe, a institué un sacerdoce des Mystères et pratiqué des arts occultes et des exorcismes.[110] C'est ce Simon dont nous lisons dans les Actes des Apôtres qu'il "ensorcelait le peuple de Samarie, en se faisant passer pour un grand, auquel tous, depuis le plus petit jusqu'au plus grand, prêtaient attention en disant : Cet homme est la grande puissance de Dieu", et qui cherchait à acheter à prix d'argent le pouvoir de l'imposition des mains.

Simon, en effet, fou de ses incantations et de ses extases, développa une forme aiguë de mégalomanie, s'arrogeant des honneurs divins et aspirant à l'adoration du monde entier. Selon une légende contemporaine, il devint finalement le sorcier de Néron et termina sa vie à Rome.[111]

La prédominance de la sorcellerie parmi les Juifs au cours du premier siècle de l'ère chrétienne est démontrée par d'autres passages des Actes des Apôtres ; à Paphos, le "faux prophète", un Juif dont le nom de famille était Bar-Jesus, également connu sous le nom d'"Elymas le sorcier", s'est opposé à l'enseignement de saint Paul et a attiré sur lui l'imprécation suivante : "O plein de subtilité et de malice, enfant du diable, ennemi de toute justice, ne cesseras-tu pas de pervertir les voies droites du Seigneur ? "Plein de toutes les subtilités et de toutes les malices, enfant du diable, ennemi de toute justice, ne cesseras-tu pas de pervertir les voies droites du Seigneur ?".

La perversion est la clé de voûte de toutes les formes avilies du gnosticisme.

Selon Éliphas Lévi, certains gnostiques introduisirent dans leurs rites cette profanation des mystères chrétiens qui sera à la base de la magie

---

[110] John Yarker, *The Arcane Schools*, p. 167; Matter, op. cit. 365, citant Irénée.

[111] Éliphas Lévi, *Histoire de la Magie*, p. 189.

noire au Moyen-Âge.[112] La glorification du mal, qui joue un rôle si important dans le mouvement révolutionnaire moderne, constituait le credo des Ophites, qui adoraient le Serpent (φις) parce qu'il s'était révolté contre Jéhovah, qu'ils désignaient sous le terme cabalistique de "démiurge",[113] et plus encore des Caïnites, appelés ainsi en raison de leur culte de Caïn, qu'ils considéraient, avec Dathan et Abiram, les habitants de Sodome et Gomorrhe, et enfin Judas Iscariote, comme de nobles victimes du démiurgus.[114] Animés par la haine de tout ordre social et moral, les caïnites "appelaient tous les hommes à détruire les œuvres de Dieu et à commettre toutes sortes d'infamies".[115]

Ces hommes étaient donc non seulement les ennemis du christianisme mais aussi du judaïsme orthodoxe, puisque c'est contre le Jéhovah des Juifs que leur haine était particulièrement dirigée. Une autre secte gnostique, les Carpocratiens, adeptes de Carpocrate d'Alexandrie et de son fils Épiphane — qui mourut de ses débauches et fut vénéré comme un dieu[116] — méprisait toutes les lois écrites, chrétiennes ou mosaïques, et ne reconnaissait que la γν σις ou connaissance donnée aux grands hommes de toutes les nations — Platon et Pythagore, Moïse et le Christ — qui "libère de tout ce que le vulgaire appelle religion" et "rend l'homme égal à Dieu".[117]

Ainsi, chez les Carpocratiens du IIe siècle, nous trouvons déjà la tendance à cette *déification de l'humanité* qui constitue la doctrine suprême des sociétés secrètes et des socialistes visionnaires de notre époque. La guerre commence alors entre les deux principes qui s'affrontent : la conception chrétienne de l'homme s'élevant jusqu'à Dieu et la conception des sociétés secrètes de l'homme comme Dieu,

[112] Éliphas Lévi, op. cit. p. 218.

[113] Dean Milman, *History of the Jews* (Everyman's Library edition), II. 491.

[114] Matière, II. 171 ; E. de Faye, *Gnostiques et Gnosticisme*, p. 349 (1913).

[115] De Luchet, *Essai sur la Secte des Illuminés*, p. 6.

[116] *Manuel d'Histoire Ecclésiastique*, par R. P. Albers, S.J., adapté par René Hedde, O.P., p. 125 (1908) ; Matter, op. citt. 197.

[117] Matter, op. cit. 188.

n'ayant besoin d'aucune révélation d'en haut et d'aucune orientation autre que la loi de sa propre nature. Et puisque cette nature est en elle-même divine, tout ce qui en découle est louable, et les actes habituellement considérés comme des péchés ne doivent pas être condamnés. Par ce raisonnement, les carpocratiens arrivaient à peu près aux mêmes conclusions que les communistes modernes en ce qui concerne le système social idéal. Ainsi, Épiphane soutenait que, puisque la nature elle-même révèle le principe de la communauté et de l'unité de toutes les choses, les lois humaines qui sont contraires à cette loi de la nature sont autant d'infractions coupables à l'ordre légitime des choses. Avant que ces lois ne soient imposées à l'humanité, tout était commun : les terres, les biens, les femmes. Selon certains contemporains, les Carpocratiens seraient revenus à ce système primitif en instituant la communauté des femmes et en se livrant à toutes sortes de licences.

La secte gnostique des Antitactes, suivant ce même culte de la nature humaine, enseignait la révolte contre toute religion et loi positive et la nécessité de satisfaire la chair ; les Adamites d'Afrique du Nord, allant plus loin dans le retour à la Nature, se dépouillaient de tout vêtement lors de leurs services religieux afin de représenter l'innocence primitive du jardin d'Eden — un précédent suivi par les Adamites d'Allemagne au quinzième siècle.[118]

Ces gnostiques, dit Éliphas Lévi, sous prétexte de "spiritualiser la matière, ont matérialisé l'esprit de la manière la plus révoltante... Rebelles à l'ordre hiérarchique,... ils voulaient substituer la licence mystique des passions sensuelles à la sage sobriété chrétienne et à l'obéissance aux lois... Ennemis de la famille, ils voulaient produire la stérilité en augmentant la débauche".[119]

En pervertissant systématiquement les doctrines de la foi chrétienne, les gnostiques prétendaient posséder les vraies versions des évangiles et professaient leur foi en celles-ci à l'exclusion de toutes les autres.[120]

---

[118] Matter, op. cit. 199, 215.

[119] Éliphas Lévi, *Histoire de la Magie*, pp. 217, 218.

[120] Matter, op. cit. 115, III. 14; S. Baring-Gould, *The Lost and Hostile Gospels* (1874).

Ainsi, les ébionites avaient leur propre version corrompue de l'Évangile de saint Matthieu, fondée sur l'"Évangile des Hébreux", connu auparavant par les chrétiens juifs ; les marcosiens avaient leur version de saint Luc, les caïnites leur propre "Évangile de Judas", et les valentiniens leur "Évangile de saint Jean". Comme nous le verrons plus loin, l'Évangile de saint Jean est celui qui, tout au long de la guerre contre le christianisme, a été spécialement choisi à des fins de perversion.

Bien sûr, cet esprit de perversion n'était pas nouveau ; plusieurs siècles auparavant le prophète Isaïe l'avait dénoncé en ces termes : "Malheur à ceux qui appellent le mal bien, et le bien mal, qui mettent les ténèbres à la place de la lumière, et la lumière à la place des ténèbres !" Mais le rôle des gnostiques a été de réduire la perversion à un système en regroupant les hommes dans des sectes qui, sous le couvert de l'illumination, ont obscurci toutes les idées reconnues de la morale et de la religion. C'est ce qui fait leur importance dans l'histoire des sociétés secrètes.

La question de savoir si les gnostiques eux-mêmes peuvent être décrits comme une société secrète, ou plutôt comme une ramification de sociétés secrètes, est ouverte. M. Matter, citant un certain nombre d'auteurs du IIIe siècle, montre la possibilité qu'ils aient eu des mystères et des initiations ; les Pères de l'Église l'ont définitivement affirmé.[121] Selon Tertullien, les Valentiniens ont continué, ou plutôt perverti, les mystères d'Éleusis, dont ils ont fait un "sanctuaire de la prostitution".[122]

On sait que les Valentiniens divisaient leurs membres en trois classes : les Pneumatiques, les Psychiques et les Hyliques (c'est-à-dire les matérialistes) ; on dit aussi que les Basilidiens possédaient des doctrines secrètes connues d'à peine un membre de la secte sur mille. De tout cela, M. Matter conclut que :

1. Les gnostiques prétendaient détenir par tradition une doctrine secrète supérieure à celle contenue dans les écrits publics des apôtres.

2. Qu'ils n'ont pas communiqué cette doctrine à tout le monde...

---

[121] Matter, op. cit. II 364.

[122] Ibid. p. 365.

3. Qu'ils la communiquaient au moyen d'emblèmes et de symboles, comme le prouve le diagramme des Ophites.

4. Que dans ces communications, ils imitaient les rites et les épreuves des mystères d'Éleusis.[123]

Cette revendication de la possession d'une tradition orale secrète, qu'elle soit connue sous le nom de γνῶσις ou de Cabale, confirme la conception des gnostiques comme cabalistes et montre à quel point ils s'étaient éloignés de l'enseignement chrétien. En effet, ne serait-ce que dans cette idée d'"une doctrine pour les ignorants et une autre pour les initiés", les gnostiques avaient restauré le système même que le christianisme était venu détruire.[124]

LE MANICHÉISME

Alors que nous avons vu les sectes gnostiques travailler à des fins plus ou moins subversives sous le couvert de doctrines ésotériques, nous trouvons chez les Manichéens de Perse, qui suivirent un siècle plus tard, une secte incarnant les mêmes tendances et se rapprochant encore plus de l'organisation d'une société secrète.

Cubricus ou Corbicius, le fondateur du manichéisme, est né en Babylonie vers l'an 216. Alors qu'il était encore enfant, il aurait été acheté comme esclave par une riche veuve de Ctésiphon, qui l'aurait libéré et lui aurait légué une grande richesse à sa mort. Selon une autre histoire — car toute l'histoire de Manès repose sur des légendes — il aurait hérité d'une riche vieille femme les livres d'un Sarrasin nommé Scythianus sur la sagesse des Égyptiens. Combinant les doctrines contenues dans ces livres avec des idées empruntées au zoroastrisme, au gnosticisme et au christianisme, ainsi qu'avec certains ajouts de son cru, il élabora un système philosophique qu'il entreprit d'enseigner.

Cubricus changea alors son nom en Mani ou Manès et se proclama le

---

[123] Ibid. p. 369.

[124] *Some Notes on Various Gnostic Sects and their Possible Influence on Freemasonry*, par D. F. Ranking, republié dans *Ars Quatuor Coronatorum* (Vol. XXIV, p. 202, 1911) sous forme de brochure, p. 7.

Paraclet promis par Jésus-Christ. Ses disciples étaient divisés en deux classes : le cercle extérieur des auditeurs ou des combattants, et le cercle intérieur des enseignants ou des ascètes, décrits comme les Élus. Comme preuve de leur ressemblance avec les francs-maçons, on a dit que les Manichéens utilisaient des signes secrets, des poignées et des mots de passe, qu'en raison des circonstances de l'adoption de leur maître, ils appelaient Manès "le fils de la veuve" et eux-mêmes "les enfants de la veuve", mais cela n'est pas clairement prouvé. Une de leurs coutumes est cependant intéressante à cet égard. Selon la légende, Manès entreprit de guérir le fils du roi de Perse qui était tombé malade, mais le prince mourut, à la suite de quoi Manès fut écorché vif sur ordre du roi et son cadavre pendu à la porte de la ville. Par la suite, chaque année, le Vendredi saint, les manichéens organisaient une cérémonie de deuil appelée Bema autour du catafalque de Manès, dont ils avaient l'habitude d'opposer les souffrances réelles aux souffrances irréelles du Christ.

La doctrine fondamentale du manichéisme est le dualisme, c'est-à-dire l'existence de deux principes opposés dans le monde, la lumière et les ténèbres, le bien et le mal, fondée non pas sur la conception chrétienne de cette idée, mais sur la conception zoroastrienne d'Ormuzd et d'Ahriman, et tellement pervertie et mêlée de superstitions cabalistiques qu'elle a été dénoncée avec autant de véhémence par les prêtres perses que par les pères chrétiens. Ainsi, selon la doctrine de Manès, toute matière est le mal absolu, le principe du mal est éternel, l'humanité elle-même est d'origine satanique, et les premiers êtres humains, Adam et Ève, sont représentés comme la progéniture de démons.[125] On retrouve à peu près la même idée dans la Cabale juive, où il est dit qu'Adam, après d'autres pratiques abominables, a cohabité avec des démons femelles tandis qu'Ève s'est consolée avec des démons mâles, de sorte que des races entières de démons sont nées dans le monde. Eve est également accusée d'avoir cohabité avec le Serpent.[126] Dans le Yalkut Shimoni, il est également relaté que pendant les 130 années où Adam a vécu séparé d'Eve, "il a engendré une génération de démons, d'esprits et de

---

[125] Hastings, *Encyclopædia of Religion and Ethics*, article sur le manichéisme.

[126] Zohar, traité Bereschith, folio 54 (traduction de De Pauly, I. 315).

hobgobelins".[127] La démonologie manichéenne a donc ouvert la voie à la placisation des puissances des ténèbres pratiquée par les Euchites à la fin du quatrième siècle et, plus tard, par les Pauliciens, les Bogomiles et les Lucifériens.

C'est donc dans le gnosticisme et le manichéisme que nous trouvons des preuves des premières tentatives de perversion du christianisme. Le fait même que toutes ces tentatives aient été condamnées par l'Église comme "hérésies" a eu tendance à attirer la sympathie en leur faveur, mais même Éliphas Lévi reconnaît qu'ici l'action de l'Église était juste, car la "monstrueuse gnose de Manès" était une profanation non seulement des doctrines chrétiennes, mais aussi des traditions sacrées préchrétiennes.

---

[127] Le Yalkut Shimoni est une compilation de Midrashim haggadiques datant du XVIe siècle.

2. LA RÉVOLTE CONTRE L'ISLAM[128]

N ous avons suivi les efforts des sectes subversives jusqu'ici dirigés contre le christianisme et le judaïsme orthodoxe ; nous allons maintenant voir cette tentative, réduite par étapes graduelles à un système de travail d'une efficacité extraordinaire, organisé dans le but de saper toutes les croyances morales et religieuses dans l'esprit des Musulmans. Au milieu du VIIe siècle, un immense schisme fut créé dans l'Islam par les partisans rivaux des successeurs du Prophète, les islamistes orthodoxes connus sous le nom de sunnites adhérant aux khalifes élus Abu Bakr, Omar et Othman, tandis que le parti de la révolte, connu sous le nom de chiites, revendiquait le khalifat pour les descendants de Mahomet par l'intermédiaire d'Ali, fils d'Abu-Talib et époux de Fatima, la fille du Prophète. Cette division s'est soldée par une guerre ouverte ; Ali a finalement été assassiné, son fils aîné Hason a été empoisonné à Médine, son fils cadet Husain est tombé à la bataille de Kerbela en combattant les partisans d'Othman. La mort de Hasan et de Husain est encore pleurée chaque année par les chiites lors du Moharram.

LES ISMAÉLIENS

Les chiites eux-mêmes se sont à nouveau divisés sur la question des successeurs d'Ali en quatre factions, dont la quatrième s'est à nouveau divisée en deux autres sectes. L'une et l'autre ont maintenu leur allégeance aux descendants d'Ali jusqu'à Jafar-as-Sadik, mais tandis qu'une partie, connue sous le nom d'Imamias ou Isna-Asharias (c'est-à-

---

[128] Principales autorités consultées pour ce chapitre : Joseph von Hammer, *The History of the Assassins* (trad. anglaise, 1835); Silvestre de Sacy, *Exposé de la Religion des Druses (1838) et Mémoires sur la Dynastie des Assassins* dans les *Mémoires de l'Institut Royal de France*, Vol. IV (1818) ; Hastings *Encyclopædia of Religion and Ethics;* Syed Ameer Ali, *The Spirit of Islam* (1922); Dr. F. W. Bussell, *Religious Thought and Heresy in the Middle Ages* (1918).

dire les duodécimains), soutenait la succession par son fils cadet Musa au douzième Iman Mohammed, fils d'Askeri, les Ismaéliens (ou Septers) adhéraient à Ismail, le fils aîné de Jafar-as-Sadik.

Choix des SUNNITES

- ➤ Abu Bakr (1er Khalife) 632
- ➤ Omar 634
- ➤ Othman 644
- ➤ Ali

Choix des CHIITE

- ➤ Abd-ul-Muttalib
- ➤ Abdullah
- ➤ MOHAMMED A.D. 570-632
- ➤ Fatima a épousé Ali
- ➤ Abu Tälib
- ➤ ALI (4e khalife sunnite et 1er khalife chiite assassiné à Koufa)
- ➤ (2) Hasan empoisonné en 680 après J.-C.
- ➤ (3) Husain est tué à la bataille de Kerbela en 680 après J.-C.
- ➤ (4) Ali II
- ➤ (5) Mahomet
- ➤ (6) Jafar-as-Sadik

Choix des ISMAÉLIENS

- ➤ (7) Ismail
- ➤ Mohammed a disparu circ. 770

Choix des DUODÉCIMAIN

- ➤ (7) Abu'I Hasan Musa
- ➤ (8) Ali III
- ➤ (9) Abu Jafar Mohammed
- ➤ (10) Ali
- ➤ (11) Abou Mohammed al Askari
- ➤ (12) Mohammed al Mahdi

Les CHIITES

> ➤ Les ismaéliens circ. 770 APRÈS J.-C.
> ➤ Les BATINIS (fondée par Abdullah ibn Maymūn) circ. A.D. 872
> ➤ Les FATIMIDES (sous Ubeidallah, 1er khalife Fatimide) 909 ap. J.-C.
> ➤ Les Khalifas fatimides d'Égypte 977 après J.-C.
> ➤ HAKIM 6ème Khalife Fatimide A.D. 996
> ➤ Fondation de Dar-ul-Hikmat A.D. 1004
> ➤ Les ASSASSINS (sous Hasan Saba) A.D. 1090
> ➤ Les DRUSES (sous Hazza) circ. 1021 APRÈS J.-C.
> ➤ Les KARMATES (sous Hamdan Karmath) 896 après J.-C.

LES SUCCESSEURS DU PROPHÈTE

Le résumé ci-dessus montre les lignées rivales de khalifas — Le chiffre figurant à côté de chaque nom indique le numéro de succession du khalife mentionné. Le nom des sectes auxquelles les conflits de succession ont donné naissance est également mentionné.

Jusqu'à présent, cependant, malgré les divisions, aucun groupe de chiites n'a jamais dévié des doctrines fondamentales de l'islamisme, se contentant d'affirmer qu'elles ont été transmises par une lignée différente de celle reconnue par les sunnites. Les premiers Ismaéliens, qui se sont constitués en parti à l'époque de la mort de Mahomet, fils d'Ismail (c'est-à-dire vers l'an 770), sont restés croyants, déclarant seulement que le véritable enseignement du Prophète avait été transmis à Mahomet, qui n'était pas mort mais reviendrait dans la plénitude des temps et qu'il était le Mahdi que les Musulmans devaient attendre. Mais vers l'an 873, un intrigant d'une extraordinaire subtilité réussit à s'emparer du mouvement qui, jusqu'alors simplement schismatique, devint définitivement subversif, non seulement de l'islamisme, mais de toute croyance religieuse.

Cet homme, Abdullah ibn Maymūn, fils d'un médecin érudit et libre penseur du sud de la Perse, élevé dans les doctrines du dualisme gnostique et profondément versé dans toutes les religions, était en réalité, comme son père, un pur matérialiste. En professant son adhésion au credo du chiisme orthodoxe et en proclamant sa connaissance des doctrines mystiques que les ismaéliens croyaient avoir transmises par Ismaïl à son fils Mahomet, Abdullah réussit à se placer à la tête des ismaéliens.

Son plaidoyer en faveur d'Ismail n'était donc qu'un masque, son véritable objectif étant le matérialisme, qu'il a ensuite transformé en système en fondant une secte connue sous le nom de Batinis, avec sept degrés d'initiation.

Dozy a donné la description suivante de cet étonnant projet : Réunir en un seul corps les vaincus et les vainqueurs ; unir sous la forme d'une vaste société secrète à plusieurs degrés d'initiation les libres penseurs — qui ne considéraient la religion que comme un frein pour le peuple — et les bigots de toutes les sectes ; faire des croyants des instruments pour donner de la puissance aux sceptiques ; amener les conquérants à renverser les empires qu'ils avaient fondés ; Construire un parti nombreux, compact et discipliné qui, le moment venu, donnerait le trône, sinon à lui-même, du moins à ses descendants, tel était le but général d'Abdallah ibn Maymūn, conception extraordinaire qu'il réalisa avec un tact merveilleux, une habileté incomparable et une profonde connaissance du cœur humain. Les moyens qu'il adopta furent conçus avec une ruse diabolique...

Ce n'est pas parmi les chiites qu'il cherchait ses vrais partisans, mais parmi les ghebers, les manichéens, les païens de Harran et les étudiants en philosophie grecque ; c'est sur ces derniers seulement qu'il pouvait compter, c'est à eux seuls qu'il pouvait progressivement dévoiler le dernier mystère et révéler que les imams, les religions et la morale n'étaient rien d'autre qu'une imposture et une absurdité. Le reste de l'humanité — les "ânes", comme les appelait Abdullah — était incapable de comprendre de telles doctrines. Mais pour parvenir à ses fins, il ne dédaignait nullement leur aide ; au contraire, il la sollicitait, mais il prenait soin de n'initier les âmes pieuses et humbles qu'aux premiers grades de la secte. Ses missionnaires, à qui l'on avait inculqué l'idée que leur premier devoir était de dissimuler leurs véritables sentiments et de s'adapter aux vues de leurs auditeurs, se présentaient sous de nombreux aspects et parlaient, pour ainsi dire, une langue différente à chaque classe. Ils gagnaient le vulgaire ignorant par des tours de passe-passe qui passaient pour des miracles, ou excitaient sa curiosité par des discours énigmatiques. En présence des dévots, ils prenaient le masque de la vertu et de la piété. Avec les mystiques, ils sont mystiques et dévoilent le sens profond des phénomènes, ou expliquent les allégories et le sens figuré des allégories elles-mêmes...

C'est par de tels moyens que l'on a obtenu le résultat extraordinaire qu'une multitude d'hommes aux croyances diverses travaillaient ensemble pour un objet connu seulement de quelques-uns d'entre eux...[129]

Je cite longuement ce passage car il est d'une immense importance pour éclairer l'organisation des sociétés secrètes modernes. Peu importe la finalité, qu'elle soit politique, sociale ou religieuse, le système reste le même : mettre en mouvement un grand nombre de personnes et les faire travailler à une cause qui leur est inconnue. Nous verrons plus loin que c'est la méthode adoptée par Weishaupt pour organiser les Illuminati et qu'elle lui est venue de l'Orient. Nous verrons maintenant comment le système du philosophe Abdullah a ouvert la voie à l'effusion de sang de la secte la plus terrible que le monde ait jamais connue.

LES KARMATES

Les premiers actes de violence ouverte résultant des doctrines d'Abdallah ont été perpétrés par les Karmates, un nouveau développement des Ismaéliens. Parmi les nombreux dais envoyés par le chef — dont son fils Ahmed et le fils d'Ahmed — se trouvait le dai Hosein Ahwazi, envoyé d'Abdallah en Irak en Perse, qui initia un certain Hamdan surnommé Karmath aux secrets de la secte. Karmath, qui était un intrigant né et ne croyait en rien, devint le chef des Karmates en Arabie, où un certain nombre d'Arabes furent bientôt enrôlés dans la société. Avec une habileté extraordinaire, il réussit à persuader ces dupes de lui remettre tout leur argent, d'abord par de petites contributions, puis par des sommes plus importantes, jusqu'à ce qu'enfin il les convainque des avantages de l'abolition de toute propriété privée et de l'établissement du système de la communauté des biens et des épouses.

Ce principe a été mis en œuvre par le passage du Coran : "Souvenez-vous de la grâce de Dieu qui, alors que vous étiez ennemis, a uni vos cœurs, de sorte que, par sa grâce, vous êtes devenus frères...". De Sacy

---

[129] Reinhart Dozy, *Spanish Islam* (trad. anglaise), pp. 403-5.

retranscrit ainsi les méthodes employées telles qu'elles sont données par l'historien Nowairi :

Lorsque Karmath eut réussi à établir tout cela et que tout le monde eut accepté de s'y conformer, il ordonna au Dais de réunir toutes les femmes une certaine nuit afin qu'elles se mêlent à tous les hommes dans la plus grande promiscuité. C'était là, disait-il, la perfection et le dernier degré de l'amitié et de l'union fraternelle. Il arrivait souvent qu'un mari conduise sa femme et la présente lui-même à l'un de ses frères lorsque cela lui procurait du plaisir. Quand il (Karmath) vit qu'il était devenu le maître absolu de leurs esprits, qu'il s'était assuré leur obéissance et qu'il avait découvert le degré de leur intelligence et de leur discernement, il commença à les égarer tout à fait. Il leur présenta des arguments empruntés aux doctrines des dualistes. Ils se rallièrent facilement à tout ce qu'il proposait, puis il leur enleva toute religion et les libéra de tous les devoirs de piété, de dévotion et de crainte de Dieu qu'il leur avait prescrits au début. Il leur permit le pillage et toutes sortes de licences immorales, et leur enseigna à secouer le joug de la prière, du jeûne et des autres préceptes. Il leur a appris qu'ils n'avaient aucune obligation, qu'ils pouvaient piller les biens et verser le sang de leurs adversaires en toute impunité, que la connaissance du maître de la vérité auquel il les avait appelés tenait lieu de tout le reste, et qu'avec cette connaissance ils n'avaient plus à craindre ni le péché ni le châtiment.

Suite à ces enseignements, les Karmates devinrent rapidement une bande de brigands, pillant et massacrant tous ceux qui s'opposaient à eux et répandant la terreur dans tous les districts environnants.

La fraternité pacifique se transforma ainsi en une sauvage soif de conquête ; les Karmates réussirent à dominer une grande partie de l'Arabie et de l'embouchure de l'Euphrate, et en l'an 920 ils étendirent leurs ravages vers l'ouest. Ils s'emparent de la ville sainte de La Mecque, dans la défense de laquelle 30 000 musulmans tombent. "Pendant un siècle entier", dit von Hammer, "les doctrines pernicieuses de Karmath ont fait rage avec le feu et l'épée au sein même de l'islamisme, jusqu'à ce que la conflagration généralisée s'éteigne dans le sang".

Mais en se proclamant révolutionnaires, les Karmates s'étaient écartés du plan établi par l'initiateur de leur credo, Abdullah ibn Maymūn, qui consistait non pas en des actes de violence ouverte, mais en une doctrine secrète qui devait conduire à l'ébranlement progressif de toute foi religieuse et à une condition d'anarchie mentale plutôt que de chaos matériel. Car la violence, comme toujours, avait engendré la contre-violence, et c'est ainsi que pendant que les Karmates se précipitaient vers leur propre destruction à travers une série de conflits sanglants, une autre branche des Ismaéliens réorganisait tranquillement ses forces, plus en conformité avec la méthode originale de leur fondateur. Il s'agit des Fatimides, ainsi nommés parce qu'ils professent que la doctrine du Prophète descend d'Ali, l'époux de Fatima, la fille de Mahomet. Bien que moins extrémistes que les Karmates ou que leur prédécesseur Abdullah ibn Maymūn, les Fatimides, selon l'historien Makrizi, adoptèrent la méthode consistant à instiller le doute dans l'esprit des croyants et visèrent à substituer une religion naturelle à une religion révélée. En effet, après l'établissement de leur pouvoir en Égypte, il est difficile de distinguer un degré appréciable de différence dans le caractère de leur enseignement par rapport au code anarchique d'Abdullah et de son représentant plus violent Karmath.

LES FATIMIDES

Le fondateur de la dynastie des khalifes Fatimides était un certain Ubeidallah, connu sous le nom de Mahdi, accusé d'ascendance juive par ses adversaires les Abbassides, qui déclaraient — apparemment sans fondement — qu'il était le fils ou le petit-fils d'Ahmed, fils d'Adbullah ibn Maymūn, par une juive. Sous le quatrième khalife fatimide, l'Égypte tomba sous le pouvoir de la dynastie et, très vite, des assemblées bihebdomadaires d'hommes et de femmes, connues sous le nom de "sociétés de sagesse", furent instituées au Caire. En 1004, elles acquirent une plus grande importance avec la création du Dar ul Hikmat, ou Maison de la Connaissance, par le sixième Khalifa Hakim, qui fut élevé au rang de divinité après sa mort et qui est encore vénéré aujourd'hui par les Druses. Sous la direction du Dar ul Hikmat ou Grande Loge du Caire, les Fatimides poursuivirent le plan de la société secrète d'Abdullah ibn Maymūn en y ajoutant deux degrés supplémentaires, soit neuf au total. Leur méthode d'enrôlement des prosélytes et leur système d'initiation — qui, comme le souligne Claudio Jannet, "sont absolument ceux que Weishaupt, le fondateur des *Illuminati*, a prescrits aux 'Frères

Insinuants'" [130] — ont été retranscrits par l'historien Nowairi du XIVe siècle dans une description que l'on peut brièvement résumer ainsi[131] :

Les prosélytes étaient divisés en deux classes, les savants et les ignorants. Le Dai devait approuver le premier, applaudir sa sagesse, et impressionner le second par son propre savoir en lui posant des questions déroutantes sur le Coran. Ainsi, en l'initiant au premier degré, le Dai prenait un air de profondeur et expliquait que les doctrines religieuses étaient trop abstruses pour l'esprit ordinaire, mais qu'elles devaient être interprétées par des hommes qui, comme les Dais, avaient une connaissance spéciale de cette science. L'initié était tenu au secret absolu sur les vérités qui allaient lui être révélées et devait payer d'avance pour ces révélations. Pour piquer sa curiosité, le Dai s'arrêtait brusquement au milieu d'un discours, et si le novice refusait finalement de payer la somme demandée, il restait dans un état d'égarement qui lui inspirait le désir d'en savoir plus.

Au deuxième degré, l'initié a été persuadé que tous ses anciens maîtres étaient dans l'erreur et qu'il devait placer sa confiance uniquement dans les Imams dotés de l'autorité de Dieu ; au troisième degré, il a appris que ces Imams étaient ceux des Ismaéliens, au nombre de sept, se terminant par Mohammed, fils d'Ismaïl, contrairement aux douze Imams des Imamias qui soutenaient les revendications du frère d'Ismaïl, Musa ; dans le quatrième, on lui dit que les prophètes qui ont

---

[130] Claudio Jannet, *Les Précurseurs de la Franc-Maçonnerie*, p. 58 *(1887)*.

[131] Le récit suivant est donné par de Sacy en relation avec Abdullah ibn Maymūn (op. cit., I. lxxiv), et le Dr. Bussell (*Religious Thought and Heresy in the Middle Ages*, p. 353) l'inclut dans son chapitre sur les Karmates. Von Hammer, cependant, le donne comme le programme du Dar ul Hikmat, ce qui semble plus probable puisque l'initiation comporte neuf degrés et que la société des Batinis d'Abdullah, dans laquelle Karmath avait été initié, n'en comportait que sept. Yarker (*The Arcane Schools*, p. 185) dit que les deux degrés supplémentaires ont été ajoutés par le Dar ul Hikmat. Il semblerait donc que de Sacy, en plaçant ce récit avant sa description des Karmates, ait anticipé. Le point est sans importance, le fait étant que le même système était commun à toutes ces ramifications d'Ismaéliens, et que celui du Dar ul Hikmat ne variait que très peu de celui d'Abdullah et de Karmath.

précédé les imams descendant d'Ali étaient également au nombre de sept : Adam, Noé, Abraham, Moïse, Jésus, le premier Mahomet et, enfin, Mahomet, fils d'Ismaïl.

Jusqu'à présent, rien n'a été dit à l'initié en contradiction avec les principes généraux de l'islamisme orthodoxe. Mais au cinquième degré, le processus d'affaiblissement de sa religion a commencé, on lui a dit de rejeter la tradition et de ne pas tenir compte des préceptes de Mahomet ; au sixième, on lui a enseigné que toutes les observances religieuses — prière, jeûne, etc. — n'étaient qu'emblématiques, qu'en fait toutes ces choses étaient des dispositifs pour maintenir le troupeau commun des hommes dans la subordination ; dans la septième, les doctrines du Dualisme, d'une plus grande et d'une moins grande divinité, furent introduites et l'unité de Dieu — doctrine fondamentale de l'Islamisme — fut détruite ; dans le huitième, une grande imprécision est exprimée sur les attributs de la première et de la plus grande de ces divinités, et il est souligné que les vrais prophètes sont ceux qui s'occupent de questions pratiques — institutions politiques et bonnes formes de gouvernement ; enfin, dans le neuvième, il est montré à l'adepte que tout enseignement religieux est allégorique et que les préceptes religieux ne doivent être observés que dans la mesure où cela est nécessaire pour maintenir l'ordre, mais l'homme qui comprend la vérité peut ignorer toutes les doctrines de ce genre. Abraham, Moïse, Jésus et les autres prophètes n'étaient donc que des maîtres qui avaient profité des leçons de la philosophie. Toute croyance en une religion révélée était ainsi détruite. On voit donc que, dans les derniers degrés, tout l'enseignement des cinq premiers a été renversé et qu'il s'est donc révélé être une fraude. La fraude constituait en fait le système de la société ; dans les instructions données au Dais, tous les artifices sont décrits pour enrôler des prosélytes par le biais de fausses déclarations : Les juifs devaient être gagnés en parlant mal des chrétiens, les chrétiens en parlant mal des juifs et des musulmans, les sunnites en se référant avec respect aux khalifas orthodoxes Abu Bakr et Omar et en critiquant Ali et ses descendants. Il fallait surtout veiller à ne pas présenter aux prosélytes des doctrines qui pourraient les révolter, mais les faire progresser pas à pas. Par ce moyen, ils seraient prêts à obéir à n'importe quel ordre. Comme l'expriment les instructions : Si vous donniez l'ordre à qui que ce soit de lui enlever tout ce qu'il a de plus précieux, surtout son argent, il ne s'opposerait à aucun de vos ordres, et si la mort le surprenait, il vous laisserait par testament tout ce qu'il possède et vous ferait son héritier. Il pensera que dans le monde entier il ne peut trouver un homme plus digne que vous.

Telle était la grande société secrète qui devait servir de modèle aux Illuminati du XVIIIe siècle, à laquelle le résumé de von Hammer pourrait s'appliquer avec autant de vérité :

Ne rien croire et tout oser, tel était en deux mots le résumé de ce système, qui anéantissait tout principe de religion et de morale, et qui n'avait d'autre objet que d'exécuter des desseins ambitieux avec des ministres convenables, qui, osant tout et ne sachant rien, puisqu'ils considèrent que tout est tricherie et que rien n'est défendu, sont les meilleurs instruments d'une politique infernale. Un système qui, n'ayant d'autre but que la satisfaction d'une insatiable soif de domination, au lieu de rechercher le plus haut des objets humains, se précipite dans l'abîme, et, se mutilant lui-même, s'ensevelit au milieu des ruines des trônes et des autels, du naufrage du bonheur national, et de l'exécration universelle de l'humanité.[132]

LES DRUSES

La terrible Grande Loge du Caire devint bientôt le centre d'un culte nouveau et extraordinaire. Hakim, sixième khalife Fatimide et fondateur du Dar ul Hikmat, monstre de tyrannie et de crime dont le règne ne peut être comparé qu'à celui de Caligula ou de Néron, fut élevé au rang de divinité par un certain Ismail Darazi, un Turc qui, en 1016, annonça dans une mosquée du Caire que le khalife devait être l'objet d'un culte. Hakim, qui "croyait que la raison divine était incarnée en lui", se proclama divinité quatre ans plus tard, et le culte fut finalement établi par l'un de ses vizirs, le mystique persan Hamza ibn Ali. Les cruautés de Hakim, cependant, avaient tellement outragé le peuple égyptien qu'un an plus tard, il fut assassiné par une bande de mécontents, dirigée, dit-on, par sa sœur, qui dissimula ensuite son corps — circonstance qui donna à ses disciples l'occasion de déclarer que la divinité avait simplement disparu pour éprouver la foi des croyants, mais qu'elle réapparaîtrait avec le temps et punirait les apostats. Cette croyance devint la doctrine des Druses du Liban, que Darazi avait gagnés au culte de Hakim.

---

[132] Von Hammer, op. cit. (trad. anglaise), pp. 36, 37.

Il n'est pas nécessaire d'entrer dans les détails de cette étrange religion, qui persiste encore aujourd'hui dans le massif du Liban ; Il suffit de dire que, bien qu'issus des Ismaéliens, les Druses ne semblent pas avoir embrassé le matérialisme d'Abdullah ibn Maymūn, mais qu'ils ont greffé sur une forme primitive de culte de la nature et de sabéisme la croyance avouée des Ismaéliens en la dynastie d'Ali et de ses successeurs, et au-delà une croyance absconse et ésotérique concernant la nature de la divinité suprême. Ils déclarent que Dieu est la "Raison universelle", qui se manifeste par une série d'"avatars". Hakim était la dernière des incarnations divines, et "lorsque le mal et la misère auront atteint le niveau prédestiné, il apparaîtra à nouveau pour conquérir le monde et rendre sa religion suprême".

C'est cependant en tant que société secrète que les Druses entrent dans le cadre de ce livre, car leur organisation présente plusieurs analogies avec celle que nous connaissons aujourd'hui sous le nom de "maçonnerie". Au lieu des neuf degrés institués par la Loge du Caire, les Druses ne sont divisés qu'en trois — les profanes, les aspirants et les sages — auxquels leurs doctrines sont progressivement dévoilées sous le sceau du secret le plus strict, et pour lesquels des signes et des mots de passe sont employés à la manière de la franc-maçonnerie.

Un certain degré de duplicité semble entrer dans leur schéma, ressemblant beaucoup à celui imposé aux dais ismaéliens lorsqu'ils enrôlent des prosélytes appartenant à d'autres religions : ainsi, en parlant aux mahométans, les Druses professent être des disciples du Prophète ; avec les chrétiens, ils prétendent détenir les doctrines du christianisme, une attitude qu'ils défendent au motif qu'il est illégal de révéler les dogmes secrets de leur croyance à un "Noir" ou à un incroyant.

Les Druses ont l'habitude de tenir des réunions où, comme dans le Dar ul Hikmat, hommes et femmes se rassemblent et discutent de questions religieuses et politiques ; les non-initiés ne peuvent cependant exercer aucune influence sur les décisions, qui sont prises par le cercle intérieur, auquel seuls les "Sages" sont admis. La ressemblance entre cette organisation et celle de la franc-maçonnerie du Grand Orient est évidente. Les Druses ont également des modes de reconnaissance communs avec la Franc-maçonnerie, comme l'a constaté M. Achille Laurent : "La formule ou catéchisme des Druses ressemble à celui des francs-maçons ; on ne peut l'apprendre que des *Akals* (ou Akels = Intelligents, petit groupe d'initiés supérieurs), qui n'en révèlent les mystères qu'après les avoir soumis à des épreuves et fait prêter des serments terribles".

Je reviendrai plus loin dans ce livre sur les affinités entre les Druses et les francs-maçons du Grand Orient.

LES ASSASSINS

On voit que les Druses, se distinguant des autres sectes ismaéliennes par leur culte de Hakim, tout en conservant d'authentiques croyances religieuses, n'avaient pas poursuivi la tradition athée d'Abdullah ibn Maymūn et de la Grande Loge du Caire. Mais cette tradition devait trouver en 1090 un représentant en la personne du Persan Hasan Saba, originaire du Khorasan, fils d'Ali, chiite rigoureux, qui, soupçonné d'idées hérétiques, finit par se déclarer sunnite.

Hasan, élevé dans cette atmosphère de duplicité, était donc tout à fait apte à jouer le rôle machiavélique d'un Dai ismaélien.

Von Hammer considère Hasan comme un puissant génie, l'un des membres d'une splendide triade, dont les deux autres étaient ses camarades d'école, le poète Omar Khayyám et Nizam ul Mulk, grand vizir du sultan seldjoukide, Malik Shah. Hasan, qui, grâce à la protection de Nizam ul Mulk, s'était assuré des titres et des revenus et avait finalement accédé à des fonctions à la cour du sultan, tenta de supplanter son bienfaiteur et finit par se retirer en disgrâce, jurant de se venger du sultan et du vizir. À ce moment-là, il rencontre plusieurs ismaéliens, dont l'un, un Dai nommé Mumin, le convertit finalement aux principes de sa secte, et Hasan, se déclarant désormais un adepte convaincu des khalifas Fatimides, se rend au Caire, où il est reçu avec honneur par le Dar ul Hikmat et par le khalife Mustansir, dont il devient le conseiller. Mais ses intrigues l'entraînant une fois de plus dans la disgrâce, il s'enfuit à Alep et jeta les bases de sa nouvelle secte. Après avoir enrôlé des prosélytes à Bagdad, Ispahan, Khusistan et Damaghan, il réussit à obtenir par stratégie la forteresse d'Alamut en Perse sur la mer Caspienne, où il achève les plans de sa grande société secrète qui deviendra à jamais tristement célèbre sous le nom de Hashishiyīn, ou *Assassins*.

Sous prétexte de croire aux doctrines de l'Islam et d'adhérer à la ligne de succession ismaélienne du Prophète, Hasan Saba entreprit de se frayer un chemin vers le pouvoir et, pour ce faire, adopta la même méthode qu'Abdullah ibn Maymūn. Mais la terrible efficacité de la société de

Hasan réside dans le fait qu'un système de force physique est désormais organisé d'une manière dont son prédécesseur n'avait jamais rêvé. Comme von Hammer l'a observé dans un passage admirable : Les opinions sont impuissantes tant qu'elles ne font qu'embrouiller le cerveau sans armer la main. Le scepticisme et la libre pensée, tant qu'ils n'ont occupé que l'esprit des indolents et des philosophes, n'ont causé la ruine d'aucun trône, et c'est pour cela que le fanatisme religieux et politique sont les leviers les plus puissants entre les mains des nations. Ce que croient les peuples n'est rien pour l'ambitieux, mais c'est tout de savoir comment il peut les tourner pour l'exécution de ses projets.[133]

Ainsi, comme dans le cas de la Révolution française, "dont les premiers acteurs", observe également von Hammer, "étaient les outils ou les chefs des sociétés secrètes", ce n'est pas la simple théorie mais la méthode consistant à enrôler de nombreuses dupes et à mettre des armes entre leurs mains qui a provoqué la "Terreur" des Assassins six siècles avant celle de leurs descendants spirituels, les Jacobins de 1793. S'inspirant de l'organisation de la Grande Loge du Caire, Hasan ramena les neuf degrés à leur nombre initial de sept, mais ceux-ci reçurent désormais une nomenclature précise et inclurent non seulement les vrais initiés mais aussi les agents actifs.

En descendant, les degrés des Assassins étaient donc les suivants : premièrement, le Grand Maître, connu sous le nom de Shaikh-al-Jabal ou "Vieux de la Montagne" — en raison du fait que l'Ordre possédait toujours des châteaux dans les régions montagneuses ; deuxièmement, les Dail Kebir ou Grands Prieurs ; troisièmement, les Dais pleinement initiés, les nonces religieux et les émissaires politiques ; quatrièmement, les Rafiqs ou associés, en formation pour les degrés supérieurs ; cinquièmement, les Fadais ou "dévoués", qui entreprenaient de s'entraîner pour les degrés les plus élevés ; quatrièmement, les Rafiqs ou associés, en formation pour les degrés supérieurs ; cinquièmement, les Fadais ou "dévoués", qui s'engageaient à porter le coup secret décidé par leurs supérieurs ; sixièmement, les Lasiqs, ou frères de loi ; et enfin les "gens du peuple", qui ne devaient être que des instruments aveugles. Si l'on accepte les équivalents des mots "Dai", "Rafiqs" et "Fadais" donnés

---

[133] Von Hammer, *L'histoire des assassins*, pp. 45, 46.

par von Hammer et le Dr. Bussell comme "Master Masons", "Fellow Crafts" et "Entered Apprentices", on obtient une analogie intéressante avec les degrés de la franc-maçonnerie.

Les desseins contre la religion n'étaient bien sûr pas admis par l'Ordre ; "une stricte uniformité à l'Islam était exigée de tous les rangs inférieurs des non-initiés, mais on apprenait à l'*adepte* à voir à travers la tromperie de la "foi et des œuvres". Il ne croyait en rien et reconnaissait que tous les actes ou moyens étaient indifférents et que seule la fin (séculière) devait être prise en compte. "[134]

L'objectif final était donc la domination d'un petit nombre d'hommes dévorés par la soif de pouvoir "sous le couvert de la religion et de la piété", et la méthode pour y parvenir était l'assassinat en masse de ceux qui s'opposaient à eux.

Pour stimuler l'énergie des Fadais, qui devaient exécuter ces crimes, les supérieurs de l'Ordre avaient recours à un ingénieux système d'illusion. Sur tout le territoire occupé par les Assassins se trouvaient des jardins exquis avec des arbres fruitiers, des bosquets de roses et des ruisseaux étincelants. On y trouvait des lieux de repos luxueux avec des tapis persans et des divans moelleux, autour desquels planaient des "houris" aux yeux noirs portant du vin dans des vases à boire en or et en argent, tandis qu'une douce musique se mêlait au murmure de l'eau et au chant des oiseaux.

Le jeune homme que les Assassins souhaitaient former à une carrière de criminel était présenté au Grand Maître de l'Ordre et enivré de haschisch — d'où le nom de "Hashishiyīn" appliqué à la secte, d'où le mot assassin est dérivé. Sous le bref charme de l'inconscience induite par cette drogue séduisante, le futur Fadai était alors transporté dans le jardin où, à son réveil, il se croyait au Paradis. Après en avoir goûté tous les plaisirs, il recevait une nouvelle dose d'opiacé et, à nouveau inconscient, était transporté en présence du Grand Maître, qui lui assurait qu'il ne l'avait jamais quitté, mais qu'il n'avait fait qu'expérimenter un avant-goût du Paradis qui l'attendait s'il obéissait aux ordres de ses chefs. Le néophyte, stimulé par la conviction qu'il exécute les ordres du Prophète,

---

[134] F. W. Bussell, *Religious Thought and Heresy in the Middle Ages*, p. 368.

qui le récompensera par la félicité éternelle, entre avec empressement dans les plans qui lui sont proposés et consacre sa vie à l'assassinat. C'est ainsi que, par l'attrait du paradis, les Assassins ont recruté des instruments pour leur travail criminel et ont établi un système de meurtre organisé sur la base de la ferveur religieuse. Rien n'est vrai et tout est permis" était le fondement de leur doctrine secrète qui, cependant, n'étant transmise qu'à un petit nombre et dissimulée sous le voile de la religion et de la piété les plus austères, restreignait l'esprit sous le joug d'une obéissance aveugle".[135] Pour le monde extérieur, tout cela restait un profond mystère ; la fidélité à l'islam était proclamée comme la doctrine fondamentale de la secte, et lorsque l'envoyé du sultan Sajar fut envoyé pour recueillir des informations sur les croyances religieuses de l'Ordre, il reçut l'assurance suivante : "Nous croyons en l'unité de Dieu, mais nous ne croyons pas en l'unité de Dieu : "Nous croyons en l'unité de Dieu et ne considérons que la vraie sagesse qui s'accorde avec sa parole et les commandements du prophète.

Von Hammer, répondant à l'éventuelle affirmation selon laquelle, comme dans le cas des Templiers et des Illuminati bavarois, ces méthodes de tromperie pourraient être considérées comme une calomnie pour l'Ordre, souligne que dans le cas des Assassins, aucun doute possible n'existait, car leurs doctrines secrètes ont finalement été révélées par les chefs eux-mêmes, tout d'abord par Hasan II, le troisième successeur de Hasan Saba, et plus tard par Jalal-ud-din Hasan, qui anathématisa publiquement les fondateurs de la secte et ordonna de brûler les livres qui contenaient leurs desseins contre la religion — une procédure qui, cependant, semble avoir été une manœuvre stratégique pour restaurer la confiance dans l'Ordre et lui permettre de poursuivre son œuvre de subversion et de crime. Un véritable règne de la terreur s'établit ainsi dans tout l'Orient ; les Rafiqs et les Fadais "se répandirent en troupes sur toute l'Asie et obscurcirent la face de la terre" ; et "dans les annales des Assassins se trouve l'énumération chronologique des hommes célèbres de toutes les nations qui sont tombés victimes des Ismaéliens, à la joie de leurs assassins et à la douleur du monde".[136]

---

[135] Von Hammer, op. cit. p. 55.

[136] Von Hammer, op. cit. p. 83, 89.

Inévitablement, ce long et systématique assouvissement de la soif de sang se retourna contre les chefs, et les Assassins, comme les Terroristes de France, finirent par se retourner les uns contre les autres. Le Vieux de la Montagne lui-même fut assassiné par son beau-frère et son fils Mohammed ; Mohammed, à son tour, tout en "visant la vie de son fils Jalal-ud-din, fut devancé par lui avec du poison, meurtre qui fut à nouveau vengé par du poison", de sorte que de "Hasan l'Illuminateur" jusqu'au dernier de sa lignée, les Grands Maîtres tombèrent des mains de leurs plus proches parents, et "le poison et le poignard préparèrent la tombe que l'Ordre avait ouverte pour tant de gens".[137] Enfin, en 1250, les hordes conquérantes du Mongol Mangu Khan balayèrent la dynastie des Assassins.

Mais, bien que les Assassins et les Fatimides aient cessé d'exister en tant que puissances régnantes, les sectes dont ils sont issus se sont perpétuées jusqu'à nos jours ; chaque année, lors de la célébration du Moharram, les chiites se frappent la poitrine et s'aspergent de sang en invoquant à haute voix les héros martyrs Hasan et Husain ; les Druses du Liban attendent toujours le retour de Hakim, et dans cet Orient insondable, berceau de tous les mystères, le plus profond des Européens, adepte des intrigues des sociétés secrètes, peut se trouver distancé par des maîtres du passé dans l'art qu'il croyait maîtriser.

La secte de Hasan Saba était le modèle suprême sur lequel se fondaient tous les systèmes d'assassinat organisé par le fanatisme, comme les Carbonari et la Fraternité républicaine irlandaise, et les signes, les symboles, les initiations de la Grande Loge du Caire constituaient le fondement des grandes sociétés secrètes d'Europe.

Comment ce système a-t-il été transporté en Occident ? Par quel canal les idées de ces sectes orientales successives ont-elles pénétré dans le monde chrétien ? Pour répondre à cette question, nous devons nous tourner vers l'histoire des croisades.

---

[137] Ibid. p. 164.

3. LES TEMPLIERS

En 1118, dix-neuf ans après que la première croisade se fut achevée par la défaite des musulmans, la prise d'Antioche et de Jérusalem et l'installation de Godefroi de Bouillon comme roi de cette dernière ville, une bande de neuf *gentilshommes* français, dirigée par Hugues de Payens et Godefroi de Saint-Omer, se constitua en ordre pour la protection des pèlerins du Saint-Sépulcre. Baudouin II, qui succède alors au trône de Jérusalem, leur offre une maison près de l'emplacement du temple de Salomon, d'où le nom de Templiers sous lequel ils deviendront célèbres. En 1128, les Templiers

l'Ordre est sanctionné par le concile de Troyes et par le pape, et une règle est rédigée par saint Bernard, selon laquelle les Templiers sont liés par les vœux de pauvreté, de chasteté et d'obéissance.

Bien que les Templiers se soient distingués par de nombreux actes de bravoure, la règle selon laquelle ils ne devaient vivre que d'aumônes entraîna des dons si importants que, abandonnant leur vœu de pauvreté, ils se répandirent dans toute l'Europe et, à la fin du douzième siècle, étaient devenus un corps riche et puissant. La devise que l'Ordre avait inscrite sur sa bannière, *"Non nobis, Domine, sed nomini tuo da gloriam"*, fut également oubliée, car, leur foi s'étant refroidie, ils se laissèrent aller à l'orgueil et à l'ostentation. C'est ainsi qu'un auteur maçonnique du XVIIIe siècle l'a exprimé :

La guerre, qui pour le plus grand nombre des guerriers de bonne foi se révélait une source de fatigues, de pertes et de malheurs, ne devenait pour eux (les Templiers) qu'une occasion de butin et d'agrandissement, et s'ils se distinguaient par quelques actions d'éclat, leur motif cessait bientôt d'être douteux lorsqu'on les voyait s'enrichir même des dépouilles des confédérés, d'accroître leur crédit par l'étendue des nouvelles possessions qu'ils avaient acquises, de pousser l'arrogance jusqu'à rivaliser de faste et de grandeur avec les princes couronnés, de refuser leur aide contre les ennemis de la foi, comme en témoigne l'histoire de Saladin, et enfin de s'allier avec ce prince horrible et sanguinaire nommé le Vieux de la Montagne, prince des Assassins.[138]

La véracité de cette dernière accusation est cependant sujette à caution. Pendant un certain temps, en tout cas, les Templiers ont été en guerre contre les Assassins.

Lorsqu'en 1152 les Assassins assassinèrent Raymond, Comte de Tripoli, les Templiers pénétrèrent sur leur territoire et les forcèrent à signer un traité par lequel ils devaient payer un tribut annuel de 12 000 pièces d'or en expiation du crime. Quelques années plus tard, le Vieux de la Montagne envoya un ambassadeur à Amaury, roi de Jérusalem, pour lui dire en privé que si les Templiers renonçaient à payer ce tribut, lui et ses disciples embrasseraient la foi chrétienne. Amaury accepta, offrant en même temps de dédommager les Templiers, mais certains chevaliers assassinèrent l'ambassadeur avant qu'il ne puisse retourner auprès de son maître. Lorsqu'on lui demanda réparation, le Grand Maître rejeta la responsabilité sur un chevalier borgne maléfique nommé Gautier de Maisnil.[139]

Il est donc évident que les relations entre les Templiers et les Assassins furent d'abord loin d'être amicales ; néanmoins, il semble probable qu'une entente se soit instaurée par la suite entre eux. Tant sur cette accusation que sur celle de trahison envers les armées chrétiennes, on peut citer le point de vue impartial du Dr Bussell sur la question :

Lorsqu'en 1149 l'empereur Conrad III échoue devant Damas, on pense que les Templiers ont une entente secrète avec la garnison de cette ville ; en 1154, ils auraient vendu, pour 60 000 pièces d'or, un prince d'Égypte qui souhaitait devenir chrétien ; il fut ramené chez lui pour y subir une mort certaine de la part de sa famille fanatique. En 1166, Amaury, roi de Jérusalem, fit pendre douze membres de l'Ordre pour avoir trahi une forteresse au profit de Nureddin.

Et le Dr. Bussell poursuit en disant qu'il ne peut être contesté qu'ils ont eu "des relations longues et importantes" avec les Assassins "et qu'ils ont donc été soupçonnés (non injustement) de s'imprégner de leurs

---

[138] *Développement des abus introduits dans la Franc-maçonnerie*, p. 56 (1780).

[139] Jules Loiseleur, *La doctrine secrète des Templiers*, p. 89.

préceptes et de suivre leurs principes".[140]

À la fin du XIIIe siècle, les Templiers sont devenus suspects, non seulement aux yeux du clergé, mais aussi du grand public.

"Parmi les gens du peuple, reconnaît l'un de leurs derniers apologistes, de vagues rumeurs circulaient. On parlait de la cupidité et de l'absence de scrupules des chevaliers, de leur passion pour l'enrichissement et de leur rapacité. Leur insolence hautaine était proverbiale. On leur attribue des habitudes de boisson ; le dicton "boire comme un Templier" est déjà en usage. Le vieux mot allemand *Tempelhaus* désignait une maison de mauvaise réputation".[141]

Les mêmes rumeurs étaient parvenues à Clément V avant même son accession au trône papal en 1305[142] et, cette même année, il somma le Grand Maître de l'Ordre, Jacques du Molay, de revenir en France de l'île de Chypre, où il rassemblait de nouvelles forces pour venger les récents revers des armées chrétiennes.

Du Molay arrive en France avec soixante autres Templiers et 150 000 florins d'or, ainsi qu'une grande quantité d'argent que l'Ordre a amassé en Orient.[143]

Le pape se mit alors à enquêter sur les accusations "d'apostasie

---

[140] F W. Bussell, D.D., *Religions Thought and Heresy in the Middle Ages*, pp. 796, 797.

[141] G. Mollat, *Les Papes d'Avignon*, p. 233 (1912).

[142] Michelet, *Procès des Templiers*, I. 2 (1841). Cet ouvrage, en grande partie, consiste en la publication en latin des *bulles* papales et des procès des Templiers devant la Commission papale à Paris, contenus dans le document original conservé à *Notre-Dame*. Michelet dit qu'une autre copie a été envoyée au Pape et conservée sous la triple clé du Vatican. M. E. J. Castle, K. C., dit cependant qu'il s'est renseigné sur l'endroit où se trouve cette copie et qu'elle n'est plus au Vatican (*Proceedings against the Templars in France and in England for Heresy,* republié à partir de *Ars Quatuor Coronatorum*, Vol. XX. Partie III. p. 1).

[143] M. Raynouard, *Monuments historiques relatifs à la condamnation des Chevaliers du Temple et de l'abolition de leur Ordre*, p. 17 (1813).

inqualifiable contre Dieu, d'idolâtrie détestable, de vice exécrable et de nombreuses hérésies" qui lui avaient été "secrètement communiquées".

Mais, pour citer ses propres mots :

Parce qu'il ne semblait ni probable ni crédible que des hommes d'une telle religion, dont on croyait qu'ils versaient souvent leur sang et exposaient fréquemment leur personne au péril de la mort pour le nom du Christ, et qui montraient de si grands et nombreux signes de dévotion tant dans les offices divins que dans les jeûnes, ainsi que dans d'autres observances dévotionnelles, puissent oublier leur salut au point de faire ces choses, nous n'étions pas disposés... à prêter l'oreille à ce genre d'insinuation... (*hujusmodi insinuacioni ac delacioni ipsorum... aurem noluimus inclinare*).[144]

Le roi de France, Philippe le Bel, jusqu'alors ami des Templiers, s'alarme et presse le pape d'agir contre eux. Mais avant que le pape ne puisse en savoir plus, le roi se fait justice lui-même et fait arrêter tous les Templiers de France le 13 octobre 1307. Les chefs d'accusation suivants sont alors portés contre eux par l'inquisiteur de France devant lequel ils sont interrogés :

1. La cérémonie d'initiation à leur Ordre s'accompagnait d'insultes à la Croix, de la négation du Christ et d'obscénités grossières.

2. L'adoration d'une idole dont on disait qu'elle était l'image du vrai Dieu.

3. L'omission des paroles de la consécration à la messe.

4. Le droit que s'arrogeaient les chefs laïcs de donner l'absolution.

5. L'autorisation du vice contre nature.

À toutes ces infamies, un grand nombre de Chevaliers, dont Jacques du Molay, avouèrent presque exactement les mêmes choses ; lors de leur admission dans l'Ordre, disent-ils, on leur avait montré la croix sur laquelle figurait le Christ, et on leur avait demandé s'ils croyaient en lui ; sur leur réponse affirmative, on leur avait dit dans certains cas que c'était

---

[144] Michelet, op. cit. I. 2 (1841).

mal (*dixit sibi quod male credebat*),[145] parce qu'il n'était pas Dieu, c'était un faux prophète (*quia falsus propheta erat, nec erat Deus*).[146] Certains ont ajouté qu'on leur avait ensuite montré une idole ou une tête barbue qu'on leur avait dit d'adorer[147] ; l'un d'entre eux a ajouté que cette tête était d'un " aspect si terrible qu'elle lui semblait être le visage de quelque diable, appelé en français *un maufé*, et que chaque fois qu'il la voyait, il était tellement saisi de crainte qu'il ne pouvait guère la regarder sans crainte et sans tremblement "147."[148] Tous les confesseurs déclarèrent qu'on leur avait ordonné de cracher sur le crucifix, et un très grand nombre d'entre eux qu'ils avaient reçu l'injonction de commettre des obscénités et de pratiquer des vices contre nature.

Certains ont déclaré qu'en cas de refus d'exécuter ces ordres, ils avaient été menacés d'emprisonnement, voire d'emprisonnement perpétuel ; quelques-uns ont déclaré avoir été incarcérés[149] ; un autre a déclaré avoir été terrorisé, pris à la gorge et menacé de mort.[150]

Cependant, comme un certain nombre de ces aveux ont été faits sous la torture, il est plus important d'examiner les preuves fournies par le procès des chevaliers devant le pape, où cette méthode n'a pas été employée.

Or, au moment de l'arrestation des Templiers, Clément V., très mécontent de l'ingérence du roi dans un ordre qui existait entièrement

---

[145] Michelet, *Procès des Templiers*, II. 333.

[146] Ibid. pp. 295, 333.

[147] Ibid. pp. 290, 299, 300.

[148] « Dixit per juramentum suum quod ita est terribilis figure et aspectus quod videbatur sibi quod esset figura cujusdam demonis, dicendo gallice *d'un maufé*, et quod quocienscumque videbat ipsum tantus timor eum invadebat, quod vix poterat illud respicere nisi cum maximo timore et tremore. » — Ibid. p. 364.

[149] Ibid. pp. 284, 338. «Ipse minabatur sibi quod nisi faceret, ipse ponereteum in carcere perpetuo» - Ibid. p. 307.

[150] « Et fuit territus plus quam unquam fuit in vita sua : et statim unus eorum accepit eum per gutur, dicens quod oportebat quod hoc faceret, vel moreretur » - Ibid. p. 296.

sous la juridiction papale, écrivit à Philippe le Bel, dans les termes les plus vifs, une remontrance demandant leur libération, et même après leur procès, ni les aveux des chevaliers, ni les exposés furieux du roi ne purent le persuader de leur culpabilité.[151] Mais comme le scandale concernant les Templiers augmentait, il consentit à recevoir en audience privée "un certain chevalier de l'Ordre, de grande noblesse et tenu par ledit Ordre en non moindre estime", qui témoigna des abominations qui avaient eu lieu lors de la réception des Frères, des crachats sur la croix, et d'autres choses qui n'étaient ni légales ni, humainement parlant, décentes.[152]

Le pape décida alors de faire examiner à Poitiers soixante-douze chevaliers français afin de vérifier si les aveux qu'ils avaient faits devant l'inquisiteur de Paris pouvaient être corroborés. Lors de cet examen, qui se déroula sans torture ni pression d'aucune sorte et en présence du pape lui-même, les témoins déclarèrent sous serment qu'ils diraient "la vérité pure et entière". Ils ont ensuite fait des aveux qui ont été consignés par écrit en leur présence et qui, après avoir été lus à haute voix, ont été approuvés expressément et volontairement (*perseverantes in illis eas expresse et sponte, prout recitate fuerunt approbarunt*).[153]

En outre, un examen du Grand Maître, Jacques du Molay, et des Précepteurs de l'Ordre a eu lieu en présence de "trois cardinaux et quatre notaires publics et beaucoup d'autres hommes de bien". Ces témoins, dit le rapport officiel, "ayant juré de leurs mains sur l'Évangile de Dieu" (*ad sancta dei evangelia ab iis corporaliter tacta*) qu'ils diraient sur toutes les choses susmentionnées la pure et pleine vérité, ils ont, séparément, librement et spontanément, sans aucune contrainte ni crainte, déposé et confessé, entre autres choses, le reniement du Christ et le crachat sur la croix lorsqu'ils ont été reçus dans l'Ordre du Temple. Et certains d'entre eux (ont déposé et confessé) que sous la même forme, c'est-à-dire avec le reniement du Christ et le crachat sur la croix, ils avaient reçu de nombreux Frères dans l'Ordre. Certains d'entre eux ont également confessé d'autres choses horribles et dégoûtantes sur lesquelles nous

---

[151] Mollat, op. cit. p. 241.

[152] *Procès des Templiers*, I. 3 : M. E. J. Castle, op. cit. Partie III. p. 3. (Il convient de noter que l'article de M. Castle est fortement en faveur des Templiers).

[153] Ibid. I. 4.

sommes silencieux....

En outre, ils ont dit et confessé que les choses contenues dans les aveux et les dépositions de dépravation hérétique qu'ils ont faits dernièrement devant l'inquisiteur (de Paris) étaient vraies.

Leurs confessions, à nouveau consignées par écrit, ont été approuvées par les témoins, qui ont ensuite demandé et obtenu l'absolution en pliant les genoux et en versant de nombreuses larmes.[154]

Cependant, le pape refuse toujours de prendre des mesures contre l'ensemble de l'ordre au seul motif que le maître et les frères qui l'entourent ont "gravement péché", et il est décidé de tenir une commission pontificale à Paris. La première séance a lieu en novembre 1309, lorsque le Grand Maître et 231 Chevaliers sont convoqués devant les commissaires pontificaux.

"Cette enquête, dit Michelet, fut menée lentement, avec beaucoup *de ménagement et de douceur,* par de hauts dignitaires ecclésiastiques, un archevêque, plusieurs évêques, etc.[155] Mais bien qu'un certain nombre de chevaliers, y compris le Grand Maître, soient revenus sur leurs aveux, des confessions accablantes furent à nouveau faites.

Il est impossible, dans le cadre de ce livre, de suivre les nombreux procès des Templiers qui ont eu lieu dans différents pays — en Italie, à Ravenne, Pise, Bologne et Florence, où la torture n'a pas été employée et où les blasphèmes ont été admis,[156] ou en Allemagne, où la torture a été employée mais où aucun aveu n'a été fait et où un verdict a été rendu en faveur de l'Ordre. Quelques détails concernant le procès en Angleterre peuvent cependant être intéressants.

Il est généralement admis que la torture n'a pas été appliquée en Angleterre en raison de l'humanité d'Édouard II, qui, dans un premier temps, a absolument refusé d'écouter les accusations portées contre

---

[154] *Procès des Templiers*, I. 5.

[155] Michelet dans la préface du tome I du *Procès des Templiers.*

[156] Jules Loiseleur, *La Doctrine Secrète des Templiers*, p. 40 (1872).

l'Ordre.[157] Le 10 décembre 1307, il avait écrit au Pape en ces termes : Et parce que ledit Maître ou lesdits Frères constants dans la pureté de la foi catholique ont été fréquemment recommandés par nous et par tout notre royaume, tant dans leur vie que dans leurs mœurs, nous ne pouvons pas croire à des histoires suspectes de ce genre jusqu'à ce que nous sachions avec une plus grande certitude ces choses.

Nous plaignons donc de tout notre cœur les souffrances et les pertes du Sud. Maître et de ses frères, qu'ils subissent en conséquence d'une telle infamie, et nous supplions très affectueusement votre sainteté s'il vous plaît, qu'en considérant avec faveur le bon caractère du Maître et de ses frères, vous jugiez bon de répondre avec plus d'indulgence aux détractions, calomnies et accusations de certaines personnes envieuses et mal disposées, qui s'efforcent de transformer leurs bonnes actions en œuvres de perversité opposées à l'enseignement divin ; jusqu'à ce que lesdites accusations qui leur sont imputées aient été portées légalement devant vous ou vos représentants ici et plus amplement prouvées.[158]

Édouard II écrivit également dans les mêmes termes aux rois du Portugal, de Castille, d'Aragon et de Sicile. Mais deux ans plus tard, après que Clément V eut lui-même entendu les confessions de l'Ordre et qu'une bulle papale eut été émise déclarant que "les méchancetés indicibles et les crimes abominables de l'hérésie notoire" étaient maintenant "parvenus à la connaissance de presque tout le monde", Édouard II fut persuadé d'arrêter les Templiers et d'ordonner qu'ils soient interrogés. Selon M. Castle, dont nous citons ici l'intéressant traité, le roi n'autorisa pas l'emploi de la torture, de sorte que les chevaliers nièrent toutes les accusations ; mais, plus tard, il se laissa convaincre et "la torture semble avoir été appliquée en une ou deux occasions",[159] de sorte que trois chevaliers avouèrent tout et reçurent l'absolution.[160] À Southwark, cependant, "un nombre considérable de frères" avouèrent

---

[157] Ibid. p. 16.

[158] *Procédures contre les Templiers en France et en Angleterre pour hérésie,* par E. J. Castle, Partie I. p. 16, citant Rymer, Vol. III. p. 37.

[159] Ibid. partie II, p. 1.

[160] Ibid. partie II, pp. 25-7.

"qu'ils avaient été fortement accusés des crimes de négation et de crachat, qu'ils ne se disaient pas coupables mais qu'ils ne pouvaient pas se purger... et qu'ils abjuraient donc ces hérésies et toutes les autres".[161] Des témoignages extérieurs furent également présentés contre l'Ordre, et les mêmes histoires d'intimidation lors de la cérémonie de réception furent racontées.[162] Quoi qu'il en soit, le résultat de l'enquête n'est pas tout à fait satisfaisant et les Templiers sont finalement supprimés, en Angleterre comme ailleurs, par le concile de Vienne en 1312.

En France, des mesures plus rigoureuses sont adoptées et cinquante-quatre chevaliers ayant rétracté leurs aveux sont brûlés sur le bûcher comme "hérétiques récidivistes" le 12 mai 1310. Quatre ans plus tard, le 14 mars 1314, le Grand Maître Jacques du Molay subit le même sort.

Or, quelle que soit la barbarie de cette sentence — et aussi les cruautés qui l'ont précédée — ce n'est pas une raison pour admettre la prétention de l'Ordre à un noble martyre avancée par les historiens qui ont épousé sa cause. Ce n'est pas en condamnant la conduite du roi et du pape que l'on réhabilite le caractère des Templiers. C'est pourtant la ligne d'argumentation généralement adoptée par les défenseurs de l'Ordre. Ainsi, les deux principaux arguments sur lesquels ils fondent leur défense sont, premièrement, que les aveux des chevaliers ont été faits sous la torture et qu'ils doivent donc être considérés comme nuls et non avenus et, deuxièmement, que toute l'affaire était un complot concerté entre le

---

[161] Ibid. partie II, p. 30.

[162] « Un autre témoin des Frères Mineurs a dit aux Commissaires qu'il avait entendu de Frère Robert de Tukenham qu'un Templier avait un fils qui avait vu à travers une cloison qu'ils avaient demandé à un professant s'il croyait au Crucifié, en lui montrant la figure, qu'ils ont tué sur son refus de le nier, mais le garçon, quelque temps après, quand on lui a demandé s'il voulait être un Templier a dit non, parce qu'il avait vu cette chose se faire. En disant cela, il fut tué par son père.... Le vingt-troisième témoin, un chevalier, a dit que son oncle était entré dans l'Ordre en bonne santé et avec joie, avec ses oiseaux et ses chiens, et que le troisième jour suivant il était mort, et qu'il soupçonnait que c'était à cause des crimes qu'il avait entendus de leur part, et que la cause de sa mort était qu'il ne voulait pas consentir aux mauvaises actions perpétrées par d'autres frères. » — Ibid., partie II. p. 13.

roi et le pape afin d'obtenir la possession des richesses des Templiers.

Examinons ces affirmations l'une après l'autre.

Tout d'abord, comme nous l'avons vu, tous les aveux n'ont pas été faits sous la torture. Personne, à ma connaissance, ne conteste l'affirmation de Michelet selon laquelle l'enquête devant la Commission pontificale à Paris, au cours de laquelle un certain nombre de chevaliers ont adhéré aux déclarations qu'ils avaient faites au Pape, s'est déroulée sans pression d'aucune sorte. Par ailleurs, le fait que des aveux soient faits sous la torture ne les invalide pas nécessairement en tant que preuves. Guy Fawkes a également avoué sous la torture, mais il n'a jamais été suggéré que l'histoire du complot de la poudre était un mythe. La torture, même si nous la condamnons, s'est souvent révélée être la seule méthode pour vaincre l'intimidation exercée sur l'esprit d'un conspirateur ; un homme lié par les terribles obligations d'une confédération et craignant la vengeance de ses compagnons de conspiration ne cédera pas facilement à la persuasion, mais seulement à la force. Si donc certains Templiers ont été terrorisés par la torture, ou même par la peur de la torture, il ne faut pas oublier que le terrorisme a été exercé par les deux camps. Peu de gens nieront que les chevaliers étaient liés par des serments de secret, de sorte que, d'une part, ils étaient menacés de la vengeance de l'Ordre s'ils trahissaient ses secrets et, d'autre part, ils étaient confrontés à la torture s'ils refusaient d'avouer. Ils se retrouvaient ainsi entre le diable et la mer. Il ne s'agissait donc pas d'un Ordre doux et inoffensif confronté à un traitement brutal de la part de l'autorité, mais des victimes d'une terrible autocratie livrées aux mains d'une autre autocratie.

D'autre part, les aveux des chevaliers ne semblent-ils pas être le fruit d'une pure imagination telle que peuvent la concevoir des hommes sous l'emprise de la torture ? Il est certes difficile de croire que les récits de la cérémonie d'initiation donnés en détail par des hommes de différents pays, se ressemblant tous beaucoup, mais se rapportant à une phraséologie différente, puissent être de pures inventions. Si les victimes avaient été amenées à inventer, elles se seraient sûrement contredites, auraient crié dans leur agonie que toutes sortes de rites sauvages et fantastiques avaient eu lieu pour satisfaire les exigences de leurs interlocuteurs. Mais non, chacun semble décrire la même cérémonie plus ou moins complètement, avec des touches caractéristiques qui indiquent la personnalité de l'orateur, et dans l'ensemble tous les récits concordent.

L'affirmation selon laquelle le procès contre les Templiers aurait été fabriqué par le roi et le pape dans le but d'obtenir leurs richesses est entièrement réfutée par les faits. Le dernier historien français de la France médiévale, tout en exprimant son incrédulité quant à la culpabilité des Templiers, qualifie cette contre-accusation de "puérile". "Philippe le Bel, écrit M. Funck-Brentano, n'a jamais été compris ; de tout temps on n'a pas été juste envers lui. Ce jeune prince fut un des plus grands rois et des plus nobles personnages qui aient paru dans l'histoire".[163]

Sans pousser l'appréciation aussi loin, il faut néanmoins accorder à l'exposé des faits de M. Funck-Brentano l'attention qu'il mérite.

On a reproché à Philippe d'avoir avili la monnaie du royaume ; en réalité, il a simplement ordonné qu'elle soit mélangée à de l'alliage comme une mesure nécessaire après la guerre avec l'Angleterre,[164] exactement comme sa propre monnaie a été avilie à la suite de la dernière guerre. Cette mesure fut prise ouvertement et la monnaie fut rétablie à la première occasion. Intensément nationale, sa politique d'attaque des Lombards, d'exil des Juifs et de suppression des Templiers, aussi regrettables que soient les méthodes par lesquelles elle a été menée, a apporté d'immenses bénéfices à la France ; M. Funck-Brentano a décrit graphiquement la prospérité du pays tout entier au début du XIVe siècle — l'augmentation de la population, l'agriculture et l'industrie florissantes. "En Provence et en Languedoc, on rencontre des porchers qui ont des vignes ; de simples vachers qui ont des maisons de ville".[165]

C'est sous cet angle qu'il faut considérer l'attitude de Philippe le Bel à l'égard des Templiers : la répression impitoyable de tout corps de gens qui nuisent à la prospérité de la France. Son action ne fut pas celle d'une autorité arbitraire ; il "procéda, dit M. Funck-Brentano, par voie d'appel au peuple. En son nom, Nogaret (le chancelier) s'adresse aux Parisiens dans le jardin du Palais (13 octobre 1307). Des assemblées populaires sont convoquées dans toute la France" ;[166] "le Parlement de Tours, avec

---

[163] F. Funck-Brentano, *Le Moyen Âge*, p. 396 (1922).

[164] Ibid. p. 384.

[165] F. Funck Brentano, op. cit. p. 396.

[166] Ibid. p. 387.

à peine une voix dissidente, déclare les Templiers dignes de mort. L'Université de Paris donna le poids de son jugement sur la plénitude et l'authenticité des aveux".[167] En admettant même que ces instances aient été animées de la même servilité que celle que l'on prête au Pape, comment expliquer que le procès de l'Ordre n'ait suscité aucune opposition parmi le peuple de Paris, qui était loin d'être docile ? Si les Templiers avaient effectivement mené, comme ils le professaient, une vie noble et droite, se consacrant au soin des pauvres, on aurait pu s'attendre à ce que leur arrestation soit suivie de soulèvements populaires. Or, il n'en est rien.

Quant au pape, nous avons déjà vu que, dès le début, il s'était montré extrêmement réticent à condamner l'Ordre, et aucune explication satisfaisante n'est donnée de son changement d'attitude, si ce n'est qu'il souhaitait plaire au roi. En ce qui concerne ses propres intérêts, il est évident qu'il n'avait rien à gagner à publier au monde un scandale qui devait inévitablement jeter l'opprobre sur l'Église. Ses lamentations à ce sujet dans la fameuse bulle[168] montrent clairement qu'il reconnaissait ce danger et qu'il souhaitait donc à tout prix innocenter les chevaliers accusés, si des preuves pouvaient être obtenues en leur faveur. Ce n'est que lorsque les Templiers firent des aveux accablants en sa présence qu'il fut obligé de renoncer à leur défense.[169] On nous dit pourtant qu'il le fit pour se conformer à la volonté de Philippe le Bel.

Philippe le Bell est ainsi représenté comme l'archiméchant de toute la pièce, traquant pendant sept longues années un Ordre irréprochable — dont il avait reçu à plusieurs reprises des prêts d'argent jusqu'au moment même de leur arrestation — dans le seul but de s'approprier leurs richesses. Pourtant, nous constatons que le roi ne s'est pas approprié les biens des Templiers, mais qu'il les a donnés aux Chevaliers de Saint-Jean

---

[167] Dean Milman, *Histoire du christianisme latin*, VII. 213.

[168] E. J. Castle, op. cit. partie I, p. 22.

[169] Ainsi, même M. Mollat l'admet : « En tout cas leurs dépositions, défavorables à l'Ordre, l'impressionnèrent si vivement que, par une série de graves mesures, il abandonna une à une toutes ses oppositions. » — *Les Papes d'Avignon*, p. 242.

de Jérusalem !

Quel est le sort des biens des Templiers ? Philippe le Bel décide de les remettre aux Hospitaliers.

Clément V affirme que les ordres donnés par le roi à ce sujet ont été exécutés. Même le domaine du Temple à Paris... jusqu'à la veille de la Révolution était la propriété des Chevaliers de Saint-Jean de Jérusalem. Le trésor royal se réservait certaines sommes pour les frais du procès. Ceux-ci avaient été immenses.[170]

Ces faits ne découragent nullement les antagonistes de Philippe, dont on nous assure — toujours sans aucune preuve — qu'il a été battu en brèche par le pape dans cette affaire. Mais, toute morale mise à part, s'agit-il d'une simple question de politique, le roi aurait-il privé de ses plus précieux soutiens financiers et se serait-il donné l'immense peine de les juger sans s'être assuré au préalable qu'il tirerait profit de l'affaire ? Aurait-il, en d'autres termes, tué la poule aux œufs d'or sans avoir la garantie que le corps de la poule resterait en sa possession ? Si, comme on nous le dit, le Pape a supprimé l'Ordre pour plaire au Roi, pourquoi l'aurait-il contrarié dans le but même que le Roi avait en vue ? Ne devrions-nous pas nous attendre à des remontrances indignées de la part de Philippe, qui se voyait ainsi privé du butin qu'il avait mis tant de temps à obtenir ? Mais, au contraire, nous le trouvons complètement d'accord avec le Pape sur ce sujet. En novembre 1309, Clément V déclara clairement que " Philippe l'Illustre, roi de France ", à qui les faits concernant les Templiers avaient été rapportés, n'était " pas poussé par l'avarice puisqu'il ne voulait garder ou s'approprier aucune partie des biens des Templiers, mais qu'il nous les avait généreusement et dévotement laissés, à nous et à l'Église, pour être administrés", etc.[171]

Ainsi s'écroule toute la théorie concernant l'objet pour lequel les Templiers ont été supprimés, théorie qui, à l'examen, se révèle entièrement construite sur le plan de l'imputation de motifs sans aucune justification dans les faits. Le roi a agi par cupidité, le pape par servilité,

---

[170] F. Funck-Brentano, op. cit. p. 392.

[171] E. J. Castle, *Proceedings against the Templars, A.Q.C.*, Vol. XX. *Partie III*, p. 3.

et les Templiers ont avoué par crainte de la torture : c'est sur ces pures hypothèses que les défenseurs de l'Ordre fondent leurs arguments.

La vérité est, bien plus probablement, que si le roi avait une raison supplémentaire de supprimer les Templiers, ce n'était pas l'envie de leur richesse mais la crainte de l'immense pouvoir que cette richesse conférait ; l'Ordre osait même défier le roi et refuser de payer les impôts. Le Temple constituait en effet un *imperium in imperio* qui menaçait non seulement l'autorité royale mais l'ensemble du système social.[172] Un éclairage important est apporté par M. Funck-Brentano dans ce passage : Comme les Templiers avaient des maisons dans tous les pays, ils pratiquaient les opérations financières des banques internationales de notre temps ; ils connaissaient les lettres de change, les ordres payables à vue, ils instituaient des dividendes et des rentes sur les capitaux déposés, avançaient des fonds, prêtaient à crédit, contrôlaient les comptes privés, entreprenaient de lever des impôts pour les seigneurs laïcs et ecclésiastiques.[173]

Grâce à leur compétence en la matière, acquise très probablement auprès des Juifs d'Alexandrie qu'ils ont dû rencontrer en Orient, les Templiers étaient devenus les "financiers internationaux" et les "capitalistes internationaux" de leur temps ; s'ils n'avaient pas été supprimés, tous les maux que les socialistes dénoncent aujourd'hui comme propres au système qu'ils qualifient de "capitalisme" — trusts, monopoles, "coins" — auraient vraisemblablement été inaugurés dans le courant du XIVe siècle sous une forme bien pire qu'aujourd'hui, puisqu'il n'existait aucune législation pour protéger la communauté dans son ensemble. Le système féodal, comme l'ont perçu Marx et Engels, était le principal obstacle à l'exploitation par une autocratie financière.[174]

---

[172] Même Raynouard, l'apologiste des Templiers (op. cit., p. 19), admet que, si des mesures moins injustes et moins violentes avaient été adoptées, l'intérêt de l'État et la sécurité du trône auraient pu justifier l'abolition de l'Ordre.

[173] Funck-Brentano, op. cit. p. 386.

[174] « La bourgeoisie, chaque fois qu'elle a conquis le pouvoir, a détruit toutes les relations féodales, patriarcales et idylliques. Elle a impitoyablement déchiré tous les liens féodaux multicolores qui unissaient les hommes à leurs «supérieurs

Il n'est d'ailleurs pas improbable que cet ordre de choses ait été provoqué par le renversement violent de la monarchie française — et même de toutes les monarchies ; les Templiers, "ces terribles conspirateurs", dit Éliphas Lévi, "menaçaient le monde entier d'une immense révolution".[175]

C'est peut-être là que se trouve la raison pour laquelle cette bande de nobles dissolus et rapaces s'est attiré la sympathie passionnée des écrivains démocrates. On remarquera en effet que ces mêmes écrivains qui attribuent la condamnation de l'Ordre par le Roi à l'envie de leur richesse n'appliquent jamais cet argument aux démagogues du dix-huitième siècle et ne suggèrent pas que leurs accusations contre les nobles de France étaient inspirées par la cupidité, pas plus qu'ils n'admettent jamais qu'un tel motif puisse entrer en ligne de compte dans les diatribes contre les propriétaires privés de richesses de nos jours.

Les Templiers restent ainsi le seul groupe de capitalistes, à l'exception des Juifs, à être non seulement graciés pour leurs richesses mais exaltés comme de nobles victimes de préjugés et d'envie. Est-ce simplement parce que les Templiers étaient les ennemis de la monarchie ? Ou est-ce parce que la révolution mondiale, tout en s'attaquant aux propriétaires privés, ne s'est jamais opposée à la finance internationale, surtout lorsqu'elle est associée à des tendances antichrétiennes ?

C'est la défense continue des Templiers qui, pour le présent auteur, apparaît comme la preuve la plus convaincante à leur encontre. En effet, même si on les croit innocents des crimes qui leur sont reprochés, comment peut-on les admirer dans leurs étapes ultérieures ? Le fait qui ne peut être nié est qu'ils ont failli à leurs obligations ; qu'ils ont fait vœu de pauvreté et qu'ensuite ils sont devenus non seulement riches mais arrogants ; qu'ils ont fait vœu de chasteté et qu'ils sont devenus notoirement immoraux.[176] Toutes ces choses sont-elles alors tolérées parce que les Templiers ont formé un maillon de la chaîne de la révolution

---

naturels», et n'a laissé d'autre lien entre les hommes que l'intérêt personnel nu et le paiement en espèces sans état d'âme » - *Le Manifeste communiste*.

[175] Éliphas Lévi, *Histoire de la Magie*, p. 273.

[176] E. J. Castle, op. cit. dans *A.Q.C.*, Vol. XX. Part I. p. 11.

mondiale ?

À ce jour, la culpabilité ou l'innocence des Templiers ne sera probablement jamais établie de manière concluante ; sur la masse de preuves contradictoires que l'histoire nous a léguées, personne ne peut prononcer un jugement définitif.

Sans chercher à approfondir la question, je dirais que la vérité est peut-être que les chevaliers étaient à la fois innocents et coupables, c'est-à-dire qu'un certain nombre d'entre eux ont été initiés à la doctrine secrète de l'Ordre tandis que la majorité est restée dans l'ignorance. Ainsi, selon le témoignage de Stephen de Stapelbrugge, chevalier anglais, "il y avait deux modes de réception, l'un licite et bon et l'autre contraire à la foi".[177] Cela expliquerait le fait que certains accusés aient refusé d'avouer, même sous la plus forte pression. Il se peut qu'ils n'aient vraiment rien su des véritables doctrines de l'Ordre, qui n'étaient confiées oralement qu'à ceux que les supérieurs considéraient comme ne risquant pas d'en être révoltés. Telles ont toujours été les méthodes des sociétés secrètes, depuis les Ismaéliens.

Cette théorie de la double doctrine est avancée par Loiseleur, qui observe :

Si l'on consulte les statuts de l'Ordre du Temple tels qu'ils nous sont parvenus, on découvrira certainement que rien ne justifie les pratiques étranges et abominables révélées lors de l'Enquête. Mais... outre la règle publique, l'Ordre n'en avait-il pas une autre, traditionnelle ou écrite, autorisant ou même prescrivant ces pratiques, une règle secrète, révélée aux seuls initiés ?[178]

Éliphas Lévi disculpe également la majorité des Templiers de toute complicité avec des projets antimonarchiques ou antireligieux : Ces tendances étaient enveloppées d'un profond mystère et l'Ordre faisait profession extérieure de la plus parfaite orthodoxie. Les chefs seuls savaient où ils allaient ; les autres suivaient sans se douter de rien.[179]

---

[177] Ibid. partie II, p. 24.

[178] Loiseleur, op. cit. p. 20, 21.

[179] *Histoire de la Magie*, p. 277.

Quelle était donc l'hérésie templière ? Sur ce point, nous trouvons une variété d'opinions. Selon Wilcke, Ranke et Weber, il s'agissait du "déisme unitaire de l'Islam"[180] ; Lecouteulx de Canteleu pense cependant qu'elle était dérivée de sources islamiques hérétiques et raconte que, alors qu'il se trouvait en Palestine, l'un des chevaliers, Guillaume de Montbard, fut initié par le Vieux de la Montagne dans une grotte du Mont Liban.[181] Une certaine ressemblance entre les Templiers et les Assassins a été indiquée par von Hammer,[182] et soulignée plus avant par le franc-maçon Clavel :

Les historiens orientaux nous montrent, à différentes époques, l'Ordre des Templiers entretenant des relations intimes avec celui des Assassins, et ils insistent sur l'affinité qui existait entre les deux associations. Ils remarquent qu'ils avaient adopté les mêmes couleurs, le blanc et le rouge ; qu'ils avaient la même organisation, la même hiérarchie des degrés, ceux de fedavi, refik et dai dans l'un correspondant à ceux de novice, profès et chevalier dans l'autre ; que tous deux conspiraient pour la ruine des religions qu'ils professaient en public, et qu'enfin tous deux possédaient de nombreux châteaux, les premiers en Asie, les seconds en Europe.[183]

Mais malgré ces ressemblances extérieures, il ne ressort pas des aveux des chevaliers que la doctrine secrète des Templiers ait été celle des Assassins ou d'une quelconque secte ismaélienne qui, conformément à l'islamisme orthodoxe, présentait ouvertement Jésus comme un prophète, tout en inculquant secrètement l'indifférence à l'égard de toute religion.

Les Templiers, pour autant qu'on puisse le découvrir, étaient des déistes antichrétiens ; Loiseleur considère que leurs idées étaient dérivées des dualistes gnostiques ou manichéens — Cathares, Pauliciens, ou plus particulièrement Bogomiles, dont il faut ici faire un bref exposé.

Les *Pauliciens*, qui fleurirent vers le VIIe siècle après J.-C.,

---

[180] F. W. Bussell, *Religious Thought and Heresy in the Middle Ages*, p. 803.

[181] *Les Sectes et Sociétés Secrètes*, p. 85.

[182] *Histoire des Assassins*, p. 80.

[183] F. T. B. Clevel, *Histoire Pittoresque de la Franc-Maçonnerie*, p. 356 (1843).

ressemblaient aux Caïnites et aux Ophites par leur détestation du Démiurge et par la corruption de leurs mœurs. Plus tard, au IXe siècle, les *Bogomiles*, dont le nom signifie en slavon "amis de Dieu" et qui avaient émigré du nord de la Syrie et de la Mésopotamie vers la péninsule balkanique, en particulier la Thrace, sont apparus comme un nouveau développement du dualisme manichéen. Leur doctrine peut être résumée ainsi :

Dieu, le Père suprême, a deux fils, l'aîné Satanaël et le cadet Jésus. À Satanaël, qui était assis à la droite de Dieu, appartenait le droit de gouverner le monde céleste, mais, rempli d'orgueil, il se rebella contre son Père et tomba du Ciel. Puis, aidé par les compagnons de sa chute, il créa le monde visible, image du monde céleste, ayant comme l'autre son soleil, sa lune et ses étoiles, et enfin il créa l'homme et le serpent qui devint son ministre.

Plus tard, le Christ est venu sur terre pour montrer aux hommes le chemin du ciel, mais sa mort est restée sans effet, car même en descendant en enfer, il n'a pas pu arracher le pouvoir à Satanaël, c'est-à-dire à Satan.

Cette croyance en l'impuissance du Christ et la nécessité d'apaiser Satan, non seulement "le prince de ce monde", mais aussi son créateur, ont conduit à une autre doctrine selon laquelle Satan, étant tout-puissant, devait être adoré. Nicetas Choniates, historien byzantin du XIIe siècle, décrit les adeptes de ce culte comme des "satanistes", car "considérant Satan comme puissant, ils l'adoraient de peur qu'il ne leur fasse du mal" ; par la suite, ils furent connus sous le nom de lucifériens, leur doctrine (telle qu'énoncée par Neuss et Vitoduranus) étant que Lucifer avait été injustement chassé du ciel, qu'il y remonterait un jour et retrouverait sa gloire et sa puissance d'antan dans le monde céleste.

Les bogomiles et les lucifériens étaient donc très proches, mais alors que les premiers partageaient leur culte entre Dieu et ses deux fils, les seconds n'adoraient que Lucifer, considérant le monde matériel comme son œuvre et estimant qu'en s'adonnant à la chair, ils propitiaient leur démon-créateur. On dit qu'un chat noir, symbole de Satan, figurait dans leurs cérémonies comme objet de culte, et que lors de leurs horribles orgies nocturnes, des enfants étaient sacrifiés et leur sang utilisé pour fabriquer le pain eucharistique de la secte.[184]

Ainsi les Templiers reconnaissent à la fois un dieu bon, incommunicable à l'homme et par conséquent sans représentation symbolique, et un dieu mauvais, auquel ils donnent les traits d'une idole à l'aspect effrayant.[185]

Leur culte le plus fervent s'adressait à ce dieu du mal, qui seul pouvait les enrichir. "Ils disaient avec les lucifériens : "Le fils aîné de Dieu, Satanaël ou Lucifer, a seul droit à l'hommage des mortels ; Jésus, son frère cadet, ne mérite pas cet honneur.""[186]

Bien que nous ne trouvions pas ces idées aussi clairement définies dans les confessions des Chevaliers, une certaine couleur est donnée à cette théorie par ceux qui ont raconté que la raison qui leur était donnée pour ne pas croire au Christ était "qu'il n'était rien, qu'il était un faux prophète et qu'il n'avait aucune valeur, et qu'ils devaient croire au Dieu supérieur du Ciel qui pouvait les sauver".[187] Selon Loiseleur, l'idole qu'on leur apprenait à adorer, la tête barbue connue de l'histoire sous le nom de Baphomet, représentait "le dieu inférieur, organisateur et dominateur du monde matériel, auteur du bien et du mal ici-bas, celui par qui le mal a été introduit dans la création".[188]

L'étymologie du mot Baphomet est difficile à découvrir ; Raynouard dit qu'il provient de deux témoins entendus à Carcassonne qui parlaient de "Figura Baflometi", et suggère qu'il s'agit d'une corruption de "Mahomet", que les inquisiteurs voulaient faire avouer aux chevaliers

---

[184] Loiseleur, op. cit. p. 66.

[185] Ibid. p. 143.

[186] Ibid. p. 141.

[187] «Dixit sibi quod non crederet in eum, quia nichil erat, et quod erat quidam falsus propheta, et nichil valebat ; immo crederet in Deum Celi superiorem, qui poterat salvare. » — Michelet, *Procès des Templiers*, II. 404. Cf. ibid. p. 384 : « Quidem falsus propheta est ; credas solummodo in Deum Celi, et non in istum. »

[188] Loiseleur, op. cit. p. 37.

qu'on leur avait appris à adorer.[189] Mais cette hypothèse concernant les intentions des inquisiteurs semble hautement improbable, puisqu'ils devaient être bien conscients que, comme le souligne Wilcke, les musulmans interdisent toutes les idoles.[190] C'est pourquoi Wilcke conclut que le mahométanisme des Templiers était combiné au cabalisme et que leur idole était en réalité le *macroprosopos,* ou tête de l'Ancien des Anciens, représenté comme un vieil homme avec une longue barbe, ou parfois comme trois têtes en une, ce qui a déjà été mentionné sous le nom de Longue Face dans le premier chapitre de ce livre — une théorie qui serait en accord avec l'affirmation d'Éliphas Lévi selon laquelle les Templiers étaient " initiés aux doctrines mystérieuses de la Cabale".[191] Mais Lévi poursuit en disant que les Templiers étaient "initiés aux doctrines mystérieuses de la Cabale". Mais Lévi définit ensuite cet enseignement sous le nom de johannisme. C'est ici que nous arrivons à une autre théorie concernant la doctrine secrète des Templiers, la plus importante de toutes, puisqu'elle émane de sources maçonniques et néo-templaires, ce qui élimine efficacement l'affirmation selon laquelle l'accusation portée contre l'Ordre d'apostasie de la foi catholique n'est que l'invention d'écrivains catholiques.

En 1842, le franc-maçon Ragon raconte que les Templiers ont appris des "initiés de l'Orient" une certaine doctrine judaïque attribuée à l'apôtre saint Jean ; c'est pourquoi "ils ont renoncé à la religion de saint Pierre" et sont devenus johannites.[192] Éliphas Lévi exprime la même opinion.

Or, ces affirmations sont apparemment fondées sur une légende qui a été publiée pour la première fois au début du XIXe siècle, lorsqu'une

---

[189] Raynouard, op. cit. p. 301.

[190] Wilhelm Ferdinand Wilcke, *Geschichte des Tempelherrenordens,* II, 302-12, (1827).

[191] Éliphas Lévi, *Histoire de la Magie,* p. 273.

[192] J.M. Ragon, *Cours Philosophique et Interprétatif des Initiations anciennes et modernes,* édition sacrée à l'usage des Loges et des Maçons SEULEMENT (5 842), p. 37. Dans une note de bas de page de la même page, Ragon fait cependant référence à Jean Baptiste dans ce contexte.

association s'appelant l'*Ordre du Temple* et revendiquant une descendance directe de l'Ordre templier originel a publié deux ouvrages, le *Manuel des Chevaliers de l'Ordre du Temple* en 1811, et le *Lévitikon* en 1831, ainsi qu'une version de l'Évangile de saint Jean différente de la Vulgate. Ces ouvrages, qui semblent n'avoir été imprimés que pour une diffusion privée parmi les membres et qui sont aujourd'hui extrêmement rares, racontent que l'Ordre du Temple n'a jamais cessé d'exister depuis l'époque de Jacques du Molay, qui nomma Jacques de Larménie son successeur à la tête de l'Ordre, et qu'à partir de là, une lignée de Grands Maîtres s'est succédée sans interruption jusqu'à la fin du dix-huitième siècle, où il cessa brièvement d'exister mais fut rétabli sous un nouveau Grand Maître, Fabré Palaprat, en 1804.

Outre la publication de la liste de tous les Grands Maîtres, connue sous le nom de "Charte de Larmenius", qui aurait été conservée dans les archives secrètes du Temple, ces ouvrages reproduisent un autre document provenant du même dépôt et décrivant les origines de l'Ordre.

Ce manuscrit, écrit en grec sur parchemin, daté de 1154, prétend être en partie tiré d'un manuscrit du Ve siècle et raconte que Hugues de Payens, premier Grand Maître des Templiers, fut initié en 1118, c'est-à-dire l'année de la fondation de l'Ordre, à la doctrine religieuse de "l'Église chrétienne primitive" par son Souverain Pontife et Patriarche, Théoclet, soixantième en succession directe de Saint Jean l'Apôtre. L'histoire de l'Église primitive est ensuite décrite comme suit : Moïse est initié en Égypte. Profondément versé dans les mystères physiques, théologiques et métaphysiques des prêtres, il sut en tirer parti pour vaincre la puissance des Mages et délivrer ses compagnons. Aaron, son frère, et les chefs des Hébreux devinrent les dépositaires de sa doctrine...

Le Fils de Dieu est ensuite apparu sur la scène du monde... Il a été élevé à l'école d'Alexandrie...

Imprégné d'un esprit tout à fait divin, doté des qualités (*dispositions*) les plus étonnantes, il a pu atteindre tous les degrés de l'initiation égyptienne. De retour à Jérusalem, il se présenta devant les chefs de la Synagogue... Jésus-Christ, dirigeant le fruit de ses hautes méditations vers la civilisation universelle et le bonheur du monde, déchira le voile qui cachait la vérité aux peuples. Il a prêché l'amour de Dieu, l'amour du prochain et l'égalité devant le Père commun de tous les hommes...

Jésus a conféré l'initiation évangélique à ses apôtres et à ses disciples.

Il leur a transmis son esprit, les a divisés en plusieurs ordres à l'instar de Jean, le disciple bien-aimé, l'apôtre de l'amour fraternel, qu'il avait institué Souverain Pontife et Patriarche...

Nous avons ici toute la légende cabalistique d'une doctrine secrète descendant de Moïse, du Christ en tant qu'initié égyptien et fondateur d'un ordre secret — une théorie, bien sûr, absolument destructive de la croyance en sa divinité. La légende de l'*Ordre du Temple se poursuit ainsi* : Jusqu'en 1118 environ (c'est-à-dire l'année de la fondation de l'Ordre du Temple), les mystères et l'ordre hiérarchique de l'initiation égyptienne, transmis aux juifs par Moïse, puis aux chrétiens par J. C., ont été religieusement conservés par les successeurs de saint Jean l'Apôtre. Ces mystères et ces initiations, régénérés par l'initiation évangélique (ou baptême), étaient un dépôt sacré que la simplicité de la morale primitive et immuable des *Frères d'Orient* avait préservé de toute altération...

Les chrétiens, persécutés par les infidèles, appréciant le courage et la piété de ces braves croisés qui, l'épée dans une main et la croix dans l'autre, volaient à la défense des lieux saints, et surtout rendant une éclatante justice aux vertus et à l'ardente charité de Hugues de Payens, se firent un devoir de confier à des mains si pures les trésors de connaissance acquis au cours de tant de siècles, sanctifiés par la croix, le dogme et la morale de l'Homme-Dieu. Hugues fut investi du pouvoir apostolique patriarcal et placé dans l'ordre légitime des successeurs de saint Jean l'apôtre ou l'évangéliste.

Telle est l'origine de la fondation de l'Ordre du Temple et de la fusion dans cet Ordre des différents types d'initiation des chrétiens d'Orient désignés sous le titre de chrétiens primitifs ou johannites.

On verra tout de suite que toute cette histoire est subtilement subversive du vrai christianisme, et que l'appellation de chrétiens appliquée aux Johannites est une imposture. En effet, Fabré Palaprat, Grand Maître de l'*Ordre du Temple* en 1804, qui dans son livre sur les Templiers reprend l'histoire contenue dans le *Lévitikon et le Manuel des Chevaliers du Temple*, tout en faisant la même profession de doctrines "chrétiennes primitives" descendant de St. Jean à travers Théoclet et Hugues de Payens jusqu'à l'Ordre qu'il préside, poursuit en disant que la doctrine secrète des Templiers "était essentiellement contraire aux canons de l'Église de Rome et que c'est principalement à ce fait qu'il faut attribuer la persécution dont l'histoire a conservé le souvenir".[193] La croyance des Primitifs, et par conséquent celle des Templiers, à l'égard des miracles du Christ est qu'il "a fait ou a pu faire des choses extraordinaires ou miraculeuses", et que puisque "Dieu peut faire des choses incompréhensibles à l'intelligence humaine", l'Église primitive vénère "tous les actes du Christ tels qu'ils sont décrits dans l'Évangile, qu'elle les considère comme des actes de la science humaine ou comme des actes de la puissance divine".[194] La croyance en la divinité du Christ est donc laissée en suspens, et la même attitude est maintenue à l'égard de la Résurrection, dont le récit est omis dans l'Évangile de saint Jean que possède l'Ordre. Fabré Palaprat admet en outre que les accusations les plus graves portées contre les Templiers étaient fondées sur des faits qu'il tente d'expliquer de la manière suivante :

Les Templiers ayant, en 1307, soigneusement extrait des recherches faites par l'autorité tous les manuscrits composant les archives secrètes de l'Ordre, et ces manuscrits authentiques ayant été précieusement conservés depuis cette époque, nous avons aujourd'hui la certitude que les Chevaliers enduraient un grand nombre d'épreuves religieuses et morales avant d'atteindre les différents degrés de l'initiation : Ainsi, par exemple, le récipiendaire pouvait recevoir l'injonction, sous peine de mort, de piétiner le crucifix ou d'adorer une idole, mais s'il cédait à la terreur qu'on cherchait à lui inspirer, il était déclaré indigne d'être admis aux grades supérieurs de l'Ordre. On imagine ainsi comment des êtres trop faibles ou trop immoraux pour supporter les épreuves de l'initiation ont pu accuser les Templiers de s'adonner à des pratiques infâmes et d'avoir des croyances superstitieuses.

Il n'est certainement pas surprenant qu'un ordre qui a donné de telles injonctions, pour quelque raison que ce soit, soit devenu l'objet de suspicions.

Éliphas Lévi, qui, comme Ragon, accepte les déclarations de l'*Ordre du Temple* concernant l'origine "johannite" de la doctrine secrète des Templiers, n'est cependant pas trompé par ces professions de

---

[193] J. B. Fabré Palaprat, *Recherches historiques sur les Templiers*, p. 31 (1835).

[194] Ibid. p. 37.

christianisme, et affirme hardiment que le souverain pontife Théoclet a initié Hugues de Payens "aux mystères et aux espérances de sa prétendue Église, il l'a séduit par les idées de souveraineté sacerdotale et de royauté suprême, il l'a désigné enfin comme son successeur. Ainsi l'Ordre des Chevaliers du Temple fut-il entaché dès son origine de schisme et de conspiration contre les Rois".[195] De plus, Lévi raconte que la véritable histoire racontée aux initiés concernant le Christ n'était autre que l'infâme *Toledot Yeshu* décrit dans le premier chapitre de ce livre, et que les Johannites osèrent attribuer à Saint Jean.[196] Cela concorderait avec la confession du Templier catalan, Galcerandus de Teus, qui déclara que la forme d'absolution dans l'Ordre était la suivante : Je prie Dieu qu'il pardonne vos péchés comme il a pardonné à sainte Marie-Madeleine et au larron sur la croix ; mais le témoin poursuit en expliquant : "Je prie Dieu qu'il pardonne vos péchés comme il a pardonné à sainte Marie-Madeleine et au larron sur la croix" :

Par le voleur dont parle le début du chapitre, on entend, selon nos statuts, ce Jésus ou Christ qui a été crucifié par les Juifs parce qu'il n'était pas Dieu et qu'il se disait pourtant Dieu et roi des Juifs, ce qui était un outrage au vrai Dieu qui est dans les cieux. Lorsque Jésus, quelques instants avant sa mort, eut le côté transpercé par la lance de Longinus, il se repentit de s'être dit Dieu et Roi des Juifs et il demanda pardon au vrai Dieu ; alors le vrai Dieu lui pardonna. C'est ainsi que nous appliquons au Christ crucifié ces paroles : "comme Dieu a pardonné au voleur sur la croix".[197]

Raynouard, qui cite cette déposition, la stigmatise comme "singulière et extravagante" ; M. Matter convient qu'elle est sans doute extravagante, mais qu'"elle mérite l'attention. Il y avait là tout un système qui n'était pas l'invention de Galcerant".[198] Éliphas Lévi fournit l'indice de ce système et de la raison pour laquelle le Christ a été décrit comme un voleur, en indiquant la légende cabalistique dans laquelle il est décrit

---

[195] Éliphas Lévi, *Histoire de la Magie*, p. 277.

[196] Éliphas Lévi, *La Science des Esprits*, pp. 26-9, 40, 41.

[197] Raynouard, op. cit. p. 281.

[198] Matter, *Histoire du Gnosticisme*, III. 330.

comme ayant *volé* le Nom sacré dans le Saint des Saints. Ailleurs, il explique que les Johannites "se sont présentés comme les seuls initiés aux vrais mystères de la religion du Sauveur".

Ils prétendaient connaître la véritable histoire de Jésus-Christ, et en adoptant une partie des traditions juives et des récits du Talmud, ils établissaient que les faits relatés dans les Évangiles" — c'est-à-dire les Évangiles acceptés par l'Église orthodoxe — "n'étaient que des allégories dont saint Jean donne la clef".[199]

Mais il est temps de passer de la légende aux faits. Car toute l'histoire de l'initiation des Templiers par les "Johannites" repose principalement sur les documents produits par l'Ordre du Temple en 1811. Selon les abbés Grégoire et Münter, l'authenticité et l'ancienneté de ces documents sont incontestables. L'abbé Grégoire, se référant au manuscrit en parchemin du *Lévitikon* et de l'Évangile de saint Jean, dit que "les hellénistes versés dans la paléographie croient que ce manuscrit est du treizième siècle, d'autres le déclarent antérieur et le font remonter au onzième siècle".[200] L'abbé Matter, quant à lui, affirme que les documents de l'Ordre du Temple ont été produits en 1811 par l'Ordre du Temple. Matter, au contraire, citant l'opinion de Münter selon laquelle les manuscrits des archives des Templiers modernes datent du XIIIe siècle, observe que tout cela n'est qu'un tissu d'erreurs et que les critiques, y compris le savant professeur Thilo de Halle, ont reconnu que le manuscrit en question, loin d'appartenir au XIIIe siècle, date du début du XVIIIe. De la disposition des chapitres de l'Évangile, M. Matter tire la conclusion qu'il était destiné à accompagner les cérémonies de quelque société maçonnique ou secrète.[201] Nous reviendrons sur cette possibilité dans un chapitre ultérieur.

L'ancienneté du manuscrit contenant l'histoire des Templiers reste donc une question ouverte sur laquelle personne ne peut se prononcer sans avoir vu l'original. Pour juger de la probabilité de l'histoire contenue dans ce manuscrit, il est donc nécessaire de consulter les faits historiques

---

[199] Éliphas Lévi, *Histoire de la Magie*, p. 275.

[200] M. Grégoire, *Histoire des Sectes religieuses*. II. 407 (1828).

[201] Matter, *Histoire du Gnosticisme*, III. 323.

et de découvrir les preuves de l'existence d'une secte telle que les Johannites à l'époque des Croisades ou antérieurement. Il est certain qu'aucune secte n'a été appelée de ce nom ou d'un nom similaire avant 1622, lorsque des moines portugais ont signalé l'existence d'une secte qu'ils ont décrite comme des "chrétiens de Saint-Jean" habitant sur les rives de l'Euphrate. L'appellation semble toutefois avoir été mal appliquée par les moines, car les sectaires en question, diversement connus sur sous les noms de Mandéens, Mandaïtes, Sabéens, Nazoréens, etc., se désignaient eux-mêmes sous le nom de Mandaï Iyahi, c'est-à-dire les disciples, ou plutôt les sages, de Jean, le mot *mandaï* étant dérivé du mot chaldéen *manda*, correspondant au mot grec γν σις, ou sagesse.[202]

La multiplicité des noms donnés aux Mandéens s'explique apparemment par le fait que, dans leurs rapports avec les autres communautés, ils prenaient le nom de Sabéens, tandis qu'ils appelaient les sages et les savants entre eux Nazoréens.[203] La secte habitait autrefois les rives du Jourdain, mais elle en fut chassée par les Musulmans, qui la forcèrent à se retirer en Mésopotamie et en Babylonie, où elle affectionnait particulièrement le voisinage des fleuves pour pouvoir pratiquer ses rites baptismaux si particuliers.[204]

Il ne fait aucun doute que les doctrines des Mandéens ressemblent à la description de l'hérésie johannite donnée par Éliphas Lévi, mais pas par l'*Ordre du Temple*, en ce sens que les Mandéens professaient être les disciples de saint Jean — le Baptiste, cependant, et non l'Apôtre — mais étaient en même temps les ennemis de Jésus-Christ.

Selon le Livre de Jean des Mandéens (Sidra d'Yahya), Yahya, c'est-à-dire saint Jean, a baptisé des myriades d'hommes pendant quarante ans dans le Jourdain. Par erreur — ou en réponse à un mandat écrit du ciel disant : "Yahya, baptise le menteur dans le Jourdain" — il baptisa le faux prophète Yishu Meshiha (le Messie Jésus), fils du diable Ruha

---

[202] Ibid. III, p. 120.

[203] *Encyclopédie juive*, article sur les Mandéens.

[204] Grégoire, op. cit. 241.

Kadishta.[205] La même idée se retrouve dans un autre livre de la secte, appelé " Livre d'Adam ", qui représente Jésus comme le pervertisseur de la doctrine de saint Jean et le diffuseur de l'iniquité et de la perfidie dans le monde entier.[206] La ressemblance entre tout cela et les légendes du Talmud, de la Cabale et des Toledot Yeshu est tout de suite évidente ; de plus, les Mandéens revendiquent pour le "Livre d'Adam" la même origine que les Juifs ont revendiquée pour la Cabale, à savoir qu'il a été remis à Adam par Dieu par les mains de l'ange Razael.[207]

Ce livre, connu des savants sous le nom de *Codex Nasaræus*, est décrit par Münter comme "une espèce de mosaïque sans ordre, sans méthode, où l'on trouve mentionnés Noé, Abraham, Moïse, Salomon, le temple de Jérusalem, saint Jean-Baptiste, Jésus-Christ, les chrétiens, et Mahomet." M. Matter, tout en niant toute preuve de la succession des Templiers par les Mandéens, donne cependant de bonnes raisons de croire que la secte elle-même existait dès les premiers siècles de l'ère chrétienne et que ses livres dataient du huitième siècle [208] ;. En outre, ces Mandéens ou Nazoréens — qu'il ne faut pas confondre avec les Nazaréens préchrétiens ou Nazaréens chrétiens — étaient des Juifs qui vénéraient saint Jean Baptiste comme un prophète de l'ère chrétienne, et qui, par conséquent, n'avaient pas l'intention de s'en servir comme d'un instrument de propagande. Jean Baptiste, le prophète de l'ancien mosaïsme, mais qui

---

[205] *Jewish Encyclopædia*, et Hastings' *Encyclopædia of Religion and Ethics*, article sur les Mandéens.

[206] *Codex Nasaræus*, Liber Adam appellatus, traduit du syriaque en latin par Matth. Norberg (1815), Vol. I. 109 : « Sed, Johanne hae ætate Hierosolymæ nato, Jordanumque deinceps legente, et baptismum peragente, veniet Jeschu Messias, summisse se gerens, ut baptismo Johannis baptizetur, et Johannis per sapientiam sapiat. Pervertet vero doctrinam Johannis, et mutato Jordani baptismo, perversisque justitiæ dictis, iniquitatem et perfidiam per mundum disseminabit. »

[207] Article sur le *Codex Nasaræus* par Silvestre de Sacy dans le *Journal des Savants* de novembre 1819, p. 651 ; cf. passage dans le Zohar, section Bereschith, folio 55.

[208] Matter, op. cit. 119, 120. De Sacy (op. cit., p. 654) attribue également le *Codex Nasaræus* au huitième siècle.

considéraient Jésus-Christ comme un faux Messie envoyé par les puissances des ténèbres.[209] L'opinion juive moderne confirme cette affirmation de l'inspiration judaïque et s'accorde avec Matter pour décrire les Mandéens comme des gnostiques : "Leurs livres sacrés sont rédigés dans un dialecte araméen qui présente d'étroites affinités avec celui du Talmud de Babylone. L'influence juive est nettement visible dans la religion mandéenne. "Elle est essentiellement du type du gnosticisme ancien, dont on trouve des traces dans le Talmud, le Midrash et, sous une forme modifiée, dans la Cabale plus tardive".[210]

On peut donc considérer comme certain qu'il existait bien avant l'époque des Croisades une secte correspondant à la description des Johannites donnée par Éliphas Lévi, en ce sens qu'elle était cabalistique, antichrétienne, mais professait être fondée sur les doctrines de l'un des Saint-Jean. La question de savoir si c'est par cette secte que les Templiers ont été endoctrinés doit rester ouverte. M. Matter objecte que la preuve manquant à une telle conclusion réside dans le fait que les Templiers n'exprimaient aucune révérence particulière pour saint Jean ; mais Loiseleur affirme que les Templiers préféraient l'Évangile de saint Jean à celui des autres évangélistes, et que les loges maçonniques modernes se réclamant des Templiers possèdent une version spéciale de cet Évangile qui aurait été copiée à partir de l'original sur le mont Athos.[211]

On dit aussi que des "Baphomets" ont été conservés dans les loges maçonniques de Hongrie, où une forme dégradée de maçonnerie, connue sous le nom de maçonnerie johannite, survit jusqu'à aujourd'hui. Si l'hérésie templière était celle des Johannites, la tête en question pourrait éventuellement représenter celle de Jean-Baptiste, ce qui concorderait avec la théorie selon laquelle le mot Baphomet serait dérivé de mots grecs signifiant baptême de sagesse. Cela ne serait d'ailleurs pas incompatible avec la théorie de Loiseleur d'une affinité entre les Templiers et les Bogomiles, car ces derniers possédaient également leur propre version de l'Évangile de saint Jean, qu'ils plaçaient sur la tête de leurs néophytes

[209] Matter, op. cit. 118.

[210] *Encyclopédie juive*, article sur les Mandéens.

[211] Loiseleur, op. cit. p. 52.

lors de la cérémonie d'initiation,[212] en donnant comme raison de la "vénération particulière qu'ils professaient pour son auteur qu'ils considéraient saint Jean comme le serviteur du Dieu juif Satanaël".[213] Éliphas Lévi va même jusqu'à accuser les Templiers de suivre les pratiques occultes des Lucifériens, qui ont poussé les doctrines des Bogomiles jusqu'à rendre hommage aux puissances des ténèbres :

Déclarons pour l'édification du vulgaire… et pour la plus grande gloire de l'Église qui a persécuté les Templiers, brûlé les magiciens et excommunié les Francs-Maçons, etc., disons hardiment et à haute voix que tous les initiés des sciences occultes… ont adoré, adorent et adoreront toujours ce qui est signifié par ce symbole effrayant [le bouc sabbatique].[214] Oui, dans notre profonde conviction, les Grands Maîtres de l'Ordre des Templiers ont adoré Baphomet et l'ont fait adorer par leurs initiés.[215]

On voit donc que l'accusation d'hérésie portée contre les Templiers n'émane pas seulement de l'Église catholique, mais aussi des sociétés secrètes. Même nos francs-maçons, qui, pour des raisons que je montrerai plus loin, ont généralement défendu l'Ordre, sont maintenant prêts à admettre qu'il y avait un dossier bien réel contre eux. Ainsi, le Dr Ranking, qui a consacré de nombreuses années d'étude à la question, est arrivé à la conclusion que le johannisme est la véritable clé de l'hérésie templière.

Dans un article très intéressant publié dans la revue maçonnique *Ars Quatuor Coronatorum*, il observe que "l'histoire des Templiers en Palestine est un long récit d'intrigues et de trahisons de la part de

---

[212] Ibid. p. 51 ; Matter, op. cit, III. 305.

[213] *Encyclopædia* de Hastings, article sur les bogomiles.

[214] Le bouc sabbatique est clairement d'origine juive. Le Zohar raconte ainsi que « la tradition nous apprend que lorsque les Israélites évoquaient les mauvais esprits, ceux-ci leur apparaissaient sous la forme de boucs et leur faisaient connaître tout ce qu'ils souhaitaient apprendre » — Section Ahre Moth, folio 70a (de Pauly, V. 191).

[215] Éliphas Lévi, *Dogme et Rituel de la Haute Magie*, II. 209.

l'Ordre" :

Que dès le début du christianisme, un corps de doctrine incompatible avec le christianisme a été transmis au fil des siècles dans les différentes Églises officielles…

Les organismes qui enseignaient ces doctrines prétendaient le faire sur l'autorité de saint Jean, à qui, selon eux, les vrais secrets avaient été confiés par le fondateur du christianisme.

Au cours du Moyen Âge, la Société des Templiers a été le principal soutien des organismes gnostiques et le principal dépositaire de ce savoir.[216]

Comment expliquer ce choix de saint Jean pour la propagation de doctrines antichrétiennes que nous retrouverons jusqu'à aujourd'hui ? Quoi d'autre que la méthode de perversion qui, dans sa forme extrême, devient le satanisme, et qui consiste à toujours choisir les choses les plus sacrées pour les profaner ? C'est précisément parce que l'Évangile de saint Jean est celui des quatre qui insiste le plus sur la divinité du Christ que les sectes occultes antichrétiennes en ont fait, par habitude, la base de leurs rites.

---

[216] *Some Notes on various Gnostic Sects and their Possible Influence on Free-masonry*, par D.F. Ranking, réimprimé de *A.Q.C.*, Vol. XXIV. *pp. 27, 28.*

4. TROIS SIÈCLES D'OCCULTISME

Les chapitres précédents ont montré que, depuis les temps les plus reculés, les sectes occultes ont existé dans un double but : ésotérique et politique.

Alors que les manichéens, les premiers ismaéliens, les bogomiles et les lucifériens s'occupaient principalement de doctrines religieuses ou ésotériques, les derniers ismaéliens, les Fatimides, les Karmates et les templiers ont combiné le secret et les rites occultes avec un objectif politique de domination. Nous retrouverons cette double tradition dans tout le mouvement des sociétés secrètes jusqu'à nos jours.

Les doctrines dualistes attribuées aux Templiers n'étaient cependant pas limitées à cet Ordre en Europe, mais avaient été, comme nous l'avons vu, celles professées par les Bogomiles et aussi par les Cathares, qui se sont répandus à l'ouest de la Bulgarie et de la Bosnie jusqu'en France. C'est en raison de leur séjour en Bulgarie que les Cathares ont reçu le surnom populaire de "Bulgares" ou "Bougres", désignant ceux qui s'adonnent au vice contre nature.

Une partie des Cathares du sud de la France fut connue après 1180 sous le nom d'Albigeois, ainsi appelés en raison de la ville d'Albi, bien que leur siège se trouvât en réalité à Toulouse. Chrétiens de nom seulement, ils adhéraient en secret aux doctrines gnostiques et manichéennes des Cathares antérieurs, qu'ils semblent avoir combinées avec le johannisme, puisque, comme cette secte orientale, ils prétendaient posséder leur propre Évangile de saint Jean.[217]

---

[217] « Leurs réunions se tenaient dans l'endroit le plus commode, souvent sur des montagnes ou dans des vallées ; les seuls éléments essentiels étaient une table, une nappe blanche et une copie de l'Évangile de saint Jean, c'est-à-dire leur propre version de l'Évangile. Cf. Gabriele Rossetti, *The Anti-Papal Spirit*, I. 230,

Bien qu'il ne s'agisse pas à proprement parler d'une société secrète, les Albigeois étaient divisés, selon le système des sociétés secrètes, en initiés et semi-initiés. Les premiers, peu nombreux, connus sous le nom de *Perfecti*, menaient en apparence une vie austère, s'abstenant de manger de la viande et professant leur horreur des serments et du mensonge. Le mystère dans lequel ils s'enveloppaient leur valait la vénération des *Credentes*, qui formaient la grande majorité de la secte et se livraient à tous les vices, à l'usure, au brigandage et au parjure, tout en décrivant le mariage comme une prostitution et en tolérant l'inceste et toutes les formes de licence.[218] Les *Credentes*, qui n'étaient probablement pas complètement initiés aux doctrines dualistes de leurs supérieurs, attendaient d'eux le salut par l'imposition des mains, selon le système des Manichéens.

C'est parmi les nobles du Languedoc que les Albigeois trouvèrent leur principal soutien. Cette "Judée de France", comme on l'a appelée, était peuplée d'un mélange de races, ibériques, gauloises, romaines et sémitiques.[219] Les nobles, très différents de la "chevalerie ignorante et pieuse du Nord", avaient perdu tout respect pour leurs traditions. "Il en est peu qui, en remontant le temps, n'aient rencontré dans leur généalogie quelque grand-mère sarrasine ou juive".[220] En outre, beaucoup avaient ramené en Europe le relâchement des mœurs qu'ils avaient contracté pendant les croisades. Le comte de Comminges pratiquait la polygamie et, selon les chroniques ecclésiastiques, Raymond VI, comte de Toulouse, l'un des plus ardents *crédules* albigeois, avait son harem.[221] Le mouvement albigeois a été faussement représenté comme une simple protestation contre la tyrannie de l'Église de Rome ; en réalité, il

---

où il est dit que «les livres sacrés, et en particulier celui de saint Jean, ont été détournés par cette secte dans des sens étranges et pervertis».

[218] Michelet, *Histoire de France*, III. 18, 19 (édition de 1879).

[219] Michelet, op. cit. p. 10. « L'élément sémitique, juif et arabe, était fort en Languedoc. Cf. A. E. Waite, *The Secret Tradition in Freemasonry*, I. 118: «Le Sud de la France était un centre d'où sortait une grande partie de l'occultisme de base de la juiverie ainsi que ses rêves théosophiques.»

[220] Michelet, op. cit. p. 12.

[221] Ibid. p. 15.

s'agissait d'un soulèvement contre les doctrines fondamentales du christianisme — et plus encore, contre tous les principes de la religion et de la moralité. En effet, alors que certains membres de la secte déclaraient ouvertement que la loi juive était préférable à celle des chrétiens,[222] pour d'autres le Dieu de l'Ancien Testament était aussi odieux que le "faux Christ" qui avait souffert à Golgotha ; la vieille haine des gnostiques et des manichéens pour le démiurge revivait chez ces rebelles à l'ordre social.

Précurseurs des Libertins du XVIIe siècle et des Illuminati du XVIIIe siècle, les nobles albigeois, sous prétexte de lutter contre le sacerdoce, s'efforcent de se débarrasser de toutes les contraintes imposées par l'Église.

Inévitablement, les troubles qui se produisirent dans tout le Midi de la France entraînèrent des représailles et les Albigeois furent réprimés avec toute la cruauté de l'époque, ce qui a donné l'occasion aux historiens de les exalter comme de nobles martyrs, victimes du despotisme ecclésiastique. Mais là encore, comme dans le cas des Templiers, le fait qu'ils aient été persécutés ne prouve pas qu'ils soient innocents des crimes qui leur sont reprochés.

SATANISME

Au début du quatorzième siècle, un autre développement du Dualisme, bien plus horrible que l'hérésie manichéenne des Albigeois, a commencé à se faire sentir. Il s'agit du culte du satanisme ou de la magie noire. Le sujet doit être abordé avec une extrême prudence, car d'une part beaucoup de ce qui a été écrit à ce sujet est le résultat de la superstition médiévale, qui voit dans chaque écart par rapport à la foi catholique romaine l'intervention directe du Malin, tandis que d'autre part la conspiration de l'histoire, qui nie *in toto* l'existence du Pouvoir Occulte, discrédite toutes les révélations sur cette question, de quelque source qu'elles émanent, comme étant le résultat d'une imagination

---

[222] Graetz, *Histoire des Juifs*, III. 517.

hystérique.[223] Ceci est d'autant plus facile que le sujet, par son étonnante extravagance, se prête au ridicule.

L'invocation des puissances des ténèbres a été pratiquée dès les premiers jours de la race humaine et, après l'ère chrétienne, a trouvé son expression, comme nous l'avons vu, dans les caïnites, les euchites et les lucifériens. Il ne s'agit pas de suppositions, mais de faits historiques. Vers la fin du XIIe siècle, le luciférianisme se répandit vers l'est à travers la Styrie, le Tyrol et la Bohême, jusqu'au Brandebourg ; au début du XIIIe siècle, il avait envahi l'Allemagne occidentale et, au XIVe siècle, il atteignit son apogée dans ce pays, ainsi qu'en Italie et en France. Le culte avait alors atteint un nouveau stade de développement, et ce n'était plus la simple propitiation de Satanaël, prince de ce monde, pratiquée par les lucifériens, mais un véritable satanisme — l'amour du mal pour le mal - qui constituait la doctrine de la secte connue en Italie sous le nom de *la vecchia religione*, ou "vieille religion". La sorcellerie fut adoptée comme profession et les sorcières, et non pas, comme on le suppose généralement, des pousses sporadiques, furent formées dans des écoles de magie pour pratiquer leur art. Il faut se souvenir de ces faits lorsqu'on reproche à l'Église la violence dont elle a fait preuve à l'égard de la sorcellerie : ce ne sont pas des individus, mais un système qu'elle s'est attachée à détruire.

L'essence du satanisme est la profanation. Dans les cérémonies d'évocation infernale décrites par Éliphas Lévi, on peut lire : " Il faut profaner les cérémonies de la religion à laquelle on appartient et fouler aux pieds ses symboles les plus sacrés : "Il faut profaner les cérémonies de la religion à laquelle on appartient et fouler aux pieds ses symboles les

---

[223] Ainsi, l'*encyclopédie de la religion et de l'éthique de* Hastings omet toute référence au satanisme avant 1880 et observe : « La preuve de l'existence des satanistes ou des palladistes consiste entièrement dans les écrits d'un groupe d'hommes à Paris : «La preuve de l'existence des satanistes ou des palladistes consiste entièrement dans les écrits d'un groupe d'hommes à Paris. Il consacre ensuite cinq colonnes sur les six et demie qui composent l'article à la description des œuvres de deux romanciers notoires, Léo Taxil et Bataille. Il n'y a pas un mot de véritable information à trouver ici.

plus sacrés".[224] Cette pratique trouve son apogée dans la profanation du Saint Sacrement. L'hostie consacrée était donnée en pâture aux souris, aux crapauds et aux cochons, ou bafouée de manière inavouable. Une description révoltante de la messe noire figure dans le livre *Là-bas de* Huysmans. Il n'est pas nécessaire d'en transcrire ici les détails répugnants. Il suffit donc de montrer que ce culte a eu une existence bien réelle, et si un doute subsiste à ce sujet, la vie de Gilles de Rais fournit des preuves documentaires des résultats visibles de la magie noire au Moyen-Âge.

Gilles de Rais est né à Machecoul en Bretagne vers 1404.

La première période de sa vie fut glorieuse ; compagnon et guide de Jeanne d'Arc, il devint Maréchal de France et se distingua par de nombreux actes de bravoure. Mais après avoir dissipé son immense fortune, en grande partie dans des cérémonies ecclésiastiques menées avec la plus grande extravagance, il fut amené à étudier l'alchimie, en partie par curiosité et en partie comme moyen de restaurer sa fortune brisée. Ayant appris que l'Allemagne et l'Italie étaient les pays où l'alchimie était la plus florissante, il enrôla des Italiens à son service et se laissa peu à peu entraîner dans la région la plus éloignée de la magie. Selon Huysmans, Gilles de Rais était resté jusqu'à ce moment un mystique chrétien sous l'influence de Jeanne d'Arc, mais après la mort de celle-ci, peut-être par désespoir, il s'offrit aux puissances des ténèbres. Les évocateurs de Satan affluent alors de toutes parts, parmi lesquels Prelati, un Italien, qui n'a rien du sorcier vieux et ridé de la tradition, mais qui est un homme jeune et séduisant, aux manières charmantes. Car c'est d'Italie que viennent les plus habiles adeptes de l'alchimie, de l'astrologie, de la magie et des évocations infernales, qui se répandent dans toute l'Europe, et notamment en France.

Sous l'influence de ces initiateurs, Gilles de Rais signa, dans un pré près de Machecoul, une lettre au diable lui demandant "savoir, pouvoir et richesse" et lui offrant en échange tout ce qu'on pouvait lui demander à l'exception de sa vie ou de son âme. Malgré cet appel et le pacte signé

---

[224] Précis des écrits d'Éliphas Lévi par Arthur E. Waite, *The Mysteries of Magic*, p. 215.

avec le sang de l'écrivain, aucune apparition satanique ne se produisit.

C'est alors que, désespéré, Gilles de Rais eut recours aux abominations qui ont rendu son nom célèbre : invocations encore plus effrayantes, débauches répugnantes, vice perverti sous toutes ses formes, cruautés sadiques, sacrifices horribles et, enfin, holocaustes de petits garçons et de petites filles recueillis par ses agents dans les pays environnants et mis à mort par les tortures les plus inhumaines. Au cours des années 1432-40, des centaines d'enfants ont littéralement disparu. De nombreux noms de ces malheureuses petites victimes ont été conservés dans les archives de l'époque. Gilles de Rais connut une fin bien méritée : en 1440, il fut pendu et brûlé. Jusqu'à présent, il ne semble pas avoir trouvé de panégyriste pour le placer dans les rangs des nobles martyrs.

On objectera que les crimes décrits ici sont ceux d'un aliéné criminel et qu'ils ne peuvent être attribués à aucune cause occulte ; on répondra que Gilles n'était pas un isolé, mais qu'il faisait partie d'un groupe d'occultistes qui ne pouvaient pas tous être fous. De plus, ce n'est qu'après avoir invoqué le Malin qu'il a développé ces penchants monstrueux. De même, sa réplique du XVIIIe siècle, le marquis de Sade, associait à ses abominations une haine passionnée de la religion chrétienne.

Comment expliquer cet engouement pour la magie en Europe occidentale ?

Deschamps mentionne la Cabale, "cette science des arts démoniaques dont les Juifs ont été les initiateurs", et il est certain que dans toute étude globale de la question, l'influence des Cabalistes juifs ne peut être ignorée. En Espagne, au Portugal, en Provence et en Italie, les Juifs étaient devenus une puissance au XVe siècle ; dès 1450, ils avaient pénétré dans les cercles intellectuels de Florence, et c'est également en Italie qu'un siècle plus tard, l'école cabalistique moderne fut inaugurée par Isaac Luria (1533-72), dont les doctrines furent organisées en un système pratique par les Hassidim d'Europe de l'Est pour l'écriture d'amulettes, la conjuration des démons, la jonglerie mystique avec les nombres et les lettres, etc.[225] L'Italie du XVe siècle était donc un centre

---

[225] *Encyclopédie juive*, article sur la Cabale.

d'où rayonnaient les influences cabalistiques, et il se peut que les Italiens qui ont endoctriné Gilles de Rais aient puisé leur inspiration à cette source. En effet, Éliphas Lévi, que l'on ne peut certainement pas accuser d'"antisémitisme", déclare que "les Juifs, les plus fidèles dépositaires du secret de la Cabale, ont presque toujours été les grands maîtres de la magie au Moyen Âge"[226] et suggère que Gilles de Rais a puisé ses monstrueuses recettes d'utilisation du sang d'enfants assassinés "dans quelques-uns de ces vieux *grimoires* hébraïques (livres de magie) qui, s'ils avaient été connus, auraient suffi à livrer les Juifs à l'exécration de la terre entière".[227] Voltaire, dans sa *Henriade*, attribue également les écritures magiques du sang pratiquées au XVIe siècle à l'inspiration juive :

> Dans l'ombre de la nuit, sous une voûte obscure,
> Le silence conduit leur assemblée impure.
> À la pâle lueur d'un magique flambeau
> S'élève un vil autel dressé sur un tombeau.
> C'est là que des deux rois on plaça les images,
> Objets de leur terreur, objets de leurs outrages.
> Leurs sacrilèges mains out mêlé sur l'autel
> À des noms infernaux le nom de l'Éternel.
> Sur ces murs ténébreux des lances sont rangées,
> Dans des vases de sang leurs pointes sont plongées ;
> Appareil menaçant de leur mystère affreux.
> Le prêtre de ce temple est un de ces Hébreux
> Qui, proscrits sur la terre et citoyens du monde,
> Portent de mers en mers leur misère profonde,
> Et, d'un antique ramas de superstitions,
> Out rempli dès longtemps toutes les nations, etc.

---

[226] *Dogme et Rituel de la Haute Magie*, II. 220 (1861). Il est curieux de constater que Sir James Frazer, dans son vaste compendium sur la magie, *The Golden Bough*, ne se réfère jamais à aucun des adeptes supérieurs — juifs, rosicruciens, satanistes, etc... — ni à la Cabale comme source d'inspiration. Tout le sujet est traité comme si le culte de la magie était le résultat spontané d'une mentalité primitive ou paysanne.

[227] *Histoire de la Magie*, p. 289.

Voltaire ajoute en note : "C'était ordinairement aux Juifs qu'on avait recours pour les opérations magiques. Cette ancienne superstition vient des secrets de la Cabale, dont les Juifs se disaient les seuls dépositaires. Catherine de Médicis, le maréchal d'Ancre, et beaucoup d'autres ont employé des juifs à ces sortilèges".

Cette accusation de magie noire revient tout au long de l'histoire de l'Europe depuis les temps les plus reculés. Les Juifs sont accusés d'empoisonner les puits, de pratiquer le meurtre rituel, d'utiliser des biens ecclésiastiques volés à des fins de profanation, etc. Il est certain qu'il y a dans tout cela une grande part d'exagération, inspirée par les préjugés populaires et les superstitions médiévales. Cependant, tout en condamnant la persécution dont les Juifs ont été l'objet pour cette raison, il faut admettre qu'ils se sont exposés à la suspicion en raison de leur réelle dépendance à l'égard des arts magiques. Si la superstition ignorante se trouve du côté des persécuteurs, la superstition plus étonnante encore se trouve du côté des persécutés.

La démonologie en Europe était en fait essentiellement une science juive, car bien que la croyance aux mauvais esprits ait existé depuis les temps les plus reculés et ait toujours continué à exister parmi les races primitives, ainsi que parmi les classes ignorantes des pays civilisés, c'est principalement par l'intermédiaire des Juifs que ces sombres superstitions ont été importées en Occident, où elles ont persisté non seulement parmi les couches inférieures de la population juive, mais ont constitué une partie essentielle de la tradition juive. C'est ainsi que le Talmud dit :

Si l'œil pouvait percevoir les démons qui peuplent l'univers, l'existence serait impossible. Les démons sont plus nombreux que nous : ils nous entourent de tous côtés comme des tranchées creusées autour des vignes. Chacun de nous en a mille à sa main gauche et dix mille à sa main droite. Le malaise qu'éprouvent ceux qui assistent aux conférences rabbiniques... vient de ce que les démons se mêlent aux hommes dans ces circonstances. De même, la fatigue que l'on ressent dans les genoux en marchant vient des démons que l'on heurte à chaque pas. Si les vêtements des rabbins s'usent si vite, c'est encore parce que les démons s'y frottent. Celui qui veut se convaincre de leur présence n'a qu'à entourer son lit de cendres tamisées et le lendemain matin il verra les empreintes des pieds des coqs.[228]

Le même traité donne ensuite des instructions pour voir les démons en brûlant des morceaux d'un chat noir et en plaçant les cendres dans l'œil :

"Il est donc conseillé de verser un peu d'eau dans une cruche avant de boire, afin d'éviter les démons. Le Talmud explique également que les démons habitent particulièrement les trombes d'eau sur les maisons et qu'ils aiment boire dans les cruches d'eau. Il est donc conseillé de verser un peu d'eau d'une cruche avant de boire, afin de se débarrasser de la partie impure."[229]

Ces idées ont reçu un nouvel élan avec la publication du Zohar qui, selon un auteur juif, "a exercé une influence presque ininterrompue sur l'esprit de la majorité des Juifs à partir du XIVe siècle". Les légendes talmudiques concernant l'existence et l'activité des *shedhim* (démons) y sont répétées et amplifiées, et une hiérarchie des démons a été établie, correspondant à la hiérarchie céleste....

Le *Nishmat Hayim* de Manassé [ben Israël] est plein d'informations concernant la croyance dans les démons... Même les rabbins érudits et savants du dix-septième siècle s'accrochaient à cette croyance.[230]

Il ne s'agit donc pas ici de paysans ignorants ayant des visions fantastiques issues de leur propre imagination effrayée, mais de rabbins, chefs reconnus d'une race se réclamant de traditions civilisées et d'un haut niveau d'intelligence, inculquant délibérément à leurs disciples la

---

[228] Talmud, traité Berakhoth, folio 6. Le Talmud donne également des indications sur la manière de se prémunir contre les puissances occultes et les maladies. Le traité Pesachim déclare que celui qui se tient nu devant une bougie est susceptible d'être saisi d'épilepsie. Le même traité précise également qu' » un homme ne doit pas sortir seul la nuit qui suit le quatrième jour ou la nuit qui suit le sabbat, car un mauvais esprit, appelé Agrath, la fille de Ma'hlath, ainsi que cent quatre-vingt mille autres mauvais esprits, sortent dans le monde et ont le droit de blesser toute personne qu'ils rencontrent par hasard ».

[229] Talmud, traité Hullin, folios 143, 144.

[230] Hastings' *Encyclopædia of Religion and Ethics*, article sur la magie juive par M. Caster.

crainte perpétuelle d'influences démoniaques. Dans quelle mesure cette crainte s'est-elle transmise à la population païenne ? C'est en tout cas une curieuse coïncidence de constater les ressemblances entre les superstitions dites populaires et les écrits des rabbins. Par exemple, les vils aveux faits par des paysannes écossaises et françaises accusées de sorcellerie concernant les visites nocturnes que leur rendaient des démons mâles[231] trouvent une contrepartie exacte dans des passages de la Cabale, où il est dit que "les démons sont à la fois mâles et femelles, et qu'ils s'efforcent également de s'accoupler avec des êtres humains — une conception de qui est à l'origine de la croyance dans les *incubes* et les *succubes*".[232] Ainsi, d'autorité juive, nous apprenons l'origine judaïque de cet étrange délire.

C'est manifestement à la même source que l'on peut rattacher les formules magiques pour la guérison des maladies en vigueur à la même époque. Depuis les temps les plus reculés, les Juifs se sont spécialisés dans la médecine, et de nombreux personnages royaux ont tenu à employer des médecins juifs, [233] dont certains ont pu acquérir des connaissances médicales de haut niveau. L'écrivain juif Margoliouth s'attarde sur ce fait avec une certaine complaisance, et poursuit en opposant les méthodes scientifiques des médecins hébreux aux charlatans des moines :

En dépit des rapports diffusés par les moines, selon lesquels les Juifs étaient des sorciers (en raison de leur compétence médicale supérieure),

---

[231] Margaret Alice Murray, *The Witch Cult in Western Europe*, et Jules Garinet, *Histoire de la Magie en France*, p. 163 (1818).

[232] Hastings' *Encyclopædia*, article sur la magie juive par M. Gaster. Voir le Zohar, traité Bereschith, folio 54 *b*, où il est dit que tous les hommes sont visités dans leur sommeil par des démons féminins. « Ces démons n'apparaissent jamais sous une autre forme que celle d'êtres humains, mais ils n'ont pas de cheveux sur la tête.... De la même manière que pour les hommes, les démons mâles apparaissent en rêve aux femmes avec lesquelles ils ont des rapports sexuels. »

[233] Le révérend Moses Margoliouth, *The History of the Jews in Great Britain*, I. 82. Le même auteur raconte plus loin (p. 304) que le médecin hébreu de la reine Élisabeth, Rodrigo Lopez, fut accusé d'avoir tenté de l'empoisonner et mourut victime de persécutions.

les patients chrétiens fréquentaient les maisons des médecins juifs de préférence aux monastères, où l'on prétendait que les guérisons avaient été effectuées par certaines reliques extraordinaires, telles que les ongles de Saint Augustin, l'extrémité du deuxième orteil de Saint Pierre,... etc. Il n'est pas besoin d'ajouter que les guérisons opérées par les médecins juifs étaient plus nombreuses que celles opérées par les moines imposteurs.[234]

En réalité, les remèdes grotesques que Margoliouth attribue à la superstition chrétienne semblent avoir été en partie dérivés de sources juives. L'auteur d'un autre article sur la magie dans l'*Encyclopædia* de Hastings ajoute que les formules magiques transmises en latin dans les anciens écrits médicaux et utilisées par les moines étaient principalement d'origine orientale, dérivées de la magie babylonienne, égyptienne et juive, et que les moines "ne jouaient donc qu'un rôle intermédiaire".[235] En effet, si nous nous tournons vers le Talmud, nous trouverons des remèdes préconisés non moins absurdes que ceux que Margoliouth tourne en dérision.

Par exemple :

Les œufs d'une sauterelle comme remède aux maux de dents, la dent d'un renard comme remède au sommeil, c'est-à-dire la dent d'un renard vivant pour empêcher le sommeil et celle d'un renard mort pour provoquer le sommeil, le clou de la potence où un homme a été pendu, comme remède à l'enflure.[236]

Un auteur fortement "pro-sémite" cite un certain nombre d'écrits médicaux juifs du dix-huitième siècle, republiés jusqu'à la fin de le dix-neuvième, qui montrent la persistance de ces formules magiques parmi les Juifs. La plupart de ces écrits sont trop répugnants pour être transcrits, mais voici quelques-uns des plus inoffensifs : "Pour l'épilepsie, tuer un coq et le laisser se putréfier". "Pour te protéger de tous les maux, ceins-toi de la corde avec laquelle un criminel a été pendu". Les différentes

---

[234] Le révérend Moses Margoliouth, *The History of the Jews in Great Britain*, I. 83.

[235] Hastings' *Encyclopædia*, article sur la magie teutonique par F. Hälsig.

[236] Talmud, tract Sabbat.

sortes de sang jouent également un rôle important : "Le sang de renard et le sang de loup sont bons pour les calculs dans la vessie, le sang de bélier pour les coliques, le sang de belette pour les scrofules, etc... — à appliquer par voie externe.[237]

Mais revenons au satanisme. Quels que soient les inspirateurs secrets des pratiques magiques et diaboliques du XIVe au XVIIIe siècle, les preuves de l'existence du satanisme pendant cette longue période sont accablantes et reposent sur les faits réels de l'histoire. Des détails tout aussi extravagants et révoltants que ceux contenus dans les œuvres d'Éliphas Lévi[238] ou dans *Là-bas* de Huysmans sont donnés sous forme documentaire par Margaret Alice Murray dans son ouvrage singulièrement dépourvu de passion et portant principalement sur les sorcières d'Écosse.[239]

Le culte du mal est une réalité, quelle que soit la manière dont on cherche à l'expliquer. Éliphas Lévi, tout en niant l'existence de Satan "en tant que personnalité et puissance supérieure", admet cette vérité fondamentale : "Le mal existe, il est impossible d'en douter. Nous pouvons faire le bien ou le mal. Il y a des êtres qui font le mal sciemment et volontairement".[240] Il y a aussi des êtres qui aiment le mal. Lévi a admirablement décrit l'esprit qui anime ces êtres dans sa définition de la magie noire :

La magie noire n'est en réalité qu'une combinaison de sacrilèges et de meurtres gradués en vue de la perversion permanente de la volonté humaine et de la réalisation dans un homme vivant du fantôme monstrueux du démon. C'est donc, à proprement parler, la religion du

---

[237] Hermann L. Strack, *The Jews and Human Sacrifice*, trad. anglaise, pp. 140, 141 (1900).

[238] Voir les pages 215 et 216 de *The Mysteries of Magic*, par A.E. Waite.

[239] Voir également A.S. Turberville, *Mediæval Heresy and the Inquisition*, pp. 111-12 (1920), qui se termine par ces mots : « Les volumineux registres du saint tribunal, les savants traités de ses membres, sont les grands dépositaires des faits véridiques et indiscutables concernant les abominables hérésies de la sorcellerie et de la magie ».

[240] *Histoire de la Magie*, p. 15.

diable, le culte des ténèbres, la haine du bien exagérée jusqu'au paroxysme ; c'est l'incarnation de la mort et la création permanente de l'enfer.[241]

Le Moyen-Âge, qui représentait le diable fuyant l'eau bénite, n'était peut-être pas tout à fait aussi malheureux que notre culture moderne supérieure nous l'a laissé supposer. Car cette "haine du bien exagérée jusqu'au paroxysme", cette pulsion de profanation et de souillure qui est à la base de la magie noire et qui s'est manifestée dans les phases successives de la révolution mondiale, naît de la peur. Ainsi, par leur haine même, les puissances des ténèbres proclament l'existence des puissances de la lumière et leur propre impuissance. Dans le cri du démoniaque : "Qu'avons-nous à faire avec Toi, Jésus de Nazareth ? es-tu venu pour nous détruire ? Je sais qui tu es, le Saint de Dieu", n'entendons-nous pas l'hommage involontaire du vaincu au vainqueur dans le puissant conflit entre le bien et le mal ?

LES ROSICRUCIENS

En abordant la question de la Magie, il est nécessaire de comprendre que si pour le monde en général le mot est synonyme de nécromancie, il n'a pas cette signification dans le langage de l'occultisme, en particulier de l'occultisme des XVIe et XVIIe siècles. À cette époque, la magie était un terme employé pour couvrir de nombreuses branches d'investigation que Robert Fludd, le rosicrucien anglais, a classées sous différentes rubriques, dont les trois premières sont les suivantes : (1) "La *magie naturelle*,... ce département le plus occulte et le plus secret de la physique par lequel les propriétés mystiques des substances naturelles sont extraites" ; (2) la *magie mathématique*, qui permet aux adeptes de l'art de "construire des machines merveilleuses au moyen de leurs connaissances géométriques" ; tandis que (3) la *magie vénéneuse* "est familière avec les potions, les philtres, et avec les diverses préparations de poisons".[242]

Il est évident que toutes ces pratiques sont passées dans le domaine de la science et ne sont plus considérées comme des arts magiques, mais les

---

[241] *Les mystères de la magie*, p. 221.

[242] A. E. Waite, *The Real History of the Rosicrucians*, p. 293.

autres catégories énumérées par Fludd et regroupées sous l'appellation générale de *magie nécromantique* conservent le sens populaire du terme. Ces catégories sont décrites comme suit : (i) *Goetic*, qui consiste en "un commerce diabolique avec des esprits impurs, des rites de curiosité criminelle, des chants et invocations illicites et l'évocation de l'âme des morts" ; (2) *Maléfique*, qui est l'adjuration des démons par la vertu des noms divins ; et (3) *Théurgique*, qui prétend "être gouvernée par les bons anges et la volonté divine, mais dont les merveilles sont le plus souvent accomplies par des esprits maléfiques, qui prennent les noms de Dieu et des anges." (4) "La dernière espèce de magie est la *Thaumaturgie*, qui engendre des phénomènes illusoires ; c'est par cet art que les Mages produisaient leurs fantômes et d'autres merveilles." On pourrait ajouter à cette liste la *magie céleste*, ou connaissance de l'influence des corps célestes, sur laquelle se fonde l'astrologie.

Les formes de magie traitées dans la partie précédente de ce chapitre appartiennent donc à la seconde moitié de ces catégories, c'est-à-dire à la magie nécromantique. Mais à la même époque se dessine progressivement un autre mouvement qui s'intéresse à la première catégorie énumérée ci-dessus, c'est-à-dire aux propriétés secrètes des substances naturelles.

Un homme dont les méthodes semblent s'être rapprochées de la conception moderne de la recherche scientifique est Theophrastus Bombastus von Hohenheim, communément appelé Paracelse, fils d'un médecin allemand, né vers 1493, qui, au cours de ses voyages en Orient, aurait acquis la connaissance d'une doctrine secrète qu'il aurait ensuite transformée en un système de guérison des maladies.

Bien que ses idées aient sans doute été puisées à certaines des mêmes sources que celles de la Cabale juive, Paracelse ne semble pas avoir été un cabaliste, mais un scientifique de premier ordre, et, en tant que penseur isolé, apparemment lié à aucune association secrète, il n'entre pas davantage dans le cadre de cet ouvrage.

Paracelse ne doit donc pas être identifié à l'école des soi-disant "cabalistes chrétiens" qui, depuis Raymond Lulli, le "doctor illuminatus" du XIIIe siècle, s'inspiraient de la Cabale des Juifs. Cela ne veut pas dire que l'influence sous laquelle ils sont tombés était entièrement pernicieuse, car, de même que certains Juifs semblent avoir acquis de réelles compétences médicales, ils semblent aussi avoir possédé de réelles connaissances en sciences naturelles, héritées peut-être des anciennes traditions de l'Orient ou dérivées des écrits d'Hippocrate, de Galien et d'autres grands médecins grecs, et encore inconnues en Europe. Ainsi, Éliphas Lévi raconte que le rabbin Jechiel, un juif cabaliste protégé par Saint Louis, possédait le secret des lampes toujours allumées, [243] revendiqué plus tard par les Rose-Croix, ce qui suggère la possibilité qu'une sorte de gaz lumineux ou de lumière électrique ait pu être connue des juifs. En alchimie, ils étaient les leaders reconnus ; l'alchimiste le plus célèbre du quatorzième siècle, Nicolas Flamel, a découvert le secret de cet art dans le livre d'"Abraham le Juif, Prince, Prêtre, Lévite, Astrologue et Philosophe", et ce livre serait passé plus tard en possession du Cardinal Richelieu.[244]

C'est également d'un juif florentin, Alemanus ou Datylus, que Pic della Mirandola, le mystique du quinzième siècle, reçut des instructions sur la Cabale[245] et imagina qu'il y avait découvert les doctrines du christianisme. Cela a réjoui le pape Sixte IV, qui a alors ordonné que les écrits cabalistiques soient traduits en latin à l'intention des étudiants en théologie. À la même époque, la Cabale fut introduite en Allemagne par Reuchlin, qui avait appris l'hébreu auprès du rabbin Jacob b. Jechiel Loans, médecin de la cour de Frédéric III, et qui publia en 1494 un traité cabalistique *intitulé De Verbo Mirifico*, montrant que toute la sagesse et la vraie philosophie provenaient des Hébreux. La diffusion de la littérature rabbinique semble toutefois avoir suscité une inquiétude considérable et, en 1509, un juif converti au christianisme, nommé Pfefferkorn, persuade l'empereur Maximilien Ier de brûler tous les livres juifs, à l'exception de l'Ancien Testament. Reuchlin, consulté à ce sujet, conseilla uniquement la destruction des Toledot Yeshu et du Sepher Nizzachon du rabbin Lipmann, parce que ces ouvrages "étaient remplis de blasphèmes contre le Christ et contre la religion chrétienne", mais préconisa la conservation des autres livres. Dans cette défense de la littérature juive, il est soutenu par le duc de Bavière, qui le nomme

---

[243] *Histoire de la Magie*, p. 266.

[244] John Yarker, *The Arcane Schools*, p. 205.

[245] Drach (*De l'Harmonie entre l'Église et la Synagogue*, II. p. 30) dit que Pic de la Mirandole paya à un Juif 7 000 ducats pour les MSS cabalistiques dont il tira sa thèse.

professeur à Ingoldstadt, mais il est vivement condamné par les dominicains de Cologne. En réponse à leurs attaques, Reuchlin lança sa défense *De Arte Cabalistica*, glorifiant la Cabale, dont la "doctrine centrale était pour lui la Messianologie autour de laquelle se groupaient toutes les autres doctrines".[246] Tout son système philosophique, comme il l'admettait lui-même, était en fait entièrement cabalistique, et ses vues étaient partagées par son contemporain Cornelius Agrippa de Nettesheim. À la suite de ces enseignements, un engouement pour le cabalisme se répandit parmi les prélats, les hommes d'État et les guerriers chrétiens, et un certain nombre de penseurs chrétiens reprirent les doctrines de la Cabale et "essayèrent de les travailler à leur manière". Athanasius Kircher et Knorr, baron de Rosenroth, auteur de la *Kabbala Denudata*, au cours du XVIIe siècle, "s'efforcèrent de répandre la Cabale parmi les chrétiens en traduisant des ouvrages cabalistiques qu'ils considéraient comme la sagesse la plus ancienne". "La plupart d'entre eux, poursuit l'*encyclopédie juive* avec dérision, entretenaient l'idée absurde que la Cabale contenait des preuves de la véracité du christianisme… Beaucoup de choses qui semblent chrétiennes [dans la Cabale] ne sont en fait que le développement logique de certaines doctrines ésotériques anciennes".[247]

Les Rose-Croix semblent être l'aboutissement à la fois de ce mouvement cabalistique et des enseignements de Paracelse. La première indication de leur existence est donnée dans une série de pamphlets qui sont apparus au début du XVIIe siècle. La première d'entre elles, intitulée *Fama Fraternitatis ; ou une découverte de la fraternité du très louable Ordre de la Rose-Croix*, a été publiée à Cassel en 1614 et la *Confessio Fraternitatis* au début de l'année suivante. Ces ouvrages contiennent ce que l'on peut appeler la "Grande Légende" du Rosicrucianisme, qui a été répétée avec de légères variations jusqu'à aujourd'hui. Brièvement, cette histoire est la suivante[248] :

---

[246] *Encyclopédie juive*, articles sur la Cabale et Reuchlin.

[247] Ibid. article sur la Cabale.

[248] Le résumé qui suit est tiré de la récente réimpression de la *Fama* et de la *Confessio publiée par la* « Societas Rosicruciana in Anglia » et imprimée par W. J. Parrett (Margate, 1923). L'histoire, qui, en raison de l'extraordinaire

"Le Père très pieux et très éclairé, notre frère C. R., c'est-à-dire Christian Rosenkreutz, "un Allemand, le chef et l'original de notre Fraternité", naquit en 1378 et, seize ans plus tard, il voyagea en Orient avec un frère P.A.L., qui avait décidé d'aller en Terre Sainte. Arrivé à Chypre, le frère P.A.L. mourut et "n'arriva donc jamais à Jérusalem". Le frère C. R., cependant, ayant fait la connaissance de certains sages de "Damasco en Arabie" et ayant vu les grands prodiges qu'ils accomplissaient, se rendit seul à Damasco. Là, les sages le reçurent et il se mit à étudier la physique et les mathématiques et à traduire le Livre M en latin. Trois ans plus tard, il se rendit en Égypte, d'où il partit pour Fez, où "il fit la connaissance de ceux qu'on appelle les habitants élémentaires, qui lui révélèrent beaucoup de leurs secrets…". De ceux de Fez, il avoua souvent que leur Magie n'était pas tout à fait pure et que leur Cabale était souillée par leur religion, mais il sut néanmoins en faire bon usage". Au bout de deux ans, le frère C. R. quitta la ville de Fez et s'embarqua avec de nombreuses choses coûteuses pour l'Espagne, où il s'entretint avec des hommes érudits et, étant "prêt à partager généreusement tous ses arts et secrets", leur montra entre autres comment "il pourrait y avoir une société en Europe qui aurait suffisamment d'or, d'argent et de pierres précieuses pour qu'ils puissent les distribuer aux rois pour leurs usages nécessaires et leurs buts légitimes…".

Christian Rosenkreutz retourne ensuite en Allemagne, où "les savants, les magiciens, les cabalistes, les médecins et les philosophes ne manquent pas de nos jours". Il s'y "construisit une habitation convenable et soignée dans laquelle il rumina son voyage et sa philosophie et les réduisit en un véritable mémorial". Au bout de cinq ans de méditation, "l'idée de la Réforme souhaitée lui revint à l'esprit : il choisit donc quelques personnes adjointes à lui", les frères G. V., I.A. et I. O. — dont le dernier "était très expert et bien versé dans la Cabale, comme en témoigne son livre H" — pour former un cercle d'initiés. "C'est ainsi que naquit la Fraternité de la Rose-Croix.

Cinq autres frères se sont ensuite ajoutés, tous allemands sauf I.A., et ces huit ont constitué son nouveau bâtiment appelé Sancti Spiritus.

---

confusion du texte, est difficile à reprendre comme un récit cohérent, est donnée dans la *Fama* ; les dates sont données dans la *Confessio*.

L'accord suivant a alors été établi : Premièrement, qu'aucun d'entre eux ne fasse d'autre profession que celle de guérir les malades, et cela gratuitement.

Deuxièmement, aucun des descendants ne devrait être contraint de porter un certain type d'habit, mais de suivre la coutume du pays.

Troisièmement, chaque année, le jour C., ils se réuniront à la maison Sancti Spiritus, ou écriront la cause de son absence.

Quatrièmement, chaque Frère doit rechercher une personne digne qui, après son décès, pourrait lui succéder.

Cinquièmement, le mot C. R. doit être leur sceau, leur marque et leur caractère.

Sixièmement, la Fraternité doit rester secrète pendant cent ans.

Enfin, le frère C. R. mourut, mais le lieu, la date et le pays où il fut enterré sont restés secrets. La date, cependant, est généralement donnée comme étant 1484. En 1604, les Frères qui constituaient alors le cercle intérieur de l'Ordre ont découvert une porte sur laquelle était inscrit en grosses lettres Post 120 Annos Patebo.

En ouvrant la porte, on découvrit une chambre forte où, sous une tablette en laiton, on trouva le corps de Christian Rosenkreutz, "entier et non consommé", avec tous ses "ornements et vêtements", et tenant dans sa main le parchemin "I" qui, "à côté de la Bible, est notre plus grand trésor", tandis qu'à côté de lui reposaient un certain nombre de livres, dont le *Vocabulario* de Paracelse, qui, cependant, observe la *Fama*, "n'était pas de notre Fraternité".[249]

Les Frères savaient désormais qu'après un certain temps, il y aurait "une réforme générale des choses divines et humaines". Tout en déclarant leur croyance en la foi chrétienne, la *Fama poursuit en* expliquant que "notre philosophie n'est pas une nouvelle invention : Notre philosophie n'est pas une nouvelle invention, mais telle qu'Adam l'a reçue après sa chute et telle que Moïse et Salomon l'ont utilisée,... où Platon, Aristote, Pythagore et d'autres ont touché la cible et où Hénoch, Abraham, Moïse,

---

[249] Paracelse n'est d'ailleurs né qu'en 1493, soit neuf ans après la mort supposée de Christian Rosenkreutz.

Salomon ont excellé, mais surtout avec laquelle ce merveilleux livre qu'est la Bible est en accord.

On verra que, selon ce Manifeste, le rosicrucianisme était une combinaison de l'ancienne tradition secrète transmise par les patriarches à travers les philosophes grecs et de la première Cabale des Juifs.

La "Grande Légende" du Rosicrucianisme ne repose cependant sur aucune preuve historique ; il n'y a, en fait, pas la moindre raison de supposer qu'une personne telle que Christian Rosenkreutz ait jamais existé. Au dix-huitième siècle, l'Illuminatus von Knigge affirmait que : Il est maintenant reconnu par les hommes éclairés qu'il n'y a pas eu de véritables Rose-Croix, mais que tout ce qui est contenu dans la *Fama* et la *Réforme universelle du monde* [une autre brochure rosicrucienne parue la même année] n'était qu'une allégorie subtile de Valentine Andrea, dont des trompeurs (comme les Jésuites) et des visionnaires se sont servis par la suite pour réaliser ce rêve.[250]

Quelle est donc l'origine du nom Rose-Croix ? Selon une tradition rosicrucienne, le mot "Rose" ne dérive pas de la fleur représentée sur la croix rosicrucienne, mais du mot latin *ros*, signifiant "rosée", qui était supposé être le solvant le plus puissant de l'or, tandis que *crux*, la croix, était le hiéroglyphe chimique pour "lumière".[251] On dit que les Rosicruciens interprétaient les initiales de la croix INRI par la phrase "Igne Nitrum Roris Invenitur".[252]

En supposant que cette dérivation soit correcte, il serait intéressant de savoir si un lien peut être établi entre la première apparition du mot Rosie Cross dans la *Fama Fraternitatis* à la date de 1614 et le traité cabalistique du célèbre rabbin de Prague, Shabbethai Sheftel Horowitz, intitulé *Shefa Tal*, c'est-à-dire "L'effusion de rosée", qui a été publié en 1612.[253] Bien que ce livre ait été souvent réimprimé, aucun exemplaire ne se trouve au

---

[250] *Nachtrag von weitern Originalschriften des Illuminatenordens* Part II p. 148 (Munich, 1787).

[251] Mackey, *Lexique de la franc-maçonnerie*, p. 265.

[252] Ibid. p. 150.

[253] *Encyclopédie juive*, article sur Shabbethai Horowitz.

British Museum, et je ne peux donc pas approfondir cette question. Une explication plus simple pourrait être que la Rose-Croix dérive de la Croix-Rouge des Templiers. Mirabeau, qui, en tant que franc-maçon et illuminati, était en mesure de découvrir de nombreux faits sur les sociétés secrètes d'Allemagne pendant son séjour dans ce pays, affirme sans ambages que "les Rose-Croix maçonniques du XVIIe siècle n'étaient que l'ancien Ordre des Templiers secrètement perpétué".[254]

Lecouteulx de Canteleu est plus explicite :

En France, les chevaliers (templiers) qui ont quitté l'Ordre, désormais cachés, et pour ainsi dire inconnus, ont formé l'Ordre de l'Étoile flamboyante et de la Rose-Croix qui, au XVe siècle, s'est répandu en Bohême et en Silésie.

Chaque Grand Officier de ces Ordres devait toute sa vie porter la Croix Rouge et répéter chaque jour la prière de Saint Bernard.[255]

Eckert affirme que le rituel, les symboles et les noms de la Rose-Croix ont été empruntés aux Templiers, et que l'Ordre était divisé en sept degrés, selon les sept jours de la création, signifiant en même temps que leur "but principal était celui du mystérieux, de l'investigation de l'Être et des forces de la nature".[256]

Le rosicrucien Kenneth Mackenzie, dans son *Masonic Cyclopædia*, semble suggérer la même possibilité d'origine templière. Sous le titre de Rosicruciens, il se réfère énigmatiquement à une fraternité invisible qui a existé depuis des temps très anciens, dès l'époque des Croisades, "liée par des obligations solennelles de secret impénétrable", et s'unissant pour travailler pour l'humanité et pour "glorifier le bien". À différentes périodes de l'histoire, ce corps a émergé dans une sorte de lumière temporaire ; mais son véritable nom n'a jamais été révélé et n'est connu que des adeptes les plus intimes et des dirigeants de la société. "Les Rose-Croix du XVIe siècle ont fini par disparaître pour réintégrer cette fraternité invisible dont ils étaient vraisemblablement sortis. Les

---

[254] Mirabeau, *Histoire de la Monarchie Prussienne*, V. 76.

[255] Lecouteulx de Canteleu, *Les Sectes et Sociétés Secrètes*, p. 97.

[256] Eckert, *La Franc-Maçonnerie dans sa véritable signification*, II. 48.

incrédules peuvent se demander si un tel organisme a réellement existé ou si le récit ci-dessus n'est qu'une tentative de mystification destinée à exciter la curiosité. L'auteur fait remarquer ici qu'il serait indiscret d'en dire plus, mais il donne ailleurs une indication qui peut avoir quelque rapport avec la question, car dans son article sur les Templiers, il dit qu'après la suppression de l'Ordre, celui-ci a été ranimé sous une forme plus secrète et qu'il subsiste jusqu'à nos jours. Cela correspondrait exactement à l'affirmation de Mirabeau selon laquelle les Rose-Croix n'étaient que l'Ordre des Templiers secrètement perpétué. D'ailleurs, comme nous le verrons plus loin, d'après une légende conservée par l'Ordre Royal d'Écosse, le degré de la Rose-Croix avait été institué par cet Ordre conjointement avec les Templiers en 1314, et ce serait certainement une coïncidence remarquable qu'un homme portant le nom de Rosenkreutz ait inauguré au cours du même siècle une société fondée, comme les Templiers, sur des doctrines secrètes orientales, sans qu'aucun lien n'ait existé entre les deux.

Je suggère donc que Christian Rosenkreutz était un personnage purement mythique et que toute la légende concernant ses voyages a été inventée pour dissimuler les sources réelles d'où les Rose-Croix ont tiré leur système, qui semble avoir été un composé d'anciennes doctrines ésotériques, de magie arabe et syrienne et de cabalisme juif, en partie hérité des Templiers mais renforcé par un contact direct avec les juifs cabalistiques d'Allemagne. Les Rose-Croix, dit Mirabeau, "étaient une secte mystique, cabalistique, théologique et magique", et le rosicrucianisme est ainsi devenu au XVIIe siècle le titre générique par lequel on désignait tout ce qui était de l'ordre du cabalisme, de la théosophie, de l'alchimie, de l'astrologie et de la mystique. C'est pourquoi on a dit qu'ils ne pouvaient pas être considérés comme les descendants des Templiers. M. Waite, en se référant à "la prétendue connexion entre les Templiers et les Frères de la Rose-Croix", observe :

Les Templiers n'étaient pas des alchimistes, ils n'avaient aucune prétention scientifique et leur secret, pour autant qu'on puisse l'établir, était un secret religieux de type antichrétien. Les Rose-Croix, en revanche, étaient avant tout une société savante et une secte chrétienne.[257]

---

[257] A. E. Waite, *The Real History of the Rosicrucians*, p. 216.

Le fait que les Templiers ne semblent pas avoir pratiqué l'alchimie est sans importance ; on ne prétend pas que les Rose-Croix aient suivi les Templiers en tout point, mais qu'ils étaient les héritiers d'une tradition secrète qui leur avait été transmise par l'Ordre précédent. De plus, il n'est pas du tout certain qu'il s'agissait d'une société savante, ni même d'une société tout court, car il semblerait qu'ils ne possédaient pas d'organisation comme les Templiers ou les Francs-maçons, mais qu'ils étaient plutôt constitués d'occultistes isolés liés par un certain lien de connaissance secrète concernant les phénomènes naturels. Ce secret était sans doute nécessaire à une époque où la recherche scientifique était susceptible d'être considérée comme de la sorcellerie, mais il est extrêmement douteux que les Rose-Croix aient réellement accompli quoi que ce soit. On les dit alchimistes, mais ont-ils jamais réussi à transmuter les métaux ? On les qualifie de savants, mais les brochures émanant de la Fraternité donnent-elles la moindre preuve d'un savoir supérieur ? "Le mariage chymique de Christian Rosenkreutz, paru en 1616, apparaît certainement comme la plus pure absurdité — des imaginations magiques du genre le plus puéril ; et M. Waite lui-même observe que la publication de la *Fama* et de la *Confessio Fraternitalis* n'ajoutera pas un nouvel éclat à la réputation des Rose-Croix :

Nous avons l'habitude de considérer les adeptes de la Rose-Croix comme des êtres d'une élévation sublime et aux pouvoirs physiques préternaturels, maîtres de la Nature, monarques du monde intellectuel... Mais ici, dans leurs propres manifestes reconnus, ils s'avouent une simple ramification théosophique de l'hérésie luthérienne, reconnaissant la suprématie spirituelle d'un prince temporel et appelant le Pape l'anti-Christ... Nous les trouvons intempérants dans leur langage, enragés dans leurs préjugés religieux, et au lieu de s'élever comme des géants au-dessus de la moyenne intellectuelle de leur époque, nous les voyons secoués par les mêmes passions et identifiés à toutes les opinions des hommes qui les entouraient. La voix qui s'adresse à nous derrière le masque mystique de la Rose-Croix ne vient pas d'un trône intellectuel...

Voilà pour ce qui est de la "société savante" des Rose-Croix.

Qu'en est-il alors de leur prétention à être un corps chrétien ? L'étudiant rosicrucien de la Cabale, Julius Sperber, dans son *Écho de la Fraternité Divinement Illuminée de l'Ordre Admirable de la R.C.* (1615), a indiqué la place assignée au Christ par les Rosicruciens. Pour reprendre les termes de De Quincey :

Après avoir soutenu la probabilité des prétentions rosicruciennes au motif que de telles *magnalia Dei* avaient été confiées, depuis la création, à la garde de quelques individus — en accord avec cela, il affirme qu'Adam fut le premier rosicrucien de l'Ancien Testament et Siméon le dernier — il se demande ensuite si l'Évangile a mis fin à la tradition secrète ? En aucun cas, répond-il : Le Christ a établi un nouveau "collège de magie" parmi ses disciples, et les plus grands mystères ont été révélés à saint Jean et à saint Paul.

John Yarker, citant ce passage, ajoute : "Le frère Findel souligne qu'il s'agit là d'une revendication des gnostiques carpocratiens ; c'est aussi, comme nous l'avons vu, une partie de la tradition johannique qui aurait été transmise aux Templiers. Nous retrouverons cette même idée du Christ "initié" dans toutes les sociétés secrètes jusqu'à nos jours.

Ces doctrines n'ont pas manqué d'attirer sur les Rose-Croix le soupçon d'être un organisme anti-chrétien. L'auteur d'un pamphlet contemporain, publié en 1624, déclare que "cette fraternité est un stratagème des Juifs et des Hébreux cabalistiques, dans la philosophie desquels, dit Pic de la Mirandole, toutes choses sont... comme cachées dans la majesté de la vérité ou comme... dans des Mystères très sacrés".[258]

Un autre ouvrage, *Examination of the Unknown and Novel Cabala of the Brethren of the Rose-Cross*, confirme l'affirmation selon laquelle le chef de ce "collège exécrable est Satan, que sa première règle est la négation de Dieu, le blasphème contre la Trinité la plus simple et la plus indivise, le piétinement des mystères de la Rédemption, le crachat à la face de la mère de Dieu et de tous les saints". La secte est en outre accusée de pactes avec le diable, de sacrifices d'enfants, de chérir des crapauds, de fabriquer des poudres empoisonnées, de danser avec les démons, etc.

Or, bien que tout cela paraisse bien incompatible avec le caractère des Rose-Croix tel qu'il est connu, nous avons déjà vu que les pratiques ici

---

[258] « *Traicté des Athéistes, Déistes, Illuminez d'Espagne et Nouveaux Prétendus Invisibles, dits de la Confrairie de la Croix-Rosaire, élevez depuis quelques années dans le Christianisme,* » formant la seconde partie de l' » *Histoire Générale de Progrès et Décadence de l'Héréie Moderne—A la suite du Premier* » de M. Florimond de Raemond, Conseiller du Roy, etc.

décrites n'étaient nullement imaginaires ; en ce même XVIIe siècle, où la renommée des Rose-Croix se répandit, la magie noire était encore, comme au temps de Gilles de Rais, une horrible réalité, non seulement en France, mais en Angleterre, en Écosse et en Allemagne, où les sorciers des deux sexes étaient continuellement mis à mort.[259] On a beau déplorer les méthodes employées à l'encontre de ces personnes ou mettre en doute l'origine surnaturelle de leur culte, il serait vain de nier l'existence même du culte.

De plus, vers la fin du siècle, elle prit en France une forme très tangible dans la série de drames mystérieux connus sous le nom d'"Affaire des Poisons", dont le premier acte eut lieu en 1666, lorsque la célèbre Marquise de Brinvilliers se lança dans son étonnante carrière de criminelle en collaboration avec son amant Sainte-Croix. Cette femme extraordinaire, qui pendant dix ans s'est amusée à tester les effets de divers poisons lents sur ses proches, provoquant ainsi la mort de son père et de ses frères, aurait pu apparaître comme une simple criminelle isolée de type anormal, si ce n'était la suite de ses exploits dans l'épidémie d'empoisonnement qui suivit et qui, pendant vingt ans, maintint Paris dans un état de terreur. Les investigations de la police aboutirent finalement à la découverte de toute une bande de magiciens et d'alchimistes — "une vaste ramification de malfaiteurs couvrant toute la France" — qui s'étaient spécialisés dans l'art d'empoisonner sans craindre d'être découverts.

Au sujet de tous ces sorciers, alchimistes, préparateurs de poudres magiques et de philtres, des rumeurs effrayantes circulaient, "on parlait de pactes avec le diable, de sacrifices de nouveau-nés, d'incantations, de messes sacrilèges et d'autres pratiques aussi inquiétantes que lugubres".[260] Même la maîtresse du roi, Madame de Montespan, aurait eu recours à des messes noires afin de conserver la faveur royale par l'intermédiaire de la célèbre sorcière La Voisin, avec laquelle elle fut plus

---

[259] Voir G.M. Trevelyan, *England under the Stuarts*, pp. 32, 33, et James Howell, *Familiar Letters* (édition de 1753), pp. 49, 435. James Holwell était greffier au Conseil privé de Charles Ier.

[260] Th.-Louis Latour, *Princesses, Dames el Adventurières du Règne de Louis XIV*, p. 278 (Eugène Figutère, Paris, 1923).

tard impliquée dans une accusation d'avoir attenté à la vie du roi.

Tous les détails extraordinaires de ces événements ont été récemment décrits dans le livre de Madame Latour, où la connexion intime entre les empoisonneurs et les magiciens est montrée. De l'avis des contemporains, il ne s'agissait pas d'individus isolés :

"Leurs méthodes étaient trop sûres, leur exécution du crime trop habile et trop facile pour qu'ils n'aient pas appartenu, directement ou indirectement, à toute une organisation de criminels qui préparaient la voie, et étudiaient la méthode pour donner au crime l'apparence de la maladie, pour former, en un mot, une école".[261]

L'auteur de l'ouvrage cité établit un parallèle intéressant entre cette organisation et le trafic moderne de cocaïne, et poursuit en décrivant les trois degrés en lesquels elle était divisée : premièrement, les Têtes, hommes cultivés et intelligents, qui comprenaient la chimie, la physique et presque toutes les sciences utiles, "conseillers invisibles mais suprêmes, sans lesquels les sorciers et les devins auraient été impuissants" ; deuxièmement, les magiciens visibles employant des procédés mystérieux, des rites compliqués et des cérémonies terrifiantes ; et troisièmement, la foule des nobles et des plébéiens qui se pressaient aux portes des sorciers et remplissaient leurs poches en échange de potions magiques, de philtres, et, dans certains cas, de poisons insidieux. La Voisin est donc à ranger dans la seconde catégorie ; "malgré son luxe, ses profits, sa renommée", elle "n'est qu'un agent subalterne dans cette vaste organisation de malfaiteurs. Elle dépend entièrement, pour ses grandes entreprises, des chefs intellectuels de la corporation… "[262]

Qui étaient ces chefs intellectuels ? Le premier à avoir initié Sainte-Croix, l'amant de Madame de Brinvilliers, à l'art de l'empoisonnement était un Italien nommé Exili ou Eggidi ; mais le véritable initié auprès duquel Eggidi et un autre empoisonneur italien avaient appris leurs secrets aurait été Glaser, décrit selon les cas comme un chimiste allemand ou suisse, qui suivait les principes de Paracelse et occupait le poste de

---

[261] Ibid. p. 297.

[262] Ibid. p. 306.

médecin du roi et du duc d'Orléans.[263] Cet homme, dont l'histoire est peu connue, aurait donc pu être une sorte de Rose-Croix. Car puisque, comme on l'a dit, les chefs intellectuels dont s'inspiraient les empoisonneurs étaient des hommes versés dans la chimie, dans les sciences, dans la physique, dans le traitement des maladies, et que, de plus, parmi eux se trouvaient des alchimistes et des personnes professant être en possession de la pierre philosophale, leur ressemblance avec les Rose-Croix est tout de suite évidente. En effet, si l'on reprend les branches de la magie énumérées par le Rose-Croix Robert Fludd, on trouve non seulement la Magie Naturelle, "ce département le plus occulte et le plus secret de la physique par lequel les propriétés mystiques des substances naturelles sont extraites", mais aussi la Magie Vénéfique, qui "est familière avec les potions, les philtres, et avec les diverses préparations de poisons".

L'art de l'empoisonnement était donc connu des Rose-Croix et, bien qu'il n'y ait aucune raison de supposer qu'il ait jamais été pratiqué par les chefs de la Fraternité, il est possible que les inspirateurs des empoisonneurs aient été des Rose-Croix pervertis, c'est-à-dire des étudiants des parties de la Cabale relatives à la magie, à la fois des variétés nécromantique et vénéneuse, qui ont détourné les connaissances scientifiques que la Fraternité de la Rose-Croix utilisait pour la guérison à des fins précisément opposées et mortelles. Cela expliquerait le fait que des contemporains comme l'auteur de l'*Examen de la Cabale inconnue et nouvelle des Frères de la Rose-Croix* identifient ces frères avec les magiciens et les croient coupables de pratiques dérivant de la même source que la connaissance rosicrucienne — la Cabale des Juifs. Leurs admirateurs modernes déclareraient, bien sûr, qu'il s'agit de deux pôles distincts, la différence se situant entre la magie blanche et la magie noire. Huysmans, cependant, se moque de cette distinction et affirme que l'utilisation du terme "magie blanche" était une ruse de la Rose-Croix.

Mais personne ne peut parler avec certitude des véritables doctrines des Rose-Croix. Toute l'histoire de la Fraternité est enveloppée de mystère.

Le mystère était manifestement l'essence de leur système ; leur

---

[263] *Œuvres complètes de Voltaire*, vol. XXI, p. 129 (édition de 1785) ; *Biographie Michaud*, article sur Glaser.

identité, leurs objectifs, leurs doctrines auraient été gardés dans un profond secret. En effet, on dit qu'aucun véritable rosicrucien ne s'est jamais permis d'être connu en tant que tel. En raison de cette méthode de dissimulation systématique, les sceptiques ont déclaré que les Rose-Croix étaient des charlatans et des imposteurs ou ont nié leur existence même, tandis que les romantiques les ont exaltés comme dépositaires d'une sagesse surnaturelle. La question est encore obscurcie par le fait que la plupart des récits sur la Fraternité — comme, par exemple, ceux d'Éliphas Lévi, Hargrave Jennings, Kenneth Mackenzie, Mr. Waite, le Dr. Wynn Westcott et M. Cadbury Jones — sont l'œuvre d'hommes qui prétendent ou croient être initiés au Rosicrucianisme ou à d'autres systèmes occultes de même nature et qui, en tant que tels, sont en possession d'un savoir particulier et exclusif. Cette prétention peut être immédiatement rejetée comme une absurdité ; rien n'est plus facile que de faire un composé de cabalisme juif et de théosophie orientale et de l'appeler Rosicrucianisme, mais il n'existe aucune preuve d'une quelconque affiliation entre les Rosicruciens autoproclamés d'aujourd'hui et les "Frères de la Rose-Croix" du dix-septième siècle.[264]

Malgré l'affirmation de M. Wake, "The Real History of the Rosicrucians" (La véritable histoire des Rose-Croix)

reste à écrire, en tout cas en langue anglaise. Le livre qu'il a publié sous ce nom n'est qu'une étude superficielle de la question composée en grande partie de réimpressions de brochures rosicruciennes accessibles à tout étudiant. M. Wigston et Mme Pott ne font que reprendre les propos de M. Waite. Ainsi, tout ce qui a été publié jusqu'à présent consiste en la répétition de légendes rosicruciennes ou en des théories non fondées sur leurs doctrines. Ce dont nous avons besoin, ce sont des faits. Nous voulons savoir qui étaient les premiers Rose-Croix, quand la Fraternité a vu le jour et quels étaient ses véritables objectifs. Ces recherches doivent être effectuées, non pas par un occultiste qui aurait tissé ses propres théories sur le sujet, mais par un historien libre de tout préjugé pour ou

---

[264] Cette affirmation est confirmée par l'article de l'*Encyclopædia Britannica* sur les Rose-Croix, qui déclare : « En aucun cas les Rose-Croix modernes ne sont dérivés de la Fraternité du XVIIe siècle : «En aucun cas les Rose-Croix modernes ne sont dérivés de la Fraternité du XVIIe siècle».

contre l'Ordre, capable d'évaluer les preuves et de faire preuve d'un esprit judiciaire en s'appuyant sur les documents que l'on peut trouver dans les bibliothèques du continent, notamment la Bibliothèque de l'Arsenal à Paris. Un tel ouvrage serait une contribution précieuse à l'histoire des sociétés secrètes dans notre pays.

Mais si les frères continentaux de la Rose-Croix ne forment qu'un groupe obscur d'"Invisibles" dont l'identité reste encore un mystère, les adeptes anglais de l'Ordre se présentent à la lumière du jour comme des philosophes bien connus de leur époque et de leur pays. Le fait que Francis Bacon ait été initié au Rosicrucianisme est maintenant reconnu par les Francs-Maçons, mais un lien plus précis avec les Rosicruciens du Continent fut Robert Fludd, qui après avoir voyagé pendant six ans en France, en Allemagne, en Italie et en Espagne — où il forma des liens avec des Cabalistes juifs[265] — reçut la visite du Rosicrucien juif allemand Michel Maier — médecin de l'Empereur Rodolphe — par lequel il semble avoir été initié à d'autres mystères.

En 1616, Fludd publie son *Tractatus Apologeticus*, qui défend les Rose-Croix contre les accusations de "magie détestable et de superstition diabolique" portées contre eux par Libavius. Douze ans plus tard, Fludd fut attaqué par le Père Mersenne, à qui il fut répondu "par Fludd ou un ami de Fludd", contenant une nouvelle défense de l'Ordre. "Le livre, dit M. Waite, traite du noble art de la magie, du fondement et de la nature de la Cabale, de l'essence de la véritable alchimie et de la Causa Fratrum Rosae Crucis. Il identifie le palais ou la maison des Rose-Croix avec la Maison de la Sagesse des Écritures".

D'autres ouvrages d'auteurs anglais insistent sur l'origine orientale de la Fraternité. Ainsi, Thomas Vaughan, connu sous le nom d'Eugenius Philalethes, écrit en 1652 pour faire l'éloge des Rose-Croix, que "leur connaissance n'a pas été acquise par leurs propres recherches, car ils l'ont reçue des Arabes, parmi lesquels elle est restée comme le monument et l'héritage des enfants de l'Orient. Cela n'est pas du tout improbable, car les pays orientaux ont toujours été célèbres pour leurs sociétés magiques et secrètes".

---

[265] *Encyclopédie juive*, article sur la Cabale.

Un autre apologiste des Rose-Croix, John Heydon, qui a voyagé en Égypte, en Perse et en Arabie, est décrit par un contemporain comme ayant été dans "de nombreux endroits étranges parmi les Rose-Croix et dans leurs châteaux, leurs maisons saintes, leurs temples, leurs sépultures, leurs sacrifices". Heydon lui-même, tout en déclarant qu'il n'est pas rosicrucien, dit qu'il connaît des membres de la Fraternité et ses secrets, qu'ils sont des fils de Moïse, et que "cette physique ou médecine rosicrucienne, je l'ai heureusement et inopinément découverte en Arabie". Ces références à des châteaux, des temples, des sacrifices, rencontrés en Égypte, en Perse et en Arabie rappellent inévitablement les Templiers et les Ismaéliens. N'y a-t-il pas un lien entre "les montagnes invisibles des frères" mentionnées ailleurs par Heydon et les montagnes des Assassins et des francs-maçons ? entre la "Maison de la Sagesse" des Écritures et le Dar-ul-Hikmat ou Grande Loge du Caire, le modèle des loges maçonniques occidentales ?

C'est en tant que précurseurs de la crise de 1717 que les Rose-Croix anglais du XVIIe siècle sont d'une importance capitale.

Nous n'avons plus à nous préoccuper de Frères ombrageux prétendant à une sagesse surnaturelle, mais d'une association concrète d'initiés professant leur existence et la proclamant au monde sous le nom de franc-maçonnerie.

5. LES ORIGINES DE LA FRANC-MAÇONNERIE

"L'origine de la franc-maçonnerie, dit un auteur maçonnique du dix-huitième siècle, est connue des seuls francs-maçons.[266] Si cela a été le cas autrefois, ce n'est plus le cas, car, bien que la question semble certainement être celle sur laquelle les initiés devraient être les plus qualifiés pour parler, le fait est qu'il n'existe aucune théorie officielle sur l'origine de la franc-maçonnerie ; la grande masse des francs-maçons ne sait *pas* ou ne se soucie pas de savoir quoi que ce soit sur l'histoire de leur Ordre, tandis que les autorités maçonniques sont entièrement en désaccord sur le sujet. Le Dr. Mackey admet que "l'origine et la source d'où est née l'institution de la Franc-maçonnerie ont donné lieu à plus de divergences d'opinion et de discussions entre les érudits maçonniques que tout autre sujet dans la littérature de l'institution".[267] Cette ignorance n'est pas non plus entretenue uniquement dans les livres destinés au grand public, puisque dans ceux qui s'adressent spécialement à l'Ordre et lors des discussions dans les loges, la même diversité d'opinion prévaut, et aucune conclusion décisive ne semble être atteinte. Ainsi, M. Albert Churchward, franc-maçon du trentième degré, qui déplore le peu d'intérêt porté à cette question par les francs-maçons en général, observe :

Jusqu'à présent, il y a eu tant d'opinions et de théories contradictoires dans la tentative de fournir l'origine et la raison pour laquelle la Fraternité de la Franc-maçonnerie est apparue, ainsi que toutes les "différentes parties" et les divers rituels des "différents degrés". Tout ce qui a été écrit à ce sujet n'a été jusqu'à présent que des *théories*, sans aucun fait pour

---

[266] *Réponse d'un franc-maçon à l'auteur présumé d'une brochure intitulée « Jachin et Boaz », ou une clé authentique de la franc-maçonnerie,* p. *10 (1762).*

[267] Cité par R.F. Gould, *History of Freemasonry,* I. 5, 6.

les fonder.[268]

En l'absence, par conséquent, d'une origine universellement reconnue par l'Ordre, il est certainement loisible à l'esprit profane de spéculer sur la question et de tirer des conclusions de l'histoire pour déterminer laquelle des nombreuses explications avancées semble fournir la clé du mystère.

Selon la *Royal Masonic Cyclopædia,* pas moins de douze théories ont été avancées quant aux origines de l'Ordre, à savoir que la maçonnerie est issue de la tradition maçonnique :

"(1) Des patriarches. (2) Des mystères des païens. (3) De la construction du Temple de Salomon, (4) Des Croisades. (5) Des Templiers. (6) De la Collégiale romaine des artificiers. (7) Des maçons opératifs du Moyen-Âge. (8) Des Rose-Croix du XVIe siècle. (9) D'Oliver Cromwell. (10) Du prince Charles Stuart à des fins politiques. (11) De Sir Christopher Wren, lors de la construction de l'église Saint-Paul. (12) Par le Dr Desaguliers et ses amis en 1717".

Cette énumération est cependant trompeuse, car elle implique que la véritable origine de la franc-maçonnerie peut être trouvée dans l'*une* de ces différentes théories.

En réalité, la franc-maçonnerie moderne est un système dual, un mélange de deux traditions distinctes — la maçonnerie opérative, c'est-à-dire l'art concret de la construction, et la théorie spéculative sur les grandes vérités de la vie et de la mort. Comme l'a exprimé un franc-maçon bien connu, le comte Goblet d'Alviella : "La Maçonnerie spéculative" (c'est-à-dire le double système que nous connaissons aujourd'hui sous le nom de Franc-maçonnerie) "est le rejeton légitime d'une union fructueuse entre la guilde professionnelle des Maçons médiévaux et d'un groupe secret d'Adeptes philosophiques, la première ayant fourni la forme et le second l'esprit".[269] En étudiant les origines du système actuel, nous devons donc (1) examiner séparément l'histoire de chacune de ces deux traditions, et (2) découvrir leur point de jonction.

---

[268] *Signes et symboles de l'homme primordial,* p. 1 (1910).

[269] *Ars Quatuor Coronatorum,* XXXII. Partie I. p. 47.

MAÇONNERIE OPÉRATIONNELLE

En commençant par la première de ces deux traditions, nous constatons que les guildes de maçons ont existé dans des temps très anciens. Sans remonter jusqu'à l'Égypte ou la Grèce anciennes, ce qui dépasserait le cadre du présent ouvrage, le parcours de ces associations peut être retracé tout au long de l'histoire de l'Europe occidentale, depuis le début de l'ère chrétienne. Selon certains auteurs maçonniques, les druides sont venus d'Égypte et ont apporté avec eux des traditions relatives à l'art de la construction. Les *Culdees*, qui ont plus tard établi des écoles et des collèges dans ce pays pour l'enseignement des arts, des sciences et de l'artisanat, seraient issus des Druides.

Mais une source d'inspiration plus probable dans l'art de la construction sont les Romains, qui ont établi les célèbres collèges d'architectes mentionnés dans la liste des théories alternatives donnée dans la *Cyclopædia maçonnique*.

Les partisans de l'origine romaine de la franc-maçonnerie pourraient avoir raison en ce qui concerne la maçonnerie opérative, car c'est à la période qui a suivi l'occupation romaine de la Grande-Bretagne que nos guildes maçonniques peuvent être retracées avec le plus grand degré de certitude. En raison de l'importance que l'art de la construction avait alors acquise, on dit que de nombreux hommes distingués, tels que Saint-Alban, le roi Alfred, le roi Edwin et d'autres, ont été formés à la maçonnerie. Alban, le roi Alfred, le roi Edwin et le roi Athelstan, figuraient parmi ses mécènes,[270] de sorte qu'avec le temps, les guildes en vinrent à occuper la position d'organismes privilégiés et furent connues sous le nom de "corporations libres" ; en outre, York fut le premier centre maçonnique d'Angleterre, en grande partie sous le contrôle des Culdees, qui, à la même époque, exerçaient une grande influence sur les collèges maçonniques d'Écosse, à Kilwinning, Melrose et Aberdeen.[271]

Mais il ne faut pas oublier que tout cela n'est que spéculation. Aucun document n'a jamais été produit pour prouver l'existence de guildes

---

[270] Preston's *Illustrations of Masonry*, pp. 143, 147, 153 (1804).

[271] John Yarker, *The Arcane Schools*, pp. 269, 327, 329.

maçonniques avant la fameuse charte d'York de l'an 936, et même la date de ce document est douteuse. Ce n'est qu'avec la période de l'architecture gothique que nous atteignons un terrain solide. Il est plus que probable que les guildes de maçons, connues en France sous le nom de "Compagnonnages" et en Allemagne sous le nom de "Steinmetzen", formaient à l'époque des corporations étroites et possédaient peut-être des secrets liés à leur profession. Que, grâce à leur habileté dans la construction des magnifiques cathédrales de cette époque, ils occupent désormais une position privilégiée semble assez certain.

L'abbé Grandidier, écrivant de Strasbourg en 1778, fait remonter tout le système de la franc-maçonnerie à ces guildes allemandes : "Cette Société des Francs-Maçons tant vantée n'est qu'une imitation servile d'une ancienne et utile *confrérie* de vrais maçons dont le siège était autrefois à Strasbourg et dont la constitution fut confirmée par l'empereur Maximilien en 1498.[272]

Pour autant qu'il soit possible de le découvrir à partir des rares preuves documentaires des XIVe, XVe et XVIe siècles, les mêmes privilèges semblent avoir été accordés aux guildes de maçons d'Angleterre et d'Écosse, qui, bien que présidées par de puissants nobles et admettant apparemment à l'occasion des membres extérieurs à l'Ordre, sont restées essentiellement des organismes opérationnels. Néanmoins, les assemblées de maçons ont été supprimées par un acte du Parlement au début du règne d'Henri VI et, plus tard, une force armée a été envoyée par la reine Élisabeth pour disperser la Grande Loge annuelle d'York.

Il est possible que la fraternité, simplement par le secret dont elle était entourée, ait éveillé les soupçons de l'autorité, car rien ne pouvait être plus respectueux de la loi que ses statuts publiés. Les maçons devaient être "de vrais hommes pour Dieu et la Sainte Église", ainsi que pour les maîtres qu'ils servaient. Ils doivent être honnêtes dans leur manière de vivre et "ne commettre aucune vilenie qui puisse calomnier l'Ordre ou la

---

[272] Publié dans l'*Essai sur la Secte des Illuminés* du Marquis de Luchet, p. 236 (édition de 1792).

Science".[273]

Pourtant, l'auteur du XVIIe siècle, Plot, dans son *Natural History of Staffordshire*, exprime une certaine suspicion à l'égard des secrets de la franc-maçonnerie. Le fait qu'il ne s'agisse pas simplement de secrets commerciaux relatifs à l'art de la construction, mais qu'un élément spéculatif ait déjà été introduit dans les loges, semble d'autant plus probable qu'au milieu du XVIIe siècle, non seulement des patrons nobles étaient à la tête de l'Ordre, mais aussi des gentlemen ordinaires sans aucun lien avec la construction étaient admis dans la fraternité. L'entrée bien connue dans le journal d'Elias Ashmole à la date du 16 octobre 1646 prouve clairement ce fait : "J'ai été fait franc-maçon à Warrington dans le Lancashire avec le colonel Henry Mainwaring de Karticham [...] dans le Cheshire.

Les noms de ceux qui faisaient alors partie de la Loge, M. Rich. Penket, Warden, M. James Collier, M. Rich. Sankey, Henry Littler, John Ellam, Rich. Ellam et Hugh Brewer".[274] "Il est maintenant établi", dit Yarker, "que la majorité des membres présents n'étaient pas des maçons opérationnels".[275]

En 1682, Ashmole raconte qu'il a assisté à une réunion tenue au Mason Hall de Londres, où il a été admis, avec un certain nombre d'autres gentilshommes, dans "la communauté des francs-maçons", c'est-à-dire dans le deuxième degré. Nous avons donc la preuve évidente que, dès le XVIIe siècle, la franc-maçonnerie avait cessé d'être une association composée exclusivement d'hommes s'occupant de construction, bien que d'éminents architectes aient occupé un rang élevé dans l'Ordre ; Inigo Jones aurait été Grand Maître sous Jacques Ier, et Sir Christopher Wren

---

[273] Frère Chalmers Paton, *The Origin of Freemasonry: the 1717 Theory Exploded*, citant des accusations anciennes conservées dans un manuscrit en possession de la Lodge of Antiquity à Londres, écrites sous le règne de Jacques II, mais « supposées être en réalité d'une date beaucoup plus ancienne ».

[274] *Ars Quatuor Coronatorum*, XXV. p. 240, article de J.E.S. Tuckett sur le *Dr. Rawlinson et les entrées maçonniques dans le journal d'Elias Ashmole*, avec un fac-similé de l'entrée dans le journal qui est conservé à la Bodleian Library (Ashmole MS. 1136, fol. 19).

[275] Yarker, *Les écoles des arcanes*, p. 383.

aurait occupé la même fonction de 1685 à 1702 environ. Mais ce n'est qu'en 1703 que la Loge Saint-Paul de Londres annonça officiellement "que les privilèges de la Maçonnerie ne devaient plus être limités aux Maçons opératifs, mais étendus aux hommes de diverses professions, à condition qu'ils soient régulièrement approuvés et initiés dans l'Ordre".[276]

En 1717, le grand *coup d'État fut suivi de* la fondation de la Grande Loge, et la Maçonnerie spéculative, que nous connaissons aujourd'hui sous le nom de Franc-maçonnerie, fut établie sur une base solide, avec un rituel, des règles et une constitution rédigés en bonne et due forme. C'est à cette date importante que commence l'histoire officielle de la franc-maçonnerie.

Mais avant de poursuivre l'évolution de l'Ordre à travers ce que l'on appelle "l'ère de la Grande Loge", il est nécessaire de revenir en arrière et de s'interroger sur les origines de la philosophie qui était désormais associée au système de la maçonnerie opérative. C'est sur ce point que les avis sont partagés et que portent les diverses théories résumées dans la *Masonic Cyclopœdia*. Examinons successivement chacune d'elles.

MAÇONNERIE SPÉCULATIVE

Selon certains sceptiques concernant les mystères de la franc-maçonnerie, le système inauguré en 1717 n'avait aucune existence avant cette date, mais "a été conçu, promulgué et présenté au monde par le Dr Desaguliers, le Dr Anderson et d'autres, qui ont alors fondé la Grande Loge d'Angleterre". M. Paton, dans un admirable petit pamphlet,[277] a montré la futilité de cette affirmation et aussi l'injustice de représenter les fondateurs de la Grande Loge comme ayant perpétré une tromperie aussi grossière. Cette théorie de 1717 attribue à des hommes de la plus haute qualité l'invention d'un système qui n'est qu'une imposture... Elle a été présentée avec des prétentions que ses auteurs savaient être de fausses prétentions de haute antiquité ; alors que... elle venait d'être inventée dans leurs études. Est-ce vraisemblable ? Ou est-il raisonnable

---

[276] Preston's *Illustrations of Masonry*, p. 208 (1804).

[277] Les *origines de la franc-maçonnerie : l'explosion de la théorie de 1717*.

d'attribuer une telle conduite à des hommes honorables, sans même leur attribuer un motif probable ?

Il suffit en effet d'étudier le rituel maçonnique — dont la lecture est ouverte à tous — pour arriver à la même conclusion, à savoir qu'il ne peut y avoir de motif à cette imposture, et qu'on ne peut supposer que ces deux ecclésiastiques aient inventé toute l'affaire de leur propre chef. Il est évident qu'un mouvement de même nature a dû conduire à cette crise. Et puisque le journal d'Elias Ashmole prouve clairement qu'une cérémonie d'initiation maçonnique avait existé au siècle précédent, il est certainement raisonnable de conclure que les docteurs Anderson et Desaguliers ont révisé le rituel et les constitutions qu'ils ont rédigés, mais qu'ils n'en sont pas à l'origine.

Or, bien que le rituel de la franc-maçonnerie soit rédigé dans un anglais moderne et nullement classique, les idées qui le traversent portent certainement des traces d'une extrême antiquité. L'idée centrale de la franc-maçonnerie concernant la perte subie par l'homme et l'espoir de sa récupération ultime n'est en fait rien d'autre que l'ancienne tradition secrète décrite dans le premier chapitre de ce livre. Certains auteurs maçonniques attribuent en effet à la franc-maçonnerie exactement la même généalogie que celle de la Cabale primitive, déclarant qu'elle descend d'Adam et des premiers patriarches de la race humaine, et de là à travers des groupes de sages parmi les Égyptiens, les Chaldéens, les Perses et les Grecs.[278] M. Albert Churchward insiste particulièrement sur l'origine égyptienne de l'élément spéculatif dans la franc-maçonnerie : "Le frère Gould et d'autres francs-maçons ne comprendront jamais le sens et l'origine de nos principes sacrés tant qu'ils n'auront pas étudié et percé les mystères du passé. Cette étude révélera alors le fait que "les Druides, les Gymnosophes de l'Inde, les Mages de Perse et les Chaldéens d'Assyrie avaient tous les mêmes rites et cérémonies religieux pratiqués par leurs prêtres qui étaient initiés à leur Ordre, et que ces derniers avaient juré solennellement de garder les doctrines un profond secret pour le reste de l'humanité. Tout cela provenait d'une seule et même source :

---

[278] The Rev. G. Oliver, *The Historical Landmarks of Freemasonry*, pp. 55, 57, 62, 318 (1845).

l'Égypte. "[279] William Dodd lors de l'ouverture d'un temple maçonnique en 1794, qui fait remonter la franc-maçonnerie aux "premiers astronomes des plaines de Chaldée, aux rois et prêtres sages et mystiques d'Égypte, aux sages de Grèce et aux philosophes de Rome", etc.[280]

Mais comment ces traditions sont-elles parvenues aux maçons d'Occident ?

Selon une grande partie de l'opinion maçonnique dans ce pays, qui ne reconnaît qu'une seule source d'inspiration pour le système que nous connaissons aujourd'hui sous le nom de franc-maçonnerie, les traditions spéculatives et opérationnelles de l'Ordre descendent des guildes de construction et ont été importées en Angleterre par l'intermédiaire des Collegia romaines. M. Churchward, cependant, s'écarte fortement de ce point de vue : Dans la nouvelle édition révisée des Cérémonies parfaites, selon notre E. working, une théorie est donnée selon laquelle la franc-maçonnerie est issue de certaines guildes d'ouvriers qui sont bien connues dans l'histoire sous le nom de "Collège romain des artisans". Cette théorie ne repose sur aucun fait.

La franc-maçonnerie est maintenant, et a toujours été, une eschatologie, comme le prouve l'ensemble de nos signes, symboles, mots et rituels.[281]

Mais ce que M. Churchward n'explique pas, c'est comment cette eschatologie est parvenue jusqu'aux maçons en activité ; et surtout pourquoi, si, comme il l'affirme, elle a dérivé de l'Égypte, de l'Assyrie, de l'Inde et de la Perse, la franc-maçonnerie ne porte plus l'empreinte de ces pays. En effet, bien que l'on puisse trouver des vestiges du sabéisme

---

[279] *Signes et symboles de l'homme primordial*, p. 185 (1910).

[280] *Signes et symboles de l'homme primordial*, p. 8 (1910).

[281] Ibid. p. 7. Le franc-maçon allemand Findel n'est pas d'accord avec la théorie des Collèges romains ni avec celle de l'Égypte et, comme l'abbé Grandidier, désigne les *Steinmetzen* du quinzième siècle comme les véritables progéniteurs de l'Ordre : « Toutes les tentatives pour retracer l'histoire de la franc-maçonnerie au-delà du Moyen Âge ont été des échecs, et situer l'origine de la Fraternité dans les mystères de l'Égypte doit être rejeté comme une hypothèse folle et insoutenable. » — *History of Freemasonry* (Eng. trans.), p. 25.

dans la décoration des loges et de brèves références aux mystères de l'Égypte et de la Phénicie, à l'enseignement secret de Pythagore, à Euclide et à Platon dans le rituel et les instructions des degrés de l'artisanat, la forme sous laquelle l'ancienne tradition est revêtue, la phraséologie et les mots de passe employés ne sont ni égyptiens, ni chaldéens, ni grecs, ni persans, mais judaïques. Ainsi, bien qu'une partie de l'ancienne tradition secrète ait pu pénétrer en Grande-Bretagne par l'intermédiaire des Druides ou des Romains — qui connaissaient les traditions de la Grèce et de l'Égypte — une autre voie d'introduction a clairement été la Cabale des Juifs. Certains auteurs maçonniques reconnaissent cette double tradition, l'une descendant de l'Égypte, de la Chaldée et de la Grèce, l'autre des Israélites, et affirment que c'est de cette dernière source que leur système est dérivé.[282] En effet, après avoir retracé son origine à partir d'Adam, Noé, Enoch et Abraham, ils continuent à montrer sa ligne de descendance à travers Moïse, David et Salomon [283] — la descendance à partir de Salomon est en fait officiellement reconnue par l'Ordre et fait partie des instructions données aux candidats à l'initiation au premier degré. Mais, comme nous l'avons déjà vu, il s'agit de la généalogie précise attribuée à la Cabale par les Juifs. De plus, la franc-maçonnerie moderne est entièrement construite sur la légende solomonique, ou plutôt hiramique. Pour les lecteurs qui ne connaissent pas le rituel de la franc-maçonnerie, il convient de donner ici un bref *résumé de* cette "Grande Légende".

Lors de la construction du Temple, Salomon fit appel aux services

---

[282] Oliver et Mackey font ainsi référence à la vraie et à la fausse maçonnerie, la première descendant de Noé, en passant par Shem, Abraham, Isaac, Jacob et Moïse jusqu'à Salomon — d'où l'appellation de Noachites parfois appliquée aux francs-maçons — et la seconde de Caïn et des Gymnosophistes de l'Inde jusqu'à l'Égypte et la Grèce. Ils ajoutent qu'une union entre les deux a eu lieu à l'époque de la construction du Temple de Salomon par l'intermédiaire d'Hiram Abiff, qui était membre des deux, étant de naissance juif et artificier de Tyr, et que c'est de cette union que découle la franc-maçonnerie. Selon Mackey, la Maçonnerie juive est donc la forme authentique. — *A Lexicon of Freemasonry*, pp. 323-5; Oliver's *Historical Landmarks of Freemasonry*, I. 60.

[283] Révérend G. Oliver, *The Historical Landmarks of Freemasonry*, pp. *55, 57 (1845)*.

d'un artiste de l'airain nommé Hiram, fils d'une veuve de la tribu de Naphtali, qui lui avait été envoyé par Hiram, roi de Tyr. C'est ce que nous apprend le Livre des Rois, mais la légende maçonnique poursuit en racontant qu'Hiram, le fils de la veuve, appelé Hiram Abiff et décrit comme le maître d'œuvre, connut une fin prématurée. Pour préserver l'ordre, les maçons travaillant sur le temple furent divisés en trois classes : les apprentis, les compagnons et les maîtres maçons, les deux premières se distinguant par des mots de passe et des poignées différents et étant payées à des taux de salaire différents, la dernière ne comprenant que trois personnes : Salomon lui-même, Hiram, roi de Tyr, qui lui avait fourni du bois et des pierres précieuses, et Hiram Abiff. Or, avant l'achèvement du temple, quinze des compagnons conspirèrent ensemble pour découvrir les secrets des maîtres maçons et décidèrent de trahir Hiram Abiff à la porte du temple.

Au dernier moment, douze des quinze se retirèrent, mais les trois autres exécutèrent le projet et, après avoir vainement menacé Hiram pour obtenir les secrets, le tuèrent de trois coups sur la tête, portés par chacun d'eux à tour de rôle. Ils emportèrent ensuite le corps et l'enterrèrent sur le mont Moriah à Jérusalem. Salomon, informé de la disparition du maître d'œuvre, envoya quinze Compagnons à sa recherche ; cinq d'entre eux, arrivés à la montagne, remarquèrent un endroit où la terre avait été remuée et y découvrirent le corps d'Hiram. Laissant une branche d'acacia pour marquer l'endroit, ils revinrent avec leur récit à Salomon, qui leur ordonna d'aller exhumer le corps, ordre qui fut immédiatement exécuté.

Le meurtre et l'exhumation, ou "élévation" d'Hiram, accompagnés de lamentations extraordinaires, constituent le point culminant de la Maçonnerie artisanale ; et quand on se souvient que, selon toute probabilité, une telle tragédie n'a jamais eu lieu, qu'il est possible que personne connu sous le nom d'Hiram Abiff n'ait jamais existé,[284] toute l'histoire ne peut être considérée que comme la survivance d'un ancien culte relatif non pas à un événement réel, mais à une doctrine ésotérique. Une légende et une cérémonie de ce type se retrouvent en effet dans de nombreuses mythologies antérieures ; l'histoire du meurtre d'Hiram avait

---

[284] *L'encyclopédie juive* (article sur la franc-maçonnerie) caractérise le nom Hiram Abifi comme une mauvaise interprétation de 2 Chron. ii. 13.

été préfigurée par la légende égyptienne du meurtre d'Osiris et de la quête de son corps par Isis, tandis que les lamentations autour de la tombe d'Hiram avaient leur pendant dans les cérémonies de deuil d'Osiris et d'Adonis — l'un et l'autre, et plus tard dans celles qui se déroulèrent autour du catafalque de Manès qui, comme Hiram, fut barbarement mis à mort et que les Manichéens appelaient "le fils de la veuve"." Mais dans la forme que lui donne la franc-maçonnerie, la légende est purement judaïque et semble donc provenir de la version judaïque de l'ancienne tradition. Les piliers du Temple, Jachin et Boaz, qui jouent un rôle si important dans la Maçonnerie artisanale, sont des symboles qui apparaissent dans la Cabale juive, où ils sont décrits comme deux des dix Séphiroths.[285] Un écrivain du dix-huitième siècle, se référant à "cinq curiosités" qu'il a découvertes en Écosse, décrit l'une d'entre elles comme Le mot Maçon, qui, bien que certains en fassent un mystère, je ne dissimulerai pas un peu de ce que je sais. C'est comme une tradition rabbinique en guise de commentaire sur Jachin et Boaz, les deux piliers érigés dans le temple de Salomon, avec une addition déliée d'une main à l'autre, par laquelle ils se connaissent et deviennent familiers l'un à l'autre.[286]

C'est précisément le système par lequel la Cabale a été transmise aux Juifs. L'*encyclopédie juive renforce* la théorie de la transmission cabalistique en suggérant que l'histoire d'Hiram "peut éventuellement remonter à la légende rabbinique concernant le temple de Salomon", selon laquelle "alors que tous les ouvriers étaient tués pour qu'ils ne construisent pas un autre temple consacré à l'idolâtrie, Hiram lui-même fut élevé au ciel comme Hénoch".[287]

Comment cette légende rabbinique s'est-elle retrouvée dans la franc-maçonnerie ?

Les partisans de la théorie de la Roman Collegia l'expliquent de la

---

[285] Clavel, *Histoire pittoresque de la Franc-Maçonnerie*, p. 340 ; Matter, *Histoire du Gnosticisme*, I. 145.

[286] *Cité* dans *A.Q.C.*, XXXII. Partie I. p. 36.

[287] Article sur la franc-maçonnerie, faisant référence à Pesik, R. V. *25 a* (ed. Friedmann).

manière suivante.

Après la construction du Temple de Salomon, les maçons qui avaient participé aux travaux se sont dispersés et un certain nombre d'entre eux se sont rendus sur le site Europe, certains à Marseille, d'autres peut-être à Rome, où ils ont peut-être introduit des légendes judaïques dans les Collegia, qui sont ensuite passées aux maîtres Comacini du septième siècle et, de là, aux guildes de travail médiévales d'Angleterre, de France et d'Allemagne. On raconte qu'au Moyen Âge, une histoire concernant le Temple de Salomon était répandue dans les *compagnonnages de France*. Dans l'un de ces groupes, connu sous le nom d'"enfants de Salomon", la légende d'Hiram semble avoir existé sous sa forme actuelle ; selon un autre groupe, la victime du meurtre n'était pas Hiram Abiff, mais l'un de ses compagnons nommé Maître Jacques, qui, alors qu'il travaillait avec Hiram à la construction du Temple, a trouvé la mort aux mains de cinq méchants compagnons, instigués par un sixième, le Père Soubise.[288]

Mais la date d'origine de cette légende est inconnue. Clavel pense que les "mystères hébraïques" existaient dès les Collegia romains, qu'il décrit comme largement judaïsés[289] ; Yarker exprime précisément le point de vue opposé : "Il n'est pas si difficile de relier la franc-maçonnerie aux Collegia ; la difficulté réside dans l'attribution de traditions juives aux Collegia, et nous affirmons, sur la base des accusations les plus anciennes, que de telles traditions n'existaient pas à l'époque saxonne"[290] : "En ce qui concerne ce pays, nous ne savons rien, d'après les documents, d'une Maçonnerie datant du Temple de Salomon, jusqu'à ce qu'après les Croisades, la constitution que l'on croit avoir été sanctionnée par le roi Athelstan ait subi un changement progressif.[291] Lors d'une discussion qui a eu lieu récemment à la Loge Quatuor Coronati, la légende d'Hiramic n'a pu être retracée — et ce sans certitude

---

[288] Clavel, op. cit. 364, 365; Lecouteulx de Canteleu, *Les Sectes et Sociétés Secrétes*, p. 120.

[289] Clavel, op. cit. p. 82.

[290] Yarker, *Les écoles des arcanes*, p. 257.

[291] Ibid. p. 242.

absolue — qu'au quatorzième siècle, ce qui coïnciderait avec la date indiquée par Yarker.[292]

Jusqu'à cette période, le savoir des guildes maçonniques semble n'avoir contenu que les doctrines exotériques de l'Égypte et de la Grèce — qui ont pu leur parvenir par l'intermédiaire des collèges romains, tandis que les traditions de la Maçonnerie remontent à Adam, Jabal, Tubal Caïn, à Nemrod et à la Tour de Babel, avec Hermès et Pythagore comme progéniteurs les plus immédiats. [293] Ces doctrines étaient évidemment dans l'ensemble géométriques ou techniques, et en aucun cas cabalistiques. L'affirmation d'Eckert selon laquelle " les mystères judéo-chrétiens n'ont pas encore été introduits dans les corporations maçonniques est donc justifiée dans une certaine mesure ; nous n'en trouvons nulle part la moindre trace. Nulle part nous ne trouvons la moindre classification, pas même celle des maîtres, des compagnons et des apprentis. Nous n'observons aucun symbole du Temple de Salomon ; tout leur symbolisme se rapporte à des travaux maçonniques et à quelques maximes philosophiques de moralité". [294] La date à laquelle Eckert, comme Yarker, situe l'introduction de ces éléments judaïques est l'époque des Croisades.

Tout en reconnaissant que la Maçonnerie artisanale moderne est largement fondée sur la Cabale, il est nécessaire de faire la distinction entre les différentes Cabales. En effet, à cette date, pas moins de trois cabales semblent avoir existé : premièrement, l'ancienne tradition secrète des patriarches, transmise par les Égyptiens aux Grecs et aux Romains, et peut-être par les Collegia romains aux Craft Masons de Grande-

---

[292] « Selon les professeurs Marks et Hayter Lewis, l'histoire d'Hiram Abiff est au moins aussi ancienne que le quatorzième siècle » — J.E.S. *Tuckett dans* The Origin of Additional Degrees, A.Q.C., *XXXII. Partie I. p.* 14. Il est à noter qu'aucun franc-maçon ayant pris part à la discussion n'a apporté la preuve qu'il datait d'avant cette période. Cf. Freemasonry Before the Existence of Grand Lodges *(1923), par Wor.* Bro. Lionel Vibert, I.C.S., p. 135, où il est suggéré que la légende d'Hiramic date d'un incident survenu dans l'une des corporations françaises du bâtiment en 1401.

[293] Yarker, op. cit. p. 348 ; Eckert, op. cit. II. 36.

[294] Eckert, op. cit. II. 28.

Bretagne ; Deuxièmement, la version juive de cette tradition, la première Cabale des Juifs, nullement incompatible avec le christianisme, qui descend de Moïse, David et Salomon aux Esséniens et aux Juifs les plus éclairés ; et troisièmement, la Cabale pervertie, mêlée par les rabbins à la magie, aux superstitions barbares et, après la mort du Christ, à des légendes antichrétiennes.

Les éléments cabalistiques introduits dans la maçonnerie artisanale à l'époque des croisades semblent avoir appartenu à la seconde de ces traditions, la Cabale non pervertie des Juifs, connue sous le nom d'Esséniens. Il existe en effet des ressemblances frappantes entre la franc-maçonnerie et l'essénisme - degrés d'initiation, serments de secret, port du tablier, et un certain signe maçonnique ; tandis que les traditions sabéistes des Esséniens peuvent peut-être être rattachées au symbolisme solaire et stellaire des loges. [295] La légende d'Hiram pourrait avoir appartenu à la même tradition.

LA TRADITION TEMPLIÈRE

Si donc aucune preuve documentaire ne peut être apportée pour montrer que la légende de Salomon ou toute trace de symbolisme et de traditions judaïques existait soit dans les monuments de l'époque, soit dans le rituel des maçons avant le quatorzième siècle, il est certainement raisonnable de reconnaître la plausibilité de l'affirmation avancée par un grand nombre d'écrivains maçons — en particulier sur le continent — que les éléments judaïques ont pénétré dans la Maçonnerie par l'intermédiaire des Templiers. [296] Les Templiers, comme nous l'avons déjà vu, avaient tiré leur nom du Temple de Salomon à Jérusalem. Quoi de plus probable alors que pendant le temps qu'ils avaient vécu là, ils aient appris les légendes rabbiniques liées au Temple ? Selon George

---

[295] Les Esséniens, comme d'autres sectes syriennes, possédaient et adhéraient aux « vrais principes » de la franc-maçonnerie » Bernard H. *Springett,* Secret Sects of Syria and the Lebanon, *p. 91.*

[296] «La doctrine ésotérique des mystères judéo-chrétiens n'a manifestement pénétré dans les guildes maçonniques (ateliers) qu'avec l'entrée des Templiers après la destruction de leur Ordre» (Eckert, op. cit., II. 28).

Sand, qui était très versée dans l'histoire des sociétés secrètes, la légende d'Hiram a été adoptée par les Templiers comme symbole de la destruction de leur Ordre. "Ils ont pleuré leur impuissance en la personne d'Hiram. Le mot perdu et retrouvé est leur empire... "[297]

Le franc-maçon Ragon déclare également que la catastrophe qu'ils ont déplorée est celle qui a détruit leur Ordre.[298] De plus, le Grand Maître dont ils ont déploré le sort est Jacques du Molay.

Voilà donc deux corps en France à la même époque, les Templiers et les *Compagnons*, possédant tous deux une légende concernant le Temple de Salomon et pleurant tous deux un Maître Jacques mis à mort de façon barbare. Si l'on admet que la légende d'Hiram existait chez les maçons avant les Croisades, comment expliquer cette extraordinaire coïncidence ? Il est certainement plus facile de croire que les traditions judaïques ont été introduites chez les maçons par les Templiers et qu'elles se sont greffées sur les anciennes traditions que les guildes maçonniques avaient héritées des Collegia romaines.

L'influence nouvelle qui s'est exercée sur la construction à cette époque montre qu'il existait un lien entre les Templiers et les maçons. Un franc-maçon moderne comparant "les marques magnifiquement conçues et profondément taillées de la véritable période gothique, disons vers 1150-1350,"

Le même auteur poursuit en montrant que certains des symboles maçonniques les plus importants, le triangle équilatéral et le carré maçonnique surmontant deux piliers, sont issus de l'époque gothique. Le même auteur poursuit en montrant que certains des symboles maçonniques les plus importants, le triangle équilatéral et l'équerre de maçon surmontant deux piliers, proviennent de l'époque gothique.[299] Yarker affirme que le niveau, l'étoile flamboyante et la croix Tau, qui sont passés depuis dans le symbolisme de la franc-maçonnerie, peuvent être attribués aux Templiers, tout comme l'étoile à cinq branches de la cathédrale de Salisbury, le double triangle de l'abbaye de Westminster,

---

[297] *La Comtesse de Rudolstadt*, II. 185.

[298] Ragon, *Cours philosophique des Initiations*, p. 34.

[299] M. Sidney Klein dans *Ars Quatuor Coronatorum*, XXXII. Partie I. pp. 42, 43.

Jachin et Boaz, le cercle et le pentagone dans la maçonnerie du quatorzième siècle. Yarker cite plus tard, en 1556, l'œil et le croissant de lune, les trois étoiles et l'échelle à cinq marches, comme autant de preuves de l'influence templière.[300]

"Les Templiers étaient de grands bâtisseurs, et Jacques du Molay a invoqué le zèle de son Ordre à décorer des églises dans le procès qui lui a été intenté en 1310. Par conséquent, la prétendue connexion entre le Temple et la franc-maçonnerie ne peut qu'avoir un substrat de vérité."[301]

De plus, selon une tradition maçonnique, une alliance a bien eu lieu entre les Templiers et les guildes maçonniques à cette époque.

Lors des poursuites engagées contre l'Ordre du Temple en France, on raconte que Pierre d'Aumont et sept autres chevaliers s'enfuirent en Écosse sous le couvert d'ouvriers maçons et débarquèrent dans l'île de Mull. Le jour de la Saint-Jean, en 1307, ils tiennent leur premier chapitre.

Robert Bruce les prit alors sous sa protection et, sept ans plus tard, ils combattirent sous son étendard à Bannockburn contre Édouard II, qui avait supprimé leur Ordre en Angleterre. Après cette bataille, qui eut lieu le jour de la Saint-Jean-Baptiste en été (24 juin), Robert Bruce aurait institué l'Ordre royal des H.R.M. (Heredom) et des Chevaliers du R.S.Y.C.S. (Rosy Cross).[302] Ces deux degrés constituent aujourd'hui l'Ordre royal d'Écosse, et il ne semble pas improbable qu'ils aient en réalité été introduits en Écosse par les Templiers. Ainsi, selon l'un des premiers auteurs sur la franc-maçonnerie, le degré de la Rose-Croix trouve son origine chez les Templiers en Palestine dès 1188[303] ; tandis

---

[300] John Yarker, *The Arcane Schools*, pp. 195, 318, 341, 342, 361.

[301] Ibid. p. 196.

[302] Histoire officielle de l'Ordre d'Écosse citée par Fr. Fred. H. Buckmaster dans *The Royal Order of Scotland*, publié aux bureaux de *The Freemason*, pp. 3, 5, 7 ; A.E. Waite, *Encyclopædia of Freemasonry*, II. 219; Yarker, *The Arcane Schools*, p. 330; Mackey, *Lexicon of Freemasonry*, p. 267.

[303] Baron Westerode dans les *Acta Latomorum* (1784), cité par Mackey, op. cit. p. 265. M. Bernard H. Springett affirme également que ce degré est originaire d'Orient (*Secret Sects of Syria and the Lebanon*, p. 294).

que l'origine orientale du mot Heredom, supposé dériver d'une montagne mythique sur une île au sud des Hébrides[304] où les Culdees pratiquaient leurs rites, est indiquée par un autre auteur du XVIIIe siècle, qui le fait remonter à une source juive.[305] En cette même année 1314, Robert Bruce aurait réuni les Templiers et l'Ordre Royal de H.R.M. avec les guildes de maçons ouvriers, qui avaient également combattu dans son armée, dans la célèbre Loge de Kilwinning, fondée en 1286,[306] qui ajouta désormais à son nom celui de Heredom et devint le siège principal de l'Ordre.[307]

L'Écosse était essentiellement un foyer de maçonnerie opérative et, compte tenu des prouesses des Templiers dans l'art de la construction, quoi de plus naturel que les deux corps s'allient ? En Angleterre, le Temple aurait déjà administré la maçonnerie entre 1155 et 1199.[308] C'est donc à Heredom of Kilwinning, "la sainte maison de la maçonnerie" — "Mother Kilwinning", comme l'appellent encore les francs-maçons — qu'un élément spéculatif d'un genre nouveau a pu se frayer un chemin dans les loges. N'est-ce pas là, alors, que nous pouvons voir cette "union fructueuse entre la guilde professionnelle des maçons médiévaux et un groupe secret d'adeptes philosophiques" à laquelle le comte Goblet d'Aviella a fait allusion et que M. Waite a décrite dans les termes

---

[304] Chevalier de Bérage, *Les Plus Secrets Mystères des Hauts Grades de la Maçonnerie dévoilés, ou le vrai Rose-Croix* (1768) ; Waite, *The Secret Tradition in Freemasonry*, I. 3.

[305] En 1784, des francs-maçons français écrivirent à leurs confrères anglais ce qui suit : « Il nous importe de savoir s'il existe réellement dans l'île de Mull, anciennement Melrose… au nord de l'Écosse, un Mont Heredom, ou s'il n'existe pas ». En réponse, un éminent franc-maçon, le général Rainsford, les renvoya au mot [hébreu : **] (Har Adonai), c'est-à-dire au Mont de Dieu (*Notes sur les papiers de Rainsford dans A.Q.C.*, XXVI. 99). Une explication plus probable semble cependant être que Heredom est une corruption du mot hébreu « Harodim », signifiant princes ou dirigeants.

[306] F. H. Buckmaster, *The Royal Order of Scotland*, p. 5. Lecouteulx de Canteleu dit cependant que Kilwinning était le grand lieu de réunion de la Maçonnerie depuis 1150 (*Les Sectes et Sociétés Secrètes*, p. 104). Eckert, op. cit, II. 33.

[307] Mackey, *Lexique de la franc-maçonnerie*, p. 267.

[308] Clavel, op. cit. p. 90; Eckert, op. cit. II. 27.

suivants : Le mystère des guildes de construction — quel qu'il soit — était celui d'un dispositif simple, non poli, pieux et utilitaire ; et cette fille de la Nature, en l'absence de toute intention de sa part, a subi ou a été contrainte à l'un des mariages les plus étranges qui aient été célébrés dans l'histoire occulte. Il se trouve que sa forme et sa silhouette particulières se prêtaient à une telle union, etc. ?[309]

M. Waite, avec son imprécision habituelle, n'explique pas quand et où ce mariage a eu lieu, mais le récit s'appliquerait certainement à l'alliance entre les Templiers et les guildes écossaises de maçons, qui, comme nous l'avons vu, est admise par les autorités maçonniques, et présente exactement les conditions décrites, les Templiers étant particulièrement aptes, par leur initiation à la légende concernant la construction du Temple de Salomon, à coopérer avec les maçons, et les maçons étant préparés, par leur initiation partielle aux anciens mystères, à recevoir l'influx frais de la tradition orientale des Templiers.

Une autre indication de l'influence templière dans la maçonnerie artisanale est le système des degrés et des initiations. Les noms de Entered Apprentice, Fellow Craft et Master Mason proviendraient d'Écosse,[310] et l'analogie entre ces degrés et ceux des Assassins a déjà été démontrée. En effet, la ressemblance entre l'organisation extérieure de la franc-maçonnerie et le système des Ismaéliens est démontrée par de nombreux auteurs. Ainsi, le Dr Bussell observe "Il ne fait aucun doute qu'avec une certaine connaissance de la géométrie considérée comme un secret commercial ésotérique, de nombreux symboles actuels ont été transmis depuis des temps très primitifs. Mais un modèle plus certain était la Grande Loge des Ismaéliens au Caire, c'est-à-dire le Dar-ul-Hikmat.[311] Syed Ameer Ali exprime également l'opinion que "le récit de Makrisi sur les différents degrés d'initiation adoptés dans cette loge constitue un document inestimable sur la franc-maçonnerie". En fait, la loge du Caire est devenue le modèle de toutes les loges créées par la suite dans la

---

[309] A.E. Waite, *La tradition secrète dans la franc-maçonnerie*, I. 8.

[310] « Nos noms d'E.A., de F.C. et de M.M. proviennent d'Écosse » — *A.Q.C.*, XXXII. Partie I. p. 40. Clavel, cependant, affirme que ces noms existaient dans les Collegia romaines (*Histoire pittoresque*, p. 82).

[311] *Pensée religieuse et hérésie au Moyen Âge*, p. 372.

chrétienté".[312] M. Bernard Springett, franc-maçon, citant ce passage, ajoute : "Je suis moi-même tout à fait d'accord avec cette dernière affirmation ".[313]

Il est donc légitime de supposer que ce système a pénétré dans la Maçonnerie artisanale par l'intermédiaire des Templiers, dont les liens avec les Assassins — émanation du Dar-ul-Hikmat — étaient de notoriété publique. La question de la succession des Templiers dans la franc-maçonnerie constitue peut-être le point le plus controversé de toute l'histoire de la théorie de la Roman Collegia, les maçons continentaux l'acceptant plus généralement et s'en glorifiant même.[314] Mackey, dans son *Lexicon of Freemasonry*, résume ainsi l'affaire :

La connexion entre les Templiers et les Francs-Maçons a été maintes fois affirmée par les ennemis des deux institutions, et souvent admise par leurs amis. Lawrie, à ce sujet, tient le langage suivant : "Nous savons que les Templiers non seulement possédaient les mystères, mais accomplissaient les cérémonies et inculquaient les devoirs des francs-maçons ", et il attribue la dissolution de l'Ordre à la découverte de leur appartenance à la franc-maçonnerie et à leur réunion en secret pour pratiquer les rites de l'Ordre.[315]

Cela explique pourquoi les francs-maçons ont toujours fait preuve d'indulgence à l'égard des templiers.

C'est surtout la franc-maçonnerie [dit Findel] qui, parce qu'elle s'est faussement considérée comme une fille du templisme, a pris le plus grand soin de présenter l'Ordre des Templiers comme innocent et donc exempt de tout mystère. À cette fin, non seulement des légendes et des faits non historiques ont été avancés, mais des manœuvres ont également été utilisées pour étouffer la vérité. Les révérends maçons de l'Ordre du

---

[312] *L'esprit de l'islam*, p. 337.

[313] *Sectes secrètes de Syrie et du Liban*, p. 181 (1922).

[314] Voir, par exemple, le *Dictionnaire universel d'histoire et de géographie de* Bouillet (1860), article sur les Templiers : « Les Francs-Maçons prétendent se rattacher à cette secte. »

[315] *Lexique de la franc-maçonnerie*, p. 185.

Temple ont acheté toute l'édition des *Actes du Procès* de Moldenhawer, parce qu'elle montrait la culpabilité de l'Ordre ; seuls quelques exemplaires sont parvenus aux libraires.... Plusieurs décennies auparavant, les francs-maçons s'étaient déjà rendus coupables de véritables falsifications dans le cadre de leurs efforts non historiques. Dupuy avait publié dès 1654 à Paris son *Histoire du procès des Templiers,* pour laquelle il avait utilisé l'original des *Actes du Procès, selon* lesquels la culpabilité de l'Ordre ne laisse place à aucun doute.... Mais lorsque, au milieu du XVIIIe siècle, plusieurs branches de la franc-maçonnerie voulurent rappeler l'existence de l'Ordre des Templiers, l'ouvrage de Dupuy déplut naturellement beaucoup. Elle était déjà répandue dans le public depuis cent ans, elle ne pouvait donc plus être achetée ; ils l'ont donc falsifiée.[316]

C'est ainsi qu'en 1751, une réimpression de l'ouvrage de Dupuy parut, augmentée d'un certain nombre de notes et de remarques et mutilée de manière à prouver non pas la culpabilité mais l'innocence des Templiers.

Or, bien que la Maçonnerie britannique n'ait joué aucun rôle dans ces intrigues, la question de la succession templière a été très mal traitée par les auteurs maçonniques de notre pays. En règle générale, ils ont adopté l'une des deux solutions suivantes : soit ils ont obstinément nié tout lien avec les Templiers, soit ils les ont présentés comme un Ordre irréprochable et cruellement calomnié. Mais en réalité, aucun de ces deux expédients n'est nécessaire pour sauver l'honneur de la Maçonnerie britannique, car même l'ennemi le plus acharné de la Maçonnerie n'a jamais suggéré que les maçons britanniques avaient adopté une partie de l'hérésie templière. Les chevaliers qui se sont réfugiés en Écosse étaient peut-être parfaitement innocents des accusations portées contre leur Ordre ; en fait, il y a de bonnes raisons de croire que c'était le cas. Le *Manuel des Chevaliers de l'Ordre du Temple* relate l'incident de la

---

[316] *Findel, Geschichte der Freimaurerei,* II. 156, 157 (édition de 1892). Bussell (op. cit., p. 804), se référant à l'ouvrage de Dupuy, observe également : « Un rédacteur d'une édition ultérieure (Bruxelles, 1751) était sans aucun doute un franc-maçon qui essaya d'effacer l'acte d'accusation et d'affilier à l'Ordre condamné la nouvelle confrérie du déisme spéculatif qui se développait rapidement ».

manière suivante : Après la mort de Jacques du Molay, quelques Templiers écossais, devenus apostats, se rangèrent, à l'instigation de Robert Bruce, sous les bannières d'un nouvel Ordre[317] institué par ce prince et dans lequel les réceptions étaient calquées sur celles de l'Ordre du Temple.

C'est là qu'il faut chercher l'origine de la Maçonnerie écossaise et même celle des autres rites maçonniques. Les Templiers écossais furent excommuniés en 1324 par Larmenius, qui les déclara *Templi desertores* et les Chevaliers de Saint-Jean de Jérusalem, *Dominiorum Militiæ spoliatores*, placés pour toujours en dehors du Temple : *Extra girum Templi, nunc et in futurum, volo, dico et jubeo.* Un anathème semblable a été lancé depuis par plusieurs Grands Maîtres contre les Templiers rebelles à l'autorité légitime. Le schisme introduit en Écosse a donné naissance à de nombreuses sectes.[318]

Ce récit constitue une disculpation complète des Templiers écossais ; en tant qu'apostats de la fausse Église chrétienne et des doctrines du johannisme, ils se sont montrés loyaux envers la véritable Église et la foi chrétienne telle qu'elle est formulée dans les statuts publiés de leur Ordre.

Ce qu'ils semblent donc avoir introduit dans la Maçonnerie, c'est leur mode de réception, c'est-à-dire leurs formes extérieures et leur organisation, et éventuellement certaines doctrines ésotériques orientales et des légendes judaïques concernant la construction du Temple de Salomon, qui ne sont nullement incompatibles avec l'enseignement du christianisme.

On remarquera d'ailleurs que dans l'interdiction prononcée par l'*Ordre du Temple* à l'encontre des Templiers écossais, les Chevaliers de Saint-Jean de Jérusalem sont également inclus. C'est un hommage supplémentaire à l'orthodoxie des chevaliers écossais. En effet, les Chevaliers de Saint-Jean de Jérusalem, à qui les biens templiers ont été remis, n'ont jamais été soupçonnés d'hérésie. Après la suppression de l'Ordre du Temple en 1312, un certain nombre de chevaliers se joignirent aux Chevaliers de Saint-Jean de Jérusalem, par lesquels le système

---

[317] Ordre royal d'Écosse.

[318] *Manuel des Chevaliers de l'Ordre du Temple*, p. 10 (*édition de 1825*).

templier semble avoir été purgé de ses éléments hérétiques. Tout ceci suggère que les Templiers avaient importé une doctrine secrète de l'Orient qui était capable d'une interprétation chrétienne ou anti-chrétienne, que par leur connexion avec l'Ordre Royal d'Écosse et les Chevaliers de Saint Jean de Jérusalem cette interprétation chrétienne a été préservée, et finalement que c'est cette pure doctrine qui est passée dans la Franc-maçonnerie. Selon les premières autorités maçonniques, l'adoption des deux Saint-Jean comme saints patrons de la maçonnerie n'est pas due au johannisme, mais à l'alliance entre les Templiers et les Chevaliers de Saint-Jean de Jérusalem.[319]

Il est important de rappeler que la théorie de la connexion templière avec la franc-maçonnerie a été soutenue par les francs-maçons continentaux du XVIIIe siècle, qui, vivant à l'époque où l'Ordre a été reconstitué sur ses bases actuelles, étaient manifestement mieux placés pour connaître ses origines que nous, qui sommes séparés de cette date par une distance de deux cents ans. Mais comme leur témoignage apparaît d'abord à l'époque des hauts degrés, où l'influence templière est plus nettement visible que dans la Craft Masonry, il doit être réservé pour un chapitre ultérieur. Avant de passer à cette autre étape de l'histoire de l'Artisanat, il est nécessaire de considérer un autre maillon de la chaîne de la tradition maçonnique, le "Holy Vehm".[320]

LES VEHMGERICHTS

Ces redoutables tribunaux, dont on dit qu'ils ont été créés par Charlemagne en 772[321] en Westphalie, avaient pour objectif avoué d'établir la loi et l'ordre dans les conditions instables et même

---

[319] Oraison du Chevalier Ramsay (1737) ; Baron Tschoudy, *L'Étoile Flamboyante*, I. 20 (1766).

[320] La description des Tribunaux Vehmic qui suit est largement tirée de Lombard de Langres, *Les Sociétés Secrètes en Allemagne* (1819), citant des documents originaux conservés à Dortmund.

[321] Clavel tourne en dérision cette première origine et affirme que ce sont les *Francs-juges* eux-mêmes qui ont revendiqué Charlemagne comme leur fondateur (*Histoire pittoresque*, p. 357).

anarchiques qui régnaient alors en Allemagne. Mais peu à peu, le pouvoir que s'arrogeait le "Saint Vehm" devint si redoutable que les empereurs qui se succédèrent furent incapables d'en contrôler les rouages et se virent contraints de devenir des initiés pour des raisons d'autoprotection. Au cours du XIIe siècle, les Vehmgerichts, par leurs exécutions incessantes, avaient créé une véritable "Terreur rouge", si bien que l'Est de l'Allemagne était connu sous le nom de "Terre rouge". En 1371, dit Lecouteulx de Canteleu, un nouvel élan fut donné au "Saint Vehm" par un certain nombre de Templiers qui, après la dissolution de leur Ordre, avaient trouvé le chemin de l'Allemagne et cherchaient maintenant à être admis dans les Tribunaux Secrets.[322] Il est impossible de savoir dans quelle mesure la tradition templière est passée entre les mains des Vehmgerichts, mais il y a certainement une ressemblance entre les méthodes d'initiation et d'intimidation employées par les Vehms et celles décrites par certains Templiers, et encore plus entre la cérémonie des Vehms et le rituel de la franc-maçonnerie.

Ainsi, les membres des Vehms, connus sous le nom de *Wissende* (ou éclairés), étaient divisés en trois degrés d'initiation : les juges libres, les véritables juges libres et les saints juges du tribunal secret. Le candidat à l'initiation était conduit les yeux bandés devant le redoutable Tribunal, présidé par un *Stuhlherr* (ou maître de la chaise) ou son substitut, un *Freigraf*, avec une épée et une branche de saule à son côté. L'initié était alors tenu par un terrible serment de ne pas révéler les secrets du "Holy Vehm", de n'avertir personne du danger qui les menaçait par ses décrets, de dénoncer quiconque, père, mère, frère, sœur, ami ou parent, si celui-ci avait été condamné par le Tribunal. Il reçut ensuite le mot de passe et la poignée par lesquels les confédérés se reconnaissaient entre eux. S'il devenait traître ou révélait les secrets qui lui avaient été confiés, on lui bandait les yeux, on lui liait les mains derrière le dos, on lui arrachait la langue par la nuque, puis on le pendait par les pieds jusqu'à ce que mort s'ensuive, avec l'imprécation solennelle que son corps serait donné en pâture aux oiseaux du ciel.

Il est difficile de croire que les points de ressemblance avec le rituel

---

[322] Lecouteulx de Canteleu, *Les Sectes et Sociétés Secrètes*, p. 100.

maçonnique moderne[323] que l'on peut discerner ici puissent être une simple question de coïncidence, mais il serait tout aussi déraisonnable de faire remonter les origines de la franc-maçonnerie aux Vehmgerichts. Il est clair que les deux ont dérivé d'une source commune, soit les anciennes traditions païennes sur lesquelles les premiers Vehms ont été fondés, soit le système des Templiers. Cette dernière hypothèse semble la plus probable pour deux raisons : premièrement, en raison de la ressemblance entre les méthodes des Vehmgerichts et des Assassins, qui s'expliquerait si les Templiers formaient le lien ; deuxièmement, en raison du fait que dans les documents contemporains, les membres des Tribunaux Secrets étaient souvent désignés sous le nom de Rose-Croix.[324] Or, puisque, comme nous l'avons vu, le degré de la Rose-Croix aurait été apporté en Europe par les Templiers, cela expliquerait la persistance du nom chez les Vehmgerichts ainsi que chez les Rose-Croix du XVIIe siècle, qui auraient continué la tradition templière. Ainsi, le templisme et le rosicrucianisme semblent avoir toujours été étroitement liés, ce qui n'est pas surprenant puisqu'ils dérivent tous deux d'une source commune, les traditions du Proche-Orient.

Ceci nous amène à une théorie alternative concernant le canal par lequel les doctrines orientales, et particulièrement le cabalisme, ont trouvé leur chemin dans la franc-maçonnerie. Car il faut admettre qu'il existe un obstacle à l'acceptation complète de la théorie de la succession templière, à savoir que, bien que l'élément judaïque ne puisse pas être retracé plus loin que les Croisades, on ne peut pas non plus affirmer avec certitude qu'il est apparu au cours des trois siècles qui ont suivi. En effet, avant la publication des "Constitutions" d'Anderson en 1723, il n'existe aucune preuve formelle que la légende de Solomon ait été incorporée dans le rituel de la Maçonnerie britannique. Ainsi, bien que la possession

---

[323] Selon le récit que Walter Scott fait du Vehmgerichts dans *Anne of Geierstein*, l'initié était averti que les secrets qui lui étaient confiés ne devaient « ni être prononcés à haute voix, ni être chuchotés, ni être racontés en mots ou écrits en caractères, ni être gravés ou peints, ni être communiqués d'une autre manière, que ce soit directement ou par parabole et emblème ». Cette formule, si elle est exacte, établit un autre point de ressemblance.

[324] Lombard de Langres, *Les Sociétés Secrètes en Allemagne*, p. 341 *(1819)* ; *Lecouteulx de Canteleu*, Les Sectes et Sociétés Secrètes, *p. 99*.

de la légende par les *compagnonnages* du Moyen Âge tende à prouver son ancienneté, il est toujours possible qu'elle ait été introduite par un corps d'adeptes plus récent que les Templiers.

Selon les partisans d'une autre théorie, ces adeptes seraient les Rose-Croix.

ORIGINE ROSICRUCIENNE

L'un des premiers et plus éminents précurseurs de la franc-maçonnerie aurait été Francis Bacon. Comme nous l'avons déjà vu, Bacon est reconnu pour avoir été rosicrucien, et le fait que la doctrine philosophique secrète qu'il professait était étroitement apparentée à la franc-maçonnerie apparaît clairement dans sa *Nouvelle Atlantide*. La référence aux "Sages de la Société de la Maison de Salomon" ne peut être une simple coïncidence. Le choix de l'Atlantide, cette île légendaire censée avoir été submergée par l'océan Atlantique dans un passé lointain, suggère que Bacon avait connaissance d'une tradition secrète descendant des premiers patriarches de la race humaine, qu'il imaginait, comme l'écrivain moderne Le Plongeon, avoir habité l'hémisphère occidental et avoir été les prédécesseurs des initiés égyptiens. Le Plongeon, cependant, place ce premier siège des mystères encore plus à l'ouest que l'océan Atlantique, dans la région de Mayax et du Yucatan.[325]

Bacon raconte en outre que cette tradition a été préservée dans sa forme pure par certains Juifs qui, tout en acceptant la Cabale, rejetaient ses tendances antichrétiennes. Ainsi, dans l'île de Bensalem, il y a des Juifs "d'une disposition très différente de celle des Juifs d'autres régions. En effet, alors qu'ils détestent le nom du Christ et nourrissent une rancœur secrète à l'égard des gens parmi lesquels ils vivent, ceux-ci, au contraire, accordent à notre Sauveur de nombreuses et hautes qualités", mais en même temps ils croient "que Moïse, par une Cabale secrète, a ordonné les lois de Bensalem qu'ils utilisent maintenant, et que lorsque le Messie viendra et s'assiéra sur son trône à Jérusalem, le roi de Bensalem s'assiéra à ses pieds, tandis que les autres rois se tiendront à une grande distance". Ce passage est particulièrement intéressant car il

---

[325] A. le Plongeon, *Mystères sacrés chez les Mayas et les Quichas* (1886).

montre que Bacon reconnaissait la divergence entre l'ancienne tradition secrète descendant de Moïse et la Cabale juive pervertie des rabbins, et qu'il était parfaitement conscient de la tendance, même chez les meilleurs juifs, à tourner la première au profit des rêves messianiques.

Mme Pott, qui dans son ouvrage *Francis Bacon and his Secret Society* s'attache à prouver que Bacon est le fondateur du rosicrucianisme et de la franc-maçonnerie, ignore toute l'histoire antérieure de la tradition secrète.

Bacon n'est pas l'initiateur mais l'héritier des idées sur lesquelles ces deux sociétés ont été fondées. Et l'affirmation selon laquelle Bacon était en même temps l'auteur des plus grands drames de la langue anglaise et du *Mariage chymique de Christian Rosengreutz* est manifestement absurde. Néanmoins, l'influence de Bacon sur les Rose-Croix est évidente ; le *Voyage au pays* des *Rose-Croix de* Heydon n'est en fait qu'un plagiat de la *Nouvelle Atlantide* de Bacon.

Mme Pott semble penser qu'en proclamant que Bacon a été le fondateur ou même un membre de l'Ordre de la Franc-maçonnerie, elle révèle un grand secret maçonnique que les Francs-maçons ont conspiré à garder obscur. Mais pourquoi l'Ordre voudrait-il désavouer un si illustre géniteur ou chercher à dissimuler ses liens avec l'Ordre, si tant est qu'il en ait existé ? Findel, en effet, admet franchement que la *Nouvelle Atlantide* contenait des allusions indubitables à la Franc-maçonnerie et que Bacon a contribué à sa transformation finale.[326] Celle-ci a sans doute été provoquée en grande partie par les Rose-Croix anglais qui l'ont suivie. Suggérer que la franc-maçonnerie est née avec les Rose-Croix, c'est ignorer l'histoire antérieure de la tradition secrète. Le rosicrucianisme n'est pas le début, mais un maillon de la longue chaîne qui relie la franc-maçonnerie à des associations secrètes bien antérieures. La ressemblance entre les deux Ordres ne peut être niée. Ainsi, Yarker écrit : "Le tracé symbolique des Rose-Croix était un Temple carré auquel on accédait par sept marches…".

On y trouve également les deux piliers d'Hermès, l'étoile à cinq branches, le soleil et la lune, les compas, l'équerre et le triangle". Yarker

---

[326] Findel, *History of Freemasonry* (trans. anglaise, 1866), pp. 131, 132.

observe en outre que "même Wren était plus ou moins un étudiant de l'hermétisme, et si nous disposions d'une liste complète des francs-maçons et des rosicruciens, nous serions probablement surpris par le nombre de ceux qui appartenaient aux deux systèmes ".[327]

Le professeur Bühle affirme avec force que "la franc-maçonnerie n'est ni plus ni moins que le rosicrucianisme tel qu'il a été modifié par ceux qui l'ont transplanté en Angleterre". Chambers, qui a publié sa célèbre *Cyclopædia* en 1728, observe : "Certains, qui ne sont pas des amis de la franc-maçonnerie, font de l'actuelle société florissante des francs-maçons une branche des *rosicruciens*, ou plutôt les rosicruciens eux-mêmes sous un nouveau nom ou une nouvelle relation, c'est-à-dire en tant qu'aides à la construction. Et il est certain qu'il y a des francs-maçons qui ont tous les caractères des Rose-Croix".

Le lien entre la franc-maçonnerie et le rosicrucianisme est cependant une question à peine moins controversée que celle du lien entre la franc-maçonnerie et le templisme.

Le Dr Mackey conteste violemment cette théorie. "Les Rose-Croix, écrit-il, comme l'indique cette brève histoire, n'avaient aucun lien avec la fraternité maçonnique. Nonobstant ce fait, Barruel, le plus malin de nos réprouvés, avec un esprit caractéristique de déformation, a tenté d'identifier les deux institutions".[328] Mais la "brève histoire" susmentionnée n'indique rien de tel, et la référence à Barruel comme un réprouvé malin pour avoir suggéré une connexion, que, comme nous l'avons vu, de nombreux francs-maçons admettent, montre de quel côté se trouve cet "esprit de déformation". Il est cependant intéressant de noter qu'aux yeux de certains auteurs maçonniques, la connexion avec les Rose-Croix est considérée comme hautement discréditable ; la fraternité semblerait donc avoir été moins irréprochable que ce que l'on nous a appris à croire. M. Waite s'attache également à prouver qu'il n'y a "aucune connexion traçable entre la Maçonnerie et le Rosicrucianisme", et il poursuit en expliquant que la Franc-maçonnerie n'a jamais été une société savante, qu'elle n'a jamais revendiqué "aucun secret

---

[327] John Yarker, *The Arcane Schools*, p. 216, 431.

[328] *Lexique de la franc-maçonnerie*, p. 298.

transcendantal de l'alchimie et de la magie, ni aucune compétence en médecine", etc.[329]

La vérité se trouve peut-être entre les affirmations opposées du professeur Bühle et de ses deux antagonistes maçonniques. Les francs-maçons n'étaient manifestement pas, pour les raisons données par M. Waite, une simple continuation des Rose-Croix, mais ils ont plus probablement emprunté aux Rose-Croix une partie de leur système et de leurs symboles qu'ils ont adaptés à leur propre but.

De plus, le fait incontestable est que dans la liste des francs-maçons et rosicruciens anglais, nous trouvons des hommes qui ont appartenu aux deux Ordres et qui, parmi eux, ont largement contribué à la constitution de la franc-maçonnerie anglaise.

Le premier d'entre eux est Robert Fludd, que M. Waite décrit comme "la figure centrale de la littérature rosicrucienne,… un géant intellectuel,… un homme d'une immense érudition, d'un esprit exalté, et, à en juger par ses écrits, d'une extrême sainteté personnelle. Ennemoser le décrit comme l'un des disciples les plus distingués de Paracelsus…"[330] Yarker ajoute cet indice : "En 1630, nous trouvons Fludd, le chef des Rose-Croix, utilisant un langage architectural, et il y a des preuves que sa Société était divisée en degrés, et du fait que la Compagnie des Maçons de Londres avait une copie des Charges maçonniques 'présentées par M. fflood', nous pouvons supposer qu'il était franc-maçon avant 1620."[331]

Un lien encore plus important est Elias Ashmole, l'antiquaire, astrologue et alchimiste, fondateur de l'Ashmolean Museum à Oxford, qui est né en 1617. Rosicrucien avoué et, comme nous l'avons vu, également franc-maçon, Ashmole a fait preuve d'une grande énergie dans la reconstitution du Craft ; on dit qu'il a perfectionné son organisation, qu'il y a ajouté d'autres symboles mystiques et, selon Ragon, c'est lui qui a rédigé le rituel des trois degrés existants du Craft — Apprenti, Compagnon et Maître Maçon — qui a été adopté par la Grande Loge en

---

[329] Waite, *The Real History of the Rosicrucians*, p. 403.

[330] Ibid. p. 283.

[331] Yarker, *The Arcane Schools*, p. 430.

1717. D'où venaient ces nouvelles inspirations, si ce n'est des Rose-Croix de ? Car, comme nous l'apprend également Ragon, l'année où Ashmole fut reçu dans la franc-maçonnerie, les Rose-Croix tinrent leur réunion dans la même salle du Mason Hall ![332]

Comment peut-on alors affirmer qu'il n'y avait "aucune connexion traçable entre la franc-maçonnerie et le rosicrucianisme" et pourquoi serait-ce le rôle d'un "pervers malin" de les relier ? Il n'est pas suggéré que les Rose-Croix, tels que Fludd ou Ashmole, aient importé des éléments magiques dans la franc-maçonnerie, mais simplement le système et les symboles de la Rose-Croix avec un certain degré d'apprentissage ésotérique. Il est donc indéniable que le rosicrucianisme constitue un maillon important de la chaîne de la tradition secrète.

LES RABBINS DU XVIIE SIÈCLE

Il existe cependant un troisième canal par lequel les légendes judaïques de la franc-maçonnerie ont pu pénétrer dans l'Ordre, à savoir les rabbins du dix-septième siècle. L'écrivain juif Bernard Lazare a déclaré qu'"il y avait des Juifs autour du berceau de la franc-maçonnerie".[333] Et si cette affirmation s'applique à la période précédant l'institution de la Grande Loge en 1717, elle est certainement confirmée par les faits. Ainsi, il est dit qu'au siècle précédent, les armoiries actuellement utilisées par la Grande Loge avaient été conçues par un Juif d'Amsterdam, Jacob Jehuda Leon Templo, collègue de l'ami de Cromwell, le cabaliste Manasseh ben Israel.[334] Pour citer une autorité

---

[332] « Yarker déclare qu'Elias Ashmole était vers 1686 'l'esprit dirigeant, à la fois de la Maçonnerie artisanale et du Rosicrucianisme', et il est d'avis que son journal établit le fait 'que les deux sociétés sont tombées en décadence ensemble en 1682'. Il ajoute : «Il est donc évident que les Rose-Croix... ont trouvé la Guilde opérative toute prête, et y ont greffé leurs propres mystères... aussi, à partir de cette époque, le Rosicrucianisme disparaît et la Franc-maçonnerie renaît avec toutes les possessions de l'ancien». «— *Speculative Freemasonry, an Historical Lecture*, prononcé le 31 mars 1883, p. 9; cité par Gould, *History of Freemasonry*, II. 138.

[333] *L'Antisémitisme*, p. 339.

[334] *Encyclopédie juive*, articles sur Léon et Manassé ben Israël.

juive sur cette question, M. Lucien Wolf écrit que Templo "avait une monomanie pour... tout ce qui concernait le Temple de Salomon et le Tabernacle du Pays sauvage, il construisit des modèles gigantesques de ces deux édifices. Il construisit des modèles gigantesques de ces deux édifices "[335] qu'il exposa à Londres, où il s'était rendu en 1675 et avant, et il n'est pas déraisonnable de conclure que cela a pu constituer une nouvelle source d'inspiration pour les francs-maçons qui élaborèrent le rituel maçonnique une quarantaine d'années plus tard. En tout état de cause, les armoiries maçonniques encore utilisées par la Grande Loge d'Angleterre sont sans aucun doute de conception juive.

"Ce manteau, dit M. Lucien Wolf, est entièrement composé de symboles juifs et constitue une tentative de représentation héraldique des différentes formes des chérubins représentés dans la seconde vision d'Ezéchiel — un bœuf, un homme, un lion et un aigle — et appartient donc au domaine le plus élevé et le plus mystique du symbolisme hébraïque".[336] En d'autres termes, cette vision, connue des Juifs sous le nom de "Mercaba",[337] appartient à la Cabale, où chaque figure fait l'objet d'une interprétation particulière qui lui confère une signification ésotérique non perceptible par les non-initiés.[338]

Le blason maçonnique est donc entièrement cabalistique, tout comme le sceau des diplômes de la Maçonnerie artisanale, où une autre figure cabalistique, celle d'un homme et d'une femme réunis, est reproduite.[339]

Je parlerai plus tard de l'influence juive dans la maçonnerie après

---

[335] Article sur les «Anglo-Jewish Coats-of-arms» par Lucien Wolf dans *Transactions of the Jewish Historical Society*, Vol. II. p. 157.

[336] *Transactions de la Société historique juive d'Angleterre*, Vol. II. p. 156. Une image du Templo forme le frontispice de ce volume, et une reproduction des armoiries de la Grande Loge est donnée en face de la p. 156.

[337] Zohar, section Jethro, folio 70 *b* (de Pauly's trans., Vol. III. 311).

[338] L'interprétation cabalistique de la Mercaba se trouve dans le Zohar, section Bereschith, folio 18 *b* (traduction de Pauly, Vol. I. p. 115).

[339] « Par figure de l'homme, on entend toujours celle du mâle et de la femelle réunis » (ibid., p. 116).

1717.

En résumé, les origines du système que nous connaissons aujourd'hui sous le nom de franc-maçonnerie ne se trouvent pas dans une seule source. Les douze sources alternatives énumérées dans le *Masonic Cyclopædia* et citées au début de ce chapitre peuvent toutes avoir contribué à sa formation. Ainsi, la Maçonnerie opérative peut être issue des Collèges romains et des maçons opératifs du Moyen-Âge, tandis que la Maçonnerie spéculative peut être issue des patriarches et des mystères des païens. Mais la source d'inspiration qui ne peut être niée est la Cabale juive. Que celle-ci ait pénétré dans notre pays par l'intermédiaire des Collèges romains, des *compagnonnages*, des Templiers, des Rose-Croix ou des Juifs des XVIIe et XVIIIe siècles, dont nous verrons plus loin les activités dans les coulisses de la Franc-maçonnerie, est une question de spéculation. Il n'en reste pas moins que lors de la rédaction du rituel et des constitutions de la Maçonnerie en 1717, bien que certains fragments des anciennes doctrines égyptiennes et pythagoriciennes aient été conservés, c'est la version judaïque de la tradition secrète qui a été choisie par les fondateurs de la Grande Loge pour construire leur système.

6. L'ÈRE DE LA GRANDE LOGE

Quelles que soient les origines de l'ordre que nous connaissons aujourd'hui sous le nom de franc-maçonnerie, il est clair que, pendant le siècle qui a précédé sa réorganisation sous l'égide de la Grande Loge de Londres, le système secret consistant à lier des hommes dans un but commun, fondé sur des doctrines ésotériques orientales, avait été anticipé par les Rose-Croix. Ce système secret a-t-il été utilisé par un autre groupe d'hommes ? Il est certainement facile d'imaginer comment, en ce dix-septième siècle si important, des hommes de toutes opinions se coalisaient contre des forces opposées — les luthériens s'unissant contre la papauté, les catholiques ralliant leurs forces contre le protestantisme envahissant, les républicains complotant en faveur de Cromwell, royalistes complotant à leur tour pour restaurer les Stuarts, enfin royalistes complotant les uns contre les autres au nom de dynasties rivales — une telle organisation, permettant de travailler secrètement pour une cause et de mettre en mouvement de manière invisible un grand nombre d'êtres humains, pouvait s'avérer inestimable pour n'importe quel parti.

Ainsi, selon certains auteurs maçonniques du continent, le système utilisé par les Rose-Croix dans leur lutte contre la "papauté" a également été employé par les Jésuites dans un but directement opposé. Dans les manuscrits du prince de Hesse publiés par Lecouteulx de Canteleu, il est déclaré qu'en 1714, les Jésuites ont utilisé les mystères de la Rose-Croix. Mirabeau raconte également que "les Jésuites profitèrent des troubles intérieurs du règne de Charles Ier pour se procurer les symboles, les allégories et les tapis des maçons de la Rose-Croix, qui n'étaient que l'ancien ordre des Templiers secrètement perpétué. On voit par quelles imperceptibles innovations ils parvinrent à substituer leur catéchisme à l'instruction des Templiers."[340]

---

[340] *Histoire de la Monarchie Prussienne*, VI. 76.

D'autres auteurs continentaux affirment encore que Cromwell, l'adversaire juré de l'Église catholique, était "un initié supérieur aux mystères maçonniques" et qu'il utilisa le système pour s'élever au pouvoir[341] ; en outre, il se trouva distancé par les Niveleurs ; cette secte, dont le nom suggère certainement une inspiration maçonnique, adopta pour symboles l'équerre et le compas,[342] et, en revendiquant une égalité réelle, menaça la suprématie de l'usurpateur. Enfin, Elias Ashmole, le royaliste rosicrucien, aurait retourné le système maçonnique contre Cromwell, si bien que vers la fin du XVIIe siècle, l'Ordre se rallia à la cause des Stuart.[343]

Mais tout ceci n'est que pure spéculation ne reposant sur aucun fait connu. L'accusation selon laquelle les Jésuites auraient utilisé le système de la Rose-Croix pour couvrir des intrigues politiques est qualifiée par le Rosicrucien Éliphas Lévi de résultat de l'ignorance, qui "se réfute elle-même". Il est significatif de constater qu'elle émane principalement d'Allemagne et des Illuminati ; le Prince de Hesse était membre de la *Stricte Observance* et Mirabeau un Illuminatus à l'époque où il écrivit le passage cité plus haut. Qu'au XVIIe siècle certains Jésuites aient joué le rôle d'intrigants politiques, je suppose que leurs amis les plus chaleureux ne le nieront pas, mais qu'ils aient utilisé un quelconque système secret ou maçonnique me semble parfaitement indémontrable. Je reviendrai cependant sur ce point plus tard, en relation avec les Illuminati.

En ce qui concerne Cromwell, la seule circonstance qui donne de la couleur à la possibilité de sa connexion avec la franc-maçonnerie est son amitié connue pour Manasseh ben Israël, le collègue du rabbin Templo qui a dessiné les armoiries adoptées plus tard par la Grande Loge. Si, par conséquent, les Juifs d'Amsterdam ont été une source d'inspiration pour les francs-maçons du XVIIe siècle, il n'est pas impossible que Cromwell ait été le canal par lequel cette influence a pénétré pour la première fois.

En ce qui concerne les Stuart, nous sommes cependant sur un terrain

---

[341] Lecouteulx de Canteleu, op. cit. p. 105.

[342] Ibid. p. 106 ; Lombard de Langres, *Les Sociétés secrètes en Allemagne*, p. 67.

[343] Monseigneur George F. Dillon, *La guerre de l'Anti-Christ contre l'Église et la civilisation chrétienne*, p. 24 (1885).

solide en ce qui concerne la franc-maçonnerie. Il est certain que les loges de la fin du XVIIe siècle étaient royalistes et il y a de bonnes raisons de croire que, lorsque la révolution de 1688 divisa la cause royaliste, les jacobites qui s'enfuirent en France avec Jacques II emportèrent la franc-maçonnerie avec eux.[344] Avec l'aide des Français, ils établirent des loges dans lesquelles, dit-on, les rites et les symboles maçonniques furent utilisés pour promouvoir la cause des Stuarts. Ainsi, la terre de la promesse signifiait la Grande-Bretagne, Jérusalem représentait Londres et le meurtre d'Hiram représentait l'exécution de Charles Ier.[345]

Entre-temps, la franc-maçonnerie anglaise n'a pas continué à adhérer à la cause des Stuart comme elle l'avait fait sous l'égide d'Elias Ashmole et, en 1717, on dit qu'elle est devenue hanovrienne.

C'est à partir de cette date importante que commence l'histoire officielle du système actuel ; jusqu'à présent, tout repose sur des documents isolés, dont l'authenticité est souvent douteuse, et qui ne fournissent pas d'histoire continue de l'Ordre. En 1717, la franc-maçonnerie s'est établie pour la première fois sur une base solide et a subi un changement fondamental. Jusqu'à présent, elle semble avoir conservé un élément opératif, mais dans la transformation qui s'opère alors, celui-ci est entièrement éliminé et l'Ordre tout entier est transformé en un corps spéculatif de classe moyenne et supérieure. Ce *coup d'État*, déjà suggéré en 1703, eut lieu en 1716, lorsque quatre loges londoniennes de francs-maçons se réunirent à la taverne de l'Apple Tree, dans Charles Street, Covent Garden, "et, après avoir mis au fauteuil le plus ancien Maître Mason (aujourd'hui Maître d'une loge), ils se constituèrent en Grande Loge, *pro tempore*, en bonne et due forme". Le jour de la Saint-Jean-Baptiste, le 24 juin de l'année suivante, l'assemblée annuelle et le banquet se sont tenus au Goose and Gridiron dans le Churchyard de Saint-Paul, lorsque Mr.

Antony Sayer a été élu Grand Maître et investi de tous les insignes de

---

[344] Frère Chalmers I. Paton, *The Origin of Freemasonry: the 1717 Theory Exploded*, p. 34.

[345] Lecouteulx de Canteleu, op. cit. p. 107 ; Robison's *Proofs of a Conspiracy*, p. 27; Dillon, op. cit. p. 24; Mackey, *Lexicon of Freemasonry*, p. 148.

la fonction.[346]

Il est évident, d'après ce qui précède, que dès 1717 les éléments spéculatifs devaient prédominer dans les loges, sinon nous pourrions nous attendre à ce que les maçons opératifs prennent part à ces délibérations et expriment leur opinion sur la question de savoir si leur association doit passer sous le contrôle d'hommes sans aucun lien avec l'artisanat. Mais non, les dirigeants du nouveau mouvement semblent tous appartenir à la classe moyenne et, à partir de ce moment, ni les maçons ni les architectes ne semblent avoir joué un rôle important dans la franc-maçonnerie.

Mais le point que l'histoire officielle ne tente pas d'élucider est la raison de cette décision. Pourquoi les francs-maçons de Londres — qu'ils soient à cette date une association spéculative ou seulement semi-spéculative — auraient-ils soudainement reconnu la nécessité d'établir une Grande Loge et de rédiger un rituel et une "Constitution" ? Il est donc évident que certaines circonstances ont dû se produire qui les ont amenés à faire ce pas important. Je suggérerais que ce qui suit pourrait être la solution au problème.

La franc-maçonnerie, comme nous l'avons vu, était un système qui pouvait être utilisé pour n'importe quelle cause et qui en était venu à être utilisé par des intrigants de toutes sortes — et pas seulement par des intrigants, mais par des organismes simplement conviviaux, des "jolly Brotherhoods of the Bottle", qui se modelaient sur les associations maçonniques. [347] Mais les honnêtes citoyens de Londres qui se réunissaient et festoyaient au Goose and Gridiron n'étaient manifestement pas des intrigants, ni des comploteurs royalistes ou républicains, ni des fanatiques catholiques ou luthériens, ni des alchimistes ou des magiciens, et l'on ne peut pas non plus supposer qu'ils étaient simplement des fêtards. S'ils étaient politiques, ils n'étaient certainement pas des partisans des Stuarts ; au contraire, on rapporte

---

[346] Preston's *Illustrations of Masonry,* p. 209 (1804); Anderson's *New Book of Constitutions* (1738).

[347] *Ars Quatuor Coronatorum,* XXV. p. 31. Voir le compte rendu de certaines de ces sociétés maçonniques conviviales dans cet article intitulé « An Apollinaric Summons ».

généralement qu'ils avaient des sympathies hanovriennes, et le Dr Bussell va même jusqu'à dire que la Grande Loge a été instituée pour soutenir la dynastie hanovrienne.[348] Il serait peut-être plus proche de la vérité de conclure que s'ils étaient hanovriens, c'est parce qu'ils étaient constitutionnels, et que la dynastie hanovrienne étant maintenant établie, ils souhaitaient éviter d'autres changements. En un mot, ils étaient simplement des hommes de paix, soucieux de mettre fin aux dissensions, qui, voyant le système de la Maçonnerie utilisé dans le but de promouvoir la discorde, décidèrent de l'arracher des mains des intrigants politiques et de lui redonner son caractère originel de fraternité, bien qu'il ne s'agisse pas d'une fraternité entre maçons ouvriers seulement, mais entre hommes issus de toutes les classes et de toutes les professions. En fondant une Grande Loge à Londres et en rédigeant un rituel et des "Constitutions", ils espéraient empêcher la perversion de leurs signes et symboles et établir l'Ordre sur des bases solides.

Selon Nicolai, ce but pacifique avait déjà animé les francs-maçons anglais sous la Grande Maîtrise de Sir Christopher Wren : "Son principal objectif à partir de cette période était de modérer les haines religieuses si terribles en Angleterre sous le règne de Jacques II et d'essayer d'établir une sorte de concorde ou de fraternité, en affaiblissant autant que possible les antagonismes résultant des différences de religions, de rangs et d'intérêts". Un manuscrit du Prince de Hesse du XVIIIe siècle, cité par Lecouteulx de Canteleu, exprime l'opinion qu'en 1717 *"les mystères de la franc-maçonnerie ont été réformés et purifiés en Angleterre de toute tendance politique"*.

En matière de religion, la maçonnerie artisanale a adopté une attitude tout aussi non sectaire. Les premières "Constitutions" de l'Ordre, rédigées par le Dr Anderson en 1723, contiennent le paragraphe suivant :
CONCERNANT DIEU ET LA RELIGION

---

[348] *Pensée religieuse et hérésie au Moyen Âge*, p. 373. Un « *Past Grand Master* », *dans un article intitulé* « *The Crisis in Freemasonry* » *(La crise de la franc-maçonnerie), paru dans l'*English Review *d'août 1922, adopte le même point de vue.* « *Il est vrai que les loges artisanales d'Angleterre étaient à l'origine des clubs hanovriens, tout comme les loges écossaises étaient des clubs jacobites.*

Un Maçon est obligé, de par sa tenure, d'obéir à la Loi morale ; et s'il comprend bien l'Art, il ne sera jamais un athée stupide, ni un libertin irréligieux. Mais si, dans les temps anciens, les Maçons étaient tenus dans chaque pays d'être de la religion de ce pays ou de cette nation, quelle qu'elle soit, on estime aujourd'hui qu'il est plus opportun de les obliger seulement à la religion dans laquelle tous les hommes sont d'accord, en leur laissant leurs opinions particulières, c'est-à-dire à être des hommes bons et vrais, ou des hommes d'honneur et d'honnêteté, quelles que soient les dénominations ou les convictions qui les distinguent ; la Maçonnerie devient ainsi le centre de l'union et le moyen de concilier une véritable amitié entre des personnes qui auraient dû rester perpétuellement éloignées les unes des autres.

L'expression "cette religion dans laquelle tous les hommes sont d'accord" a été censurée par les auteurs catholiques comme préconisant une religion universelle à la place du christianisme. Mais ce n'est pas du tout le cas. L'idée est certainement que les Maçons doivent être des hommes qui adhèrent à la loi du bien et du mal commune à toutes les religions. La franc-maçonnerie artisanale peut donc être décrite comme déiste, mais pas dans le sens accepté du terme, qui implique le rejet des doctrines chrétiennes. Si la franc-maçonnerie avait été déiste dans ce sens, ne pourrait-on pas s'attendre à trouver un lien entre les fondateurs de la Grande Loge et l'école des déistes — Toland, Bolingbroke, Woolston, Hume et d'autres — qui a fleuri précisément à cette époque ? Ne pourrait-on pas déceler une certaine analogie entre l'organisation de l'Ordre et les Sodalités décrites dans le *Panthéisticon* de Toland, publié en 1720 ? Mais je n'en trouve aucune trace. Les principaux fondateurs de la Grande Loge étaient, comme nous l'avons vu, des ecclésiastiques, tous deux engagés dans la prédication des doctrines chrétiennes dans leurs églises respectives.[349] Il est donc certainement raisonnable de conclure que la Franc-maçonnerie, au moment de sa réorganisation en 1717,

---

[349] Anderson, originaire d'Aberdeen et à cette époque ministre de l'église presbytérienne de Swallow Street, et le Dr. Desaguliers, d'origine protestante française, qui avait pris les ordres en Angleterre et qui, en cette même année 1717, fit une conférence devant George Ier, qui le récompensa par un bienfait dans le Norfolk (*Dictionary of National Biography*, articles sur James Anderson et John Theophilus Desaguliers).

n'était déiste que dans la mesure où elle invitait les hommes à se réunir sur la base commune d'une croyance en Dieu. En outre, certains des premiers rituels anglais contiennent des éléments nettement chrétiens. Ainsi, tant dans *Jachin et Boaz* (1762) que dans *Hiram ou le Grand Maître Clé de la porte de la franc-maçonnerie ancienne et moderne par un membre de l'Arche royale* (1766), nous trouvons des prières dans les loges qui se terminent par le nom du Christ. Ces passages ont été remplacés bien plus tard par des formules purement déistes sous la Grande Maîtrise du duc de Sussex, libre-penseur, en 1813.

Mais en dépit de son caractère inoffensif, la franc-maçonnerie, du simple fait de son secret, ne tarda pas à susciter l'inquiétude dans l'esprit du public. Dès 1724, un ouvrage intitulé *The Grand Mystery of the Freemasons Discovered (Le Grand Mystère des Francs-Maçons découvert)* avait provoqué une vive protestation de la part de l'Ordre[350] ; et lorsque l'édit français contre l'Ordre fut adopté, une lettre signée "Jachin" parut dans *The Gentleman's Magazine* déclarant que les "Francs-Maçons qui ont été récemment supprimés non seulement en France mais aussi en Hollande" étaient "une race d'hommes dangereuse" : Aucun gouvernement ne devrait tolérer de telles assemblées clandestines où des complots contre l'État peuvent être fomentés, sous le couvert de l'amour fraternel et de la bonne entente.

L'auteur, qui ignore manifestement les éventuelles traditions templières, poursuit en observant que la sentinelle placée à la porte de la loge, une épée dégainée à la main, "n'est pas la seule marque de leur appartenance à un ordre militaire", et suggère que le titre de Grand Maître est pris à l'imitation des Chevaliers de Malte. De plus, "Jachin" flaire un complot popiste :

Ils n'admettent pas seulement les Turcs, les Juifs, les Infidèles, mais même les Jacobites, les non-jureurs et les Papistes eux-mêmes...

---

[350] *The Free Mason's Vindication, being an answer to a scandalous libel entitled (sic) The Grand Mystery of the Free Masons discover'd*, etc. (Dublin, 1725). Il est curieux que cette réponse se trouve au British Museum (Press mark 8145, h. I. 44), mais pas le livre lui-même. Cependant, M. Waite pense qu'elle est suffisamment importante pour l'inclure dans une « Chronologie de l'Ordre », dans son *Encyclopædia of Freemasonry*, I. 335.

comment pouvons-nous être sûrs que les personnes qui sont connues pour être bien affectées, sont admises dans tous leurs Mystères ? Ils n'ont aucun scrupule à reconnaître qu'il existe une distinction entre les apprentis et les maîtres maçons et qui sait s'ils n'ont pas un ordre supérieur de cabalistes, qui gardent le grand secret pour eux seuls ?[351]

Plus tard, en France, l'abbé Pérau publia ses satires sur la franc-maçonnerie, *Le Secret des Francs-Maçons* (1742), *L'Ordre des Francs-Maçons trahi et le Secret des Mopses révélé*, (1745), et *Les Francs-Maçons écrasés* (1746)[352] et, vers 1761, un autre écrivain anglais que l'on dit être un franc-maçon a fait tomber un torrent d'invectives sur sa tête en publiant le rituel des degrés de l'artisanat sous le nom de *Jachin et Boaz*.[353]

Il faut reconnaître que de toute cette polémique aucun parti n'émerge sous un jour très charitable, catholiques et protestants se livrant à des sarcasmes et à des accusations téméraires contre la franc-maçonnerie, les francs-maçons répliquant avec une indulgence loin d'être fraternelle.[354]

---

[351] *Gentleman's Magazine* pour avril 1737.

[352] Dates données dans *A.Q.C.*, XXXII. Part I. pp. 11, 12, et Deschamps, *Les Sociétés Secrétes et la Société*, III. 29. L'auteur de l'article de l'*A.Q.C.* semble ne pas reconnaître la paternité du second ouvrage *L'Ordre des Francs-Maçons trahi* ; mais à la page xxix de ce livre, la signature de l'abbé Pérau apparaît dans le cryptogramme maçonnique de l'époque dérivé du mot maçonnique LUX. Ce chiffre est, bien sûr, maintenant bien connu. Il figure à la page 73 de l'*Histoire pittoresque de* Clavel.

[353] Le British Museum ne possède pas d'édition plus ancienne de cet ouvrage que celle de 1797, mais la première édition a dû paraître au moins trente-cinq ans plus tôt, car *A Free Mason's Answer to the suspected Author of.... Jachin et Boaz*, dont un exemplaire se trouve au British Museum (Press mark 112, d. 41), est daté de 1762. Ce livre porte sur la page de titre la citation suivante de Shakespeare : « Oh, si le ciel mettait dans chaque main honnête un fouet pour fouetter le coquin nu à travers le monde ».

[354] L'auteur de *Jachin et Boaz* déclare dans l'édition de 1797 qu'en réponse à cet ouvrage, il a reçu « plusieurs lettres anonymes contenant les plus basses injures et des invectives calomnieuses ; certains sont même allés jusqu'à menacer sa personne ». Il demande à tous les frères enragés qui décideront de déployer leurs talents à l'avenir de bien vouloir payer l'affranchissement de leurs lettres, car il

Mais, encore une fois, il faut se rappeler que tous ces hommes étaient de leur âge — un âge qui, vu à travers les yeux de Hogarth, ne semblerait certainement pas avoir été distingué pour sa délicatesse. Il faut cependant noter, lorsqu'on lit dans les ouvrages maçonniques les "persécutions" dont la franc-maçonnerie a été l'objet, que les agressions ne se sont pas limitées à un seul camp dans le conflit ; de plus, les francs-maçons de cette époque étaient divisés entre eux et exprimaient à l'égard des groupes opposés à peu près les mêmes soupçons que les non-maçons exprimaient à l'égard de l'Ordre dans son ensemble. En effet, les années qui suivirent la suppression de la Maçonnerie en France furent marquées par le développement le plus important de l'histoire de l'Ordre moderne : l'inauguration des Degrés Additionnels.

LES DEGRÉS SUPPLÉMENTAIRES

L'origine et l'inspiration des degrés supplémentaires ont suscité à peine moins de controverses dans les cercles maçonniques que l'origine de la Maçonnerie elle-même. Il convient d'expliquer que la Maçonnerie artisanale, ou Maçonnerie bleue, n'est pas une maçonnerie à proprement parler, mais une maçonnerie à proprement parler.

c'est-à-dire les trois premiers degrés d'Apprenti, de Compagnon et de Maître Maçon dont j'ai tenté de retracer l'histoire — étaient les seuls degrés reconnus par la Grande Loge à l'époque de sa fondation en 1717 et constituent toujours la base de toutes les formes de la Maçonnerie moderne. C'est sur cette base qu'ont été érigés, quelque part entre 1740 et 1743, le degré de l'Arche Royale et le premier de la série des degrés supérieurs connus aujourd'hui sous le nom de Rite Écossais ou de Rite Ancien et Accepté. L'acceptation ou le rejet de cette superstructure a toujours fait l'objet d'une violente controverse entre les Maçons, l'un affirmant que la Maçonnerie artisanale est la seule vraie et authentique Maçonnerie, l'autre déclarant que le véritable objet de la Maçonnerie ne

---

n'y a aucune raison pour qu'il supporte leur mauvais traitement et qu'il paye le joueur de flûte dans l'affaire. Il doit certainement y avoir quelque chose de très extraordinaire dans ce livre, quelque chose qu'ils ne peuvent pas digérer et qui excite la colère et l'ire de cette gentry à la cervelle de maçon. Une lettre qu'il a reçue le qualifie de « Pow Catt (sic) scandaleux et puant ».

se trouve que dans les degrés supérieurs. C'est cette controverse, centrée sur le degré Royal Arch, qui, vers le milieu du dix-huitième siècle, a divisé la Maçonnerie en deux camps opposés, les Anciens et les Modernes, les Anciens déclarant que le R. A. était "la racine, le cœur et la moelle de la Franc-maçonnerie",[355] les Modernes le rejetant. Bien que pratiqué par les Anciens à partir de 1756, ce degré fut définitivement répudié par la Grande Loge en 1792,[356] et ce n'est qu'en 1813 qu'il fut officiellement reçu dans la franc-maçonnerie anglaise.

Le degré R. A., dont on dit néanmoins qu'il est contenu à l'état embryonnaire dans le Livre des Constitutions de 1723,[357] est purement judaïque — une glorification d'Israël et la commémoration de la construction du second Temple. Il semble probable qu'elle ait été dérivée de la Cabale juive, et Yarker, commentant la phrase du *Gentleman's Magazine* citée plus haut — "Qui sait s'ils (les francs-maçons) n'ont pas un ordre supérieur de cabalistes, qui gardent le Grand Secret de tous entièrement pour eux" — observe : "Cela ressemble beaucoup à une allusion au degré de l'Arche Royale"[358] et ailleurs il déclare que "le degré de l'Arche Royale, lorsqu'il avait les trois voiles, a dû être le travail, même si c'était par instruction, d'un juif cabaliste vers 1740, et à partir de cette époque nous pouvons nous attendre à trouver une tradition secrète greffée sur le système d'Anderson".[359]

Précisément en cette même année 1740, M. Waite dit qu'"un colporteur itinérant du degré de l'Arche Royale l'aurait propagé en Irlande, prétendant qu'il était pratiqué à York et à Londres",[360] et en 1744, un certain Dr. Dassigny écrivit que les esprits des frères de Dublin

---

[355] *A.Q.C.*, XXXII. Partie I. p. 34.

[356] Ibid.

[357] Ibid. p. 15. Mackey pense également que le R. A. a été introduit en 1740, mais qu'avant cette date il faisait partie du Master's degree (Lexicon of Freemasonry, *p. 299).*

[358] Yarker, *The Arcane Schools*, p. 437.

[359] Revue par Yarker du livre de M. A. E. Waite *The Secret Tradition in Freemasonry* dans *The Equinox*, Vol. I. No. 7, p. 414.

[360] *Encyclopédie de la franc-maçonnerie*, II. 56.

avaient été récemment troublés au sujet de la Maçonnerie de l'Arche Royale en raison des activités à Dublin d'un "certain nombre de marchands ou de bonimenteurs dans la prétendue Maçonnerie", que l'auteur relie aux "Italiens" ou à l'"Ordre Italique".

Un franc-maçon citant ce passage dans une discussion récente sur les degrés supérieurs exprime l'opinion que ces bonimenteurs étaient "des émissaires jacobites déguisés sous la forme d'une prétendue Maçonnerie", et que "par Italiens et Ordre Italien il entend une référence à la Cour du Roi Jacques III, c'est-à-dire le Vieux Prétendant à Rome, et à l'Ordre Ecossais (Italique) de la Maçonnerie".[361] Il est beaucoup plus probable qu'il ait fait référence à une autre source d'instruction maçonnique en Italie que j'indiquerai dans un chapitre ultérieur.

Mais c'est précisément au moment où l'on suggère que les Jacobites intriguaient pour introduire le degré de l'Arche Royale dans la Maçonnerie qu'on dit qu'ils étaient également engagés dans l'élaboration du "Rite Ecossais".

Examinons cette affirmation.

LA FRANC-MAÇONNERIE EN FRANCE

La fondation de la Grande Loge à Londres avait été suivie par l'inauguration de Loges maçonniques sur le continent — en 1721 à Mons, en 1725 à Paris, en 1728 à Madrid, en 1731 à La Haye, en 1733 à Hambourg, etc. Plusieurs d'entre elles ont reçu leur mandat de la Grande Loge d'Angleterre. Mais ce n'est pas le cas de la Grande Loge de Paris, qui ne reçut son mandat qu'en 1743.

Les hommes qui fondèrent cette loge, loin d'être apolitiques, étaient des leaders jacobites engagés dans des projets actifs de restauration de la dynastie des Stuart. Le chef du groupe, Charles Radcliffe, avait été emprisonné avec son frère, le malheureux Lord Derwentwater, exécuté à Tower Hill en 1716. Charles avait réussi à s'échapper de Newgate et à gagner la France, où il prit le titre de Lord Derwentwater, bien que le comté ait cessé d'exister en vertu de l'acte d'accusation contre son

---

[361] *A.Q.C.*, Vol. XXXII, Partie I. p. 23.

frère.[362] C'est ce Lord Derwentwater — exécuté par la suite pour avoir pris part à la rébellion de 1745 sur le site — qui, avec plusieurs autres jacobites, aurait fondé la Grande Loge de Paris en 1725, et en serait lui-même devenu le Grand Maître.

Le caractère jacobite de la loge de Paris n'est pas contesté.

M. Gould raconte que "les collègues de Lord Derwentwater auraient été un chevalier Maskeline, un écuyer Heguerty et d'autres, tous partisans des Stuarts".[363] Mais il poursuit en contestant la théorie selon laquelle ils auraient utilisé la franc-maçonnerie dans la cause des Stuarts, ce qu'il considère comme équivalant à une accusation de mauvaise foi. Cela n'est certainement pas raisonnable. Les fondateurs de la Grande Loge de Paris n'étaient pas issus de la Grande Loge de Londres, dont ils ne détenaient aucun mandat,[364] mais, comme nous l'avons vu, ils avaient emmené leur franc-maçonnerie avec eux en France avant que la Grande Loge de Londres ne soit instituée ; ils n'étaient donc nullement liés par ses règlements. Et jusqu'à ce que les Constitutions d'Anderson soient publiées en 1723, aucune règle n'avait été établie pour que les Loges soient apolitiques. Autrefois, la franc-maçonnerie avait toujours été royaliste, comme en témoignent les anciennes charges selon lesquelles les membres devaient être de "vrais lieutenants du roi" ; et si les partisans de Jacques-Édouard voyaient en lui leur souverain légitime, ils pouvaient penser qu'ils utilisaient la franc-maçonnerie dans un but légitime en

---

[362] Correspondance sur Lord Derwentwater dans le *Morning Post* du 15 septembre 1922. M. Waite (*The Secret Tradition in Freemasonry*, I. 113) donne à tort le nom de Lord Derwentwater comme étant John Radcliffe et dans son *Encyclopædia of Freemasonry* comme étant James Radcliffe. Mais James était le nom du troisième comte, décapité en 1716.

[363] Gould, op. cit. III. 138. « Les fondateurs étaient tous des Britanniques » — A.*Q.C.*, XXXII. Part I. p. 6.

[364] « Si nous nous tournons vers nos listes anglaises gravées, nous constatons que quelle que soit la Loge (ou les Loges) qui ait pu exister à Paris en 1725, elle devait être inconnue, car la première Loge française figurant sur notre liste se trouve sur la liste de 1730-32.... Il semble probable... que la Loge de Derwentwater... était une Loge informelle et n'a pas demandé de mandat avant 1732 » — Gould, History of Freemasonry, *III. 138.*

l'adaptant à sa cause. Ainsi, si l'on peut applaudir à la décision des francs-maçons londoniens de purger la franc-maçonnerie de ses tendances politiques et de la transformer en un système harmonieux de fraternité, on ne peut accuser les jacobites de France de mauvaise foi en ne se conformant pas à une décision à laquelle ils n'avaient pas pris part et en établissant des loges sur leur propre modèle.

Malheureusement, comme cela arrive trop souvent lorsque des hommes forment des confédérations secrètes dans un but tout à fait honorable, leurs rangs ont été pénétrés par des confédérés d'un autre genre. Il a été dit dans un chapitre précédent que, selon les documents produits par l'*Ordre du Temple* au début du XIXe siècle, les Templiers n'avaient jamais cessé d'exister malgré leur suppression officielle en 1312, et qu'une lignée de Grands Maîtres s'était succédé sans interruption depuis Jacques du Molay jusqu'au duc de Cossé-Brissac, qui fut tué en 1792. Le Grand Maître nommé en 1705 aurait été Philippe, Duc d'Orléans, plus tard Régent. M. Waite a exprimé l'opinion que tout ceci était une invention de la fin du dix-huitième siècle, et que la Charte de Larmenius a été fabriquée à cette date mais n'a été publiée qu'en 1811 par l'*Ordre du Temple* renaissant sous le Grand Maître Fabré Palaprat. Mais les preuves indiquent une conclusion contraire. M. Matter, qui, comme nous l'avons vu, ne croit pas à l'histoire de l'*Ordre du Temple* et à l'authenticité de la Charte de Larmenius dans la mesure où elle prétend être un document authentique du quatorzième siècle, affirme néanmoins que les *savants* qui l'ont examinée déclarent qu'elle date du début du dix-huitième siècle, période à laquelle Matter pense que l'Évangile de Saint-Jean utilisé par l'Ordre a été arrangé de manière à "accompagner les cérémonies de quelque société maçonnique ou secrète". Or, c'est vers 1740 qu'un renouveau du templisme s'est produit en France et en Allemagne ; on ne peut donc douter que si Matter a raison dans cette hypothèse, la société secrète en question était celle des Templiers, qu'ils aient existé en tant que descendants en ligne directe de l'Ordre du XIIe siècle ou simplement en tant que renouveau de cet Ordre. L'existence des Templiers allemands à cette date sous le nom de *Stricte Observance* (dont nous parlerons dans un autre chapitre) n'est en effet contestée par personne ; mais qu'il y ait eu aussi un *Ordre du Temple* en France au tout début du XVIIIe siècle doit être considéré comme très vraisemblable. Mackey, John Yarker et Lecouteulx de Canteleu (qui, en raison de sa possession de documents templiers, disposait de sources d'information exclusives) déclarent tous que tel était le cas et acceptent la Charte de Larmenius comme authentique.

"Il est tout à fait certain", dit Yarker, "qu'il existait à cette époque en France un *Ordre du Temple*, avec une charte de John Mark Larmenius, qui prétendait avoir été nommé par Jacques du Molay. Philippe d'Orléans accepta la Grande Maîtrise en 1705 et signa les Statuts".[365]

Sans pour autant reconnaître l'authenticité de la Charte de Larmenius, examinons la probabilité de cette affirmation en ce qui concerne le duc d'Orléans.

Parmi les jacobites qui soutenaient Lord Derwentwater à la Grande Loge de Paris se trouvait un certain Andrew Michael Ramsay, connu sous le nom de Chevalier Ramsay, né à Ayr, près de la célèbre Loge de Kilwinning, où les Templiers auraient formé leur alliance avec les maçons en 1314. En 1710, Ramsay fut converti à la foi catholique romaine par Fénelon et, en 1724, devint le précepteur des fils du Prétendant à Rome. M. Gould a raconté que pendant son séjour en France, Ramsay s'était lié d'amitié avec le Régent, Philippe, Duc d'Orléans, qui était Grand Maître de l'*Ordre de Saint-Lazare*, institué pendant les Croisades comme un corps d'Hospitaliers se consacrant au soin des lépreux et qui, en 1608, avait été rattaché à l'*Ordre du Mont-Carmel*. Il semble probable, d'après tous les témoignages, que Ramsay était chevalier de cet ordre, mais il ne peut y avoir été admis par le duc d'Orléans, car le Grand Maître de l'Ordre de Saint-Lazare n'était pas le duc d'Orléans, mais le marquis de Dangeau, qui, à sa mort en 1720, fut remplacé par le fils du Régent, le duc de Chartres.[366] Si Ramsay a donc été admis dans un ordre par le Régent, il s'agit certainement de l'*Ordre du Temple*, dont le Régent aurait été le Grand Maître à cette date.

Or, le caractère infâme du duc d'Orléans est connu de tous ; de plus, pendant la Régence — cette période d'impiété et de dissolution morale sans précédent dans l'histoire de France — le chef du conseil était le duc de Bourbon, qui plaça plus tard sa maîtresse la marquise de Prie et le

---

[365] John Yarker, *The Arcane Schools*, p. 462.

[366] Gautier de Sibert, *Histoire des Ordres Royaux, Hospitaliers-Militaires de Notre-Dame du Carmel et de Saint-Lazare de Jérusalem*, Vol. II. p. 193 (Paris, 1772).

financier Paris Duverney à la tête des affaires, créant ainsi un scandale d'une telle ampleur qu'il fut exilé en 1726 grâce à l'influence du cardinal Fleury. Ce duc de Bourbon serait devenu en 1737 Grand Maître du Temple. "C'est ainsi, observe de Canteleu, que ces deux Grands Maîtres du Temple dégradèrent l'autorité royale et ne cessèrent d'accroître la haine contre le gouvernement.

Il semblerait donc étrange qu'un homme aussi droit que Ramsay semble l'avoir été, qui plus est récemment converti à l'Église catholique, ait pu se lier d'amitié avec le régent dissolu de France, à moins qu'il n'y ait eu un lien quelconque entre eux. Mais nous avons ici une explication possible : le templarisme.

Sans doute, pendant la jeunesse de Ramsay à Kilwinning, de nombreuses traditions templières avaient été portées à sa connaissance, et si, en France, il s'est trouvé lié d'amitié avec le Grand Maître lui-même, comment s'étonner qu'il ait conclu une alliance qui a abouti à son admission dans un Ordre qu'il avait été habitué à révérer et qui, de plus, lui était présenté comme le *fons et origo* de la fraternité maçonnique à laquelle il appartenait également ? C'est ainsi que nous trouvons Ramsay, l'année même où le duc de Bourbon aurait été fait Grand Maître du Temple, écrivant astucieusement au cardinal Fleury pour lui demander d'étendre sa protection à la société des francs-maçons de Paris et joignant à sa lettre une copie du discours qu'il devait prononcer le lendemain, 21 mars 1737. C'est dans ce célèbre discours que, pour, nous trouvons pour la première fois une trace de la franc-maçonnerie dans les croisades : À l'époque des croisades en Palestine, de nombreux princes, seigneurs et citoyens se sont associés et ont juré de restaurer le temple des chrétiens en Terre sainte et de s'employer à ramener leur architecture à sa première institution. Ils se sont mis d'accord sur plusieurs signes anciens et mots symboliques tirés du puits de la religion afin de se reconnaître parmi les païens et les Sarrasins.

Ces signes et ces paroles n'étaient communiqués qu'à ceux qui promettaient solennellement, et même parfois au pied de l'autel, de ne jamais les révéler. Cette promesse sacrée n'était donc pas un serment exécrable, comme on l'a appelé, mais un lien respectable pour unir les chrétiens de toutes les nationalités en une seule confraternité. Quelque temps après, notre Ordre a formé une union intime avec les Chevaliers de Saint-Jean de Jérusalem.

Depuis lors, nos Loges ont pris le nom de Loges de Saint-Jean.[367]

Ce discours de Ramsay a soulevé une tempête de controverse parmi les francs-maçons parce qu'il contient une allusion très nette à une connexion entre le templisme et la franc-maçonnerie. M. Tuckett, dans l'article mentionné ci-dessus, fait remarquer que seuls les Chevaliers de Saint-Jean de Jérusalem sont mentionnés ici,[368] mais Ramsay parle clairement de "notre Ordre" formant une union avec les Chevaliers de Saint-Jean de Jérusalem, et nous savons que les Templiers ont fini par former une telle union. Le fait que Ramsay ne mentionne pas les Templiers par leur nom admet une explication très plausible. Il faut se rappeler que, comme l'a montré M. Gould, une copie de l'oraison était jointe par Ramsay à sa lettre au cardinal Fleury demandant que la protection royale soit étendue à la franc-maçonnerie ; il est donc peu probable qu'il ait proclamé une connexion entre l'Ordre qu'il était soucieux de présenter sous le jour le plus favorable et un Ordre qui avait été supprimé par le Roi et le Pape. De plus, si l'on en croit la Charte de Larmenius, le Grand Maître du Temple nouvellement élu était le Duc de

---

[367] Cette oraison a été publiée à plusieurs reprises et a été diversement attribuée à Ramsay et au duc d'Antin. L'auteur d'un article dans *A.Q.C.*, XXXII. Partie I, dit à la page 7 : « Que Ramsay ait prononcé son discours ou non est douteux, mais il est certain qu'il l'a écrit. Il a été imprimé dans un journal parisien obscur et obscène appelé l'*Almanach des Cocus* en 1741 et il y est dit qu'il a été «prononcé» par «Monsieur de R-Grand Orateur de l'Ordre». Elle fut à nouveau imprimée en 1742 par Fr. De la Tierce dans son *Histoire, Obligations et Statuts, etc...* et De la Tierce dit qu'il a été «prononcé par le Grand Maître des Francs-Maçons de France» en l'an 1740.... A. G. Jouast (*Histoire du G.O.*, 1865) dit que l'oraison a été prononcée lors de l'installation du duc d'Antin comme G.M. le 24 juin 1738, et la même autorité affirme qu'elle a été imprimée pour la première fois à La Haye en 1738, reliée à quelques poèmes attribués à Voltaire, et à quelques contes licencieux de Piron.... Fr. Gould remarque : «Si un tel ouvrage a réellement existé à cette date, il s'agit probablement de l'original de la «*Lettre philosophique par M. de V --, avec plusieurs piéces galantes*», Londres, 1757». M. Gould a cependant fourni une très bonne preuve que Ramsay était l'auteur de l'oraison grâce à la découverte par Daruty de la lettre au cardinal Fleury, qu'il reproduit avec l'oraison elle-même (traduite de la version de De la Tierce) dans son *History of Freemasonry*, Vol. III. p. 84.

[368] *A.Q.C.*, XXII. Partie I. p. 10.

Bourbon, qui avait déjà subi le mécontentement du Cardinal. Il est donc évident que l'influence templière est restée en retrait. Cela n'implique pas la mauvaise foi de Ramsay, qui tenait sans aucun doute l'Ordre des Templiers pour tout à fait louable ; mais il ne pouvait pas s'attendre à ce que le Roi ou le Cardinal partagent son point de vue, et il a donc jugé plus prudent de se référer aux progéniteurs de la franc-maçonnerie sous la vague description d'un corps de croisés.

L'effort bien intentionné de Ramsay ne fut cependant pas couronné de succès. Que ce soit à cause de cette référence malheureuse par laquelle le cardinal a pu détecter l'influence des Templiers ou pour toute autre raison, l'appel à la protection royale n'a pas seulement été refusé, mais le nouvel Ordre, auquel les catholiques avaient jusqu'alors été autorisés à adhérer, a été interdit par un édit royal. L'année suivante, en 1738, le pape Clément XII publia une bulle, *In Eminenti*, interdisant la franc-maçonnerie et excommuniant les catholiques qui y participaient.

Mais cette interdiction semble avoir été sans effet, car la franc-maçonnerie non seulement prospère, mais commence bientôt à fabriquer de nouveaux degrés. Et dans la littérature maçonnique des trente années suivantes, la tradition templière apparaît encore plus clairement. Ainsi, le Chevalier de Bérage, dans un pamphlet bien connu, dont la première édition aurait paru en 1747,[369] raconte les origines de la franc-maçonnerie de la manière suivante :

Cet Ordre fut institué par Godefroi de Bouillon en Palestine en 1330, [370] après la décadence des armées chrétiennes, et ne fut communiqué aux Maçons français que quelque temps après et à un très petit nombre, en récompense des services obligeants qu'ils rendirent à plusieurs de nos Chevaliers anglais et écossais, dont la vraie Maçonnerie est issue.

Leur Loge Métropolitaine est située sur la Montagne de Heredom où

---

[369] *Les plus secrets mystères des Hauts Grades de la Maçonnerie dévoilés, ou le vrai Rose-Croix.* À Jérusalem. M.DCC.LXVII. (*A.Q.C.*, Vol. XXXII. Part I. p. 13, se réfère cependant à une édition de 1747).

[370] Godefroi de Bouillon étant mort en 1100, j'en conclus que son nom a été introduit ici par erreur par de Bérage ou que la date de 1330 est une coquille.

s'est tenue la première Loge en Europe et qui existe dans toute sa splendeur. Le Conseil Général s'y tient toujours et c'est le sceau du Souverain Grand Maître en exercice. Cette montagne est située entre l'ouest et le nord de l'Écosse à soixante miles d'Edimbourg.

Outre la confusion historique de la première phrase, ce passage présente l'intérêt de prouver que la théorie d'une connexion entre certains chevaliers croisés et la Loge de Heredom de Kilwinning était déjà d'actualité en 1747. Le baron Tschoudy, dans son *Étoile Flamboyante*, parue en 1766, affirme que l'origine croisée de la franc-maçonnerie est celle qui est officiellement enseignée dans les loges, où l'on raconte aux candidats à l'initiation que plusieurs chevaliers partis délivrer les lieux saints de Palestine des Sarrasins "formèrent une association sous le nom de Francs-Maçons", indiquant ainsi que leur principal désir était la reconstruction du Temple de Salomon", qu'en outre, ils adoptèrent certains signes, poignées et mots de passe pour se défendre contre les Sarrasins, et enfin que "notre Société... a fraternisé sur le pied de l'église...". fraternisait sur le pied d'un Ordre avec les Chevaliers de Saint-Jean de Jérusalem, d'où il ressort que les francs-maçons ont emprunté la coutume de considérer Saint-Jean comme le patron de tout l'Ordre en général". [371] Après les croisades, "les francs-maçons conservèrent leurs rites et leurs méthodes et perpétuèrent ainsi l'art royal en établissant des loges, d'abord en Angleterre, puis en Écosse", etc.[372]

Dans ce récit, la franc-maçonnerie est donc représentée comme ayant été instituée pour la défense des doctrines chrétiennes. De Bérage exprime le même point de vue et explique que l'objectif de ces croisés en se liant ainsi était de protéger leur vie contre les Sarrasins en enveloppant leurs doctrines sacrées d'un voile de mystère. À cette fin, ils ont eu recours au symbolisme juif, qu'ils ont investi d'une signification chrétienne. Ainsi, le Temple de Salomon était utilisé pour désigner l'Église du Christ, le rameau d'acacia signifiait la Croix, l'équerre et le compas l'union entre l'Ancien et le Nouveau Testament, etc. Ainsi "les mystères de la Maçonnerie n'étaient dans leur principe, et ne sont encore,

---

[371] Mackey confirme cette affirmation, *Lexicon of Freemasonry*, p. 304.

[372] *Étoile Flamboyante*, I. pp. 18-20.

rien d'autre que ceux de la religion chrétienne".[373]

Le baron Tschoudy déclare cependant que tout cela est bien loin de la vérité, que la franc-maçonnerie est née bien avant les croisades en Palestine, et que les véritables "ancêtres, pères, auteurs des francs-maçons, ces hommes illustres dont je ne dirai ni la date ni ne trahirai le secret", étaient un "corps discipliné" que Tschoudy décrit sous le nom de "Chevaliers de l'Aurore et de la Palestine". Après "la destruction presque totale du peuple juif", ces "Chevaliers" avaient toujours espéré reprendre possession des domaines de leurs pères et reconstruire le Temple, et ils conservaient soigneusement leurs "règlements et leur liturgie particulière", ainsi qu'un "traité sublime" qui était l'objet de leur étude continuelle et de leurs spéculations philosophiques. Tschoudy raconte encore qu'ils étudiaient les "sciences occultes", dont l'alchimie faisait partie, et qu'ils avaient "abjuré les principes de la religion juive pour suivre les lumières de la foi chrétienne". Au moment des croisades, les chevaliers de Palestine sortirent du désert du Thébaïd, où ils étaient restés cachés, et s'adjoignirent quelques-uns des croisés restés à Jérusalem. Se déclarant descendants des maçons qui avaient travaillé sur le Temple de Salomon, ils prétendaient s'occuper d'"architecture spéculative", ce qui servait à dissimuler un point de vue plus glorieux. Dès lors, ils prirent le nom de francs-maçons, se présentèrent sous ce titre aux armées en croisade et se rassemblèrent sous leurs bannières.[374]

---

[373] La même théorie selon laquelle la franc-maçonnerie est née en Palestine en tant que système de protection de la foi chrétienne est reprise presque mot pour mot dans les instructions au candidat à l'initiation au degré de « Prince du Royal Secret » publiées dans *Monitor of Freemasonry* (Chicago, 1860), où il est ajouté que « les frères assemblés autour de la tombe d'Hiram, est une représentation des disciples se lamentant sur la mort du Christ sur la Croix ». Weishaupt, fondateur des Illuminati au XVIIIe siècle, a également montré — bien que dans un esprit de dérision — comment la légende d'Hiram pouvait être facilement interprétée de cette manière, et a suggéré qu'aux périodes où les chrétiens étaient persécutés, ils enveloppaient leurs doctrines dans le secret et le symbolisme. « C'était nécessaire aux époques et dans les lieux où les chrétiens vivaient parmi les païens, par exemple en Orient à l'époque des croisades » (Nachtrag zur Originalschriften, *partie II, p. 123).*

[374] *Étoile Flamboyante*, pp. 24-9.

Il serait évidemment absurde de considérer l'un ou l'autre des récits précédents comme des faits historiques ; l'important est qu'ils tendent à prouver qu'il est faux de supposer que la théorie johannite-templière est née avec l'*Ordre du Temple* renaissant, puisqu'une théorie qui lui correspond si étroitement était en vigueur au milieu du siècle précédent. Il est vrai que les mots "Johannite" et "Templier" n'apparaissent pas dans ces récits antérieurs, mais la ressemblance entre la secte de Juifs professant la foi chrétienne mais possédant une "liturgie particulière" et un "traité sublime" — apparemment une forme primitive de la Cabale — traitant des sciences occultes, et les Mandéens ou Johannites avec leur "Livre d'Adam" cabalistique, leur Livre de Jean et leur rituel, est tout de suite apparente. De plus, les allusions à la connexion entre les chevaliers endoctrinés en Terre Sainte et les loges écossaises coïncident exactement avec la tradition templière, publiée non seulement par l'Ordre du *Temple* mais transmise dans l'Ordre Royal d'Écosse.

De tout cela ressortent les faits suivants : (1) alors que la maçonnerie artisanale britannique tire son origine des guildes de maçons, les francs-maçons français, à partir de 1737, placent l'origine de l'Ordre dans la chevalerie des croisades ; (2) c'est parmi ces francs-maçons que sont apparus les degrés supérieurs connus sous le nom de Rite écossais ; et (3) comme nous le verrons maintenant, ces degrés suggèrent clairement l'inspiration des Templiers.

La forme la plus ancienne des degrés supérieurs semble avoir été celle donnée par de Bérage, comme suit :

1. Parfait Maçon Élu.

2. Élu de Perignan.

3. Élu des Quinze.

4. Petit Architecte.

5. Grand Architecte.

6. Chevalier de l'Épée et de Rose-Croix.

7. Noachite ou Chevalier Prussien.

On pense que le premier d'entre eux à avoir fait son apparition est celui qui est ici assigné à la sixième place. Ce degré, connu dans la Maçonnerie moderne sous le nom de "Prince de la Rose-Croix de l'Hérédité ou Chevalier du Pélican et de l'Aigle", est devenu le dix-huitième et le plus important degré de ce qui fut appelé plus tard le Rite écossais ou, à l'heure actuelle, en Angleterre, le Rite Ancien et Accepté.

Pourquoi ce rite a-t-il été appelé écossais ? "On ne saurait trop insister, dit M. Gould, sur le fait que la Maçonnerie écossaise n'a rien à voir avec la Grande Loge d'Écosse et qu'à une exception près, celle de l'Ordre royal d'Écosse, elle n'a jamais vu le jour dans ce pays."[375] En effet, comme nous l'avons déjà vu, selon la tradition de l'Ordre Royal d'Écosse, ce degré y était contenu depuis le quatorzième siècle, lorsque les degrés de H.R.M. (Heredom) et R.S.Y.C.S. (Rosy Cross) auraient été institués par Robert Bruce en collaboration avec les Templiers après la bataille de Bannockburn. Le Dr Mackey est l'un des rares francs-maçons à admettre cette affiliation probable et, en se référant à la tradition de l'Ordre Royal d'Écosse, il observe : "D'après cet Ordre, il nous semble qu'il y a un lien entre les Templiers et les Templiers : "Il ne nous semble pas improbable que le degré actuel de Rose-Croix de Heredom tire son origine de cet Ordre".[376]

Mais le degré de la Rose-Croix, comme la tradition templière dont il semble issu, est susceptible d'une double interprétation, ou plutôt d'une interprétation multiple, car aucun degré de la Maçonnerie n'a fait l'objet d'autant de variations. Il est plus que probable qu'il ait été transmis sur le continent par les Rose-Croix sous une forme alchimique. Il serait certainement difficile de croire qu'un degré de R.S.Y.C.S. a été importé d'Orient et incorporé dans l'Ordre Royal d'Écosse en 1314 ; que par une simple coïncidence un homme nommé Christian Rosenkreutz était — selon la légende rosicrucienne — né au même siècle et a transmis une doctrine secrète qu'il avait découverte en Orient aux Frères de la Rose-Croix du XVIIe siècle ; et enfin, qu'un degré de la Rose-Croix a été fondé en circ. 1741 sans qu'aucun lien n'existe entre ces mouvements successifs. Même si l'on nie la filiation directe, on doit certainement admettre une source d'inspiration commune produisant, sinon une continuation, du moins un renouveau périodique des mêmes idées. Oliver admet en effet une affiliation entre la fraternité du XVIIe siècle et le degré du XVIIIe siècle, et après avoir souligné que la première indication du

---

[375] Gould, *Histoire de la franc-maçonnerie*, III. 92.

[376] Mackey's *Lexicon of Freemasonry*, p. 267.

degré Rose-Croix apparaît dans la *Fama Fraternitatis* en 1613, il poursuit en disant : Elle était connue bien plus tôt, bien que probablement pas en tant que degré de la Maçonnerie, car elle existait en tant que science cabalistique depuis les temps les plus anciens en Égypte, en Grèce et à Rome, ainsi que parmi les Juifs et les Maures à une époque plus récente, et dans notre propre pays les noms de Roger Bacon, Fludd, Ashmole, et beaucoup d'autres se trouvent dans sa liste d'adeptes.[377]

Le Dr Mackey, citant ce passage, observe qu'"Oliver confond les Rose-Croix maçonniques avec les Rose-Croix alchimiques", et procède à un compte rendu du degré Rose-Croix tel qu'il est pratiqué en Angleterre et en Amérique, qu'il décrit vraiment comme "au sens le plus strict un degré chrétien".[378] Mais le point que le Dr Mackey néglige est qu'il ne s'agit que d'une version du degré, qui, comme nous le verrons plus tard, a été et est encore pratiqué d'une manière très différente sur le Continent.

Il est cependant certain que la version du degré Rose-Croix adoptée pour la première fois par les francs-maçons de France vers 1741 était non seulement si chrétienne mais si catholique qu'elle a donné lieu à la croyance qu'elle avait été conçue par les Jésuites pour contrer les attaques dont le catholicisme était l'objet.[379] Dans un article sur les degrés additionnels, M. J. S. Tuckett écrit :

Il existe des preuves indéniables que, dans leurs *formes les plus anciennes*, les Ecossais ou Scots Degrees étaient catholiques romains ; je possède un MS. Rituel en français de ce que je crois être le Chev. de l'Aigle ou S∴P∴D∴R∴C∴ (Souverain Prince de Rose-Croix) *original*, dans lequel la Nouvelle Loi est déclarée être "la foy Catholique", et le Baron Tschoudy dans son *L'Étoile Flamboyante* de 1766 décrit le même Degré comme "le Catholicisme mis en grade" (Vol. I. p. 114). Je suggère que la Maçonnerie Ecossaise ou Scots Masonry était destinée à être une forme catholique romaine ainsi qu'une forme Stuart de la Franc-maçonnerie, dans laquelle ne devaient être admis que ceux qui étaient

---

[377] Oliver's *Landmarks of Freemasonry*, II. 81, note 35.

[378] *Lexique de la franc-maçonnerie*, p. 270.

[379] Clavel, *Histoire pittoresque de la Franc-Maçonnerie*, p. 166.

dévoués aux deux Restaurations.[380]

Mais est-il nécessaire de lire cette intention politique dans le diplôme ? Si l'on en croit la tradition de l'Ordre royal d'Écosse, l'idée du degré Rose-Croix était bien plus ancienne que la cause des Stuarts et remontait à Bannockburn, lorsque le degré de Hérédité avec lequel il était couplé fut institué afin de "corriger les erreurs et réformer les abus qui s'étaient glissés parmi les trois degrés de la Maçonnerie de Saint-Jean" et de fournir une "forme christianisée du Troisième degré", "purifiée des scories du paganisme et même du judaïsme".[381]

Que l'ancienneté attribuée à ces degrés puisse être prouvée ou non, il semble certainement probable que la légende de l'Ordre Royal d'Écosse avait un certain fondement dans les faits, et donc que les idées incarnées dans le degré Rose-Croix du dix-huitième siècle ont pu être tirées du fonds de cet Ordre et apportées par les Jacobites en France. En même temps, il n'y a aucune preuve à l'appui de l'affirmation de certains écrivains continentaux selon laquelle Ramsay a effectivement institué ce degré ou l'un des degrés supérieurs. Au contraire, dans son Oration, il déclare expressément que la Franc-maçonnerie est composée uniquement des degrés Craft :

Nous avons parmi nous trois sortes de frères : Les novices ou apprentis, les fellows ou frères profès, les maîtres ou frères parfaits. Aux premiers sont expliquées les vertus morales, aux seconds les vertus héroïques, aux derniers les vertus chrétiennes…

On pourrait donc dire que la Rose-Croix préfigure ici la Maîtrise, en ce sens que cette dernière inculque définitivement le christianisme. Cela correspondrait parfaitement au point de vue de Ramsay, tel qu'il l'expose dans le récit de sa conversion par Fénelon. Lors de sa première rencontre avec l'archevêque de Cambrai en 1710, Ramsay raconte qu'il avait perdu la foi dans toutes les sectes chrétiennes et avait résolu de "se réfugier dans un sage déisme limité au respect de la Divinité et aux idées immuables de la vertu pure", mais que sa conversation avec Fénelon l'a amené à accepter la foi catholique. Il poursuit en montrant que "Monsieur

---

[380] *A.Q.C.*, XXXII. Partie 1. p. 17.

[381] *L'ordre royal d'Écosse*, par Fr. Fred. H. Buckmaster, p. 3.

de Cambrai a transformé les athées en déistes, les déistes en chrétiens, et les chrétiens en catholiques par un enchaînement d'idées pleines de lumières et de sentiments".[382]

Ne serait-ce pas là le procédé que Ramsay voulait introduire dans la franc-maçonnerie, procédé qui fait d'ailleurs partie du système maçonnique anglais d'aujourd'hui, où l'athée doit devenir, au moins par profession, déiste avant d'être admis aux degrés de l'artisanat, tandis que le degré de la Rose-Croix est réservé uniquement à ceux qui professent la foi chrétienne ? Telle était sans doute l'idée des hommes qui ont introduit le grade de Rose-Croix en France ; et Ragon, qui donne à un compte rendu de cet "Ancien Rose-Croix Français" — qui est presque identique au grade actuellement en vigueur en Angleterre, mais abandonné depuis longtemps en France — s'y oppose en raison même de son caractère chrétien.[383]

À cet égard, la Rose-Croix, parmi tous les degrés supérieurs introduits en France au milieu du dix-huitième siècle, est unique, et elle seule peut, avec quelque probabilité, être attribuée à l'inspiration jacobite écossaise. En fait, ce n'est que trois ou quatre ans après Lord Derwentwater ou son mystérieux successeur Lord Harnouester[384] que la Rose-Croix a été introduite en France.

Ce n'est que huit ans après que la cause des Stuart eut reçu son coup de grâce à Culloden, c'est-à-dire en 1754, que le Rite de Perfection dans lequel les soi-disant degrés écossais ont été incorporés a été rédigé sous la forme suivante :

RITE DE PERFECTION

---

[382] *Histoire de la Vie et des Ouvrages de Messire François de Salignac de la Mothe-Fenélon*, archevêque de Cambrai, pp. 105, 149 (1727).

[383] J. M. Ragon, *Ordre Chapitral, Nouveau Grade de Rose-Croix*, p. 35.

[384] L'identité de Lord Harnouester est restée un mystère. Il a été suggéré que Harnouester n'était qu'une tentative française d'épeler Derwentwater, et donc que les deux Grands Maîtres mentionnés n'étaient qu'une seule et même personne.

1. Entrée en apprentissage.

2. Compagnon de route.

3. Maître maçon.

4. Maître secret.

5. Maître parfait.

6. Secrétaire intime.

7. Intendant des bâtiments.

8. Prévôt et juge.

9. Elect of Nine.

10. Elect of Fifteen.

11. Chef des douze tribus.

12. Grand Maître Architecte.

13. Chevalier du neuvième arc.

14. Ancien Grand Elu.

15. Chevalier de l'épée.

16. Prince de Jérusalem.

17. Chevalier de l'Orient et de l'Occident.

18. Chevalier de Rose-Croix.

19. Grand Pontife.

20. Grand Patriarche.

21. Grand Maître de la Clé de la Maçonnerie.

22. Prince de Libanus ou Chevalier de la Hache Royale.

23. Prince souverain Adepte.

24. Commandant de l'Aigle noir et blanc.

25. Commandant du secret royal.[385]

Il suffit de jeter un coup d'œil sur la nomenclature des vingt-deux derniers degrés pour constater que, sur la base de la simple Maçonnerie opérative, s'est édifié un système composé de deux éléments : la chevalerie des croisades et la tradition judaïque. Qu'est-ce que c'est d'autre que le templisme ? Même M. Gould, habituellement si réticent à l'égard de l'influence templière, l'admet à cette époque :

En France... certaines loges écossaises semblent avoir très tôt fabriqué de nouveaux degrés, reliant ces maçons écossais très distingués aux Templiers, et donnant ainsi naissance au flot ultérieur de templisme. Les premiers de tous sont supposés avoir été les maçons de Lyon qui ont inventé le degré Kadosch, représentant la vengeance des Templiers, en 1741. À partir de cette époque, les nouveaux rites se multiplient en France et en Allemagne, mais tous ceux d'origine française contiennent des grades chevaleresques et presque tous des grades templiers. Dans tous les cas, le lien de rattachement était composé d'un ou plusieurs degrés écossais.[386]

Le nom Kadosch mentionné ici est un mot hébreu signifiant "saint" ou "consacré", que l'on retrouve dans la Cabale en conjonction avec le Tetragrammaton.[387] On dit que le degré s'est développé à partir de celui de Grand Elu,[388] l'un des trois "degrés de vengeance" célébrant avec un

---

[385] En 1786, les septième et huitième degrés furent transposés, le onzième devint Sublime Chevalier Élu, le vingtième Grand Maître de tous les Symboliques, le vingt et unième Noachite ou Chevalier Prussien, le vingt-troisième Chef du Tabernacle, le vingt-quatrième Prince du Tabernacle, le vingt-cinquième Chevalier du Serpent d'airain. Le treizième est maintenant connu sous le nom d'Arche Royale d'Énoch et ne doit pas être confondu avec l'Arche Royale, qui est le complément du troisième degré. Le quatorzième est maintenant le Chevalier écossais de la perfection, le quinzième le Chevalier de l'épée ou de l'Orient, et le vingtième est le Vénérable Grand Maître.

[386] *Histoire de la franc-maçonnerie*, III. 93. Thory donne la date du degré Kadosch comme étant 1743, ce qui semble correct.

[387] Zohar, section Bereschith, folio 18b.

[388] *A.Q.C.*, XXVI : « Légendes templières dans la franc-maçonnerie ».

réalisme sanguinaire la vengeance du meurtre d'Hiram. Mais dans sa forme finale de Chevalier Kadosch — qui deviendra plus tard le trentième degré du "Rite Ecossais Ancien et Accepté" — la légende d'Hiram a été transformée en l'histoire des Templiers avec Jacques du Molay comme victime. [389] Ainsi la réprobation de l'attaque contre l'autorité personnifiée par le maître-bâtisseur devient l'approbation de l'attaque contre l'autorité en la personne du Roi de France.

L'introduction des degrés supérieurs avec leurs tendances politiques et, plus tard, anti-chrétiennes, a donc marqué une rupture totale avec le principe fondamental de la franc-maçonnerie selon lequel "rien de ce qui concerne la religion ou le gouvernement ne sera jamais abordé dans la loge". C'est pour cette raison qu'ils ont été attaqués non seulement par des écrivains antimaçonniques mais aussi par les francs-maçons eux-mêmes.[390] Il est donc absolument faux de présenter Barruel et Robison comme les ennemis de la franc-maçonnerie ; aucun de ces hommes n'a dénoncé la franc-maçonnerie telle qu'elle était pratiquée en Angleterre, mais seulement la superstructure érigée sur le continent. Barruel encourt en effet les reproches de Mounier pour sa défense des francs-maçons anglais : Il vante leur respect de l'opinion religieuse et de l'autorité. Quand il parle des francs-maçons en général, ce sont des impies, des

---

[389] « Ce degré est intimement lié à l'ancien ordre des Templiers, dont l'histoire de la destruction, par les efforts conjoints de Philippe, roi de France, et du pape Clément V, fait partie des instructions données au candidat. La robe des chevaliers est noire, en signe de deuil pour l'extinction des Templiers et la mort de Jacques du Molay, leur dernier Grand Maître.... » — Mackey, Lexicon of Freemasonry, *p. 172.*

[390] M. J.E.S. Tuckett, dans l'article mentionné ci-dessus, cite les Articles d'Union de 1813, dans lesquels il est dit que « l'ancienne Maçonnerie pure consiste en trois degrés et rien de plus », et poursuit en observant que : Selon ce point de vue, ces autres degrés (qui, par commodité, peuvent être appelés degrés supplémentaires) ne sont pas du tout de la vraie Maçonnerie, mais une croissance étrangère et spontanée se développant autour du « Craft » proprement dit, plus tardive et principalement étrangère, c'est-à-dire d'origine non britannique, et l'existence de ces degrés est condamnée par certains écrivains comme une contamination de la « pure Ancienne *Maçonnerie* » de nos ancêtres. Partie I. p. 5.

rebelles successeurs des Templiers et des Albigeois, mais *tous ceux d'Angleterre sont innocents.* Plus encore, tous les apprentis, compagnons et maîtres maçons de toutes les parties du monde sont innocents ; il n'y a de coupables que dans les degrés supérieurs, qui ne sont pas essentiels à l'institution et qui sont recherchés par un petit nombre de personnes.[391]

Cette opinion de Barruel est partagée par un grand nombre d'écrivains maçonniques : Clavel, Ragon, Rebold, Thory, Findel, et d'autres trop nombreux pour être cités ; tous indiquent que la Maçonnerie artisanale est la seule véritable et que les degrés supérieurs constituent un danger pour l'Ordre. Rebold, qui donne une liste de ces écrivains, cite une publication maçonnique, autorisée par le Grand Orient et le Suprême Conseil de France, dans laquelle il est dit que "de tous ces rites résultent les conceptions les plus insensées,… les légendes les plus absurdes,… les systèmes les plus extravagants, les principes les plus immoraux, et les plus dangereux pour la paix et la conservation des États", et que par conséquent, sauf les trois premiers degrés de la Maçonnerie, qui sont réellement anciens et universels, tout est "chimère, extravagance, futilité et mensonge".[392] Barruel et Robison ont-ils jamais employé un langage plus fort que celui-là ?

Il serait absurde d'attribuer la perversion de la Maçonnerie à l'influence jacobite. Comment peut-on supposer que Ramsay ou Lord Derwentwater (qui mourut sur l'échafaud en tant que fervent catholique en 1746) aient pu être impliqués dans une tentative de saper la foi catholique ou la monarchie française ? Je suggérerais donc que le terme "maçonnerie écossaise" est devenu simplement un voile pour le templisme — un templisme, en outre, d'un type très différent de celui dont le degré original de la Rose-Croix était dérivé. C'est cette soi-disant Maçonnerie écossaise qui, après la démission de Lord Derwentwater,

---

[391] J. J. Mounier, *De l'Influence attribuée aux Philosophes, aux Francs-Maçons et aux Illuminés sur la Révolution Française*, p. 148 *(1822)*. Voir aussi la lettre du duc de Northumberland à Alnwick au général Rainsford datée du 19 janvier 1799, défendant Barruel de l'accusation d'attaquer la Maçonnerie et soulignant qu'il n'a indiqué que les degrés supérieurs, A.Q.C., *XXVI, p. 112.*

[392] Em. Rebold, *Histoire des Trots Grandes Loges de Francs-Maçons en France*, pp. 9, 10 (1864).

"s'est hardiment présentée et a prétendu être non seulement une partie de la Maçonnerie mais la vraie Maçonnerie, possédant une connaissance supérieure et ayant droit à de plus grands privilèges et au droit de régner sur la Maçonnerie ordinaire, c'est-à-dire la Maçonnerie artisanale."[393] La Grande Loge de France semble cependant avoir réalisé le danger de se soumettre à la domination de l'élément templier et, à la mort du Duc d'Antin et à son remplacement par le Comte de Clermont en 1743, elle a signifié son adhésion à la Maçonnerie anglaise, marqua son adhésion à la Maçonnerie artisanale anglaise en se proclamant Grande Loge *Anglaise* de France et réédita les "Constitutions" d'Anderson, publiées pour la première fois en 1723, avec l'injonction que les Maîtres écossais soient placés au même niveau que les simples Apprentis et Compagnons et autorisés à ne pas porter d'insignes de distinction.[394]

La Grande Loge d'Angleterre semble avoir été rassurée par cette proclamation quant au caractère de la franc-maçonnerie française, puisqu'en 1743, elle délivra enfin un mandat à la Grande Loge de France. En réalité, c'est à partir de ce moment que la franc-maçonnerie française a dégénéré le plus rapidement. L'Ordre fut bientôt envahi par des intrigants. L'apathie du Comte de Clermont, nommé Grand Maître en 1743, qui semble s'être peu intéressé à l'Ordre et a employé un substitut en la personne d'un maître à danser nommé Lacorne, un homme de mauvaise réputation sous l'influence duquel les loges sont tombées dans un état d'anarchie, a rendu la situation encore plus facile. La franc-maçonnerie fut ainsi divisée en factions belligérantes : Lacorne et la foule des partisans de bas étage qui l'avaient suivi dans les loges fondèrent leur propre Grande Loge (Grande Loge Lacorne) et, en 1756, les premiers francs-maçons tentèrent à nouveau de faire de la Maçonnerie artisanale la Maçonnerie nationale de France en supprimant le mot "Anglaise" de l'appellation de la Grande Loge et en la rebaptisant "Grande Loge Nationale de France". Mais de nombreuses loges continuent à travailler sur les degrés supplémentaires.

---

[393] *A.Q.C.*, XXXII. Partie I. 21.

[394] *A.Q.C.*, XXXII. Partie I. 22. Il est curieux que dans cette discussion des membres de la Loge Quatuor Coronati, l'influence des Templiers, qui fournit la seule clé de la situation, soit presque entièrement ignorée.

La rivalité entre les deux groupes devient si violente qu'en 1767, le gouvernement intervient et ferme la Grande Loge.

Le groupe des Templiers avait cependant formé deux associations distinctes, les "Chevaliers d'Orient" (1756) et le "Conseil des Empereurs d'Orient et d'Occident" (1758). En 1761, un juif nommé Stephen Morin fut envoyé en Amérique par les "Empereurs", armé d'un mandat du Duc de Clermont et de la Grande Loge de Paris et portant le titre ronflant de "Grand Élu Parfait et Sublime Maître", avec l'ordre d'établir une Loge dans ce pays. En 1766, il fut accusé par la Grande Loge de "propager des doctrines étranges et monstrueuses" et son brevet de Grand Inspecteur lui fut retiré.[395] Morin, cependant, avait réussi à établir le Rite de Perfection. Seize inspecteurs, presque tous juifs, sont alors nommés. Il s'agit d'Isaac Iong, Isaac de Costa, Moses Hayes, B. Spitser, Moses Cohen, Abraham Jacobs et Hyman Long.

En France, la fermeture de la Grande Loge n'avait pas empêché les réunions du groupe de Lacorne qui, à la mort du duc de Clermont en 1772, institua le "Grand Orient" avec le duc de Chartres — le futur "Philippe Égalité" — comme Grand Maître. Le Grand Orient invita alors la Grande Loge à révoquer le décret d'expulsion et à s'unir à lui, et cette offre ayant été acceptée, le parti révolutionnaire emporta inévitablement tout sur son passage, et le duc de Chartres fut déclaré Grand Maître de tous les conseils, chapitres et loges écossaises de France.[396] En 1782, le "Conseil des Empereurs" et les "Chevaliers d'Orient" se réunirent pour former le "Grand Chapitre Général de France", qui s'unit en 1786 au Grand Orient. La victoire du parti révolutionnaire est alors complète.

Il faut entrer dans tous ces détails fastidieux pour comprendre la nature des factions regroupées sous la bannière de la Maçonnerie à cette époque. Le Papus Martiniste attribue les influences révolutionnaires qui prévalaient alors dans les loges à leur invasion par les Templiers, et poursuit en expliquant que cela était dû à un changement qui s'était produit dans l'*Ordre du Temple*. Sous la Grande Maîtrise du Régent et de son successeur le Duc de Bourbon, les éléments révolutionnaires parmi

---

[395] Yarker, *The Arcane Schools*, pp. 479-82.

[396] Mackey, *Lexique de la franc-maçonnerie*, p. 119.

les Templiers avaient joué à plein, mais à partir de 1741, les Grands Maîtres de l'Ordre étaient des partisans de la monarchie. À la Révolution, le duc de Cossé-Brissac, Grand Maître depuis 1776, périt parmi les défenseurs du trône. C'est ainsi qu'au milieu du siècle, l'Ordre du Temple cessa d'être une force révolutionnaire, et les éléments mécontents qu'il avait contenus, ne pouvant plus trouver en lui un refuge, se jetèrent dans la franc-maçonnerie, et accédant aux degrés supérieurs, les tournèrent vers leur but subversif.

Selon Papus, Lacorne était membre du groupe des Templiers, et les dissensions qui ont eu lieu étaient principalement une lutte entre les ex-Templaires et les vrais Francs-Maçons qui s'est terminée par le triomphe des premiers :

Les rebelles victorieux fondent ainsi le Grand Orient de France.

C'est ainsi qu'un Maçon contemporain peut écrire : "Il n'est pas excessif de dire que la révolution maçonnique de 1773 fut le prélude et le précurseur de la Révolution de 1789." Ce qu'il faut bien observer, c'est l'action secrète des Frères du Rite Templier. Ce sont eux qui sont les véritables fomenteurs de la révolution, les autres n'en sont que les agents dociles.[397]

Mais tout cela attribue l'influence néfaste du Templisme aux seuls Templiers français, et l'existence d'un tel corps ne repose sur aucune preuve absolument certaine. Ce qui est certain et ne peut être nié par aucun historien, c'est l'inauguration d'un ordre templier en Allemagne au moment même où les degrés dits écossais étaient introduits dans la Maçonnerie française. Revenons maintenant à 1738 et suivons les événements qui se déroulent à ce moment important au-delà du Rhin.

---

[397] *Martines de Pasqually,* par Papus, président du Suprême Conseil de l'Ordre Martiniste, p. 144 (1895). Papus est le pseudonyme du Dr Gérard Encausse.

7. LE TEMPLARISME ALLEMAND ET L'ILLUMINISME FRANÇAIS

L'année suivant le discours de Ramsay, c'est-à-dire en 1738, Frédéric, prince héritier de Prusse, le futur Frédéric le Grand, qui entretenait depuis deux ans une correspondance avec Voltaire, manifesta soudain la curiosité de connaître les secrets de la franc-maçonnerie, qu'il avait jusqu'alors qualifiée de "Kinderspiel", et s'initia à la hâte dans la nuit du 14 au 15 août, lors d'un passage à Brunswick.[398]

La cérémonie se déroula non pas dans une loge maçonnique, mais dans un hôtel, en présence d'une députation convoquée par le Graf von Lippe-Bückeburg de la Grande Loge de Hambourg pour l'occasion. Il est évident que quelque chose d'inhabituel a dû se produire pour nécessiter ces arrangements rapides et improvisés. Carlyle, dans son récit de l'épisode, s'efforce de le faire passer pour une "circonstance très insignifiante" — une raison de plus de le considérer comme de la plus haute importance puisque nous savons maintenant, par des faits qui ont été récemment révélés, à quel point Carlyle a été soigneusement nourri à la cuillère par Potsdam pendant qu'il rédigeait son livre sur Frédéric le Grand.[399]

Mais suivons la carrière maçonnique de Frédéric. En juin 1740, après son accession au trône, son intérêt pour la maçonnerie n'avait manifestement pas faibli, car nous le voyons présider une loge à Charlottenburg, où il reçut dans l'Ordre deux de ses frères, son beau-

---

[398] Gould, *Histoire de la franc-maçonnerie*, III. 241.

[399] Voir le très important article sur cette question paru dans *The National Review* de février 1923, qui montre que Carlyle a été assisté gratuitement tout au long de son travail par un juif allemand nommé Joseph Neuberg et qu'il a été informé et finalement décoré par le gouvernement prussien.

frère, et le duc Frédéric-Guillaume de Holstein-Beck. À sa demande, le baron de Bielfeld et son conseiller privé Jordan fondèrent une loge à Berlin, les "Trois Globes", qui, en 1746, ne comptait pas moins de quatorze loges sous sa juridiction.

En cette même année 1740, Voltaire, en réponse à des invitations pressantes, rendit sa première visite à Frédéric le Grand en Allemagne. On dit généralement que Voltaire n'est pas encore devenu franc-maçon, et la date de son initiation est supposée être 1778, lorsqu'il fut reçu dans la *Loge des Neuf Sœurs* à Paris. Mais cela n'exclut nullement la possibilité qu'il ait appartenu à un autre ordre maçonnique à une date antérieure. Quoi qu'il en soit, la visite de Voltaire en Allemagne fut suivie de deux événements remarquables dans le monde maçonnique français. Le premier fut l'institution des degrés supplémentaires ; le second — qui n'est peut-être pas sans lien avec le premier — fut l'arrivée à Paris d'un délégué maçonnique d'Allemagne nommé von Marschall, qui apportait avec lui des instructions pour un nouvel ordre templier, ou plutôt un ordre templier revivifié, dans lequel il tenta d'intéresser le prince Charles-Édouard et ses partisans.

Von Marschall fut suivi environ deux ans plus tard par le baron von Hunt, qui avait été initié en 1741 aux trois degrés de la maçonnerie artisanale en Allemagne et qui venait maintenant consacrer une loge à Paris. Selon le propre récit de von Hundt, il fut ensuite reçu dans l'Ordre du Temple par un Chevalier inconnu de la Plume Rouge, en présence de Lord Kilmarnock,[400] et fut présenté comme un Frère distingué au Prince Charles Edward, qu'il imaginait être le Grand Maître de l'Ordre.[401] Mais tout ceci s'est avéré par la suite être une pure frabrication, car le Prince Charles Edward a nié toute connaissance de l'affaire, et von Hundt lui-même a admis plus tard qu'il ne connaissait pas le nom de la loge ou du chapitre dans lequel il avait été reçu, mais qu'il avait été dirigé depuis "un centre caché" et par des Supérieurs inconnus, dont il était tenu de ne pas révéler l'identité.[402] En réalité, il apparaît que le récit de von Hundt

---

[400] Exécuté en 1746 comme partisan des Stuarts.

[401] Gould, op. cit. vol. III, p. 101, 110 ; *A.Q.C.*, vol. XXXII. Partie I, p. 31.

[402] A. E. Waite, *The Secret Tradition in Freemasonry*, I. 296, 370, 415.

était exactement le contraire de la vérité[403] et que c'est von Hundt qui, secondant l'effort de von Marschall, tenta d'enrôler le prince Charles-Édouard dans le nouvel Ordre allemand en lui assurant qu'il pourrait susciter un puissant soutien à la cause des Stuart sous couvert de réorganiser l'Ordre templier, dont il prétendait détenir les véritables secrets transmis par les chevaliers du XIVe siècle.

Afin de réhabiliter l'Ordre, von Hundt déclara que toutes les accusations portées contre lui par Philippe le Bel et le pape étaient basées sur de fausses accusations fabriquées par deux Chevaliers recréants nommés Noffodei et Florian pour se venger d'avoir été privés de leurs commandements par l'Ordre en raison de certains crimes qu'ils avaient commis.[404] Selon Lecouteulx de Canteleu, von Hundt réussit finalement — après la défaite de Culloden — à persuader le Prince Charles Édouard d'entrer dans son Ordre. Mais cela est extrêmement douteux. En tout cas, lorsqu'en 1751 von Hundt fonda officiellement son nouvel Ordre templier sous le nom de *Stricte Observance*, le malheureux Charles-Édouard ne joua aucun rôle dans ce projet. Comme l'a bien observé M. Gould, "aucune trace d'intrigues jacobites ne s'est jamais mêlée à l'enseignement de la Stricte *Observance*".[405]

L'*Ordre de la Stricte Observance* était en réalité une association purement allemande composée d'hommes entièrement issus des classes intellectuelles et aristocratiques et, à l'instar des Ordres chevaleresques du passé, connus les uns des autres sous des titres chevaleresques. C'est ainsi que le prince Charles de Hesse devint Eques a Leone Resurgente, le duc Ferdinand de Brunswick Eques a Victoria, le ministre prussien von Bischoffswerder Eques a Grypho, le baron de Wachter Eques a Ceraso, Christian Bode (conseiller de légation à Saxe-Gotha) Eques a Lilio Convallium, von Haugwitz (ministre du cabinet de Frédéric le Grand)

---

[403] Clavel (*Histoire pittoresque de la Franc-Maçonnerie*, p. 185) dit qu'il a été découvert par la suite que « le Prétendant, loin d'avoir fait de Hundt un Templier, a au contraire été fait Templier par lui ». Mais d'autres autorités nient que le prince Charles-Édouard ait été initié à la franc-maçonnerie.

[404] Lecouteulx de Canteleu, *Les Sectes et Sociétés Secrètes*, p. 242 ; Clavel, op. cit. p. 184.

[405] Gould, op. cit. 100.

Eques a Monte Sancto, etc.

Mais selon les déclarations de l'Ordre, les chefs officiels, Chevaliers de la Lune, de l'Étoile, du Soleil d'Or ou de la Montagne Sacrée, n'étaient que des figures de proue ; les vrais chefs, connus sous le nom de "Supérieurs Inconnus", restaient dans l'ombre, sans titre de chevalerie mais exerçant une juridiction suprême sur l'Ordre.

Le système avait été préfiguré par les "Invisibles" du rosicrucianisme du XVIIe siècle ; mais maintenant, au lieu d'un groupe intangible dont l'existence même n'était que vaguement connue du monde, apparaissait à la lumière du jour une puissante organisation dirigée apparemment par des hommes d'influence et de position, mais secrètement dirigée par des chefs cachés.[406] Mirabeau a décrit l'avènement de ces mystérieux directeurs dans le passage suivant :

Vers 1756 apparurent, comme s'ils sortaient de terre, des hommes envoyés, disaient-ils, par des supérieurs inconnus, et armés de pouvoirs pour réformer l'ordre [de la franc-maçonnerie] et le rétablir dans son ancienne pureté. L'un de ces missionnaires, nommé Johnston, vint à Weimar et à Iéna, où il s'établit. Il fut reçu de la meilleure façon du monde par les frères [francs-maçons], qui étaient attirés par l'espoir de grands secrets, de découvertes importantes qui ne leur avaient jamais été communiquées.[407]

Or, dans les manuscrits du prince de Hesse publiés par Lecouteulx de Canteleu, il est dit que cet homme, Johnston, ou plutôt Johnson, qui se proclamait " Grand Prieur de l'Ordre ", était un Juif nommé Leicht ou Leucht.[408] Gould dit que son vrai nom était soit Leucht, soit Becker, mais qu'il professait être un Anglais, bien qu'incapable de parler la langue

---

[406] Ibid. III. 99, 103 ; Waite, *Secret Tradition in Freemasonry*, I. 289: «Le Rite de la Stricte Observance fut le premier système maçonnique qui prétendit tirer son autorité de Supérieurs Inconnus, irresponsables eux-mêmes mais revendiquant une juridiction absolue et une obéissance sans faille».

[407] *Histoire de la Monarchie Prussienne*, V. 61 (1788).

[408] *Les Sectes et Sociétés Secrètes*, p. 246.

anglaise, d'où son adoption du nom de Johnson.[409] M. Gould a décrit Johnson comme un "voyou consommé et un vagabond absolu... d'un comportement presque répugnant et sans éducation, mais doué d'une impudence sans limite et d'une ruse basse". En effet, von Hundt lui-même, après s'être assuré les services de Johnson, le trouva trop dangereux et déclara qu'il était un aventurier. Johnson fut alors arrêté par le conseiller von Pritsch, ami de von Hundt, et jeté au château de Wartburg, où une mort subite mit fin à sa carrière.

Il est cependant improbable que Mirabeau ait raison de désigner Johnson comme l'un des "Supérieurs Inconnus", qui étaient sans doute des hommes aux conceptions plus vastes que ne semble l'avoir été cet aventurier.

De plus, la manière dont il a pris fin prouve clairement qu'il occupait une position subalterne dans la *Stricte Observance*.

Nous sommes donc en présence d'une séquence d'événements très curieuse qu'il convient de récapituler brièvement afin d'en apprécier toute la signification :

1737. Discours du Chevalier Ramsay indiquant l'origine templière de la franc-maçonnerie, mais ne mentionnant pas les degrés supérieurs.

1738. Le duc d'Antin devient Grand Maître de la franc-maçonnerie française à la place du seigneur "Harnouester".

1738. Frédéric, prince héritier de Prusse, est initié à la maçonnerie à Brunswick.

1740. Voltaire rend sa première visite à Frédéric, devenu roi.

1741. Le baron von Marschall arrive à Paris avec un projet de renaissance de l'ordre des Templiers.

Les degrés templiers sont apparus pour la première fois en France sous le nom de "Scots Masonry".

1743. Arrivée en France du baron von Hundt, porteur d'un nouveau

---

[409] Gould, op. cit. 102. Waite (*Encyclopædia of Freemasonry*, II. 23) dit que Johnson « s'appelait en réalité Leucht, un Anglais selon ses dires, qui ne connaissait pas l'anglais et dont on pense qu'il était juif ».

projet de renaissance de l'ordre des Templiers.

Le grade de Chevalier Kadosch célébrant la vengeance des Templiers aurait été institué à Lyon.

1750. Voltaire part passer trois ans avec Frédéric.

1751. Ordre templier de la Stricte Observance fondé par von Hundt.

1754. Le Rite de Perfection (forme primitive du Rite écossais) est fondé en France.

1761. Frederick est reconnu comme le chef du Rite écossais".

Morin est envoyé pour fonder le Rite de Perfection en Amérique.

1762. Les Grandes Constitutions Maçonniques sont ratifiées à Berlin.[410]

On verra donc que ce que M. Gould décrit comme "l'inondation du templisme", que lui et M. Tuckett attribuent aux soi-disant Maçons écossais,[411] correspond précisément au déclin des Jacobites et à la montée de l'influence allemande. Ne serait-il donc pas probable que, sauf dans le cas du degré Rose-Croix, les auteurs des degrés supérieurs n'étaient ni écossais ni jacobites, que la maçonnerie écossaise était un terme utilisé pour couvrir non seulement le templisme, mais plus particulièrement le templisme allemand, et que le véritable auteur et inspirateur du mouvement était Frédéric le Grand ? Non, il est significatif de constater que dans l'histoire de l'*Ordre du Temple*, publiée au début du XIXe siècle, Frédéric le Grand est cité comme l'un des membres les plus éminents de cet Ordre dans le passé,[412] et l'abbé Grégoire ajoute qu'il fut "consacré" à Remersberg (Rheinsberg ?) en 1738, c'est-à-dire l'année

---

[410] Mackey, op. cit. p. 331.

[411] Gould, *Histoire de la franc-maçonnerie*, III. 93 ; *A.Q.C.*, XXXII. Partie I. p. 24.

[412] *Lévitikon*, p. 8 (1831) ; Fabré Palaprat, *Recherches historiques sur les Templiers*, p. 28 (1835)

même où il fut initié à la Maçonnerie à Brunswick.[413]

Je suggère donc que la vérité sur la succession des Templiers peut être trouvée dans l'une des deux théories suivantes : 1. Que les documents produits par l'*Ordre du Temple* au XIXe siècle, y compris la Charte de Larmenius, étaient authentiques ; que l'Ordre n'avait jamais cessé d'exister depuis l'époque des Croisades ; que l'hérésie templière était le johannisme, mais que les Templiers qui se sont échappés en Écosse n'en étaient pas adeptes ; que le degré de la Rose — Croix dans sa forme purement chrétienne a été introduit par les Templiers écossais en Écosse et quatre cents ans plus tard par Ramsay en France ; que le Maître du Temple à cette date était le Régent, Philippe Duc d'Orléans, comme l'indique la Charte de Larmenius. Enfin, qu'après cela, de nouveaux degrés templiers ont été introduits d'Allemagne par von Hundt, agissant au nom de Frédéric le Grand.

2. Que les documents produits par l'*Ordre du Temple* au dix-neuvième siècle étaient, comme le déclare M. Matter, des fabrications du début du XVIIIe siècle ; que si, compte tenu de la tradition conservée dans l'Ordre Royal d'Écosse, il semble y avoir de bonnes raisons de croire à l'histoire des Templiers écossais et à l'origine du degré Rose-Croix, le reste de l'histoire des Templiers, y compris la Charte de Larmenius, est une invention des "Supérieurs cachés" de la *Stricte Observance* en Allemagne, et que les plus importants de ces "Supérieurs cachés" sont Frédéric le Grand et Voltaire.

Je n'essaierai pas de décider laquelle de ces deux théories est la bonne ; tout ce que je maintiens, c'est que, dans un cas comme dans l'autre, le rôle prépondérant dans le templisme à cette époque a été joué par Frédéric le Grand, probablement avec la coopération de Voltaire, qui, dans son *Essai sur les Mœurs*, a défendu la cause des Templiers. Suivons les raisons qui nous amènent à cette conclusion.

Le discours de Ramsay en 1737 reliant la franc-maçonnerie aux Templiers a pu parvenir aux oreilles de Frédéric et lui suggérer l'idée

---

[413] M. Grégoire, *Histoire des Sectes Religieuses*, II. 401. Findel dit que très peu de temps après le retour de Frédéric de Brunswick, « une loge fut secrètement organisée dans le château de Rheinsberg » (*History of Freemasonry*, Eng. trans., p. 252). Cette loge semble donc avoir été une loge templière et non maçonnique.

d'utiliser la maçonnerie comme couverture pour ses intrigues, d'où son initiation hâtive à Brunswick. Mais pour acquérir de l'influence au sein d'une société secrète, il est toujours nécessaire de revendiquer un savoir supérieur, et le templisme semble être une source d'inspiration fructueuse. Pour cela, il faut jeter une lumière nouvelle sur l'Ordre.

Or, il n'y avait probablement personne de mieux qualifié que Voltaire, avec sa connaissance du monde antique et médiéval et sa haine de l'Église catholique, pour entreprendre la construction d'un roman historique subversif pour la foi catholique — d'où la convocation urgente du philosophe auprès de Frédéric. On imagine Voltaire fouillant dans les archives du passé pour reconstituer l'hérésie templière. Celle-ci était clairement gnostique, et les Mandéens ou les Chrétiens de Saint-Jean auraient pu sembler présenter les caractéristiques requises. Si l'on pouvait montrer que c'est dans le johannisme que se trouve le véritable "christianisme primitif", quel coup dur pour l'infâme ! Il est facile de trouver un faussaire habile pour fabriquer les documents qui auraient été conservés dans les archives secrètes de l'Ordre. De plus, von Marschall arrive l'année suivante en France pour réorganiser les Templiers, et von Hundt prétend plus tard être en possession des véritables secrets de l'Ordre transmis depuis le quatorzième siècle. Le fait que certains documents relatifs à cette question aient été découverts ou fabriqués sous la direction de Frédéric le Grand semble d'autant plus probable qu'il existe une tradition maçonnique à cet effet. Oliver cite ainsi un rapport des Grands Inspecteurs Généraux du 19ème siècle qui indique que : Au cours des Croisades, auxquelles 27 000 Maçons étaient présents, des MSS maçonniques d'une grande importance ont été découverts parmi les descendants des anciens Juifs, et d'autres documents précieux ont été trouvés à différentes périodes jusqu'à l'année de la Lumière 5557 (c'est-à-dire 1553), date à laquelle un document a été mis au jour en caractères syriens, se rapportant à l'antiquité la plus lointaine, et d'après lequel il semblerait que le monde soit plus vieux de plusieurs milliers d'années que ne le dit le récit mosaïque. Peu de ces caractères ont été traduits jusqu'au règne de notre illustre et très éclairé frère Frédéric II, roi de Prusse, dont le zèle bien connu pour l'artisanat a été la cause de tant d'améliorations dans la société qu'il a daigné présider.[414]

Je suggère donc que les documents auxquels il est fait référence ici et qui contiennent les secrets revendiqués par von Hundt sont peut-être ceux qui ont été publiés par la suite par l'*Ordre du Temple* au dix-neuvième siècle, et que s'ils ne sont pas authentiques, ils sont l'œuvre de Voltaire, aidé probablement par un Juif capable de falsifier des manuscrits syriaques. Que Johnson ait été le juif en question semble probable, puisque Findel affirme clairement que l'histoire de la continuation de l'Ordre des Templiers était son œuvre.[415] Frédéric, comme nous le savons, avait l'habitude d'employer des juifs pour effectuer des transactions louches, et il pourrait bien avoir utilisé Johnson pour falsifier des documents comme il avait utilisé Éphraïm pour frapper de la fausse monnaie pour lui. Il serait en outre tout à fait conforme à sa politique de se débarrasser de l'homme dès qu'il aurait rempli sa mission, de peur qu'il ne trahisse ses secrets.

Quoi qu'il en soit, quelles que soient les méthodes employées par Frédéric le Grand pour obtenir le contrôle de la Maçonnerie, les résultats fructueux de cette "circonstance très insignifiante", son initiation à Brunswick, deviennent plus et plus apparents au fur et à mesure que le siècle avance. Ainsi, lorsqu'en 1786 le Rite de Perfection fut réorganisé et rebaptisé "Rite Ecossais Ancien et Accepté" — toujours la même couverture écossaise pour le prussianisme — on dit que c'est Frédéric qui dirigea les opérations, rédigea les nouvelles Constitutions de l'Ordre et réorganisa les degrés de manière à en porter le nombre total à trente-trois,[416] comme suit :

---

[414] Oliver, *Historical Landmarks in Freemasonry*, II. 110.

[415] Findel, *History of Freemasonry* (trans. anglaise), p. 290.

[416] Sur ce point, voir *entre autres* Mackey, *Lexicon of Freemasonry*, pp. 91, 328. En Angleterre et au Grand Orient de France, la plupart des degrés supérieurs sont tombés en désuétude et ce rite, connu en Angleterre sous le nom de Rite Ancien et Accepté et en France sous le nom de Rite Ecossais, ne comprend que cinq degrés en plus des trois degrés Craft (connus sous le nom de Maçonnerie Bleue), qui forment la base de tous les rites maçonniques. Ces cinq degrés sont le dix-huitième Rose-Croix, le trentième Kniqht Kadosch, et du trente et unième au trente-troisième. Le franc-maçon anglais, lorsqu'il est admis aux degrés

26. Prince de la miséricorde.

27. Souverain Commandant du Temple.

28. Chevalier du soleil.

29. Grand Chevalier écossais de Saint-André.

30. Grand chevalier élu de Kadosch.

31. Grand Inspecteur Inquisiteur Commandant.

32. Prince sublime du secret royal.

33. Souverain Grand Inspecteur Général.

Dans les quatre derniers degrés, Frédéric le Grand et la Prusse jouent un rôle important ; dans le trentième degré du Chevalier Kadosch, largement inspiré des Vehmgerichts, les Chevaliers portent des croix teutoniques, le trône est surmonté de l'aigle bicéphale de la Prusse, et le Président, qui est appelé Thrice Puissant Grand Maître, représente Frédéric lui-même ; dans le trente-deuxième degré de Sublime Prince du Royal Secret, Frédéric est décrit comme le chef de la franc-maçonnerie continentale ; dans le trente-troisième degré de Souverain Grand Inspecteur Général, le joyau est à nouveau l'aigle bicéphale, et le Souverain Grand Commandeur est Frédéric, qui, à l'époque où ce degré a été institué, figurait avec Philippe, duc d'Orléans, Grand Maître du Grand Orient, comme son lieutenant. La plus importante de ces innovations est le trente-deuxième degré, qui est en réalité un système plutôt qu'un degré permettant de réunir les Maçons de tous les pays sous un même chef, d'où l'immense pouvoir acquis par Frédéric. En 1786, la Maçonnerie française était donc entièrement prussienne et Frédéric était devenu l'idole de la Maçonnerie partout dans le monde. Pourtant, personne n'a probablement jamais méprisé la franc-maçonnerie aussi profondément. Comme l'a judicieusement observé le franc-maçon américain Albert Pike, "il n'y a pas de doute que Frédéric en vint à mépriser la franc-maçonnerie : Il ne fait aucun doute que Frédéric en vint

---

supérieurs, passe donc d'un seul coup du troisième degré de Maître Maçon au dix-huitième degré de Rose-Croix, qui constitue ainsi le premier des degrés supérieurs. Les degrés intermédiaires sont cependant encore pratiqués en Amérique.

à la conclusion que les grandes prétentions de la Maçonnerie dans les degrés bleus n'étaient qu'imaginaires et trompeuses. Il ridiculisa l'Ordre et pensa que ses cérémonies n'étaient qu'un jeu d'enfant ; certains de ses propos à cet effet ont été conservés. Il ne s'ensuit pas du tout qu'il n'ait pas trouvé plus tard qu'il était politique de se mettre à la tête d'un Ordre qui était devenu une puissance...[417]

Il n'est pas anodin de constater que l'année suivant la fondation officielle de la *Stricte Observance, c'est-à-dire* en 1752, Lord Holdernesse, dans une lettre à l'ambassadeur britannique à Paris, Lord Albemarle, intitulée "Très secret", parle de "l'influence que le roi de Prusse a récemment obtenue sur tous les conseils français" ; et quelques semaines plus tard, Lord Albemarle fait référence à "la grande influence de la Cour de Prusse sur les conseils français, par laquelle ils sont aveuglés au point de ne pas pouvoir juger par eux-mêmes"."[418]

Mais il est temps d'aborder un autre domaine d'activité que la maçonnerie a ouvert aux ambitions de Frédéric.

L'élaboration de l'*Encyclopédie,* dont même les écrivains les plus sceptiques quant aux influences secrètes du mouvement révolutionnaire admettent qu'elle a contribué au cataclysme final, est une question sur laquelle l'histoire officielle n'a jeté que peu de lumière.

Selon la version autorisée de l'histoire — telle qu'elle est relatée, par exemple, dans l'ouvrage de Lord Morley sur les Encyclopédistes — le projet de traduction de la *Cyclopædia* d'Ephraim Chambers, parue en 1728, fut suggéré à Diderot "une quinzaine d'années plus tard" par un libraire français du nom de Le Breton. L'intelligence fertile et énergique de Diderot transforma le schéma... Il fut décidé de faire de l'ouvrage de Chambers le simple point de départ d'une nouvelle entreprise d'une portée beaucoup plus vaste". On lit ensuite les difficultés financières qui assaillent l'éditeur, l'embarras de Diderot, qui "ne se sent pas à la hauteur

---

[417] *Scottish Rite of Freemasonry: the Constitutions and Regulations of* 1762, par Albert Pike, Sovereign Grand Commander of the Supreme Council of the Thirty-third Degree for the Southern Jurisdiction of the United States, p. 138 (A.M. 5632).

[418] RO. State Papers, Foreign, France, Vol. 243, 2 janvier et 19 février 1752.

de la tâche d'arranger et de surveiller tous les départements d'un nouveau livre qui devait comprendre le cercle entier des sciences", l'heureux enrôlement de d'Alembert comme collaborateur, et plus tard d'hommes appartenant à toutes sortes de professions, "tous unis dans un travail aussi utile que laborieux, sans aucune vue d'intérêt... sans aucune entente commune et sans aucun accord avec les autres..."... sans aucune entente ni accord commun", puis des cruelles persécutions rencontrées de la part des Jésuites, "qui s'attendaient au moins à être maîtres des articles de théologie", et enfin de la suppression tyrannique du grand œuvre en raison des tendances antichrétiennes de ces mêmes articles. [419] Maintenant, un autre éclairage sur la question.

Dans le célèbre discours du Chevalier Ramsay déjà cité, prononcé à la Grande Loge de Paris en 1737, on trouve le passage suivant :

La quatrième qualité requise dans notre Ordre est le goût des sciences utiles et des arts libéraux. Ainsi, l'Ordre exige de chacun de vous qu'il contribue, par sa protection, sa libéralité ou son travail, à une vaste œuvre à laquelle aucune académie ne peut suffire, car toutes ces sociétés étant composées d'un très petit nombre d'hommes, leur travail ne peut embrasser un objet aussi étendu. Tous les Grands Maîtres d'Allemagne, d'Angleterre, d'Italie et d'ailleurs exhortent tous les savants et tous les artisans de la Fraternité à s'unir pour fournir les matériaux d'un Dictionnaire universel de tous les arts libéraux et de toutes les sciences utiles, à l'exception seulement de la théologie et de la politique. Le travail a déjà été commencé à Londres et, grâce à l'union de nos frères, il pourra être mené à bien dans quelques années.[420]

Ce n'est donc pas un libraire entreprenant, ni un philosophe

---

[419] John Morley, *Diderot et les Encyclopédistes*, Vol. I. pp. 123-47 (1886).

[420] Gould, op. cit. 87. M. Gould ajoute naïvement dans une note de bas de page à ce passage : « Le dictionnaire proposé est un curieux nœud. Est-il possible que la Royal Society ait eu une telle idée ? Chambers, qui, l'année suivante, fut nommé membre de la Royal Society, mais qui n'était pas lui-même franc-maçon, comptait de nombreux francs-maçons parmi ses amis, y compris le fabricant de globes Senex, chez qui il avait été apprenti et qui avait publié les *Constitutions* d'Anderson en 1723 (voir A.Q.C., XXXII partie I, p. 18). (Voir *A.Q.C.*, XXXII. Part I. p. 18.)

brillamment inspiré qui a conçu l'idée de l'*Encyclopédie,* mais une puissante organisation internationale capable d'employer plus d'hommes que toutes les académies n'en pouvaient fournir, qui a imaginé le projet au moins six ans avant la date à laquelle Diderot est censé en avoir eu l'idée. Ainsi, toute l'histoire telle qu'elle nous est habituellement racontée apparaît comme une fabrication complète — éditeurs en difficulté, *littérateurs* laborieux accomplissant leur tâche surhumaine d'"hommes de lettres indépendants" sans le patronage des grands — ce que Lord Morley signale comme "l'un des faits les plus importants dans l'histoire de l'Encyclopédie" — écrivains de toutes sortes liés entre eux par aucune "entente ou accord commun", sont tous considérés en réalité comme ayant été étroitement associés en tant qu'"artisans de la Fraternité", exécutant les ordres de leurs supérieurs.

L'*Encyclopédie* fut donc essentiellement une publication maçonnique, et Papus, tout en attribuant à tort la fameuse oraison et par conséquent le plan de l'*Encyclopédie* à l'inspiration du duc d'Antin, souligne l'importance de ce fait. Ainsi, il écrit :

La Révolution se manifeste par deux étapes : 1 ère. *Révolution intellectuelle,* par la publication de l'*Encyclopédie,* due à la franc-maçonnerie française sous la haute inspiration du duc d'Antin.

2e. *Révolution occulte* dans les Loges, due en grande partie aux membres du Rite Templier et exécutée par un groupe de Francs-Maçons expulsés puis amnistiés.[421]

La paternité maçonnique de l'*Encyclopédie* et la diffusion des doctrines révolutionnaires qui en a découlé n'ont jamais été mises en doute par les francs-maçons de France ; au contraire, ils s'en glorifient. Au congrès du Grand Orient de 1904, le franc-maçon Bonnet déclarait :

Au XVIIIe siècle, la glorieuse lignée des Encyclopédistes formait dans nos temples un auditoire fervent qui était alors seul à invoquer le dispositif radieux encore inconnu de la foule : "Liberté, Égalité, Fraternité". La graine révolutionnaire ne tarda pas à germer au sein de cette *élite.* Nos illustres francs-maçons d'Alembert, Diderot, Helvétius, d'Holbach, Voltaire, Condorcet, achevèrent l'évolution des esprits et

---

[421] Papus, *Martines de Pasqually,* p. 146 (1895).

préparèrent l'ère nouvelle. Et, à la chute de la Bastille, la franc-maçonnerie eut le suprême honneur de donner à l'humanité la charte (c'est-à-dire la Déclaration des droits de l'homme) qu'elle avait élaborée avec dévouement. (*Applaudissements*) Cette charte, poursuit l'orateur, fut l'œuvre du franc-maçon Lafayette, et fut adoptée par l'Assemblée constituante, dont plus de 300 membres étaient francs-maçons.

Mais en utilisant les loges pour semer les graines de la révolution, les Encyclopédistes ont trahi non seulement la cause de la monarchie mais aussi celle de la Maçonnerie. On remarquera que, conformément aux vrais principes maçonniques, Ramsay, dans son discours, déclara expressément que l'encyclopédie devait porter sur les arts et les sciences libérales[422] et que la théologie et la politique devaient être exclues du projet envisagé. Comment se fait-il alors que ce soient finalement les deux sujets auxquels les encyclopédistes ont consacré le plus d'attention, de sorte que leur travail est devenu principalement une attaque contre l'Église et la monarchie ? Si Papus avait raison d'attribuer cette tendance révolutionnaire à l'*Encyclopédie* dès l'époque de la fameuse oraison, alors Ramsay ne pouvait être considéré que comme le plus profond des hypocrites ou comme le porte-parole d'hypocrites professant des intentions tout à fait contraires à leurs véritables desseins. Une explication beaucoup plus probable semble être que pendant l'intervalle entre le discours de Ramsay et la date à laquelle l'*Encyclopédie* a été sérieusement commencée, le projet a subi un changement. On remarquera que l'année 1746, où Diderot et d'Alembert auraient entrepris leur tâche, coïncide avec la décadence de la franc-maçonnerie française sous le comte de Clermont et l'invasion des loges par les éléments subversifs ; ainsi le projet proposé avec les meilleures intentions par les francs-maçons de 1737 a été détourné par leurs successeurs révolutionnaires et tourné vers un but diamétralement opposé.

Mais ce n'est pas au maître de danse Lacorne et à ses disciples de la classe moyenne que l'on peut attribuer l'efficacité avec laquelle non seulement l'*Encyclopédie*, mais aussi une foule de publications

---

[422] Il s'agit manifestement d'une référence aux sept arts et sciences libéraux énumérés dans le diplôme de compagnon — grammaire, rhétorique, logique, arithmétique, géométrie, musique et astronomie.

révolutionnaires mineures ont été diffusées dans toute la France. Frédéric le Grand avait saisi l'occasion qui s'offrait à lui. Si j'ai raison de supposer que le discours de Ramsay était parvenu aux oreilles de Frédéric, la perspective de l'*Encyclopédie* qu'il contenait a pu lui apparaître comme une magnifique méthode pour s'imposer dans les cercles intellectuels de France ; D'où, sans doute, une raison supplémentaire pour son initiation hâtive à la Maçonnerie, sa convocation de Voltaire et ses ouvertures ultérieures à Diderot et d'Alembert, qui, au moment où le premier volume de l'*Encyclopédie* paraissait en 1751, avaient tous deux été nommés membres de l'Académie royale de Prusse. L'année suivante, Frédéric offrit à d'Alembert la présidence de l'Académie à la place de Maupertuis, offre qui fut refusée ; mais en 1755 et à nouveau en 1763, d'Alembert rendit visite à Frédéric en Allemagne et reçut régulièrement sa pension de Berlin. Il n'est donc pas étonnant que l'*Encyclopédie*, parvenue à la lettre P, ait inclus, dans un article non signé sur la Prusse, un panégyrique sur les vertus et les talents de l'illustre monarque qui présidait aux destinées de ce pays favorisé.

L'art de Frédéric le Grand, comme de ses successeurs sur le trône des Hohenzollern, était d'utiliser tous les mouvements qui pouvaient servir le dessein de la suprématie prussienne. Il se servit des francs-maçons comme il se servit des philosophes et comme il se servit des juifs pour réaliser son grand projet — la destruction de la monarchie française et de l'alliance entre la France et l'Autriche. Si, par l'intermédiaire de ses représentants à la Cour de France, il a pu semer la discorde entre Versailles et Vienne et jeter le discrédit sur Marie-Antoinette, par l'intermédiaire de ses alliés des loges maçonniques et des sociétés secrètes, il a pu atteindre le peuple de France. L'or et les presses de Frédéric le Grand s'ajoutent à celles des Orléanistes pour faire circuler la littérature séditieuse dans les provinces.[423]

Ainsi, à mesure que le siècle avançait, l'association fondée par des

---

[423] En 1767, Voltaire écrit à Frédéric pour lui demander de faire imprimer certains livres à Berlin et de les faire circuler en Europe « à un prix modique qui en facilitera la vente ». Frédéric lui répond : « Vous pouvez vous servir de mes imprimeurs selon vos désirs », etc. (lettre du 5 mai 1767). J'ai évoqué ailleurs les libelles contre Marie-Antoinette diffusés par les agents de Frédéric en France. Voir ma *Révolution française*, pp. 27, 183.

royalistes et des catholiques fut transformée en un moteur de destruction par les intrigants révolutionnaires ; les rites et les symboles furent progressivement pervertis à une fin directement opposée à celle pour laquelle ils avaient été institués, et les deux grades de Rose-Croix et de Chevalier Kadosch en vinrent à symboliser respectivement la guerre contre la religion et la guerre contre la monarchie de France.

Ce n'est pas un catholique orthodoxe mais un occultiste et un rosicrucien qui décrit ainsi le rôle de la Maçonnerie dans la Révolution : Non seulement la Maçonnerie a été profanée, mais elle a servi de couverture et de prétexte aux complots de l'anarchie, par l'influence occulte des vengeurs de Jacques du Molay et des continuateurs de l'œuvre schismatique du Temple. Au lieu de venger la mort d'Hiram, ils ont vengé ses assassins. Les anarchistes ont pris le fil à plomb, l'équerre et le maillet et y ont inscrit liberté, égalité, fraternité. C'est-à-dire liberté pour l'envie, égalité dans l'avilissement, fraternité pour la destruction. Voilà les hommes que l'Église a justement condamnés et qu'elle condamnera toujours.[424]

Mais il est temps de se tourner vers une autre puissance maçonnique qui, entre-temps, est entrée dans les listes, les Martinistes ou Illuminés français.

L'ILLUMINISME FRANÇAIS

Tandis que Frédéric le Grand, les francs-maçons, les encyclopédistes et les orléanistes travaillaient sur le plan matériel à saper l'Église et la monarchie en France, une autre secte était apparue qui, au milieu du siècle, avait réussi à s'insinuer dans les loges.

---

[424] Éliphas Lévi, *Histoire de la Magie, p* 407. Le rôle de la franc-maçonnerie dans la préparation de la Révolution, habituellement nié par la conspiration de l'histoire, est pourtant clairement reconnu dans les milieux maçonniques, applaudi par ceux de France, déploré par ceux d'Angleterre et d'Amérique. Un manuel américain en ma possession contient le passage suivant : « Les francs-maçons… (c'est maintenant bien établi par l'histoire) *ont été à l'origine de la Révolution* avec l'infâme duc d'Orléans à leur tête » — *A Ritual and Illustrations of Freemasonry*, p. 31 note.

Il s'agit d'une recrudescence de l'ancien engouement pour l'occultisme, qui s'est répandu comme une traînée de poudre dans toute l'Europe, de Bordeaux à Saint-Pétersbourg.

Sous le règne d'Anne de Courlande (1730-40), la cour de Russie était imprégnée de superstition et les magiciens et charlatans professionnels de toutes sortes étaient encouragés. Au XVIIIe siècle, les classes supérieures allemandes se sont montrées tout aussi sensibles aux attraits du surnaturel, et les princes désireux de vivre longtemps ou d'accroître leur pouvoir se sont lancés avec ardeur dans la quête de la pierre philosophale, l'"élixir de vie", et ont évoqué les esprits à leur service sous la direction d'occultistes.

En France, l'occultisme, réduit à un système, adopta les formes extérieures de la Maçonnerie pour servir de couverture à la propagation de ses doctrines. C'est en 1754 que Martines de Pasqually (ou Paschalis), franc-maçon Rose-Croix,[425] fonde son Ordre des Élus Cohens, connu plus tard sous le nom de *Martinistes* ou d'*Illuminés* français. Bien qu'élevé dans la foi chrétienne, Pasqually a souvent été décrit comme juif. Le baron de Gleichen, lui-même martiniste et membre des Amis Réunis,[426] apporte un éclairage intéressant dans ce passage :

"Pasqualis était d'origine espagnole, peut-être de race juive, car ses disciples ont hérité de lui un grand nombre de manuscrits juifs".[427]

C'est "cette secte cabalistique ",[428] les Martinistes, qui devient la troisième grande puissance maçonnique en France.

Le rite des Martinistes était globalement divisé en deux classes, la première représentant la chute de l'homme et la seconde sa restauration finale — une variation supplémentaire sur le thème maçonnique d'une perte et d'un rétablissement. Après les trois premiers degrés artisanaux, venaient les degrés Cohen — apprenti Cohen, compagnon Cohen et maître Cohen — puis ceux de Grand Architecte, Grand Élu de

---

[425] Papus, *Martines de Pasqually, p.* 150.

[426] Benjamin Fabre, *Eques a Capite Galeato*, p. 88.

[427] *Souvenirs du Baron de Gleichen*, p. 151.

[428] Henri Martin, *Histoire de France*, XVI. 529.

Zerubbabel ou Chevalier de l'Orient : mais au-dessus de ceux-ci étaient dissimulés des degrés menant à la Rose-Croix, qui constituait la pierre angulaire de l'édifice.[429] Pasqually établit d'abord son rite à Marseille, Toulouse et Bordeaux, puis à Paris, et bientôt les loges martinistes se répandent dans toute la France, avec un centre à Lyon sous la direction de Willermoz, un marchand prospère vivant dans cette ville. À partir de ce moment, d'autres ordres occultes se développent dans toutes les directions. En 1760, Dom Pernetti fonda dans cette ville sa secte des "Illuminés d'Avignon", se déclarant haut initié à la franc-maçonnerie et enseignant les doctrines de Swedenborg. Plus tard, un certain Chastanier fonda le "Illuminés Théosophes", une version modifiée du rite de Pernetti ; et en 1783, le marquis de Thomé lança une variété purifiée du swedenborgisme sous le nom de "Rite de Swedenborg".

Sous toutes ces sectes occultes, on trouve une source d'inspiration commune : la Cabale pervertie et magique des Juifs, ce conglomérat d'imaginations théosophiques sauvages et de superstitions barbares fondé sur d'anciens cultes païens et complété pendant dix-sept siècles par les générations successives d'occultistes juifs.[430]

Cette influence est particulièrement perceptible dans les différentes formes du degré de la Rose-Croix qui, dans presque toutes ces associations, constitue le degré le plus élevé et le plus secret. Le rituel de "l'éminent Ordre des Chevaliers de l'Aigle Noir ou Souverains de la Rose-Croix", document secret et inédit du XVIIIe siècle, qui diffère entièrement des rituels publiés, explique que nul ne peut parvenir à la connaissance des sciences supérieures sans les "Clavicules de Salomon", dont les véritables secrets n'ont jamais été livrés à l'impression et qui contiendraient l'ensemble de la science cabalistique.[431] Le catéchisme de ce même degré traite principalement de la transmutation des métaux, de

---

[429] Heckethorn, *Secret Societies*, I. 218; Waite, *Secret Tradition*, II. 155, 156.

[430] « La magie cérémonielle de Pasqually suivait ce type que je relie au kabbalisme avili de la juiverie. E. Waite, *La tradition secrète dans la franc-maçonnerie*, II. 175.

[431] Un manuscrit du XVIIIe siècle des *vrais clavicules du roi Salomon*, traduit de l'hébreu, a été vendu à Paris en 1921.

la pierre philosophale, etc.

Dans le Rite de Perfection tel qu'il est pratiqué en France et en Amérique, cette influence cabalistique se manifeste dans les degrés connus sous le nom de "degrés ineffables", dérivés de la croyance juive dans le mystère qui entoure le nom ineffable de Dieu. Selon la coutume juive, le nom sacré Jéhovah ou Jah-ve, composé des quatre lettres yod, he, vau, he, qui forment le Tétragramme, ne devait jamais être prononcé par les profanes, qui étaient obligés de lui substituer le mot "Adonaï". Le Tétragramme ne pouvait être prononcé qu'une fois par an, le jour de l'Expiation, par le Grand Prêtre dans le Saint des Saints, au son des trompettes et des cymbales qui empêchaient le peuple de l'entendre. Il est dit qu'en raison du fait que le peuple s'est ainsi abstenu de prononcer le nom, la véritable prononciation du nom s'est finalement perdue. Les Juifs croyaient en outre que le Tétragramme était doté de pouvoirs illimités. "Celui qui le prononce ébranle le ciel et la terre et inspire aux anges mêmes la stupeur et la terreur".[432] Le Nom ineffable conférait ainsi des dons miraculeux ; il était gravé sur la verge de Moïse et lui permettait d'accomplir des prodiges, tout comme, selon les Toledot Yeshu, il conférait les mêmes pouvoirs au Christ. Cette superstition faisait clairement partie de la tradition rosicrucienne, car le symbole du Tétragramme dans un triangle, adopté par les loges maçonniques, figure dans le système cabalistique de Fludd.[433] Dans les "degrés ineffables", il était investi de toute la crainte mystique dont il est entouré dans la théologie juive et, selon les premiers travaux américains, "les frères et les compagnons de ces degrés recevaient le nom de Dieu tel qu'il avait été révélé à Enoch et ils juraient de ne le prononcer qu'une seule fois dans leur vie" : "Les frères et les compagnons de ces degrés recevaient le nom de Dieu tel qu'il avait été révélé à Enoch et juraient de ne le prononcer

---

[432] Mackev, *Lexique de la franc-maçonnerie*, p. 156.

[433] A. E. Waite, *The Doctrine and Literature of the Kabbalah*, p. 369. Ragon donne ailleurs un compte rendu du degré philosophique de la Rose-Croix, dans lequel la formule sacrée I.N.R.I., qui joue un rôle important dans la forme chrétienne de ce degré, est interprétée comme signifiant Igne Natura Renovatur Integra-Nature est renouvelée par le feu.-Novueau *Grade de Rose-Croix*, p 69. Mackev donne cette interprétation comme une alternative aux Rose-Croix. — *Lexicon of Freemasonry*, p. 150.

qu'une seule fois dans leur vie.

Dans la version alchimique du degré Rose-Croix mentionnée ci-dessus, le Nom Ineffable est en fait investi de pouvoirs magiques comme dans la Cabale juive. Ragon, après avoir décrit la cérémonie juive au cours de laquelle le mot Jéhovah était prononcé par le Grand Prêtre dans le Saint des Saints, poursuit en disant que "Schem-hamm-phorasch", un autre terme pour le Tétragramme, constitue le mot sacré d'un degré écossais, et que cette croyance en ses propriétés mystiques "se retrouvera en tête des instructions pour le troisième degré du Chevalier de l'Aigle Noir, appelé Rose-Croix", ainsi :

Q. Quel est le nom de Dieu le plus puissant sur le pentacle ?

A. Adonaï.

Q. Quel est son pouvoir ?

A. Déplacer l'univers.

Que celui des chevaliers qui aurait la chance de le prononcer cabalistiquement aurait à sa disposition les puissances qui habitent les quatre éléments et les esprits célestes, et posséderait toutes les vertus possibles à l'homme.[434]

Il est donc évident que cette forme de Rose-Croix était d'origine purement juive. Dans le discours adressé au candidat à l'initiation au degré de la Rose-Croix à la Loge du "Contrat Social", il est dit ceci Ce degré, qui comprend un Ordre de Maçons Parfaits, a été mis en lumière par le Frère R., qui l'a tiré du trésor kabbalistique du Docteur et Rabbin Néamuth, chef de la synagogue de Leyden en Hollande, qui avait conservé ses précieux secrets et son costume, que nous verrons tous deux dans le même ordre que celui dans lequel il les a placés dans son mystérieux Talmud.[435]

Or, nous savons qu'au XVIIIe siècle une société de magiciens rosicruciens avait été instituée à Florence, que l'on croyait remonter au

---

[434] Ragon, *Mafonnerie Occulte*, p. 91.

[435] Gustave Bord, *La Franc-Maçonnerie en Francs, des Origines à* 1815, p. 212 (1908).

XVe siècle et être composée en partie, sinon en totalité, d'Orientaux, comme nous le verrons au chapitre suivant ; mais il semble probable que cette secte, tout en inspirant secrètement les maçons de la Rose-Croix, était elle-même soit sans nom, soit dissimulée sous un déguisement.

Ainsi, en 1782, un franc-maçon anglais écrit : "J'ai trouvé à Alger quelques MSS assez curieux en hébreu relatifs à la société des Rose-Croix, qui existe actuellement sous un autre nom avec les mêmes formes. J'espère d'ailleurs être admis à leur connaissance".[436]

On a souvent prétendu que les Juifs ne pouvaient jouer aucun rôle dans la franc-maçonnerie à cette époque, puisqu'ils n'étaient pas admis dans les loges. Mais ce n'est pas du tout certain ; dans l'article *du Gentleman's Magazine* déjà cité, il est indiqué que les Juifs sont admis ; de Luchet cite en outre le cas de David Moses Hertz reçu dans une loge de Londres en 1787 ; et l'auteur des *Francs-Maçons écrasés*, publiés en 1746, déclare avoir vu trois Juifs reçus dans une loge d'Amsterdam. Dans les "loges Melchisedeck" du continent, les non-chrétiens étaient ouvertement admis, et là encore, le degré Rose-Croix occupe la place la plus importante. Les degrés les plus élevés de ce rite étaient les Frères Initiés d'Asie, les Maîtres des Sages et les Prêtres Royaux, également connus sous le nom de degré de Melchisedeck ou de véritables Frères de la Rose-Croix.

Cet ordre, généralement décrit comme les *Frères asiatiques*, dont le centre était à Vienne et le chef un certain Baron von Eckhoffen, aurait été une continuation des "Frères de la Rose-Croix d'or", un renouveau des Rose-Croix du XVIIe siècle organisé en 1710 par un prêtre saxon, Samuel Richter, connu sous le nom de Sincerus Renatus. Les origines réelles des Frères asiatiques sont cependant obscures et il existe peu de littérature sur le sujet dans ce pays.[437] Leur autre titre, "les Chevaliers et

---

[436] Lettre du général Rainsford d'octobre 1782, citée dans *Transactions of the Jewish Historical Society*, Vol. VIII. p. 125.

[437] De Luchet (*Essai sur la Secte des Illuminés*, p. 212) mentionne les ouvrages suivants en rapport avec l'Ordre : 1. *Nouvelles authentiques des Chevaliers et Frères Initiés d'Asie*. 2. *Reçoit-on, peut-on recevoir les Juifs parmi les Francs-Maçons ? 3.* Nouvelles authentiques de l'Asie, *par Frederick de Bascamp, nommé Lazapolski (1787).* Wolfstieg, dans sa *Bibliograpkie der Freimaurischer*

Frères de Saint-Jean l'Évangéliste", suggère une inspiration johannique et était clairement une imposture, puisqu'ils comprenaient des Juifs, des Turcs, des Persans et des Arméniens. De Luchet, qui, en tant que contemporain, était en mesure d'acquérir des informations de première main, décrit ainsi l'organisation de l'ordre, qui, comme on le verra, était entièrement judaïque. "La direction supérieure est appelée le petit et constant Sanhédrin d'Europe. Les noms de ceux qu'ils emploient pour se cacher de leurs inférieurs sont hébraïques. Les signes du troisième degré principal (c'est-à-dire la Rose-Croix) sont l'Urim et le Thummim... L'Ordre possède les vrais secrets et les explications, morales et physiques, des hiéroglyphes du très vénérable Ordre de la Franc-maçonnerie". [438] L'initié devait jurer une soumission absolue et une obéissance inébranlable aux lois de l'Ordre et suivre implicitement ses lois jusqu'à la fin de sa vie, sans demander par qui elles avaient été données ni d'où elles venaient.

"Qui a donné à l'Ordre ces soi-disant secrets ?

C'est la grande et insidieuse question des sociétés secrètes. Mais l'initié qui reste et doit rester éternellement dans l'Ordre ne la découvre jamais, il n'ose même pas la poser, il doit promettre de ne jamais la poser. C'est ainsi que ceux qui participent aux secrets de l'Ordre restent les Maîtres".

De nouveau, comme dans la *Stricte Observance*, le même système de "supérieurs cachés" — la même obéissance aveugle à des directeurs inconnus !

Sous la conduite de ces différentes sectes d'Illuminés, une vague d'occultisme déferla sur la France, et les loges devinrent partout des

---

Ltteratur, Vol. II. *p. 283, donne Friedrich Münter comme auteur du premier de ces ouvrages, et mentionne également, entre autres, un ouvrage de Gustave Brabée,* Die Asiatischen Brüder in Berlin und Wien (Les frères asiatiques à Berlin et à Vienne). *Mais aucun de ces ouvrages ne se trouve au British Museum, pas plus que le livre de Rolling (publié en 1787), qui livre les secrets de la secte.*

[438] Les livres de la liste de Wolfstieg font référence à l'Ordre comme étant « la seule vraie et authentique franc-maçonnerie » (die einzige wahre und echte Freimaurerei).

centres d'enseignement de la Cabale, de la magie, de la divination, de l'alchimie et de la théosophie[439] ; les rites maçonniques dégénérèrent en cérémonies d'évocation des esprits — les femmes, désormais admises dans ces assemblées, criaient, s'évanouissaient, tombaient en convulsions, et se prêtaient à des expériences de la plus horrible espèce.[440]

Grâce à ces pratiques occultes, les *Illuminés* devinrent la troisième grande puissance maçonnique de France, et les Ordres rivaux comprirent l'intérêt d'unir leurs forces. C'est ainsi qu'en 1771, une fusion de tous les groupes maçonniques fut réalisée dans la nouvelle loge des *Amis Réunis*.

Le fondateur de cette loge était Savalette de Langes, Garde du Trésor Royal, Grand Officier du Grand Orient, et haut initié de la Maçonnerie, "versé dans tous les mystères, dans toutes les loges, et dans tous les complots". Afin de les unir, il fit de sa loge un mélange de tous les systèmes sophistiques, martinistes et maçonniques, "et pour appâter l'aristocratie, il organisa des bals et des concerts où les adeptes, hommes et femmes, dansaient et festoyaient, ou chantaient les beautés de leur liberté et de leur égalité, sans se douter qu'au-dessus d'eux un comité secret s'arrangeait pour étendre cette égalité, au-delà de la loge, au rang et à la fortune, aux châteaux et aux chaumières, aux marquis et aux bourgeois".[441]

Un autre développement des Amis Réunis fut le Rite des *Philalèthes*, composé par Savalette de Langes en 1773 à partir de mystères swedenborgiens, martinistes et rosicruciens, auquel furent initiés les plus hauts initiés des Amis Réunis : Court de Gebelin, le Prince de Hesse, Condorcet, le Vicomte de Tavannes, Willermoz, et d'autres encore. Une forme modifiée de ce rite fut instituée à Narbonne en 1780 sous le nom de "Free and Accepted Masons du Rit Primitif", la nomenclature anglaise

---

[439] Clavel, *Histoire pittoresque*, etc., p. 167.

[440] Le baron de Gleichen, en décrivant les « Convulsionnistes », dit que des jeunes femmes se laissaient crucifier, parfois la tête en bas, lors de ces réunions de fanatiques. Il en a lui-même vu une clouée au sol et la langue coupée au rasoir. (*Souvenirs du Baron de Gleichen*, p. 185.)

[441] Barruel, *Mémoires sur le Jacobinisme*, IV. 263.

ayant été adoptée (selon Clavel) pour faire croire que le rite émanait d'Angleterre. En réalité, son fondateur, le marquis de Chefdebien d'Armisson, membre du Grand Orient et des Amis Réunis, s'inspira de certains francs-maçons allemands avec lesquels il entretint toujours des relations étroites et qui étaient vraisemblablement membres de la Stricte Observance, puisque Chefdebien était membre de cet Ordre, dans lequel il portait le titre d'"Eques a Capite Galeato".

La correspondance entre Chefdebien et Salvalette de Langes, récemment découverte et publiée en France, est l'un des documents les plus éclairants sur les ramifications maçonniques existant avant la Révolution jamais mis en lumière.[442] À en juger par le ton de ces lettres, les dirigeants du Rit Primitif semblent avoir été des gentilshommes loyaux et respectueux des lois, dévoués à la religion catholique, mais qui, dans leur passion pour les nouvelles formes de maçonnerie et leur soif de connaissances occultes, étaient prêts à s'associer à toutes sortes d'aventuriers et de charlatans susceptibles de les initier à d'autres mystères. Dans les curieuses notes rédigées par Savalette à l'intention du marquis de Chefdebien, nous entrevoyons le pouvoir qui se cache derrière les philosophes des *salons* et les adeptes aristocratiques des loges — les magiciens professionnels et les hommes de mystère ; et derrière eux encore, les directeurs cachés des sociétés secrètes, les *véritables initiés*.

LES MAGICIENS

Le rôle joué par les magiciens au cours de la période précédant la

---

[442] *Franciscus, Eques a Capite Galeato*, publié par Benjamin Fabre avec une préface de Copin Albancelli. Un article sur ce livre figure dans *Ars Quatuor Coronatorum*, Vol. XXX. Partie II. L'auteur, M. J. E. S. Tuckett, le décrit comme un livre d'un intérêt extraordinaire pour les francs-maçons. Sans partager l'admiration de M. Tuckett pour les membres du Rit Primitif, je suis d'accord avec lui pour dire que M. Fabre leur attribue trop de fourberie et ne parvient pas à étayer son accusation de desseins révolutionnaires. Ils semblent avoir été les dupes parfaitement honorables de cerveaux plus subtils. Incidemment, M. Tuckett donne par erreur le vrai nom de « Eques a Capite Galeato » comme Chefdebien d'Armand ; il devrait s'agir de d'Armisson.

Révolution française est bien sûr connu de tous et n'a jamais été contesté par l'histoire officielle. Mais tout comme les écoles de philosophes, cette vague soudaine de magiciens est toujours présentée comme une croissance sporadique provoquée par la société oisive et curieuse de l'époque. Il est important de comprendre que, de même que les philosophes étaient tous francs-maçons, les principaux magiciens n'étaient pas seulement francs-maçons, mais aussi membres de sociétés secrètes occultes. Ce n'est donc pas en tant que charlatans isolés, mais en tant qu'agents d'un pouvoir caché que nous devons considérer les hommes que nous allons maintenant passer rapidement en revue.

L'un des premiers à apparaître dans ce domaine fut Schroepfer, un cafetier de Leipzig, qui déclara que personne ne pouvait être un vrai franc-maçon sans pratiquer la magie. Il se proclama donc "réformateur de la franc-maçonnerie" et créa une loge dans sa propre maison avec un rite basé sur le degré de la Rose-Croix dans le but d'évoquer les esprits.

Les réunions avaient lieu au cœur de la nuit, lorsque, au moyen de lumières soigneusement disposées, de miroirs magiques et peut-être d'électricité, Schroepfer s'arrangeait pour produire des apparitions que ses disciples, sous l'influence d'un punch puissant, prenaient pour des visiteurs de l'autre monde.[443] Finalement, Schroepfer, rendu fou par ses propres incantations, se fit sauter la cervelle dans un jardin près de Leipzig.

Selon Lecouteulx de Canteleu, c'est Schroepfer qui aurait endoctriné le fameux "Comte de Saint-Germain" — "Le Maître" de nos modernes loges co-maçonniques. L'identité de ce mystérieux personnage n'a jamais été établie[444] ; certains contemporains ont dit qu'il était le fils naturel du roi du Portugal, d'autres le fils d'un juif et d'une princesse polonaise. Le duc de Choiseul, à qui l'on demandait s'il connaissait l'origine de Saint-Germain, répondit : "Nous la connaissons sans doute, c'est le fils d'un juif portugais qui exploite la crédulité de la ville et de la

---

[443] De Luchet, *Essai sur la Secte des Illuminés*, p. 208. Gould, op. cit. 116.

[444] Il est amusant de noter que M. Waite le confond avec le porteur légitime du nom, Claude Louis, Comte de Saint-Germain, Ministre de la Guerre sous Louis XVI, car dans *The Secret Tradition in Freemasonry*, Vol. II, une image du vrai Comte est annexée à une description de l'aventurier.

Cour."[445] En 1780, une rumeur circule selon laquelle son père est un juif de Bordeaux, mais selon les *Souvenirs de la marquise de Créquy*, le baron de Breteuil a découvert dans les archives de son ministère que le prétendu comte de Saint-Germain est le fils d'un médecin juif de Strasbourg, que son vrai nom est Daniel Wolf et qu'il est né en 1704.[446] L'opinion générale semble donc avoir été en faveur de son ascendance juive.

Saint-German semble avoir fait parler de lui pour la première fois en Allemagne vers 1740, où ses merveilleux pouvoirs attirèrent l'attention du Maréchal de Belle-Isle, qui, toujours dupe des charlatans, le ramena avec lui à la Cour de France, où il gagna rapidement les faveurs de Madame de Pompadour. La marquise le présenta bientôt au roi, qui lui accorda un appartement à Chambord et, enchanté par son brillant esprit, passa fréquemment de longues soirées à converser avec lui dans les chambres de Madame de Pompadour. Entre-temps, son invention de bateaux à fond plat pour l'invasion de l'Angleterre l'a encore élevé dans l'estime du Maréchal de Belle-Isle. En 1761, nous apprenons qu'il vivait dans une grande splendeur en Hollande et qu'il déclarait avoir atteint l'âge de soixante-quatorze ans, alors qu'il n'en paraissait que cinquante ; si tel était le cas, il devait avoir quatre-vingt-dix-sept ans au moment de sa mort en 1784 à Schleswig. Mais cet exploit de longévité est loin de satisfaire ses admirateurs modernes, qui déclarent que Saint-Germain n'est pas mort en 1784, mais qu'il est toujours vivant aujourd'hui dans un coin de l'Europe de l'Est. Cette affirmation est conforme à la théorie, qui aurait été diffusée par Saint-Germain lui-même, selon laquelle, au XVIIIe siècle, il aurait connu plusieurs incarnations et que la dernière se serait poursuivie pendant 1500 ans. Barruel, cependant, explique que Saint-Germain, en faisant référence à son âge, parlait en langage maçonnique, dans lequel un homme qui a pris le premier degré est dit avoir trois ans, après le deuxième cinq, ou le troisième sept, de sorte que, par le biais de l'énorme augmentation que les degrés supérieurs

---

[445] *Biographique Michaud*, article sur Saint-Germain.

[446] *Souvenirs de la Marquise de Créquy*, III. 65. François Bournand (*Histoire de la Franc-Maçonnerie*, p. 106) confirme cette histoire : « Celui qui se faisait appeler le Comte de Saint-Germain n'était en réalité que le fils d'un juif alsacien nommé Wolf ».

confèrent, il pourrait être tout à fait possible pour un adepte exalté d'atteindre l'âge de 1 500 ans.

Saint-Germain a été représenté par les écrivains modernes — et pas seulement par ceux qui composent sa suite — comme un personnage extraordinaire, une sorte de surhomme dominant les petits magiciens de son temps. Les contemporains, cependant, le prennent moins au sérieux et le représentent plutôt comme un charlatan expert dont les esprits des *salons* faisaient l'objet de plaisanteries. Son importance principale pour le sujet de ce livre réside cependant dans son influence sur les sociétés secrètes. Selon les *Mémoires authentiques pour servir à l'histoire du Comte de Cagliostro*, Saint-Germain était le "Grand Maître de la Franc-maçonnerie"[447] et c'est lui qui initia Cagliostro aux mystères de la maçonnerie égyptienne.

Joseph Balsamo, né en 1743, qui prit le nom de Comte de Cagliostro, éclipsa de loin son maître en tant que magicien. Comme Saint-Germain, il était généralement réputé être juif — le fils de Pietro Balsamo, un commerçant sicilien d'origine juive[448] — et il ne cachait pas son ardente admiration pour la race juive. Après la mort de ses parents, il s'échappa du monastère dans lequel il avait été placé à Palerme et s'associa à un homme connu sous le nom d'Altotas, que l'on dit arménien, avec lequel il voyagea en Grèce et en Égypte.[449]

Les voyages de Cagliostro le conduisirent ensuite en Pologne et en Allemagne, où il fut initié à la franc-maçonnerie,[450] et enfin en France ; mais c'est en Angleterre qu'il déclara lui-même avoir élaboré son fameux "Rite égyptien", qu'il fonda officiellement en 1782. Selon ses propres dires, ce rite est issu d'un manuscrit d'un certain George Cofton — dont l'identité n'a jamais été découverte — qu'il a acheté par hasard à

---

[447] *Nouvelle Biographie Générale*, article sur Saint-Germain.

[448] Frederick Bülau, *Geheime Geschichten und ràthselhafte Menschen*, I. 311 (1850) ; Eckert, *La Franc-Maçonnene dans sa véritable signification*, II. 80, citant l'*Encyclopédie des Franc-Mafons* de Lening.

[449] Lecouteulx de Canteleu, op. cit. pp. 171, 172.

[450] Clavel, *Histoire pittoresque*, p. 175.

Londres. [451] Yarker, cependant, exprime l'opinion que "le rite de Cagliostro était clairement celui de Pasqually", et que s'il l'a acquis à partir d'un manuscrit à Londres, cela indiquerait que Pasquilly avait des disciples dans cette ville. Une explication beaucoup plus probable est que Cagliostro a tiré sa maçonnerie égyptienne de la même source que celle à laquelle Pasqually avait puisé pour son Ordre des Martinistes, à savoir la Cabale, et que ce n'est pas d'un seul manuscrit mais d'un éminent cabaliste juif de Londres qu'il a tiré ses instructions. Nous verrons bientôt de qui il s'agit. En tout cas, dans un récit contemporain sur Cagliostro, on le décrit comme "un médecin initié à l'art cabalistique" et un Rose-Croix ; mais après avoir fondé son propre rite, il acquit le nom de Grand Copht, c'est-à-dire chef suprême de la maçonnerie égyptienne, une nouvelle branche qu'il souhaitait greffer sur la vieille franc-maçonnerie européenne.[452] Nous reviendrons plus tard sur la suite de ses aventures maçonniques.

Dans une catégorie supérieure à celle de Saint-German et de Cagliostro se trouvait le célèbre médecin souabe Mesmer, qui a donné son nom à une branche importante des sciences naturelles. Vers 1780, Mesmer annonça sa grande découverte du "magnétisme animal, principe de vie de tous les êtres organisés, âme de tout ce qui respire". Mais si aujourd'hui le mesmérisme est considéré comme presque synonyme d'hypnotisme et nullement comme une branche de l'occultisme, Mesmer lui-même, agitant le fluide dans son seau magique, autour duquel ses disciples pleuraient, dormaient, tombaient en transes ou en convulsions, divaguaient ou prophétisaient, [453] s'est attiré, non sans raison, la réputation d'un charlatan. Les francs-maçons, désireux de découvrir le secret du seau magique, s'empressèrent de l'inscrire dans leur ordre, et Mesmer fut reçu dans le Rite Primitif des Francs-Maçons en 1785.[454]

L'espace nous interdit de décrire les petits magiciens qui fleurissaient à cette époque — *Schroeder*, fondateur en 1776 d'un chapitre de "Vrais

---

[451] Ibid. p. 175.

[452] Figuier, *Histoire du Merveilleux*, IV. 9-11 (1860).

[453] Mounier, *De l'influence attribuée*, etc., p. 140.

[454] Benjamin Fabre, *Franciscus eques a Capite Galeato*, p. 24.

et Anciens Maçons Rose-Croix", pratiquant certains degrés magiques, théosophiques et alchimiques ; *Gassner*, faiseur de miracles dans les environs de Ratisbonne ; du Juif Léon, qui faisait partie d'une bande de charlatans qui gagnaient de grosses sommes d'argent avec des miroirs magiques dans lesquels les imaginatifs pouvaient voir leurs amis absents, et qui fut finalement banni de France par la police, tous ceux-là et beaucoup d'autres ont exploité la crédulité et la curiosité des classes supérieures en France et en Allemagne entre les années 1740 et 1790. De Luchet, écrivant avant la Révolution française, décrit le rôle joué dans leurs mystères par l'âme d'un juif cabalistique nommé Gablidone, qui avait vécu avant le Christ, et qui prédisait que "dans l'année 1800 il y aura, sur notre globe, une révolution très remarquable, et il n'y aura plus d'autre religion que celle des patriarches".[455]

Comment expliquer cette extraordinaire vague de cabalisme en Europe occidentale ? Par qui a-t-elle été inspirée ? Si, comme nous l'assurent les auteurs juifs, ni Marlines Pasqually, ni Saint-Germain, ni Cagliostro, ni aucun des occultistes ou magiciens visibles n'étaient juifs, le problème n'en devient que plus insoluble. Nous ne pouvons pas croire que les Sanhédrins, les hiéroglyphes hébraïques, la contemplation du Tétragramme et d'autres rites cabalistiques aient vu le jour dans le cerveau d'aristocrates, de philosophes et de francs-maçons français et allemands. Tournons-nous donc vers les événements qui se déroulent en ce moment dans le monde juif et voyons s'ils peuvent nous fournir quelques indices.

---

[455] De Luchet, *Essai sur la Secte des Illuminés* (édition de 1792), p. 234.

8. LES CABALISTES JUIFS

Il a été démontré dans les chapitres précédents que la Cabale juive a joué un rôle important dans les sectes occultes et antichrétiennes dès le début de l'ère chrétienne. Le moment est venu de s'interroger sur le rôle que l'influence juive a joué entre-temps dans les révolutions.

Poser la question, c'est s'attirer l'accusation d'"antisémitisme". L'écrivain juif Bernard Lazare a pourtant démontré la fausseté de cette accusation :

Voilà [écrit-il] ce qui doit séparer l'historien impartial de l'antisémitisme. L'antisémite dit : "Le Juif est le préparateur, le machinateur, l'ingénieur en chef des révolutions" ; l'historien impartial se borne à étudier la part que le Juif, compte tenu de son esprit, de son caractère, de la nature de sa philosophie et de sa religion, a pu prendre dans les processus et les mouvements révolutionnaires.[456]

Le grief des antisémites semble fondé : le Juif a l'esprit révolutionnaire ; consciemment ou non, il est un agent de la révolution. Mais la plainte se complique, car l'antisémitisme accuse les Juifs d'être la cause des révolutions. Voyons ce que vaut cette accusation...[457]

À la lumière de nos connaissances actuelles, il serait certainement absurde d'attribuer aux Juifs la paternité de la conspiration de Catilina ou des Gracques, du soulèvement de Jack Straw et de Wat Tyler, de la rébellion de Jack Cade, des *jacqueries* en France ou des guerres des paysans en Allemagne, bien que la recherche historique puisse conduire à terme à la découverte de certaines influences occultes — pas nécessairement juives — à l'origine des insurrections européennes mentionnées ici. De plus, en dehors des griefs ou autres causes de

---

[456] *L'Antisémitisme*, p. 335.

[457] Ibid. p. 328.

rébellion, l'esprit révolutionnaire a toujours existé indépendamment des Juifs. De tout temps et dans tous les pays, il y a eu des hommes nés pour semer le trouble comme les étincelles s'envolent.

Néanmoins, dans les révolutions modernes, le rôle des Juifs ne peut être ignoré, et l'influence qu'ils ont exercée se révélera, à l'examen, double : financière et occulte.

Tout au long du Moyen Âge, c'est en tant que sorciers et usuriers qu'ils encourent les reproches du monde chrétien, et c'est encore dans le même rôle, sous les termes plus modernes de magiciens et d'usuriers, que nous détectons leur présence derrière les scènes de révolution à partir du XVIIe siècle. Partout où des bouleversements sociaux ou politiques pouvaient rapporter de l'argent, on a trouvé de riches juifs pour soutenir le camp des vainqueurs ; et partout où les races chrétiennes se sont retournées contre leurs propres institutions, des rabbins, des philosophes, des professeurs et des occultistes juifs leur ont prêté main-forte. Ce n'est donc pas nécessairement les Juifs qui ont créé ces mouvements, mais ils ont su les utiliser à leurs propres fins.

C'est ainsi que, lors de la Grande Rébellion, nous ne les trouvons pas parmi les soldats de Cromwell ou les membres de son Conseil d'État, mais fournissant de l'argent et des informations aux insurgés, agissant en tant que contractants de l'armée, prêteurs et super-espions — ou, pour utiliser le terme plus euphonique de M. Lucien Wolf, en tant qu'"intelligents politiques" d'une efficacité extraordinaire. Ainsi, M. Lucien Wolf, en parlant de Carvajal, "le grand Juif du Commonwealth", explique que "les vastes ramifications de ses transactions commerciales et ses relations avec d'autres Crypto-Juifs dans le monde entier le plaçaient dans une position inégalée pour obtenir des informations sur les ennemis du Commonwealth".[458]

Il est évident qu'un tel "service secret" faisait des Juifs une redoutable

---

[458] Article de M. Lucien Wolf, «The First English Jew», dans *Transactions of the Jewish Historical Society of England*, Vol. II. p. 18. Sur cette question, voir également les brochures de M. Lucien Wolf : *Crypto-Jews under the Commonwealth* (1894), Cromwell's *Jewish Intelligencers* (1891), et *Manasseh ben Israel's Mission to Oliver Cromwell* (1901), ainsi que les articles sur Cromwell, Carvajal et Manasseh ben Israel dans la *Jewish Encyclopædia*.

puissance cachée, d'autant plus que leur existence même était souvent inconnue du reste de la population qui les entourait. Cette précaution était nécessaire car les Juifs n'étaient pas censés exister à cette date en Angleterre. En 1290, Édouard Ier les avait tous expulsés et, pendant trois siècles et demi, ils étaient restés en exil ; les Crypto-Juifs ou Marranes, venus d'Espagne, parvinrent cependant à se maintenir dans le pays en prenant habilement la couleur de leur entourage. M. Wolf poursuit en observant que des services juifs étaient régulièrement organisés dans la synagogue secrète, mais "en public, Carvajal et ses amis suivaient la pratique des Juifs secrets en Espagne et au Portugal, se faisant passer pour des catholiques romains et assistant régulièrement à la messe dans la chapelle de l'ambassadeur d'Espagne".[459] Mais lorsque la guerre entre l'Angleterre et l'Espagne rendit cet expédient inopportun, les Marranes abandonnèrent le déguisement du christianisme et se proclamèrent adeptes de la foi juive.

Or, à cette époque, les Juifs croyaient généralement que l'ère messianique approchait, et il semble qu'ils aient pensé que Cromwell pourrait être en mesure de jouer ce rôle. En conséquence, des émissaires ont été envoyés pour fouiller les archives de Cambridge afin de découvrir si le Protecteur pouvait être d'origine juive.[460]

Cette quête s'avérant infructueuse, le rabbin cabaliste d'Amsterdam, Manasseh ben Israël, [461] adressa à Cromwell une pétition pour la réadmission des Juifs en Angleterre, dans laquelle il insistait habilement sur le châtiment qui frappe ceux qui affligent le peuple d'Israël et sur les récompenses qui attendent ceux qui le "chérissent". Ces arguments ne

---

[459] Lucien Wolf, «The First English Jew», dans *Transactions of the Jewish Historical Society of England*, II. 20.

[460] Tovey, *Anglia Judaica*, p. 275.

[461] L'Encyclopédie *juive*, dans son article sur Manassé ben Israël, dit : « Il était plein d'opinions cabalistiques, bien qu'il ait pris soin de ne pas les exposer dans ses œuvres écrites dans des langues modernes et destinées à être lues par des païens ». Dans son article sur la « Magie », l'*Encyclopédie juive* fait référence au « Nishmat Hayyim », un ouvrage de Manassé ben Israël qui « est rempli de superstitions et de magie » et ajoute que « de nombreux érudits chrétiens ont été trompés ».

furent pas sans effet sur Cromwell, qui entretenait la même superstition, et bien qu'il ait, dit-on, décliné l'offre des Juifs d'acheter la cathédrale Saint-Paul et la bibliothèque Bodleian parce qu'il considérait que les 500 000 livres sterling qu'ils offraient étaient insuffisantes,[462] il déploya tous les efforts pour obtenir leur réadmission dans le pays. Il se heurta à une violente opposition et il semble que les Juifs ne furent autorisés à revenir en grand nombre, ou en tout cas à jouir de tous leurs droits et privilèges, qu'après l'avènement de Charles II, qui avait à son tour sollicité leur aide financière.[463] Plus tard, en 1688, les Juifs d'Amsterdam aidèrent de leur crédit l'expédition de Guillaume d'Orange contre Jacques II ; en retour, ce dernier emmena de nombreux Juifs avec lui en Angleterre. C'est ainsi qu'un écrivain juif peut se vanter qu'"un monarque a régné en étant redevable à l'or hébreu pour son diadème royal".[464]

Dans tout cela, il est impossible de suivre un plan politique consécutif ; le rôle des Juifs semble avoir été de ne soutenir aucune cause de façon cohérente, mais de prendre pied dans chaque camp, de soutenir toute entreprise qui offrait une chance de profit. Pourtant, à ces projets matériels se mêlaient encore leurs anciens rêves messianiques. Il est curieux de constater que la même idée messianique imprégnait les Levellers, les rebelles du Commonwealth ; des phrases telles que "Let Israel go free", "Israel's restoration is now beginning", reviennent fréquemment dans la littérature de la secte. Gerard Winstanley, l'un des deux principaux leaders, adressa une épître aux "douze tribus d'Israël qui sont circoncises de cœur et dispersées à travers toutes les nations de la terre" et leur promit "David, leur roi qu'ils attendaient". L'autre leader du mouvement, du nom d'Everard, déclara en fait, lorsqu'il fut convoqué

---

[462] Tovey, *Anglia Judaica*, p. 259 ; Margoliouth, *History of the Jews in England*, II. 3.

[463] Mirabeau (*Sur la Réforme politique des Juifs*, 1787) pense qu'ils n'ont peut-être pas été autorisés à rentrer sans condition avant 1664. C'est certainement à cette date qu'ils obtinrent formellement la libre autorisation de vivre en Angleterre et d'y pratiquer leur religion (Margoliouth, op. cit., II. 26).

[464] Margohouth, op cit, II 43.

devant Lord Fairfax à Whitehall, qu'"il était de la race des Juifs".[465] Il est vrai que les Niveleurs étaient chrétiens de profession, mais à la manière des Illuminati bavarois et des socialistes chrétiens deux siècles plus tard, revendiquant le Christ comme l'auteur de leurs doctrines communistes et égalitaires : "Car Jésus-Christ, le Sauveur de tous les hommes, est le plus grand, le premier et le plus vrai des niveleurs dont on ait jamais parlé dans le monde. On dit que les niveleurs sont issus des anabaptistes allemands ; mais Claudio Jannet, citant des autorités allemandes, montre qu'il y avait des juifs parmi les anabaptistes. "Ils étaient emportés par leur haine du nom de chrétien et imaginaient que leurs rêves de restauration du royaume d'Israël se réaliseraient au milieu de la conflagration".[466]

Qu'il en soit ainsi ou non, il est clair qu'au milieu du XVIIe siècle, les idées mystiques du judaïsme avaient pénétré dans toutes les parties de l'Europe. Existait-il alors un centre cabalistique à partir duquel elles rayonnaient ? Tournons nos yeux vers l'Est et nous verrons.

Depuis le XVIe siècle, la grande masse des Juifs s'est installée en Pologne et une succession de faiseurs de miracles, connus sous le nom de Zaddikim ou Ba'al Shems, a vu le jour. Ce dernier mot, qui signifie "Maître du Nom", est né chez les Juifs polonais allemands et est dérivé de la croyance cabalistique en l'utilisation miraculeuse du nom sacré de Jéhovah, connu sous le nom de Tetragrammaton.

Selon les traditions cabalistiques, certains juifs d'une sainteté ou d'une connaissance particulière pouvaient impunément faire usage du nom divin.

Le Ba'al Shem était donc celui qui avait acquis ce pouvoir et l'utilisait pour écrire des amulettes, invoquer des esprits et prescrire des remèdes à diverses maladies. La Pologne et surtout la Podolie — qui n'avait pas encore été cédée à la Russie — devinrent ainsi un centre de cabalisme où se succédèrent une série de mouvements extraordinaires de type mystique. En 1666, alors que l'on croyait encore l'ère messianique proche, le monde juif tout entier fut bouleversé par l'apparition soudaine

---

[465] *The Digger Movement in the Days of the Commonwealth*, par Lewis H. Berens, pp. 36, 74, 76, 98, 141 (1906).

[466] Claudio Jannet, *Les Précurseurs de la Franc-Maçonnerie*, p. 47 *(1187)*.

de Shabbethai Zebi, le fils d'un volailler de Smyrne nommé Mordecai, qui se proclama le Messie promis et rallia à sa cause une foule de partisans, non seulement parmi les Juifs de Palestine, d'Égypte et d'Europe de l'Est, mais aussi parmi les Juifs endurcis des bourses continentales.[467] Dans son journal, Samuel Pepys évoque les paris faits par les Juifs de Londres sur les chances qu'une "certaine personne se trouvant actuellement à Smyrne" soit acclamée roi du monde et véritable Messie.[468]

Shabbethai, qui était un cabaliste expert et avait la témérité de prononcer le nom ineffable de Jéhovah, était réputé posséder des pouvoirs merveilleux, sa peau exhalait un parfum exquis, il se livrait perpétuellement à des bains de mer et vivait dans un état d'extase chronique. Les prétentions de Shabbethai, qui prit le titre de "roi des rois de la terre", divisèrent la juiverie en deux ; de nombreux rabbins lancèrent des imprécations contre lui, et ceux qui avaient cru en lui furent amèrement désillusionnés lorsque, mis au défi par le sultan de prouver sa prétention à être le Messie en permettant qu'on lui tire des flèches empoisonnées, il renonça soudain à la foi juive et se proclama mahométan. Sa conversion, cependant, ne semble être que partielle, car " tantôt il prenait le rôle d'un pieux mahométan et injuriait le judaïsme, tantôt il entrait en relation avec les juifs comme s'il était de leur propre foi".[469] Par ce moyen, il conservait l'allégeance des musulmans et des juifs. Mais les rabbins, alarmés pour la cause du judaïsme, réussirent à obtenir son incarcération par le sultan dans un château près de Belgrade, où il mourut de coliques en 1676.[470]

Cette fin prosaïque de la carrière du Messie n'éteignit cependant pas complètement l'enthousiasme de ses disciples, et le mouvement shabbéthain se poursuivit au siècle suivant. En Pologne, le cabalisme connut un regain d'énergie ; de nouveaux Zaddikim et Ba'al Shem

---

[467] *Encyclopédie Harmsworth*, article sur les Juifs.

[468] *Journal de Samuel Pepys*, date du 19 février 1666.

[469] *Encyclopédie juive*, article sur Shabbethai Zebi B. Mordecai.

[470] Henry Hart Milman, *History of the Jews* (Everyman's Library), Vol. II. p. 445.

apparurent, le plus célèbre d'entre eux étant Israël de Podolie, connu sous le nom de Ba'al Shem Tob, ou par les lettres initiales de ce nom, Besht, qui fonda sa secte de Hassidim en 1740.

Besht, tout en s'opposant au rabbinisme bigot et en s'inspirant du Zohar, n'adhérait cependant pas strictement à la doctrine de la Cabale selon laquelle l'univers était une émanation de Dieu, mais développait une forme de panthéisme, déclarant que l'univers entier était Dieu, que même le mal existe en Dieu puisque le mal n'est pas mauvais en soi mais seulement dans sa relation avec l'homme ; le péché n'a donc pas d'existence positive. [471] En conséquence, les adeptes de Besht, qui s'appelaient eux-mêmes les "nouveaux saints" et qui, à sa mort, n'étaient pas moins de 40 000, rejetèrent non seulement les préceptes du Talmud, mais aussi toutes les contraintes de la moralité et même de la décence.[472]

Un autre Ba'al Shem de la même époque est Heilprin, alias Joel Ben Uri de Satanov, qui, comme Israël de Podolie, prétendait faire des miracles par l'usage du Nom divin et rassemblait autour de lui de nombreux élèves qui, à la mort de leur maître, "formèrent une bande de charlatans et exploitèrent sans vergogne la crédulité de leurs contemporains".[473]

Mais le plus important de ces groupes cabalistiques était celui des Frankistes, qui étaient parfois connus sous le nom de Zoharistes ou d'Illuminés, [474] en raison de leur adhésion au Zohar ou livre de la Lumière, ou dans leur lieu de naissance, la Podolie, sous le nom de Shabbethan Zebists, en raison de leur allégeance au faux Messie du siècle précédent — une hérésie qui avait été "maintenue en vie dans des cercles secrets qui avaient quelque chose d'apparenté à une organisation maçonnique." [475] Le fondateur de cette secte était Jacob Frank, un distillateur d'eau-de-vie profondément versé dans les doctrines de la

---

[471] *Encyclopédie juive*, article sur Ba'al Shem Tob.

[472] Milman, op. cit. 446.

[473] *Encyclopédie juive*, article sur Heilprin, Joel Ben Uri.

[474] Heckethorn, *Sociétés secrètes*, I. 87.

[475] *Encyclopédie juive*, article sur Jacob Frank.

Cabale qui, en 1755, rassembla autour de lui un grand nombre d'adeptes en Podolie et vécut dans un style de magnificence orientale, entretenu par de vastes richesses dont personne n'a jamais découvert la source. La persécution dont il était l'objet de la part des rabbins amena le clergé catholique à prendre fait et cause pour lui. Frank se mit alors à la merci de l'évêque de Kaminick et brûla publiquement le Talmud, déclarant qu'il ne reconnaissait que le Zohar, qui, selon lui, admettait la doctrine de la Trinité. Ainsi, les zoharistes "affirmaient qu'ils considéraient le Messie-Délivrant comme l'une des trois divinités, mais omettaient de préciser que par Messie, ils entendaient Shabbethai Zebi".[476] L'évêque fut apparemment trompé par cette manœuvre et, en 1759, les zoharites se déclarèrent convertis au christianisme et furent baptisés, y compris Frank lui-même, qui prit le nom de Joseph. "Le manque de sincérité des frankistes ne tarda cependant pas à se manifester, car ils continuèrent à ne se marier qu'entre eux et à tenir Frank en respect, l'appelant 'le saint maître'".[477] Il devint bientôt évident que, tout en embrassant ouvertement la foi catholique, ils avaient en réalité conservé leur judaïsme secret.[478] En outre, on découvrit que Frank avait tenté de se faire passer pour un mahométan en Turquie ; "il fut donc arrêté à Varsovie et livré au tribunal ecclésiastique sous l'inculpation de fausse conversion au christianisme et de propagation d'une hérésie pernicieuse".[479] Contrairement à son prédécesseur dans l'apostasie, Shabbethai Zebi, Frank ne connut cependant pas une fin prématurée, mais après sa sortie de prison, il continua à exploiter la crédulité des chrétiens et se rendit fréquemment à Vienne avec sa fille, Eve, qui réussit à duper la pieuse Marie-Thérèse. Mais là encore, "les projets sectaires de Frank furent découverts"[480] et il dut quitter l'Autriche.

Finalement, il s'installe à Offenbach et, soutenu par les subventions

---

[476] *Encyclopédie juive*, article sur Jacob Frank.

[477] Ibid.

[478] Milraan, op. cit. 447.

[479] *Encyclopédie juive*, article sur Jacob Frank.

[480] Ibid.

libérales des autres Juifs, il reprend sa splendeur d'antan[481] avec une suite de plusieurs centaines de beaux jeunes juifs des deux sexes ; des charrettes contenant des trésors lui étaient perpétuellement apportées, principalement de Pologne — il sortait chaque jour en grande pompe pour faire ses dévotions en plein air — il montait dans un char tiré par de nobles chevaux ; dix ou douze Hulans en uniforme rouge ou vert, étincelant d'or, à ses côtés, avec des piques à la main et des écussons sur leurs bonnets, des aigles, ou des cerfs, ou le soleil et la lune.... Ses partisans le croyaient immortel, mais en 1791 il mourut ; son enterrement fut aussi splendide que son mode de vie — 800 personnes le suivirent dans la tombe.[482]

Aujourd'hui, il est impossible d'étudier la carrière de ces magiciens en Pologne et en Allemagne sans se souvenir de leurs homologues en France.

L'air de famille entre le "Baron von Offenbach", le "Comte de Saint-Germain" et le "Comte de Cagliostro" est tout de suite évident.

Tous prétendaient accomplir des miracles, tous vivaient avec une extraordinaire magnificence grâce à des richesses d'origine inconnue, l'un était certainement juif, les deux autres passaient pour l'être, et tous étaient connus pour être des cabalistes. En outre, tous trois ont passé de nombreuses années en Allemagne, et c'est alors que Frank vivait sous le nom de Baron von Offenbach près de Francfort que Cagliostro a été reçu dans l'Ordre de la Stricte Observance dans une chambre souterraine à quelques kilomètres de cette ville. Plus tôt dans sa carrière, on sait qu'il a visité la Pologne, d'où Frank est originaire. Faut-il croire que tous ces hommes, si étrangement semblables dans leurs parcours, vivant à la même époque et dans les mêmes lieux, n'avaient aucun lien entre eux ? Est-ce une simple coïncidence que ce groupe de thaumaturges cabalistes juifs ait existé en Allemagne et en Pologne au moment précis où les magiciens cabalistes apparaissaient en France ? Est-ce encore un hasard

---

[481] Ibid: Heckethorn. *Sociétés secrètes*, I. 87.

[482] Milman, op. cit. 448. Cf. la description du faste affiché par un autre membre de la race opprimée, Fränkel, qui apparut lors d'un défilé de juifs à Prague en 1741 dans une voiture tirée par six chevaux et entourée de valets et de gardes à cheval — *Jewish Encyclopædia*, article sur Fränkel, Simon Wolf.

si Martines Pasqually a fondé sa "secte kabbalistique" des Illuminés en 1754 et Jacob Frank sa secte des Zoharites (ou Illuminés) en 1755 ?

De plus, quand on sait, de source purement juive, que le Ba'al Shem Heilprin avait de nombreux élèves "qui formaient une bande de charlatans exploitant sans vergogne la crédulité de leurs contemporains", que le Ba'al Shem Tob et Jacob Frank avaient tous deux de nombreux adeptes, c'est certainement là que l'on peut trouver l'origine de ces mystérieux magiciens qui se sont répandus en Europe à cette date.

On se demandera aussitôt : "Mais qu'est-ce qui prouve que l'un ou l'autre de ces Ba'al Shem ou Cabalistes était lié à des sociétés maçonniques ou secrètes ?" La réponse est que le Ba'al Shem le plus important de l'époque, connu sous le nom de "Chef de tous les Juifs", est démontré par des preuves documentaires comme ayant été un initié de la franc-maçonnerie et en contact direct avec les dirigeants des sociétés secrètes. Si l'on admet que ni Saint-Germain ni Cagliostro ne peuvent être prouvés comme étant juifs, nous avons ici un homme impliqué dans le mouvement, plus important que l'un ou l'autre, dont la nationalité ne fait aucun doute.

Ce personnage extraordinaire, connu sous le nom de "Ba'al Shem de Londres", était un juif cabaliste nommé Hayyim Samuel Jacob Falk, également appelé Dr Falk, Falc, de Falk ou Falkon, né en 1708, probablement en Podolie.

Le fait qu'il ait été considéré par ses compatriotes juifs comme un adepte du Messie Shabbethai Zebi montre clairement sa connexion avec les zoharites podoliens. Falk n'était donc pas un phénomène isolé, mais un membre de l'un des groupes décrits dans les pages précédentes. Ce qui suit est un résumé du compte rendu donné du Ba'al Shem de Londres dans l'*Encyclopédie juive* : Falk prétendait posséder des pouvoirs thaumaturgiques et être capable de découvrir des trésors cachés. Archenholz (*England und Italien*, I. 249) raconte certaines merveilles qu'il a vues réalisées par Falk à Brunswick et qu'il attribue à une connaissance particulière de la chimie. En Westphalie, Falk fut condamné à être brûlé comme sorcier, mais il s'échappa en Angleterre. Il y fut accueilli avec hospitalité et acquit rapidement une réputation de cabaliste et de faiseur de miracles.

De nombreux récits font état de ses pouvoirs. Il pouvait faire en sorte qu'une petite bougie reste allumée pendant des semaines ; une incantation permettait de remplir sa cave de charbon ; une assiette laissée chez un prêteur sur gages rentrait dans sa maison en glissant. Lorsqu'un incendie menaçait de détruire la Grande Synagogue, il évita le désastre en écrivant quatre lettres hébraïques sur les piliers de la porte.[483] [De toute évidence, le Tétragramme].

À son arrivée à Londres en 1742, Falk semblait être sans ressources, mais peu de temps après, on l'a vu posséder des richesses considérables. Il vivait dans une maison confortable à Wellclose Square, où il avait sa propre synagogue, et sa table était ornée de plaques d'or et d'argent. Son journal, toujours conservé à la bibliothèque de la synagogue unie, fait référence à des "voyages mystérieux" à destination et en provenance de la forêt d'Epping, à des réunions, à une salle de réunion dans la forêt et à des coffres d'or enterrés là. On raconte qu'une fois, alors qu'il s'y rendait en voiture le long de Whitechapel Road, une roue arrière de sa voiture s'est détachée, ce qui a alarmé le cocher, mais Falk lui a ordonné de continuer et la roue a suivi la voiture tout au long du trajet jusqu'à la forêt.

Les récits des pouvoirs miraculeux de Falk sont trop nombreux pour être relatés ici, mais une lettre écrite par un admirateur juif enthousiaste, Sussman Shesnowzi, à son fils en Pologne, servira à montrer la réputation dont il jouissait :

Écoute, mon fils bien-aimé, les dons merveilleux confiés à un fils de l'homme, qui en vérité n'est pas un homme, lumière de la captivité… une sainte lumière, un saint homme… qui habite actuellement dans la grande ville de Londres. Bien que je n'aie pas pu le comprendre entièrement en raison de sa volubilité et du fait qu'il parlait comme un habitant de Jérusalem… Sa chambre est éclairée par des chandeliers d'argent placés sur les murs, avec une lampe centrale à huit branches en argent pur

---

[483] *Encyclopédie juive,* article sur Falk, dont un bon portrait par Copley est donné. Sur Falk, voir également *Ars Quatuor Coronatorum,* Vol. XXVI. Part I. pp. 98-105, et Vol. XXX. Part II; *Transactions of the Jewish Historical Society,* Vol. V. p. 148, article sur «The Ba'al Shem of London», par le Révérend Dr. H. Adler, Grand Rabbin, et Vol. VIII, «Notes on some Contemporary References to Dr Falk, the Ba'al Shem of London, in the Rainsford MSS. at the British Museum», par Gordon P.G. Hills. Les pages qui suivent sont entièrement tirées de ces sources.

travaillé. Elle contenait de l'huile pour un jour et une nuit, mais elle restait allumée pendant trois semaines. Une fois, il resta isolé dans sa maison pendant six semaines, sans manger ni boire.

Lorsque, à la fin de cette période, dix personnes furent invitées à entrer, elles le trouvèrent assis sur une sorte de trône, la tête couverte d'un turban d'or, une chaîne d'or autour du cou avec une étoile d'argent en pendentif sur laquelle étaient inscrits des noms sacrés. En vérité, cet homme est le seul de sa génération à connaître les saints mystères.

Je ne peux pas vous raconter toutes les merveilles qu'il accomplit. Je suis reconnaissant d'avoir été jugé digne d'être reçu parmi ceux qui vivent à l'ombre de sa sagesse... Je sais que beaucoup croiront mes paroles, mais que d'autres, qui ne s'intéressent pas aux mystères, en riront.

C'est pourquoi, mon fils, sois très prudent et ne montre ceci qu'à des hommes sages et discrets. Car ici, à Londres, ce maître n'a pas été révélé à quiconque n'appartient pas à notre confrérie.

L'estime dans laquelle Falk était tenu par la communauté juive, y compris le grand rabbin et le rabbin de la nouvelle synagogue, semble avoir suscité le ressentiment de son coreligionnaire Emden, qui l'a dénoncé comme un adepte du faux Messie et un exploiteur de la crédulité chrétienne.

Falk [écrit-il dans une lettre à la Pologne] s'était fait une place en prétendant être un adepte de la Cabale pratique, grâce à laquelle il prétendait pouvoir découvrir des trésors cachés ; par ses prétentions, il avait piégé un riche capitaine dont il avait escroqué la fortune, de sorte qu'il en était réduit à dépendre de la charité du rabbin, et malgré cela, les riches chrétiens dépensent leur argent pour lui, tandis que Falk dépense sa générosité pour les hommes de sa confrérie afin qu'ils puissent répandre sa renommée.

En général, Falk semble avoir fait preuve d'une extrême prudence dans ses relations avec les chrétiens en quête de connaissances occultes, comme l'indique l'*Encyclopédie juive :* "Archenholz mentionne un prince royal qui s'est adressé à Falk dans sa quête de la pierre philosophale, mais qui s'est vu refuser l'entrée. Néanmoins, Hayyum Azulai mentionne (Ma'gal Tob, p. 13 *b*) :

Lors de son séjour à Paris en 1778, la Marchesa de Crona lui a dit que le Ba'al Shem de Londres lui avait enseigné la Cabale. Falk semble également avoir été en bons termes avec cet étrange aventurier qu'était le baron Theodor de Neuhoff.... Les principaux amis de Falk sont les banquiers londoniens Aaron Goldsmid et son fils.[484] Le prêt sur gage et les spéculations fructueuses lui permettent d'acquérir une fortune considérable. Il a légué d'importantes sommes d'argent à des œuvres de charité et les surveillants de la Synagogue Unie de Londres distribuent encore chaque année certains versements qu'il a laissés pour les pauvres.

Rien de tout cela ne permet de supposer que Falk puisse être considéré comme un magicien noir ; il est donc surprenant de constater que le Dr Adler observe que l'horrible récit d'un cabaliste juif dans le *Gentleman's Magazine* de septembre 1762 "fait manifestement référence au Dr Falk, bien que son nom ne soit pas mentionné".[485] Cet homme est décrit comme "un juif baptisé et le plus grand voyou et scélérat du monde" qui "avait été emprisonné partout et banni de tous les pays d'Allemagne."[486] Cet homme est décrit comme "un juif baptisé et le plus grand voyou et scélérat du monde", qui "avait été emprisonné partout et banni de tous les pays d'Allemagne, et aussi parfois fouetté publiquement, de sorte que son dos perdait toute la vieille peau et redevenait neuf, et pourtant il n'a

---

[484] Falk ne semble pas avoir porté chance à la famille Goldsmid, car Margoliouth, dans un passage qui se rapporte manifestement à Falk, dit que, selon la légende juive, le suicide d'Abraham Goldsmid et de son frère a été attribué à la cause suivante : « Un Ba'al Shem, un cabaliste actif, autrement dit un thaumaturge et un prophète, vivait avec le père de Goldsmid, qui était un homme de lettres : «Un Ba'al Shem, cabaliste actif, c'est-à-dire thaumaturge et prophète, vivait avec le père des Goldsmid. Sur son lit de mort, il convoqua le patriarche Goldsmid et lui remit une boîte qu'il lui enjoignit strictement de ne pas ouvrir avant une certaine période précisée par le Ba'al Shem. En cas de désobéissance (), un torrent de calamités effrayantes s'abattrait sur les Goldsmid. La curiosité du patriarche ne fut pas éveillée pendant un certain temps ; mais quelques années après la mort du Ba'al Shem, Goldsmid, le vieillard, mi-sceptique, mi-curieux, força l'ouverture de la boîte fatale, et c'est alors que les Goldsmids commencèrent à apprendre ce que c'était que de ne pas croire les paroles d'un Ba'al Shem.

[485] *Transactions de la Société historique juive*, V. 162.

[486] Benjamin Fabre, *Eques a Capite Galeato*, p. 84.

jamais cessé ses méchancetés, mais les a toujours aggravées". L'auteur poursuit en racontant que le cabaliste lui a proposé de lui enseigner certains mystères, mais lui a expliqué qu'avant d'entamer toute "expérience sur lesdits mystères pieux, nous devons d'abord éviter toutes les églises et tous les lieux de culte comme impurs" ; il a ensuite lié son initié par un serment très fort et lui a dit qu'il devait voler une Bible hébraïque à un protestant et aussi se procurer "une livre de sang dans les veines d'un honnête protestant". L'initié a alors volé tous les biens d'un protestant, mais s'est fait saigner d'environ trois quarts de livre de sang, qu'il a remis au magicien. Il décrit ainsi la cérémonie qui s'est déroulée :

La nuit suivante, vers 11 heures, nous sommes allés tous les deux dans mon jardin, et le cabaliste a placé une croix, teintée de mon sang, à chaque coin du jardin, et au milieu du jardin un triple cercle... dans le premier cercle étaient écrits tous les noms de Dieu en hébreu ; dans le deuxième tous les noms des anges ; et dans le troisième le premier chapitre du saint Évangile de St. Jean.

Les cruautés exercées alors par le cabaliste sur un bouc sont trop répugnantes pour être transcrites. L'ensemble de l'histoire, en effet, apparaît comme une farandole d'absurdités et ne mériterait pas d'être citée si ce n'est qu'elle semble être prise au sérieux par le Dr Adler en tant que description du grand Ba'al Shem.

Falk mourut le 17 avril 1782 et l'épitaphe de sa tombe dans le cimetière de Globe Road, Mile End, "témoigne de son excellence et de son orthodoxie" : "Ici est enterré... l'homme âgé et honorable, un grand personnage venu de l'Est, un sage accompli, un adepte de la Cabbale... Son nom était connu jusqu'aux confins de la terre et des îles lointaines", etc.

Voilà donc le portrait d'un personnage des plus remarquables, un homme connu pour ses pouvoirs en Angleterre, en France et en Allemagne, visité par un prince royal à la recherche de la pierre philosophale, et acclamé par un homme de sa propre race comme étant le seul de sa génération par ses connaissances. Pourtant, alors que Saint-Germain et Cagliostro figurent dans tous les récits de magiciens du XVIIIe siècle, ce n'est que dans des ouvrages exclusivement judaïques ou maçonniques, non destinés au grand public, que l'on trouve une référence à Falk. N'avons-nous pas là une preuve éclatante de la vérité du dicton de M. André Baron : "Rappelez-vous que la règle constante des sociétés secrètes est que les vrais auteurs ne se montrent jamais" ?

On se demandera alors quelle est la preuve que Falk est lié à des sociétés maçonniques ou secrètes. Certes, dans les récits de l'*Encyclopédie juive*, le mot franc-maçonnerie n'est pas mentionné une seule fois.

Mais dans le curieux portrait du grand Ba'al Shem joint en annexe, nous le voyons tenir dans sa main la paire de compas, et devant lui, sur la table où il est assis, le double triangle ou Sceau de Salomon, connu chez les Juifs sous le nom de "Bouclier de David", qui constitue un emblème important dans la Maçonnerie.

De plus, il est significatif de trouver dans la *Royal Masonic Encyclopædia* du Rosicrucien Kenneth Mackenzie un article long et détaillé consacré à Falk, bien qu'encore une fois sans aucune référence à sa connexion avec la franc-maçonnerie. Ne pouvons-nous pas en conclure que dans certains cercles maçonniques internes, l'importance de Falk est reconnue mais ne doit pas être révélée aux non-initiés ? M. Gordon Hills, dans l'article susmentionné publié dans l'*Ars Quatuor Coronatorum*, se livre à quelques spéculations innocentes sur le rôle que Falk a pu jouer dans le mouvement maçonnique. "Si, observe-t-il, les Frères juifs ont introduit des connaissances cabalistiques dans les soi-disant hauts degrés, nous avons ici quelqu'un qui, s'il avait été franc-maçon, aurait été éminemment qualifié pour le faire.

Falk inded était bien plus qu'un franc-maçon, c'était un haut initié, l'oracle suprême auquel les sociétés secrètes s'adressaient pour être guidées. Tout cela a été révélé il y a quelques années dans la correspondance entre Savalette de Langes et le marquis de Chefdebien dont il a été question dans le chapitre précédent. Ainsi, dans les *dossiers* des principaux occultistes fournis par Savalette, nous trouvons la note suivante sur le Ba'al Shem de Londres :

Ce docteur Falk est connu de nombreux Allemands. C'est un homme extraordinaire à tous points de vue. Certains le considèrent comme le chef de tous les Juifs et attribuent à des projets purement politiques tout ce qu'il y a de merveilleux et de singulier dans sa vie et sa conduite. On parle de lui d'une manière très curieuse et comme d'une Rose-Croix dans les *Mémoires du Chevalier de Rampsow* (c'est-à-dire Rentzov). Il a eu des aventures avec le Maréchal de Richelieu, grand chercheur de la pierre philosophale. Il a eu une étrange histoire avec le prince de Rohan Guéménée et le chevalier de Luxembourg au sujet de Louis XV, dont il a prédit la mort.

Il est presque inaccessible. Dans toutes les sectes de savants en sciences secrètes, il passe pour un homme supérieur. Il se trouve actuellement en Angleterre. Le baron de Gleichen peut donner de bons renseignements sur lui. Essayez d'en obtenir plus à Francfort.

De nouveau, dans les notes sur d'autres personnages, le nom de Falk revient avec la même insistance sur son importance en tant que haut initié : Leman, élève de Falk... Le baron de Gleichen... intimement lié à Wecter [Waechter] et Wakenfeldt... Il connaît Falk... Le baron de Waldenfels... est, d'après ce que je sais du baron de Gleichen, des princes de Daimstadt,... et de autres, l'homme le plus intéressant à connaître pour vous et moi. Si nous faisions sa connaissance, il pourrait nous donner les meilleurs renseignements sur tous les objets d'instruction les plus intéressants. Il connaît Falk et Wecter.

Le Prince Louis d'Haimstadt... est également membre des Amis Réunis, 12° et responsable des Annuaires. Il a travaillé dans sa jeunesse avec un juif dont il pense qu'il a reçu l'enseignement de Falk...[487]

C'est donc ici, derrière l'organisation de la Stricte Observance, des Amis Réunis et des Philalèthes, que l'on entrevoit enfin l'un de ces *véritables initiés* dont l'identité a été si soigneusement gardée dans l'ombre. Car Falk, comme nous le voyons dans ces notes, n'était pas un sage isolé ; il avait des élèves, et être l'un d'eux, c'était être admis aux mystères intérieurs. Cagliostro était-il l'un de ces adeptes ? Est-ce ici que nous pouvons chercher l'explication du "Rite égyptien" qu'il a conçu à Londres, et de sa découverte fortuite dans un comptoir de livres de cette ville d'un document cabalistique rédigé par le mystérieux "George Cofton", dont l'identité n'a jamais été révélée ?

Je dirais que toute l'histoire de la librairie était une fable et que ce n'est pas d'un quelconque manuscrit, mais de Falk, que Cagliostro a reçu ses instructions. Ainsi, le rite de Cagliostro était en réalité un cabalisme caché.

Le fait que Falk n'était qu'un des nombreux supérieurs cachés est également suggéré par l'intrigante correspondance de Savalette de

---

[487] Benjamin Fabre, op cit, pp. 88, 90, 98, 110.

Langes.

"Schroeder, lit-on, avait pour maître un vieil homme de Suabie, par lequel le baron de Waechter aurait été instruit en maçonnerie et serait devenu l'un des initiés les plus importants d'Allemagne. En conséquence, Waechter fut envoyé par son Ordre à Florence pour s'enquérir d'autres secrets et de certains trésors célèbres au sujet desquels Schroepfer, le baron de Hundt et d'autres avaient entendu dire qu'Aprosi, le secrétaire du Prétendant, pouvait leur donner des informations. Waechter, cependant, écrivit pour dire que tout ce qu'on leur avait dit sur ce dernier point était fabuleux, mais qu'il avait rencontré à Florence certains "Frères de Terre Sainte" qui l'avaient initié à de merveilleux secrets ; l'un d'eux en particulier, qui est décrit comme "un homme qui n'est pas un Européen", l'avait "parfaitement instruit". De plus, de Waechter, qui était parti pauvre, revint chargé de richesses attribuées par ses compagnons maçons aux "Frères asiatiques" qu'il avait fréquentés à Florence et qui possédaient l'art de faire de l'or.[488] Je suggérerais donc qu'il s'agit des membres de l'"Ordre italien" mentionné par M. Tuckett, qui, comme Schroepfer et de Hundt, s'imaginait avoir été lié aux Jacobites.

Mais toutes ces sources secrètes d'instruction sont enveloppées de mystère.

Tandis que Saint-Germain et Cagliostro — dont il est question dans cette correspondance avec une légère dérision — apparaissent sous les feux de la rampe, les vrais initiés restent cachés à l'arrière-plan. Falk "est presque inaccessible !". Pourtant, un autre document de l'époque, presque oublié, peut nous éclairer sur le rôle important qu'il a joué dans les coulisses de la Maçonnerie.

On se souvient qu'Archenholz avait parlé de certaines merveilles qu'il avait vues exécutées par Falk à Brunswick. Or, en 1770, le poète allemand Gotthold Ephraim Lessing fut nommé bibliothécaire du duc de Brunswick dans cette ville. Il est possible que la renommée de Falk ait alors atteint ses oreilles. En tout cas, en 1771, Lessing, après s'être moqué de la franc-maçonnerie, fut initié dans une loge maçonnique à Hambourg

---

[488] Clavel, *Histoire pittoresque*, pp. 188, 390 ; Robison's *Proofs of a Conspiracy*, p. 77.

et, en 1778, il publia non seulement son célèbre drame maçonnique *Nathan der Weise*, dans lequel le juif de Jérusalem est montré dans un contraste admirable avec les chrétiens et les mahométans, mais il écrivit également cinq dialogues sur la franc-maçonnerie qu'il dédia au duc de Brunswick, grand maître de toutes les loges allemandes, et qu'il intitula *"Ernst und Falk : Gespräche fur Freimaurer"* (Ernst et Falk : dialogues pour les francs-maçons).[489]

L'amitié de Lessing avec Moses Mendelssohn a donné lieu à une théorie populaire, qui n'est toutefois étayée par aucune preuve réelle, selon laquelle le philosophe juif de Berlin aurait inspiré le personnage de Nathan, mais le thaumaturge de Brunswick n'aurait-il pas également été à l'origine de cette inspiration ? En revanche, les dialogues laissent moins de place au doute. Falk est cité nommément et présenté comme initié aux plus hauts mystères de la franc-maçonnerie. Les commentateurs de Lessing ne l'expliquent évidemment pas et ne donnent aucun indice sur son identité.[490] Il est évident que Lessing a commis une énorme erreur en laissant échapper un chat aussi important, car après la publication des trois premiers dialogues et alors que les deux derniers circulaient en privé sous forme de manuscrit parmi les francs-maçons, un ordre du duc de Brunswick a interdit leur publication comme étant dangereuse.

Malgré cette interdiction, le reste de la série a été imprimé, sans l'autorisation de Lessing, en 1870, avec une préface d'un inconnu se décrivant comme non-maçon.

Les dialogues entre Ernst et Falk jettent une lumière curieuse sur les influences à l'œuvre dans la franc-maçonnerie à cette époque et gagnent

---

[489] *Le Royal Masonic Cyclopædia* décrit *Nathan der Weise* et *Ernst und Falk* comme des ouvrages importants sur la maçonnerie.

[490] Il est cependant possible que Lessing ait eu à l'esprit un autre Falk vivant à la même époque ; il s'agit de « John Frederick Falk, né à Hambourg de parents juifs, qui aurait été à la tête d'un collège cabalistique à Londres et serait mort vers 1824 » (*Tranactions of the Jewish Historical Society*, VIII. 128). Mais compte tenu du rôle que la correspondance de Savalette de Langes montre que le Ba'al Shem de Londres a joué dans l'arrière-plan de la franc-maçonnerie, il semble plus probable qu'il s'agisse du Falk en question. En tout cas, tous deux étaient juifs et cabalistes.

énormément en intérêt lorsque l'on comprend l'identité des deux hommes en question. Ainsi, Ernst, par lequel Lessing se représente évidemment, n'est pas franc-maçon au départ et, alors qu'il est assis avec Falk dans un bois, il interroge le grand initié sur les objectifs de l'Ordre.

Falk explique que la franc-maçonnerie a toujours existé, mais pas sous ce nom. Son but réel n'a jamais été révélé. En apparence, il s'agit d'une association purement philanthropique, mais en réalité, la philanthropie ne fait pas partie de son plan, son objectif étant de créer un état de choses qui rendra la philanthropie inutile.

("*Was man gemeinlich gute Thaten zu nennen pflegt entbehrlich zu machen*"). Pour illustrer son propos, Falk montre une fourmilière au pied de l'arbre sous lequel les deux hommes sont assis. "Pourquoi, demande-t-il, les êtres humains ne pourraient-ils pas exister sans gouvernement, comme les fourmis ou les abeilles ? Falk décrit ensuite son idée d'un État universel, ou plutôt d'une fédération d'États, dans lequel les hommes ne seront plus divisés par des préjugés nationaux, sociaux ou religieux, et où régnera une plus grande égalité.

À la fin du troisième dialogue, Ernst s'absente et devient franc-maçon, mais à son retour, il exprime à Falk sa déception de voir de nombreux francs-maçons s'adonner à des activités aussi futiles que l'alchimie ou l'évocation d'esprits. D'autres encore cherchent à faire revivre le * * *. Falk répond que, bien que les grands secrets de la franc-maçonnerie ne puissent être révélés par aucun homme, même s'il le souhaitait, une chose, cependant, a été gardée dans l'obscurité et devrait maintenant être rendue publique, à savoir la relation entre les francs-maçons et les * * *.

"Les * * * étaient en fait les francs-maçons de leur temps. Il semble probable, d'après le contexte et les références de Falk à Sir Christopher Wren en tant que fondateur de l'Ordre moderne, que les astérisques désignent les Rose-Croix.

Le point le plus intéressant de ces dialogues est cependant l'allusion continuellement faite par Falk au fait qu'il y a quelque chose derrière la franc-maçonnerie, quelque chose de beaucoup plus ancien et de beaucoup plus large dans ses objectifs que l'Ordre actuellement connu sous ce nom — les francs-maçons modernes ne font pour la plupart que "jouer à ça". Ainsi, lorsque Ernst se plaint que la véritable égalité n'a pas été atteinte dans les loges puisque les Juifs n'y sont pas admis, Falk observe qu'il ne les fréquente pas lui-même, que la véritable franc-maçonnerie n'existe pas sous des formes extérieures — "Une loge a la même relation avec la franc-maçonnerie qu'une église avec la croyance." En d'autres termes, les vrais initiés n'apparaissent pas sur la scène. C'est ici que nous voyons le rôle des "Supérieurs cachés". Il n'est pas étonnant que les dialogues de Lessing aient été considérés comme trop dangereux pour être publiés !

En outre, dans la conception de l'ordre social idéal de Falk et dans son réquisitoire contre ce qu'il appelle la "société bourgeoise", nous trouvons l'indice de mouvements d'une immense importance. Le système de la fourmilière ou de la ruche ne s'est-il pas révélé, comme je l'ai indiqué ailleurs, le modèle sur lequel les anarchistes modernes, à partir de Proudhon, ont formé leurs projets de réorganisation de la vie humaine ? L'idée de l'"État mondial", de la "République universelle" n'est-elle pas devenue le cri de guerre des socialistes internationalistes, des francs-maçons du Grand Orient, des théosophes et des révolutionnaires mondiaux de notre époque ?

Falk était-il donc un révolutionnaire ? Cette question sera à nouveau contestée. Falk était peut-être un cabaliste, un franc-maçon, un haut initié, mais qu'est-ce qui prouve qu'il avait des liens avec les dirigeants de la Révolution française ? Reprenons l'*Encyclopédie juive* : Falk… est… censé avoir donné au duc d'Orléans, pour assurer sa succession au trône, un talisman consistant en un anneau, que Philippe Égalité avant de monter sur l'échafaud aurait envoyé à une juive, Juliette Goudchaux, qui l'aurait transmis à son fils, devenu Louis Philippe.

Le baron de Gleichen, qui "connaissait Falk", fait référence à un talisman de lapis-lazuli que le duc d'Orléans avait reçu en Angleterre du "célèbre Falk Scheck, premier rabbin des Juifs", et dit qu'une certaine occultiste, Madame de la Croix, s'imaginait l'avoir détruit par " le pouvoir de la prière ". Mais la théorie de sa survie est encore confirmée par les informations fournies par des sources juives à M. Gordon Hills, qui déclare que Falk était "en contact avec la Cour de France en la personne du 'Prince Emanuel'[491] qu'il décrit comme un serviteur du Roi de France", et ajoute que l'anneau talismanique qu'il a donné au Duc d'Orléans "est toujours en possession de la famille, après être passé au

---

[491] De qui s'agit-il ?

Roi Louis Philippe et de là au Comte de Paris".[492]

Un fait émerge donc des ténèbres qui enveloppent la puissance secrète de la conspiration orléaniste, un fait d'une importance suprême, et fondé de surcroît sur des preuves purement juives : le duc était en contact avec Falk lorsqu'il était à Londres et Falk soutenait son projet d'usurpation. Ainsi, derrière l'archiconspirateur de la révolution se tenait "le chef de tous les Juifs". C'est peut-être ici, dans les "coffres d'or" de Falk, que nous pourrions trouver la source de certains des emprunts levés à Londres par le duc d'Orléans pour financer les émeutes de la Révolution, si absurdement décrits comme "l'or de Pitt" ?

Le lien direct entre l'attaque contre la monarchie française et les cercles juifs de Londres est également démontré par la suite curieuse des émeutes de Gordon. En 1780, le demi-fou Lord George Gordon (comme le décrit un écrivain juif), chef de la foule dite "protestante", marcha sur la Chambre des Communes pour protester contre le projet de loi visant à soulager les invalides catholiques romains et procéda ensuite à la mise en œuvre de son plan d'incendie de Londres. Au cours des cinq jours d'émeutes qui ont suivi, des biens d'une valeur de 180 000 livres sterling ont été détruits. Après cela, "le descendant de la maison ducale de Gordon a prouvé la durabilité de son amour pour le protestantisme en professant la foi hébraïque" et a été reçu avec les plus grands honneurs à la synagogue.

Le même écrivain juif, qui l'a décrit plus tôt comme étant à moitié idiot, cite ce panégyrique sur son orthodoxie : "Il était très régulier dans ses observances juives ; chaque matin, on le voyait avec les phylactères entre les yeux et en face de son cœur.... Son pain du samedi était cuit à la

---

[492] La duchesse de Gontaut raconte dans ses *Mémoires* que le duc d'Orléans traversait un jour la forêt de Fontainebleau lorsqu'un homme, à moitié vêtu et d'un air dément, s'élança vers la voiture en grimaçant horriblement. La suite du duc, le prenant pour un fou, aurait voulu le tenir à distance, mais le duc, à ce moment-là, s'éveillant de son sommeil, déboutonna sa chemise et montra à son assaillant un anneau de fer suspendu à son cou. À cette vue, l'homme prit ses jambes à son cou et disparut dans le bois. Le mystère de cet incident n'a jamais été élucidé et le duc, interrogé à ce sujet, n'a pas voulu donner d'explication. Cet anneau aurait-il été le talisman de Falk ?

manière des Juifs, son vin était juif, ses repas étaient juifs. Son pain du samedi était cuit à la manière des Juifs, son vin était juif, sa viande était juive, et il était le meilleur Juif de la congrégation d'Israël". Et c'est immédiatement après sa conversion au judaïsme qu'il publie dans *The Public Advertiser* le libelle contre Marie-Antoinette qui lui vaut d'être emprisonné à Newgate.[493]

Nous savons à présent que Lord George Gordon a rencontré Cagliostro à Londres en 1786.[494] N'est-il pas probable que l'auteur du pamphlet calomnieux et le magicien impliqué dans l'atteinte à l'honneur de la reine à travers l'affaire du collier — l'un juif de profession, l'autre que l'on dit juif de race — aient eu quelque relation avec le partisan juif de Philippe Égalité, le thaumaturge de Wellclose Square ?

Mais déjà un génie plus grand que Falk ou Cagliostro, que Pasqually ou Savalette de Langes, avait surgi, qui, rassemblant entre ses mains les fils de toutes les conspirations, était capable de les tisser ensemble en un gigantesque projet de destruction de la France et du monde.

---

[493] Margoliouth, op. cit. 121-4. Voir également *Life of Lord George Gordon* par Robert Watson (1795), pp. 71, 72.

[494] Friedrich Biilau, *Geheime Geschichten und räthselhafte Menschen*, I. 325 (1850). *The Public Advertiser*, 22 et 24 août 1786.

9. LES ILLUMINATI BAVAROIS

L a question du système que j'appellerai désormais simplement l'Illuminisme est d'une telle importance pour la compréhension du mouvement révolutionnaire moderne que, bien que je l'aie déjà décrit en détail dans *Révolution mondiale*, il est nécessaire d'y consacrer un chapitre supplémentaire afin de répondre aux objections formulées à l'encontre de mon précédent exposé sur l'Ordre et de montrer ses liens avec les sociétés secrètes antérieures.

Les principaux arguments des auteurs qui, consciemment ou inconsciemment, tentent d'induire le public en erreur sur la véritable nature et l'existence réelle de l'Illuminisme sont les suivants :

> ➤ Premièrement, l'argumentation contre l'illuminisme repose uniquement sur les travaux de Robison, de Barruel et des autorités catholiques ultérieures.
> ➤ Deuxièmement, tous ces auteurs ont mal interprété ou mal cité les Illuminati, qui ne devraient être jugés que par leurs propres œuvres.
> ➤ Troisièmement, les Illuminati étaient en réalité parfaitement inoffensifs et même dignes d'éloges.
> ➤ Quatrièmement, ils n'ont aucune importance puisqu'ils ont cessé d'exister en 1786.

Dans le présent chapitre, je me propose donc de répondre à toutes ces affirmations et, en même temps, d'examiner plus avant les origines de l'Ordre.

ORIGINES DES ILLUMINATI

Le fait que Weishaupt ne soit pas à l'origine du système qu'il a baptisé Illuminisme apparaît déjà à tout lecteur du présent ouvrage ; il a fallu, en effet, tous les chapitres précédents pour remonter à la source des doctrines de Weishaupt à travers l'histoire du monde.

Il en ressort que des hommes visant à renverser l'ordre social existant et toute religion acceptée existaient depuis les temps les plus reculés, et que chez les Caïnites, les Carpocratiens, les Manichéens, les Batinis, les Fatimides et les Karmates, bon nombre des idées de Weishaupt avaient déjà été préfigurées. C'est aux Manichéens que l'on doit le mot "Illuminati" : "gloriantur Manichæi se de caelo illuminatos".[495]

C'est dans la secte d'Abdullah ibn Maymūn qu'il faut chercher le modèle du système d'organisation de Weishaupt. Ainsi, de Sacy a décrit dans les termes suivants la manière dont les Ismaéliens enrôlaient les prosélytes : Ils ne procédaient à l'admission et à l'initiation de nouveaux prosélytes que par degrés et avec beaucoup de réserve ; car, comme la secte avait en même temps un objet et des ambitions politiques, son intérêt était surtout d'avoir un grand nombre de partisans dans tous les lieux et dans toutes les classes de la société. Il fallait donc s'adapter au caractère, au tempérament, aux préjugés du plus grand nombre ; ce que l'on révélait aux uns révoltait les autres et éloignait à jamais les esprits les moins hardis et les consciences les plus facilement alarmées.[496]

Ce passage décrit exactement les méthodes établies par Weishaupt pour ses "Frères Insinuants" — la nécessité de procéder avec prudence dans l'enrôlement des adeptes, de ne pas révéler au novice des doctrines susceptibles de le révolter, de "parler tantôt d'une manière, tantôt d'une autre, de façon à ce que son véritable but reste impénétrable" aux membres des grades inférieurs.

Comment ces méthodes orientales ont-elles pénétré le professeur bavarois ?

Selon certains auteurs, par l'intermédiaire des Jésuites. Le fait que Weishaupt ait été élevé par cet Ordre a fourni aux ennemis des Jésuites l'argument qu'ils étaient les inspirateurs secrets des Illuminati. M. Gould, en effet, a attribué la plupart des erreurs de ces derniers à cette source ; Weishaupt, écrit-il, a encouru "l'inimitié implacable des Jésuites, aux intrigues desquels il était sans cesse exposé". [497] En réalité, c'est

---

[495] Barruel, Vol. III, p. xi, citant Gaultier.

[496] Silvestre de Sacy, « Mémoires sur la Dynastie des Assassins », in *Mémoires de l'Institut Royal de France*, Vol. IV (1818).

[497] *Histoire de la franc-maçonnerie*, III. 121.

précisément le contraire qui s'est produit, car, comme nous le verrons, c'est Weishaupt qui a perpétuellement intrigué contre les Jésuites. Que Weishaupt se soit cependant inspiré dans une certaine mesure des méthodes de formation des Jésuites est reconnu même par Barruel, lui-même Jésuite, qui, citant Mirabeau, dit que Weishaupt " admirait surtout ces lois, ce *régime* des Jésuites, qui, sous un même chef, faisaient tendre vers le même but des hommes dispersés dans l'univers ; il sentait qu'on pouvait imiter leurs méthodes tout en tenant des opinions diamétralement opposées."[498] Et encore, sur la foi de Mirabeau, de Luchet et de von Knigge, Barruel dit ailleurs : "C'est ici que Weishaupt semble avoir spécialement voulu assimiler le régime de la secte à celui des ordres religieux et surtout à celui des Jésuites, par l'abandon total de leur volonté et de leur jugement qu'il exige de ses adeptes…". Mais Barruel poursuit en montrant "l'énorme différence qui existe entre l'obéissance religieuse et l'obéissance illuministe". Dans tous les ordres religieux, les hommes savent que la voix de leur conscience et de leur Dieu est encore plus écoutée que celle de leurs supérieurs.

Il n'en est pas un seul qui, dans le cas où ses supérieurs lui ordonneraient des choses contraires aux devoirs d'un chrétien ou d'un homme de bien, ne voie une exception à l'obéissance qu'il a jurée. Cette exception est souvent exprimée et toujours clairement annoncée dans toutes les institutions religieuses ; elle est surtout formelle et positivement répétée à plusieurs reprises dans celle des Jésuites. Il leur est ordonné d'obéir à leurs supérieurs, mais c'est dans le cas où ils ne verraient aucun péché à obéir, ubi *non cerneretur peccatum (Constitution des Jésuites*, partie 3, chapitre I, parag. 2, vol. i., édition de Prague).[499]

En effet, l'obéissance implicite et l'abandon total de sa propre volonté et de son propre jugement constituent le fondement de toute discipline militaire ; "à eux de ne pas raisonner, à eux de ne pas répondre" est partout reconnu comme le devoir des soldats. Les Jésuites étant en quelque sorte un Ordre militaire, reconnaissant un Général à leur tête, sont liés par la même obligation. Le système de Weishaupt était totalement différent. En effet, alors que tous les soldats et tous les

---

[498] *Mémoires sur le Jacobinisme* (édition de 1819), Vol. III. p. 9.

[499] Ibid. III. 55, 56.

Jésuites, lorsqu'ils obéissent à leurs supérieurs, sont parfaitement conscients du but vers lequel ils tendent, les disciples de Weishaupt étaient enrôlés par les méthodes de tromperie les plus subtiles et conduits vers un but qui leur était totalement inconnu. C'est ce qui constitue, comme nous le verrons plus loin, toute la différence entre les sociétés secrètes honnêtes et malhonnêtes. Le fait est que l'accusation d'intrigues jésuites derrière les sociétés secrètes a émané principalement des sociétés secrètes elles-mêmes et semble avoir été un moyen adopté par elles pour couvrir leurs propres traces. Aucune preuve solide n'a jamais été apportée à l'appui de cette affirmation. Les Jésuites, contrairement aux Templiers et aux Illuminati, ont été simplement supprimés en 1773 sans la formalité d'un procès, et n'ont donc jamais eu l'occasion de répondre aux accusations portées contre eux, ni, comme dans le cas de ces autres Ordres, leurs statuts secrets — si tant est qu'ils existent — n'ont été mis en lumière. Le seul document jamais produit à l'appui de ces accusations est la "Monita Secreta", dont il a été démontré depuis longtemps qu'il s'agissait d'un faux. En tout état de cause, c'est la correspondance des Illuminati qui les disculpe le mieux. Le marquis de Luchet, qui n'était pas un ami des Jésuites, démontre l'absurdité de confondre leurs objectifs avec ceux des Francs-Maçons ou des Illuminati, et les décrit tous les trois comme animés par des buts totalement différents.[500]

Dans toutes ces questions, il est nécessaire de chercher un motif. Je n'ai aucun intérêt personnel à défendre les Jésuites, mais je demande : quel motif les Jésuites pourraient-ils avoir pour former ou soutenir une conspiration dirigée contre tous les trônes et tous les autels ? On m'a répondu que les Jésuites, à cette époque, ne se souciaient pas des trônes et des autels, mais seulement du pouvoir temporel ; or, même en acceptant cette hypothèse injustifiable, comment ce pouvoir pouvait-il s'exercer autrement que par l'intermédiaire des trônes et des autels ?

N'est-ce pas par l'intermédiaire des princes et de l'Église que les Jésuites ont pu exercer leur influence sur les affaires de l'État ? Dans une République irréligieuse, comme les événements l'ont prouvé par la suite, le pouvoir de l'ensemble du clergé ne pouvait qu'être anéanti. La vérité est donc que, loin de soutenir les Illuminati, les Jésuites étaient leurs

[500] *Essai sur la Secte des Illuminés*, pp. 28-39.

adversaires les plus redoutables, le seul groupe d'hommes suffisamment érudits, astucieux et bien organisés pour déjouer les plans de Weishaupt. En supprimant les Jésuites, il est possible que l'Ancien Régime ait supprimé la seule barrière capable de résister à la marée révolutionnaire.

En effet, Weishaupt, comme nous le savons, détestait les Jésuites,[501] et ne prenait d'eux que certaines méthodes de discipline, pour s'assurer l'obéissance ou pour acquérir de l'influence sur l'esprit de ses disciples ; ses objectifs étaient entièrement différents.

Où Weishaupt a-t-il donc trouvé son inspiration immédiate ? C'est ici que Barruel et Lecouteulx de Canteleu fournissent un indice que l'on ne trouve pas dans d'autres sources. En 1771, racontent-ils, un marchand du Jutland nommé Kölmer, qui avait passé de nombreuses années en Égypte, revint en Europe à la recherche de convertis à une doctrine secrète fondée sur le manichéisme qu'il avait apprise en Orient. En route pour la France, il s'arrête à Malte, où il rencontre Cagliostro et manque de provoquer une insurrection parmi la population. Kölmer fut donc chassé de l'île par les chevaliers de Malte et se rendit à Avignon et Lyon. Il y fit quelques disciples parmi les Illuminés et, la même année, se rendit en Allemagne, où il rencontra Weishaupt et l'initia à tous les mystères de sa doctrine secrète. Selon Barruel, Weishaupt passa alors cinq ans à élaborer son système, qu'il fonda sous le nom d'Illuminati le 1er mai 1776, et prit le nom "illuminé" de "Spartacus".

Kölmer reste le plus mystérieux de tous les hommes mystérieux de son époque ; à première vue, on est enclin à se demander s'il ne s'agit pas d'un autre juif cabalistique agissant en tant qu'inspirateur secret des magiciens qui apparaissent sous les feux de la rampe. Le nom de Kölmer pourrait bien être une corruption du nom juif bien connu de Calmer.

Lecouteulx de Canteleu, cependant, suggère que Kölmer était identique à Altolas, décrit par Figuier comme "ce génie universel, presque divin, dont Cagliostro nous a parlé avec tant de respect et d'admiration". Cet Altotas n'était pas un personnage imaginaire. L'Inquisition de Rome a recueilli beaucoup de preuves de son existence

---

[501] « Nos pires ennemis sont les Jésuites » - Lettre de Spartacus, *Originalschriften*, p. 306.

sans avoir pu découvrir quand elle a commencé ou fini, car Altotas disparaît, ou plutôt s'évanouit comme un météore, ce qui, selon la fantaisie poétique des romanciers, nous autoriserait à le déclarer immortel".[502] Il est curieux de constater que les occultistes modernes, tout en attribuant tant d'importance à Saint-Germain et à la légende de son immortalité, ne font aucune mention d'Altotas, qui semble avoir été beaucoup plus remarquable. Mais, encore une fois, il faut se souvenir que "c'est la règle invariable des sociétés secrètes que les vrais auteurs ne se montrent jamais". Si donc Kölmer était la même personne qu'Altotas, il semblerait qu'il n'était ni juif ni cabaliste, mais un initié d'une société secrète du Proche-Orient — peut-être un Ismaïlien. Lecouteulx de Canteleu décrit Altotas comme un Arménien et dit que son système était dérivé de ceux de l'Égypte, de la Syrie et de la Perse. Cela concorde avec l'affirmation de Barruel selon laquelle Kölmer venait d'Égypte et que ses idées étaient fondées sur le manichéisme.

Il faudrait écarter ces affirmations comme n'étant que des théories de Barruel ou de Lecouteulx, si les écrits des Illuminati ne trahissaient l'influence d'une secte proche du manichéisme. Ainsi "Spartacus" écrit à "Cato" qu'il pense à "réchauffer l'ancien système des Ghebers et des Parsees",[503] et l'on se souviendra que les Ghebers étaient l'une des sectes dans lesquelles Dozy raconte qu'Abdullah ibn Maymūn a trouvé ses véritables partisans. Plus tard, Weishaupt explique que l'allégorie dans laquelle les Mystères et les grades supérieurs doivent être revêtus est le culte du feu et toute la philosophie de Zoroastre ou des anciens Parsees qui, de nos jours, ne subsistent qu'en Inde ; c'est pourquoi, dans les degrés suivants, l'Ordre est appelé "culte du feu" (Feuer-dienst), "Ordre du feu" ou "Ordre persan" — c'est-à-dire quelque chose de magnifique qui dépasse toutes les attentes.[504]

À la même époque, le calendrier persan est adopté par les

---

[502] Figuier, *Histoire de Merveilleux*, IV. 77.

[503] *Originalschriften des Illuminatenordens*, p. 230.

[504] Ibid. p. 331.

Illuminati.[505]

Il est évident que cette prétention au zoroastrisme était aussi pure foutaise que la prétention ultérieure de Weishaupt au christianisme ; il ne montre aucune conception des vraies doctrines de Zoroastre — et il n'insiste pas davantage sur ce point ; mais le passage ci-dessus donnerait certainement de la couleur à la théorie selon laquelle son système était en partie fondé sur le manichéisme, c'est-à-dire sur un zoroastrisme perverti, qui lui a été transmis par un homme de l'Est, et que les méthodes des Batinis et des Fatimides ont pu lui être communiquées par le même canal. D'où l'extraordinaire ressemblance entre son plan d'organisation et celui d'Abdullah ibn Maymūn, qui consistait en une intrigue politique plutôt qu'en une spéculation ésotérique. Ainsi, dans le système de Weishaupt, la phraséologie du judaïsme, les légendes cabalistiques de la franc-maçonnerie, les imaginations mystiques des martinistes ne jouent d'abord aucun rôle. Pour toutes les formes de "théosophie", d'occultisme, de spiritualisme et de magie, Weishaupt n'exprime que du mépris, et les maçons de la Rose-Croix sont mis entre parenthèses avec les Jésuites par les Illuminati en tant qu'ennemis qu'il est nécessaire de déjouer à chaque fois.[506] Par conséquent, aucun degré de la Rose-Croix ne trouve sa place dans le système de Weishaupt, comme dans tous les autres ordres maçonniques de l'époque qui tiraient leur influence de sources orientales ou cabalistiques.

Il est vrai que les "Mystères" jouent un rôle important dans la phraséologie de l'Ordre — "Grands et Petits Mystères", empruntés à l'Égypte ancienne — tandis que les initiés supérieurs sont décorés de titres tels que "Epopte" et "Hiérophante", tirés des Mystères d'Éleusis. Pourtant, les théories de Weishaupt semblent n'avoir aucun rapport avec ces cultes anciens. Au contraire, plus nous pénétrons dans son système,

---

[505] Dans *World Revolution*, j'ai suggéré une ressemblance entre le calendrier juif et celui des Illuminati. C'était une erreur ; le calendrier juif a été adopté par le Rite écossais qui, comme nous l'avons vu, a dérivé en partie de sources judaïques.

[506] Ainsi, Zwack (alias Cato) écrit : « Nous n'avons pas seulement empêché l'enrôlement des Rose-Croix, mais rendu leur nom même méprisable » — *Originalschriften*, p. 8.

plus il devient évident que toutes les formules qu'il emploie et qui dérivent d'une source religieuse — qu'elle soit perse, égyptienne ou chrétienne — servent à dissimuler un objectif purement matériel, un plan de destruction de l'ordre existant de la société. Ainsi, tout ce qui était vraiment ancien dans l'Illuminisme était l'esprit destructeur qui l'animait ainsi que la méthode d'organisation qu'il avait importée de l'Orient.

L'Illuminisme marque donc un nouveau départ dans l'histoire des sociétés secrètes européennes. Weishaupt lui-même indique qu'il s'agit là d'un des grands secrets de l'Ordre. "Avant tout, écrit-il à "Cato" (alias Zwack), gardez l'origine et la nouveauté de ☉ de la manière la plus prudente.[507] "Le plus grand mystère, dit-il encore, doit être que la chose est nouvelle ; moins il y a de gens qui le savent, mieux c'est.... Pas un seul des Eichstadters ne le sait, mais il vivrait ou mourrait pour savoir que la chose est aussi vieille que Mathusalem."[508]

Cette prétention d'avoir découvert un fonds de sagesse ancienne est la ruse invariable des adeptes des sociétés secrètes ; la seule chose qui n'est jamais admise est l'identité des individus dont on reçoit les directives. Weishaupt lui-même déclare qu'il a tout tiré des livres au prix d'un travail ardu et acharné. "Ce qu'il m'en coûte de lire, d'étudier, de penser, d'écrire, de rayer et de réécrire ", se plaint-il à Marius et à Caton.[509] Ainsi, selon Weishaupt, tout le système est l'œuvre de son propre génie et la direction suprême demeure entre ses seules mains. Il insiste encore et encore sur ce point dans sa correspondance.

Si tel est bien le cas, Weishaupt — au vu de l'efficacité atteinte par l'Ordre — a dû être un génie de première grandeur, et l'on comprend mal qu'un homme aussi remarquable ne se soit pas distingué sur d'autres plans, mais soit resté presque inconnu de la postérité. Il semblerait donc possible que Weishaupt, bien qu'étant indubitablement un homme d'une immense capacité d'organisation et doté d'une subtilité extraordinaire, n'ait pas été en réalité le seul auteur de l'Illuminisme, mais l'un des

---

[507] *Originalschriften*, p. 363. Le mot Illuminisme est toujours représenté par ce symbole dans la correspondance des Illuminati.

[508] Ibid. p. 202.

[509] Ibid. p. 331.

membres d'un groupe qui, reconnaissant ses talents et la valeur de son activité infatigable, lui en a confié la direction. Examinons cette hypothèse à la lumière d'un document qui m'était inconnu lorsque j'ai écrit mon ancien récit sur les Illuminati.

Barruel a souligné que la grande erreur de Robison a été de décrire l'Illuminisme comme issu de la Franc-maçonnerie, puisque Weishaupt n'est devenu Franc-maçon qu'après avoir fondé son Ordre. Il est vrai que Weishaupt n'a pas été officiellement reçu dans la franc-maçonnerie avant 1777, lorsqu'il a été initié au premier degré à la Loge "Théodore de Bon Conseil", à Munich. À partir de cette époque, nous le trouvons continuellement occupé à essayer d'en savoir plus sur les secrets de la franc-maçonnerie, tout en revendiquant lui-même une connaissance supérieure.

Mais en même temps, il n'est pas du tout certain qu'un cercle intérieur de la Loge Théodore n'ait pas été le premier sur le terrain et que Weishaupt n'en ait pas été l'agent inconscient. Les *Mémoires de Mirabeau* jettent une lumière très curieuse sur cette question.

Or, dans *La Révolution française*, puis dans La *Révolution mondiale*, j'ai cité l'opinion généralement admise selon laquelle Mirabeau, qui était déjà franc-maçon, aurait été reçu dans l'Ordre des Illuminati lors de sa visite à Berlin en 1786. Ce à quoi M. Waite a répondu : "Tout ce qui a été dit sur Mirabeau, sa visite à Berlin et son complot pour 'illuminer' la franc-maçonnerie française, peut se résumer en une phrase : il n'y a aucune preuve que Mirabeau soit jamais devenu franc-maçon. La province de Barruel était de colorer tout…"[510] L'affirmation de M. Waite peut également être éliminée en une phrase : c'est une pure invention. La province de M. Waite est de nier tout ce qui l'incommode. La preuve que Mirabeau était franc-maçon ne repose pas sur Barruel seul. M. Barthou, dans sa Vie de Mirabeau, en parle comme d'une chose de notoriété publique, et raconte qu'on a trouvé chez Mirabeau un papier décrivant un nouvel Ordre qui devait se greffer sur la Franc-maçonnerie. Ce document se trouve intégralement dans les *Mémoires de* Mirabeau, où l'on peut lire

---

[510] A. E. Waite, «Freemasonry and the Jewish Peril», dans *The Occult Review* for September 1920, p. 152.

que :

Mirabeau est entré très tôt dans une association de franc-maçonnerie.

Cette affiliation l'avait accrédité auprès d'une loge hollandaise, et il semble que, soit spontanément, soit en réponse à une demande, il ait songé à proposer une organisation dont nous possédons le plan, écrit non de sa main… mais de la main d'un copiste que Mirabeau s'était attaché…. Cet ouvrage paraît avoir été celui de Mirabeau ; on y trouvera toutes ses opinions, tous ses principes, tout son style.[511]

Le même travail se poursuit pour l'impression complète du document, qui est en-tête :

"Mémoire concernant une association intime à établir dans l'ordre de la franc-maçonnerie pour la ramener à ses vrais principes et la faire tendre réellement au bien de l'humanité, rédigé par le F. Mi --, actuellement nommé Arcesilas, en 1776."

Ce Mémoire étant trop long pour être reproduit intégralement ici, le *résumé de* M. Barthou servira à donner une idée de son contenu[512] : Il [Mirabeau] fut franc-maçon dès sa jeunesse. On a trouvé parmi ses papiers, écrit de la main d'un copiste, un projet d'organisation internationale de la franc-maçonnerie, qu'il a sans doute dicté à Amsterdam. Ce projet contient sur la solidarité des hommes, sur les bienfaits de l'instruction, et sur la "correction du système des gouvernements et des législations" des vues très supérieures à celles de "l'Essai sur le despotisme" (1772). L'esprit de Mirabeau a mûri. Les devoirs qu'il trace pour les "frères de la classe supérieure" constituent

---

[511] *Mémoires de Mirabeau écrits par lui-même, par son père, son oncle et son fils adoptif, et précédés d'une étude sur Mirabeau par Victor Hugo,* Vol. III. p. 47 (1834).

[512] Je me suis expressément servi du résumé de M. Barthou, au lieu d'en faire un moi-même, de peur qu'on ne dise que j'ai fait des choix judicieux, afin de montrer la ressemblance entre ce Mémoire et le passage des autres écrits de Mirabeau qui suit. Mais l'impartialité de M. Barthou ne saurait être mise en doute, car il semble ne rien savoir des Illuminati ni des relations de Mirabeau avec eux, et ne voit dans le Mémoire en question que le résultat de l'esprit de Mirabeau qui a « mûri « depuis 1772.

même tout un plan de réformes qui ressemble beaucoup par certains côtés à l'œuvre accomplie plus tard par la Constituante : suppression des servitudes foncières et des droits de main morte, abolition des corvées, des corporations ouvrières et des maîtrises, des droits de douane et d'accise, diminution des impôts, liberté des opinions religieuses et de la presse, disparition des juridictions d'exception. Pour organiser, développer et parvenir à ses fins, Mirabeau invoque l'exemple des Jésuites : "Nous avons des vues bien contraires, dit-il, celle d'éclairer les hommes, de les rendre libres et heureux, mais nous devons et nous pouvons le faire par les mêmes moyens, et qui nous empêchera de faire pour le bien ce que les Jésuites ont fait pour le mal ?[513]

Or, dans ce Mémoire, Mirabeau ne mentionne pas Weishaupt, mais dans son *Histoire de la monarchie prussienne*, il fait l'éloge des Illuminati de Bavière, en citant nommément Weishaupt, et en montrant que l'Ordre est issu de la franc-maçonnerie. On verra que ce récit correspond point par point au Mémoire qu'il avait lui-même rédigé en 1776, c'est-à-dire l'année même de la fondation de l'Illuminisme :

La Loge Théodore de Bon Conseil à Munich, où il y avait quelques hommes avec un cerveau et un cœur, était fatiguée d'être ballottée par les vaines promesses et les querelles de la Maçonnerie.

Les chefs résolurent de greffer sur leur branche une autre association secrète à laquelle ils donnèrent le nom d'Ordre des Illuminés. Ils la calquent sur la Compagnie de Jésus, tout en se proposant des vues diamétralement opposées.

Mirabeau dit ensuite que le grand objet de l'Ordre était l'amélioration du système actuel de gouvernement et de législation, qu'une de ses règles fondamentales était de n'admettre "aucun prince quelles que soient ses vertus"[514], qu'il se proposait d'abolir L'esclavage des paysans, la

---

[513] F. Barthou, *Mirabeau*, p. 57.

[514] Dans les Mémoires de Mirabeau cités plus haut, on trouve ce passage : « Il doit être de règle fondamentale de ne jamais permettre à aucun prince d'entrer dans l'association, fût-il un dieu de vertu : «Ce doit être une règle fondamentale de ne jamais permettre à aucun prince d'entrer dans l'association s'il était un dieu pour la vertu.»— *Mémoires de Mirabeau*, III. 60.

servitude des hommes au sol, les droits de main morte et toutes les coutumes et privilèges qui abaissent l'humanité, les corvées sous condition d'un équivalent équitable, toutes les corporations, toutes les maîtrises, toutes les charges imposées à l'industrie et au commerce par les douanes, les accises et les impôts… procurer une tolérance universelle à toutes les opinions religieuses… ôter toutes les armes de la superstition, favoriser la liberté de la presse, etc.[515]

De tout cela, il ressort que Mirabeau n'est pas devenu Illuminatus en 1786 comme je l'avais supposé avant que ce document ne me soit connu, mais qu'il a été dans l'Ordre dès le début, apparemment comme l'un de ses fondateurs, d'abord sous le nom "illuminé" d'Arcésilas et plus tard sous celui de Léonidas. Le Mémoire trouvé chez lui n'était donc autre que le programme des Illuminati élaboré par lui en collaboration avec un cercle restreint de francs-maçons appartenant à la Loge Théodore. La correspondance des Illuminati contient en effet plusieurs références à un cercle intérieur sous le nom de "chapitre secret de la Loge de Saint-Théodore", que Weishaupt, après son initiation à la Maçonnerie, indique la nécessité de placer entièrement sous le contrôle de l'Illuminisme. Il est probable que Weishaupt ait été en contact avec ce chapitre secret avant son admission formelle dans la loge.

Il est donc impossible de savoir si les idées de l'Illuminisme sont nées dans ce chapitre secret de la Loge Théodore indépendamment de Weishaupt, ou si elles ont été transmises par Weishaupt à la Loge Théodore après que Kölmer lui ait donné des instructions ; mais dans les deux cas, l'affirmation de Robison selon laquelle l'Illuminisme est né de la Franc-maçonnerie, ou plutôt qu'il a pris naissance au sein d'un groupe de Francs-maçons dont les objectifs n'étaient pas ceux de l'Ordre en général, serait quelque peu justifiée.

Quels étaient ces objectifs ? Un plan de "réformes" sociales et politiques qui, comme le souligne M. Barthou, ressemblait beaucoup à l'œuvre accomplie plus tard par l'Assemblée Constituante en France. Cet aveu est d'une grande importance ; en d'autres termes, le programme réalisé par l'Assemblée Constituante en 1789 avait été largement formulé dans une loge de francs-maçons allemands qui formaient le noyau des

---

[515] *Histoire de la Monarchie Prussienne*, V. 99.

Illuminati, en 1776. Et pourtant, on nous dit que l'Illuminisme n'a pas eu d'influence sur la Révolution française !

On objectera que les réformes indiquées ici étaient tout à fait admirables. Certes, l'abolition de la *corvée*, de la *main morte* et des servitudes sont des mesures qui recueillent l'approbation de tous les hommes de bonne volonté, y compris le roi de France lui-même. Mais qu'en est-il de l'abolition des "corporations ouvrières" et de "toutes les corporations", c'est-à-dire des "syndicats" de l'époque, qui fut réalisée par l'infâme loi Chapelier en 1791, un décret qui est aujourd'hui généralement reconnu comme l'une des anomalies les plus étranges de la Révolution ? Encore une fois, qui avait intérêt à supprimer les droits de douane et d'accise en France ? D'établir la liberté absolue et sans entrave de la presse et des opinions religieuses ? Les avantages que l'on pouvait attendre de ces mesures pour le peuple français étaient certainement problématiques, mais on ne pouvait douter de leur utilité pour des hommes qui, comme Frédéric le Grand, souhaitaient ruiner la France et rompre l'alliance franco-autrichienne par la diffusion sans restriction de libelles contre Marie-Antoinette, qui, comme Mirabeau, espéraient provoquer une révolution, ou qui, comme Voltaire, souhaitaient supprimer tous les obstacles à la diffusion d'une propagande anti-chrétienne.

Il n'est donc pas impossible que Weishaupt ait d'abord été l'agent de conspirateurs plus expérimentés, dont les objectifs purement politiques étaient dissimulés sous un plan de réforme sociale, et qui voyaient dans le professeur bavarois un organisateur habile à employer pour mener à bien leurs desseins.

Qu'il en soit ainsi ou non, il n'en reste pas moins qu'à partir du moment où Weishaupt a pris le contrôle de l'Ordre, le plan de "réforme sociale" a été mis en œuvre.

Le système décrit par Mirabeau disparaît totalement, car on ne trouve pas un mot dans les écrits des Illuminati sur un prétendu projet d'amélioration du sort du peuple, et l'Illuminisme devient simplement un projet de philosophie anarchique. L'historien français Henri Martin a ainsi admirablement résumé le système élaboré par "Spartacus" : Weishaupt avait fait une théorie absolue des *boutades* misanthropiques de Rousseau sur l'invention de la propriété et de la société, et sans tenir compte de la déclaration si nettement formulée par Rousseau sur l'impossibilité de supprimer la propriété et la société une fois établies, il proposait comme fin de l'Illuminisme l'abolition de la propriété, de l'autorité sociale, de la nationalité, et le retour du genre humain à l'état heureux où il ne formait qu'une seule famille sans besoins artificiels, sans sciences inutiles, chaque père étant prêtre et magistrat.

Prêtre d'on ne sait quelle religion, car malgré leurs fréquentes invocations du Dieu de la Nature, bien des indices permettent de conclure que Weishaupt n'avait, comme Diderot et d'Holbach, d'autre Dieu que la Nature elle-même. De sa doctrine découleraient naturellement l'ultra-hégélianisme allemand et le système d'anarchie récemment développé en France, dont la physionomie suggère une origine étrangère.[516]

Ce résumé des objectifs des Illuminati, qui corrobore absolument le point de vue de Barruel et Robison, est confirmé en détail par le libre penseur socialiste du dix-neuvième siècle Louis Blanc, qui dans son remarquable chapitre sur les "Révolutionnaires Mystiques" se réfère à Weishaupt comme à "l'un des plus profonds conspirateurs qui aient jamais existé".[517] George Sand également, socialiste et *intime* des francs-maçons, a écrit sur "la conspiration européenne de l'Illuminisme" et l'immense influence exercée par les sociétés secrètes de "l'Allemagne mystique". Dire que Barruel et Robison étaient les seuls à proclamer le danger de l'Illuminisme est tout simplement une perversion délibérée de la vérité, et il est difficile de comprendre pourquoi les francs-maçons anglais se sont laissés induire en erreur sur cette question.

Ainsi, la *Masonic Cyclopædia* observe que les Illuminati "étaient, en règle générale, des hommes d'une moralité et d'une humanité des plus strictes, et les idées qu'ils cherchaient à inculquer étaient celles qui ont été universellement acceptées à notre époque". Preston, dans ses *Illustrations of Masonry*, fait également de son mieux pour passer sous silence les fautes de l'Ordre, et même "l'historien de la franc-maçonnerie" consacre à son fondateur cette étonnante apologie. Après avoir décrit Weishaupt comme la victime d'une intrigue jésuite, M. Gould poursuit en disant :

Il conçut l'idée de combattre ses ennemis avec leurs propres armes et

---

[516] Henry Martin, *Histoire de France*, XVI. 533.

[517] Louis Blanc, *Histoire de la Révolution Française*, II. 84.

de former une société de jeunes hommes, enthousiastes pour la cause de l'humanité, qui seraient progressivement entraînés à travailler comme un seul homme à une seule fin — la destruction du mal et l'accroissement du bien dans ce monde. Malheureusement, il s'était inconsciemment imprégné de la doctrine la plus pernicieuse selon laquelle la fin justifie les moyens, et l'ensemble de son plan révèle les effets de son enseignement de jeunesse.... L'homme lui-même était sans ruse, ignorant des hommes, ne les connaissant que par les livres, un professeur érudit, un enthousiaste qui s'est trompé de voie en toute innocence, et les fautes de sa tête ont lourdement pesé sur sa mémoire malgré les rares qualités de son cœur.[518]

On ne peut que conclure que ces exonérations extraordinaires d'un Ordre amèrement hostile aux véritables objectifs de la Maçonnerie procèdent de l'ignorance de la nature réelle de l'Illuminisme. Pour en juger, il suffit de consulter les écrits des Illuminati eux-mêmes, contenus dans les ouvrages suivants :

1. *Einige Originalschriften des Illuminatenordens* (Munich, 1787).

2. *Nachtrag von weitern Originalschriften, etc.* (Munich, 1787).

3. *Die neuesten Arbeiten des Spartacus und Philo in dem Illuminaten-Orden* (Munich, 1794).

Tout cela se trouve dans la correspondance et les documents de l'Ordre qui ont été saisis par le gouvernement bavarois chez deux de ses membres, Zwack et Bassus, et publiés sur ordre de l'Électeur.

L'authenticité de ces documents n'a jamais été niée, même par les Illuminati eux-mêmes ; Weishaupt, dans sa défense publiée, s'est contenté d'expliquer les passages les plus incriminants.

Les éditeurs ont d'ailleurs pris soin de préciser au début du premier volume : "Ceux qui auraient des doutes sur l'authenticité de cette collection peuvent se présenter aux Archives secrètes d'ici, où, sur demande, les documents originaux leur seront remis".

Cette précaution rendait toute contestation impossible.

---

[518] *Histoire de la franc-maçonnerie*, III. 121.

Laissant Barruel et Robison de côté, nous allons maintenant voir, sur la base de leurs propres écrits, dans quelle mesure les Illuminati peuvent être considérés comme un ordre digne d'éloges et cruellement calomnié. Commençons par leur attitude à l'égard de la franc-maçonnerie.

L'ILLUMINISME ET LA FRANC-MAÇONNERIE

Dès l'admission de Weishaupt dans la franc-maçonnerie, toute sa conduite fut une violation du code maçonnique. Au lieu de procéder selon la méthode reconnue par étapes successives d'initiation, il s'est attaché à découvrir d'autres secrets par des méthodes sournoises, puis à les tourner à l'avantage de son propre système.

Ainsi, environ un an après son initiation, il écrit à Caton (alias Zwack) :

"J'ai réussi à obtenir un aperçu profond du secret des francs-maçons. Je connais tout leur but et je le transmettrai au bon moment dans l'un des degrés supérieurs."[519]

Cato est alors chargé de faire d'autres découvertes par l'intermédiaire d'un franc-maçon italien, l'abbé Marotti, qu'il consigne triomphalement dans son journal :

Entretien avec l'abbé Marotti sur la question de la maçonnerie, où il m'a expliqué tout le secret, qui est fondé sur l'ancienne religion et l'histoire de l'Église, et m'a transmis tous les degrés supérieurs jusqu'à l'écossais. J'en ai informé Spartacus.[520]

Spartacus, qui n'était pas impressionné par cette communication, répliqua drôlement :

Je doute que vous connaissiez le but de la Maçonnerie. J'ai moi-même inclus un aperçu de cette structure dans mon plan, mais je l'ai réservé pour les degrés ultérieurs.[521]

---

[519] *Originalschriften*, p. 258.

[520] Ibid. p. 297.

[521] Ibid. p. 285.

Weishaupt décide alors que tous les illuminés "aréopagites" doivent prendre les trois premiers degrés de la franc-maçonnerie[522] ; mais plus loin : que nous aurons notre propre loge maçonnique. Nous la considérerons comme notre jardin d'enfants. Que nous ne révélerons pas immédiatement à certains de ces francs-maçons que nous avons quelque chose de plus que les francs-maçons. Qu'à chaque occasion nous nous couvrirons de cette [Maçonnerie]...

Tous ceux qui ne sont pas aptes au travail doivent rester dans la loge maçonnique et y progresser sans rien savoir du système ultérieur.[523]

Nous retrouverons ce projet de cercle secret intérieur dissimulé au sein de la franc-maçonnerie qui perdure jusqu'à nos jours.

Weishaupt s'avoue cependant perplexe quant au passé de la Maçonnerie et invite "Porcius" à se renseigner sur cette question auprès de l'abbé Marotti :

Voyez si, grâce à lui, vous pouvez découvrir la véritable histoire, l'origine et les premiers fondateurs de la Maçonnerie, car sur ce seul point, je suis encore indécis.[524]

Mais c'est en "Philo", le baron de Knigge, franc-maçon et membre de la Stride Observance, dans laquelle il était connu sous le nom d'Eques a Cygno, que Weishaupt trouve son enquêteur le plus efficace. C'est ainsi que "Philo" écrit à "Spartacus" : J'ai maintenant trouvé à Cassel l'homme le plus compétent, dont je ne saurais trop me féliciter : il s'agit de Mauvillon, Grand Maître de l'une des Loges royales d'York. Avec lui, nous avons donc toute la loge entre nos mains. Il a également obtenu de

---

[522] Ibid. p. 286.

[523] *Originalschriften*, p. 300. Il semble que lorsqu'un franc-maçon semblait susceptible d'adhérer au projet de l'Illuminisme, il était rapidement autorisé à prendre connaissance de l'autre système. Ainsi, dans le cas de « Savioli », « Cato » écrit : « Maintenant qu'il est franc-maçon, je lui ai présenté tout ce qui concerne ce $\odot$, je lui ai montré ce qui n'est pas important et, à cette occasion, j'ai abordé le plan général de notre $\odot$, et comme cela lui plaisait, j'ai dit qu'une telle chose existait vraiment, et il m'a donné sa parole qu'il y entrerait. » — *Originalschriften*, p. 289.

[524] Ibid. p. 303.

là tous leurs misérables degrés [*Er hat auch von dort aus* alle *ihre elenden Grade*].[525]

Il n'est donc pas étonnant que Weishaupt s'exclame joyeusement : "Philo fait plus que ce que nous attendions tous et il est l'homme qui seul mènera tout à bien : "Philo fait plus que ce que nous attendions tous, et il est l'homme qui, seul, mènera tout à bien".[526] Weishaupt s'occupe ensuite d'essayer d'obtenir une "Constitution" de Londres, manifestement sans succès, et aussi d'arracher la Loge Théodore de Munich au contrôle de Berlin afin d'y substituer sa propre domination, de sorte que "tout le chapitre secret sera soumis à notre ☉, lui laissera tout et attendra de lui seul d'autres degrés".[527]

Dans tout cela, Weishaupt se montre non seulement un intrigant mais aussi un charlatan, inventant des mystères et des degrés pour abuser de la crédulité de ses disciples. "Les mystères, ou soi-disant vérités secrètes, sont les plus beaux de tous", écrit-il à "Philipo Strozzi", "et me donnent beaucoup d'ennuis".[528] Ainsi, tout en méprisant sincèrement la franc-maçonnerie, la théosophie, le rosicrucianisme et le mysticisme de toutes sortes, son association avec Philo l'amène à percevoir l'utilité de tout cela comme appât, et il permet à Philo de dessiner les plans d'un degré de chevalier écossais. Mais le résultat est pitoyable, la composition de Philon, un "discours semi-théosophique et une explication des hiéroglyphes" est qualifiée par Weishaupt de charabia (*kauderwelsche*).[529]

Philon [dit-il encore] est plein de telles folies, qui trahissent son petit esprit... Sur l'Illuminatus Major suit le misérable degré de Chevalier écossais entièrement de sa composition, et sur le degré de Prêtre un tout aussi misérable degré de Régent,... mais j'ai déjà composé quatre autres degrés comparés au pire dont le degré de Prêtre sera un jeu d'enfant, mais

---

[525] Ibid. p. 361.

[526] Ibid. p. 363.

[527] Ibid. p. 360.

[528] *Originalschriften*, p. 200.

[529] *Nachtrag von ... Originalschriften*, I. 67.

je n'en parlerai à personne jusqu'à ce que je voie comment les choses se passent...[530]

La perfidie des Illuminati à l'égard des francs-maçons est donc évidente. Même Mounier, qui a entrepris de réfuter Barruel sur la base des informations que lui avait fournies l'Illuminatus Bode, admet leur duplicité à cet égard.

Weishaupt [dit Mounier] fit la connaissance d'un Hanovrien, le baron von Knigge, célèbre intrigant, depuis longtemps rompu au charlatanisme des loges de francs-maçons. Sur son conseil, de nouveaux degrés furent ajoutés aux anciens, et l'on résolut de profiter de la franc-maçonnerie tout en la méprisant profondément. Ils décidèrent que les degrés d'apprenti, de compagnon, de maître-maçon et de chevalier écossais seraient ajoutés à ceux des Illuminati, et qu'ils se vanteraient de posséder exclusivement les vrais secrets des francs-maçons et affirmeraient que l'Illuminisme était la véritable franc-maçonnerie primitive.

"Les papiers de l'Ordre saisis en Bavière et publiés, dit encore Mounier, montrent que "les Illuminati employaient les formes de la Franc-maçonnerie, mais qu'ils la considéraient en elle-même, en dehors de leurs propres degrés, comme une absurdité puérile et qu'ils détestaient la Rose-Croix." Mounier, en bon disciple de Bode, va dans le même sens et s'apitoie sur la *naïveté* des francs-maçons qui, "comme autant d'enfants, passent une grande partie du temps dans leurs loges à jouer à la chapelle".

Pourquoi, face à tout cela, les francs-maçons britanniques devraient-ils prendre fait et cause pour les Illuminati et vilipender Robison et Barruel pour les avoir dénoncés ? L'Américain Mackey, en tant que franc-maçon conséquent, montre peu de sympathie pour ce traître dans le camp maçonnique. "Weishaupt, écrit-il, était un radical en politique et un infidèle en religion, et il a organisé cette association, non pas plus dans le but de s'agrandir lui-même que de renverser le christianisme et les institutions de la société. Dans une note de bas de page, il ajoute que l'ouvrage de Robison intitulé *Proofs of a Conspiracy* "contient un

---

[530] *Ibid.*, p. 95.

excellent exposé de la nature de cette institution pseudo-maçonnique".[531]

La vérité est que Weishaupt est l'un des plus grands ennemis de la franc-maçonnerie britannique qui ait jamais existé, et les vrais francs-maçons ne se feront aucun bien en le défendant ou en défendant son abominable système.

Voyons maintenant dans quelle mesure, en dehors de leur rôle dans la Maçonnerie, les Illuminati peuvent être considérés comme de nobles idéalistes luttant pour le bien-être de la race humaine.

L'IDÉALISME DES ILLUMINATI

La ligne de défense adoptée par les apologistes des Illuminati consiste toujours à citer les principes admirables professés par l'Ordre, les "belles idées" qui traversent leurs écrits, et à montrer quelles excellentes personnes se trouvaient parmi eux.

Bien sûr, à première vue, les Illuminati semblent tout à fait admirables, bien sûr, il n'est rien de plus facile que de trouver dans leurs écrits d'innombrables passages respirant l'esprit des aspirations les plus élevées, et bien sûr, beaucoup d'hommes excellents figurent parmi les mécènes de l'Ordre. Tout cela fait partie de la panoplie du dirigeant d'une société secrète comme du promoteur d'une entreprise frauduleuse, pour qui l'essentiel est un prospectus élogieux et une longue liste de mécènes très respectables qui ne savent rien du fonctionnement interne de l'entreprise.

---

[531] *Lexicon of Freemasonry*, p. 142. Voir également Oliver's *Historical Landmarks of Freemasonry*, I. 26, où les Illuminati sont à juste titre inclus parmi les ennemis de la Maçonnerie. Néanmoins, Mackey et Oliver procèdent tous deux à l'injure de Barruel et Robison en tant qu'ennemis de la Maçonnerie, et afin d'étayer cette accusation, Oliver se livre à la plus flagrante des erreurs de citation. En effet, si nous recherchons dans l'original les passages qu'il cite à la page 382 de Robison et à la page 573 de Barruel comme preuve de leurs calomnies sur la Maçonnerie, nous découvrirons qu'ils se réfèrent respectivement aux Cabalistes de Rose-Croix et aux Illuminati et pas du tout aux Francs-Maçons ! Voir Robison's *Proofs of a Conspiracy*, p. 93, et Barruel's *Mémoires sur le Jacobinisme* (édition 1818), II. 244.

Ces méthodes, poursuivies dès le IXe siècle par Abdullah ibn Maymūn, entrent largement dans la politique de Frédéric le Grand, de Voltaire et de ses "frères" en philosophie — ou en franc-maçonnerie.

Les ressemblances entre la correspondance de Weishaupt et celles de Voltaire et de Frédéric le Grand sont certainement très frappantes. Tous, à l'adresse, professent le respect du christianisme tout en s'employant à le détruire.

Ainsi, de même que Voltaire, dans une lettre à d'Alembert, exprime son horreur devant la publication d'un pamphlet antichrétien, *Le Testament de Jean Meslier*,[532] et dans une autre l'incite à le faire circuler par milliers dans toute la France,[533] de même Weishaupt prend soin en général de montrer le visage d'un philosophe bienveillant et même d'un évangéliste chrétien ; ce n'est qu'à certains moments qu'il laisse tomber le masque et révèle le satyre grimaçant qu'il cache derrière lui.

Ainsi, dans les statuts publiés des Illuminati, on ne trouve aucune allusion à des intentions subversives ; en effet, l'"Obligation" stipule expressément que "rien de contraire à l'État, à la religion ou à la morale n'est entrepris".

Mais quelle est la véritable théorie politique de Weishaupt ? Rien d'autre que celle de l'anarchie moderne, selon laquelle l'homme doit se gouverner lui-même et les dirigeants doivent être progressivement éliminés. Mais il prend soin d'écarter toute idée de révolution violente — le processus doit être accompli par les méthodes les plus pacifiques. Voyons comment il conduit doucement à la conclusion finale :

Le premier stade de la vie de toute la race humaine est la sauvagerie, la nature brute, dans laquelle la famille est la seule société, et où la faim et la soif sont facilement satisfaites,... dans laquelle l'homme jouit des deux biens les plus excellents, l'Égalité et la Liberté, dans leur pleine mesure.... Dans ces conditions... la santé était son état habituel... Des hommes heureux, qui n'étaient pas encore assez éclairés pour perdre leur tranquillité d'esprit et pour se rendre compte des malheureux ressorts et

---

[532] *Œuvres Complètes de Voltaire* (édition 1818). Vol. XLI. p. 153.

[533] Ibid. pp. 165, 168.

des causes de notre misère, l'amour du pouvoir... l'envie... les maladies et tous les résultats de l'imagination.

La manière dont l'homme est tombé de cet état primitif de félicité est ensuite décrite :

Au fur et à mesure que les familles s'agrandissaient, les moyens de subsistance commençaient à manquer, la vie nomade cessait, la propriété était instituée, les hommes s'établissaient solidement, et grâce à l'agriculture les familles se rapprochaient les unes des autres, ainsi le langage se développait et en vivant ensemble les hommes commençaient à se mesurer les uns aux autres, etc...... Mais voici la cause de la chute de la liberté : l'égalité disparaît. L'homme a ressenti de nouveaux besoins inconnus...[534]

Ainsi, les hommes sont devenus dépendants comme des mineurs sous la tutelle des rois ; l'humain doit atteindre sa majorité et s'autogouverner : Pourquoi serait-il impossible que la race humaine atteigne sa plus haute perfection, la capacité de se guider elle-même ?

Pourquoi quelqu'un serait-il éternellement conduit s'il ne sait pas se conduire lui-même ?[535]

En outre, les hommes doivent apprendre à être indépendants non seulement des rois, mais aussi les uns des autres :

Celui qui a besoin d'un autre dépend de lui et a renoncé à ses droits. Ainsi, avoir peu de besoins est le premier pas vers la liberté ; c'est pourquoi les sauvages et les plus éclairés sont peut-être les seuls hommes libres. L'art de limiter de plus en plus ses besoins est en même temps l'art d'atteindre la liberté...[536]

Weishaupt poursuit en montrant comment le mal supplémentaire qu'est le patriotisme est apparu :

Avec l'origine des nations et des peuples, le monde a cessé d'être une grande famille, un seul royaume : le grand lien de la nature a été

---

[534] *Nachtrag von ... Originalschriften.* II. 54-57.

[535] Ibid. p. 82.

[536] Ibid. p. 59.

déchiré... Le nationalisme a pris la place de l'amour humain...

Désormais, c'était une vertu de magnifier sa patrie aux dépens de tous ceux qui n'étaient pas enfermés dans ses limites et, pour atteindre ce but étroit, il était permis de mépriser et de surpasser les étrangers, voire de les insulter. Cette vertu s'appelait Patriotism...[537]

Et donc en réduisant l'affection à ses concitoyens, aux membres de sa famille, et même à soi-même : Du patriotisme sont nés le localisme, l'esprit de famille et enfin l'égoïsme.... Diminuez le patriotisme, alors les hommes réapprendront à se connaître en tant que tels, leur dépendance les uns envers les autres se perdra, le lien d'union s'élargira...[538]

On verra que toute la théorie de Weishaupt était en réalité une nouvelle interprétation de l'ancienne tradition secrète relative à la chute de l'homme et à la perte de sa félicité primitive ; mais alors que les anciennes religions enseignaient l'espoir d'un Rédempteur qui devait rétablir l'homme dans son état antérieur, Weishaupt s'en remet à l'homme seul pour le rétablissement de l'homme. "Les hommes, observe-t-il, n'aimaient plus les hommes, mais seulement tels ou tels hommes. Le mot était tout à fait perdu..."[539] Ainsi, dans le système maçonnique de Weishaupt, le "mot perdu" est "Homme", et son rétablissement est interprété par l'idée que l'Homme doit se retrouver lui-même. Plus loin, Weishaupt montre comment "la rédemption de la race humaine doit être réalisée".

Ces moyens sont des écoles secrètes de sagesse, ils ont été de tout temps les archives de la nature et des droits de l'homme, par eux l'homme sera sauvé de sa chute, les princes et les nations disparaîtront sans violence de la terre, le genre humain deviendra une seule famille et le monde la demeure des hommes raisonnables. Seule la moralité permettra d'opérer ce changement de manière imperceptible. Chaque père de famille sera, comme autrefois Abraham et les patriarches, le prêtre et le seigneur sans entraves de sa famille, et la Raison sera le seul code de

---

[537] Ibid. p. 63.

[538] Ibid. p. 65.

[539] *Nachtrag von ... Originalschriften*, II. 67.

l'Homme. C'est l'un de nos plus grands secrets…[540]

Mais tout en éliminant complètement toute idée de puissance divine extérieure à l'homme et en concevant son système sur des bases purement politiques, Weishaupt se garde bien de choquer la susceptibilité de ses adeptes par une répudiation ouverte des doctrines chrétiennes ; au contraire, il invoque le Christ à tout bout de champ et parfois même dans un langage si apparemment sérieux et même beau que l'on est presque tenté de croire à sa sincérité. C'est ainsi qu'il écrit :

Ce grand et inoubliable Maître, Jésus de Nazareth, est apparu à une époque où le monde sombrait dans la dépravation… Les premiers adeptes de son enseignement ne sont pas des sages mais des simples, choisis dans la classe la plus basse du peuple, afin de montrer que son enseignement doit être possible et compréhensible pour toutes les classes et conditions d'hommes… Il réalise cet enseignement par une vie irréprochable et conforme, qu'il scelle et confirme par son sang et sa mort. Ces lois qu'il montre comme la voie du salut ne sont que deux : l'amour de Dieu et l'amour du prochain ; il ne demande rien de plus à personne.[541]

Jusqu'à présent, aucun pasteur luthérien n'aurait pu mieux s'exprimer. Mais il faut étudier l'ensemble des écrits de Weishaupt pour prendre la véritable mesure de sa croyance en l'enseignement du Christ.

Or, comme nous l'avons déjà vu, sa première idée était de faire du culte du feu la religion de l'Illuminisme ; la profession du christianisme semble donc avoir été une réflexion après coup. Weishaupt a manifestement découvert, comme d'autres l'ont fait, que le christianisme se prêtait plus facilement aux idées subversives que toute autre religion. Et dans les passages qui suivent, nous le voyons adopter la vieille ruse consistant à représenter le Christ comme un communiste et un adepte des sociétés secrètes.

Il explique ainsi que "si Jésus prêche le mépris des richesses, il veut nous en apprendre l'usage raisonnable et préparer la communauté de

---

[540] Ibid. pp. 80 et 81.

[541] Ibid. pp. 98, 99.

biens qu'il a introduite"[542] et dans laquelle, ajoute plus tard Weishaupt, il a vécu avec ses disciples.[543] Mais cette doctrine secrète ne peut être appréhendée que par les initiés :

Personne... n'a caché aussi habilement le sens élevé de son enseignement, et personne n'a finalement dirigé les hommes aussi sûrement et facilement sur le chemin de la liberté que notre grand maître Jésus de Nazareth. Ce sens secret et cette conséquence naturelle de son enseignement, il les a complètement cachés, car Jésus avait une doctrine secrète, comme nous le voyons en plus d'un endroit des Écritures.[544]

Weishaupt s'efforce ainsi de donner une interprétation purement politique à l'enseignement du Christ :

Le secret préservé par la Disciplinam Arcani, et le but apparaissant à travers toutes ses paroles et tous ses actes, est de rendre aux hommes leur liberté et leur égalité originelles... On peut maintenant comprendre à quel point Jésus a été le Rédempteur et le Sauveur du monde.[545]

La mission du Christ était donc, par le biais de la Raison, de rendre les hommes capables de liberté[546] : "Lorsque la raison deviendra enfin la religion de l'homme, le problème sera résolu".[547]

Weishaupt poursuit en montrant que la franc-maçonnerie peut être interprétée de la même manière. La doctrine secrète cachée dans l'enseignement du Christ a été transmise par des initiés qui "se sont

---

[542] *Nachtrag von ... Originalschriften*, II. 100-101.

[543] Ibid. p. 105 : «Il a lui-même vécu avec ses disciples en communauté de biens».

[544] Ibid. p. 101. Il s'agit de l'une des premières hérésies de l'ère chrétienne réfutée par Origène : «De plus, il [Celse] appelle fréquemment la doctrine chrétienne un système secret, nous devons le réfuter sur ce point... parler de la doctrine chrétienne comme d'un système secret est tout à fait absurde.»-Origène, *Contra Celsum*, dans *The Ante-Nicene Christian Library*, p. 403 (1869).

[545] Ibid. p. 106.

[546] Ibid. p. 113.

[547] Ibid. p. 96.

cachés eux-mêmes et leur doctrine sous le couvert de la franc-maçonnerie" [548] et, dans une longue explication des hiéroglyphes maçonniques, il indique les analogies entre la légende d'Hiram et l'histoire du Christ. Je dis donc qu'Hiram est le Christ", et après avoir donné l'une des raisons de cette affirmation, il ajoute : "Je dis qu'Hiram est le Christ" :

Weishaupt procède ensuite à d'autres interprétations de son cru du rituel maçonnique, y compris une traduction imaginaire de certains mots censés être dérivés de l'hébreu, et termine en disant : "On pourra montrer plusieurs autres ressemblances entre Hiram et la vie et la mort du Christ, ou les tirer par les cheveux".[549] Voilà pour le respect que Weishaupt porte à la Grande Légende des Francs-maçons : "On pourra montrer plusieurs autres ressemblances entre Hiram et la vie et la mort du Christ, ou les tirer par les cheveux".[550] Voilà pour le respect de Weishaupt envers la Grande Légende de la Franc-maçonnerie !

Weishaupt démontre ainsi que "la franc-maçonnerie est un christianisme caché, du moins mes explications des hiéroglyphes correspondent parfaitement à cela ; et dans la manière dont j'explique le christianisme, personne n'a à avoir honte d'être chrétien, car je laisse le nom et je le remplace par la raison".[551]

Mais ce n'est bien sûr que le secret de ce que Weishaupt appelle la "vraie franc-maçonnerie",[552] par opposition à la forme officielle, qu'il considère comme totalement dépourvue de lumière : "Si les nobles et les élus n'étaient pas restés à l'arrière-plan [...] une nouvelle dépravation aurait éclaté dans la race humaine et, par l'intermédiaire des régents, des prêtres et des francs-maçons, la raison aurait été bannie de la terre".[553]

---

[548] *Nachtrag von... Originalschriften*, II. 111.

[549] Ibid. II. 123.

[550] Ibid. II. 124.

[551] Ibid. I. 68.

[552] Ibid. II. 113.

[553] Ibid. II. 115.

Dans le système maçonnique de Weishaupt, les desseins de l'Ordre en matière de religion ne sont donc pas confiés aux simples francs-maçons, mais uniquement aux Illuminati. Sous le titre "Mystères supérieurs"

Weishaupt écrit :

L'homme qui n'est bon à rien reste un chevalier écossais. S'il est cependant un coordinateur [*Sammler*], un observateur, un travailleur particulièrement assidu, il devient un Priest... S'il y a parmi ces [prêtres] des esprits spéculatifs élevés, ils deviennent des mages. Ceux-ci rassemblent et mettent en ordre le système philosophique supérieur et travaillent à la Religion du Peuple, que l'Ordre donnera ensuite au monde. Si ces hauts génies sont également aptes à gouverner le monde, ils deviennent Régents. C'est le dernier degré.[554]

Philon (le baron de Knigge) jette également une lumière intéressante sur les desseins religieux des Illuminati. Dans une lettre à Caton, il explique la nécessité de concevoir un système qui satisfera à la fois les fanatiques et les libres penseurs : "Afin de travailler sur ces deux classes d'hommes et de les unir, nous devons trouver une explication à la religion chrétienne... en faire le secret de la franc-maçonnerie et le tourner vers notre but".[555]

Philo poursuit :

Nous disons donc : Jésus n'a voulu introduire aucune religion nouvelle, mais seulement rétablir la religion naturelle et la raison dans leurs anciens droits. Il voulait ainsi unir les hommes dans une grande association universelle et, par la diffusion d'une morale plus sage, par l'illumination et la lutte contre tous les préjugés, les rendre capables de se gouverner eux-mêmes ; le sens secret de son enseignement était donc de conduire les hommes, sans révolution, à la liberté et à l'égalité universelles. De nombreux passages de la Bible peuvent être utilisés et expliqués, et ainsi toutes les querelles entre les sectes cessent si l'on peut trouver un sens raisonnable à l'enseignement de Jésus, qu'il soit vrai ou non. Cependant, comme cette religion simple a été déformée par la suite,

---

[554] *Nachtrag von ... Originalschriften*, II. 13, 14.

[555] Ibid. I. 104.

ces enseignements nous ont été transmis par le Disciplinam Arcani et finalement par la franc-maçonnerie, et tous les hiéroglyphes maçonniques peuvent être expliqués dans ce but.

Spartacus a recueilli de très bonnes données à ce sujet et je les ai moi-même complétées,... et j'ai ainsi obtenu les deux degrés prêts.... Maintenant que les gens voient que nous sommes les seuls vrais chrétiens, nous pouvons dire un mot de plus contre les prêtres et les princes, mais j'ai réussi à faire en sorte qu'après des tests préalables, je puisse recevoir des pontifes et des rois dans ce degré. Dans les Mystères supérieurs, nous devons alors (a) dévoiler la fraude pieuse et (b) révéler à partir de tous les écrits l'origine de tous les mensonges religieux et leur connexion...[556]

Cette ruse réussit si admirablement que nous trouvons Spartacus écrivant triomphalement :

Vous ne pouvez pas imaginer la considération et la sensation que suscite notre diplôme de prêtre. Le plus merveilleux, c'est que de grands théologiens protestants et réformés qui appartiennent à ⊙ [l'Illuminisme] croient encore que l'enseignement religieux qui y est dispensé contient le véritable et authentique esprit de la religion chrétienne. Oh ! hommes, de quoi ne pouvez-vous pas être persuadés ? Je n'ai jamais pensé que je deviendrais le fondateur d'une nouvelle religion.[557]

C'est sur le clergé et les professeurs "illuminés" que Weishaupt compte principalement pour le travail de l'Ordre.

Grâce à l'influence des Frères [écrit-il], les Jésuites ont été écartés de toutes les chaires, et l'Université d'Ingoldstadt en a été totalement débarrassée...[558]

La voie est donc libre pour les adeptes de Weishaupt.

L'Institut des Cadets est également sous le contrôle de l'Ordre : Tous les professeurs sont membres des Illuminati, [...] tous les élèves

---

[556] Ibid. I. 104-106.

[557] *Nachtrag von ... Originalschriften*, I. 76.

[558] *Originalschriften*, p. 8.

deviendront donc des disciples de l'Illuminisme.[559]

Plus loin :

Nous avons fourni à nos membres clercs de bons bénéfices, de bonnes paroisses, de bons postes à la Cour.

Grâce à notre influence, Arminius et Cortez ont été nommés professeurs à Éphèse.

Les écoles allemandes sont tout à fait sous [l'influence de] ☉ et seuls les membres en ont la charge.

L'association caritative est également dirigée par ☉. Bientôt, nous attirerons à nous l'ensemble de l'Institut Bartholomé pour les jeunes ecclésiastiques ; les préparatifs ont déjà été faits et les perspectives sont très bonnes ; nous pourrons ainsi doter toute la Bavière de prêtres convenables.[560]

Mais la religion et la franc-maçonnerie ne sont pas les seuls moyens de diffusion de l'illuminisme.

Nous devons examiner [dit Weishaupt] comment nous pouvons commencer à travailler sous une autre forme. Si seul le but est atteint, peu importe sous quelle couverture cela se passe, et une couverture est toujours nécessaire. Car c'est dans la dissimulation que réside une grande partie de notre force. C'est pourquoi nous devons toujours nous couvrir du nom d'une autre société. Les loges qui relèvent de la franc-maçonnerie sont entre-temps le manteau le plus approprié à notre objectif élevé, car le monde est déjà habitué à n'attendre d'elles rien de grand qui mérite l'attention.... De même que dans les Ordres spirituels de l'Église romaine, la religion n'était, hélas, qu'un simulacre, de même notre Ordre doit, d'une manière plus noble, essayer de se dissimuler derrière une société savante ou quelque chose de ce genre.... Une société ainsi dissimulée ne peut être combattue. En cas de poursuites ou de trahison, les supérieurs ne peuvent être découverts... Nous serons enveloppés d'une obscurité

---

[559] Ibid. p. 9.

[560] Ibid. p. 10.

impénétrable par les espions et les émissaires des autres sociétés.[561]

Pour donner une bonne apparence à l'Ordre, Weishaupt indique notamment la nécessité d'enrôler des personnes estimées et "respectables", [562] mais surtout des jeunes hommes qu'il considère comme les sujets les plus probables. "Je ne peux pas utiliser les hommes tels qu'ils sont, observe-t-il, mais je dois d'abord les former". [563] "Recherchez la société des jeunes gens", écrit Weishaupt à Ajax, "observez-les, et si l'un d'eux vous plaît, mettez la main sur lui".[564] "Recherchez des gens jeunes et déjà habiles… Nos gens doivent être engageants, entreprenants, intrigants et adroits. Surtout les premiers."[565] Si possible, ils doivent également être beaux — "de belles personnes, *cœteris paribus…*"

Ces personnes ont généralement des manières douces, un cœur tendre, et sont, lorsqu'elles sont bien exercées dans d'autres domaines, de la plus grande utilité dans les entreprises, car leur premier coup d'œil attire ; mais leur esprit *n'a pas la profondeur des physionomies sombres.*

Mais ils sont aussi moins enclins aux émeutes et aux troubles que les physionomies plus sombres. C'est pourquoi il faut savoir utiliser les gens. Par-dessus tout, l'œil haut et plein d'âme me plaît, ainsi que le front libre et ouvert.[566]

Avec ces novices, l'adepte de l'Illuminisme doit procéder lentement, en parlant à l'envers et à l'endroit :

Il faut parler, d'abord d'une manière, puis d'une autre, afin de ne pas se compromettre et de rendre sa véritable pensée impénétrable à ses

---

[561] *Neuesten Arbeiten des Spartacus und Philo*, pp. 143, 163.

[562] *Nachtrag von … Originalschriften*, I. 3.

[563] *Originalschriften*, p. 215.

[564] Ibid. p. 173.

[565] Ibid. p. 175.

[566] Ibid. p. 237-8.

inférieurs.[567]

Weishaupt insiste également sur l'importance d'exciter la curiosité du candidat et de se retirer ensuite, à la manière de l'*estrade Fatimide* :

Je n'ai rien à redire à vos [méthodes de] réception ["Spartacus" écrit à "Caton"], si ce n'est qu'elles sont trop rapides... Il faut procéder graduellement, de façon détournée, par le biais du suspense et de l'attente, afin d'éveiller d'abord une curiosité indéfinie et vague, puis, lorsque le candidat se déclare, présenter l'objet, qu'il saisira alors à deux mains.[568]

De cette manière, sa vanité sera également flattée, car on éprouvera le plaisir de "savoir quelque chose que tout le monde ne sait pas, et sur lequel la plus grande partie du monde tâtonne dans l'obscurité".[569]

Pour la même raison, le candidat doit être impressionné par l'importance des sociétés secrètes et le rôle qu'elles ont joué dans les destinées du monde :

On l'illustre par l'Ordre des Jésuites, des Francs-Maçons, par les associations secrètes des anciens, on affirme que tous les événements du monde proviennent de cent sources et causes secrètes, auxquelles appartiennent surtout les associations secrètes ; on suscite le plaisir de la puissance tranquille et cachée et de l'intuition des secrets cachés.[570]

À ce stade, il faut commencer à "donner des aperçus et à laisser tomber ici et là des remarques qui peuvent être interprétées de deux façons", afin d'amener le candidat à dire : "Si j'avais la possibilité d'entrer dans une telle association, j'y entrerais tout de suite." Ces discours, dit Weishaupt, doivent être souvent répétés.[571]

Dans le discours de réception des "Illuminatus Dirigens", l'appel à

---

[567] *Nachtrag von ... Originalschriften*, I. 12.

[568] *Originalschriften*, p. 231.

[569] *Nachtrag von ... Originalschriften*, II. 2.

[570] *Originalschriften*, p. 51.

[571] Ibid. p. 52.

l'amour du pouvoir joue le rôle le plus important : Vous rendez-vous suffisamment compte de ce que signifie régner — régner dans une Société secrète ? Non seulement sur les moins importants ou les plus importants de la population, mais sur les meilleurs hommes, sur les hommes de tous rangs, nations et religions, pour régner sans force extérieure, pour les unir indissolublement, pour leur insuffler un seul esprit et une seule âme, des hommes répartis dans toutes les parties du monde ?...[572]

Enfin, savez-vous ce que sont les sociétés secrètes ? quelle place elles occupent dans le grand royaume des événements du monde ? Pensez-vous vraiment qu'il s'agit d'apparences sans importance et passagères ?[573] etc.

Mais l'admission d'objectifs politiques n'est réservée qu'aux grades supérieurs de l'Ordre. "Avec le débutant, dit Weishaupt, nous devons faire attention aux livres sur la religion et l'État, que j'ai réservés dans mon plan pour les degrés supérieurs. Je les ai réservés dans mon plan pour les degrés supérieurs." [574] En conséquence, le discours au "Minerval" est expressément conçu pour le mettre sur la voie. L'initiateur doit donc lui dire :

Après deux ans de réflexion, d'expérience, d'échanges, de lecture des écrits gradués et d'information, vous vous serez nécessairement fait l'idée que le but final de notre Société n'est rien moins que de conquérir le pouvoir et les richesses, de saper les gouvernements séculiers ou religieux, d'obtenir la maîtrise du monde, et ainsi de suite. Si vous vous êtes représenté notre Société sous cet angle ou si vous y êtes entré dans cette attente, vous vous êtes lourdement trompé vous-même...[575]

L'initiateur, sans informer le Minerval du but réel de la Société, dit ensuite qu'il est désormais libre de la quitter s'il le souhaite.

De cette manière, les dirigeants ont pu éliminer les ambitieux

---

[572] *Nachtrag von ... Originalschriften*, II. 45.

[573] *Nachtrag von ... Originalschriften*, II. 51.

[574] *Originalschriften*, p. 210.

[575] Ibid. p. 72.

susceptibles de devenir leurs rivaux au pouvoir et former leurs rangs à partir d'hommes qui accepteraient d'être guidés aveuglément par des directeurs invisibles.

"Les circonstances exigent, écrit Spartacus à Caton, que je reste caché de la plupart des membres aussi longtemps que je vivrai. Je suis obligé de tout faire par l'intermédiaire de cinq ou six personnes."[576] Ce secret fut si soigneusement gardé que jusqu'à la saisie des documents des Illuminati en 1786, personne en dehors de ce cercle restreint ne savait que Weishaupt était le chef de l'Ordre. Pourtant, si l'on en croit ses propres affirmations, il a toujours exercé un contrôle suprême. À maintes reprises, il insiste auprès de ses *intimes* sur la nécessité d'une unité de commandement au sein de l'Ordre : "Il faut montrer combien il serait facile pour un chef intelligent de diriger des centaines et des milliers d'hommes",[577] et il illustre ce système par le tableau reproduit à la page suivante, auquel il joint l'explication suivante :

J'en ai deux immédiatement au-dessous de moi auxquels j'insuffle tout mon esprit, et chacun de ces deux-là en a encore deux autres, et ainsi de suite. C'est ainsi que je peux mettre mille hommes en mouvement et en feu de la manière la plus simple, et c'est ainsi qu'il faut donner des ordres et agir sur la politique.[578]

Ainsi, comme dans le cas de la société d'Abdullah ibn Maymūn, "le résultat extraordinaire a été obtenu par le fait qu'une multitude d'hommes de diverses croyances travaillaient tous ensemble pour un objet connu seulement de quelques-uns d'entre eux".

Nous avons cité suffisamment d'extraits de la correspondance des Illuminati pour montrer leurs objectifs et leurs méthodes selon leurs propres aveux. Nous allons maintenant voir dans quelle mesure leurs apologistes sont justifiés lorsqu'ils les décrivent comme "des hommes de la plus stricte moralité et humanité".[579]

---

[576] Ibid. p. 271.

[577] Ibid. p. 50.

[578] *Nachtrag von... Originalschriften*, I. 32.

[579] *Royal Masonic Cyclopædia*, article sur les Illuminati.

Il ne fait aucun doute qu'il y avait beaucoup d'excellentes personnes dans les rangs de l'Ordre, mais ce n'est pas ce qu'affirme M. Gould, qui déclare expressément à l'adresse que "tous les membres éminents de cette association étaient des hommes estimables, tant dans la vie publique que dans la vie privée". Ces extraits supplémentaires de leur correspondance peuvent être laissés à eux-mêmes.

CARACTÈRE DES ILLUMINATI

En juin 1782, Weishaupt écrit ce qui suit à "Cato" : Oh, en politique et en morale, vous êtes loin derrière, messieurs. Jugez plutôt si un homme comme Marc Aurèle[580] découvre à quel point il [l'Illuminisme] apparaît misérable à Athènes [Munich], quel ramassis d'hommes immoraux, de prostituées, de menteurs, de débiteurs, de vantards et d'imbéciles vaniteux il y a parmi eux. S'il voyait tout cela, que penserait-il ? N'aurait-il pas honte de se trouver dans une telle association, dont les chefs suscitent les plus grandes espérances et exécutent les meilleurs projets d'une manière aussi misérable ? Et tout cela par caprice, par convenance, etc. Jugez si je n'ai pas raison.[581]

[Illustration : Diagramme du système de Weishapt. Tiré de *Nachtrag von weitern Originalschriften der Illuminatensekte*, p. 32. München, 1787].

De Thèbes [Freysing] j'entends des nouvelles funestes ; ils ont reçu dans la loge le scandale de toute la ville, le débiteur dissolu Properce, qui est claironné par tout le "personnel" d'Athènes [Munich], de Thèbes et d'Erzerum [Eichstadt] ; D. aussi [Pg 234] paraît être un méchant homme.

Socrate, qui serait un homme capital [*ein Capital Mann*], est continuellement ivre, Auguste jouit de la pire réputation, et Alcibiade passe toute la journée avec la femme de l'aubergiste à soupirer et à se languir : Tibère a essayé à Corinthe de violer la sœur de Démocède et le mari est venu. Au nom du ciel, qu'est-ce que c'est que ces aréopages ? Nous, les supérieurs, nous écrivons, nous lisons et nous nous tuons à la

---

[580] Feder, un prédicateur de la Cour qui a rejoint les Illuminati.

[581] *Nachtrag von ... Originalschriften*, I. 42.

tâche, nous offrons à ☉ notre santé, notre renommée et notre fortune, tandis que ces messieurs se livrent à leurs faiblesses, se prostituent, provoquent des scandales et sont pourtant des aréopagites qui veulent tout savoir.[582]

À propos d'Arminius, il y a de grandes plaintes… C'est un imbécile insupportable, obstiné, arrogant et vaniteux ![583]

Que Celse, Marius, Scipion et Ajax fassent ce qu'ils veulent… personne ne nous fait autant de mal que Celse, personne ne se laisse moins raisonner que Celse, et peut-être que peu de gens auraient pu nous être aussi utiles que Celse… Marius est obstiné et ne voit pas de grand plan, Scipion est négligent et je ne parlerai pas du tout d'Ajax… Confucius ne vaut pas grand-chose : il est trop curieux et un terrible bavard [*ein grausamer Schwatzer*].[584]

Agrippa doit être rayé de notre liste, car le bruit court […] qu'il a volé une montre en or et en argent ainsi qu'une bague à notre meilleur compagnon de travail Sulla.[585]

On dira sans doute ici que toutes ces lettres ne font que dépeindre le noble idéaliste se lamentant sur les faiblesses de ses disciples égarés, mais écoutons ce que Weishaupt a à dire sur lui-même. Dans une lettre à Marius (Hertel), il écrit :

Et maintenant, dans la plus stricte confidentialité, une affaire qui me tient à cœur, qui me prive de tout repos, me rend incapable de quoi que ce soit et me pousse au désespoir. Je risque de perdre mon honneur et ma réputation qui m'ont donné tant de pouvoir sur notre peuple. Songez que ma belle-sœur attend un enfant.[586] J'ai envoyé dans ce but à Euriphon, à

---

[582] *Nachtrag von … Originalschriften*, I. 39, 40.

[583] Ibid. I. 47.

[584] *Originalschriften*, pp. 370, 371.

[585] Ibid. pp. 257 et 258.

[586] Donné dans le cryptogramme des Illuminati : « Denken sie, meine 18. 10. 5. 21. 12. 6. 8. 17. 4. 13. ist 18. 10. 5. 21. 12. 13. 6. 8. 17 (meine Schwägerin ist schwanger) ». Voir le cryptogramme à la page 1 des *Originalschnften*.

Athènes, pour solliciter de Rome la licence de mariage et le Promotorial, vous voyez combien tout en dépend et qu'il ne faut pas perdre de temps ; chaque minute est précieuse. Mais si la dispense n'arrive pas, que ferai-je ? Comment faire amende honorable puisque je suis le seul fautif ? Nous avons déjà essayé plusieurs moyens de nous débarrasser de l'enfant, elle était elle-même décidée à tout. Mais Euriphon est trop timide et pourtant je ne vois pas d'autre expédient, si je pouvais assurer le silence de Celsus il pourrait m'aider et d'ailleurs il me l'a déjà promis il y a trois ans…[587] Si tu peux m'aider à sortir de ce dilemme, tu me rendras la vie, l'honneur, la paix et le pouvoir de travailler… Je ne sais pas quel diable m'a égaré, moi qui, dans ces circonstances, ai toujours pris des précautions extrêmes.[588]

Un peu plus tard, Weishaupt écrit à nouveau :

Toutes les fatalités m'arrivent en même temps. Voilà ma mère morte ! Cadavre, mariage, baptême, tout cela en peu de temps, l'un sur l'autre. Quel merveilleux mélange [*mischmasch*] ![589]

Voilà pour ce que M. Gould appelle les "rares qualités" du cœur de Weishaupt. Écoutons maintenant le témoignage du principal coadjuteur de Weishaupt, Philo (le baron von Knigge), que l'"historien de la franc-maçonnerie" qualifie d'"aimable enthousiaste". Dans toutes les associations subversives, ouvertes ou secrètes, dirigées par des hommes qui visent le pouvoir, il arrive toujours un moment où les ambitions des dirigeants entrent en conflit. C'est l'histoire de toutes les organisations révolutionnaires des 150 dernières années. C'est lorsque l'inévitable point culminant fut atteint entre Weishaupt et Knigge que "Philo" écrivit au "très aimant Caton" dans les termes suivants : Ce n'est pas tant Mahomed et A. qui sont à blâmer pour ma rupture avec Spartacus, que la conduite jésuitique de cet homme qui nous a si souvent montés les uns contre les autres pour régner despotiquement sur des hommes qui, s'ils n'ont peut-être pas une imagination aussi riche que la sienne, ne

---

[587] Il faut donc noter qu'il ne s'agit pas d'une défaillance soudaine de la part de Weishaupt.

[588] *Nachtrag von… Onginalschrtften*, I. 14-16.

[589] Ibid. I. 21.

possèdent pas non plus autant de mignardise et de ruse, etc.[590]

Dans une autre lettre, Philo énumère les services qu'il a rendus à Weishaupt dans le passé :

Sur l'ordre de Spartacus, j'ai écrit contre d'anciens jésuites et rosicruciens, j'ai persécuté des gens qui ne m'ont jamais fait de mal, j'ai jeté la confusion dans la *Stricte Observance*, j'ai attiré à nous les meilleurs d'entre eux, je leur ai parlé de la valeur du ⊙, de sa puissance, de son ancienneté, de l'excellence de ses chefs, de l'irréprochabilité de ses plus hauts dirigeants, de l'importance de ses connaissances, et j'ai donné de grandes idées de la droiture de ses vues ; à ceux d'entre nous qui travaillent maintenant si activement pour nous mais qui s'accrochent beaucoup à la religiosité [*sehr an Religiosität kleben*] et qui craignaient que notre intention ne soit de répandre le déisme, j'ai cherché à persuader que les Supérieurs supérieurs n'avaient rien de moins que cette intention. Peu à peu, cependant, j'agirai comme je l'entends [*nach und nach wirke ich dock was ich will*]. Si je devais maintenant... donner une indication aux Jésuites et aux Rose-Croix sur ceux qui les persécutent... si je faisais connaître (à quelques personnes) le caractère jésuitique de l'homme qui nous mène peut-être tous par le bout du nez, nous utilise pour ses projets ambitieux, nous sacrifie aussi souvent que son obstination l'exige, [si je leur faisais connaître] ce qu'ils ont à craindre d'un tel homme, d'une telle machine derrière laquelle des Jésuites peuvent peut-être se cacher ou se dissimuler ; si j'assurais à ceux qui cherchent des secrets qu'ils n'ont rien à attendre ; si je confiais à ceux qui ont la religion à cœur, les principes du Général ;..... si j'attirais l'attention des loges sur une association derrière laquelle se cachent les Illuminati ; si je m'associais à nouveau avec des princes et des francs-maçons... mais je recule devant cette pensée, la vengeance ne m'entraînera pas si loin...[591]

Nous avons maintenant suffisamment vu les objectifs et les méthodes des Illuminati et les véritables caractères de leurs dirigeants à partir de leurs propres aveux. Pour que l'affaire soit complète, il serait nécessaire de donner également un résumé des aveux faits par les ex-Illuminati, les

---

[590] Ibid. I. 99.

[591] *Nachtrag von... Originalschriften*, I. 112.

quatre professeurs Cosandey, Grünberger, Utzschneider et Renner, ainsi que des autres ouvrages publiés par les Illuminati, mais le temps et l'espace nous l'interdisent.

Il faudrait un ouvrage complet sur le sujet, composé de traductions des passages les plus importants de toutes les publications allemandes contemporaines.

D'après les extraits donnés ci-dessus, peut-on cependant sérieusement soutenir que Barruel ou Robison ont exagéré la culpabilité de l'Ordre ? Mes traductions littérales diffèrent-elles matériellement, dans leur sens, des traductions et des paraphrases occasionnelles données par le couple tant décrié ?

Même les contemporains, Mounier et le membre des Illuminati,[592] qui ont entrepris de réfuter Barruel et Lombard de Langres, ne font que confirmer leur point de vue. Ainsi, Mounier est obligé d'avouer que le véritable dessein de l'Illuminisme était "de saper tout l'ordre civil"[593] et "l'Ancien Illuminé" affirme dans un langage non moins percutant que celui de Barruel que Weishaupt "a fait un code de machiavélisme", que sa méthode était "une science profonde de l'art" et qu'il n'avait pas l'intention de s'en servir, que sa méthode était "une perversité profonde, flattant tout ce qu'il y avait de vil et de rancunier dans la nature humaine pour arriver à ses fins", qu'il n'était pas inspiré par "un sage esprit de réforme" mais par une "inimitié fanatique contre toute autorité sur la terre." Les seuls points essentiels sur lesquels les parties opposées diffèrent, c'est que, tandis que Mounier et l'Ancien Illuminé nient l'influence des Illuminati sur la Révolution française et soutiennent qu'ils ont cessé d'exister en 1786, Barruel et Lombard de Langres les présentent comme les inspirateurs des Jacobins et les déclarent encore actifs après la fin de la Révolution. Nous verrons dans un autre chapitre que, sur ce point en tout cas, ces derniers avaient raison.

La grande question qui se pose après avoir étudié les écrits des

---

[592] Auteur du très intéressant ouvrage *La Vérité sur les Sociétés Secrétes en Allemagne*, par un Ancien Illuminé (Paris, 1819).

[593] *De l'Influence attribuée aux Philosophes, aux Francs-Maçons et aux Illuminés sur la, Révolution de France*, par J. J. Mounier (1822), p. 181.

Illuminati est la suivante : quelle était la force motrice de l'Ordre ? Si l'on admet que Frédéric le Grand et la Stricte Observance, par l'intermédiaire d'un cercle interne de francs-maçons de la Loge Saint-Théodore, ont pu donner la première impulsion et que Kölmer a initié Weishaupt aux méthodes d'organisation orientales, la source d'inspiration à laquelle Weishaupt a ensuite puisé sa philosophie anarchique reste obscure. On a souvent suggéré que ses véritables inspirateurs étaient des Juifs, et l'écrivain juif Bernard Lazare affirme avec certitude qu'"il y avait des Juifs, des Juifs cabalistes, autour de Weishaupt".[594] Un auteur de *La Vieille France* est allé jusqu'à désigner ces Juifs comme étant Moïse Mendelssohn, Wessely et les banquiers Itzig, Friedlander et Meyer. Mais aucune preuve documentaire n'a jamais été produite à l'appui de ces affirmations. Il est donc nécessaire de les examiner à la lumière de la probabilité.

Or, comme je l'ai déjà montré, les idées théosophiques de la Cabale ne jouent aucun rôle dans le système de l'Illuminisme ; la seule trace de Cabalisme que l'on trouve dans les papiers de l'Ordre est une liste de recettes pour obtenir l'avortement, pour fabriquer des aphrodisiaques, l'Aqua Toffana, des vapeurs pestilentielles, etc. intitulé "Cabale majeure".[595] Il est donc possible que les Illuminati aient appris quelque chose de la "magie vénéfique" et de l'utilisation de certaines substances naturelles auprès de cabalistes juifs ; en même temps, les juifs ne semblent avoir été admis dans l'Ordre que dans de rares cas. Tout tend en effet à prouver que Weishaupt et ses premiers coadjuteurs, Zwack et Massenhausen, étaient de purs Allemands.

Néanmoins, il existe une nette ressemblance entre les idées de Weishaupt et celles du "Falk" de Lessing ; dans les écrits des Illuminati et dans les *Dialogues de* Lessing, nous trouvons la même veine d'ironie à l'égard de la franc-maçonnerie, le même dessein de la remplacer par un système plus efficace,[596] les mêmes dénonciations de l'ordre social

---

[594] On a affirmé à plusieurs reprises que Weishaupt était lui-même juif. Je n'ai pas trouvé la moindre preuve de cette affirmation.

[595] *Originalschriften*, pp. 107-10.

[596] « La prévoyance indique, dit Falk, qu'il faut mettre fin à l'ensemble du schéma actuel de la franc-maçonnerie [*dem ganzen jetzigen Schema der*

existant et de la société bourgeoise, la même théorie selon laquelle "les hommes doivent se gouverner eux-mêmes", le même projet d'effacer toutes les distinctions entre les nations, et même le simulacre de la ruche appliqué à la vie humaine[597] qui, comme je l'ai montré ailleurs, a été repris plus tard par l'anarchiste Proudhon. On peut cependant légitimement soutenir que ces idées étaient celles du cercle maçonnique intérieur auquel Lessing et Weishaupt appartenaient, et que, bien que placées dans la bouche de Falk, elles n'étaient en aucun cas judaïques.

Mais Lessing était également l'ami et l'admirateur de Moses Mendelssohn, qui a été présenté comme l'un des inspirateurs de Weishaupt. Or, à première vue, rien ne semble plus improbable qu'un juif orthodoxe comme Mendelssohn ait pu accorder une quelconque sympathie au projet anarchique de Weishaupt. Néanmoins, certaines doctrines de Weishaupt ne sont pas incompatibles avec les principes du judaïsme orthodoxe. Ainsi, par exemple, la théorie de Weishaupt — si étrangement en contradiction avec ses dénonciations du système familial — selon laquelle, à la suite de l'Illuminisme, "le chef de chaque famille sera ce qu'Abraham était, le patriarche, le prêtre et le seigneur sans entraves de sa famille, et la Raison sera le seul code de l'Homme",[598] est essentiellement une conception juive.

On objectera que le système patriarcal tel qu'il est conçu par les juifs orthodoxes ne peut en aucun cas inclure la religion de la Raison telle qu'elle est prônée par Weishaupt. Il ne faut cependant pas oublier que, pour l'esprit juif, la race humaine présente un double aspect, étant divisée en deux catégories distinctes : la race privilégiée à laquelle les promesses de Dieu ont été faites, et la grande masse de l'humanité qui reste en dehors du champ d'application. Alors que l'on attend des premiers une

---

Freimaurerei ein Ende zu machen], et il poursuit en montrant que cela doit être fait par des hommes choisis dans les sociétés secrètes qui connaissent les vrais secrets de la maçonnerie. C'est précisément l'idée de Weishaupt.

[597] En 1779, Spartacus écrit à Marius et à Caton pour suggérer qu'au lieu d'Illuminati, l'Ordre soit appelé « Ordre des Abeilles [Bienenorden oder Bienengesellschaft] » et que tous les statuts soient revêtus de cette allégorie — *Originalschriften*, p. 320.

[598] *Nachtrag von... Originalschriften*, II. 81.

adhésion stricte aux commandements du Talmud et aux lois de Moïse, la plus indéfinie des croyances religieuses suffit aux nations exclues des privilèges que confère la naissance juive. C'est ainsi que Moïse Mendelssohn écrivit au pasteur Lavater, qui avait cherché à le gagner au christianisme :

> Selon les principes de ma religion, je ne dois pas chercher à convertir quiconque n'est pas né selon nos lois. Cette propension à la conversion, dont certains voudraient attribuer l'origine à la religion juive, lui est pourtant diamétralement opposée. Nos rabbins enseignent unanimement que les lois écrites et orales qui forment conjointement notre religion révélée ne sont obligatoires que pour notre nation. "Moïse nous a prescrit une loi, l'héritage de la communauté de Jacob". Nous croyons que toutes les autres nations de la terre ont reçu de Dieu l'ordre d'adhérer aux lois de la nature et à la religion des patriarches. Ceux qui règlent leur vie sur les préceptes de cette *religion de la nature et de la raison*[599] sont appelés les hommes vertueux des autres nations et sont les enfants du salut éternel.[600] Nos rabbins sont si éloignés de la prosélytomanie qu'ils nous enjoignent de dissuader, par des remontrances énergiques, tous ceux qui se présentent pour se convertir. (Le Talmud dit… "les prosélytes sont gênants pour Israël comme une croûte").[601]

Mais cette "religion de la nature et de la raison" n'était-elle pas la conception précise de Weishaupt ?

La question de savoir si Weishaupt a été directement inspiré par Mendelssohn ou par un autre Juif reste pour l'instant ouverte. Mais les connexions juives de certains autres Illuminati ne peuvent être contestées. Le plus important d'entre eux est Mirabeau, qui arrive à Berlin juste après la mort de Mendelssohn et est accueilli par ses disciples dans le salon juif d'Henrietta Herz. Ce sont ces Juifs, "ardents partisans de la Révolution

---

[599] C'est moi qui souligne.

[600] Où sont-elles appelées ainsi ? La Cabale affirme clairement qu'Israël seul doit posséder le monde futur (Zohar, section Vayschlah, folio 177b), tandis que le Talmud exclut même les tribus perdues : « Les dix tribus n'ont aucune part dans le monde à venir » (Tract Sanhédrin, traduction de Rodkinson, p. 363).

[601] *Mémoires de Moses Mendelssohn*, par M. Samuels, pp. 56, 57 (1827).

française"[602] à ses débuts, qui persuadèrent Mirabeau d'écrire sa grande apologie de leur race sous la forme d'un panégyrique de Mendelssohn.

En résumé, je ne vois pas dans l'Illuminisme une conspiration juive visant à détruire le christianisme, mais plutôt un mouvement trouvant sa principale force dynamique dans l'ancien esprit de révolte contre l'ordre social et moral existant, aidé et soutenu peut-être par des Juifs qui y voyaient un système susceptible d'être tourné à leur propre avantage. Entre-temps, l'Illuminisme s'est servi de tous les autres mouvements qui pouvaient servir son but. Comme l'a exprimé le contemporain de Luchet : Le système des Illuminés n'est pas d'embrasser les dogmes d'une secte, mais de tourner à son profit toutes les erreurs, de concentrer en lui tout ce que les hommes ont inventé de duplicité et d'imposture.

Plus encore, l'Illuminisme n'était pas seulement l'assemblage de toutes les erreurs, de toutes les ruses, de toutes les subtilités d'ordre théorique, c'était aussi l'assemblage de toutes les méthodes pratiques pour pousser les hommes à l'action. Car, comme le dit von Hammer à propos des Assassins, on ne saurait trop le répéter :

Les opinions sont impuissantes tant qu'elles ne font qu'embrouiller le cerveau sans armer la main. Le scepticisme et la libre pensée, tant qu'ils n'ont occupé que l'esprit des indolents et des philosophes, n'ont causé la ruine d'aucun trône… Ce que les gens croient n'est pas important pour l'homme ambitieux, mais c'est tout de savoir comment il peut les tourner pour l'exécution de ses projets.

C'est ce que Weishaupt a si admirablement compris ; il savait comment prendre dans chaque association, passée et présente, les portions dont il avait besoin et les souder dans un système de travail d'une terrible efficacité — les doctrines désintégratrices des gnostiques et des manichéens, des philosophes modernes et des encyclopédistes, les méthodes des Ismaéliens et des Assassins, la discipline des Jésuites et des Templiers, l'organisation et le secret des Francs-maçons, la philosophie de Machiavel, le mystère de la Rose-Croix, la philosophie de l'homme et la philosophie de l'homme, la discipline des Jésuites et des Templiers, l'organisation et le secret des Francs-Maçons, la philosophie de

---

[602] Lettre au *Jewish Chronicle*, 1er septembre 1922, citant Henrietta Herz.

Machiavel, le mystère des Rose-Croix — il savait en outre enrôler les bons éléments dans toutes les associations existantes ainsi que les individus isolés et les tourner vers son but. Ainsi, dans l'armée des Illuminati, nous trouvons des hommes de toutes les nuances de pensée, du poète Goethe[603] à l'intrigant le plus mesquin — de grands idéalistes, des réformateurs sociaux, des visionnaires, et en même temps des ambitieux, des rancuniers et des mécontents, des hommes influencés par la luxure ou aigris par des griefs, tous différents dans leurs objectifs mais, grâce à l'admirable système de compartiments étanches de Weishaupt, empêchés de connaître ces différences et marchant tous, inconsciemment ou non, vers le même but.

Bien qu'il ne s'agisse pas d'une invention de Weishaupt, mais d'une préfiguration datant de plusieurs siècles en Orient, c'est Weishaupt, pour autant que nous le sachions, qui l'a transformée en un système opérationnel pour l'Occident — un système auquel ont adhéré les groupes successifs de révolutionnaires mondiaux jusqu'à aujourd'hui. Toutes les ruses, toute l'hypocrisie, toutes les méthodes subtiles de camouflage qui caractérisaient l'Ordre se retrouveront dans la propagande insidieuse des sociétés secrètes modernes et des organisations révolutionnaires ouvertes dont l'objet est de subvertir tout ordre, toute moralité et toute religion.

Je maintiens donc, avec plus de conviction que jamais, l'importance de l'Illuminisme dans l'histoire de la révolution mondiale. Sans cette coordination des méthodes, les philosophes et les encyclopédistes auraient pu continuer à fulminer contre les trônes et les autels, les martinistes à évoquer les esprits, les magiciens à tisser des sortilèges, les francs-maçons à déclamer la fraternité universelle — aucun d'entre eux n'aurait "armé la main" et poussé les foules exaspérées dans les rues de

---

[603] Goethe a été initié à la franc-maçonnerie la veille de la Saint-Jean, en 1780. *Le Royal Masonic Cyclopædia* observe : « Il existe deux grands écrivains maçonniques classiques, Lessing et Goethe ». Stauffer, dans *New England and the Bavarian Illuminati* (p. 172), souligne en outre que la connexion de Goethe avec les Illuminati est pleinement établie à la fois par Engel (*Geschichte des Illuminatenordens*, pp. 355 et suivantes) et par Le Forestier (*Les Illuminés de Baviére*, pp. 396 et suivantes). Il est possible que *Faust* soit l'histoire d'une initiation par un Illuminatus désabusé.

Paris ; ce n'est que lorsque les émissaires de Weishaupt ont fait alliance avec les chefs orléanistes que la vague théorie subversive s'est transformée en une révolution active.

10. LE CLIMAX

Le premier corps maçonnique avec lequel les Illuminati formèrent une alliance fut la Stricte Observance, à laquelle appartenaient les Illuminati Knigge et Bode. Cagliostro avait également été initié à la Stricte Observance près de Francfort et était désormais employé comme agent de l'ordre combiné. Selon ses propres aveux, sa mission "consistait à travailler de manière à orienter la franc-maçonnerie dans le sens des projets de Weishaupt" ; et les fonds qu'il utilisait étaient ceux des Illuminati.[604]

Cagliostro a également établi un lien avec les Martinistes, dont les doctrines, bien que tournées en dérision par Weishaupt, ont été utiles à son plan en attirant par leur caractère mystique ceux qui auraient été rebutés par le cynisme des Illuminati. Selon Barruel, ce sont les Martinistes qui, à la suite des Rose-Croix, ont suggéré à Weishaupt de présenter le Christ comme un "Illuminatus", ce qui a donné des résultats si triomphants au sein du clergé protestant.

Mais si Weishaupt s'est servi des différentes associations maçonniques, celles-ci ont trouvé en lui un allié précieux. Le fait est qu'à cette époque, les francs-maçons français et allemands étaient très partagés sur le sujet de la maçonnerie et avaient besoin de quelqu'un pour donner un point de vue à leurs délibérations. C'est ainsi qu'au Congrès de Wilhelmsbad, convoqué le 16 juillet 1782 et réunissant les représentants des corps maçonniques du monde entier, la première question posée par le Grand Maître des Templiers (c'est-à-dire la Stricte Observance) fut la suivante : *"Quel est le véritable objet de l'Ordre et sa véritable origine ?"* Ainsi, dit Mirabeau en relatant cet incident, "ce même Grand Maître et tous ses assistants travaillaient depuis plus de vingt ans avec une ardeur incroyable à une chose dont ils ne connaissaient

---

[604] Henri Martin, *Histoire de France*, Vol. XVI. p. 531.

ni l'objet réel, ni l'origine".[605]

Deux ans plus tard, les francs-maçons français ne semblent pas avoir été moins ignorants à ce sujet, puisqu'ils écrivent au général Rainsford, l'un des francs-maçons anglais présents au Congrès de Wilhelmsbad, ce qui suit :

Puisque vous dites que la Maçonnerie n'a jamais connu de variation dans son but, savez-vous donc avec certitude quel est cet objet unique ? Est-il utile au bonheur de l'humanité ?... Dites-nous s'il est d'ordre historique, politique, hermétique ou scientifique ?... Morale, sociale ou religieuse ?... Les traditions sont-elles orales ou écrites ?[606]

Mais Weishaupt avait un objectif très précis en vue, qui était de prendre le contrôle de toute la franc-maçonnerie, et bien qu'il n'ait pas été présent au Congrès, son coadjuteur Knigge, qui avait voyagé à travers l'Allemagne en se proclamant le réformateur de la franc-maçonnerie, se présenta à Wilhelmsbad, muni des pleins pouvoirs de Weishaupt, et réussit à enrôler un certain nombre de magistrats, de savants, d'ecclésiastiques et de ministres d'État comme Illuminati et à s'allier avec les députés de Saint-Martin et de Willermoz. Vaincue par ce puissant rival, la Stricte Observance cessa provisoirement d'exister et l'Illuminisme resta en possession du terrain.

Le 15 février 1785, un nouveau congrès a lieu à Paris, convoqué cette fois par les Philalèthes, où sont présents les Illuminati Bode (alias Amelius) et le Baron de Busche (alias Bayard), mais aussi, dit-on, le "magicien" Cagliostro, le magnétiseur Mesmer, le cabaliste Duchanteau, et bien sûr les dirigeants des Philalèthes, Savalette de Langes, élu président, le marquis de Chefdebien, et quelques membres allemands du même Ordre.

Ce congrès n'aboutit pas à des résultats très concrets et un autre, plus secret, fut convoqué l'année suivante à Francfort, où une Grande Loge avait été créée en 1783. C'est là que la mort de Louis XVI et de Gustave III de Suède aurait été décrétée.

---

[605] *Historie de la Monarchie prussienne*, V. 73.

[606] *Ars Quatuor Coronatorum*, Vol. XXVI. p. 98.

Mais dès cette même année 1785, le premier acte du drame révolutionnaire s'est joué. La fameuse "affaire du collier" ne pourra jamais être comprise dans les pages de l'histoire officielle ; seul l'examen du mécanisme fourni par les sociétés secrètes peut expliquer cet épisode extraordinaire qui, de l'avis de Napoléon, a contribué plus que toute autre cause à l'explosion de 1789. En s'attaquant doublement à l'Église et à la monarchie, l'affaire du collier a répondu à l'objectif de Frédéric le Grand et à celui des Illuminati.

Cagliostro, nous le savons, reçut à la fois de l'argent et des instructions de l'Ordre pour mener à bien ce complot, et après qu'il se fut soldé par sa propre disculpation et l'exil du cardinal de Rohan, nous le voyons se lancer dans de nouvelles activités au sein de sociétés secrètes à Londres, où il arriva en novembre de la même année. Se présentant comme le comte Sutkowski, membre d'une société d'Avignon, il "rendit visite aux Swedenborgiens lors de la réunion de leur société théosophique dans des salles du Middle Temple et montra qu'il connaissait parfaitement leurs doctrines, tout en prétendant avoir une connaissance supérieure". [607] Selon une opinion généralement admise, Cagliostro était l'auteur d'une proclamation mystérieuse qui parut à ce moment-là dans le *Morning Herald* sous le chiffre de la Rose-Croix.[608]

Mais l'année précédant ces événements, une chose extraordinaire s'était produite. Un prédicateur évangéliste et Illuminati nommé Lanze avait été envoyé en juillet 1785 en tant qu'émissaire des Illuminati en Silésie, mais au cours de son voyage, il fut frappé par la foudre. Les instructions de l'Ordre ont été retrouvées sur lui, et les intrigues de l'Ordre ont été révélées de manière concluante au gouvernement de Bavière.[609] Une enquête approfondie a suivi, les maisons de Zwack et Bassus ont été perquisitionnées, et c'est alors que les documents et autres preuves incriminantes mentionnées dans le chapitre précédent de ce livre ont été saisis et rendus publics sous le nom de *The Original Writings of the Order of the Illuminati* (1787). Mais auparavant, le témoignage de

---

[607] « Notes on the Rainsford Papers » dans *A.Q.C.*, Vol. XXVI. p. 111.

[608] *Morning Herald* du 2 novembre 1786.

[609] Eckert, *La Franc-Maçonnerie dans sa véritable signification*, Vol. II. p. 92.

quatre ex-Illuminati, professeurs à Munich, avait été publié en deux volumes distincts.[610]

Le caractère diabolique de l'Illuminisme ne fait plus aucun doute et l'Ordre est officiellement supprimé. Les adversaires de Barruel et Robison déclarent donc que l'Illuminisme a définitivement pris fin. Nous verrons plus tard, preuves à l'appui, qu'il n'a jamais cessé d'exister et que, vingt-cinq ans plus tard, non seulement les Illuminati, mais aussi Weishaupt lui-même, étaient toujours aussi actifs dans les coulisses de la franc-maçonnerie.

Mais pour l'instant, nous devons suivre son parcours à partir du moment de son apparente extinction en 1786. Ce parcours peut être retracé non seulement à travers l'"Union allemande", dont on pense qu'elle était une réorganisation des Illuminati originaux, mais aussi à travers les sociétés secrètes de France. En réalité, l'Illuminisme est moins un Ordre qu'un principe, et un principe qui peut mieux fonctionner sous le couvert d'autre chose. Weishaupt lui-même avait posé le précepte que le travail de l'Illuminisme pouvait être mieux mené "sous d'autres noms et d'autres occupations", et dorénavant nous le trouverons toujours mené par ce système habile de camouflage.

La première couverture adoptée fut la loge des "Amis Réunis" à Paris, avec laquelle, comme nous l'avons déjà vu, les Illuminati avaient établi des relations. En 1787, une alliance définitive fut conclue par les Illuminati susmentionnés, Bode et Busche, qui, en réponse à une invitation du comité secret de la loge, arrivèrent à Paris en février de cette année. Ils y trouvèrent le vieil Illuminé Mirabeau — qui, avec Talleyrand, avait largement contribué à convoquer ces Frères allemands — et, selon Gustave Bord,[611] deux membres importants de la Stricte Observance, le

---

[610] *Drei merkwürdige Aussagen*, etc., preuves de Grünberger, Cosandey et Renner (Munich, 1786) ; *Grosse Absichten des Ordens der Illuminaten*, etc., idem, avec Utzschneider (Munich, 1786).

[611] Gustave Bord, *La Franc-Maçonnerie en France*, etc., p. 351 (1908). Ce comte australien est évoqué dans la correspondance des Illuminati plus comme un agent que comme un adepte. Ainsi Weishaupt écrit : « Je dois essayer de le guérir de la théosophie et de l'amener à nos vues » (*Nachtrag von... Originalschnften*, I. 71) ; et Philon, avant le Congrès de Wilhelmsbad, observe : « Numenius n'est pas encore d'une grande utilité. Je ne le prends que pour lui

marquis de Chefdebien d'Armisson (*Eques a Capite Galeato*) et un Autrichien, le comte Léopold de Kollowrath-Krakowski (*Eques ab Aquila Fulgente*), qui appartenait également à l'Ordre des Illuminés de Weishaupt, dans lequel il portait le pseudonyme de Numenius.

Il est important ici de reconnaître le rôle particulier joué par la Loge des *Amis Réunis*. Alors que la *Loge des Neuf Sœurs* était largement composée de révolutionnaires bourgeois tels que Brissot, Danton, Camille Desmoulins et Champfort, et la *Loge de la Candeur* de révolutionnaires aristocrates — Lafayette ainsi que les Orléanistes, le marquis de Sillery, le duc d'Aiguillon, le marquis de Custine, les Lameths — *la Loge du Contrat Social* est surtout composée d'honnêtes visionnaires qui ne nourrissent aucun projet révolutionnaire mais qui, selon Barruel, sont fortement royalistes. Le rôle des "Amis Réunis" est de rassembler les subversifs de toutes les autres loges — Philalèthes, Rose-Croix, membres de la *Loge des Neuf Sours* et de la *Loge de la Candeur* et des comités les plus secrets du Grand Orient, ainsi que les députés des *Illuminés* de province.

C'est donc là, à la loge de la rue de la Sordière, sous la direction de Savalette de Langes, que se trouvaient les disciples de Weishaupt, de Swedenborg et de Saint-Martin, ainsi que les artisans de la révolution, les agitateurs et les démagogues de 1789.

L'influence de l'Illuminisme allemand sur tous ces éléments hétérogènes était énorme. À partir de ce moment, dit un autre rapport bavarois de l'affaire, un changement complet se produisit dans l'Ordre des "Amis Réunis." Jusqu'alors vaguement subversif, les Chevaliers Bienfaisants devinrent les Chevaliers Malfaisants. Jusqu'alors vaguement subversifs, les Chevaliers Bienfaisants devinrent les Chevaliers Malfaisants, les Amis Réunis devinrent les Ennemis Réunis. L'arrivée des deux Allemands, Bode et Busche, donne la touche finale à la conspiration. "Le but avoué de leur voyage était d'obtenir des renseignements sur le magnétisme, qui faisait alors grand bruit", mais en réalité, "pris par le plan gigantesque de leur Ordre", leur but réel était de

---

fermer la bouche au Congrès [*um ihn auj dem Convente das Meul zu stopfen*] ; cependant, s'il est bien dirigé, nous pouvons faire quelque chose de lui ». (ibid., p. 109).

faire des prosélytes. On remarquera que le passage suivant confirme exactement le récit de Barruel :

Comme la Loge des *Amis Réunis* rassemblait tout ce qui pouvait être découvert dans tous les autres systèmes maçonniques du monde, la voie y fut bientôt ouverte à l'Illuminisme. Il ne fallut pas longtemps pour que cette loge et tous ceux qui en dépendaient soient imprégnés d'illuminisme. L'ancien système de tous ces éléments fut comme anéanti, de sorte qu'à partir de cette époque, le cadre des Philalèthes disparut complètement et qu'à la place de l'ancienne extravagance cabalistique-magique [*Schwärmerei*] apparut le philosophique-politique.[612]

Ce n'est donc pas le martinisme, le cabalisme ou la franc-maçonnerie qui, en eux-mêmes, ont fourni la véritable force révolutionnaire. De nombreux francs-maçons non illuminés, comme le déclare Barruel lui-même, restèrent fidèles au trône et à l'autel, et dès que la monarchie fut considérée comme en danger, les Frères royalistes du *Contrat social* convoquèrent hardiment les loges pour qu'elles se coalisent dans la défense du roi et de la Constitution ; même certains hauts maçons, qui dans le degré de Chevalier Kadosch avaient juré haine au Pape et à la monarchie des Bourbons, se rallièrent également à la cause royale. "L'esprit français triompha de l'esprit maçonnique chez le plus grand nombre des Frères. Les opinions comme les cœurs étaient encore pour le Roi". Il fallut les doctrines dévastatrices de Weishaupt pour saper cet esprit et faire des "degrés de vengeance" non plus un vain cérémonial mais un terrible fait.

Si donc on dit que la Révolution a été préparée dans les loges des Francs-Maçons — et beaucoup de Francs-Maçons français s'en sont vantés — qu'on ajoute toujours que c'est la *Franc-maçonnerie illuminée* qui a fait la Révolution, et que les Maçons qui l'ont acclamée sont des Maçons illuminés, héritiers de la même tradition introduite dans les loges de France en 1787 par les disciples de Weishaupt, le "patriarche des Jacobins".

De nombreux francs-maçons français de 1787 n'étaient donc pas des

---

[612] *Die Neuesten Arbeiten des Spartacus und Philo in dem Illuminaten-Orden. p.* viii (1794).

alliés conscients des Illuminati. Selon Cadet de Gassicourt, il n'y avait dans toutes les loges que vingt-sept vrais initiés ; les autres étaient en grande partie des dupes qui ne savaient rien ou presque de la source d'où provenait l'influence nouvelle qui s'exerçait sur eux. Le plus étonnant, c'est que les partisans les plus enthousiastes du mouvement étaient des hommes appartenant aux classes supérieures et même aux familles royales d'Europe. Un contemporain raconte que pas moins de trente princes — régnants ou non — avaient pris sous leur protection une confédération dont ils risquaient de tout perdre et s'étaient imprégnés de ses principes au point de les rendre inaccessibles à la raison.[613] Enivrés par les flatteries que leur prodiguaient les prêtres de l'Illuminisme, ils adoptèrent une religion à laquelle ils ne comprenaient rien. Weishaupt avait bien sûr veillé à ce qu'aucune de ces dupes royales ne soit initiée aux véritables objectifs de l'Ordre, et avait d'abord adhéré au projet initial de les exclure complètement ; mais la valeur de leur coopération devint bientôt évidente et, par une ironie suprême, c'est auprès d'un grand-duc qu'il se réfugia lui-même.

Mais si la grande majorité des princes et des nobles furent frappés de cécité lors de cette crise, quelques esprits clairvoyants reconnurent le danger et avertirent le monde de l'imminence du désastre. En 1787, le cardinal Caprara, nonce apostolique à Vienne, adresse au pape un mémoire confidentiel dans lequel il signale que les activités menées en Allemagne par les différentes sectes d'illuminés, de perfectionnistes, de francs-maçons, etc. se multiplient.

Le danger approche, car de tous ces rêves insensés d'illuminisme, de swedenborgianisme ou de franc-maçonnerie émergera une réalité effrayante. Les visionnaires ont leur temps ; la révolution qu'ils annoncent aura aussi son temps.[614]

Mais une prophétie plus étonnante est l'*Essai sur la Secte des Illuminés*, du marquis de Luchet,[615] un noble libéral qui a joué un rôle

---

[613] De Luchet, *Essai sur la Secte des Illuminés*, p. vii.

[614] Crétineau Joly, *L'Église Romaine en face de la Révolution*, I. p. 93.

[615] Dans ma *Révolution mondiale*, j'ai accepté à tort l'opinion de plusieurs auteurs connus qui attribuent ce pamphlet à Mirabeau. Le fait qu'elle ait été imprimée à la fin de l'*Histoire Secrète de la Cour de Berlin* de Mirabeau et

dans le mouvement révolutionnaire, mais qui s'est néanmoins rendu compte des dangers de l'Illuminisme sur le site. Ainsi, dès 1789, avant que la Révolution ne se soit réellement développée, de Luchet prononça ces mots d'avertissement :

Les gens trompés... apprennent qu'il existe une conspiration en faveur du despotisme contre la liberté, de l'incapacité contre le talent, du vice contre la vertu, de l'ignorance contre les lumières... Cette société a pour but de gouverner le monde...

Son objectif est la domination universelle. Ce projet peut paraître extraordinaire, incroyable, mais pas chimérique... jamais une telle calamité n'a encore frappé le monde.

Il décrit la position d'un roi qui doit reconnaître des maîtres au-dessus de lui et autoriser leur "régime abominable", devenir le jouet d'une horde ambitieuse et fanatique qui s'est emparée de sa volonté.

Le voir condamné à servir les passions de tous ceux qui l'entourent... à élever au pouvoir des hommes dégradés, à prostituer son jugement par des choix qui déshonorent sa prudence...

Tout cela s'est exactement réalisé sous le règne du ministère girondin de 1792. La campagne de destruction menée durant l'été 1793 est ainsi annoncée :

Nous ne voulons pas dire que le pays où règnent les Illuminés cessera d'exister, mais il tombera dans un tel degré d'humiliation qu'il ne comptera plus dans la politique, que la population diminuera, que les habitants qui résisteront au penchant de passer dans un pays étranger ne jouiront plus du bonheur de la considération, ni des charmes de la société, ni des avantages du commerce.

Et de Luchet termine par cet appel désespéré aux puissances de

---

qu'une nouvelle édition revue par Mirabeau ait été publiée en 1792 a sans doute donné lieu à cette supposition. Mais outre le fait qu'il était peu probable que Mirabeau, en tant qu'Illuminatus, dénonce lui-même l'Ordre, la preuve qu'il n'en est pas l'auteur se trouve au British Museum, où l'exemplaire de l'édition de 1792 porte sur la page de titre la mention à l'encre « Donné par l'auteur », et Mirabeau est mort au printemps de l'année précédente.

l'Europe :

Maîtres du monde, jetez les yeux sur une multitude désolée, écoutez ses cris, ses larmes, ses espoirs. Une mère vous demande de lui rendre son fils, une femme son mari, vos villes les beaux-arts qui les ont fui, la campagne les citoyens, les champs les cultivateurs, la religion les formes de culte, la Nature les êtres dont elle est digne.

Cinq ans après ces mots, la campagne française est désolée, l'art et le commerce sont détruits, et les femmes qui suivent le tumulus qui mène Fouquier-Tinville à la guillotine s'écrient :

"Rendez-moi mon frère, mon fils, mon mari ! Ainsi s'est accomplie cette étonnante prophétie. Pourtant, l'histoire n'a pas dit un mot à ce sujet !

L'avertissement de de Luchet est tombé dans l'oreille d'un sourd, aussi bien dans la postérité que chez les hommes de son temps.

De Luchet lui-même reconnaît l'obstacle qui l'empêche d'être entendu : il y a trop de "passions intéressées à soutenir le système des Illuminés", trop de gouvernants trompés s'imaginant éclairés prêts à précipiter leurs peuples dans l'abîme, tandis que "les chefs de l'Ordre ne renonceront jamais à l'autorité qu'ils ont acquise, ni au trésor dont ils disposent". C'est en vain que de Luchet en appelle aux francs-maçons pour qu'ils sauvent leur Ordre de la secte envahissante. "Ne serait-il pas possible, demande-t-il, de diriger les Francs-Maçons eux-mêmes contre les Illuminés en leur montrant que pendant qu'ils travaillent à maintenir l'harmonie dans la société, ces autres sèment partout la discorde" et préparent la destruction finale de leur Ordre ? Jusqu'à présent, il n'est pas trop tard ; si seulement les hommes croient au danger, il peut être évité : "Du moment qu'ils sont convaincus, le coup nécessaire est porté à la secte". Sinon, de Luchet prophétise "une suite de calamités dont le terme se perd dans l'obscurité des temps, [...] un feu souterrain qui couve éternellement et qui éclate périodiquement en explosions violentes et dévastatrices". Quels mots pourraient mieux décrire l'histoire des 150 dernières années ?

L'*Essai sur la Secte des Illuminés* est l'un des documents les plus extraordinaires de l'histoire et en même temps l'un des plus mystérieux. Pourquoi a-t-il été écrit par le marquis de Luchet, qui aurait collaboré avec Mirabeau à la *Galerie* de *Portraits* publiée l'année suivante, pourquoi a-t-il été annexé à l'*Histoire Secrète de la Cour de Berlin de*

Mirabeau, et donc attribué à Mirabeau lui-même, pourquoi Barruel l'a-t-il dénoncé comme une poussière jetée aux yeux du public, alors qu'il corroborait entièrement son propre point de vue, sont des questions auxquelles je ne peux trouver de réponse. Qu'il ait été écrit sérieusement et en toute bonne foi, il est impossible d'en douter ; tandis que le fait qu'il ait paru avant, et non après, les événements décrits, en fait une preuve encore plus précieuse de la réalité de la conspiration que l'admirable travail de Barruel lui-même.

Ce que Barruel a vu, de Luchet l'a prévu avec la même clarté. Quant au rôle de Mirabeau dans cette crise, on ne peut l'expliquer que par son inconstance habituelle. Tantôt il cherche à s'entretenir avec les ministres du roi pour les avertir du danger qui s'annonce, tantôt il fomente énergiquement l'insurrection. Il n'est donc pas impossible qu'il ait encouragé de Luchet à dévoiler la conspiration, bien qu'entre-temps il ait lui-même participé au plan de destruction.

En effet, selon une brochure publiée en 1791 et intitulée *Mystères de la* Conspiration,[616] l'ensemble du plan de révolution a été retrouvé parmi ses papiers. Le rédacteur de cette *brochure* explique que le document ici rendu public, intitulé *Croquis ou Projet de Révolution de Monsieur de Mirabeau*, a été saisi chez Madame Lejai, épouse de l'éditeur de Mirabeau, le 6 octobre 1789. Commençant par une diatribe contre la monarchie française, le document précise que "pour triompher de ce monstre à tête d'hydre, voici mes idées" :

Il faut renverser tout ordre, supprimer toute loi, annuler tout pouvoir, laisser le peuple dans l'anarchie. Les lois que nous établirons ne seront peut-être pas en vigueur tout de suite, mais en tout cas, ayant rendu le pouvoir au peuple, il résistera au nom de sa liberté qu'il croira conserver. Il faut caresser sa vanité, flatter ses espérances, lui promettre le bonheur après que notre ouvrage aura fonctionné ; il faut échapper à ses caprices et à ses systèmes à volonté, car le peuple législateur est très dangereux, il n'établit que des lois qui coïncident avec ses passions, son défaut de connaissances ne ferait d'ailleurs qu'enfanter des abus.

Mais comme le peuple est un levier que les législateurs peuvent

---

[616] Marque de presse du British Museum F. 259 (14).

mouvoir à leur gré, il faut nécessairement s'en servir comme d'un appui, lui rendre odieux tout ce qu'on veut détruire et semer des illusions sur son passage ; il faut aussi acheter toutes les plumes mercenaires qui propageront nos procédés et qui instruiront le peuple des ennemis que nous attaquons. Le clergé, le plus puissant par l'opinion publique, ne peut être détruit qu'en ridiculisant la religion, en rendant ses ministres odieux, et en ne les représentant que comme des monstres hypocrites, car Mahomet, pour établir sa religion, a d'abord diffamé le paganisme que professaient les Arabes, les Sarmates de, et les Scythes. Les libelles doivent à chaque instant porter de nouvelles traces de haine contre le clergé.

Exagérer leurs richesses, faire passer les péchés d'un individu pour communs à tous, leur attribuer tous les vices, la calomnie, le meurtre, l'irréligion, le sacrilège, tout est permis en temps de révolution.

Il faut dégrader la *noblesse* et lui attribuer une origine odieuse, établir un germe d'égalité qui ne pourra jamais exister, mais qui flattera le peuple ; [il faut] immoler les plus obstinés, brûler et détruire leurs biens pour intimider les autres, afin que, si l'on ne peut détruire entièrement ce préjugé, on puisse l'affaiblir et que le peuple se venge de sa vanité et de sa jalousie par tous les excès qui l'amèneront à se soumettre.

Après avoir décrit comment les soldats doivent être séduits de leur allégeance, et les magistrats représentés au peuple comme des despotes, "puisque le peuple, brutal et ignorant, ne voit que le mal et jamais le bien des choses", l'écrivain explique qu'il ne faut leur donner qu'un pouvoir limité dans les communes.

Gardons-nous surtout de leur donner trop de force ; leur despotisme est trop dangereux, il faut flatter le peuple par une justice gratuite, lui promettre une grande diminution d'impôts et un partage plus égal, plus d'extension dans les fortunes, et moins d'humiliation. Ces fantaisies [*vertiges*] fanatiseront le peuple, qui aplatira toute résistance. Qu'importent les victimes et leur nombre ? les spoliations, les destructions, les incendies, et tous les effets nécessaires d'une révolution ? rien ne doit être sacré et l'on peut dire avec Machiavel :

"Qu'importent les moyens pourvu qu'on arrive à la fin ?

Toutes ces idées étaient-elles celles de Mirabeau, ou bien étaient-elles, comme l'autre document des Illuminati trouvé dans ses papiers, le programme d'une conspiration ? Je penche pour cette dernière hypothèse.

Le plan de campagne fut, en tout cas, celui que suivirent les conspirateurs, comme l'avoua Chamfort, l'ami et le confident de Mirabeau, dans sa conversation avec Marmontel :

La nation est un grand troupeau qui ne pense qu'à brouter, et avec de bons chiens de berger, les bergers peuvent le mener comme bon leur semble... L'argent et l'espoir du pillage sont tout-puissants chez le peuple... Mirabeau affirme allègrement qu'avec 100 louis, on peut faire une bonne émeute.[617]

Un autre contemporain décrit ainsi les méthodes des chefs : Mirabeau, dans l'exubérance d'une orgie, s'écria un jour : "Cette *canaille* mérite bien de nous avoir pour législateurs !" Ces professions de foi, on le voit, n'ont rien de démocratique ; la secte utilise la population comme *chair* à *révolution*, comme matière première pour le brigandage, après quoi elle s'empare de l'or et abandonne les générations au supplice. C'est véritablement le code de l'enfer.[618]

C'est ce "code de l'enfer" énoncé dans le "Projet de Révolution" que nous retrouverons dans les documents qui ont suivi tout au long des cent dernières années — dans la correspondance de l'"Alta Vendita", dans les *Dialogues aux Enfers entre Machiavel et Montesquieu* de Maurice Joly, dans le Catéchisme révolutionnaire de Bakounine, dans les Protocoles des Sages de Sion, et dans les écrits des bolcheviks russes d'aujourd'hui.

Quels que soient les doutes que l'on puisse émettre sur l'authenticité de l'un ou l'autre de ces documents, il n'en reste pas moins que, dès 1789, ce plan machiavélique consistant à organiser la révolution et à utiliser le peuple comme levier pour porter au pouvoir une minorité tyrannique avait été formulé ; en outre, les méthodes décrites dans ce tout premier "Protocole" ont été appliquées conformément au plan depuis ce jour jusqu'à aujourd'hui. Et à chaque fois que la révolution sociale a éclaté, les auteurs du mouvement ont été connus pour être liés à des sociétés secrètes.

C'est Adrien Duport, auteur de la "Grande Peur" qui s'est répandue

---

[617] *Œuvres posthumes de Marmontel*, IV. 77.

[618] Lombard de Langres, *Histoire des Jacobins*, p. 31 (1820).

en France le 22 juillet 1789, Duport, initié intime des sociétés secrètes, "tenant entre ses mains tous les fils de la conspiration maçonnique", qui, le 21 mai 1790, expose devant le Comité de Propagande le vaste projet de destruction.

M. de Mirabeau a bien établi que l'heureuse révolution qui s'est faite en France doit être et sera pour tous les peuples de l'Europe le réveil de la liberté et pour les Rois le sommeil de la mort.

Mais Duport poursuit en expliquant que si Mirabeau estime qu'il convient pour l'instant de ne pas s'occuper de ce qui se passe hors de France, il pense lui-même que le triomphe de la Révolution française doit conduire inéluctablement à "la ruine de tous les trônes... Il faut donc hâter chez nos voisins la même révolution qui se fait en France".[619]

Le projet de la franc-maçonnerie illuminée n'était donc rien de moins qu'une révolution mondiale.

Il est nécessaire ici de répondre à un critique qui a suggéré qu'en soulignant le rôle des sociétés secrètes dans la *Révolution mondiale*, j'avais abandonné ma thèse antérieure sur la conspiration orléaniste. Je tiens donc à préciser que je ne retire pas un mot de ce que j'ai écrit dans *La Révolution française* sur la conspiration orléaniste, je me contente de fournir une explication supplémentaire de son efficacité en développant l'aide qu'elle a reçue du parti que j'ai désigné sous le nom de Subversifs — résultat des loges maçonniques. C'est parce que les Orléanistes avaient à leur disposition toute l'organisation maçonnique qu'ils ont pu réaliser leurs plans avec une habileté et une minutie extraordinaires, et c'est parce qu'ils avaient derrière eux des hommes uniquement tournés vers la destruction qu'ils ont pu s'adjoindre des partisans qui ne se seraient pas ralliés à un simple projet d'usurpation. Même Montjoie, qui voyait dans la Révolution principalement l'œuvre du duc d'Orléans, indique dans un passage très curieux d'un ouvrage ultérieur l'existence d'une intrigue encore plus sombre derrière la conspiration qu'il avait mis toute son énergie à dévoiler : Je n'examinerai pas si ce méchant prince,

---

[619] Deschamps, *Les Sociétés Secrètes et la Société*, II. 151, citant un document parmi les papiers du cardinal Bernis intitulé : *Discours prononcé au comité de la Propagande par M. Duport, un de ses mémoires*, le 21 mai 1790.

croyant agir dans son intérêt personnel, n'a pas été mû par cette main invisible qui semble avoir créé tous les événements de notre révolution pour nous conduire à un but que nous ne voyons pas encore, mais que je crois que nous verrons bientôt.[620]

Malheureusement, après cette phrase mystérieuse, Montjoie ne revient plus jamais sur le sujet.

Au début de la Révolution, l'orléanisme et la franc-maçonnerie forment donc un corps uni. Selon Lombard de Langres : La France en 1789 comptait plus de 2000 loges affiliées à le Grand Orient ; le nombre d'adeptes était supérieur à 100 000. Les premiers événements de 1789 ne sont que la Maçonnerie en action. Tous les révolutionnaires de la Constituante sont initiés au troisième degré. Nous plaçons dans cette classe le duc d'Orléans, Valence, Syllery, Laclos, Sièyes, Pétion, Menou, Biron, Montesquieu, Fauchet, Condorcet, Lafayette, Mirabeau, Garat, Rabaud, Dubois-Crancé, Thiébaud, Larochefoucauld, et d'autres encore.[621]

Parmi ces derniers, on trouve non seulement les Brissotins, qui forment le noyau du parti girondin, mais aussi les hommes de la Terreur — Marat, Robespierre, Danton, Desmoulins.

Ce sont ces éléments plus féroces, véritables disciples des Illuminati, qui vont balayer les maçons visionnaires qui rêvent d'égalité et de fraternité. Suivant le précédent établi par Weishaupt, des pseudonymes classiques furent adoptés par ces chefs des Jacobins, ainsi Chaumette était connu sous le nom d'Anaxagore, Clootz sous celui d'Anacharsis, Danton sous celui d'Horace, Lacroix sous celui de Publicola, et Ronsin sous celui de Scaevola[622] ; toujours à la manière des Illuminati, les noms des villes furent changés et un calendrier révolutionnaire fut adopté. Le bonnet rouge et les cheveux lâchés des Jacobins semblent également

---

[620] Galart de Montjoie, *Histoire de Marie-Antoinette de Lorraine*, p. *156 (1797)*.

[621] Lombard de Langres, *Histoire des Jacobins*, p. 117 (1820).

[622] Ibid. p. 236.

avoir été préfigurés dans les loges des Illuminati.[623]

Pourtant, si les terroristes ont exécuté fidèlement le plan des Illuminati, il semblerait qu'ils n'aient pas été eux-mêmes initiés aux secrets les plus intimes de la conspiration. Derrière la Convention, derrière les clubs, derrière le Tribunal révolutionnaire, il existait, dit Lombard de Langres, cette "convention *sécrétissime* qui dirigea tout après le 31 mai, puissance occulte et terrible dont l'autre Convention devint l'esclave et qui était composée des premiers initiés de l'Illuminisme. Cette puissance était au-dessus de Robespierre et des comités du gouvernement, [...] c'est cette puissance occulte qui s'appropriait les trésors de la nation et les distribuait aux frères et aux amis qui avaient concouru au grand œuvre".[624]

Quel était le but de ce pouvoir occulte ? S'agissait-il simplement du plan de destruction qui avait pris naissance dans le cerveau d'un professeur bavarois vingt ans plus tôt, ou s'agissait-il de quelque chose de bien plus ancien, d'une force vivante et terrible qui avait sommeillé pendant des siècles, que Weishaupt et ses alliés n'avaient pas créée, mais seulement lâchée sur le monde ? Le règne de la Terreur, comme l'apparition du satanisme au Moyen Âge, ne peut s'expliquer par aucune cause matérielle — l'orgie de haine, de luxure et de cruauté dirigée non seulement contre les riches, mais plus encore contre les pauvres et les sans-défense, la destruction de la science, de l'art et de la beauté, la profanation des églises, la campagne organisée contre tout ce qui est noble, tout ce qui est sacré, tout ce que l'humanité chérit, qu'était-ce d'autre que le satanisme ?

En profanant les églises et en piétinant les crucifix, les Jacobins avaient en effet suivi la formule précise de la magie noire : "Pour l'évocation infernale [...] il faut [...] profaner les cérémonies de la religion à laquelle on appartient et fouler aux pieds ses symboles les plus

---

[623] Voir *Die Neuesten Arbeiten des Spartacus und Philo*, p. 71, où les Illuminati sont décrits comme portant « fliegende Haare und kleine vierekte rothe samtne Hute ». Une autre théorie veut que le « bonnet de la liberté » ait été copié sur celui des esclaves des galères.

[624] *Histoire des Jacobins*, p. 117.

sacrés". [625] C'est ce qui constitua le prélude à la "Grande Terreur", lorsque, pour ceux qui la vécurent, il sembla que la France était sous l'emprise des puissances des ténèbres.

Ainsi, dans le "grand naufrage de la civilisation", comme l'a décrit un contemporain, les projets des cabalistes, des gnostiques et des sociétés secrètes qui, pendant près de dix-huit siècles, avaient sapé les fondements du christianisme, ont trouvé leur accomplissement. Ne trouve-t-on pas un écho des Toledot Yeshu dans les blasphèmes du marquis de Sade sur "l'esclave juive" et "la femme adultère, la courtisane de Galilée" ? Et dans les imprécations des adorateurs de Marat : "Le Christ était un faux prophète", répétition de la doctrine secrète attribuée aux Templiers : "Jésus n'est pas le vrai Dieu, c'est un faux prophète, il n'a pas été crucifié pour le salut de l'humanité, mais pour ses propres méfaits" ? Ces ressemblances sont-elles accidentelles ou sont-elles le résultat d'un complot continu contre la foi chrétienne ?

Quel fut donc le rôle des Juifs dans la Révolution ? À cet égard, il est nécessaire de comprendre la situation des Juifs en France à cette époque.

Après le décret de bannissement de Charles VI en 1394, le judaïsme, en tant que corps, avait cessé d'exister ; mais vers la fin du quinzième siècle, un certain nombre de juifs, chassés d'Espagne et du Portugal, ont été autorisés à s'installer à Bordeaux. Ces Juifs espagnols et portugais, connus sous le nom de *Sépharades*, semblaient acquiescer à la religion chrétienne et n'étaient pas officiellement considérés comme Juifs, mais ils jouissaient de privilèges considérables qui leur avaient été conférés par Henri II. Ce n'est qu'au début du XVIIIe siècle, sous la Régence, que les Juifs de commencent à réapparaître à Paris. Entre-temps, l'annexion de l'Alsace à la fin du siècle précédent avait ajouté à la population française les Juifs allemands de cette province, connus sous le nom d'*Ashkénazes*.

Il est important de faire la distinction entre ces deux races de Juifs lorsqu'on aborde la question de l'émancipation des Juifs à l'époque de la Révolution. En effet, alors que les Sépharades s'étaient montrés bons citoyens et n'étaient donc soumis à aucune persécution, les Ashkénazes,

---

[625] A. E. Waite, *Les mystères de la magie*, p. 215.

par leurs extorsions et leurs oppressions, s'étaient fait détester du peuple, si bien que des lois rigoureuses furent mises en vigueur pour freiner leur rapacité. Les discussions qui font rage à l'Assemblée nationale au sujet de la question juive concernent donc principalement les Juifs d'Alsace. Déjà, en 1784, les Juifs de Bordeaux avaient obtenu de Louis XVI de nouvelles concessions ; en 1776, tous les Juifs portugais avaient obtenu la liberté religieuse et la permission d'habiter toutes les parties du royaume. Le décret du 28 janvier 1790, conférant aux Juifs de Bordeaux les droits des citoyens français, met un point final à ce projet de libération. Mais la proposition d'étendre ce privilège aux Juifs d'Alsace suscite une vive polémique à l'Assemblée et de violentes insurrections parmi les paysans alsaciens. C'est donc au nom du peuple que plusieurs députés protestent contre le décret. "Les Juifs, dit l'abbé Maury, ont traversé dix-sept siècles sans se mêler aux autres nations. Ils n'ont jamais fait que le commerce de l'argent, ils ont été le fléau des provinces agricoles, pas un d'eux n'a su ennoblir ses mains en guidant la charrue." Et de rappeler que les Juifs "ne doivent pas être persécutés, ils doivent être protégés en tant qu'individus et non en tant que Français, car ils ne peuvent pas être des citoyens… Quoi que vous fassiez, ils resteront toujours des étrangers chez nous".

Monseigneur de la Fare, évêque de Nancy, adopte la même argumentation :

Il faut leur accorder la protection, la sécurité, la liberté ; mais faut-il admettre dans la famille une tribu qui lui est étrangère, qui tourne sans cesse les yeux vers un pays commun, qui aspire à abandonner la terre qui la porte ? Mon *cahier* m'ordonne de protester contre la motion qui vous a été faite. L'intérêt des Juifs eux-mêmes nécessite cette protestation. Le peuple a horreur d'eux ; ils sont souvent en Alsace les victimes des soulèvements populaires.[626]

Dans tout cela, comme on le verra, il n'est pas question de persécution, mais de précautions contre une race qui s'isole volontairement du reste de la communauté pour poursuivre ses propres intérêts et avantages.

---

[626] *Moniteur*, tome II, séance du 23 décembre 1789.

Les Juifs de Bordeaux reconnaissent en effet l'odieux que les Juifs allemands sont censés apporter à la cause juive et, dans un discours à l'Assemblée le 22 janvier 1790, ils se dissocient des revendications agressives des Ashkénazes :

Nous osons croire que notre condition en France ne serait pas aujourd'hui discutable si certaines revendications des Juifs d'Alsace, de Lorraine et des Trois Evêchés n'avaient pas provoqué une confusion d'idées qui semble rejaillir sur nous. Nous ne savons pas encore exactement quelles sont ces revendications, mais à en juger par les journaux publics, elles paraissent assez extraordinaires puisque ces Juifs aspirent à vivre en France sous un régime spécial, à avoir des lois qui leur soient propres, et à constituer une classe de citoyens séparés de tous les autres.

Quant à nous, notre condition en France est réglée depuis longtemps. Nous sommes naturalisés français depuis 1550 ; nous possédons toutes sortes de biens, et nous jouissons du droit illimité d'acquérir des domaines. Nous n'avons ni lois, ni tribunaux, ni officiers propres.[627]

En adoptant cette attitude, les Sépharades ont créé un précédent qui, s'il avait été suivi désormais avec constance par leurs coreligionnaires, aurait pu contribuer à dissiper les préjugés à l'égard de la race juive. C'est la solidarité généralement manifestée par les Juifs à l'égard du reste de la communauté qui suscite l'inquiétude des citoyens français.

Trente ans plus tôt, les marchands de Paris, dans une pétition contre l'admission des juifs dans leurs corporations, indiquaient par une admirable analogie le danger que cette solidarité faisait courir à la liberté du commerce.

Le marchand français fait son commerce seul ; chaque maison de commerce est en quelque sorte isolée, tandis que les Juifs sont des particules de vif-argent qui, à la moindre inclinaison, se rassemblent en

---

[627] Théophile Malvezin, *Histoire des Juifs à Bordeaux*, p. 262 (1875).

un bloc.[628]

Malgré toutes les protestations, le décret d'émancipation des Juifs d'Alsace est adopté en septembre 1791 et des hymnes de louange sont chantés dans les synagogues.

Il est impossible de déterminer la part réelle des Juifs dans les troubles de la Révolution, pour la raison qu'ils sont rarement désignés comme tels dans les écrits des contemporains. Sur ce point, les écrivains juifs semblent mieux informés que le reste du monde, car Monsieur Léon Kahn, dans son panégyrique sur le rôle joué par ses coreligionnaires dans la Révolution,[629] trouve des Juifs là où même Drumont ne les a pas détectés. Ainsi nous lisons que c'est un juif, Rosenthal, qui dirigea la légion connue sous son nom, qui fut envoyée contre la Vendée mais prit la fuite,[630] et qui fut l'objet de plaintes lorsqu'elle fut employée à garder la famille royale au Temple[631] ; que parmi ceux qui travaillèrent le plus énergiquement à priver le clergé de ses biens se trouvait un ancien vendeur de vieux vêtements juif, Zalkind Hourwitz ; que c'est un juif nommé Lang qui a assassiné trois des cinq gardes suisses au pied de l'escalier des Tuileries le 10 août[632] ; que des juifs ont été impliqués dans le vol des joyaux de la couronne le 16 septembre 1792 et qu'un nommé Lyre a été exécuté à la suite de ce vol ; que c'est Clootz et le juif Pereyra, et non, comme je l'ai dit, Hébert, Chaumette et Momoro, qui sont allés trouver l'archevêque Gobel en novembre 1793 et l'ont incité, par des menaces, à abjurer la foi chrétienne.[633]

Tous ces faits m'étaient inconnus lorsque j'ai écrit mon récit de ces événements ; on verra alors que, loin d'exagérer le rôle des Juifs dans *la*

---

[628] *Requête des six corps de marchands et négociants de Paris contre l'admission des Juifs* dans les Archives nationales, citée par Henri Delassus, *La Question Juive*, p. 60 (1911).

[629] Léon Kahn, *Les Juifs de Paris pendant la Révolution* (1898).

[630] Ibid. p. 167. Cf. Arthur Chuquet, *La Légion Germanique*, p. 139 (1904).

[631] Archives Nationales, F*. 2486.

[632] Ma *Révolution française*, p. 274.

[633] Kahn, op. cit. p. 140, 141, 170, 201, 241.

Révolution française, je l'ai très largement sous-estimé. En effet, la question de leur complicité ne m'était pas du tout venue à l'esprit lorsque j'ai écrit ce livre, et le seul Juif auquel j'ai fait référence était Ephraïm — envoyé en France par les Illuminati Frédéric-Guillaume II et Bischoffswerder — dont M. Kahn indique qu'il a joué un rôle encore plus important que celui que je lui avais attribué.

Mais, pour éclairants que soient ces incidents, on peut encore se demander s'ils prouvent une tentative concertée de la part des Juifs de renverser la monarchie française et la religion catholique. Il est vrai, cependant, qu'ils se sont eux-mêmes vantés de leur ardeur révolutionnaire. Dans un discours présentant leurs revendications devant l'Assemblée nationale en 1789, ils déclarent :

Régénérateurs de l'Empire français, vous ne voudriez pas que nous cessassions d'être citoyens, puisque depuis six mois déjà nous remplissons assidûment tous les devoirs de cette qualité, et que la récompense du zèle que nous avons montré pour accélérer la révolution ne sera pas de nous condamner à ne participer à aucun de ses avantages, maintenant qu'elle est consommée...

Nosseigneurs, nous sommes tous de très bons citoyens, et dans cette mémorable révolution, nous osons dire qu'il n'y a pas un de nous qui n'ait fait ses preuves.[634]

Dans toutes ces activités, cependant, le sentiment religieux semble avoir joué un rôle tout à fait secondaire ; les Juifs, comme on l'a dit, étaient libres avant la Révolution de pratiquer les rites de leur foi. Et lorsque la grande campagne antireligieuse commença, nombre d'entre eux participèrent de tout cœur à l'attaque contre toutes les religions, y compris la leur. Ainsi, le 21 brumaire, alors que les fêtes de la Raison se déroulaient dans les églises de Paris, nous voyons "une députation d'Israélites" se présenter à l'Assemblée nationale et "déposer sur le sein de la Montagne les ornements dont ils avaient dépouillé un petit temple qu'ils avaient dans le faubourg Saint-Germain". Au même moment, un comité révolutionnaire de la Réunion apporte au conseil général des croix, des soleils, des calices, des chapes, et quantité d'autres ornements

---

[634] *Nouvelle Adresse des Juifs à l'Assemblée Nationale*, le 24 *décembre, 1789.*

du culte, et un membre de ce comité fait observer que plusieurs de ces effets appartiennent à des individus de la race juive. Un ministre de la religion de Moïse, Abraham et Jacob demande au nom de ses coreligionnaires que lesdits objets ne soient pas considérés comme appartenant à telle ou telle secte,... ce citoyen se nomme Benjamin Jacob... Un autre membre du même comité rend hommage au zèle patriotique des citoyens ci-devant juifs,... presque tous ont devancé la volonté du comité révolutionnaire en apportant eux-mêmes leurs reliquaires et ornements, entre autres la fameuse chape qui aurait appartenu à Moïse.[635]

Le 20 février, au "Temple de la Liberté", ancienne église des Bénédictins, "le citoyen Alexandre Lambert *fils*, juif élevé dans les préjugés de la religion juive", prononce une violente harangue contre toutes les religions :

Je vous prouverai, citoyens, que tous les cultes sont des impostures également dégradantes pour l'homme et pour les divinités ; je ne le prouverai pas par la philosophie, je ne la connais pas, mais seulement par la lumière de la raison.

Après avoir dénoncé les iniquités des religions catholique et protestante, Lambert démontre "les absurdités de la religion juive, de cette religion dominatrice" ; il tonne contre Moïse "gouvernant un peuple simple et agraire comme tous les imposteurs habiles", contre "le respect servile des Juifs pour leurs rois... les ablutions des femmes", etc. Enfin, il déclare :

La mauvaise foi, citoyens, dont on accuse la nation juive ne vient pas d'elle-même, mais de ses prêtres. Leur religion, qui ne leur permet de prêter qu'à 5 % à ceux de leur nation, leur dit de prendre tout ce qu'ils peuvent aux catholiques ; c'est même une coutume consacrée dans nos prières du matin que de solliciter l'aide de Dieu pour débusquer un chrétien. Il y a plus, citoyens, et c'est le comble de l'abomination : si une erreur est commise dans le commerce entre juifs, il leur est ordonné de la réparer ; mais si, sur 100 louis un chrétien aurait payé 25 trop cher, on n'est pas tenu de les lui rendre. Quelle abomination ! Quelle horreur ! Et

---

[635] *Moniteur*, tome XVIII, séances du 21 et 22 brumaire, an 2 (novembre 1793).

d'où vient tout cela, sinon des rabbins ? Qui ont excité des proscriptions contre nous ? De nos prêtres ! Ah, citoyens, plus que tout au monde nous devons abjurer une religion qui,... en nous soumettant à des pratiques pénibles et serviles, nous empêche d'être de bons citoyens.[636]

L'encouragement accordé par les Juifs à la Révolution française semble donc avoir été motivé non par le fanatisme religieux, mais par le désir d'un avantage national. Il est indéniable que le renversement de l'ordre ancien leur a apporté des avantages considérables, car outre les lois votées en leur faveur à l'Assemblée nationale, le désordre des finances en 1796 était tel que, comme le raconte M. Léon Kahn, un journal contemporain s'interrogeait : "La Révolution n'a-t-elle donc été qu'un plan financier ? une spéculation de banquiers ? "La Révolution n'a-t-elle donc été qu'un plan financier ? une spéculation de banquiers ?"[637] On sait par Prudhomme à quelle race appartenaient les financiers qui ont principalement profité de ce désordre.[638]

Mais si le rôle des Juifs dans la Révolution reste obscur, il ne fait aucun doute que les sociétés secrètes ont joué un rôle dans la révolte contre toute religion, toute loi morale et tout ordre social, réduit à un système dans les conseils des Illuminati.

C'est cette conspiration qui se réaffirme dans le soulèvement babouviste de 1796, directement inspiré par les sociétés secrètes. Après la mort de Babeuf, son ami et inspirateur Buonarotti, avec l'aide du frère de Marat, fonda à Genève une loge maçonnique, les *Amis Sincères*, affiliée aux *Philadelphes*, et créa, en tant que "Diacre Mobile" de l'"Ordre des Maçons Sublimes et Parfaits", trois nouveaux degrés secrets, dans lesquels le symbole de la Rose-Croix I.N.R.I. était interprété

---

[636] *Discours de morale, prononcé le 2ième décadi, 20 frimaire, l'an 2ième de la république... an temple de la Vérité, ci-devant l'église des bénédictins à Angely Boutonne... fait par le citoyen Alexandre Lambert, fils, juif et élevé dans les préjugés du culte judaïque* (1794), marque de presse du British Museum F. 1058 (4).

[637] Kahn, op. cit. p. 311.

[638] *Crimes de la Révolution*, III. 44.

comme signifiant "Justum necare reges injustos".[639]

La part de chaque intrigue dans la préparation du mouvement mondial dont la Révolution française a été la première expression est une question sur laquelle personne ne peut se prononcer avec certitude. Mais, à l'heure actuelle, il ne faut jamais perdre de vue le caractère composite de ce mouvement. Il est probable que, sans les Orléanistes, le complot contre la monarchie française n'aurait pas abouti, alors que, sans sa position à la tête de la franc-maçonnerie éclairée, il est douteux que le duc d'Orléans ait pu commander les forces de la révolution.

En outre, il reste à découvrir dans quelle mesure ce mouvement, qui, à l'instar de la conspiration bolcheviste moderne, semble avoir disposé de fonds illimités, a été financé par les Juifs. Jusqu'à présent, seuls les premiers pas ont été faits pour élucider la vérité sur la Révolution française.

De l'avis d'un écrivain du début du XIXe siècle, la secte à l'origine de la Révolution française était absolument internationale : Les auteurs de la Révolution ne sont pas plus français qu'allemands, italiens, anglais, etc. Ils forment une nation particulière qui a pris naissance et s'est développée dans les ténèbres, au milieu de toutes les nations civilisées, dans le but de les soumettre à sa domination.[640]

Il est curieux de constater que c'est presque exactement la même idée qui a été exprimée par le duc de Brunswick, anciennement "Eques a Victoria" de la Stricte Observance, "Aaron" des Illuminati et Grand Maître de la franc-maçonnerie allemande, qui, soit parce que la Révolution avait fait son œuvre en détruisant la monarchie française et menaçait maintenant la sécurité de l'Allemagne, ou parce qu'il était réellement désillusionné par les Ordres auxquels il avait appartenu, publia un Manifeste à toutes les loges en 1794, déclarant qu'au vu de la manière dont la Maçonnerie avait été pénétrée par cette grande secte, l'Ordre tout entier devait être temporairement supprimé. Il est indispensable de citer textuellement une partie de cet important

---

[639] Archives Nationales, *Pièce remise par le Cabinet de Vienne* (1824), F* 7566.

[640] Chevalier de Malet, *Recherches politiques et historiques*, p. 2 *(1817)*.

document :

Au milieu de la tempête universelle produite par les révolutions actuelles dans le monde politique et moral, en cette période de suprême illumination et de profond aveuglement, ce serait un crime contre la vérité et l'humanité que de laisser plus longtemps enveloppées dans un voile des choses qui peuvent fournir la seule clé des événements passés et futurs, des choses qui devraient montrer à des milliers d'hommes si la voie qu'on leur a fait suivre est la voie de la folie ou de la sagesse. Il s'agit de vous, VV. FF. de tous les degrés et de tous les systèmes secrets. Le rideau doit enfin être écarté, afin que vos yeux aveuglés puissent voir cette lumière que vous avez toujours cherchée en vain, mais dont vous n'avez perçu que quelques rayons trompeurs....

Nous avons élevé notre édifice sous les ailes des ténèbres ; les ténèbres se dissipent, et une lumière plus terrifiante que les ténèbres elles-mêmes frappe soudain notre vue. Nous voyons notre édifice s'écrouler et couvrir le sol de ruines ; nous voyons une destruction que nos mains ne peuvent plus arrêter. C'est pourquoi nous renvoyons les bâtisseurs de leurs ateliers.

D'un dernier coup de marteau, nous renversons les colonnes des salaires. Nous laissons le temple désert et nous le léguons comme une grande œuvre à la postérité qui le relèvera sur ses ruines et l'achèvera.

Brunswick explique ensuite ce qui a provoqué la ruine de l'Ordre, à savoir l'infiltration de la franc-maçonnerie par des conspirateurs secrets :

Il s'est élevé une grande secte qui, prenant pour devise le bien et le bonheur de l'homme, a travaillé dans les ténèbres de la conspiration à faire du bonheur de l'humanité une proie pour elle-même. Cette secte est connue de tout le monde : ses frères ne le sont pas moins que son nom. Ce sont eux qui ont sapé les fondements de l'Ordre jusqu'à le renverser complètement ; c'est par eux que l'humanité entière a été empoisonnée et égarée depuis plusieurs générations. L'effervescence qui règne parmi les peuples est leur œuvre. Ils ont fondé les plans de leur insatiable ambition sur l'orgueil politique des nations.

Leurs fondateurs se sont arrangés pour introduire cet orgueil dans la tête des peuples. Ils ont commencé par jeter l'opprobre sur la religion... Ils ont inventé des droits de l'homme qu'il est impossible de découvrir même dans le livre de la Nature, et ils ont engagé les peuples à arracher à leurs princes la reconnaissance de ces prétendus droits. Le projet qu'ils avaient formé de rompre tout lien social et de détruire tout ordre se révélait dans tous leurs discours et dans tous leurs actes. Ils inondent le monde d'une multitude de publications ; ils recrutent des apprentis de tout rang et de toute position ; ils trompent les hommes les plus perspicaces en leur prêtant faussement des intentions différentes. Ils ont semé dans le cœur de la jeunesse le germe de la convoitise, et ils l'ont excitée par l'appât des passions les plus insatiables. L'orgueil indomptable, la soif du pouvoir, tels étaient les seuls mobiles de cette secte : leurs maîtres n'avaient en vue que les trônes de la terre, et le gouvernement des nations devait être dirigé par leurs clubs nocturnes.

C'est ce qui s'est fait et se fait encore. Mais nous constatons que les princes et les peuples ignorent comment et par quels moyens cela s'accomplit. C'est pourquoi nous leur disons en toute franchise : Le mauvais usage de notre Ordre, l'incompréhension de notre secret, ont produit tous les troubles politiques et moraux dont le monde est aujourd'hui rempli. Vous qui avez été initiés, vous devez vous joindre à nous pour élever la voix, afin d'apprendre aux peuples et aux princes que les sectaires, les apostats de notre Ordre, ont seuls été et seront les auteurs des révolutions présentes et futures. Nous devons assurer aux princes et aux peuples, sur notre honneur et sur notre devoir, que notre association n'est nullement coupable de ces maux. Mais pour que nos attestations aient de la force et méritent d'être crues, il faut que nous fassions aux princes et aux peuples un sacrifice complet ; pour couper jusqu'aux racines l'abus et l'erreur, il faut que nous dissolvions dès ce moment l'Ordre tout entier. C'est pourquoi nous le détruisons et l'anéantissons complètement pour le moment ; nous en conserverons les fondements pour la postérité, qui les dégagera lorsque l'humanité, dans des temps meilleurs, pourra tirer quelque profit de notre sainte alliance.[641]

Ainsi, pour le Grand Maître de la Franc-maçonnerie allemande, une secte secrète agissant au sein de la Franc-maçonnerie avait provoqué la Révolution française et serait à l'origine de toutes les révolutions futures. Nous allons maintenant suivre le parcours de cette secte après la fin du premier bouleversement.

Trois ans après que le duc de Brunswick eut publié son Manifeste aux

---

[641] Eckert, *La Franc-Maçonnerie dans sa véritable signification*, II. *125.*

loges, les livres de Barruel, de Robison et d'autres parurent, mettant à nu toute la conspiration. On a dit que tous ces livres "tombaient à plat",[642] ce qui est tout à fait contraire à la vérité. Le livre de Barruel n'eut pas moins de huit éditions, et j'ai décrit ailleurs l'alarme que son ouvrage et celui de Robison excitèrent en Amérique. En Angleterre, ils aboutirent au résultat très concret qu'une loi fut votée par le Parlement anglais en 1799 interdisant toutes les sociétés secrètes à l'exception de la franc-maçonnerie.

Il est donc évident que le gouvernement britannique a reconnu l'existence de ces associations et le danger qu'elles représentaient pour le monde. Ce fait doit être gardé à l'esprit lorsque nous sommes assurés que Barruel et Robison ont inventé un canular qui n'a pas reçu l'attention sérieuse d'hommes responsables. Car le but principal du livre de Barruel est de montrer que non seulement l'Illuminisme et la Maçonnerie du Grand Orient ont largement contribué à la Révolution française, mais que trois ans après cette première explosion, ils sont toujours aussi actifs.

C'est le point essentiel que les défenseurs de la théorie du "croquemitaine" sont les plus désireux de réfuter. "L'ordre bavarois des Illuminati, écrit M. Waite, a été fondé par Adam Weishaupt en 1776 et supprimé par le prince-électeur de Bavière en 1789… Ceux qui affirment qu'elle s'est poursuivie sous des formes plus secrètes n'ont jamais produit la moindre preuve réelle."[643] Or, comme nous l'avons vu, les Illuminati n'ont pas été supprimés par l'Électeur de Bavière en 1789, mais en 1786 — première erreur de M. Waite. Mais une confusion d'esprit encore plus extraordinaire apparaît dans son *Encyclopædia of Freemasonry*, où, dans une chronologie maçonnique, il donne, cette fois sous la date de 1784, "Suppression des Illuminati", mais sous 1793 : "J.J.C. Bode a rejoint les Illuminati sous la direction de Weishaupt". En fait, c'est l'année où Bode est mort.

Ces exemples serviront à montrer la confiance que l'on peut accorder

---

[642] M. Lucien Wolf, « The Jewish Peril », article paru dans le *Spectator* du 12 juin 1920.

[643] A.E. Waite, « Occult Freemasonry and the Jewish Peril », dans *The Occult Review*, septembre 1920.

à la déclaration de M. Waite concernant les Illuminati.

Nous allons voir maintenant que non seulement les Illuminati mais aussi Weishaupt lui-même ont continué à intriguer bien après la fin de la Révolution française.

Dès la fin du règne de la Terreur, les loges maçonniques, qui avaient été remplacées par les clubs pendant la Révolution, ont commencé à rouvrir et, au début du XIXe siècle, elles étaient plus florissantes que jamais. "Ce fut l'époque la plus brillante de la maçonnerie", écrit le franc-maçon Bazot dans son Histoire de la franc-maçonnerie. Près de 1 200 loges existaient en France sous l'Empire ; des généraux, des magistrats, des artistes, des savants et des notables de tout acabit furent initiés à l'Ordre.[644] Le plus éminent d'entre eux fut le prince Cambacérès, pro Grand Maître du Grand Orient.

C'est au milieu de cette période que nous retrouvons Weishaupt à l'œuvre dans les coulisses de la franc-maçonnerie. Ainsi, dans la remarquable correspondance maçonnique publiée par M. Benjamin Fabre dans ses Eques a Capite Galeato—dont, comme nous l'avons déjà souligné, l'authenticité est admise par d'éminents francs-maçons britanniques — est reproduite une lettre de Pyron, représentant à Paris du Grand Orient d'Italie, au marquis de Chefdebien, datée du 9 septembre 1808, dans laquelle il est dit qù'"un membre de la secte de Bav" a demandé des informations sur un certain point de rituel.

Le 29 décembre 1808, Pyron écrit à nouveau : "Par les mots "secte de B...", je voulais dire W...". je voulais dire W..." ; et le 3 décembre 1809, il met les choses au point : "L'autre mot resté au bout de ma plume désigne énigmatiquement Weishaupt".

Ainsi, comme le souligne M. Fabre :

Il ne fait plus aucun doute qu'il s'agit ici de Weishaupt, et pourtant on constate que son nom n'est pas encore écrit en toutes lettres. Il faut admettre ici que Pyron a pris de grandes précautions lorsqu'il s'agissait de Weishaupt !

Et l'on est amené à se demander quelle peut être l'importance

---

[644] Deschamps, op. cit. 197, citant le *Tableau historique de la Maçonnerie*, p. 38.

extraordinaire du rôle joué à ce moment dans la franc-maçonnerie du Premier Empire par ce Weishaupt, censé être resté en dehors du mouvement maçonnique depuis le procès de l'Illuminisme en 1786 ![645]

Mais le marquis de Chefdebien ne se fait pas d'illusions sur la qualité de son travail. Dans une lettre datée du 12 mai 1806 au franc-maçon Roettiers, qui avait évoqué le danger des loges maçonniques isolées, il demande : "De bonne foi, très révérend frère, est-ce dans les loges isolées que s'est formée l'horrible conspiration de Philippe [le duc d'Orléans] et de Robespierre ? De bonne foi, très révérend frère, est-ce dans des loges isolées que s'est formée l'atroce conspiration de Philippe [le duc d'Orléans] et de Robespierre ? Est-ce des loges isolées que sont sortis ces hommes éminents qui, réunis à l'Hôtel de Ville, ont excité la révolte, la dévastation, l'assassinat ?

Et n'est-ce pas dans les loges liées entre elles, co- et subordonnées, que le monstre Weishaupt a établi ses tests et fait préparer ses horribles principes ?[646]

Si donc, comme l'affirme M. Gustave Bord, le marquis de Chefdebien avait lui-même appartenu aux Illuminati avant la Révolution, voilà bien une preuve illuministe à l'appui de Barruel ! Pourtant, si le "Eques a Capite Galeato" semble avoir été désabusé par l'illuminisme, il n'en a pas moins conservé son allégeance à la franc-maçonnerie. Cela tendrait à prouver que, si subversives qu'aient pu être les doctrines du Grand Orient — et elles l'étaient sans aucun doute — ce n'est pas la franc-maçonnerie elle-même, mais l'illuminisme qui a organisé le mouvement dont la Révolution française a été la première manifestation. Comme l'a exprimé Monseigneur Dillon :

Si Weishaupt n'avait pas vécu, la Maçonnerie aurait peut-être cessé d'être une puissance après la réaction consécutive à la Révolution française. Il lui a donné une forme et un caractère qui lui ont permis de survivre à cette réaction, de s'épanouir jusqu'à aujourd'hui, et qui la feront progresser jusqu'à ce que son conflit final avec le christianisme détermine si c'est le Christ ou Satan qui régnera sur cette terre jusqu'à la

---

[645] *Eques a Capite Galeato*, pp. 362, 364, 366.

[646] Ibid. p. 423.

fin.[647]

Si au mot Maçonnerie nous ajoutons Grand Orient, c'est-à-dire la Maçonnerie non pas de la Grande-Bretagne, mais du continent, nous serons encore plus près de la vérité.

Au début du XIXe siècle, l'illuminisme est donc plus vivant que jamais. Joseph de Maistre, écrivant à cette époque, fait constamment référence au danger qu'il représente pour l'Europe. N'est-ce pas aussi à l'Illuminisme que se réfère un passage mystérieux d'un ouvrage récent de M. Lenôtre ? Au cours d'une conversation avec les amis du faux Dauphin Hervagault. Monseigneur de Savine aurait "fait allusion en termes prudents et presque terrifiés à une secte internationale... à une puissance supérieure à toutes les autres... qui a des bras et des yeux partout et qui gouverne l'Europe d'aujourd'hui".[648]

Lorsque, dans *Révolution mondiale*, j'ai affirmé que, pendant la période où Napoléon tenait les rênes du pouvoir, le feu dévastateur de l'Illuminisme s'était temporairement éteint, j'écrivais sans avoir connaissance de certains documents importants qui prouvent que l'Illuminisme s'est poursuivi sans interruption depuis la date de sa fondation jusqu'à la fin de la période de l'Empire. Ainsi, loin d'exagérer en affirmant que l'Illuminisme n'a pas cessé en 1786, j'ai sous-estimé en suggérant qu'il a cessé même pendant ce bref intervalle. Les documents dans lesquels se trouve cette preuve sont mentionnés par Lombard de Langres, qui, écrivant en 1820, observe que les Jacobins sont invisibles depuis le 18 Brumaire jusqu'en 1813, et ajoute : "Ici la secte disparaît ; on la voit disparaître ; on ne la voit plus, on la voit plus : Ici la secte disparaît ; nous ne trouvons pour nous guider pendant cette période que des notions incertaines, des fragments épars ; les complots de l'Illuminisme sont enfouis dans les cartons de la police impériale.

Mais le contenu de ces cartons n'est plus enfoui ; transportés aux Archives Nationales, les documents dans lesquels les intrigues de l'Illuminisme sont mises à nu sont enfin livrés au public. Il ne s'agit pas

---

[647] *La guerre de l'Anti-Christ contre l'Église et la civilisation chrétienne*, p. 30 (1885).

[648] G. Lenôtre, *Le Dauphin* (trad. anglaise), p. 307.

ici d'abbés imaginatifs, de professeurs écossais ou de théologiens américains qui inventent un bobard pour alarmer le monde ; ces rapports officiels arides préparés pour l'œil vigilant de l'Empereur, jamais destinés et jamais utilisés pour la publication, relatent calmement et sans passion ce que les auteurs ont eux-mêmes entendu et observé concernant le danger que l'Illuminisme présente pour toutes les formes de gouvernement établi.

L'auteur du rapport le plus détaillé[649] est un certain François Charles de Berckheim, commissaire spécial de police à Mayence vers la fin de l'Empire, qui, en tant que franc-maçon, n'est naturellement pas disposé à avoir des préjugés sur les sociétés secrètes. En octobre 1810, il écrit cependant que son attention a été attirée sur les Illuminati par une brochure qui vient de lui tomber entre les mains, à savoir l'*Essai sur la Secte des Illuminés*, que, comme beaucoup de contemporains, il attribue à l'origine à Mirabeau. Il se demande ensuite si la secte existe encore et, dans l'affirmative, s'il s'agit bien d'une "association d'épouvantables scélérats qui ont pour but, comme l'assure Mirabeau, de renverser toute loi et toute morale, de remplacer la vertu par le crime dans tous les actes de la vie humaine". En outre, il demande si les deux sectes d'*Illuminés se* sont maintenant réunies en une seule et quels sont leurs projets actuels. Des conversations avec d'autres francs-maçons augmentent encore l'anxiété de Berckheim sur le sujet ; l'un des mieux informés lui fait remarquer : "J'en sais beaucoup, assez en tout cas pour être convaincu que les *Illuminés* ont juré le renversement des gouvernements monarchiques et de toute autorité sur la même base".

Berckheim entreprend alors des recherches qui lui permettent d'affirmer que les *Illuminés* ont des initiés dans toute l'Europe, qu'ils n'ont pas ménagé leurs efforts pour introduire leurs principes dans les loges et "pour répandre une doctrine subversive de tout gouvernement établi [...] sous le prétexte de régénérer la morale sociale et d'améliorer le sort et la condition des hommes au moyen de lois fondées sur des principes et des sentiments inconnus jusqu'à présent et contenus seulement dans la tête des chefs". "L'illuminisme, déclare-t-il, devient une grande et redoutable puissance, et je crains, en mon âme et

---

[649] Archives nationales, F* 6563.

conscience, que les rois et les peuples n'aient beaucoup à souffrir de lui, si la prévoyance et la prudence n'en brisent pas l'effroyable mécanisme [*ses affreux restorts*].

Deux ans plus tard, le 16 janvier 1813, Berckheim écrit à nouveau au ministre de la Police :

Monseigneur, on m'écrit de Heidelberg... qu'on y trouve un grand nombre d'initiés aux mystères de l'Illuminisme.

Ces messieurs portent en signe de reconnaissance un anneau d'or au troisième doigt de la main gauche ; au dos de cet anneau se trouve une petite rose, au milieu de cette rose se trouve un trait presque imperceptible ; en appuyant sur ce trait avec la pointe d'une épingle, on touche un ressort, ce qui permet de détacher les deux cercles d'or. À l'intérieur du premier de ces cercles se trouve l'inscription : "Sois allemand comme tu devrais l'être" ; à l'intérieur du second de ces cercles sont gravés les mots "Pro Patria".

Aussi subversives que puissent être les idées des Illuminati, elles n'étaient donc pas subversives pour le patriotisme allemand. Ce paradoxe apparent se retrouve tout au long du mouvement illuministe jusqu'à aujourd'hui.

En 1814, Berckheim rédigea son grand rapport sur les sociétés secrètes d'Allemagne, qui est d'une telle importance pour éclairer les rouages du mouvement révolutionnaire moderne, qu'il faut en donner ici de longs extraits.[650] Son témoignage prend d'autant plus de poids qu'il reste vague sur les origines de l'Illuminisme et le rôle qu'il a joué avant la Révolution française ; il est donc évident qu'il n'a pas puisé ses idées chez Robison ou Barruel — auxquels il ne se réfère pas une seule fois — mais dans des informations glanées sur place, en Allemagne. Les premiers paragraphes réfutent enfin le sophisme de l'extinction de la secte en 1786.

L'association la plus ancienne et la plus dangereuse est celle qui est généralement connue sous la dénomination des *Illuminés* et dont la fondation remonte au milieu du siècle dernier.

---

[650] Archives Nationales F* 6563 No. 2449, Série 2. No. 49.

La Bavière en fut le berceau ; on dit qu'elle eut pour fondateurs plusieurs chefs de l'ordre des Jésuites ; mais cette opinion, émise peut-être au hasard, n'est fondée que sur des bases incertaines ; en tout cas, elle fit en peu de temps des progrès rapides, et le gouvernement bavarois reconnut la nécessité d'employer contre elle des moyens de répression et même de chasser plusieurs des principaux sectaires.

Mais elle ne put extirper le germe du mal. Les *Illuminés* restés en Bavière, obligés de s'envelopper de ténèbres pour échapper à l'œil de l'autorité, n'en devinrent que plus redoutables : les mesures rigoureuses dont ils étaient l'objet, parées du titre de persécution, leur gagnaient de nouveaux prosélytes, tandis que les membres bannis allaient porter les principes de l'Association dans d'autres États.

Ainsi, en quelques années, l'illuminisme a multiplié ses foyers dans tout le sud de l'Allemagne, et par conséquent en Saxe, en Prusse, en Suède et même en Russie.

Les rêveries des piétistes ont longtemps été confondues avec celles des illuminés. Cette erreur peut provenir de la dénomination de la secte, qui suggère d'abord l'idée d'un fanatisme purement religieux et des formes mystiques qu'elle a été obligée de prendre à sa naissance pour dissimuler ses principes et ses projets ; mais l'Association a toujours eu une tendance politique. Si elle conserve encore quelques traits mystiques, c'est pour se soutenir au besoin par la puissance du fanatisme religieux, et nous verrons dans la suite combien elle sait en tirer parti.

La doctrine de l'Illuminisme est subversive de toute forme de monarchie ; liberté illimitée, nivellement absolu, tel est le dogme fondamental de la secte ; briser les liens qui unissent le Souverain au citoyen d'un État, tel est l'objet de tous ses efforts.

Sans doute certains des principaux chefs, parmi lesquels on compte des hommes distingués par leur fortune, leur naissance et les dignités dont ils sont investis, ne sont-ils pas dupes de ces rêves démagogiques : ils espèrent trouver dans les émotions populaires qu'ils suscitent le moyen de s'emparer des rênes du pouvoir, ou en tout cas d'accroître leur richesse et leur crédit ; mais la foule des adeptes y croit religieusement, et, pour atteindre le but qui leur est indiqué, ils entretiennent sans cesse une attitude hostile à l'égard des souverains.

Les *Illuminés* ont donc salué avec enthousiasme les idées qui ont prévalu en France de 1789 à 1804. Peut-être ne furent-ils pas étrangers aux intrigues qui préparèrent les explosions de 1789 et des années suivantes ; mais s'ils ne prirent pas une part active à ces manœuvres, il est du moins hors de doute qu'ils applaudirent ouvertement aux systèmes qui en résultèrent ; que les armées républicaines, lorsqu'elles pénétrèrent en Allemagne, trouvèrent dans ces sectaires des auxiliaires d'autant plus dangereux pour les souverains des États envahis qu'ils n'inspiraient aucune défiance, et l'on peut dire avec assurance que plus d'un général de la République dut une partie de ses succès à son entente avec les *Illuminés*.

Ce serait une erreur de confondre l'illuminisme avec la franc-maçonnerie. Ces deux associations, malgré les points de ressemblance qu'elles peuvent avoir dans le mystère dont elles s'entourent, dans les épreuves qui précèdent l'initiation, et dans d'autres questions de forme, sont absolument distinctes et n'ont aucune espèce de rapport l'une avec l'autre. Les loges du rite écossais comptent, il est vrai, quelques *Illuminés* parmi les Maçons des degrés supérieurs, mais ces adeptes se gardent bien de se faire connaître comme tels de leurs frères en Maçonnerie ou de manifester des idées qui trahiraient leur secret.

Berckheim décrit ensuite les méthodes subtiles par lesquelles les Illuminati maintiennent aujourd'hui leur existence ; tirant les leçons des événements de 1786, leur organisation est invisible, de manière à défier l'œil de l'autorité :

On a cru pendant longtemps que l'association avait une grande maîtrise, c'est-à-dire un point central d'où rayonnaient toutes les impulsions données à ce grand corps, et cette première force motrice a été cherchée successivement dans toutes les capitales du Nord, à Paris et même à Rome. Cette erreur a donné naissance à une autre opinion non moins fallacieuse : on a supposé qu'il existait dans les principales villes des loges où se faisaient les initiations et qui recevaient directement les instructions émanant du siège de la Société.

Si telle avait été l'organisation de l'illuminisme, elle n'aurait pas échappé si longtemps aux investigations dont elle était l'objet : ces réunions, nécessairement populeuses et fréquentes, exigeant d'ailleurs, comme les loges maçonniques, des locaux appropriés, auraient éveillé l'attention des magistrats : il n'aurait pas été difficile d'y introduire de faux frères, qui, dirigés et protégés par l'autorité, auraient bientôt pénétré les secrets de la secte.

Voilà ce que j'ai recueilli de plus sûr sur l'Association des *Illuminés* :

Je précise d'abord que par le mot foyers, je n'ai pas voulu désigner des points de rencontre des adeptes, des lieux où ils tiennent des assemblées, mais seulement des localités où l'Association compte un grand nombre de partisans qui, tout en vivant isolés en apparence, échangent des idées, s'entendent entre eux et avancent ensemble vers le même but.

L'Association avait, il est vrai, à sa naissance, des assemblées où avaient lieu les réceptions [c'est-à-dire les initiations], mais les dangers qui en résultaient firent sentir la nécessité de les abandonner. Il fut décidé que chaque adepte initié aurait le droit, sans l'aide de personne, d'initier tous ceux qui, après les épreuves habituelles, lui en paraîtraient dignes.

Le catéchisme de la secte est composé d'un très petit nombre d'articles qui pourraient même être réduits à ce seul principe :

"Armer l'opinion des peuples contre les souverains et travailler par tous les moyens à la chute des gouvernements monarchiques afin de fonder à leur place des systèmes d'indépendance absolue". Tout ce qui peut tendre vers cet objet est dans l'esprit de l'Association...

Les initiations ne sont pas accompagnées, comme dans la maçonnerie, d'épreuves fantasmagoriques, [...] mais elles sont précédées de longues épreuves morales qui garantissent de la manière la plus sûre la fidélité du catéchumène. mais elles sont précédées de longues épreuves morales qui garantissent de la manière la plus sûre la fidélité du catéchumène ; serments, mélange de tout ce qu'il y a de plus sacré dans la religion, menaces et imprécations contre les traîtres, rien de ce qui peut étourdir l'imagination n'est épargné ; mais le seul engagement que contracte le récipiendaire est de propager les principes dont il a été imprégné, de garder un secret inviolable sur tout ce qui concerne l'association, et de travailler de toutes ses forces à augmenter le nombre de ses prosélytes.

On s'étonnera sans doute qu'il puisse y avoir le moindre accord dans l'association, et que des hommes unis par aucun lien physique et vivant à de grandes distances les uns des autres puissent se communiquer leurs idées, faire des plans de conduite, et donner des motifs de crainte aux gouvernements ; mais il existe une chaîne invisible qui relie tous les membres dispersés de l'association. Voici quelques liens :

Tous les adeptes vivant dans la même ville se connaissent

généralement, sauf si la population de la ville ou le nombre d'adeptes est trop important. Dans ce dernier cas, ils sont divisés en plusieurs groupes, qui sont tous en contact les uns avec les autres par l'intermédiaire des membres de l'association que relations personnelles lient à deux ou plusieurs groupes à la fois.

Ces groupes se subdivisent encore en autant de coteries privées que la différence de rang, de fortune, de caractère, de goûts, etc, peut rendre nécessaire : elles sont toujours petites, composées quelquefois de cinq ou six individus, qui se réunissent fréquemment sous divers prétextes, tantôt chez l'un, tantôt chez l'autre ; la littérature, l'art, les amusements de toute espèce sont l'objet apparent de ces réunions, et c'est cependant dans ces *confabulations* que les adeptes se communiquent leurs vues privées, s'entendent sur les méthodes, reçoivent les directions que leur apportent les intermédiaires, et communiquent leurs propres idées à ces mêmes intermédiaires, qui vont ensuite les propager dans d'autres coteries. On comprendra qu'il peut y avoir uniformité dans la marche de tous ces groupes séparés, et qu'un jour peut suffire pour communiquer la même impulsion à tous les quartiers d'une grande ville....

Tels sont les procédés par lesquels les *Illuminés*, sans organisation apparente, sans chefs fixes, s'entendent des bords du Rhin à ceux de la Néva, de la Baltique aux Dardanelles, et avancent continuellement vers le même but, sans laisser aucune trace qui puisse compromettre les intérêts de l'association ou même porter le soupçon sur aucun de ses membres ; la police la plus active échouerait devant une pareille combinaison....

Comme la force principale des *Illuminés* réside dans le pouvoir des opinions, ils se sont attachés dès le début à faire des prosélytes parmi les hommes qui, par leur profession, exercent une influence directe sur les esprits, tels que les *littérateurs*, les savants, et surtout les professeurs. Ceux-ci dans leurs chaires, ceux-là dans leurs écrits, propagent les principes de la secte en déguisant le poison qu'ils font circuler sous mille formes différentes. Ces germes, souvent imperceptibles aux yeux du vulgaire, sont ensuite développés par les adeptes des Sociétés qu'ils fréquentent, et les termes les plus obscurs sont ainsi mis à la portée des moins clairvoyants. C'est surtout dans les Universités que l'Illuminisme a toujours trouvé et trouvera toujours de nombreuses recrues. Les professeurs qui appartiennent à l'Association s'attachent dès le début à étudier le caractère de leurs élèves. Si un étudiant donne des preuves d'un esprit vigoureux, d'une imagination ardente, les sectaires s'emparent aussitôt de lui, ils font retentir à ses oreilles les mots Despotisme-Tyrannie-Droits du peuple, etc., etc. Avant même qu'il puisse attacher un sens à ces mots, à mesure qu'il avance en âge, des lectures choisies pour lui, des conversations habilement ménagées, développent les germes déposés dans son jeune cerveau ; bientôt son imagination fermente, l'histoire, les traditions des temps fabuleux, tout est mis en œuvre pour porter son exaltation au plus haut point, et avant même qu'on lui ait parlé d'une Association secrète, contribuer à la chute d'un souverain apparaît à ses yeux comme l'acte le plus noble et le plus méritoire....

Enfin, quand il a été complètement captivé, quand plusieurs années d'épreuves garantissent à la société un secret inviolable et un dévouement absolu, on lui fait connaître que des millions d'individus répartis dans tous les États d'Europe partagent ses sentiments et ses espérances, qu'un lien secret unit solidement tous les membres dispersés de cette immense famille, et que les réformes qu'il désire si ardemment doivent tôt ou tard s'accomplir.

Cette propagande est d'autant plus facile qu'il existe des associations d'étudiants qui se réunissent pour l'étude de la littérature, l'escrime, le jeu ou même la simple débauche.

Les Illuminés s'insinuent dans tous ces milieux et en font des foyers de propagation de leurs principes.

Tel est donc le mode de progression continuelle de l'Association depuis ses origines jusqu'à nos jours ; c'est en portant dès l'enfance le germe du poison dans les classes les plus élevées de la société, en nourrissant l'esprit des étudiants d'idées diamétralement opposées à l'ordre de choses dans lequel ils doivent vivre, en brisant les liens qui les unissent aux souverains, que l'Illuminisme a recruté le plus grand nombre d'adeptes, appelés par l'État où ils sont nés à être les soutiens du Trône et d'un système qui leur assurerait honneurs et privilèges.

Parmi les prosélytes de cette dernière classe, il en est sans doute que les événements politiques, la faveur du prince ou d'autres circonstances, détachent de l'Association ; mais le nombre de ces déserteurs est nécessairement très limité : et encore n'osent-ils pas parler ouvertement contre leurs anciens associés, soit qu'ils redoutent des vengeances privées, soit que, connaissant la puissance réelle de la secte, ils veuillent se réserver les voies de la réconciliation ; souvent même ils sont tellement enchaînés par les gages qu'ils ont personnellement donnés, qu'ils se voient obligés non seulement de considérer les intérêts de la secte, mais de la servir indirectement, quoique leur nouvelle situation exige le contraire... Berckheim procède ensuite à la démonstration que les auteurs sur l'Illuminisme se sont trompés en déclarant que les assassinats politiques étaient définitivement commandés par l'Ordre :

Il y a plus que de l'exagération dans cette accusation ; ceux qui l'ont lancée, plus zélés à faire de l'effet qu'à chercher la vérité, ont pu conclure, non sans vraisemblance, que des hommes qui s'entouraient d'un profond mystère, qui propageaient une doctrine absolument subversive de toute espèce de monarchie, ne rêvaient que l'assassinat des souverains ; mais l'expérience a prouvé (et tous les documents puisés aux sources les moins suspectes le confirment) que les *Illuminés* comptent beaucoup plus sur la puissance de l'opinion que sur celle de l'assassinat ; le régicide commis sur Gustave III est peut-être le seul crime de ce genre que l'Illuminisme ait osé tenter, s'il est vraiment prouvé que ce crime a été son œuvre ; d'ailleurs, si l'assassinat avait été, comme on le dit, le point fondamental de sa doctrine, ne peut-on pas supposer que d'autres régicides auraient été tentés en Allemagne pendant le cours de la Révolution française, surtout lorsque les armées républicaines occupaient le pays ?

La secte serait beaucoup moins redoutable si telle était sa doctrine, d'une part parce qu'elle inspirerait à la plupart des *Illuminés* un sentiment d'horreur qui triompherait même de la crainte de la vengeance, d'autre part parce que les complots et conspirations laissent toujours des traces qui guident les autorités sur les traces des principaux instigateurs ; et d'ailleurs, il est dans la nature des choses que sur vingt complots dirigés contre des souverains, dix-neuf se révèlent avant d'avoir atteint le point de maturité nécessaire à leur exécution.

La marche *des Illuminés* est plus prudente, plus habile, et par conséquent plus dangereuse ; au lieu de révolter l'imagination par des idées de régicide, ils affectent les sentiments les plus généreux : des déclamations sur l'état malheureux des peuples, sur l'égoïsme des courtisans, sur les mesures d'administration, sur tous les actes d'autorité qui peuvent servir de prétexte à des déclamations, en contraste avec les tableaux séduisants de la félicité qui attend les nations sous les systèmes qu'ils veulent établir, telle est leur manière de procéder, surtout dans l'intimité. Plus circonspects dans leurs écrits, ils déguisent généralement le poison qu'ils n'osent pas proposer ouvertement sous une métaphysique obscure ou des allégories plus ou moins ingénieuses. Souvent, des textes de l'Écriture Sainte servent d'enveloppe et de véhicule à ces insinuations funestes...

Par cette forme de propagande continue et insidieuse, l'imagination des adeptes est tellement travaillée qu'en cas de crise, ils sont prêts à réaliser les projets les plus audacieux.

Une autre association très proche des *Illuminés*, rapporte Berckheim, est connue sous le nom d'*Idéaliste,* dont le système est fondé sur la doctrine de la perfectibilité ; ces sectes apparentées "s'accordent à voir dans les paroles de l'Écriture Sainte le gage d'une régénération universelle, d'un nivellement absolu, et c'est dans cet esprit que les sectaires interprètent les livres sacrés".

Berckheim confirme en outre l'affirmation que j'ai faite dans *World Revolution*— contestée, comme d'habitude, par un critique qui n'a pas l'ombre d'une preuve du contraire — selon laquelle la Tugendbund était issue des Illuminati. "La Ligue de vertu, écrit-il, était dirigée par les chefs secondaires des Illuminés.... En 1810, les Amis de la Vertu étaient tellement identifiés aux *Illuminés* dans le nord de l'Allemagne qu'aucune ligne de démarcation n'était visible entre eux".

Mais il est temps de passer au témoignage d'un autre témoin sur les activités des sociétés secrètes qui se trouve également aux Archives Nationales.[651] Il s'agit d'un document transmis par la Cour de Vienne au gouvernement français après la Restauration, et qui contient l'interrogatoire d'un certain Witt Doehring, neveu du baron d'Eckstein, qui, après avoir pris part à des intrigues de sociétés secrètes, fut cité devant le juge Abel à Bayreuth en février 1824. Parmi les associations secrètes existant depuis peu en Allemagne, affirme le témoin, figurent les "Indépendants" et les "Absolus" ; ces derniers "adoraient en Robespierre leur idéal le plus parfait, de sorte que les crimes commis pendant la Révolution française par ce monstre et les Montagnards de la Convention étaient à leurs yeux, conformément à leur système moral, des actions héroïques ennoblies et sanctifiées par leur but". Le même document

---

[651] *Pièce remise par le Cabinet de Vienne*, F* 7566.

explique ensuite pourquoi tant d'éléments combustibles n'ont pas réussi à produire une explosion en Allemagne :

Ce qui semblait être le grand obstacle aux projets des Indépendants… était ce qu'ils appelaient le caractère servile et la fidélité de chien [*Hundestreue*] du peuple allemand, c'est-à-dire cet attachement — inné et fermement imprimé dans leur esprit sans même l'aide de la raison —, et ce que les Allemands appelaient l'attachement que cet excellent peuple porte partout à ses princes.

Un voyageur en Allemagne au cours de l'année 1795 a admirablement résumé la question en ces termes :

Les Allemands sont à cet égard [de la démocratie] le peuple le plus curieux du monde… le tempérament froid et sobre des Allemands et leur imagination tranquille leur permettent de combiner les opinions les plus audacieuses avec la conduite la plus servile. Cela vous expliquera… pourquoi tant de matières combustibles accumulées depuis tant d'années sous l'édifice politique de l'Allemagne ne l'ont pas encore endommagé. La plupart des princes, habitués à voir leurs hommes de lettres si constamment libres dans leurs écrits et si constamment serviles dans leurs cœurs, n'ont pas cru devoir user de sévérité contre ce troupeau moutonnier de Gracques et de Brutus modernes. Certains d'entre eux [les princes] ont même adopté sans difficulté une partie de leurs opinions, et l'Illuminisme leur ayant sans doute été présentés comme la perfection, le complément de la philosophie, ils ont été facilement persuadés d'y être initiés. Mais on s'est bien gardé de leur en faire connaître plus que ne l'exigeaient les intérêts de la secte.[652]

C'est ainsi que l'Illuminisme, incapable de s'enflammer dans sa patrie d'origine, se répandit, comme avant la Révolution française, dans une race latine plus inflammable, les Italiens cette fois. Six ans après son interrogatoire à Beyreuth, Witt Doehring publia son livre sur les sociétés secrètes de France et d'Italie, dans lequel il se rendit compte qu'il avait joué le rôle de dupe, et confirma incidemment l'affirmation que j'ai citée précédemment, à savoir que l'Alta Vendita était un développement ultérieur des Illuminati.

---

[652] *Lettres d'un Voyageur à l'Abbé Barruel*, p. 30 (1800).

Cette association infâme, dont j'ai longuement parlé ailleurs, [653] constituait le Directoire suprême des Carbonari et était dirigée par un groupe de nobles italiens, parmi lesquels un prince, "le plus profond des initiés, était chargé comme inspecteur général de l'Ordre" de propager ses principes dans tout le nord de l'Europe.

"Il avait reçu des mains de Kingge [c'est-à-dire Knigge, l'allié de Weishaupt ?] les cahiers des trois derniers degrés". Mais ceux-ci étaient bien sûr inconnus de la grande majorité des Carbonari, qui entraient dans l'association en toute bonne foi. Witt Doehring montre ensuite comment le système de Weishaupt a été fidèlement exécuté par l'Alta Vendita. Dans les trois premiers degrés, il explique :

Il s'agit encore de la morale du christianisme et même de l'Église, pour laquelle ceux qui veulent être reçus doivent promettre de se sacrifier. Les initiés s'imaginent, d'après cette formule, que l'objet de l'association est quelque chose de haut et de noble, que c'est l'Ordre de ceux qui désirent une morale plus pure et une piété plus forte, l'indépendance et l'unité de leur pays. On ne peut donc pas juger les Carbonari *en masse ;* il y a d'excellents hommes parmi eux… Mais tout change après avoir pris les trois degrés. Dès le quatrième, dans celui des *Apostoli*, on se promet de renverser toutes les monarchies, et surtout les rois de la race des Bourbons. Mais ce n'est qu'au septième et dernier degré, atteint par peu de personnes, que les révélations vont plus loin. Enfin le voile se déchire complètement pour les Principi Summo Patriarcho. On apprend alors que le but des Carbonari est exactement le même que celui des *Illuminés*. Ce degré, dans lequel un homme est à la fois prince et évêque, coïncide avec l'Homo Rex de ces derniers. L'initié jure la ruine de toute religion et de tout gouvernement positif, qu'il soit despotique ou démocratique ; le meurtre, le poison, le parjure, sont à sa disposition. Qui ne se souvient

---

[653] *Révolution mondiale,* pp. 86 et suivantes, où des extraits de la correspondance de l'Alta Vendita (ou Haute Vente Romaine) ont été donnés. Cette correspondance se trouve dans *L'Église Romaine en face de* la *Révolution*, de Crétineau Joly, qui l'a publiée d'après les documents saisis par le gouvernement pontifical à la mort d'un des membres. Les documents ont été communiqués à Crétineau Joly par le pape Grégoire XVI, et publiés avec l'approbation de Pie IX. Leur authenticité n'a jamais été mise en doute. Ils se trouvent toujours dans les archives secrètes du Vatican, ou en tout cas y étaient au début de cette année.

que lors de la suppression des *Illuminés,* on a trouvé, entre autres poisons, une *tinctura ad abortum faciendum.* Le *summo maestro* se moque du zèle de la masse des Carbonari qui se sont sacrifiés pour la liberté et l'indépendance de l'Italie, ni l'une ni l'autre n'étant pour lui un but mais une méthode.[654]

Witt Doehring, qui a lui-même atteint le degré de P.S.P., déclare alors que, ayant prononcé ses vœux sur la base d'un malentendu, il se considère comme libéré de ses obligations et estime qu'il est de son devoir d'avertir la société. "Les craintes qui assaillent les gouvernements ne sont que trop fondées. Le sol de l'Europe est volcanique".[655]

Il n'est pas nécessaire de revenir sur le terrain déjà parcouru dans la *Révolution mondiale* en relatant l'histoire des éruptions successives qui ont prouvé la véracité de l'avertissement de Witt Doehring. Ce qu'il faut souligner à nouveau, c'est que chacune de ces éruptions peut être attribuée à l'action des sociétés secrètes et que, comme au dix-huitième siècle, la plupart des révolutionnaires importants étaient connus pour être liés à une association secrète quelconque. Selon le plan établi par Weishaupt, la franc-maçonnerie est habituellement utilisée comme couverture. Ainsi Louis *Amis de* la *Vérité,* qui compte Bazard et Buchez parmi Blanc, lui-même franc-maçon, parle d'une loge nommée par ses fondateurs, "dans laquelle les puérilités solennelles du Grand Orient ne servaient qu'à masquer l'action politique"[656] Bakounine, compagnon du franc-maçon Proudhon,[657] "le père de l'Anarchie", emploie précisément la même expression.

La franc-maçonnerie, explique-t-il, n'est pas à prendre au sérieux, mais "peut servir de masque" et "de moyen de préparer quelque chose de

---

[654] Jan Witt, dit Buloz, *Les Sociétés Secrètes de France et d'Italie,* pp. 20, 21 (1830).

[655] Ibid. p. 6.

[656] Louis Blanc, *Histoire de Dix Ans,* I. 88, 89.

[657] Deschamps, *Les Sociétés Secrètes et la Société,* II. 534, citant le *Monde Maçonnique* de juillet 1867.

tout à fait différent".[658]

J'ai cité ailleurs l'affirmation du socialiste Malon que "Bakounine était un disciple de Weishaupt", et celle de l'anarchiste Kropotkine qu'entre la société secrète de Bakounine — l'*Alliance Sociale Démocratique* — et les sociétés secrètes de 1795 il y avait une affiliation directe ; j'ai cité l'affirmation de Malon que "le communisme a été transmis dans l'ombre par les sociétés secrètes" du dix-neuvième siècle ; J'ai cité aussi les félicitations adressées par Lamartine et le franc-maçon Crémieux aux francs-maçons de France en 1848 pour leur part dans cette révolution comme dans celle de 1789 ; j'ai montré que l'organisation de ce déclenchement ultérieur par les sociétés secrètes n'est pas une hypothèse, mais un fait admis par tous les historiens avertis et par les membres des sociétés secrètes elles-mêmes.

De même, dans les événements de la Commune et dans la fondation de la Première Internationale, le rôle de la franc-maçonnerie et des sociétés secrètes n'est pas moins évident. Les francs-maçons de France se sont en effet toujours vantés d'avoir participé aux bouleversements politiques et sociaux. Ainsi, en 1874, Malapert, orateur du Suprême Conseil du Rite Ecossais Ancien et Accepté, va jusqu'à dire : "Au XVIIIe siècle, la franc-maçonnerie était tellement répandue dans le monde qu'on peut dire que, depuis cette époque, rien ne s'est fait sans son consentement."

L'histoire secrète de l'Europe au cours des deux cents dernières années reste encore à écrire. Tant qu'ils ne seront pas vus à la lumière du *dessous des cartes*, de nombreux événements survenus au cours de cette période resteront à jamais incompréhensibles.

Mais il est temps de quitter le passé et de considérer les forces secrètes à l'œuvre dans le monde d'aujourd'hui.

---

[658] *Correspondance de Michel Bakounine*, publiée par Michael Dragomanov, pp. 73, 209 (1896).

PARTIE II — LE PRÉSENT

11. LA FRANC-MAÇONNERIE MODERNE

D ans la partie précédente de ce livre, nous avons suivi l'histoire de la franc-maçonnerie dans le passé et les diverses interprétations qui ont été données à ses rites et à ses cérémonies. La question qui se pose maintenant est la suivante : quel est le rôle de la franc-maçonnerie aujourd'hui ?

L'erreur fondamentale de la plupart des auteurs sur cette question, qu'ils soient maçons ou antimaçonniques, est de représenter tous les francs-maçons comme ayant une croyance commune et animés par un but commun. Ainsi, d'une part, les panégyriques des francs-maçons sur leur Ordre dans son ensemble et, d'autre part, les condamnations radicales de l'Ordre par l'Église catholique, sont tout aussi erronés.

La vérité est que la franc-maçonnerie au sens générique du terme est simplement un système de liaison entre les hommes dans un but donné, car il est évident que les allégories et les symboles, comme les x et les y de l'algèbre, peuvent être interprétés de cent manières différentes. On peut dire que deux piliers représentent la force et la stabilité, ou l'homme et la femme, ou la lumière et l'obscurité, ou toute autre chose que l'on veut. Un triangle peut représenter la Trinité, ou la Liberté, l'Égalité et la Fraternité, ou toute autre triade. Il est absurde de dire que l'un de ces symboles a une signification absolue.

Les allégories de la franc-maçonnerie se prêtent également à diverses interprétations. La construction du Temple de Salomon peut signifier le progrès de toute entreprise et Hiram la victime de ses opposants. Il en va de même pour la "tradition secrète" de la franc-maçonnerie concernant "une perte qui a frappé l'humanité"[659] et son rétablissement final. On peut dire que tout groupe de personnes travaillant pour un objet a subi une perte et vise à la récupérer.

De même, toute l'organisation de la franc-maçonnerie, le plan d'admission des candidats aux degrés successifs de l'initiation, le fait de les lier au secret par des serments effrayants, peuvent être utilisés à n'importe quelle fin, sociale, politique, philanthropique ou religieuse, pour promouvoir ce qui est bon ou pour répandre ce qui est mauvais. Il peut être utilisé pour défendre un trône ou le renverser, pour protéger une religion ou la détruire, pour maintenir l'ordre public ou créer l'anarchie.

Or, comme nous l'avons vu, il existait dès le début dans la Maçonnerie, outre les charges écrites, une *tradition orale*, à la manière de la Cabale, dont dépendait la direction de la société. Le véritable caractère d'une forme quelconque de franc-maçonnerie ne doit donc pas être jugé uniquement à l'aune de son rituel imprimé, mais à celle de l'instruction orale des initiés et des interprétations données aux symboles et au rituel. Naturellement, ces interprétations varient selon les pays et les époques.

La franc-maçonnerie est décrite dans son rituel comme "un système particulier de moralité, voilé par des allégories et illustré par des symboles". Mais quel code de moralité ? En étudiant l'histoire de l'Ordre, on s'aperçoit que le même code n'était pas du tout commun à tous les corps maçonniques, et qu'il ne l'est pas non plus aujourd'hui. Certains maintiennent un niveau de moralité très élevé, d'autres semblent n'en avoir aucun. M. Waite observe que "les deux doctrines de l'unité de Dieu et de l'immortalité de l'âme constituent 'la philosophie de la franc-maçonnerie". [660] Mais ces doctrines ne sont nullement essentielles à l'existence de la franc-maçonnerie ; le Grand Orient a renoncé à l'une et à l'autre, mais il s'agit toujours de franc-maçonnerie.

M. Paul Nourrisson a donc parfaitement raison de dire : "Il y a autant de maçonneries que de pays ; il n'y a pas de maçonnerie universelle."[661]

---

[659] A. E. Waite, *The Secret Tradition in Freemasonry*, Vol. I. p. ix.

[660] *La véritable histoire des Rose-Croix*, p. 403.

[661] Paul Nourrisson, *Les Jacobins et le Pouvoir*, pp. 202, 215 (1904).

En gros, cependant, la Maçonnerie moderne peut être divisée en deux sortes : la variété pratiquée dans l'Empire britannique, en Amérique, en Hollande, en Suède, au Danemark, etc. et la Maçonnerie du Grand Orient, qui prévaut dans les pays catholiques et dont le centre le plus important est le Grand Orient de Paris.

LA MAÇONNERIE CONTINENTALE

Le fait que la Maçonnerie dans les pays protestants n'est ni révolutionnaire ni antireligieuse est souvent utilisé par les écrivains catholiques pour démontrer que le protestantisme s'identifie aux objectifs de la Maçonnerie, et par les francs-maçons pour prouver que la tyrannie de l'Église de Rome a conduit la Maçonnerie à une attitude hostile à l'Église et à l'État. Le point négligé dans ces deux thèses est la différence essentielle de caractère entre les deux types de maçonnerie. Si le Grand Orient avait adhéré au principe fondamental de la Maçonnerie britannique de ne pas s'occuper de religion ou de politique, il n'y a aucune raison pour qu'il soit entré en conflit avec l'Église. Mais sa duplicité sur ce point est évidente. Ainsi, dans l'un de ses premiers manuels, elle déclare, comme la Maçonnerie britannique, qu'elle "n'intervient jamais dans les questions de gouvernement ou de législation civile et religieuse, et que tout en faisant participer ses membres au perfectionnement de toutes les sciences, elle exclut positivement dans les loges deux des plus belles, la *politique* et la *théologie*, parce que ces deux sciences divisent les hommes et les nations que la Maçonnerie tend constamment à unir".[662] Mais sur une autre page du même manuel d'où est extraite cette citation, on peut lire que la Maçonnerie est simplement "l'application politique du Christianisme".[663] En effet, au cours des cinquante dernières années, le Grand Orient a jeté le masque et s'est ouvertement déclaré politique dans ses objectifs. En octobre 1887, le Vénérable Bro∴

Blanc dit dans un discours qui fut imprimé pour les loges : Vous

---

[662] J. M. Ragon, *Cours philosophique... des Initiations*, etc., édition sacrée (5 842), p. 19.

[663] Ibid. p. 38.

reconnaissez avec moi, mes frères, la nécessité pour la franc-maçonnerie de devenir une vaste et puissante société politique et sociale ayant une influence décisive sur les résolutions du gouvernement républicain.[664]

Et en 1890, le franc-maçon Fernand Maurice déclare "que rien ne doit se passer en France sans l'action cachée de la franc-maçonnerie" et "si les francs-maçons choisissent de s'organiser, dans dix ans *personne ne bougera plus en France en dehors de nous*".[665]

C'est le pouvoir despotique que le Grand Orient a établi en opposition à l'Église et au gouvernement.

En outre, la maçonnerie du Grand Orient n'est pas seulement politique, mais subversive dans ses objectifs politiques. Au lieu de la trilogie pacifique de la maçonnerie britannique, "amour fraternel, secours et vérité", elle a toujours adhéré à la formule qui a vu le jour dans les loges maçonniques de France et qui est devenue le cri de guerre de la Révolution : "Liberté, égalité, fraternité". "C'est la loi de l'égalité, dit Ragon, qui a toujours fait aimer la Maçonnerie aux Français, et tant que l'égalité n'existera réellement que dans les loges, la Maçonnerie sera conservée en France".[666] Le but de la Maçonnerie du Grand Orient est donc de réaliser l'égalité universelle telle qu'elle a été formulée par Robespierre et Babeuf. En ce qui concerne la liberté, on lit encore que les hommes étant tous libres par nature — vieux sophisme de Rousseau et de la Déclaration des droits de l'homme — "nul n'est nécessairement soumis à un autre ni n'a le droit de le dominer".[667] Le révolutionnaire exprime la même idée dans la phrase "aucun homme ne doit avoir de maître". Enfin, par fraternité, la Maçonnerie du Grand Orient désigne l'abolition de tout sentiment national.

C'est à la Maçonnerie [dit encore Ragon] que nous devons l'affiliation de toutes les classes de la société, elle seule pouvait opérer cette fusion qui, de son sein, a passé dans la vie des peuples. Elle seule pouvait

---

[664] Copin Albancelli, *Le Pouvoir occulte contre la France*, p. 124 *(1908).*

[665] Ibid. p. 125.

[666] Ragon, op. cit. p. 38, note 2.

[667] Ibid. p. 39.

promulguer ce droit humanitaire dont l'activité croissante, tendant à une grande uniformité sociale, conduit à la fusion des races, des classes différentes, des mœurs, des codes, des coutumes, des langues, des modes, des monnaies, des mesures. Sa propagande vertueuse deviendra la loi humanitaire de toutes les consciences.[668]

La politique du Grand Orient est donc ouvertement un socialisme international. En effet, dans un autre passage, Ragon indique clairement ce fait :

Toutes les réformes généreuses, tous les avantages sociaux en découlent, et s'ils survivent, c'est parce que la Maçonnerie leur apporte son soutien. Ce phénomène n'est dû qu'à la puissance de son organisation. Le passé lui appartient et l'avenir ne peut lui échapper. Par son immense levier d'association, elle seule est capable de réaliser par une *communion génératrice* cette grande et belle unité sociale conçue par Jaurès, Saint-Simon, Owen, Fourier. Si les Maçons le veulent, les conceptions généreuses de ces penseurs philanthropes cesseront d'être de vaines utopies.[669]

Qui sont les penseurs philanthropes énumérés ici, si ce n'est les hommes décrits avec dérision par Karl Marx comme les "socialistes utopiques" du XIXe siècle ? Le socialisme utopique n'est donc que l'expression ouverte et visible de la franc-maçonnerie du Grand Orient. D'ailleurs, ces socialistes utopiques étaient presque tous francs-maçons ou membres d'autres sociétés secrètes.

Le franc-maçon Clavel confirme le récit de Ragon.

Ainsi, comme Ragon, il cite le principe exprimé dans un rituel d'initiation d'un Maître Maçon :

Il est expressément interdit aux Maçons de discuter entre eux, que ce soit dans la loge ou en dehors, de questions religieuses et politiques, ces discussions ayant généralement pour effet de créer la discorde là où régnaient auparavant la paix, l'union et la fraternité. Cette loi maçonnique

---

[668] Ibid. p. 52.

[669] Ibid. p. 53.

n'admet aucune exception.[670]

Mais Clavel poursuit également en disant :

Effacer parmi les hommes les distinctions de couleur, de rang, de croyance, d'opinion, de pays ; anéantir le fanatisme, et… le fléau de la guerre ; en un mot, faire de tout le genre humain une seule et même famille unie par l'affection, par le dévouement, par le travail et le savoir : voilà, mon frère, la grande œuvre que la franc-maçonnerie a entreprise, etc.[671]

Jusqu'à un certain point, beaucoup de francs-maçons britanniques lisant ces passages se déclareront complètement en accord avec les sentiments exprimés.

L'humanitarisme, l'effacement des distinctions de classe, la fraternisation entre les hommes de toutes races, conditions et croyances religieuses, entrent bien sûr largement dans l'esprit de la Maçonnerie britannique, mais constituent simplement la base sur laquelle les Maçons se réunissent dans les loges et non un système politique à imposer au monde en général.

La Maçonnerie britannique ne tente donc pas d'interférer avec le système social ou la forme de gouvernement existants ; l'essence de son enseignement est que chaque membre de la Fraternité doit chercher à se réformer lui-même et non à réformer la société. En un mot, la régénération individuelle se substitue à la réorganisation sociale prônée par le Grand Orient sous l'influence de l'Illuminisme. La formule des "États-Unis d'Europe" et de la "République universelle", proclamée pour la première fois par l'Illuminatus Anacharsis Clootz, [672] est depuis longtemps le slogan des loges françaises.[673]

---

[670] Clavel, *Histoire pittoresque de la Franc-Maçonnerie*, p. 21.

[671] Ibid. p. 23.

[672] Dans *La République universelle*, publiée en 1793. Réédité par Omnia Veritas Ltd, agrémenté d'une préface de Pierre Hillard.

[673] Georges Goyau, *L'Idée de Patrie et l'Humanitarisme*, p. 242 *(1913), citant le discours de F. Troubat en 1886. Un périodique intitulé* Les États Unis de l'Europe *a été publié par Ferdinand Buisson en 1868. Ibid. p. 113.*

En matière de religion, la Maçonnerie du Grand Orient s'est entièrement écartée du principe posé par les loges britanniques. Si l'Église catholique s'est montrée hostile à la Maçonnerie, il faut rappeler que dans les pays catholiques, la Maçonnerie s'est montrée militairement anti-catholique. "La franc-maçonnerie, déclarait un de ses orateurs modernes, est la *contre Église, le contre Catholicisme, l'Église de l'Hérésie*". [674] Le *Bulletin* du Grand Orient de 1885 déclarait officiellement : "Nous, francs-maçons, devons poursuivre l'œuvre de l'Église et de l'*Hérésie :* "Nous, francs-maçons, devons poursuivre la démolition définitive du catholicisme."

Mais le Grand Orient va plus loin et s'attaque à toute forme de religion. Ainsi, comme on l'a dit, ces "anciens repères" de la Maçonnerie britannique, la croyance au Grand Architecte de l'Univers et à l'immortalité de l'âme, n'ont jamais fait partie intégrante de son système, et ce n'est qu'en 1849 que, pour la première fois, "il a été formulé distinctement que la base de la Franc-maçonnerie est la croyance en Dieu et en l'immortalité de l'âme, ainsi que la solidarité de l'Humanité". Mais en septembre 1877, la première partie de cette formule a été supprimée, toutes les allusions au Grand Architecte ont été omises, et le statut se lit désormais comme suit : "Son fondement est la liberté absolue de conscience et la solidarité de l'humanité". [675] La franc-maçonnerie britannique, qui n'admet pas la liberté de conscience dans le sens de l'athéisme, mais qui exige que chaque franc-maçon professe sa croyance en une forme de religion et qui insiste pour que le volume de la loi sacrée — en Angleterre la Bible, dans les pays mahométans le Coran, et ainsi de suite — soit placé sur la table dans ses loges, rompit dès lors toute relation avec le Grand Orient. En mars 1878, la résolution suivante fut adoptée à l'unanimité :

La Grande Loge, tout en étant toujours désireuse de recevoir dans l'esprit le plus fraternel les Frères de toute Grande Loge étrangère dont les procédures sont conduites selon les Anciens Points de repère de l'Ordre, dont la croyance en T.G.A.O.T.U. est la première et la plus importante, ne peut reconnaître comme Frères "vrais et authentiques"

---

[674] Copin Albancelli, *Le Pouvoir occulte contre la France*, p. 89.

[675] Gould, *Histoire de la franc-maçonnerie*, III. 191, 192.

ceux qui ont été initiés dans des loges qui nient ou ignorent cette croyance.[676]

Le Grand Orient, dit M. Copin Albancelli, non content de renoncer au Grand Architecte dont il avait célébré la gloire en toute occasion et dont les louanges avaient été sans cesse chantées dans ses loges, exigea de ses initiés qu'ils se déclarent absolument convaincus que le Grand Architecte n'était qu'un mythe.[677] Plus encore, de violentes tirades antireligieuses ont été permises et même applaudies dans les loges. Ainsi, en 1902, le franc-maçon Delpech, dans son discours lors d'un banquet maçonnique, a prononcé ces mots :

Le triomphe du Galiléen a duré vingt siècles ; il meurt à son tour. La voix mystérieuse qui jadis sur les montagnes de l'Épire annonçait la mort de Pan, annonce aujourd'hui la mort du Dieu trompeur qui avait promis une ère de justice et de paix à ceux qui croiraient en lui. L'illusion a duré très longtemps ; le Dieu menteur disparaît à son tour ; il va rejoindre dans la poussière des âges les autres divinités de l'Inde, de l'Égypte, de la Grèce et de Rome, qui ont vu tant de créatures trompées se jeter sur la nourriture de leurs autels. Francs-maçons, nous avons le plaisir d'affirmer que nous ne sommes pas indifférents à cette ruine des faux prophètes. L'Église romaine, fondée sur le mythe galiléen, a commencé à décliner rapidement le jour où l'association maçonnique s'est constituée. Du point de vue politique, les francs-maçons ont souvent varié. Mais à toutes les époques, la franc-maçonnerie a tenu bon sur ce principe : guerre à toutes les superstitions, guerre à tous les fanatismes.[678]

Comment concilier cette attitude à l'égard de la religion en général et du christianisme en particulier avec le fait que le Grand Orient travaille encore le degré de la Rose-Croix ? Ce degré qui, comme nous l'avons vu, a d'abord été conçu (que ce soit en Écosse ou en France) pour donner un sens chrétien à la Maçonnerie, n'a été incorporé dans la Franc-maçonnerie britannique qu'en 1846 et a gardé dans notre pays son caractère original. Son rituel, centré sur un mot perdu, signifie que la

---

[676] Ibid. III. 26.

[677] Copin Albancelli, *Le Pouvoir occulte contre la France*, p. 97.

[678] Ibid. p. 90.

dispensation de l'Ancien Testament a pris fin avec la Crucifixion, et il est si fortement chrétien qu'aucun juif, mahométan ou autre non-chrétien ne peut y être admis. De plus, comme ce degré, connu sous le nom de dix-huitième degré, constitue en réalité le premier degré du Rite Ancien et Accepté, tel qu'il est pratiqué dans ce pays, les non-chrétiens sont exclus de l'ensemble de ce Rite et ne peuvent prendre que les degrés de Royal Arch, Mark Mason, Royal Ark Mariner, et enfin Royal Select et Super-Excellent Master. Par conséquent, les trente-trois Maçons du trente-troisième degré qui composent le Conseil Suprême qui dirige le Rite Ancien et Accepté sont nécessairement des chrétiens professants.

En France, c'est exactement le contraire : la Rose-Croix, travaillée par des athées et des juifs déclarés, ne peut être qu'une parodie des mystères chrétiens.

Il est essentiel de comprendre qu'en France, le camp antimaçonnique est divisé en deux parties. Alors que la majorité des écrivains catholiques considèrent la franc-maçonnerie elle-même comme la source de tous les maux — "la Synagogue de Satan" — des enquêteurs plus impartiaux ont émis l'opinion que ce n'est pas la franc-maçonnerie, même de la variété Grand Orient, mais quelque chose de caché derrière la franc-maçonnerie qui constitue le principal danger. Cette opinion est exprimée par M. Copin Albancelli, dont le livre *Le Pouvoir occulte contre la France* est de la plus haute importance pour la compréhension du danger maçonnique, car il ne peut être question ici de préjugés catholiques ou d'accusations imaginaires portées par un étranger à la Maçonnerie. M. Copin Albancelli est entré au Grand Orient en tant qu'agnostique et n'est jamais retourné dans le giron de l'Église ; cependant, en tant que Français, patriote et croyant au droit, à la morale et à l'éthique chrétienne, il s'est vu obligé, après six ans d'expérience dans les loges et après avoir obtenu le grade de Rose-Croix, de quitter la franc-maçonnerie et, en outre, de la dénoncer. D'après ce qu'il a lui-même entendu et observé, M. Copin Albancelli déclare que le Grand Orient est anti-patriotique, subversif de toute morale et croyance religieuse, et qu'il représente un immense danger pour la France.

Mais plus encore, M. Copin Albancelli déclare que le Grand Orient est un système de tromperie par lequel les membres sont enrôlés dans une cause inconnue d'eux ; même les initiés des degrés supérieurs ne sont pas tous conscients du but réel de l'Ordre ou de la puissance qui le sous-tend. M.

Copin Albancelli thus arrives at the conclusion that there are three Freemasonries one above the other: (i) Blue Masonry (i.e. (i) la Maçonnerie bleue (c'est-à-dire les trois degrés artisanaux), dont aucun des vrais secrets n'est révélé aux membres et qui ne sert que de terrain de triage pour la sélection des sujets probables ; (2) les degrés supérieurs, dans lesquels la plupart des membres, tout en s'imaginant avoir été initiés à tout le secret de l'Ordre et "débordant d'importance" pour leur rôle imaginaire de chefs, ne sont admis qu'à une connaissance partielle du but vers lequel ils tendent ; et (3) le cercle intérieur, "les vrais maîtres", ceux qui se cachent derrière la Maçonnerie de haut niveau.

L'admission à ce cercle intérieur peut d'ailleurs ne pas être une question de degrés. "Alors que dans les maçonneries inférieures les adeptes sont obligés de passer par tous les degrés de la hiérarchie établie, la franc-maçonnerie supérieure et invisible se recrute certainement non seulement parmi les trente-trois degrés mais dans tous les groupes de la franc-maçonnerie de degré supérieur, et peut-être même dans certains cas exceptionnels en dehors de ceux-ci". [679] Cette franc-maçonnerie intérieure et invisible est dans une large mesure *internationale*.

Le passage le plus éclairant de tout le livre de M. Copin Albancelli est celui où il décrit une expérience qui lui est arrivée après avoir pris le grade de Rose-Croix. C'est alors qu'un de ses supérieurs le prit à part et s'adressa à lui en ces termes : "Vous vous rendez compte de la puissance dont dispose la franc-maçonnerie. Nous pouvons dire que nous tenons la France. Ce n'est pas par le nombre, puisqu'il n'y a que 25 000 francs-maçons dans ce pays [c'était en 1889]. Ce n'est pas non plus parce que nous sommes les cerveaux, car vous avez pu juger de la médiocrité intellectuelle du plus grand nombre de ces 25 000 francs-maçons. Nous tenons la France parce que nous sommes organisés et les seuls à l'être. Mais surtout, nous tenons la France parce que nous avons un but, ce but est inconnu ; comme il est inconnu, aucun obstacle ne peut s'y opposer ; et enfin, comme aucun obstacle ne s'y oppose, la voie est grande ouverte devant nous. C'est logique, n'est-ce pas ? "Absolument. "C'est bien. Mais que diriez-vous d'une association qui, au lieu d'être composée de 25 000 inconnus comme dans la franc-maçonnerie, serait composée,

---

[679] *Le Pouvoir occulte contre la France*, pp. 274-7.

disons, d'un millier d'individus seulement, mais d'un millier d'individus recrutés de la manière que je vais vous indiquer ?

Et le franc-maçon d'expliquer la manière dont ces individus ont été sélectionnés, les mois et les années d'observation, de contrôle, auxquels ils ont été soumis, afin de former un corps d'hommes choisis à l'intérieur de la franc-maçonnerie, capables de diriger ses opérations.

"Vous imaginez la puissance d'une telle association ?"

"Une association ainsi sélectionnée pourrait faire tout ce qu'elle veut. Elle pourrait posséder le monde si elle le souhaitait."

L'adepte supérieur, après avoir demandé une nouvelle promesse de secret, déclara :

"Eh bien, en échange de cette promesse, frère Copin, je suis autorisé à vous faire savoir que cette association existe et que, de plus, je suis autorisé à vous y introduire".[680]

C'est alors que Monsieur Copin Albancelli comprit que le point auquel conduisait la conversation n'était pas, comme il l'avait d'abord supposé sur, une invitation à franchir l'étape suivante de la Franc-maçonnerie — le trentième degré du Chevalier Kadosch — mais à entrer par une porte latérale dans une association dissimulée au sein de la Franc-maçonnerie et pour laquelle l'organisation visible de cette dernière ne servait que de couverture. On remarquera ici une très curieuse ressemblance entre la méthode de sondage de M. Copin Albancelli et celle de l'Illuminatus Cato dans l'affaire Savioli, décrite dans un passage déjà cité : Maintenant qu'il est Maçon, j'ai… repris le plan général de notre ⊙, et comme cela lui plaisait, j'ai dit qu'une telle chose existait vraiment, ce à quoi il m'a donné sa parole qu'il y entrerait.

M. Copin Albancelli, cependant, n'a pas donné sa parole qu'il y entrerait, mais, au contraire, a empêché d'autres révélations en déclarant qu'il quitterait la franc-maçonnerie.

Cette expérience lui avait permis d'entrevoir "un monde existant derrière le monde maçonnique, plus secret que lui, insoupçonné par lui

---

[680] Ibid. pp. 284-6.

comme par le monde extérieur".[681] La franc-maçonnerie, alors, "ne peut être que l'antichambre à demi éclairée de la véritable société secrète. Voilà la vérité."[682] "Il existe donc nécessairement un pouvoir directeur permanent. Nous ne pouvons pas voir cette puissance, c'est pourquoi elle est occulte".[683]

Pendant un certain temps, M. Copin Albancelli a conclu que cette puissance était "la puissance juive" et a développé cette idée dans un autre ouvrage[684] ; mais la guerre l'a amené à développer ses théories dans un autre livre, qui paraîtra prochainement.

Que les loges du Grand Orient soient largement contrôlées par des Juifs est en revanche certain, et qu'elles soient des centres de propagande politique est tout aussi indéniable. Il suffit de lire les extraits suivants — dont certains sont reproduits ci-contre — du programme des débats du *Bulletin* du Grand Orient du 5 juin 1922, pour reconnaître que les idées qu'elles propagent sont tout simplement celles du socialisme international :

Loge "Union et France" : Lecture du Rapport de notre T∴ C∴.

F∴ Chardard sur "L'Exploitation des richesses nationales au profit de la collectivité."

Loge "Les Rénovateurs" : "Exploitation des Richesses nationales et des grosses Entreprises au profit de la collectivité." Conférence de notre F∴ Goldschmidt, Orat∴ adjoint sur la même question.

[Illustration : Coupures de presse]

Loge "Les Zélés Philanthropes" : "La Transformation de la Société Actuelle s'impose-t-elle ? Conférence par le T∴ C∴ F∴ Edmond Cottin.

Loge "Paix-Travail-Solidarité" : "Rôle de la Franc-Maçonnerie dans la politique actuelle" par le F∴ F∴ Loge "Les Trinitaires" : "Le

---

[681] *Le Pouvoir occulte contre la France*, p. 44.

[682] Ibid. p. 263.

[683] Ibid. p. 294.

[684] *La Conjuration juive contre le Monde Chrétien* (1909).

Socialisme Français" par le T∴ Ill. F∴ Elie May.

Ten∴ Collective des L∴ "Emmanuel Arago" & "les Cœurs Unis indivisibles" : "Comment propager notre Idéal Maçonnique dans le Monde profane." Conférence par le F∴ Jahia, de la R∴ L∴ Isis Monthyon.

Loge "Isis Monthyon et Conscience et Volonté" : "La Terreur et le Péril Fasciste en Italie, le Fascisme et la F∴— Maç∴ Italienne," impressions de notre F∴ Mazzini, de retour, après un séjour prolongé en Italie.

Le dernier de ces extraits montre que la Maçonnerie du Grand Orient est l'ennemie du fascisme, qui a sauvé l'Italie à l'heure du péril.

En effet, les francs-maçons italiens ont adopté une résolution directement opposée aux vues fascistes, notamment en ce qui concerne la politique religieuse de Mussolini, qui a rétabli le crucifix dans les écoles et l'enseignement religieux dans le programme scolaire. Le *Giornale di Roma*, journal fasciste, a déclaré que les principes annoncés par les francs-maçons dans cette résolution étaient ceux qui menaçaient de submerger l'État et la nation.

En conséquence, Mussolini déclare que les fascistes doivent soit quitter leurs loges, soit quitter le fascisme.[685]

En Belgique, la franc-maçonnerie a suivi la même voie politique et antireligieuse. En 1856, le comité directeur du Grand Orient de Belgique déclarait : "Les loges ont non seulement le droit, mais le devoir de surveiller les actes de la vie publique de ceux de leurs membres qu'elles ont placés dans des fonctions politiques, le droit d'exiger des explications...".[686] Lorsqu'en 1866, lors d'une cérémonie funèbre en l'honneur du défunt roi Léopold Ier, le Grand Orient de Belgique afficha la maxime "L'âme émanée de Dieu est immortelle", les francs-maçons de Louvain élevèrent une violente protestation au motif que "la libre-pensée avait été admise par les loges belges en 1864 comme son principe fondamental" et que le Grand Orient avait donc violé les convictions de

---

[685] *Morning Post* du 1er février et du 26 février 1923.

[686] Copin Albancelli, *Le Pouvoir occulte contre la France*, p. 132.

ses membres.[687]

En Espagne et au Portugal, la franc-maçonnerie a joué un rôle non seulement subversif, mais aussi activement révolutionnaire et sanguinaire. L'anarchiste Ferrer, intimement mêlé à un complot visant à assassiner le roi d'Espagne, était au même moment chargé des négociations entre le Grand Orient de France et la Grande Loge de Catalogne.[688] Ces projets meurtriers, déjoués en Espagne, rencontrèrent cependant au Portugal un succès total. Les révolutions portugaises de 1910 à 1921 sont organisées sous la direction de la franc-maçonnerie et de la société secrète des Carbonarios. L'assassinat du roi Carlos et de son fils aîné avait été préparé par les mêmes organisations secrètes. En 1908, un pamphlet inspiré des libelles publiés contre Marie-Antoinette est dirigé contre la reine Amélie et son mari. Un mois plus tard, l'assassinat a lieu. Parmi les dirigeants de la nouvelle République se trouve Magalhaes Lima, Grand Maître du Grand Orient du Portugal.[689]

La paternité de ces désordres fut, en fait, si clairement reconnue que les francs-maçons honnêtes abandonnèrent les loges. Un franc-maçon anglais, ignorant le véritable caractère de la franc-maçonnerie portugaise, de passage à Lisbonne en août 1919, se fit connaître de plusieurs francs-maçons portugais modérés qui, tout en étant heureux de l'accueillir comme frère, refusèrent de l'accueillir dans une loge, déclarant qu'ils avaient rompu tout lien avec la maçonnerie depuis qu'elle était passée sous le contrôle d'assassins. Ils ajoutèrent également que l'assassinat du Señor Paes, Président en décembre 1918, était l'œuvre de certaines loges portugaises. Une réunion spéciale s'était tenue précédemment à Paris en liaison avec le Grand Orient de France, au cours de laquelle il avait été décidé que Paes devait être destitué. Cette décision ayant été prise, on chercha à la mettre en œuvre le plus tôt possible, ce qui eut des conséquences fatales. L'assassin a été emprisonné au pénitencier mais libéré par la révolution de 1921, et aucune tentative n'a été faite pour le reprendre. Le meurtre du Dr Antonio Granjo en octobre 1921 a été attribué à la même agence. Dans la poche de l'homme assassiné, on a

---

[687] Gautrelet, *La Franc-Maçonnerie et la Révolution*, p. 87 (1872).

[688] Copin Albancelli, *Le Pouvoir occulte contre la France*, p. 85.

[689] Louis Dasté, *Marie Antinette et le Complot Maçonnique*, pp. 49-51 (1910).

trouvé un document de la "Loge de la liberté et de la justice" (!) l'avertissant de la décision prise à son encontre pour avoir ordonné à la police de protéger la compagnie de tramway britannique.[690]

Le gouvernement portugais actuel ne cache d'ailleurs pas son caractère maçonnique et imprime l'équerre et le compas sur ses billets de banque.

Mais alors qu'en Espagne et au Portugal, la franc-maçonnerie se manifestait par des attentats anarchistes, à l'est de l'Europe, les loges, largement contrôlées par des Juifs, suivaient la ligne du socialisme marxien. Après la chute du régime de Bela Kun en Hongrie, une descente dans les loges a permis de mettre au jour des documents révélant clairement que les idées du socialisme avaient été diffusées par les francs-maçons. Ainsi, dans les procès-verbaux des réunions, on peut lire que le 16 novembre 1906, le Dr Kallos s'est adressé à la loge de Gyor sur les idéaux socialistes. "Le monde idéal que nous appelons le monde maçonnique, déclara-t-il, sera aussi un monde socialiste et la religion de la franc-maçonnerie est aussi celle du socialisme. Le Dr Kallos a ensuite fait connaître aux membres les théories de Marx et d'Engels, en montrant que les utopies n'étaient d'aucun secours, car les intérêts des prolétaires étaient en conflit absolu avec ceux des autres classes, et que ces différences ne pouvaient être réglées que par une guerre de classe internationale. Néanmoins, avec cette peur du prolétariat qui a toujours caractérisé les démocrates de la franc-maçonnerie révolutionnaire, le Dr Kallos déclara plus tard que "la révolution sociale doit se faire sans effusion de sang".[691] Le régime Karolyi fut le résultat direct de ces illusions, et comme dans toutes les révolutions, il ouvrit la voie aux éléments les plus violents.

Plus à l'est encore, en Europe, les loges, bien que révolutionnaires, au lieu de suivre la ligne socialiste internationale de la franc-maçonnerie hongroise, présentaient un caractère politique et nationaliste. Le mouvement Jeune Turc est né dans les loges maçonniques de Salonique,

---

[690] *Times* du 30 décembre 1921 ; *A Epoca,* 28 novembre 1921.

[691] Ces documents ont été publiés dans un livre intitulé *A Szabadkömivesseg Bünei* par Adorjan Barcsay.

sous la direction du Grand Orient d'Italie, qui a ensuite contribué au succès de Mustapha Kemal. En outre, à mesure que nous nous approchons du Proche-Orient, berceau du système maçonnique, nous constatons l'influence sémite, non seulement des Juifs, mais aussi d'autres races sémites qui dirigent les loges. En Turquie, en Égypte, en Syrie, aujourd'hui comme il y a mille ans, les mêmes sociétés secrètes qui ont inspiré les Templiers n'ont jamais cessé d'exister, et dans ce mélange d'Orient et d'Occident, il est possible que le Grand Orient reçoive des renforts de ces sources d'où il a tiré son système et son nom.

Parmi les étranges survivances des premières sectes orientales, on trouve les Druses du Liban, que l'on pourrait en effet décrire comme les francs-maçons de l'Orient ; leur organisation extérieure ressemble beaucoup à celle des degrés de l'artisanat dans la maçonnerie occidentale, mais leur pouvoir de dissimulation est tel que peu d'Européens, voire aucun, n'ont jamais réussi à découvrir leurs doctrines secrètes. En fait, des hommes connaissant intimement le Proche-Orient ont déclaré que l'influence qu'ils exercent sur la politique de cette région est aussi étendue que celle du Grand Orient sur les affaires de l'Europe et qu'ils constituent le terreau de toutes les idées et de tous les changements politiques. Bien que peu nombreuse, cette société mystérieuse est composée d'anciens maîtres du jeu de l'intrigue qui, tout en jouant un rôle apparemment mineur dans les réunions politiques, secrètes ou non, ou même en restant complètement silencieux, s'arrangent pour influencer les décisions avec des résultats surprenants.

LA MAÇONNERIE BRITANNIQUE

Nous allons maintenant examiner les autres différences entre la Maçonnerie britannique et le Grand Orient.

Tout d'abord, tout en travaillant sur les mêmes degrés, ses rituels, formules et cérémonies, ainsi que l'interprétation qu'elle donne aux mots et aux symboles, sont différents sur de nombreux points essentiels.

Deuxièmement, la maçonnerie britannique est essentiellement une institution honnête.

Alors qu'au Grand Orient, l'initié est conduit à travers un labyrinthe de cérémonies vers un but qui lui est inconnu et dont il peut découvrir trop tard qu'il est autre que ce qu'il supposait, l'initié britannique, bien qu'admis par étapes progressives aux mystères de l'Ordre, connaît néanmoins dès le départ le but général de l'Ordre.

Troisièmement, la maçonnerie britannique est avant tout philanthropique et les sommes qu'elle consacre à des fins caritatives sont immenses. Depuis la guerre, les trois principales organisations caritatives maçonniques ont collecté chaque année plus de 300 000 livres sterling.

Mais ce qu'il faut souligner ici, c'est que la Maçonnerie britannique est strictement apolitique, non seulement en théorie mais en pratique, et qu'elle fait respecter ce principe en toute occasion. Ainsi, avant les récentes élections générales, le rapport du Board of General Purposes, rédigé par la Grande Loge le 5 décembre 1923, rappelait que "tous les sujets de nature politique sont strictement exclus des discussions dans les réunions maçonniques", conformément à la tradition maçonnique établie de longue date... il s'ensuit que la Maçonnerie ne doit pas être utilisée à des fins personnelles ou partisanes dans le cadre d'une élection". Il souligne en outre la mise en garde suivante : "Toute tentative de faire entrer l'Ordre dans l'arène électorale serait considérée comme une grave infraction maçonnique.

En même temps, une nouvelle injonction a été faite à l'égard du Grand Orient de France :

La Grande Loge Unie d'Angleterre ayant retiré sa reconnaissance à cet organisme en 1878,... il est jugé nécessaire d'avertir tous les membres de nos loges qu'ils ne peuvent visiter aucune loge sous l'obédience d'une juridiction non reconnue par la Grande Loge Unie d'Angleterre ; et qu'en outre, en vertu de la règle 150 du Livre des Constitutions, ils ne peuvent admettre de visiteurs en provenance de cette loge.

Pour les raisons évoquées au début de cette section, la Maçonnerie britannique se tient rigoureusement à l'écart de toutes les tentatives visant à créer un système maçonnique international. L'idée fut suggérée pour la première fois au Congrès maçonnique de Paris en 1889, convoqué pour célébrer le centenaire de la première Révolution française, mais ne déboucha sur rien de bien précis jusqu'au Congrès de Genève en septembre 1902, auquel assistèrent les délégués de trente-quatre loges, Grands Loges, Grand-Orients et Suprêmes Conseils, et où fut adoptée à l'unanimité une proposition "tendant à la création d'un Bureau international des affaires maçonniques", à laquelle vingt Puissances, principalement européennes, donnèrent leur adhésion. Le frère Desmons, du Grand Orient de France, dans un discours prononcé après le dîner, déclara qu'il avait toujours été "le rêve de sa vie" que "toutes les démocraties se rencontrent et se comprennent de manière à former un jour la République universelle".[692]

Selon le rapport officiel des débats, "les représentants de la Belgique, de la Hollande, de la France, de l'Allemagne, de l'Angleterre, de l'Espagne, de l'Italie et de la Suisse ont salué avec beaucoup d'émotion l'aube de cette ère nouvelle". Le même rapport observe que "c'est une erreur de croire que la franc-maçonnerie ne s'attaque pas aux défauts de tel ou tel État, et que par conséquent elle reste étrangère aux luttes des partis et aux tendances de l'époque".

Et encore :

La franc-maçonnerie s'est imposé une tâche, une mission. Il ne s'agit de rien moins que de reconstruire la société sur des bases entièrement nouvelles, plus conformes aux conditions actuelles des moyens de communication, de situation et de production, ainsi que d'une réforme du droit, d'un renouvellement complet du principe d'existence, notamment du principe de communauté et des rapports des hommes entre eux.

Le rapport cité ici est cependant inexact sur un point important. Aucun délégué anglais n'était présent au Congrès de Genève ni à aucune autre occasion de ce genre. Il y avait un délégué d'Adélaïde qui a beaucoup parlé, mais le Président a spécifiquement mentionné que l'Angleterre ne prenait pas part au mouvement. Plus tard, dans un rapport du Board of General Purposes à la Grande Loge le 2 mars 1921, une lettre de Lord Ampthill, pro Grand Master, apparaît, déclinant une invitation de la Grande Loge Suisse Alpina aux francs-maçons britanniques à assister à un Congrès Maçonnique International à Genève et citant la lettre suivante du Grand Secrétaire comme précédent à ce refus :

En réponse à l'invitation à participer à une Conférence maçonnique internationale en Suisse au cours de l'automne prochain, je dois déclarer que la Grande Loge Unie d'Angleterre ne sera pas en mesure d'envoyer des représentants à cette occasion. Elle ne participe jamais à une réunion maçonnique dans laquelle sont traités comme une question ouverte ce

---

[692] *Deux siècles de franc-maçonnerie*, p. 79. Publié par le Bureau international des affaires maçonniques de Neuchâtel, 1917.

qu'elle a toujours considéré comme des repères anciens et essentiels de l'Ordre, à savoir une croyance expresse dans le Grand Architecte de l'Univers, et une reconnaissance obligatoire du Volume de la Loi Sacrée. Son refus de rester en association fraternelle avec les Juridictions Souveraines qui ont répudié ou ignoré ces repères est connu depuis longtemps, et sa détermination à cet égard reste inébranlable.

Lord Ampthill a ensuite poursuivi en disant

Une autre conséquence de certains événements de la guerre est de rendre plus ferme notre résolution de maintenir, dans la mesure du possible, la franc-maçonnerie strictement à l'écart de toute participation à la politique, qu'elle soit nationale ou internationale. Cette attitude de distanciation par rapport aux affaires d'État nécessairement controversées, sur lesquelles les Frères peuvent légitimement et très justement diverger, a toujours été maintenue par notre Grande Loge depuis sa première réunion en 1717. Pour cette raison, elle s'est tenue à l'écart des conférences internationales convoquées pendant la guerre ; et jamais plus qu'aujourd'hui la nécessité de maintenir cette attitude n'a été ressentie par les francs-maçons britanniques.... Pour ces raisons, l'invitation à participer à la Conférence Internationale des Francs-Maçons proposée à Genève ne peut être acceptée. Une telle assemblée pourrait être qualifiée d'informelle, mais elle serait inévitablement considérée comme ouvrant la porte à des compromis sur les points que la Grande Loge a toujours considérés comme essentiels. Un tel compromis ne sera jamais envisagé par la franc-maçonnerie anglaise. Sur ces points essentiels, nous adoptons la position ferme que nous avons toujours adoptée ; nous ne pouvons pas nous écarter de la pleine reconnaissance du Grand Architecte de l'Univers, et nous continuerons à interdire l'introduction de discussions politiques dans nos Loges.

La maçonnerie britannique a donc pris fermement position contre le Grand Orient.

Mais il est regrettable que des opinions si admirablement exprimées soient confinées à la correspondance maçonnique et ne soient pas plus visibles pour le monde en général. Sur le continent, en dehors des cercles maçonniques, la différence entre la Maçonnerie britannique et la variété du Grand Orient n'est *pas* suffisamment connue, et la réticence des principaux Maçons britanniques à ce sujet a non seulement fait le jeu des anti-Maçons intraitables, qui déclarent que toute Maçonnerie est néfaste, mais a renforcé la position des révolutionnaires qui utilisent la

Maçonnerie à des fins subversives. Ainsi, lors de la révolution portugaise de 1920, les francs-maçons de ce pays qui dirigeaient le mouvement se sont abrités derrière la bonne réputation de l'Angleterre. "Comment pouvez-vous accuser les loges d'être des clubs d'assassins, disaient-ils au peuple, alors que la Maçonnerie est dirigée par l'Angleterre et qu'elle a eu le roi Édouard pour Grand Maître ?

Aussi ridicule que cela puisse paraître au public britannique, de telles accusations ne devraient pas rester sans réponse pour l'honneur de notre pays.

Un témoin des troubles qui ont eu lieu au Portugal a déclaré au présent auteur que si seulement la Grande Loge d'Angleterre avait publié dans la presse continentale un avis se dissociant du Grand Orient en général et de la franc-maçonnerie portugaise en particulier, le pouvoir des révolutionnaires aurait été immensément affaibli et la propagande anti-britannique et pro-allemande qui circulait alors dans le pays aurait été vaincue. Mais la franc-maçonnerie britannique préféra garder une attitude distante, se contentant d'émettre des avertissements périodiques contre le Grand Orient en privé dans les loges.

Cette politique a beaucoup nui non seulement à la bonne réputation de l'Angleterre, mais aussi à celle de la Maçonnerie britannique aux yeux du monde extérieur, et en particulier à ceux des catholiques romains, ce qui est d'autant plus regrettable que la Franc-maçonnerie et l'Église catholique romaine sont les deux seuls corps organisés de ce pays qui exercent réellement une discipline sur leurs membres et leur interdisent d'appartenir à des sociétés secrètes subversives ; elles constituent donc les deux plus solides remparts contre les forces occultes de la révolution. C'est pourquoi, comme nous le verrons plus loin, ce sont les deux organismes les plus redoutés par les agents recruteurs de ces sociétés.

Mais dans le cas de la franc-maçonnerie, le fait est malheureusement trop peu connu du monde en général. Comme l'a récemment exprimé un jésuite à l'esprit singulièrement large :

Les activités anticléricales et révolutionnaires de la franc-maçonnerie continentale n'ont pas commencé lorsque le Grand Orient a finalement aboli Dieu. Ces forces maléfiques étaient à l'œuvre depuis plus d'un siècle. Néanmoins, les francs-maçons anglais se sont contentés de hausser les épaules et de regarder ailleurs, bien que le véritable caractère de la franc-maçonnerie étrangère ait été porté à leur connaissance dans des livres tels que celui de John Robison, *Proofs of a Conspiracy against all the Religions and Governments of Europe (Preuves d'une conspiration contre toutes les religions et tous les gouvernements d'Europe)...*

Il ne fait aucun doute [dit encore le même auteur] que les catholiques continentaux ont parfois fait preuve d'une exagération déplorable en attribuant tous les maux moraux et sociaux du monde aux travaux insidieux de la franc-maçonnerie.... Mais tant que les francs-maçons anglais détourneront résolument leur regard des activités antireligieuses et antisociales de leurs frères continentaux, il n'y aura aucun espoir d'une meilleure compréhension.[693]

Il est impossible de nier la véracité de ces règles. Comme cela a déjà été souligné au cours de ce livre, les francs-maçons britanniques ont souvent non seulement ignoré l'avertissement de Robison mais l'ont vilipendé comme l'ennemi de la Maçonnerie, bien qu'il n'ait jamais attaqué leur Ordre mais seulement les systèmes pervertis du Continent ; trop souvent aussi ils ont disculpé les sociétés secrètes les plus dangereuses, notamment les Illuminati, parce que, apparemment par un sens erroné de la loyauté, ils considèrent qu'il est de leur devoir de défendre toute association à caractère maçonnique. C'est tout simplement suicidaire. La Maçonnerie britannique n'a pas d'ennemis plus acharnés que les sociétés secrètes de subversion qui, depuis les Illuminati, ont toujours considéré la Maçonnerie honnête avec mépris et utilisé ses doctrines à des fins détournées.

Il est facile de voir comment ces doctrines peuvent être perverties à des fins directement opposées à celles que les francs-maçons britanniques ont en vue. Ainsi, par exemple, l'idée de la fraternité de l'homme dans le sens de l'amour pour toute l'humanité est l'essence du christianisme — "Soyez bienveillants les uns envers les autres avec un amour fraternel ; dans l'honneur, préférez-vous les uns les autres". En adoptant "l'amour fraternel" comme élément de leur trilogie sacrée, les francs-maçons britanniques adoptent un point de vue entièrement chrétien. Mais si l'on entend par fraternité de l'homme que les hommes de toutes les races sont

---

[693] Article sur « Les papes et la franc-maçonnerie », par le Révérend Herbert Thurston, S.J., dans *The Tablet* du 27 janvier 1923.

également apparentés et que, par conséquent, on a les mêmes devoirs envers les étrangers qu'envers ses compatriotes, il est évident que tout sentiment national doit disparaître. Le franc-maçon britannique n'interprète évidemment pas la théorie de cette manière ; il ne peut sérieusement se considérer comme le frère du pygmée bambute ou du cannibale polynésien ; il n'utilise donc le terme que dans un sens vague et théorique.

En effet, que signifie littéralement le mot "frère" ? Si nous consultons le dictionnaire, nous verrons qu'il est défini comme "un homme né des mêmes parents ; quelqu'un d'étroitement uni ou ressemblant à l'autre ; associé dans des intérêts communs, une occupation commune", etc. Il est donc évidemment absurde de dire que des hommes de races aussi différentes que celles dont il est question sont frères ; ils ne sont pas nés de parents du même genre, ils ne sont pas unis dans leurs objectifs, ils ne se ressemblent pas du tout, et ils ne sont pas associés dans des intérêts et des occupations communs. Bien qu'il s'agisse là de cas extrêmes, il existe néanmoins des différences essentielles entre les hommes d'une même zone et d'un même climat. L'Anglais et le Français ne sont pas frères parce qu'ils ne voient pas la vie du même point de vue, mais ce n'est pas une raison pour qu'ils ne soient pas de proches alliés.

La fraternité humaine, si elle est prise au pied de la lettre, est donc un terme trompeur, et cette relation n'est pas non plus nécessaire à la paix du monde.

Caïn et Abel n'étaient pas de meilleurs amis, car ils étaient frères. David et Jonathan, en revanche, n'étaient pas des frères, mais des amis dévoués.

En recherchant la fraternité universelle au sens propre, les francs-maçons poursuivent donc une chimère.

L'erreur la plus dangereuse à laquelle la démocratie, sous l'influence de la franc-maçonnerie illuminée, a succombé, c'est de croire que la paix entre les nations peut être obtenue par l'internationalisme, c'est-à-dire par la destruction du sentiment national. Or, ce n'est pas parce qu'un homme est dépourvu d'affection naturelle qu'il a plus de chances de vivre en paix avec ses voisins ; au contraire, le bon frère, le père dévoué, a toutes les chances de devenir l'ami fidèle. La paix permanente entre les nations ne sera probablement jamais assurée, mais la seule base sur laquelle une telle situation peut être envisagée est celle d'un nationalisme sain — une entente entre les éléments patriotiques et virils de chaque pays qui, parce qu'ils apprécient leurs propres libertés et révèrent leurs propres traditions, sont capables de respecter celles des autres nations. L'internationalisme est une entente entre les éléments décadents de chaque pays — les objecteurs de conscience, les socialistes de salon, les visionnaires — qui se dérobent aux réalités de la vie et, comme l'a admirablement exprimé le socialiste Karl Kautsky dans une description des idéalistes, "ne voient que des différences d'opinion et des malentendus là où il y a en réalité des antagonismes irréconciliables". C'est pourquoi, en période de crise, les idéalistes sont de tous les hommes les plus dangereux et les pacifistes les grands promoteurs de guerres.

L'entente entre les nations est tout à fait souhaitable, mais la destruction de l'esprit national partout ne peut que conduire à l'affaiblissement de tous les pays où ce processus a lieu et au triomphe des nations qui refusent d'accepter le même principe.

On répondra peut-être que les francs-maçons ne croient pas à la doctrine de la fraternité entre tous les hommes, mais seulement entre les maçons de toutes les races. Mais cela peut conduire à une désintégration nationale si l'on crée une nation à l'intérieur de chaque nation, une fraternité internationale indépendante des pays auxquels appartiennent ses membres. La conséquence logique de cette évolution peut être qu'un homme refusera de se battre pour son pays contre ses frères maçons — c'est ce qui s'est passé en France. Le Grand Orient a été, avant la dernière guerre, le grand foyer de l'anti-patriotisme, où l'on décourageait tout projet de défense nationale. Avant 1870, c'était la même chose, et c'est dans les loges maçonniques que l'Allemagne a trouvé ses alliés les plus précieux.

De même, la doctrine de la perfectibilité de la nature humaine se prête à la perversion. Rien n'est plus souhaitable que l'homme tende à la perfection. Le Christ n'a-t-il pas enjoint à ses disciples :

"Soyez donc parfaits, comme votre Père qui est aux cieux est parfait" ? L'homme agit donc conformément aux principes chrétiens en recherchant la perfection divine. Mais lorsqu'il en vient à croire qu'il l'a déjà atteinte, il fait de lui-même un dieu. "Si je me justifie, dit Job, ma propre bouche me condamnera ; si je dis que je suis parfait, elle prouvera que je suis pervers. Et saint Jean : "Si nous disons que nous n'avons pas de péché, nous nous trompons nous-mêmes, et la vérité n'est pas en nous." Plus encore, si nous cherchons la perfection chez les autres, nous

nous trompons également nous-mêmes et nous faisons des dieux des hommes. C'est précisément la conclusion à laquelle parviennent la franc-maçonnerie pervertie et les formes de socialisme qui en découlent. La nature humaine, disent-ils, est elle-même divine ; quel besoin alors d'autres divinités ? L'Église catholique a donc raison de déclarer que la doctrine de la perfectibilité de la nature humaine conduit à la déification de l'humanité en ce qu'elle met l'humanité à la place de Dieu. Le Grand Orient, qui accepte définitivement cette doctrine, a donc logiquement effacé de son rituel le nom du Grand Architecte de l'Univers et est devenu une association de libres penseurs et d'athées.

Est-il nécessaire de souligner la folie et le crime de cette illusion, l'inconséquence ridicule d'hommes qui divinisent l'humanité tout en injuriant ce qu'ils appellent la "société" ? Tous les maux du monde, déclarent-ils, ne se trouvent pas dans la nature, mais dans les "lois faites par l'homme", dans les institutions de la "société". Or, qu'est-ce que la société si ce n'est le résultat des volontés et des aspirations humaines ? La société peut être, et est sans doute, à réformer, mais ses imperfections ne sont-elles pas la création d'êtres imparfaits ? Il est vrai qu'aujourd'hui le monde est dans un état de chaos, chaos industriel, chaos politique, chaos social, chaos religieux. Partout les hommes perdent la foi dans les causes qu'ils sont censés représenter, l'autorité s'interroge sur son droit à gouverner, la démocratie se divise, les classes dirigeantes abdiquent en faveur de démagogues sans scrupules, les ministres de la religion troquent leur foi contre la popularité.

Et qu'est-ce qui a amené le monde à ce stade ? L'humanité ! L'humanité, cette abstraction toute sage, toute vertueuse, qui n'a pas besoin de la lumière du ciel.

L'humanité qui devait prendre la place de Dieu ! S'il y a jamais eu un moment dans l'histoire du monde où la futilité de cette prétention devrait être évidente, c'est bien le moment présent. Tous les maux, toutes les confusions, ne sont-ils que le résultat des erreurs et des passions humaines ? Ce n'est pas le capitalisme qui a échoué, ni la démocratie, ni même le socialisme en tant que principe, ce n'est pas la monarchie qui s'est effondrée, ni le républicanisme, ni encore la religion ; *c'est l'humanité qui s'est effondrée*. Les maux du capitalisme proviennent de l'égoïsme des capitalistes individuels ; le socialisme a échoué parce que, comme l'a découvert Robert Owen, les oisifs, les querelleurs, les égoïstes ont empêché son succès. Si les hommes étaient parfaits, le socialisme pourrait réussir, mais il en va de même pour tout autre système. Un capitaliste parfait aimerait son employé comme lui-même, tout comme un socialiste parfait serait prêt à travailler pour le bien commun. Ce sont les imperfections de la nature humaine qui empêchent, et empêcheront toujours, tout système d'être parfait.

Il n'y aura jamais de Millénaire créé par l'homme. Seule l'application des principes chrétiens à la conduite humaine peut apporter un meilleur ordre des choses.

En déifiant la nature humaine, la Maçonnerie du Grand Orient ne se contente pas de construire sur le sable, mais, en rejetant toute religion, elle supprime le seul espoir de progrès humain. En même temps, par le soutien qu'elle apporte au socialisme, elle encourage la guerre des classes au lieu de la fraternité entre les hommes de tous rangs et de toutes conditions qu'elle prétend prôner. La franc-maçonnerie britannique, par contre, sans interpréter la fraternité dans un sens politique, contribue néanmoins à la paix sociale. Lors de la conférence annuelle du parti travailliste en 1923, la section extrême a proposé que "toute personne qui est un franc-maçon soit exclue de tout type de fonction", suggérant que "dans les cas où un accord a été conclu entre les dirigeants syndicaux et les employeurs, prévenant ou limitant ainsi les troubles industriels, le secret a été le lien de la franc-maçonnerie."[694] Que ce soit le cas ou non, la Maçonnerie britannique, en prenant position sur le patriotisme et le respect de la religion, tend nécessairement à unir les hommes de toutes les classes et offre donc un formidable rempart contre les forces de la révolution. Toute attaque contre la Maçonnerie britannique, telle qu'elle est actuellement constituée et dirigée, est donc absolument contraire aux intérêts du pays. Mais en même temps, il incombe aux Maçons de se méfier des tentatives insidieuses qui sont faites par des sociétés secrètes irrégulières pour infiltrer l'Ordre et pervertir ses vrais principes. La situation satisfaisante actuelle de la franc-maçonnerie en Angleterre est due non seulement à ses statuts établis, mais au caractère des hommes qui la contrôlent — des hommes qui ne sont pas, comme dans la France du dix-huitième siècle, de simples figures de proue, mais les véritables directeurs de l'Ordre. Si jamais le contrôle passait entre de mauvaises

---

[694] *Evening Standard*, 26 juin 1923.

mains et que les agents des sociétés secrètes réussissaient à s'emparer d'un certain nombre de loges, cette grande force stabilisatrice pourrait se transformer en un gigantesque moteur de destruction. Nous verrons dans le prochain chapitre à quel point ces efforts sont insidieux.

12. LES SOCIÉTÉS SECRÈTES EN ANGLETERRE

Nous avons vu que, depuis les Illuminati, les sociétés subversives ont toujours cherché des recrues parmi les francs-maçons orthodoxes. La raison en est évidente : non seulement les doctrines de la franc-maçonnerie se prêtent à la perversion, mais la formation dispensée dans les loges constitue une admirable préparation à l'initiation à d'autres systèmes secrets. L'homme qui a appris à garder le silence même sur ce qui peut lui apparaître comme des futilités, qui est prêt à se soumettre à la mystification, à ne pas poser de questions et à reconnaître l'autorité de supérieurs auxquels il n'est nullement tenu légalement d'obéir, qui est en outre imprégné de l'*esprit de corps* qui le lie à ses confrères dans une cause commune, est naturellement un meilleur sujet pour l'adepte de la société secrète que le franc-tireur susceptible d'affirmer son indépendance à tout moment. Mais le facteur le plus important est peut-être la nature des serments maçonniques. Ces terribles sanctions, que beaucoup de francs-maçons eux-mêmes regrettent comme une survivance de la barbarie et qui ont d'ailleurs été abolies dans les degrés supérieurs, ont beaucoup contribué à créer des préjugés contre la franc-maçonnerie, tout en constituant une incitation supplémentaire pour les intrigants extérieurs.

De l'avis de M. Copin Albancelli, l'abolition du serment contribuerait grandement à empêcher la pénétration de la Maçonnerie britannique par les sociétés secrètes.

Or, les obligations des francs-maçons britanniques leur interdisent d'adhérer à ces sociétés irrégulières, non seulement parce que leurs principes sont en conflit avec ceux de la maçonnerie orthodoxe, mais aussi parce que, dans la plupart des cas, elles admettent des femmes. Selon la décision de la Grande Loge, "tout membre travaillant sous la juridiction anglaise… viole son obligation en étant présent ou en assistant à des assemblées professant être maçonniques et auxquelles assistent des femmes". Des avertissements à cet effet ont été fréquemment donnés dans les Loges ; le 3 septembre 1919, le Conseil des buts généraux a publié le rapport suivant : L'attention du Bureau est de plus en plus attirée sur les efforts séditieux que font certains corps non reconnus comme maçonniques par la Grande Loge Unie d'Angleterre, pour inciter les Francs-Maçons à se joindre à leurs assemblées. Comme tous ces organismes qui admettent des femmes comme membres sont clandestins et irréguliers, il est nécessaire de mettre en garde les Frères contre le fait qu'ils pourraient être amenés par inadvertance à violer leur obligation en devenant membres de ces organismes ou en assistant à leurs réunions. La Grande Loge, neuf ans plus tôt, a approuvé l'action du Conseil en suspendant de tous les droits et privilèges maçonniques deux Frères qui avaient contumacement omis d'expliquer la grave irrégularité maçonnique sur laquelle l'attention est à nouveau attirée ; et nous espérons sincèrement qu'aucune occasion ne se présentera pour instituer à nouveau des procédures disciplinaires du même genre.

L'idée de femmes maçonnes n'est évidemment pas nouvelle. Dès 1730, des loges féminines auraient existé en France, et vers la fin du siècle, plusieurs femmes d'exception, comme la duchesse de Bourbon et la princesse de Lamballe, ont joué un rôle de premier plan dans l'Ordre. Mais cette *Maçonnerie d'Adoption*, comme on l'appelait, conservait un caractère purement convivial ; un cérémonial factice, avec des symboles, des mots de passe et un rituel, était conçu pour consoler les membres de leur exclusion des vraies loges. Ces mascarades n'étaient, comme l'observe Ragon, "que des prétextes pour les assemblées ; les véritables objets étaient le banquet et le bal, qui étaient leurs inévitables accompagnements".[695]

Mais ce précédent, inauguré comme un passe-temps de société et accompagné de toute la frivolité de l'époque, a ouvert la voie aux deux classes de femmes de Weishaupt qui, bien que n'ayant jamais été initiées aux secrets de l'Ordre, devaient agir comme des outils utiles "dirigés par des hommes sans le savoir". À cette fin, elles devaient être divisées en deux classes : les "vertueuses", qui devaient jouer le rôle de figures de proue ou de leurres, et les "au cœur plus libre", qui devaient exécuter les véritables desseins de l'Ordre.

Le même plan a été adopté près de cent ans plus tard par le disciple

---

[695] Ragon, *Cours des Initiations*, p. 33.

de Weishaupt, Bakounine, qui a cependant admis les femmes comme véritables initiées dans sa société secrète, l'Alliance Sociale Démocratique, mais qui, comme Weishaupt, les a divisées en classes. La sixième catégorie de personnes à employer dans l'œuvre de la révolution sociale est ainsi décrite dans son programme : La sixième catégorie est très importante. Ce sont les femmes, qu'il faut diviser en trois classes : la première, les femmes frivoles, sans esprit et sans cœur, que nous devons utiliser de la même manière que les hommes des troisième et quatrième catégories [c'est-à-dire en "s'emparant de leurs sales secrets et en en faisant nos esclaves"] ; la deuxième, les femmes ardentes, dévouées et capables, mais qui ne sont pas les nôtres parce qu'elles ne sont pas parvenues à une compréhension révolutionnaire pratique, sans phrase — nous devons les utiliser comme les hommes de la cinquième catégorie [c'est-à-dire en "s'emparant de leurs sales secrets et en en faisant nos esclaves"] ; la troisième, les femmes qui ne sont pas les nôtres parce qu'elles ne sont pas parvenues à une compréhension révolutionnaire pratique, sans phrase, en les "entraînant sans cesse dans des manifestations pratiques et périlleuses, qui auront pour résultat de faire disparaître la plupart d'entre elles, tout en faisant de quelques-unes de véritables révolutionnaires"] ; enfin, les femmes qui sont entièrement avec nous, c'est-à-dire complètement initiées et ayant accepté notre programme dans son intégralité. Nous devons les considérer comme le plus précieux de nos trésors, sans l'aide desquelles nous ne pouvons rien faire.[696]

La première et la seule femme à être admise dans la vraie Maçonnerie, si un tel terme peut s'appliquer à un système aussi hétérogène, fut Maria Deraismes, une ardente féministe française, célèbre pour ses discours politiques et ses campagnes électorales dans l'arrondissement de Pontoise et qui fut pendant vingt-cinq ans le leader reconnu du parti anticlérical et féministe.[697] En 1882, Maria Deraismes est initiée à la franc-maçonnerie par les membres de la Loge *Les Libres Penseurs*, issue de la Grande Loge Symbolique Écossaise et située au Pecq dans le

---

[696] Alliance de la Démocratic Socialiste, etc., publié par l'ordre du Congrès International de la Haye, p. 93 (1873).

[697] *Histoire des Clubs de Femmes*, par le Baron Marc de Villiers, p. 380.

département de Seine-et-Oise. La procédure étant, cependant, entièrement inconstitutionnelle, l'initiation de Maria Deraismes fut déclarée nulle par la Grande Loge et la Loge *Les Libres Penseurs* fut déshonorée.[698] Mais quelques années plus tard, le Dr George Martin, fervent défenseur du vote des femmes, collabora avec Maria Deraismes à la fondation de la *Maçonnerie Mixte* à la première loge de l'Ordre nommée " Le Droit Humain ". Le *Suprême Conseil Universel Mixte* fut fondé en 1899.

La Maçonnerie Mixte était politique et en aucun cas théosophique ou occulte, et son programme, comme celui du Grand Orient, était un socialisme utopique, tandis que par son insistance sur la suprématie de la raison, elle proclamait définitivement son antagonisme à toute religion révélée. Ainsi, dans le langage engagé du Dr George Martin lui-même : L'Ordre Maçonnique Mixte Internationale est la première puissance maçonnique mixte, philosophique, progressiste et philanthropique à être organisée et constituée dans le monde, placée au-dessus de toutes les préoccupations des idées philosophiques ou religieuses que peuvent professer ceux qui demandent à en devenir membres.... L'Ordre veut s'intéresser principalement aux intérêts vitaux de l'être humain sur terre ; il veut surtout étudier dans ses Temples les moyens de réaliser la Paix entre toutes les nations et la Justice sociale qui permettront à tous les êtres humains de jouir pendant leur vie de la plus grande somme possible de félicité morale et de bien-être matériel... Ne se réclamant d'aucune révélation divine et affirmant haut et fort qu'elle n'est qu'une émanation de la raison humaine, cette institution fraternelle n'est pas dogmatique, elle est rationaliste.[699]

C'est dans ce club matérialiste et politique, érigé sous le couvert de la franc-maçonnerie, qu'est entrée Annie Besant avec tout l'étrange conglomérat de doctrines orientales connu aujourd'hui sous le nom de Théosophie.

---

[698] René Guénon, *Le Théosophisme*, p. 245 (1921).

[699] Guénon, op. cit. p. 248, citant *La Lumière Maçonnique*, Nov.-Dec. 1912, p. 522.

LA THEOSOPHIE

Avant d'aborder cette question, il est nécessaire de clarifier ma propre position. Bien que je préférerais de loin ne pas introduire une note personnelle dans la discussion, je sens que rien de ce que je dirai n'aura de poids s'il apparaît comme l'expression de l'opinion de quelqu'un qui n'a jamais considéré les doctrines religieuses autrement que du point de vue chrétien orthodoxe. Je dois donc expliquer que j'ai connu des théosophes dès mon plus jeune âge, que j'ai voyagé en Inde, à Ceylan, en Birmanie et au Japon et que j'ai vu beaucoup de choses à admirer dans les grandes religions de l'Orient. Je ne crois pas que Dieu se soit révélé à une seule partie de l'humanité et seulement au cours des 1900 dernières années de l'histoire du monde ; je n'accepte pas la doctrine selon laquelle tous les millions d'êtres humains qui n'ont jamais entendu parler du Christ sont plongés dans les ténèbres spirituelles ; Je crois que derrière toutes les religions fondées sur une loi de justice se trouve une vérité divine et centrale, qu'Ikhnaton, Moïse et Isaïe, Socrate et Épictète, Marc Aurèle, Bouddha, Zoroastre et Mahomet ont tous été des maîtres qui ont interprété aux hommes l'aspect du divin tel qu'il leur avait été accordé et qui est en harmonie avec la révélation suprême donnée à l'homme par Jésus-Christ.

Cette conception d'une affinité entre toutes les grandes religions a été magnifiquement exprimée par un vieux mahométan à un ami de l'auteur du présent article avec lequel il regardait une procession hindoue traverser un village indien. En réponse à la question de l'Anglais,

"Le mahométan lui répond : "Qu'en penses-tu ?

"Ah, sahib, nous ne pouvons pas le dire. Nous connaissons trois chemins pour gravir la colline de l'effort jusqu'aux portes du Paradis : le chemin de Mousa [Moïse], le chemin de Issa [Jésus] et le chemin de Mahmoud, et il y a peut-être d'autres chemins dont toi et moi ne savons rien. Je suis né dans la voie de Mahmoud, et je crois que c'est la meilleure et la plus facile à suivre, et tu es né dans la voie de Issa. Et j'en suis très sûr : si tu suis ton guide sur ta route et moi sur la mienne, lorsque nous aurons gravi la colline de l'effort, nous nous saluerons à nouveau aux portes du Paradis".

Si, dans les pages qui suivent, j'essaie de montrer les erreurs de la Théosophie, ce n'est pas parce que je ne reconnais pas qu'il y a beaucoup de choses bonnes et belles dans les anciennes religions dont elle prétend dériver.

Mais qu'est-ce que la Théosophie ? Le mot, comme nous l'avons déjà vu, a été utilisé au dix-huitième siècle pour désigner la théorie des martinistes ; il était connu deux siècles plus tôt, lorsque Haselmeyer, en 1612, écrivit à propos de "la louable Fraternité des Théosophes de la Rose-Croix". Selon le colonel Olcott, qui fonda avec Madame Blavatsky la société théosophique moderne à New York en 1875, le mot fut découvert par l'un des membres "en tournant les feuilles d'un dictionnaire" et immédiatement adopté à l'unanimité. [700] Madame Blavatsky était arrivée en Amérique deux ans plus tôt, date avant laquelle elle professait avoir été initiée à certaines doctrines ésotériques au Thibet. Monsieur Guénon, qui écrit avec une connaissance intime du mouvement, indique cependant l'existence de supérieurs cachés sur le continent européen par lesquels elle était en réalité dirigée.

Ce qui est très significatif... c'est que Madame Blavatsky a écrit ceci en 1875 : "J'ai été envoyée de Paris en Amérique pour vérifier les phénomènes et leur réalité et pour montrer la supercherie de la théorie spirite." Envoyée par qui ? Elle dira plus tard : par les "Mahatmas" ; mais alors il n'en était pas question, et d'ailleurs c'est à Paris qu'elle a reçu sa mission, et non en Inde ou au Thibet.[701]

Ailleurs, Monsieur Guénon observe qu'il est très douteux que Madame Blavatsky ait jamais été au Thibet. Ces tentatives évidentes de dissimulation amènent donc Monsieur Guénon à la conclusion qu'à l'arrière-plan de la Théosophie existait un mystérieux centre de direction, que Madame Blavatsky était simplement "un instrument entre les mains d'individus ou de groupes occultes s'abritant derrière sa personnalité", et que "ceux qui croient qu'elle a tout inventé, qu'elle a tout fait par elle-même et de sa propre initiative, se trompent autant que ceux qui, au contraire, croient à ses affirmations concernant ses relations avec les

---

[700] Alice Leighton Cleather, *H. P. Blavatsky: her Life and Work for Humanity* p. 17 (Thacker, Spink & Co., Calcutta, 1922).

[701] René Guénon, op. cit. p. 17.

prétendus Mahatmas".[702]

Il y a quelques raisons de penser que les personnes sous lesquelles Madame Blavatsky travaillait à cette date à Paris étaient Serapis Bey et Tuiti Bey, qui appartenaient aux "Frères égyptiens". Cela pourrait répondre à la question de M. Guénon : "Par qui a-t-elle été envoyée en Amérique ?". Mais un autre passage des écrits de Madame Blavatsky, sur la personne du Christ, que M. Guénon cite plus loin, indique une autre source d'inspiration :

"Pour moi, Jésus-Christ, c'est-à-dire l'Homme-Dieu des chrétiens, copie des Avatars de tous les pays, du Chrishna hindou comme de l'Horus égyptien, n'a jamais été un personnage *historique*". L'histoire de sa vie n'est donc qu'une allégorie fondée sur l'existence d'un "personnage nommé Jehoshua né à Lud". Mais ailleurs, elle affirme que Jésus a pu vivre pendant l'ère chrétienne ou un siècle plus tôt "*comme l'indique le Sepher Toldoth Jehoshua*" (mes italiques). Et Madame Blavatsky poursuit en disant des savants qui nient la valeur historique de cette légende qu'ils *mentent ou disent des bêtises. Ce* sont nos Maîtres qui l'affirment [mes italiques]. Si l'histoire de Jehoshua ou de Jésus Ben Pandera est fausse, alors tout le Talmud, tout le droit canon juif, est faux. C'est le disciple de Jehoshua Ben Parachia, cinquième président du Sanhédrin depuis Esdras, qui a réécrit la Bible… Cette histoire est beaucoup plus vraie que celle du Nouveau Testament, dont l'histoire ne dit pas un mot.[703]

Quels étaient les Maîtres dont Madame Blavatsky invoque ici l'autorité ? Manifestement pas la Fraternité trans-himalayenne à laquelle elle se réfère habituellement par ce terme, et qui ne peut certainement pas être soupçonnée d'affirmer l'authenticité du Toldoth Yeshu. Il est donc évident que Madame Blavatsky a reçu cet enseignement d'autres "Maîtres", et que ces autres Maîtres étaient des Cabalistes.

La même influence judaïque apparaît plus fortement dans un livre publié par la Société Théosophique en 1903, où le Talmud et les Toledot Yeshu sont cités en long et en large et où les chrétiens sont tournés en

---

[702] René Guénon, op. cit. p. 30.

[703] Guénon, op. cit. p. 193, citant *Le Lotus* de décembre 1887.

dérision pour avoir ressenti les attaques contre leur foi contenues dans ces livres, tandis que les juifs sont représentés comme des victimes innocentes et persécutées. Un seul passage suffit à donner une idée du point de vue de l'auteur :

Le Christ [disaient les mystiques] est né "d'une vierge" ; le croyant involontaire en Jésus *en* tant que Messie historique au sens exclusif du terme juif, et en tant que Fils de Dieu, voire Dieu lui-même, a affirmé par la suite que Marie était cette vierge ; la logique rabbinique, qui dans ce cas était une logique simple et commune, a répondu à cette extravagance par la réplique naturelle que, puisque sa paternité n'était pas reconnue, Jésus était par conséquent illégitime, un bâtard [*mamzer*].[704]

C'est donc manifestement moins aux Mahatmas thibétains, aux Swamis hindous, aux Gourous sikhs ou aux Frères égyptiens qu'aux Cabalistes juifs que ces dirigeants de la Théosophie ont emprunté leurs idées sur Jésus-Christ.

Comme l'a bien observé l'écrivain juif Adolphe Franck : "Dès qu'il est question de théosophie, on est sûr de voir apparaître la Kabbale."[705]

Il poursuit en montrant l'influence directe du cabalisme sur la société théosophique moderne.

Mme Besant, sans approuver les pires blasphèmes des Toledot Yeshu, a néanmoins reflété cette tradition et d'autres traditions judaïques dans son livre *Esoteric Christianity*, où elle raconte que Jésus a été élevé parmi les Esséniens et que, plus tard, il s'est rendu en Égypte, où il est devenu un initié de la grande loge ésotérique — c'est-à-dire la Grande Loge Blanche — d'où dérivent toutes les grandes religions. On verra que ce n'est là qu'une version de la vieille histoire des talmudistes et des cabalistes, perpétuée par les gnostiques, les rosicruciens et l'*Ordre du Temple* du dix-neuvième siècle.[706] Mais selon l'un des antagonistes théosophiques de Mme Besant, sa doctrine "repose sur une perpétuelle

---

[704] Je m'abstiens de donner le nom de ce livre car l'auteur a maintenant quitté la Société Théosophique et pourrait regretter d'avoir écrit ces mots.

[705] Adolphe Franck, *La Kabbale*, pp. ii-iv.

[706] Voir *ante*, pp. 21, 66, 92.

équivoque", et tout en laissant croire au public anglais que lorsqu'elle parlait du Christ à venir, elle se référait au Christ des Évangiles, elle déclarait à ses intimes ce que M. Leadbeater enseignait dans son livre *The Inner Life*, à savoir que le Christ des Évangiles n'avait jamais existé, mais qu'il était une invention des moines du deuxième siècle.[707]

Il faut cependant comprendre que dans le langage des théosophes, dirigés par Mme Besant et M. Leadbeater, Jésus et "le Christ" sont deux individualités séparées et distinctes, et que lorsqu'ils parlent maintenant du "Christ", ils se réfèrent à quelqu'un qui vit dans un bungalow dans l'Himalaya et avec qui M. Leadbeater a des entretiens à propos de son avènement prochain.[708] Des portraits de cette personne ont été distribués parmi les membres de "The Star in the East", un ordre fondé à Bénarès en 1911 par M. Leadbeater et J. Krishnamurti dans le but de préparer le monde à la venue du Grand Instructeur.

Mais il est temps de revenir à l'alliance entre la Théosophie et la Maçonnerie Mixte. Il est impossible de savoir si Mme Besant, qui avait commencé sa carrière en tant que libre penseuse, conservait quelque croyance dans son ancien credo au moment où elle entra en relation avec l'Ordre, ou si elle voyait dans cette société matérialiste une organisation concrète précieuse pour la diffusion de ses nouvelles théories ésotériques. Quoi qu'il en soit, elle gravit rapidement les échelons et devint rapidement vice-présidente du *Suprême Conseil*, qui la nomma déléguée nationale en Grande-Bretagne. C'est à ce titre qu'elle fonda la branche anglaise de l'Ordre sous le nom de Co-Masonry (c'est-à-dire admettant les deux sexes) à la Loge "Human Duty" à Londres, qui fut consacrée le 26 septembre 1902, et qu'elle fonda plus tard une autre loge à Adyar en Inde, nommée "The Rising Sun" (Le Soleil Levant).

Le nombre de loges inscrites au Grand Rôle de la Co-maçonnerie, y compris celles qui se trouvent à l'étranger, s'élèverait aujourd'hui à pas moins de 442.

La Maçonnerie Mixte reçoit ainsi une double direction, car tout en

---

[707] Alice Leighton Cleather, *Une grande trahison*, p. 13 (1922).

[708] Voir à ce sujet les élucubrations contenues dans le livre *Christ and the New Age* (1922), édité par G. Leopold, sous les auspices de « The Star in the East ».

restant en correspondance constante avec le *Suprême Conseil Universel Mixte*, situé 5 rue Jules-Breton à Paris et présidé par le Grand Maître Piron, avec Madame Amélie Gédalje, trente-troisième degré, comme Grand Secrétaire Général, elle reçoit d'autres instructions de "la V∴ Ill∴ Bro∴ Annie Besant 33°" à Adyar. Afin de ne pas choquer les susceptibilités des adeptes anglais qui pourraient être rebutés par les tendances rationalistes de la Maçonnerie Mixte, Mme Besant a cependant emprunté les formules de la Maçonnerie britannique ainsi que sa coutume de placer le V.S.L. sur la table dans les loges. Ces doctrines contradictoires sont mélangées d'une manière amusante sur les certificats de l'Ordre, où l'on trouve en haut la devise et les initiales françaises : Liberté Égalité Fraternité À∴ L∴ G∴ D∴ L'H∴ (c'est-à-dire à la gloire de l'Humanité) et au-dessous, à l'intention des membres anglais, les initiales de l'appareil maçonnique britannique, qui ne figure évidemment pas sur les diplômes de l'Ordre français, lequel, comme le Grand Orient, a rejeté le Grand Architecte : T∴ T∴ G∴ O∴ T∴ G∴ A∴ O∴ T∴ U∴ (À la gloire du Grand Architecte de l'Univers).

Nos co-maçons ont donc l'avantage de pouvoir choisir s'ils veulent rendre gloire à Dieu ou à l'Humanité. L'incompatibilité des deux dispositifs ne semble pas avoir frappé les initiés anglais, et ils ne se rendent probablement pas compte de l'imposture que constitue pour eux la suite du certificat, qui, après avoir annoncé en majuscules imposantes "À tous les Maçons dispersés dans les deux Hémisphères, Salutations", poursuit en disant "Nous le (*ou la*) recommandons donc comme tel à tous les Francs-Maçons du Globe, les priant de lui reconnaître tous les droits et privilèges attachés à ce Degré, comme nous le ferons à tous ceux qui se présenteront dans des circonstances similaires".

Or, tout Maçon britannique verra d'un seul coup d'œil que tout cela n'est qu'une fausse prétention. Aucun ordre maçonnique ne peut recommander ses membres pour des droits et privilèges à "tous les francs-maçons du monde", pour la simple raison que, comme on l'a dit, il n'existe pas de "maçonnerie universelle", de sorte que même la Grande Loge d'Angleterre — la Loge la plus importante du monde — ne pourrait pas, si elle le voulait, accorder à ses membres le droit d'entrer dans les loges continentales. Comme l'a récemment exprimé un franc-maçon anglais :

Les non-maçons ont généralement l'impression qu'un membre britannique ou irlandais de l'Ordre peut entrer dans une loge maçonnique dans n'importe quelle partie du monde et prendre part à ses délibérations et à ses procédures. Cette croyance peut être immédiatement démentie sans réserve. De même, un membre d'une loge relevant d'une juridiction qui n'est pas en communion avec les Grandes Loges du Royaume-Uni ne peut être reçu comme visiteur ou comme membre adhérent dans une loge subsidiaire des Grandes Loges d'Angleterre, d'Irlande ou d'Écosse.[709]

Mais il est encore plus ridicule de la part de la Maçonnerie Mixte de faire cette réclamation, puisqu'à l'époque où le diplôme cité ci-dessus a été rédigé, la Maçonnerie Mixte et son parent, la Maçonnerie Mixte, n'étaient reconnus par aucun autre ordre de la Maçonnerie à l'exception du "Droit Humain", et qu'ils ne sont pas seulement non reconnus mais complètement répudiés par la Grande Loge d'Angleterre. Le Maçon britannique, en fait, ne reconnaît pas du tout le Co-Maçon comme un Maçon, et violerait ses obligations en discutant des secrets maçonniques avec lui ou elle, de sorte qu'il n'y a aucune manière dont le Co-Maçon pourrait se voir accorder les droits et privilèges maçonniques par les Maçons britanniques. En outre, afin d'entretenir l'illusion dans l'esprit de ses membres qu'ils sont de véritables Maçons, la Co-Maçonnerie, dans son organe trimestriel, *The Co-Mason*, prend soin d'inclure des nouvelles maçonniques relatives à la Maçonnerie britannique comme si elle formait un seul et même ordre.

En ce qui concerne le Grand Orient, une politique tout aussi tortueuse est menée. Comme nous l'avons déjà vu, la Grande Loge a déshonoré la loge qui avait admis Maria Deraismes et n'a pas reconnu officiellement la Maçonnerie Mixte. Le rituel adopté par ce dernier Ordre n'était cependant pas celui de la Maçonnerie britannique, et dans la plupart des Loges co-maçonniques le rituel employé contient des variations dérivées du Grand Orient[710] ; en fait le caractère Grand Orient de la Maçonnerie co-maçonnique a toujours été généralement reconnu dans les cercles

---

[709] Dudley Wright, *Roman Catholicism and Freemasonry*, p. 221 *(1922)*.

[710] Dans quelques loges, le rituel purement britannique a été adopté sous le nom de Verulam working, tandis que récemment un troisième rituel a été introduit par « Bishop Wedgwood », qui, de l'avis d'un haut Maçon britannique, « bouleverse tout le fonctionnement des degrés de l'artisanat et le réduit à l'absurdité ».

maçonniques. Ceci étant, j'ai souligné dans *World Revolution* que la Co-Maçonnerie dérive du Grand Orient, mais j'ai reçu la protestation suivante de la part d'une Co-Maçonne :

Savez-vous que pendant vingt ans, le Grand Orient a refusé de la reconnaître [la co-maçonnerie] comme un corps légitime, tout comme les maçons orthodoxes anglais le font maintenant ? De plus, avant d'adhérer, on nous dit clairement que nous ne serons pas reconnus par cet organisme. De plus, nous n'avons rien à voir avec les Illuminati, ni avec l'Allemagne. Comme le Grand Orient a éliminé la divinité, c'est une chose plutôt terrible pour un Maçon d'être lié de quelque manière que ce soit à cet Ordre, et je ne peux pas imaginer que l'on puisse dire quelque chose de pire à notre sujet.

Cette lettre était datée du 6 mars 1922, et le 19 du mois de février précédent, une alliance entre le Grand Orient et la Co-Maçonnerie avait enfin été célébrée au Grand Temple du Droit Humain à Paris ! Nous trouvons un compte-rendu de cette cérémonie dans le *Co-Mason* du mois d'avril suivant. Il est donc évident que les membres susceptibles d'être rebutés par l'idée d'une liaison avec le Grand Orient ont été assurés qu'une telle liaison n'existait pas. Mais lorsque cette *liaison* secrète se transforma en reconnaissance officielle — bien qu'elle n'incluât pas le droit d'entrée des femmes membres dans les loges du Grand Orient — la manière triomphale dont le grand événement fut annoncé dans le *Co-Mason* suggère que la majorité des membres ne pouvaient qu'éprouver de la satisfaction à s'associer à l'Ordre qui "avait éliminé la Déité". Il est vrai que quelques membres ont protesté, et à cette époque la Co-Maçonnerie était trop complètement sous le contrôle de Mme Besant pour qu'une faction puisse remettre en question ses diktats. De plus, l'opposition avait été affaiblie par un schisme qui eut lieu dans l'Ordre en 1908, lorsqu'un certain nombre de membres qui s'opposaient à l'introduction de l'occultisme oriental dans la Maçonnerie et désapprouvaient également le Grand Orient, se constituèrent en un corps séparé sous la direction de Mme Halsey et du Dr Geikie Cobb, ne travaillant que les degrés de l'Artisanat selon la Grande Loge d'Angleterre.

Ce bref résumé a montré que la Co-Maçonnerie est un système hybride dérivant de deux sources conflictuelles : les doctrines politiques et rationalistes de la *Maçonnerie Mixte* et l'occultisme oriental de Madame Blavatsky et de Madame Besant.

En tant que bouddhiste professant, Madame Blavatsky s'est constamment dissociée de tout projet de bien-être matériel. Ainsi, dans la première Constitution de la Société Théosophique, on peut lire :

"La Société répudie toute ingérence en son nom dans les relations gouvernementales de toute nation ou communauté, limitant son attention exclusivement aux questions énoncées dans le présent document."[711]

Ces questions concernent l'étude des sciences occultes. Encore une fois, Madame Blavatsky elle-même a écrit dans le *Theosophist* : Insouciante de la politique, hostile aux rêves insensés du socialisme et du communisme, qu'elle abhorre — car tous deux ne sont que des conspirations déguisées de force brutale et d'égoïsme contre le travail honnête — la Société se soucie peu de la gestion humaine extérieure du monde matériel. Toutes ses aspirations sont orientées vers les vérités occultes des mondes visibles et invisibles.[712]

On verra que cette déclaration est diamétralement opposée à celle de la Maçonnerie Mixte. Néanmoins, Madame Blavatsky s'est tellement éloignée de son programme purement occulte après son arrivée en Inde en 1879 qu'elle a reconstruit la société sur la base de la "Fraternité Universelle". Cette idée était complètement absente de son premier plan ; "le plan de la Fraternité dans la future plate-forme de la Société", écrit son coadjuteur le Colonel Olcott, "n'a pas été pensé".[713] C'est sur ce plan, cependant, que Mme Besant a pu marcher vers le Conseil Suprême de la Maçonnerie Mixte, et en ajoutant la Liberté et l'Égalité au principe de Fraternité pour établir la Co-Maçonnerie sur une base définitivement politique comme une préparation aux doctrines socialistes que son professeur avait "abhorrées".

En ce qui concerne les doctrines ésotériques, Mme Besant s'écarte à nouveau de la voie tracée par Mme Blavatsky, dont le but était de réhabiliter le bouddhisme en Inde, en présentant les enseignements de

---

[711] Alice Leighton Cleather, *H. P. Blavatsky : her Life and Work for Humanity*, p. 24 (Thacker. Spink & Co., Calcutta, 1922).

[712] Alice Leighton Cleather, *H. P. Blavatsky: her Life and Work for Humanity*, p. 24. (Thacker, Spink & Co., Calcutta, 1922).

[713] Ibid. p. 14.

Gautama Bouddha comme un progrès par rapport à l'hindouisme.[714] Mme Besant en vient cependant à considérer les doctrines des brahmanes comme la foi la plus pure. Pourtant, ce n'est ni le bouddhisme ni l'hindouisme sous une forme pure qu'elle introduisit auprès des francs-maçons occidentaux, mais un système occulte de qu'elle avait elle-même conçu, dans lequel Mahatmas, Swamis et Gurus se mêlaient de façon incongrue aux charlatans de la France du dix-huitième siècle. Ainsi, dans les loges co-maçonniques, nous trouvons "le Roi" inscrit au-dessus de la chaise du Grand Maître à l'Est, au Nord la chaise vide du "Maître" — devant laquelle, jusqu'à récemment, tous les membres devaient s'incliner en passant — et au-dessus une image, voilée dans certaines loges, du même personnage mystérieux. Si le néophyte demande : "Qui est le Roi ?", on lui répondra qu'il s'agit du Roi qui doit venir de l'Inde — on ne sait pas s'il est identique au jeune hindou Krishnamurti adopté par Mme Besant en 1909 — tandis qu'à la question "Qui est le Maître ?", on répondra probablement qu'il s'agit du "Maître de tous les vrais francs-maçons du monde entier", ce qui signifie pour l'intéressé le chef de la religion à laquelle il appartient — Christ, Mahomet ou autre. Mais au troisième degré, l'information étonnante est confiée avec une apparence de grand secret, à savoir qu'il n'est autre que le célèbre Comte de Saint-Germain, qui n'est pas réellement mort en 1784, mais qui est toujours vivant aujourd'hui en Hongrie sous le nom de Ragocsky. À un degré encore plus élevé, on peut dire à l'initié que le maître est en réalité le prince Eugène d'Autriche.

Il serait superflu de décrire en détail les folles absurdités qui composent le credo de la Co-Maçonnerie, puisqu'une longue série d'articles a été récemment consacrée à ce sujet dans *The Patriot* et peut être consultée par quiconque désire des informations concernant ses cérémonies et le personnel qui la dirige.[715] Il suffit de dire ici que son cours, comme celui de la plupart des sociétés secrètes, a été marqué par de violentes dissensions entre les membres — les Blavatsky dénonçant passionnément les Besantites et les Besantites proclamant l'infaillibilité divine de leur chef — en même temps que des scandales d'un genre

---

[714] Ibid. pp. 20, 311.

[715] Nos. du 11 janvier au 22 mars 1923.

particulièrement peu recommandable ont été mis au jour. Ce fait a en effet créé un schisme sérieux dans les rangs des théosophes, ce qui montre qu'un certain nombre de personnes parfaitement inoffensives se trouvent parmi eux. Cependant, la récurrence particulière de tels scandales dans l'histoire des sociétés secrètes conduit inévitablement à se demander dans quelle mesure ils doivent être considérés comme de simples accidents déplorables ou comme les résultats des méthodes des sociétés secrètes et de l'enseignement occulte. Le fait que les hommes accusés de perversion sexuelle n'étaient pas des exemples isolés de ces tendances est démontré par un curieux aveu de la part d'un des "chélas" ou disciples de Madame Blavatsky : J'étais élève de H.P.B. avant que Mme Besant ne rejoigne la T.S. et je l'ai vue expulser de la section ésotérique l'un de ses collaborateurs les plus doués et les plus appréciés pour des délits contre la loi occulte et morale, semblables à ceux auxquels le nom de M. Leadbeater est maintenant associé depuis près de vingt ans.

H.P.B. a toujours été extrêmement strict sur ce point particulier, et de *nombreux* aspirants à la chélasophie ont été refusés pour ce seul motif, tandis que d'autres qui avaient été acceptés "à l'essai" ont échoué presque immédiatement après.[716]

Il semblerait donc que ces penchants déplorables soient particulièrement répandus parmi les aspirants à la connaissance théosophique.

Il n'est pas nécessaire de s'étendre longuement sur les liens de Mme Besant avec les éléments séditieux de ce pays et de l'Inde, puisqu'ils ont été fréquemment mentionnés dans la presse. Il est vrai que la Société Théosophique, comme le Grand Orient, désavoue toute intention politique et professe de travailler uniquement pour le développement spirituel, mais les dirigeants semblent considérer qu'un changement radical doit avoir lieu dans le système social existant avant qu'un véritable développement spirituel puisse être atteint. Le fait que ce changement irait dans le sens du socialisme est suggéré par le fait que l'on a découvert en 1919 qu'un groupe de théosophes de premier plan, dont Mme Besant, détenait un grand nombre d'actions dans la Victoria

---

[716] A. L. Cleather, *H. P. Blavatsky' a Great Betrayal*, p. 69 (Thacker, Spink & Co., Calcutta, 1922).

House Printing Company, qui finançait le *Daily Herald* à cette date[717] ; en effet, Mme Besant, dans ses conférences sur la Liberté, l'Égalité, la Fraternité, au Queen's Hall en octobre de la même année, a clairement indiqué que le socialisme était le système de la Nouvelle Ère à venir.[718] Depuis lors, la "Loge d'Action" a été fondée dans le but de porter "les idéaux et les conceptions théosophiques dans tous les domaines de l'activité humaine"[719] — dont le domaine politique ne semble pas être exclu, puisque cette loge est connue pour coopérer avec les promoteurs d'une réunion politique sur la question indienne.[720] Il est intéressant de noter qu'un membre éminent de l'"Action Lodge", ainsi que de l'"Order of the Star in the East", a récemment été signalé dans la presse comme ayant été longtemps lié au parti travailliste et comme ayant fait part de son intention de se présenter pour lui au Parlement.

Cela ne veut pas dire, bien sûr, que tous les théosophes sont des socialistes. La Theosophical Society of America, dans une admirable série d'articles[721] discutant la théorie de la révolution mondiale exposée dans mes livres, a souligné que :

Les élèves des puissances du mal travaillent [...] inlassablement à contrecarrer tout progrès réel de la race humaine, à abattre tout ce que la civilisation construit à grand-peine et qui favorise la lumière, le véritable développement et la croissance spirituelle... Il ne serait pas difficile de suggérer les raisons pour lesquelles ces élèves et collaborateurs des puissances des ténèbres choisissent les principales clauses de leur credo : l'internationalisme, le communisme, la destruction de la classe supérieure par la domination despotique de la classe inférieure, la corruption de la vie familiale. L'attaque contre la religion n'a pas besoin

---

[717] *John Bull*, 7 juin 1919 ; *The Patriot*, 15 février 1923.

[718] *The War and the Builders of the Commonwealth*, conférence donnée au Queen's Hall par Annie Besant le 5 octobre 1919, pp. 15, 18 (imprimé par la Theosophical Publishing Co.).

[719] *Journal de la Société théosophique* pour avril-juillet 1924, p. 43.

[720] Le 26 juin 1923.

[721] *The Theosophical Quarterly* pour octobre 1920, avril 1921 et avril 1922 (publié par la Theosophical Society, New York).

d'être commentée.

On verra donc que le socialisme et l'internationalisme ne sont pas une partie essentielle de l'enseignement théosophique, et que les théosophes les plus éclairés reconnaissent le danger de ces doctrines destructrices. Lors d'une Convention Spéciale en Angleterre, le 6 avril de cette année, sept Loges ont protesté contre les récents écarts par rapport à la politique originelle de la Société. Parmi les résolutions présentées, l'une d'elles demandait instamment à la Présidente (Mme Besant) d'établir un tribunal "pour enquêter sur les questions affectant la bonne réputation de la Société et la conduite de certains membres" ; cette résolution a été rejetée par "une majorité écrasante". Une autre résolution regrettait que "l'administration, le magazine et l'influence de la Société aient été utilisés à des fins politiques controversées et à des fins de propagande religieuse sectaire". Malheureusement, ces résolutions n'ont pas été accueillies dans l'esprit fraternel que l'on pouvait attendre d'une Société visant à établir une Fraternité Universelle et ont été stigmatisées dans une proposition d'amendement comme "des motions destructrices... en désaccord avec les objectifs que la Société défend". Cette clause de l'amendement fut rejetée à une faible majorité, mais une très large majorité soutint les autres clauses dans lesquelles la Convention Spéciale affirmait "sa confiance totale dans l'administration de la Société et dans son bien-aimé et vénéré Président, le Dr Annie Besant, le leader choisi dont elle est à juste titre fière", et envoyait "ses salutations cordiales à l'évêque Leadbeater, F.T.S.", le remerciant "pour son travail inestimable et son dévouement inébranlable à la cause de la Théosophie et au service de la Société Théosophique".

Il y a donc un certain nombre de Théosophes dans ce pays qui ont le courage et l'esprit public de protester contre l'utilisation de la Société à des fins politiques et contre les infractions au code moral qu'ils croient commises par certains membres. Mais ce parti ne constitue malheureusement qu'une petite minorité ; les autres sont prêts à obéir aveuglément et sans discussion aux diktats de Mme Besant et de M. Leadbeater. À cet égard, la Société Théosophique suit le plan habituel des sociétés secrètes. En effet, bien qu'elle ne soit pas nominalement une société secrète, elle en est une dans les faits, puisqu'elle est composée de cercles extérieurs et intérieurs et qu'elle est absolument contrôlée par des directeurs suprêmes. Le cercle intérieur, connu sous le nom de Section Ésotérique, ou plutôt d'École Orientale de Théosophie — généralement appelée E.S. — est en réalité une société secrète, composée à son tour de trois autres cercles, le plus intérieur étant composé des Mahatmas ou Maîtres de la Loge Blanche, le second des Élèves Acceptés ou Initiés, et le troisième des Apprenants ou membres ordinaires. L'E.S. et la Co-Maçonnerie constituent donc deux sociétés secrètes au sein de l'ordre ouvert, contrôlées par des personnes qui sont souvent membres des deux. La question de savoir si même ces initiés supérieurs sont réellement dans le secret est une autre question. Le Dr Weller van Hook, dont on dit qu'il était également rosicrucien et un membre important du Grand Orient, a un jour observé de façon énigmatique que "la Théosophie n'est pas la hiérarchie", laissant entendre qu'elle n'était qu'une partie d'une organisation mondiale et laissant entendre obscurément que si elle n'accomplissait pas le travail qui lui était assigné, les rosicruciens prendraient le contrôle de la situation. Nous verrons plus loin que cela est plus que probable.

Les rangs extérieurs de la Société Théosophique semblent être largement composés d'enthousiastes inoffensifs qui s'imaginent recevoir un véritable enseignement sur les religions et les doctrines occultes de l'Orient.

Il ne leur vient pas un instant à l'esprit que l'enseignement de l'E.S. ne serait pas pris au sérieux par un véritable orientaliste et qu'ils pourraient apprendre beaucoup plus en étudiant les travaux d'autorités reconnues sur ces sujets dans une université ou au British Museum. Cela ne répondrait pas non plus à l'objectif des dirigeants. Car la Société Théosophique n'est pas un groupe d'étude, mais essentiellement une société de propagande qui vise à substituer à l'enseignement pur et simple du Christianisme l'étonnant composé de superstition orientale, de cabalisme et de charlatanisme du dix-huitième siècle que Mme Besant et ses coadjuteurs ont mis au point. Pourtant, même si les doctrines de Mme Besant étaient celles du vrai bouddhisme ou du brahmanisme, dans quelle mesure seraient-elles susceptibles de profiter à la civilisation occidentale ? En mettant de côté la question du christianisme, l'expérience montre que la tentative d'orienter les Occidentaux peut s'avérer non moins désastreuse que la tentative d'occidentaliser les Orientaux, et que transporter le mysticisme oriental vers l'Occident, c'est le vulgariser et produire une forme avilie d'occultisme qui aboutit fréquemment à une détérioration morale ou à un dérangement mental.[722] J'attribue les scandales qui ont eu lieu parmi les Théosophes directement à cette cause.

Mais il est temps de se tourner vers une autre société dans laquelle cet occultisme avili joue un rôle encore plus important.

LE ROSICRUCIANISME

À l'heure actuelle, comme au XVIIIe siècle, le terme "rosicrucianisme" est utilisé pour couvrir un certain nombre d'associations qui diffèrent par leurs objectifs et leurs doctrines.

La première de ces sociétés à voir le jour en Angleterre fut la *Societas Rosicruciana in Anglia*, fondée en 1867 par Robert Wentworth Little sur des instructions reçues de l'étranger. Seuls les Maîtres Maçons y sont admis, ce que ne condamne pas la Grande Loge d'Angleterre, qui considère la S.R.I.A. comme un organisme parfaitement inoffensif. Bien qu'elle ne soit ni politique ni antichrétienne, mais qu'elle contienne au contraire des éléments nettement chrétiens et qu'elle prétende descendre de Christian Rosenkreutz — affirmation qui doit être rejetée comme une absurdité — la S.R.I.A. est néanmoins largement cabalistique,[723] traitant des forces de la Nature, de l'alchimie, etc. Si l'on veut vraiment remonter plus loin que les Rose-Croix du XIXe siècle — Ragon, Éliphas Lévi, Kenneth Mackenzie — il faut les chercher chez certains Maçons

---

[722] Syed Ameer Ali exprime l'opinion que même pour les esprits orientaux, la spéculation ésotérique présente un danger : « Le soufisme dans le monde musulman, comme son homologue dans la chrétienté, a été, dans ses effets pratiques, à l'origine de nombreux résultats malveillants. Dans les esprits parfaitement équilibrés, le mysticisme prend la forme d'un noble type de philosophie idéaliste ; mais la majorité de l'humanité est plus susceptible de se déséquilibrer le cerveau en s'occupant des mystères de l'essence divine et de nos relations avec elle. Tout spécimen ignorant et oisif de l'humanité qui, méprisant la connaissance réelle, abandonnerait les champs de la vraie philosophie pour se consacrer aux domaines du mysticisme, s'érigerait ainsi en un des Ahl-i-Ma 'rifat. » — *L'esprit de l'Islam*, p. 477.

[723] Confirmé par l'A.Q.C. 1. 54.

ésotériques de Hongrie et aussi chez les Martinistes français, dont les rituels ont sans doute dérivé d'une source voisine. On se souvient que Marlines Pasqually a légué à ses disciples un grand nombre de manuscrits juifs qui ont vraisemblablement été conservés dans les archives de la Loge Martiniste de Lyon. L'Ordre des Martinistes n'a jamais cessé d'exister et le Président du Suprême Conseil, le Dr Gérard Encausse, bien connu sous le nom de "Papus", cabaliste avoué, n'est décédé qu'en 1916. Un autre cabaliste célèbre, l'abbé renégat Alphonse Louis Constant, qui prit le nom d'Éliphas Lévi, a peut-être eu accès à ces archives. On dit que l'un des disciples les plus distingués d'Éliphas Lévi, le baron occultiste Spedalieri de Marseille, était membre de la "Grande Loge des Frères Solitaires de la Montagne", un "Frère Illuminé de l'Ancien Ordre Restauré des Manichéens", un haut membre du Grand Orient, et aussi un "Haut Illuminé des Martinistes". Avant sa mort en 1875, Éliphas Lévi annonça qu'en 1879 un nouveau "Royaume universel" politique et religieux serait établi, et qu'il serait possédé par "celui qui aurait les clés de l'Orient". Le manuscrit contenant cette prophétie fut transmis par le baron Spedalieri à Edward Maitland, qui le remit à son tour à un membre éminent de la S.R.I.A., qui le publia en anglais.[724]

Mais, comme nous l'avons déjà vu, le principal centre du cabalisme se trouvait en Europe de l'Est, tandis que l'Allemagne était le principal foyer du rosicrucianisme, et c'est de ces directions que, quelques années plus tard, un nouvel ordre rosicrucien en Angleterre a tiré son inspiration. Il est curieux de constater que les années 80 du siècle dernier ont été marquées par une recrudescence simultanée des sociétés secrètes et des organisations socialistes. En 1880, Léopold Engel réorganisa l'Ordre des

---

[724] Guénon, op. cit. p. 296. Il semblerait que ce soit ce MS ou une copie qui ait été récemment mise en vente par un libraire parisien sous la description suivante : « Manuscrit de Kabbale.-Spedalieri (Baron de. Le Sceau de Salomon). Traité sur les Séphiroth, en un in-f. de 16 pp.... le baron Spedalieri fut le disciple le plus instruit et le plus intime d'Eliphas Lévi.-Son traté kabalistique 'Le Sceau de Salomon' est fondé sur la tradition hébraïque et hindoue et nous révèle le sens occulte du grand pantacle mystique. Dans une étude sur les séphiroth, Eliphas Lévi annonçait que le temps venu il révèlerait à ses disciples ce grand mystère jusqu'ici caché.-Spedalieri entreprend cette révélation ». Le Bibliophile ès Sciences Psychiques, No. 16 (1922). Librairie Emile Nourry, 62 ru des Ecoles, Paris, Ve.

Illuminati de Weishaupt, qui, selon M. Guénon, joua désormais "un rôle politique extrêmement suspect", et peu après, en 1884, on raconte qu'un étrange incident se produisit à Londres. Le révérend A.F.A. Woodford, un F∴ M∴, était en train de fouiller le contenu d'une librairie d'occasion dans Farringdon Street lorsqu'il tomba sur des documents chiffrés, auxquels était jointe une lettre en allemand disant que si celui qui les trouvait communiquait avec Sapiens Dominabatur Astris, c/o Fraulein Anna Sprengel, en Allemagne, il recevrait d'autres informations intéressantes.

C'est en tout cas l'histoire racontée aux initiés de l'Ordre qui fut fondé selon les instructions données dans le cryptogramme. Mais lorsqu'on se souvient que Cagliostro a raconté exactement la même histoire concernant sa découverte d'un manuscrit à Londres par le mystérieux George Cofton sur lequel il avait fondé son rite égyptien, on commence à se demander si le fait de placer un manuscrit dans un endroit où il est certain d'être découvert par les personnes précisément qualifiées pour le déchiffrer ne constitue pas l'une des méthodes traditionnelles des adeptes des sociétés secrètes pour étendre leur sphère d'influence sans trahir leur identité ni révéler le centre de direction.

Dans ce cas, elle a certainement réussi admirablement, car par une heureuse coïncidence, l'ecclésiastique qui a trouvé les MSS codés connaissait deux membres éminents de la S.I.R.A., les docteurs Wynn Westcott et Woodman, à qui il a apporté les documents, Wynn Westcott et Woodman, à qui il apporta les documents, et par une autre heureuse coïncidence, l'un d'eux se trouva être la personne à qui la prophétie d'Éliphas Lévi avait été donnée. Ces deux hommes, qui prirent alors les pseudonymes de S.A. (Sapere Aude) et M.E.V. (Magnus est Veritas), furent capables de déchiffrer partiellement le manuscrit, avec l'aide d'un Allemand, écrivit alors à S.D.A. c/o Fraulein Anna Sprengel, disant que lui et un ami avaient terminé le déchiffrage et qu'ils désiraient de plus amples informations. En réponse, il leur fut demandé d'élaborer les notes et, s'ils faisaient preuve de diligence, ils seraient autorisés à former une branche élémentaire de l'Ordre rosicrucien en Angleterre. Enfin, S.D.A. écrivit à S.A. pour l'autoriser à signer son nom (ou le sien ?) sur tout mandat ou document nécessaire à la constitution d'un Ordre, et lui promit plus tard d'autres rituels et des enseignements avancés si l'Ordre préliminaire s'avérait fructueux. S.A. et M.E.V. firent alors appel à un troisième membre de la S.I.R.A., Macgregor Mathers, désormais connu sous le nom de D.D.C.F. (Deo Duce Comite Ferro), qui, disposant de plus de temps, fut en mesure, au prix d'un travail long et ardu, d'élaborer les rituels dans le style maçonnique. Le 8 mars 1888, un mandat fut alors rédigé selon le projet figurant dans le manuscrit chiffré et fut signé par S.A. pour S.D.A., par M.E.V. et D.D.C.F., tous trois ayant reçu le grade honorifique de 7-4 de S.D.A., ce qui leur permettait d'agir en tant que Chef du Nouveau Temple. Il est intéressant de noter qu'alors que les instructions contenues dans le manuscrit codé étaient en anglais et en allemand, le nom donné au nouvel Ordre, "L'Aube Dorée", était accompagné de son équivalent en hébreu "Chebreth Zerech aur Bokher", c'est-à-dire "Les Compagnons de la Lumière Montante du Matin". Parmi les instructions, nous trouvons :

"Évitez les catholiques romains, mais avec pitié" ; ainsi que ces directives concernant l'obligation :

Le candidat qui demande la lumière est conduit à l'autel et contraint de prendre une obligation de secret sous peine d'expulsion et de mort ou de paralysie en raison d'un courant de volonté hostile.

La correspondance ultérieure de l'Ordre montre que ce soi-disant "courant punitif" était en fait dirigé par les chefs contre ceux qui s'étaient rebellés.

Bien que les membres de l'Aube Dorée aient été plus tard liés aux "Maçons ésotériques" en Allemagne, ni l'organisation ni le rituel de l'Ordre ne sont maçonniques, mais plutôt martinistes et cabalistiques. Car au milieu de toute la phraséologie confuse de l'Ordre, des phrases et des symboles empruntés à la mythologie égyptienne, grecque ou hindoue, on détecte la base réelle de tout le système — la Cabale juive, dans laquelle les trois Chefs étaient, ou sont devenus, des experts.

Mathers a en effet traduit le célèbre livre d'Abraham le Juif du français vers l'anglais avec des notes explicatives, et Wynn Westcott a traduit le Sepher Yetzirah de l'hébreu. Des conférences ont été données à la société sur des sujets tels que les cartes de tarot, les talismans géomantiques et le Schemhamphorasch ou Tetragrammaton.

Au début, l'Ordre était absolument gouverné par les trois chefs, mais après un certain temps — suite à la mort de Woodman et à la démission de Wynn Westcott — Mathers devint l'unique chef et prétendit avoir obtenu de nouvelles instructions des chefs cachés par l'intermédiaire de sa femme — une sœur de Bergson — au moyen de la clairvoyance et de la clairaudience.

Mais les véritables dirigeants de l'Ordre se trouvaient en Allemagne et étaient connus sous le nom de "Chefs cachés et secrets du Troisième Ordre". On notera ici une curieuse ressemblance avec les "Supérieurs cachés" par lesquels les membres de la *Stricte Observance* du XVIIIe siècle se déclaraient contrôlés.

L'identité de ces hommes à l'époque de la fondation de l'Ordre reste un mystère non seulement pour le monde extérieur, mais aussi pour les initiés anglais eux-mêmes. L'identité de Sapiens Dominabatur Astris semble n'avoir jamais été établie, et l'on n'a plus entendu parler de l'encore plus mystérieuse Anna Sprengel jusqu'à ce que sa mort dans un obscur village allemand soit signalée en 1893. En effet, l'un des membres les plus actifs de l'Ordre, le Dr Robert Felkin, connu sous le nom de F. R. (Finem Respice), déclara plus tard que, bien qu'il ait visité cinq temples de l'Ordre en Allemagne et en Autriche, il n'avait pas pu entrer en contact avec les Chefs Cachés, ni découvrir comment les MSS originaux étaient arrivés entre les mains de l'ecclésiastique qui les avait remis à Wynn Westcott et Woodman. Selon la déclaration de Felkin, tout ce qu'il a pu découvrir, c'est que les MSS étaient les notes de cérémonies faites par un homme qui avait été initié dans une Loge en Allemagne, et que le temple d'où ils provenaient était "un temple spécial" travaillant sur l'arbre de la Cabale comme la branche anglaise de l'Ordre. De plus, on lui a dit qu'aucun des "trois grands" qui ont fondé la Golden Dawn en Angleterre n'étaient de vrais rosicruciens.

La confusion des idées qui doit inévitablement résulter lorsque, comme dans les sociétés secrètes ou les organisations révolutionnaires, un certain nombre de personnes sont dirigées aveuglément par des chefs cachés, entraîna naturellement des dissensions entre les membres, qui s'accusèrent mutuellement d'ignorer les buts réels de l'Ordre. C'est ainsi que la Loge de Londres finit par rompre avec Mathers, qui se trouvait à Paris, en raison de son arrogance à revendiquer le pouvoir suprême à travers le mystère des Chefs Cachés, et après deux années de gouvernement instable, élut en 1902 trois nouveaux Chefs : le Dr Felkin (F.R. = Finem Respice), Bullock, un avocat (L.O. = Levavi Oculos) qui démissionna à la fin de l'année, et Brodie Innes (S.S.-Sub Spe). Bien que Mathers ait été répudié, ses enseignements sont maintenus comme émanant des chefs cachés.

Deux ans auparavant, un incident dramatique s'était produit. Un personnage très sinistre, Aleister Crowley, avait été introduit dans l'Ordre sur la recommandation d'A. E. Waite (S.R. = Sacramentum Regis), l'écrivain mystique bien connu. Homme aux nombreux pseudonymes, Crowley suivit le précédent du "Comte de Saint-Germain", du "Comte de Cagliostro" et du "Baron von Offenbach" en s'anoblissant et en se faisant passer tour à tour pour divers titres, tels que "Comte Svareff", "Lord Boleskine", "Baron Rosenkreutz", mais généralement connu dans l'Ordre sous le nom de "P", pour "Perdurabo".

Crowley, qui était cabaliste, avait écrit un livre sur la magie goétique et, peu après être devenu membre de la "Golden Dawn", s'est mis à travailler avec un autre "Frater" sur des expériences magiques, y compris des évocations, la consécration et l'utilisation de talismans, la divination, l'alchimie, etc. En 1900, Crowley avait rejoint Mathers à Paris, où ce dernier et sa femme vivaient sous les noms d'emprunt de "Comte et Comtesse de Glenstrae" et s'employaient à faire revivre les mystères d'Isis au théâtre de la Bodinière. Dans cette tâche, ils sont rejoints par une dame extraordinaire, la tristement célèbre Madame Horos (alias le Swami) qui prétend être le véritable et authentique Sapiens Dominabatur Astris. Crowley la décrivit comme "une femme très corpulente et très belle" et "un vampire d'une puissance remarquable" ; Mathers déclara qu'elle était "probablement le médium vivant le plus puissant", mais plus tard, dans une lettre à un autre membre de la "Golden Dawn", il observa : "Je crois qu'elle et ses complices ne sont pas des vampires : "Je crois qu'elle et ses complices sont des émissaires d'un *ordre occulte secret* très puissant qui essaie depuis des années de briser d'autres ordres et en particulier mon travail.

D'ailleurs cette dame, qui s'est avérée être une fausse S.D.A., a fini par fonder un Ordre en collaboration avec son mari, dans lequel il a été dit que certains rituels de la Golden Dawn étaient adaptés à un but immoral, ce qui a valu au couple d'être jugé et finalement condamné à la servitude pénale.

Que ce soit en raison de cette expérience troublante ou parce que, comme le déclara Crowley, il avait "imprudemment attiré à lui des forces du mal trop grandes et terribles pour qu'il puisse y résister, vraisemblablement des démons Abramelin", la raison de Mathers commença à vaciller. Telle était donc la situation au moment de sa rupture avec l'Ordre, et l'incident dramatique auquel il est fait référence fut l'apparition soudaine de Crowley à Londres, qui, agissant en tant qu'envoyé de Mathers ou de sa propre initiative, fit irruption dans les locaux de l'Ordre, un masque noir sur le visage, un châle écossais jeté sur les épaules, une énorme croix en or (ou en vermeil) sur la poitrine, et un poignard au côté, dans le but d'en prendre possession. Cette tentative fut déjouée avec l'aide prosaïque de la police et Crowley fut expulsé de l'Ordre. Cependant, il réussit finalement à s'emparer de certains des rituels et autres documents de la Golden Dawn, qu'il entreprit de publier dans l'organe d'un nouvel Ordre de son cru. Ce magazine, contenant un mélange de cabalisme avili et de blasphèmes vulgaires, entrecoupés de panégyriques sur le haschisch — car Crowley associait à la perversion sexuelle une dépendance aux drogues — pourrait sembler n'exprimer que les divagations d'un maniaque. Mais l'excentricité a souvent fourni la meilleure couverture pour de sombres desseins, et le déclenchement de la guerre a prouvé qu'il y avait une méthode dans la folie de l'homme que les autorités persistaient à considérer simplement comme un dégénéré irresponsable d'un genre apolitique. En novembre 1914, Crowley se rendit aux États-Unis, où il entra en relation étroite avec les propagandistes pro-allemands. Il édita le New York *International*, un journal de propagande allemande dirigé par le tristement célèbre George Silvester Viereck, et publia, entre autres, une attaque obscène contre le roi et une glorification du Kaiser.

Crowley pratiquait l'occultisme en parallèle et semble avoir été connu sous le nom de "Purple Priest" (prêtre pourpre). Plus tard, il détruisit publiquement son passeport britannique devant la Statue de la Liberté, se prononça en faveur de la cause républicaine irlandaise et fit une déclaration théâtrale de "guerre" à l'Angleterre.... Pendant son séjour en Amérique, Crowley est associé à un organisme connu sous le nom de "Comité révolutionnaire secret", qui travaille à l'établissement d'une République irlandaise. Il est également connu comme l'auteur d'un manifeste de défaite diffusé en France en 1915.

Mais revenons à l'Aube dorée. En 1903, une scission se produisit au sein de l'Ordre. A. E. Waite, un des premiers membres de l'Ordre, en fit sécession avec un certain nombre d'autres membres et emporta avec lui le nom de "Golden Dawn", ainsi que le coffre-fort et d'autres biens de l'Ordre. L'Ordre original prit alors le nom de "Stella Matutina", avec le Dr Felkin comme chef.

L'année précédente, les membres de la Loge de Londres avaient à nouveau cru qu'ils étaient en contact avec le *Troisième Ordre caché* et avaient relancé leurs efforts pour communiquer avec les chefs secrets en Allemagne. Cet état d'incertitude se prolongea jusqu'en 1910 environ, lorsque Felkin et Meakin partirent pour l'Allemagne, où ils réussirent à rencontrer plusieurs membres du Troisième Ordre, qui professaient être de "vrais et authentiques Rosicruciens" et connaître Anna Sprengel et le début de l'Ordre en Angleterre. Il ne s'agissait pas, croyait-on, des Chefs secrets et cachés, mais plus probablement des Maçons ésotériques du Grand Orient. Ces Fratres, cependant, leur dirent que pour former un lien éthérique définitif entre eux et l'Ordre en Grande-Bretagne, il serait nécessaire qu'un Frater britannique suive leurs instructions pendant un an. En conséquence, Meakin resta en Allemagne pour recevoir une formation spéciale, afin de pouvoir servir de "lien éthérique" entre les deux pays. Après un pèlerinage au Proche-Orient, suivant de près l'itinéraire de Christian Rosenkreutz, Meakin retourna en Allemagne, et il semble que ce soit à ce moment-là qu'il put entrer en contact avec un certain grand adepte des sciences occultes.

Ce personnage remarquable, Rudolf Steiner, avait auparavant appartenu à la Société théosophique, et il a été suggéré qu'à une certaine époque, il avait pu être lié aux Illuminati revivifiés de Leopold Engel. Il y a certainement des raisons de croire qu'à un moment donné de sa carrière, il est entré en contact avec des hommes qui poursuivaient les enseignements de Weishaupt, dont le chef était le président d'un groupe de sociétés secrètes pangermaniques, et il ne semble pas improbable que la mystérieuse S.D.A., sous la direction de laquelle l'Aube Dorée a été fondée, puisse se trouver dans ce cercle.

Quelques années avant la guerre, Steiner, toujours théosophe, crée sa propre société, la Société anthroposophique, nom emprunté à l'ouvrage de Thomas Vaughan, rosicrucien du XVIIe siècle, "Anthroposophica Magica". Le chef ostensible du rosicrucianisme en Allemagne était le Dr Franz Hartmann, fondateur de l'"Ordre de la Rose-Croix ésotérique". Bien que lié d'une certaine manière aux Illuminati d'Engel et plus certainement à la Société Théosophique, Hartmann était considéré comme un authentique mystique chrétien. Steiner a également fait la même profession, et il semble probable qu'il ait formé l'un du groupe de personnages mystérieux, comprenant en plus des francs-maçons du Grand Orient, le baron von Knigge, arrière-petit-fils du coadjuteur de Weishaupt, "Philo", qui se sont réunis en conférence secrète à Ingoldstadt où la première Loge des Illuminati avait été fondée en 1776, et ont décidé de faire revivre l'Illuminisme sur des lignes mystiques chrétiennes utilisées dans un sens très élastique parmi les occultistes. En même temps, Steiner introduit dans son enseignement une forte veine de gnosticisme, de luciférianisme, de johannisme et de maçonnerie du Grand Orient, tout en réservant le rosicrucianisme à ses plus hauts initiés. Sur ce dernier point, il est extrêmement réticent, préférant qualifier son enseignement de "science occulte" puisqu'il reconnaît que "les vrais Rose-Croix ne se proclament jamais comme tels" ; ce n'est donc que dans le cercle restreint de sa société, sur laquelle aucune information n'est donnée au public et dont les membres sont admis par des formes d'initiation très proches de celles utilisées par le Grand Orient, que le Rosicrucianisme est mentionné. Cependant, certains imitateurs de Steiner au sein de The Rosicrucian Fellowship à Oceanside, en Californie, professent ouvertement ce qu'ils appellent le rosicrucianisme et revendiquent en même temps une connaissance supérieure sur le sujet de la maçonnerie. Ainsi, dans un livre écrit par le chef de ce groupe, on peut lire solennellement que, selon Max Heindl, Eve a cohabité avec des serpents dans le jardin d'Eden, que Caïn est le fruit de son union avec "l'esprit luciférien Samaël" et que de ce "géniteur divin" est issue la partie la plus virile de la race humaine, le reste n'étant que la "progéniture de parents humains". Les lecteurs du présent ouvrage reconnaîtront qu'il ne s'agit pas de la légende de la Maçonnerie, mais de celle de la Cabale juive qui a déjà été citée dans ce contexte.[725] Il est impossible de dire si cela fait également partie de l'enseignement de Steiner, car ses véritables doctrines ne sont connues que de son cercle restreint ; même certains de ses admirateurs parmi les Steiner Matutina, tout en le consultant comme un oracle, ne sont pas admis à connaître les secrets de ses grades d'initiation et n'ont pas pu réussir à obtenir de lui une charte. En même temps, ils ne révèlent pas eux-mêmes aux néophytes qu'ils cherchent à gagner qu'ils sont membres d'une association secrète. Ceci est tout à fait conforme aux méthodes des "Frères Insinuants" de Weishaupt.

Le résultat de ce que Steiner appelle la "science occulte" est ainsi décrit dans un passage frappant de l'un de ses propres ouvrages :

"C'est le changement que l'étudiant occulte observe sur lui-même : il n'y a plus de lien entre une pensée et un sentiment ou un sentiment et une

---

[725] Voir ante, p. 34.

volonté, sauf lorsqu'il crée lui-même le lien. Aucune impulsion ne le pousse de la pensée à l'action s'il ne l'héberge pas volontairement. Aucune impulsion ne le conduit de la pensée à l'action s'il ne l'héberge pas volontairement. Il peut maintenant se tenir complètement sans sentiment devant un objet qui, avant son entraînement, l'aurait rempli d'un amour vibrant ou d'une haine violente ; il peut de même rester sans action devant une pensée qui, auparavant, l'aurait poussé à l'action comme si elle était toute seule", etc.

Je ne peux imaginer un exposé plus clair des dangers de l'occultisme que celui-ci.

Weishaupt avait dit : "Je ne peux pas utiliser les hommes tels que je les trouve, je dois les former". Le Dr. Steiner montre comment cette transformation peut être accomplie. Sous l'influence d'un soi-disant entraînement occulte, qui n'est en réalité qu'une suggestion puissante, toutes les impulsions et tous les ressorts inhibiteurs de l'action peuvent être brisés ; l'élève de l'occultiste ne réagira plus aux conceptions de beauté ou de laideur, de bien ou de mal, qui, à son insu, formaient la loi de son être. Ainsi, non seulement ses actes conscients, mais aussi ses processus subconscients passent sous le contrôle d'un autre. Si telle est bien la méthode employée par le Dr. Steiner et ses adeptes, le verdict de M. Robert Kuentz selon lequel "Steiner a conçu des exercices occultes qui rendent l'esprit anéanti, qu'il attaque l'individu en détraquant ses facultés (il détraque les facultés)" semble être justifié.[726]

Quelle est la véritable force motrice derrière des sociétés telles que la Stella Matutina, ou encore derrière Steiner ? Cela reste un mystère, non seulement pour le monde extérieur, mais aussi pour les "initiés" eux-mêmes. La quête des chefs cachés, entreprise par un pèlerin intrépide après l'autre, semble ne s'être achevée que par de nouvelles rencontres avec Steiner. Pourtant, l'espoir renaît dans le cœur de l'aspirant à la connaissance occulte, et les messages astraux incitent les Fratres à redoubler d'efforts. L'un d'entre eux contenait l'exhortation suivante "Continuez avec Steiner, qui n'est pas le but ultime de la recherche, et

---

[726] Robert Kuentz, *Le Dr Steiner et la Théosophie actuelle*, série d'articles parus dans la revue *Le Feu* d'octobre, novembre et décembre 1913 et réédités sous forme de brochure.

nous entrerons en contact avec de nombreux étudiants sérieux qui nous mèneront au véritable maître de l'Ordre, qui sera si impressionnant qu'il ne laissera aucune place au doute.

On observera ici une curieuse analogie avec la franc-maçonnerie. En effet, alors que l'image voilée des loges co-maçonniques est censée représenter "le Maître" en la personne de Ragocsky ou d'un autre personnage en Autriche ou en Hongrie, c'est également en Autriche et en Allemagne que les membres de Stella Matutina recherchent leurs chefs cachés et le "vrai Maître" de leur Ordre. De plus, alors que les francs-maçons attendent la venue du grand "Instructeur mondial", du Roi ou du Messie en 1926, c'est également en 1926 que la Stella Matutina s'attend à ce que Christian Rosenkreutz réapparaisse.[727]

Il y a beaucoup d'autres points de ressemblance entre la phraséologie des deux Ordres, comme, par exemple, l'idée de la "Lumière Astrale", de la "Grande Loge Blanche", et aussi du "GRAND TRAVAIL" par lequel les deux Ordres désignent l'objet suprême de leurs aspirations — "l'union de l'Orient et de l'Occident". Il est donc impossible de ne pas soupçonner que, bien que les membres de la Co-Maçonnerie et de la Stella Matutina imaginent leurs Ordres respectifs comme n'ayant aucun lien entre eux et semblent en fait à peine conscients de l'existence de l'autre, il peut néanmoins y avoir un point de jonction à l'arrière-plan et même un centre d'orientation commun.

À cet égard, il est intéressant de noter les tendances politiques des sociétés en question. Bien qu'issue de la *Maçonnerie Mixte*, et nominalement sous la juridiction du siège à Paris, la Co-maçonnerie ne semble pas être pro-française dans ses sympathies. Au contraire, les loges maçonniques de ce pays, ainsi que la loge principale de la rue Jules-Breton, semblent avoir adopté cette forme de fraternité universelle qui profite principalement à l'Allemagne.

La Stella Matutina, tout en déclarant s'occuper uniquement de sciences occultes et en mettant ses membres en garde contre la Co-maçonnerie à cause des tendances politiques de celle-ci, est cependant encore plus imprégnée de l'influence allemande, puisque, comme nous

---

[727] L'année de la grève générale.

l'avons vu, elle a toujours été secrètement sous la direction de l'Allemagne depuis sa création. En effet, pendant la guerre, cette influence devint si évidente que certains membres patriotes, qui étaient entrés dans la société en toute bonne foi avec l'idée d'étudier les sciences occultes, élevèrent une protestation énergique et un schisme se produisit. Ainsi, tout comme dans le cas de la Co-maçonnerie, les plus lucides reconnurent l'imprudence de se placer sous un contrôle étranger. Le fait qu'il ne s'agissait pas d'un danger imaginaire est démontré par une correspondance qui avait eu lieu quelques années auparavant et qui a été récemment mise en lumière. On se souvient que le grand objectif de Weishaupt et des Illuminati du XVIIIe siècle était de contrôler tous les ordres maçonniques et occultes existants. C'était aussi le rêve de Rudolf Steiner et de ses alliés dans d'autres pays, dont le projet était de former ce qu'ils appelaient un "Bund international". L'idée d'un Bureau international pour les affaires maçonniques avait déjà, comme nous l'avons vu, été lancée en Suisse ; il s'agissait de la même idée appliquée aux groupes occultes, de sorte que toutes les sociétés telles que le rosicrucianisme, la théosophie avec ses diverses ramifications de la co-maçonnerie, etc. L'audace de la proposition semble avoir été trop grande même pour certains des membres les plus internationaux de Stella Matutina, et dans la discussion qui a eu lieu, il a été souligné qu'aussi admirable que soit le projet, il y avait néanmoins un certain esprit britannique parmi ces Ordres avec lequel il fallait compter. Même les partisans de Mme Besant, dirigés par les Co-Maçons, décrits comme un groupe qui "attire un grand nombre de femmes oisives qui ont le loisir de prendre un peu d'occultisme avec leur thé de l'après-midi", pourraient être susceptibles de demander : "Qui sont ces Allemands pour interférer ?" Mais le véritable obstacle au succès était la franc-maçonnerie britannique, à laquelle appartenaient un certain nombre d'étudiants en sciences occultes, dont tous les membres de la S.R.I.A.. "La maçonnerie anglaise, remarquait-on, se targue d'avoir la Grande Loge de 1717, la Loge Mère du Monde. C'est un corps fier, jaloux et autocratique. La Co-Maçonnerie dérive du Grand Orient de France, un corps illégitime selon les règles anglaises. Aucun Maçon anglais ne peut travailler avec des Co-Maçons... Si la Grande Loge anglaise entend parler de ce qu'on appelle la "Maçonnerie ésotérique" dérivée de ces sources, sous la direction de chefs une fois membres de la T.S. [Theosophical Society], sous la direction d'un chef à Berlin, elle ne cherchera pas à savoir qui est le Dr Steiner ou quelle est la nature de son travail, elle dira simplement : "Aucun Maçon anglais de la Maçonnerie libre et acceptée ne peut adhérer à une société pratiquant des rites pseudo-maçonniques, c'est-à-dire qu'aucun membre de la Franc-maçonnerie ordinaire acceptée ne peut assister à une réunion ou à un grade de ce corps illégitime. Finis ! Si une loge de l'Ordre Continental doit être établie en Angleterre, le Dr. Steiner sera confronté à la difficulté maçonnique. C'est vraiment grave…"[728]

Voici donc l'un des plus beaux hommages jamais rendus à la maçonnerie britannique, car il montre que, telle qu'elle est actuellement constituée et contrôlée, elle constitue la plus formidable barrière contre l'infiltration de ce pays par des sociétés secrètes étrangères ou subversives. Ainsi, les francs-maçons et les catholiques romains sont reconnus comme les principaux obstacles au succès. Les francs-maçons, cependant, feraient bien de se rendre compte des tentatives qui sont faites pour briser cette résistance par des traîtres dans le camp maçonnique, qui, après avoir violé leurs obligations en appartenant à une société secrète irrégulière, agissent en tant qu'agents de recrutement dans les loges. Car l'auteur de ces propos était un franc-maçon britannique qui, de connivence avec un adepte étranger, se proposait de pénétrer la franc-maçonnerie par le procédé connu dans le langage révolutionnaire sous le nom de "boring from within" (percer de l'intérieur). Pour citer *ses propres mots*, "*Ils* doivent être attaqués de l'intérieur, pas de l'extérieur".

Cela devait être accompli de différentes manières — par des adeptes de l'Ordre Continental s'initiant eux-mêmes à la Maçonnerie orthodoxe et répandant ensuite leurs propres doctrines dans les loges, ou en enrôlant des recrues parmi les Maçons orthodoxes et en les utilisant comme propagandistes auprès de leurs frères Maçons. Il a également été suggéré que, pour ne pas éveiller les soupçons, il serait préférable d'éviter le nom de "Maçonnerie ésotérique", d'adopter l'un des rituels utilisés en Angleterre et d'employer comme "officiers" un "groupe mixte" provenant de diverses sociétés secrètes. Ce plan a été réalisé avec un succès considérable, et lors d'une récente conférence tenue par un haut adepte continental sous le patronage le plus distingué, il était intéressant de remarquer les diverses sociétés secrètes représentées par certains des promoteurs, qui, bien sûr, pour le grand public, apparaissaient comme de

---

[728] Lettre de Meakin au baron Walleen, Danois et membre de la S.M.

simples individus isolés intéressés par la spéculation philosophique. Mais il est temps de passer à la question d'une autre association secrète, car parmi les personnes présentes à la Conférence mentionnée, il y avait des membres du groupe Clarté.

Cette société, dont le nom et les objectifs avoués rappellent singulièrement l'illuminisme, a été connue pour la première fois en France et était dirigée par des hommes qui ont mené une propagande anti-patriotique active tout au long de la guerre. Parmi eux, Henri Barbusse, auteur du *Feu*, un roman sur la défaite qui a été accueilli avec enthousiasme par les critiques "illuminés" de la presse de ce pays. Pourtant, bien qu'étant extérieurement une organisation française, l'inspiration et l'enseignement réels de *Clarté* sont essentiellement germano-juifs et un grand nombre de Juifs se trouvent parmi ses membres, en particulier en Europe centrale. Lors de la réunion inaugurale du groupe autrichien, il a été déclaré que 80 pour cent des membres de Clarté étaient juifs.

des personnes présentes étaient de race juive. Le mot d'ordre de *Clarté* est l'internationalisme, l'abolition des nationalités, la destruction des frontières, le pacifisme ou plutôt la substitution de la guerre des classes à la guerre des nations. Dans ce but, il est prêt à utiliser toutes les doctrines subversives, à quelque école de pensée qu'elles appartiennent.

Ainsi, bien que les dirigeants professent le socialisme, ils coopèrent volontiers avec les syndicalistes, les anarchistes ou les révolutionnaires de tout poil, faisant de la propagande dans les syndicats et les diverses organisations ouvrières ; certains sont secrètement dans les rangs des communistes. En fait, les membres de *Charté ont* réussi à pénétrer dans presque tous les groupes subversifs, même jusqu'en Nouvelle-Zélande, où la société a une agence à Wellington et diffuse l'enseignement et la littérature révolutionnaires les plus violents.

Mais tout en se servant du "prolétariat" pour arriver à ses fins, le point de vue de *Clarté* est fondamentalement antidémocratique, car il n'est d'aucune utilité pour les griefs réels des travailleurs. Le projet de ce groupe, récemment décrit dans la presse française comme "les plus beaux spécimens de cannibales barbouillés d'humanitairerie", est de constituer une sorte de Hiérarchie Internationale des Intellectuels Socialistes, dont l'influence doit se faire sentir invisiblement dans les cercles littéraires, éducatifs et artistiques du monde entier. Car les membres de la *Clarté* sont aussi soucieux que les adeptes de Weishaupt de préserver leur incognito et de ne pas être connus comme "Illuminati". C'est ainsi que le public de notre pays et d'ailleurs, lisant les diatribes de certains auteurs connus contre l'ordre existant de la société, peut se demander vaguement pourquoi des hommes vivant au milieu de toutes les commodités de la civilisation en désirent la destruction, mais il ne se doute pas que tout cela n'est pas le fruit d'un cerveau individuel mais de la propagande d'une société qui, ayant largement alimenté en idées ces écrivains, est capable, grâce à la position élevée de beaucoup de ses membres dirigeants et à son influence sur le monde littéraire, d'assurer le succès de toute publication qui servira ses desseins.

L'organisation de *Clarté* se rapproche donc plus du système de Weishaupt que celle des autres sociétés décrites dans ce chapitre. Bien qu'il s'agisse au sens strict d'une société secrète, elle n'est en aucun cas occulte et ne possède donc pas de rituel propre, mais, comme les premiers Illuminati, elle reconnaît l'utilité de travailler par l'intermédiaire de la franc-maçonnerie. En fait, la *Clarté est* un auxiliaire du Grand Orient et possède une loge sous sa juridiction à Paris. Il serait toutefois intéressant de savoir si l'idée d'une alliance avec le Grand Orient est apparue après coup au groupe Clarté ou si l'inspiration originale de *Clarté* émane d'un cercle interne du Grand Orient. Nous reviendrons sur la question de ce cercle interne dans un chapitre ultérieur.

Telles sont donc les principales sociétés secrètes à l'œuvre en Grande-Bretagne, mais parmi les mouvements secrets ou semi-secrets mineurs, on peut mentionner l'étrange secte des Fidéistes, dont on dit qu'elle a une certaine affinité avec les Druses, qui habite une banlieue londonienne singulièrement peu romantique, dont l'"Ancien Fondateur" est l'auteur d'une série de tracts exhortant l'homme à ne pas se laisser tromper par les faux dieux, mais à n'adorer que "Jéhovah le Créateur", et prônant en même temps la nationalisation comme remède à tous les maux de la société ; ou encore l'Institut pour le développement harmonieux de l'homme de Fontainebleau, dirigé par Gurdjieff et Uspenski, qui associe la méditation ésotérique à un régime alimentaire extrêmement maigre et à un travail manuel pénible. Il est d'ailleurs intéressant de noter que l'art du mouvement connu sous le nom d'eurythmie — à ne pas confondre avec le système de M. Dalcroze qui n'est connu en Angleterre que sous le nom d'eurythmie — constitue une partie importante du programme de cette dernière société, ainsi que de l'Ordre de Herr Steiner, de la Stella

Matutina, et des Bolcheviks russes.[729]

La seule question qui se pose à l'esprit judiciaire après avoir examiné tous ces mouvements est inévitable : Ont-ils une importance réelle ? Quelques centaines, voire quelques milliers d'hommes et de femmes, attirés essentiellement par la curiosité ou le manque d'occupation dans des sociétés dont les noms mêmes sont à peine connus du grand public, peuvent-ils exercer une influence sur le monde en général ? Ce serait certainement une erreur de surestimer la puissance que chacune de ces sociétés peut exercer individuellement ; ce serait, en effet, faire le jeu des meneurs, dont le projet, depuis Weishaupt, a toujours été de se présenter comme dirigeant les destinées de l'univers. Cette prétention au pouvoir est l'appât tendu aux néophytes, à qui l'on fait croire que "l'Ordre gouvernera un jour le monde". Mais tout en reconnaissant la folie de cette prétention, nous aurions tort de sous-estimer leur importance, car ils sont la preuve de l'existence d'une organisation plus importante à l'arrière-plan. La Stella Matutina n'est peut-être qu'une obscure Fraternité, même la Société Théosophique avec toutes ses ramifications[730] n'est peut-être pas d'une grande importance en soi, mais quelqu'un connaissant les affaires européennes soutiendra-t-il sérieusement que le Grand Orient est une organisation petite ou sans importance ? Et n'avons-nous pas vu que les enquêtes sur les sociétés secrètes plus petites nous ramènent souvent à cette plus grande puissance maçonnique ? Les sociétés secrètes sont importantes parce qu'elles sont, de plus, symptomatiques, et aussi parce que, bien que le travail réellement effectué dans leurs loges ou conseils puisse être de nature triviale, elles sont capables, par le pouvoir d'association et la force collective qu'elles génèrent, d'influencer l'opinion publique et de faire circuler dans le monde extérieur des idées qui peuvent avoir des conséquences de grande portée.

En tout cas, le fait qu'elles existent réfute définitivement l'affirmation selon laquelle les sociétés secrètes d'un genre subversif et même

---

[729] Bertrand Russell, *La pratique et la théorie du bolchevisme*, p. 65. (1920).

[730] Parmi les « activités subsidiaires » de la Société Théosophique, on peut citer l'Église Catholique Libérale, la Guilde des Citoyens de Demain, l'Ordre des Frères de Service, la Chaîne d'Or, l'Ordre de la Table Ronde, le Bureau de Reconstruction Sociale, la Ligue Braille, le Theosophical Educational Trust, etc.

abominable appartiennent au passé. Ces cultes étonnants, ces étranges rites pervertis que nous associons à l'âge des ténèbres, se poursuivent aujourd'hui autour de nous. L'illuminisme, le cabalisme et même le satanisme sont encore des réalités. En 1908, Monsieur Copin Albancelli déclarait que les circonstances lui avaient apporté la preuve qu'il existe des sociétés maçonniques qui sont sataniques, non pas dans le sens où le diable vient présider à leurs réunions, comme le prétendait ce romancier de Léo Taxil, mais dans le sens où leurs initiés professent le culte de Lucifer. Ils l'adorent comme le vrai Dieu, et ils sont animés d'une haine implacable contre le Dieu chrétien, qu'ils déclarent être un imposteur. Ils ont une formule qui résume leur état d'esprit ; ce n'est plus : " À la gloire du Grand Architecte de l'Univers ", comme dans les deux Maçonneries inférieures ; c'est G∴ E∴ A∴ A∴ L∴ H∴ H∴ H∴ A∴ D∴ M∴ M∴, ce qui signifie : "Gloire et Amour à Lucifer !" Haine ! haine ! haine ! à Dieu maudit ! maudit ! maudit !". On professe dans ces sociétés que tout ce que le Dieu chrétien commande est désagréable à Lucifer ; que tout ce qu'il défend est, au contraire, agréable à Lucifer ; qu'en conséquence il faut faire tout ce que le Dieu chrétien défend et qu'il faut fuir comme le feu tout ce qu'il commande. Je répète qu'en ce qui concerne tout cela, j'ai les preuves sous la main. J'ai lu et étudié des centaines de documents relatifs à l'une de ces sociétés, documents que je n'ai pas la permission de publier et qui émanent des membres, hommes et femmes, du groupe en question.[731]

Je ne dis pas qu'aucune société en Angleterre pratique consciemment ce culte de Satan, mais j'ai moi aussi vu des dizaines de documents relatifs à des groupes occultes dans ce pays qui pratiquent des rites et des évocations qui conduisent à la maladie, à la perversion morale, au dérangement mental, et même dans certains cas à la mort. J'ai entendu de la bouche même d'initiés des récits d'expériences terribles qu'ils ont vécues ; certains m'ont même pressé de porter l'affaire à l'attention des autorités. Mais il n'existe malheureusement pas de service chargé d'enquêter sur les mouvements subversifs. Pourtant, tous ces mouvements étant intimement liés à l'agitation révolutionnaire, ils méritent l'attention des gouvernements désireux de protéger la loi, l'ordre, et la moralité publique. Le fait est que l'extravagance même de

---

[731] *Le Pouvoir Occulte contre la France*, p. 291.

leurs doctrines et de leurs pratiques semble leur assurer l'immunité. Néanmoins, que le pouvoir à l'œuvre derrière eux soit du type que nous avons l'habitude d'appeler "surnaturel", ou qu'il soit simplement le résultat de l'esprit humain, il ne peut y avoir aucun doute sur sa puissance de mal et sur ses effets très précis dans l'oblitération de tout sens de la vérité et dans la perversion sexuelle.

Selon un initié qui a appartenu pendant des années à la Stella Matutina, la force dynamique employée sous le nom de "Kundalini" est simplement une force électro-magnétique, dont la force sexuelle fait partie, sur laquelle les adeptes savent jouer, et "la main invisible derrière tout le spiritisme apparent de ces Ordres est un système d'hypnotisme et de suggestion très subtil et astucieux". En outre, le but de ce groupe, comme celui de tous les Ordres ésotériques subversifs, est, au moyen de procédés tels que l'eurythmie, les méditations, les symboles, les cérémonies et les formules, d'éveiller cette force et de produire une fausse "illumination" dans le but d'obtenir un "Sentiment spirituel", qui est tout au plus de la clairvoyance, de la clairaudience, etc. Les cérémonies de l'Ordre sont hypnotiques et, par suggestion, créent l'atmosphère mentale et astrale nécessaire, hypnotisent et préparent les membres à devenir les outils volontaires entre les mains des adeptes qui les contrôlent. Le même initié m'a communiqué les conclusions suivantes concernant le groupe en question, avec la permission de les citer textuellement : J'ai été convaincu que nous, en tant qu'Ordre, sommes tombés sous le pouvoir d'un Ordre occulte très maléfique, profondément versé dans les sciences à la fois occultes et autres, bien que non infaillible, leurs méthodes étant la MAGIE NOIRE, c'est-à-dire le pouvoir électro-magnétique, l'hypnotisme et la suggestion puissante.

Nous sommes convaincus que l'Ordre est contrôlé par un Ordre SUN de la nature des Illuminati, si ce n'est par cet Ordre lui-même.

La raison pour laquelle ils (les dirigeants de tous ces Ordres) insistaient tant sur l'Église et le Sacrement, en particulier avant l'initiation, est, je pense, pour la même raison que l'utilisation de l'Hostie consacrée dans la Magie Noire. La consécration chrétienne et l'utilisation des sacrements rendent l'édifice ou la personne plus puissants en tant que base matérielle pour la magie noire, tout comme la magie blanche — "pour le Grand Bien ou le Grand Mal". Lorsque l'initiation est accomplie et que la domination de la personne est complète, il n'y a plus besoin d'église ou de sacrement.

On nous dit lors de l'initiation : "Il n'y a rien d'incompatible avec vos devoirs civils, moraux ou religieux dans cette obligation."

Nous sommes maintenant convaincus que cet ordre est absolument contraire à nos devoirs civils, moraux et religieux ; ce qui fait que nos obligations sont nulles et non avenues.

On nous dit que tout ce qui s'est passé en Russie et ailleurs est dû à ces forces occultes internationales mises en mouvement par des loges ésotériques subversives. Pourtant, nous savons que plusieurs branches de ces mêmes loges maçonniques ésotériques poursuivent leur œuvre meurtrière parmi nous. L'Angleterre, ainsi que l'Europe, semble dériver dans un sommeil hypnotique, et même nos politiciens les plus sains semblent paralysés et tout ce qu'ils tentent se transforme en folie. N'y a-t-il personne au pouvoir qui comprenne ces choses et qui se rende compte du danger que représentent pour le pays et pour les individus ces forces qui travaillent à la perturbation et à la révolution mondiale ?

Comment, face à ces déclarations émanant de l'intérieur du mouvement, peut-on affirmer que l'illuminisme est mort et que les sociétés secrètes ne représentent aucun danger pour la civilisation chrétienne ?

13. LES MOUVEMENTS SUBVERSIFS OUVERTS

B ien que le lecteur sceptique qui est parvenu à ce stade du présent travail soit peut-être disposé à admettre qu'un certain lien peut être établi entre les forces cachées et les mouvements subversifs ouverts, l'objection qu'il soulèvera encore à l'encontre de la thèse générale exposée ici s'exprimera probablement de la manière suivante :

"Il est tout à fait possible que des sociétés secrètes et d'autres organismes invisibles aient joué un rôle dans les révolutions, mais il est absurde d'attribuer à ces causes la poursuite de la révolte contre l'ordre social existant.

La pauvreté, le chômage, les logements inadéquats et surtout les inégalités de la vie humaine suffisent à produire un esprit révolutionnaire sans l'aide d'instigateurs secrets. La révolution sociale est simplement un soulèvement des "démunis" contre les "nantis", et n'a besoin d'aucune autre cause pour s'expliquer".

Reconnaissons d'emblée que les injustices énumérées ici sont réelles.

Tout au long du XIXe siècle, les classes laborieuses ont eu des raisons bien réelles de se plaindre. Les salaires étaient beaucoup trop bas, les riches se montraient parfois indifférents aux souffrances des pauvres, les employeurs de main-d'œuvre réalisaient souvent des profits disproportionnés par rapport à la rémunération versée aux travailleurs. Malgré les immenses réformes introduites au cours des cent dernières années, tous ces griefs n'ont pas non plus été résolus. Les bidonvilles de nos grandes villes constituent encore une tache sur notre civilisation. Depuis le début de la guerre, les profits ont été plus flagrants que jamais. Les "rings" et les combinaisons permettent à des individus ou à des groupes de s'enrichir de façon fabuleuse aux dépens d'un grand nombre de consommateurs. Et dans toutes les classes de la communauté, comme avant la Révolution française, les gens festoient et dansent tandis que d'autres vivent à la limite de la famine.

Mais voyons dans quelle mesure le mouvement socialiste peut être considéré comme la révolte spontanée du "peuple" contre cet état de fait.

Si l'on divise le peuple, à la manière de Marx, entre les non-révolutionnaires et le "prolétariat révolutionnaire", on constate que la première catégorie, de loin la plus nombreuse, associe à un grand respect de la tradition un désir parfaitement raisonnable de réforme sociale. En bref, elle demande des salaires adéquats, un logement décent et une part équitable des bonnes choses de la vie. Elle n'éprouve que de l'aversion pour l'ingérence de l'État dans les affaires de la vie quotidienne. L'idéal du communisme tel que formulé par Lénine, dans lequel "l'obtention de nourriture et de vêtements ne sera plus une affaire privée", [732] rencontrerait une plus forte opposition de la part des travailleurs — et encore plus de la part des travailleuses, pour qui le "shopping" est comme le souffle de la vie — que de toute autre partie de la population. Même des projets socialistes apparemment bénins comme les "salles à manger communes" ou les "cuisines communes" plaisent moins à la mentalité de la classe ouvrière qu'à l'esprit de la classe supérieure qui les conçoit.

En ce qui concerne le "prolétariat révolutionnaire", nous trouverons cet instinct individualiste tout aussi fortement développé. Ce n'est pas l'idée socialiste de placer toute la richesse et la propriété entre les mains de l'État, mais le plan anarchiste d'"expropriation", de pillage sur une échelle gigantesque au profit des masses révolutionnaires, qui séduit réellement la partie mécontente du prolétariat. L'intellectuel socialiste peut écrire sur les beautés de la nationalisation, sur la joie de travailler pour le bien commun sans espoir de gain personnel ; le travailleur révolutionnaire ne voit rien qui puisse l'attirer dans tout cela.

---

[732] La lutte pour inculquer aux masses l'idée du contrôle de l'Etat soviétique, et la comptabilité, pour que cette idée puisse être réalisée et qu'une rupture soit faite avec le passé maudit, qui a habitué le peuple à considérer le travail d'obtention de nourriture et de vêtements comme une affaire « privée » et l'achat et la vente comme quelque chose qui « ne concerne que moi » — c'est une lutte des plus importantes, d'une signification historique universelle, une lutte pour la conscience socialiste contre la « liberté » bourgeoise-anarchique. Lénine, *Les Soviets au travail*, p. 22 (The Socialist Information and Research Bureau, 196 St. Vincent Street, Glasgow, 1919).

Interrogez-le sur ses idées de transformation sociale, et il s'exprimera généralement en faveur d'une méthode par laquelle il acquerra quelque chose qu'il n'a pas ; il ne veut pas que l'automobile du riche soit socialisée par l'État — il veut rouler lui-même dans cette automobile. Le travailleur révolutionnaire n'est donc pas un socialiste, mais un anarchiste dans l'âme. Dans certains cas, ce n'est pas non plus contre nature. Que l'homme qui ne jouit d'aucune des bonnes choses de la vie veuille s'emparer de sa part doit au moins paraître compréhensible.

Ce qui n'est pas compréhensible, c'est qu'il veuille renoncer à tout espoir de posséder quoi que ce soit. Les propagandistes socialistes modernes sont parfaitement conscients de cette attitude des classes laborieuses à l'égard de leurs projets et, par conséquent, tant qu'ils expliqueront le véritable programme qu'ils veulent mettre en œuvre, qui n'est rien d'autre que le système des workhouses sur une échelle gigantesque, ils ne pourront rencontrer aucun succès.

Comme me l'a souvent fait remarquer un socialiste de longue date, "le socialisme n'a jamais été un mouvement de la classe ouvrière ; c'est toujours nous, membres des classes moyennes ou supérieures, qui avons cherché à instiller les principes du socialisme dans l'esprit des travailleurs". Les aveux candides de M. Hyndman sur son incapacité à s'assurer la sympathie des habitants des bidonvilles dans ses projets de régénération sociale confirment ce témoignage.

Les orateurs socialistes les moins honnêtes, fruit d'une longue expérience, ont donc adopté la politique plus efficace de l'appel aux instincts prédateurs de la foule. Depuis Babeuf, le socialisme n'a pu progresser qu'en empruntant le langage de l'anarchie pour se frayer un chemin vers le pouvoir.

Le socialisme est donc essentiellement un système de tromperie conçu par des théoriciens de la classe moyenne et en aucun cas un credo populaire. Si le mouvement révolutionnaire des 150 dernières années avait réellement émané du peuple, il aurait inévitablement suivi la ligne tracée par l'une des deux sections du prolétariat indiquées ci-dessus, c'est-à-dire qu'il aurait pris la forme d'une agitation continue et croissante en faveur de réformes sociales qui auraient rallié la sympathie de tous les hommes bien-pensants et se seraient donc finalement révélées irrésistibles, soit elle aurait suivi la ligne de l'Anarchie, organisant le brigandage sur une échelle de plus en plus grande, jusqu'à ce que, tous les propriétaires de richesses ayant été exterminés et leurs expropriateurs à leur tour exterminés par leurs semblables, le monde ait été réduit à un désert dépeuplé.

Mais la révolution mondiale n'a suivi aucune de ces lignes. Toujours opposée aux réformes sociales saines que les socialistes qualifient de "mélioration" ou de tentatives futiles pour consolider un système obsolète, elle s'est constamment dissociée d'hommes tels que Lord Shaftesbury, qui a fait plus pour améliorer les conditions des classes laborieuses que n'importe qui d'autre dans l'histoire. L'anarchie, d'autre part, n'a été utilisée par eux que comme un moyen d'arriver à leurs fins ; pour un sentiment révolutionnaire authentique, ils n'ont aucune utilité. En Russie, les anarchistes sont devenus les premiers objets de la vengeance soviétique. L'attitude cynique des socialistes à l'égard du prolétariat révolutionnaire a été illustrée par M. Bernard Shaw qui, en décembre 1919, s'est ouvertement vanté d'avoir aidé à organiser la grève des chemins de fer[733] et qui, deux ans plus tard, a écrit sur la grève des mineurs dans les termes suivants : Un État socialiste ne tolérerait pas un seul instant une attaque contre la communauté telle qu'une grève. Si un syndicat tentait une telle chose, la vieille loi capitaliste contre les syndicats en tant que conspirations serait remise en vigueur dans les vingt-quatre heures et exécutée sans pitié. Une monstruosité comme la récente grève du charbon, au cours de laquelle les mineurs ont dépensé toutes leurs économies pour nuire à leurs voisins et détruire les industries nationales, serait impossible sous le socialisme. Elle a été misérablement vaincue, comme elle le méritait.[734]

Si cela avait été écrit par le duc de Northumberland dans la *National Review* plutôt que par M. Bernard Shaw dans le *Labour Monthly*, on peut imaginer le tollé qu'il y aurait eu dans la presse socialiste. Mais les dirigeants de ce qu'on appelle la démocratie peuvent toujours utiliser le langage qu'ils veulent pour parler du peuple. "Nos paysans, déclarait ouvertement Maxime Gorki, sont brutaux et avilis, à peine humains. Je

---

[733] M. Bernard Shaw sur les « secrets de la grève des chemins de fer », rapporté dans le *Morning Post* du 3 décembre 1919.

[734] M. Bernard Shaw dans le *Labour Monthly* d'octobre 1921.

les hais."[735] On remarquera que dans les descriptions de la Révolution française, les références à la sauvagerie du peuple ne sont jamais critiquées par la presse libérale ou socialiste ; seules les personnes des dirigeants sont sacrées. Ce n'est manifestement pas la cause de la démocratie mais celle de la démagogie que ces champions de la "liberté" entendent défendre.

La révolution mondiale n'est donc pas un mouvement populaire, mais une conspiration visant à imposer aux peuples un système directement opposé à leurs exigences et aspirations réelles, système qui s'est d'ailleurs révélé désastreux chaque fois que l'on a tenté de le mettre en pratique.

La Russie a fourni un nouvel exemple de sa futilité. Le fait que les dirigeants les plus responsables de ce pays ne prônent pas la violence n'affecte pas la question fondamentale. Alors que le bolchevisme cherche à détruire le capitalisme d'un seul coup, le socialisme préfère un processus plus graduel. C'est la différence entre frapper un homme à la tête et le saigner à mort — c'est tout.

Le fait est que tout socialisme conduit à long terme au communisme[736] et donc au désastre. Le régime bolcheviste a apporté la ruine et la misère à la Russie, non pas en raison de la brutalité de ses méthodes, mais parce qu'il était fondé sur la gigantesque erreur économique selon laquelle l'industrie peut être exploitée sans l'entreprise privée et l'initiative personnelle.

La même théorie appliquée par des méthodes constitutionnelles produirait exactement les mêmes résultats. Si l'on permet aux socialistes de réaliser leur programme complet, l'Angleterre peut être réduite à l'état de la Russie sans qu'une goutte de sang soit versée.

Mais comment expliquer que, malgré l'échec du socialisme dans le passé, malgré le fiasco gigantesque présenté par la Russie, malgré, d'ailleurs, la déclaration des bolcheviks eux-mêmes que le communisme

---

[735] Compte rendu de l'entretien avec Maxime Gorki dans le *Daily News* du 3 octobre 1921.

[736] Opinion exprimée lors d'une conversation avec un socialiste. Cf. Keir Hardie, « Communism, the final goal of Socialism » (*Serfdom to Socialism*, p. 36).

avait échoué et devait être remplacé par "une nouvelle politique économique", c'est-à-dire par un retour au "capitalisme",[737] il se trouve encore un nombre important et croissant de personnes pour proclamer l'efficacité du socialisme comme remède à tous les maux de la société ? Dans tout autre domaine de l'expérience humaine, en médecine ou en invention mécanique, l'échec est synonyme d'oubli ; le prophylactique qui ne guérit pas, la machine qu'on ne peut pas faire fonctionner, sont rapidement relégués au rebut. Que dire en effet du bactériologiste qui, après avoir tué d'innombrables patients avec un sérum particulier, l'annoncerait comme un succès absolu ? Ne faut-il pas le traiter de charlatan sans scrupules ou, au mieux, de dangereux visionnaire ?

Si, en outre, nous devions constater que de vastes groupes d'agents, soutenus par des fonds illimités, étaient engagés dans la promotion de ce remède auprès du public et évitaient soigneusement toute référence aux décès qu'il avait causés, ne devrions-nous pas conclure qu'il y avait "quelque chose derrière tout cela" — une société puissante qui "dirigeait" l'entreprise en vue de promouvoir ses propres intérêts privés ?

Pourquoi le même raisonnement ne s'appliquerait-il pas au socialisme ? Car non seulement le socialisme n'a jamais réussi, mais tous ses échecs passés sont soigneusement occultés par ses partisans. Qui a donc intérêt à le défendre ? Et en outre, qui fournit les sommes considérables dépensées pour la propagande ? Si, en réalité, le socialisme est une lutte des "démunis" contre les "nantis", comment se fait-il que la majeure partie de l'argent semble être du côté des "démunis" ? En effet, alors que les organisations qui œuvrent pour la loi et l'ordre sont entravées à tout bout de champ pour obtenir des fonds, aucune considération financière ne semble jamais interférer avec les activités de ce que l'on appelle le "mouvement travailliste". Le socialisme, en fait, semble être une "entreprise payante", dans laquelle un jeune homme entre comme il pourrait entrer dans la ville, avec l'espoir raisonnable de "bien faire".

---

[737] « Par le décret du 22 mai 1922, le droit de propriété privée des moyens de production et de la production elle-même a été rétabli. Voir l'article de Krassine sur «La nouvelle politique économique du gouvernement soviétique» dans *Reconstruction* (la revue mensuelle éditée par Parvus) pour septembre 1922.

Il suffit de jeter un coup d'œil sur l'histoire des cent dernières années pour se rendre compte que l'"agitation" a fourni une carrière agréable et rémunératrice à des centaines d'auteurs, de journalistes, d'orateurs, d'organisateurs et de dilettantes de toutes sortes issus de la classe moyenne qui, autrement, auraient été condamnés à passer leur vie sur des tabourets de bureau ou sur les pupitres de maîtres d'école. Et lorsque nous lisons les récits des délicieuses gâteries offertes à ces "travailleurs dévoués" à la cause du prolétariat, tels qu'ils figurent dans les comptes rendus de la Première Internationale ou dans les pages de Mme Snowden, nous commençons à comprendre l'attrait du socialisme en tant que profession.[738]

Mais je le répète : *qui fournit les fonds pour cette vaste campagne ?*

Viennent-ils de la poche des travailleurs ou d'un autre réservoir mystérieux de richesses ? Nous reviendrons sur ce point dans un chapitre ultérieur.

Comment croire, en tout cas, à la sincérité des défenseurs de l'égalité qui adoptent eux-mêmes un style de vie si différent de celui du prolétariat dont ils prétendent représenter la cause ? Si les doctrinaires du socialisme formaient une bande d'ascètes ayant volontairement renoncé au luxe et aux distractions pour mener une vie de pauvreté et d'abnégation — comme l'ont fait d'innombrables hommes et femmes vraiment dévoués et *ne* se disant *pas* socialistes — nous douterions encore du bien-fondé de leurs théories économiques appliquées à la société en général, mais nous respecterions leur désintéressement.

Mais à quelques rares exceptions près, les intellectuels socialistes dînent et soupent, festoient et s'amusent avec aussi peu de scrupules de conscience que n'importe quel conservateur non régénéré.

Avec de telles personnes, il est évidemment aussi futile de raisonner que d'essayer de convaincre l'agent d'une société de médicaments de charlatans que les remèdes qu'il administre au public n'auront pas d'effet curatif. Il en est déjà parfaitement conscient. C'est pourquoi les efforts déployés par des personnes bien intentionnées pour exposer, au moyen

---

[738] Voir les *Documents de l'Internationale* de Guillaume et Mme. Snowden's *A Political Pilgrim in Europe (Un pèlerin politique en Europe)*.

de longs arguments bien raisonnés, les "sophismes du socialisme" ne donnent que peu ou pas de résultats. Tous ces soi-disant "sophismes" ont été exposés à maintes reprises par des auteurs compétents et réfutés par l'expérience, de sorte que s'ils n'étaient fondés que sur l'ignorance ou l'erreur, ils auraient depuis longtemps cessé d'être crédibles. La vérité est qu'il ne s'agit pas de sophismes mais de mensonges, délibérément conçus et diffusés par des hommes qui n'y croient pas un instant et que l'on ne peut donc qualifier que de charlatans sans scrupules exploitant la crédulité du public.

Mais si cette description peut être légitimement appliquée aux cerveaux du socialisme et à certains de ses principaux doctrinaires, il y a sans doute des milliers de visionnaires honnêtes dans le mouvement. Un système qui prétend guérir tous les maux de la vie fait inévitablement appel à des esprits généreux qui ressentent mais ne raisonnent pas. En réalité, beaucoup de ces gens, s'ils le savaient, sont simplement des réformateurs sociaux dans l'âme et pas du tout des socialistes, et leur ignorance de ce que signifie réellement le socialisme les conduit à se ranger sous la bannière d'un parti qui revendique le monopole de l'idéal. D'autres encore, notamment parmi la jeune intelligentsia, adoptent le socialisme dans le même esprit que la mode des cravates ou des gilets, de peur de passer pour des "réactionnaires". Il ne leur vient pas à l'esprit qu'en réalité, loin d'être "avancée", la profession de socialiste est aussi rétrograde que le serait un retour aux moustaches et aux pantalons à carreaux du siècle dernier. Le grand triomphe de Mussolini a été de faire comprendre à la jeunesse italienne qu'être communiste, c'était être un "numéro d'arrière", et que le progrès consistait à aller de l'avant vers des idées et des aspirations nouvelles.

Les jeunes hommes de la colonie de Cabet l'ont découvert il y a soixante ans lorsqu'ils se sont constitués en groupe de "progressistes" pour s'opposer aux anciens qui s'accrochaient encore à la doctrine obsolète du communisme.

Le socialisme actuel est en réalité moins un credo qu'une secte, fondé non pas sur l'expérience pratique mais sur une théorie irréelle. C'est ici que nous trouvons un lien avec les sociétés secrètes. M. Augustin Cochin dans ses brillants essais sur la Révolution française[739] a décrit ce "Monde des Nuages" dont le Grand Orient était la capitale, peuplé par les précurseurs de la Révolution française. "Alors que dans le monde réel, le critère de toute pensée réside dans sa mise à l'épreuve, dans le monde des nuages, le critère est l'opinion. "Ils sont là pour parler, non pour faire ; toute cette agitation intellectuelle, cet immense trafic de discours, d'écrits, de correspondances, ne débouche pas sur le moindre commencement de travail, d'effort réel." Nous aurions tort de les juger sévèrement ; leurs théories sur la perfectibilité de la nature humaine, sur les avantages de la sauvagerie, qui nous apparaissent comme de "dangereuses chimères", n'ont jamais été destinées à s'appliquer à la vie réelle, mais seulement au Monde des Nuages, où elles ne présentent aucun danger mais deviennent, au contraire, "les vérités les plus fécondes".

L'explosion révolutionnaire aurait pu briser définitivement ces illusions sans le Grand Orient. Nous avons déjà vu l'identité de théorie entre la maçonnerie française et le socialisme français au XIXe siècle. C'est ainsi que, si en France les expériences se succèdent pour démontrer l'irréalité des utopies socialistes, les loges sont toujours là pour reconstruire le mirage et entraîner l'humanité à travers les sables brûlants du désert vers les mêmes palmiers fantômes et les mêmes bassins d'eau illusoires.

Quelle que soit la manière dont ces idées ont pénétré dans notre pays — que ce soit par l'intermédiaire des radicaux du siècle dernier, adorateurs des francs-maçons encyclopédistes français, ou par l'intermédiaire des disciples britanniques des sociaux-démocrates allemands depuis l'époque de la Première Internationale — il est impossible d'ignorer la ressemblance entre les théories non seulement du socialisme français, mais aussi du socialisme britannique moderne, et les doctrines de la franc-maçonnerie éclairée. Ainsi, l'idée qui traverse la franc-maçonnerie d'un âge d'or avant la chute, où l'homme était libre et

---

[739] *Les Sociétés de Pensée et la Démocratie* (1921). M. Augustin Cochin a collaboré avec M. Charles Charpentier pour jeter une lumière nouvelle sur la Révolution française et a réfuté triomphalement M. Aulard en 1908. Malheureusement, ses travaux furent interrompus par la guerre et il fut tué au front en juillet 1916, laissant inachevée sa grande histoire de la Révolution.

heureux, et qui, par l'application des principes maçonniques, doit revenir une fois de plus, trouve une contrepartie exacte dans la conception socialiste d'une époque passée de liberté et d'égalité, qui doit revenir non seulement sous la forme d'un ordre social régénéré, mais comme un millénaire complet d'où tous les maux de la vie humaine ont été éliminés. Cette idée a toujours hanté l'imagination des écrivains socialistes, de Rousseau à William Morris, et conduit directement à la théorie suivante : la nécessité de détruire la civilisation.

Je ne trouve pas dans la conception de M. Lothrop Stoddart, qui considère le mouvement révolutionnaire comme la révolte de "l'homme sous la terre" contre la civilisation, l'origine de cette campagne. En réalité, les dirigeants de la révolution mondiale n'ont pas été des "sous-hommes", victimes de l'oppression ou d'un destin défavorable, pas plus qu'ils n'ont pu être rangés dans cette catégorie en raison de leur infériorité physique ou mentale. Il est vrai que la plupart des agitateurs révolutionnaires ont été, d'une manière ou d'une autre, anormaux et que l'armée révolutionnaire a été en grande partie recrutée parmi les inaptes, mais les véritables inspirateurs du mouvement ont souvent été des hommes prospères et d'une intelligence brillante qui auraient pu se distinguer dans d'autres domaines s'ils n'avaient pas choisi de consacrer leurs talents à la subversion. Il serait absurde d'appeler Weishaupt, par exemple, un "Under Man". Mais voyons quelle est l'idée sur laquelle le plan de destruction de la civilisation est ostensiblement fondé.

On se souviendra que Rousseau, comme Weishaupt, soutenait que l'âge d'or de la félicité ne se terminait pas dans le jardin d'Eden, comme on le suppose généralement, mais qu'il se prolongeait dans la vie tribale et nomade.

Jusqu'à ce moment, le communisme était l'heureuse disposition sous laquelle le genre humain existait et qui a disparu avec l'introduction de la civilisation. La civilisation est donc le *fons et origo mali* et doit être supprimée. Qu'on ne s'exclame pas que cette théorie s'est éteinte avec Rousseau ou avec Weishaupt ; l'idée que "la civilisation est toute mauvaise" court à travers les écrits et les discours de nos intellectuels socialistes d'aujourd'hui. J'ai mentionné ailleurs la prédiction de M. H. G. Wells selon laquelle l'humanité reviendra de plus en plus à la vie nomade, et M. Snowden a récemment fait référence, sur un ton de nostalgie évidente, à cette époque productive où l'homme "vivait sous un système de communisme tribal".[740] Les enfants qui fréquentent les écoles socialistes apprennent également dans le "catéchisme rouge" les avantages de la sauvagerie, comme suit :

Question. Les sauvages meurent-ils de faim au milieu de l'abondance ?

Réponse. Non ; quand la nourriture est abondante, ils se réjouissent tous, festoient et se réjouissent.[741]

Il n'est pas mentionné que lorsque la nourriture n'est pas abondante, ils se mangent de temps en temps entre eux.

Voici donc la théorie sur laquelle se fonde cette aspiration à un retour à la nature. Il est en effet probable que si un âge d'or a existé, il était communiste ; il est également vrai que certaines tribus primitives ont trouvé la possibilité de maintenir le même système, pour la simple raison que lorsque et là où la terre était très peu peuplée, elle produisait, sans l'aide artificielle de l'agriculture, plus qu'il n'en fallait pour subvenir aux besoins de chaque homme. Il n'y avait donc pas besoin de lois pour protéger la propriété, puisque chaque homme pouvait se procurer librement tout ce dont il avait besoin. Si, à l'heure actuelle, une douzaine de personnes faisaient naufrage sur une île fertile de quelques milles de côté, l'institution de la propriété serait également superflue ; mais si plusieurs centaines partageaient le même sort, il deviendrait aussitôt nécessaire d'instituer un système de culture qui, à son tour, nécessiterait soit l'institution de la propriété, par laquelle chaque homme dépendrait de son propre lopin de terre pour son existence, soit un système communautaire, par lequel tous seraient obligés de travailler pour le bien commun et où la force serait appliquée à ceux qui refuseraient de faire la

---

[740] M. Philip Snowden lors du débat sur le socialisme à la Chambre des Communes le 20 mars 1923 : « La plus grande partie du temps où l'homme a vécu sur ce globe, il ne l'a pas fait sous un système d'entreprise privée, ni sous le capitalisme, mais sous un système de communisme tribal, et il est bon de se rappeler que la plupart des grandes inventions qui ont été à la base de nos machines et de nos découvertes modernes ont été inventées par des hommes qui vivaient ensemble en tribus ».

[741] *Le catéchisme rouge,* par Tom Anderson, p. 3.

part qui leur est attribuée.

Le communisme pacifique n'est donc qu'une question de population ; les conditions dans lesquelles les hommes peuvent s'asseoir au soleil et jouir des fruits de la terre sans grand effort doivent être transformées, avec la multiplication de l'espèce humaine, en un système qui reconnaît la propriété privée, ou en un État communal qui impose le travail obligatoire au moyen de surveillants munis de fouets. C'est peut-être la prise de conscience de cette vérité qui a poussé les représentants pratiques des doctrines de Rousseau, les terroristes de 1793, à entreprendre leur "plan de dépopulation" en établissant le communisme sur une base pacifique.

Mais nos intellectuels socialistes nient cette nécessité au motif que, sous le régime bienveillant du socialisme, tous les hommes seraient bons et heureux et travailleraient joyeusement au bien-être de la communauté. Le fait que cela n'ait pas été le cas, même dans les colonies communistes volontaires, ne les décourage pas, car, comme nous l'avons dit, leur credo est fondé non pas sur l'expérience pratique, mais sur la théorie, et c'est ici que nous retrouvons l'inspiration de la franc-maçonnerie du Grand Orient.

L'hypothèse selon laquelle, dans un ordre social idéal, tous les défauts humains disparaîtraient découle directement des deux doctrines maçonniques que le Grand Orient, sous l'influence de l'Illuminisme, a ramenées à l'*absurde : la* perfectibilité de la nature humaine et la fraternité universelle. Toute la philosophie du socialisme est construite sur ces fausses prémisses.

En effet, la phraséologie actuelle de la franc-maçonnerie illuminée est maintenant passée dans le langage du socialisme ; ainsi les vieilles formules des "États-Unis d'Europe" et de la "République universelle" ont été adoptées non seulement par Mme Besant et ses disciples[742] comme le

---

[742] Par exemple, l'extrait suivant d'un discours de Miss Esther Bright à l'École Ésotérique de Théosophie, cité dans *The Patriot* du 22 mars 1923 : « La coopération cordiale et compréhensive entre les membres de l'E.S.T. de nombreuses nations formera un noyau sur lequel les nations pourront construire la grande fraternité qui, nous l'espérons, deviendra les États-Unis d'Europe. Les Etats-Unis ! Quelle belle sonorité quand on regarde l'Europe d'aujourd'hui ! ».

dernier mot de la pensée moderne, mais elles sont aussi réapparues comme une inspiration brillante sous la plume de M. H. G. Wells sous la forme légèrement variée de l'"État mondial". Il serait amusant, pour quiconque en aurait le temps, de découvrir combien d'idées de nos soi-disant penseurs avancés se retrouvent presque mot pour mot dans les écrits de Weishaupt, dans la *République Universelle* d'Anacharsis Clootz, et dans les discours des orateurs du Grand Orient au cours du siècle dernier.

De plus, la révolution mondiale n'est pas seulement fondée sur les doctrines de la franc-maçonnerie illuminée, mais elle a adopté la même méthode d'organisation. Ainsi, sur le plan des sociétés secrètes, à partir des Batinis, nous trouverons les forces de la révolution divisées en grades successifs : le plus bas est constitué par le prolétariat révolutionnaire, la *chaire à révolution* selon l'expression de Marx, qui ne sait rien de la théorie du socialisme et encore moins des buts réels des chefs ; au-dessus, les semi-initiés, les doctrinaires du socialisme, comprenant sans doute beaucoup d'enthousiastes sincères ; mais au-dessus encore, d'autres grades aboutissent aux vrais initiés, qui seuls savent vers quoi tend tout le mouvement.

Car le but final de la révolution mondiale n'est pas le socialisme ni même le communisme, ce n'est pas un changement du système économique existant, ce n'est pas la destruction de la civilisation au sens matériel ; la révolution voulue par les dirigeants est une révolution morale et spirituelle, une anarchie d'idées par laquelle toutes les normes établies au cours de dix-neuf siècles seront renversées, toutes les traditions honorées foulées aux pieds, et surtout l'idéal chrétien définitivement anéanti.

Il est vrai qu'une certaine partie du mouvement socialiste se proclame chrétienne. Les Illuminati faisaient la même profession, de même que les théosophes et les rosicruciens modernes. Mais, comme dans le cas de ces

---

Une revue intitulée *Les États-Unis d'Europe* existait déjà en 1868, et M. Goyau montre que cette formule, ainsi que celle de la République universelle, étaient des mots d'ordre répandus parmi les pacifistes avant et pendant la guerre de 1870, qu'ils n'ont pas réussi à éviter. — *L'Idée de Patrie et l'Humanitarisme*, pp. 113, 115.

sociétés secrètes, nous devrions demander aux soi-disant socialistes chrétiens : "Qu'entendent-ils par Christ ? Qu'entendent-ils par Christ ? Qu'entendent-ils par christianisme ? Un examen approfondi révélera que leur Christ est un être de leur propre invention, que leur christianisme est une perversion de l'enseignement réel du Christ.

Le Christ du socialisme invoqué dans l'intérêt du pacifisme en tant qu'adversaire de la force et dans l'intérêt de la lutte des classes en tant que socialiste, révolutionnaire ou même "agitateur", ne ressemble en rien au véritable Christ. Le Christ n'était pas pacifiste lorsqu'il a dit à ses disciples de s'armer d'épées, lorsqu'il a fabriqué un fléau avec des cordes et a chassé les changeurs de monnaie du Temple. Il n'a pas dit aux hommes de pardonner aux ennemis de leur pays ou de leur religion, mais seulement à leurs ennemis privés. Le Christ n'était pas socialiste lorsqu'il a déclaré que "la vie d'un homme ne consiste pas dans l'abondance des biens qu'il possède".

Le socialisme enseigne qu'un homme ne doit jamais être satisfait tant qu'un autre homme possède ce qu'il n'a pas. Le Christ ne croyait pas à l'égalité de rémunération lorsqu'il a raconté la parabole des dix talents et du serviteur peu rentable. Le socialisme réduirait tout travail au rythme du plus lent. Par-dessus tout, le Christ n'était pas socialiste lorsqu'il a demandé au jeune homme qui possédait de grands biens de vendre tout ce qu'il avait et de le donner aux pauvres. *Quelle école socialiste a jamais donné un tel ordre ?*

Au contraire, les socialistes sont enjoints par leurs dirigeants de ne pas donner leur argent en charité, de peur qu'ils ne contribuent par ce moyen à prolonger l'existence du système social actuel. La vérité est que, comme je l'ai montré à propos de l'erreur consistant à présenter le Christ comme un Essénien, rien ne prouve que lui ou ses disciples aient pratiqué même la forme la plus pure du communisme. Le Christ n'a préconisé aucun système économique ou politique ; il a prêché un esprit qui, appliqué à n'importe quel système, conduirait à la paix entre les hommes. Il est vrai qu'il a enjoint à ses disciples de mépriser les richesses et qu'il a dénoncé beaucoup d'hommes riches avec lesquels il est entré en contact, mais il ne faut pas oublier que sa mission immédiate s'adressait à une race qui avait toujours glorifié les richesses, qui avait adoré le veau d'or et qui considérait la richesse comme la récompense naturelle de la piété.[743] Le Christ est venu enseigner aux hommes à ne pas rechercher une récompense immédiate sous la forme d'un bien-être matériel accru, mais à faire le bien par amour pour Dieu et pour leur prochain.

Je ne doute pas que dans le passé des hommes comme Kingsley et J.F.D. Maurice aient sincèrement imaginé qu'ils suivaient les traces du Maître en se décrivant comme des socialistes chrétiens, mais il est impossible de croire que les dirigeants actuels du socialisme en Angleterre soient des chrétiens dans l'âme, si l'on considère leur attitude à l'égard de la campagne contre le christianisme en Russie. Jamais ni eux ni leurs alliés, les Quakers, n'ont dénoncé officiellement la persécution non seulement des prêtres mais de tous ceux qui professent la foi chrétienne en Russie.[744] Écoutez cette voix venue des abysses de la Russie :

Nous demandons instamment de prier pour l'Église de Russie ; elle traverse une grande tribulation et la question est de savoir si le pouvoir spirituel ou le pouvoir terrestre triomphera. Beaucoup sont exécutés pour ne pas avoir renié Dieu... Ceux qui sont placés par Dieu à la barre ont besoin de toute la prière et de l'aide des chrétiens de toute la terre, car leur destin est aussi en partie le leur, car il s'agit de faire triompher la foi sur l'athéisme, et c'est une lutte acharnée entre ces deux principes.[745]

Et encore :

---

[743] L'article consacré à Jésus dans l'*Encyclopédie juive montre à* quel point cette attitude est encore mal ressentie par les Juifs : « Dans presque toutes ses déclarations publiques, il était dur, sévère et nettement injuste... envers les classes dirigeantes et aisées : «Dans presque toutes ses déclarations publiques, il s'est montré dur, sévère et nettement injuste... à l'égard des classes dirigeantes et aisées. Après avoir lu ses diatribes contre les pharisiens, les scribes et les riches, il n'est guère étonnant que ceux-ci aient contribué à le faire taire» (vol. vii, p. 164).

[744] L'exécution de Monseigneur Butkievitch, l'archevêque catholique de Petrograd, a été approuvée par le *Daily Herald*, le *New Statesman* et le *Nation*. Voir le *Daily Herald* du 7 avril 1923.

[745] Lettres d'un ami de l'auteur actuel en Russie, datées d'août 1922 et de février 1923.

Je considère la persécution de l'Église russe comme un effort pour renverser le christianisme en général, car nous sommes actuellement gouvernés par le pouvoir des ténèbres, et tout ce que nous considérons comme péché semble prendre le dessus et prospérer.

Pourtant, c'est pour ce pouvoir que le parti socialiste de Grande-Bretagne demande depuis des années à être reconnu. Même les appels à l'aide de leurs camarades socialistes de Russie les ont laissés froids. "Nous suggérons", disait l'un de ces appels…

1. Le Parti travailliste britannique émet une protestation officielle contre le traitement inhumain infligé par le gouvernement soviétique à ses opposants politiques en général et aux prisonniers politiques en particulier.

2. Que des réunions de protestation soient organisées dans les villes industrielles de Grande-Bretagne.

3. Que le Parti travailliste britannique fasse une déclaration officielle directement au gouvernement soviétique, l'exhortant à mettre un terme aux persécutions des socialistes en Russie.[746]

Et c'est à propos de ce régime que M. Lansbury a écrit : "Quels que soient leurs défauts, les dirigeants communistes russes ont accroché leur wagon à une étoile : Quels que soient leurs défauts, les dirigeants communistes de Russie ont attaché leur wagon à une étoile — l'étoile de l'amour, de la fraternité, de la camaraderie."[747]

L'indifférence insensible affichée par les socialistes britanniques, à l'exception honorable de la Fédération sociale-démocrate,[748] à l'égard des crimes des bolcheviks offre en effet un contraste douloureux avec l'attitude des autres socialistes d'Europe. Lors de la conférence de l'Internationale ouvrière et socialiste à Hambourg en mai 1923, une

---

[746] *Daily Herald* du 21 février 1922.

[747] Ibid. 18 mars 1920.

[748] Voir le rapport de la conférence annuelle de la Fédération sociale-démocrate dans le *Morning Post* du 6 août 1923, où il est dit que « la dénonciation sans réserve du soviétisme a été la principale caractéristique de la discussion de la journée », etc.

résolution a été adoptée condamnant la persécution par le gouvernement soviétique. Lorsque la résolution fut soumise au congrès, 196 votèrent pour, 2 contre et 39, dont les 30 délégués britanniques, s'abstinrent.

Je pose donc la question suivante : pourquoi les socialistes de Grande-Bretagne devraient-ils être différenciés des bolcheviks de Russie ? Pourquoi les socialistes de Grande-Bretagne devraient-ils se différencier des bolcheviks de Russie ? Dans toutes les questions importantes, ils les ont toujours soutenus. Dans la grande guerre contre le christianisme, ils ont joué le rôle d'avant-garde en instituant des écoles du dimanche socialistes, d'où tout enseignement religieux est exclu. Les socialistes sont très soucieux de les dissocier des écoles du dimanche "prolétariennes" qui enseignent l'athéisme. Mais de la méconnaissance de l'existence de Dieu à sa négation, il n'y a qu'un pas ; on remarquera d'ailleurs que les socialistes n'ont jamais protesté contre les blasphèmes des écoles prolétariennes. L'attitude réelle du parti socialiste à l'égard de la religion peut peut-être être mesurée par l'avis, reproduit à la page 341, qui a paru autrefois dans son organe officiel, le *Daily Herald*, dont M. Lansbury, largement annoncé comme un chrétien fervent, a été rédacteur en chef et est maintenant directeur général.

C'est au parti qui contrôle cet organe que 700 ecclésiastiques de l'Église d'Angleterre et de l'Église épiscopale d'Écosse ont jugé bon d'adresser leurs félicitations par le biais d'un mémorial remis à M. Ramsay MacDonald en mars 1923. Verrons-nous encore la scène de Brumaire 1793 se répéter et une procession de prélats se présenter à Westminster pour déposer leurs anneaux et leurs croix et déclarer que "désormais il n'y aura plus d'autre culte que celui de la liberté et de la sainte égalité" ?

La profanation des églises a déjà commencé. Le drapeau rouge a récemment été transporté dans le temple de la ville par une bande de chômeurs, bien que plusieurs d'entre eux se soient opposés à sa présence dans l'église. Une tentative de chanter "The Red Flag" a également été réprimée par une partie des chômeurs eux-mêmes, qui avaient apparemment conservé un certain sens de la décence.[749]

---

[749] *Evening Standard* du 15 janvier 1924.

LES LIVRES QUE NOUS PRÉTENDONS TOUS AVOIR LUS

La Bible est un livre réel, même si, pendant tout le XIXe siècle, les Églises ont fermé les yeux sur le fait qu'il s'agissait d'une traduction libre par des ecclésiastiques jacobins d'un texte grec à l'authenticité douteuse et à la paternité multiple. La Bible est aussi divinement inspirée que Shakespeare, Milton ou Anatole France. Mais elle n'est pas aussi "pure" que les textes de ces auteurs, car elle est : (1) un recueil hétéroclite d'histoire populaire et traditionnelle lié à l'"Ancien Testament" et décrit comme tel, et (2) le "Nouveau Testament", un recueil de doctrines théologiques orientales centrées sur la figure d'un grand maître religieux mystique syrien, Jésus.

Ceux qui aborderont la Bible avec un esprit sans préjugés découvriront qu'il s'agit d'un des grands livres du monde, plein de beauté, d'humour et d'aspiration, et défiguré, comme le sont souvent les grands livres, par des brutalités et des grossièretés occasionnelles. - *Daily Herald*, 7 février. 1923.]

Le projet de Weishaupt d'enrôler le clergé dans l'œuvre de la révolution mondiale a été mené à bien comme prévu. Les prêtres catholiques d'Irlande qui ont enflammé les passions populaires ont servi d'outils à la conspiration athée internationale et ont finalement constaté que le mouvement se retournait contre eux. Les ecclésiastiques protestants qui professent le "socialisme chrétien" jouent le même rôle. Sans doute sans le savoir, ils se font les agents des Illuminati continentaux et préparent, comme les émissaires de Weishaupt, l'attaque ouverte contre toute forme de religion. Ce n'est pas un hasard si les mascarades blasphématoires de la Révolution française se sont répétées récemment en Russie. Les horribles incidents décrits dans la presse[750] n'étaient que la manifestation extérieure d'une conspiration continue dont la preuve a été apportée il y a quelques années au Portugal sous l'influence des Carbonarios, dirigés par Alfonso Costa, dont les propos ressemblaient parfois de façon frappante à ceux d'Anacharsis Clootz. La défunte duchesse de Bedford décrivait ainsi la guerre de religion qui a inauguré la nouvelle République :

---

[750] *Daily Telegraph* du 8 janvier 1923 ; *Daily Mail* du 24 janvier 1923.

L'une des entreprises les plus zélées de cette grande société [les Carbonarios] est, selon leurs propres termes, d'exterminer "le mythe chrétien" dans l'esprit de la nation portugaise. Dans les écoles, les petits enfants portent des badges épinglés sur leurs vêtements avec les mots "Pas de Dieu ! Pas de religion !" et un touriste britannique qui a fait un voyage à travers le Portugal a rencontré des groupes d'enfants innocents portant des bannières sur lesquelles on pouvait lire : "Nous n'avons pas besoin de Dieu."[751]

Est-ce une coïncidence si, l'année dernière, une réunion de socialistes et de communistes à Trafalgar Square a arboré une bannière rouge portant la devise : "Pas de roi, pas de Dieu, pas de loi" ?[752]

Je le répète : ce n'est pas une révolution économique qui forme le plan des véritables directeurs du mouvement, ce n'est ni la "dictature du prolétariat" ni la réorganisation de la société par l'Intelligentsia du "Travail" ; c'est la destruction de l'idée chrétienne. Les orateurs socialistes peuvent s'insurger contre l'aristocratie corrompue ou les "capitalistes hypertrophiés", mais ce ne sont pas eux qui, en réalité, souffriront le plus si le but de la conspiration est atteint. La révolution mondiale s'est toujours montrée indulgente envers les aristocrates égoïstes et corrompus, depuis le marquis de Sade et le duc d'Orléans ; ce sont les doux, les droits, les bienveillants qui ont été victimes de la fureur révolutionnaire.

Le socialisme, avec sa haine de toute supériorité, des nobles vertus — loyauté et patriotisme — avec sa passion pour l'abaissement au lieu de l'édification, sert le but de la conspiration la plus profonde. Si l'Intelligentsia chrétienne peut être détruite ou gagnée et la nation privée de tous ses chefs naturels, les révolutionnaires mondiaux pensent qu'ils pourront modeler le prolétariat selon leurs désirs. Dans ces conditions, ce que nous appelons aujourd'hui le bolchevisme n'est qu'une phase du mouvement qui se poursuit par d'innombrables méthodes différentes,

---

[751] Compte rendu du discours d'Adeline, duchesse de Bedford, lors d'une réunion publique pour protester contre le traitement des prisonniers politiques au Portugal, 22 avril 1913, cité dans *Portuguese Political Prisoners*, p. 89 (publié par Upcott Gill & Son).

[752] *Evening Standard*, 14 mai 1923.

apparemment sans lien entre elles, mais tendant toutes vers le même but. Il suffit de regarder autour de nous dans le monde d'aujourd'hui pour voir partout le même pouvoir de désintégration à l'œuvre — dans l'art, la littérature, le théâtre, la presse quotidienne — dans tous les domaines qui peuvent influencer l'esprit du public. De même que, pendant la Révolution française, une pièce sur le massacre de la Saint-Barthélemy a été montée pour exciter les passions du peuple contre la monarchie, de même nos cinémas modernes s'efforcent perpétuellement d'attiser la haine de classe par des scènes et des phrases montrant "l'injustice des rois", "les souffrances du peuple", l'égoïsme des "aristocrates", que ces éléments entrent ou non dans le thème de la narration.[753] Et dans le domaine de la littérature, non seulement dans les œuvres de fiction, mais dans les manuels scolaires, dans les histoires et les livres qui prétendent avoir une valeur éducative sérieuse et qui bénéficient d'un boom savamment organisé dans toute la presse, tout est fait pour affaiblir le patriotisme, pour ébranler la croyance en toutes les institutions existantes par la perversion systématique des faits contemporains et historiques, tandis que des romans et des pièces de théâtre destinés à saper toutes les idées de moralité sont présentés au public comme des œuvres de génie qu'il est indispensable d'admirer pour conserver une réputation d'intelligence. Je ne crois pas que tout cela soit fortuit ; je ne crois pas que le public demande les livres et les pièces antipatriotiques ou démoralisants qu'on lui présente ; au contraire, il répond invariablement à un appel au patriotisme et aux simples émotions saines. Le cœur du peuple est encore sain, mais des efforts incessants sont faits pour le corrompre.

---

[753] Une expérience personnelle m'a prouvé que cette utilisation du cinéma à des fins de propagande révolutionnaire est délibérée. Un homme qui avait été frappé par les possibilités dramatiques d'un texte que j'avais écrit m'a écrit pour me demander s'il pouvait le présenter à un producteur de films bien connu en Amérique. J'ai donné mon accord et, quelque temps plus tard, il m'a informé que le producteur en question regrettait de ne pas pouvoir filmer mon œuvre car elle pouvait apparaître comme de la propagande antibolcheviste. Peu de temps après, le même producteur a sorti un film sur le même sujet avec la morale inversée, de manière à rendre l'ensemble subtilement révolutionnaire, et l'a amené en Angleterre, où il l'a annoncé comme de la propagande antibolcheviste ! C'est un exemple typique de la duplicité de ces propagandistes.

Cette conspiration est apparue depuis longtemps aux yeux des observateurs continentaux.

Quelques années avant la guerre, Monsieur de Lannoy, membre d'une association antimaçonnique en France, lors d'une conférence sur "l'influence des sectes judéo-maçonniques dans le théâtre, dans la littérature, dans les modes", montre comment "des ordres de choses qui paraissent n'avoir aucun rapport entre eux sont habilement liés et dirigés par un seul mouvement méthodique vers une fin commune. Cette fin commune est la paganisation de l'univers, la destruction de tout christianisme, le retour aux mœurs les plus relâchées de l'antiquité".[754] Robison voit dans les tenues indécentes de la période du Directoire le résultat de l'enseignement de Weishaupt, et attribue à la même cause la cérémonie qui eut lieu à Notre Dame lorsqu'une femme aux mœurs relâchées fut présentée à l'admiration du public.[755] La même glorification du vice a trouvé des représentants parmi les Illuminati modernes dans ce pays. Dans *The Equinox-the Journal of Scientific Illuminism*, il est proposé que les prostituées soient placées au même niveau que les soldats qui ont servi leur pays et soient honorés et pensionnés par l'État.[756]

La communauté des femmes n'est pas une idée née avec les bolcheviks russes, mais une idée qui a traversé tous les mouvements révolutionnaires du passé.

La tentative de pervertir toutes les conceptions de la beauté dans le domaine de l'art sert à ouvrir la voie à la perversion morale. Il y a deux ans, le *New York Herald* publiait une circulaire dénonçant le soi-disant culte du modernisme dans l'art comme étant de la "propagande bolcheviste mondiale".

La circulaire poursuit en déclarant

Elle vise à renverser et à détruire tous les systèmes sociaux existants, y compris celui des arts. Ce culte moderniste dégénéré n'est autre que la

---

[754] Cité dans *Le Problème de la Mode*, par la Baronne de Montenach, p. 30 (1913).

[755] Robison, *Proofs of a Conspiracy*, pp. 251, 252 (1798).

[756] Article de A. Quiller dans *The Equinox* de septembre 1910, p. 338.

philosophie bolcheviste appliquée à l'art. Le triomphe du bolchevisme signifie donc la destruction du système esthétique actuel, le transport de toutes les valeurs esthétiques et la déification de la laideur.

Toute la propagande du mouvement était organisée par "une coterie de marchands d'art européens" — par ailleurs décrits comme allemands — qui avaient inondé le marché d'œuvres d'artistes qui avaient commencé comme "un petit groupe d'égocentriques névrosés à Paris se proclamant adorateurs de Satan, le Dieu de la laideur". Certains de ces hommes souffraient du "dérèglement visuel" des aliénés, tandis que "de nombreux tableaux présentaient une autre forme de manie. Le système de cette dernière est un désir incontrôlable de mutiler le corps humain". Le sadisme, comme nous le savons, a joué un rôle important dans les révolutions française et russe. Le plus important dans tout cela n'est pas qu'il se trouve des dégénérés pour perpétrer ces abominations, mais ce que la circulaire décrit comme la "campagne machiavélique organisée pour le débarquement de ces ouvrages". Des éditions de luxe... ont été publiées et vendues par les marchands de tableaux ; on a recouru à tous les artifices connus du commerce des tableaux pour discréditer et détruire les normes d'esthétique universellement acceptées jusqu'à présent".[757]

Ce processus de renversement de toutes les normes acceptées peut également être provoqué par des méthodes plus subtiles. Nous avons déjà vu que les pratiques occultes peuvent conduire à l'effacement de tout sens de la vérité et des instincts sexuels normaux. Sous l'influence de ce qu'on appelle la science occulte, qui n'est en réalité qu'une suggestion puissante ou de l'auto-hypnotisme, toutes les impulsions naturelles et les ressorts inhibiteurs de l'action d'un homme peuvent être brisés ; il ne réagira plus aux conceptions de la beauté ou de la laideur, du bien ou du mal, qui, à son insu, formaient la loi de son être.

Ainsi, non seulement ses actes conscients mais aussi ses processus mentaux subconscients peuvent passer sous le contrôle d'un autre, ou devenir complètement dérangés.

Les mêmes conséquences peuvent résulter du système de psychanalyse de Freud qui, notamment par son insistance sur le sexe,

---

[757] *New York Herald* des 6 et 7 septembre 1921.

tend à subordonner la volonté à des impulsions d'un type néfaste. Un éminent neuropsychiatre américain de New York a exprimé son opinion à ce sujet dans les termes suivants :

La théorie de Freud est anti-chrétienne et subversive pour la société organisée. Le christianisme enseigne que l'individu peut résister à la tentation et le freudisme enseigne que le fait de céder ou de résister à la tentation est une question dont l'individu n'est pas volontairement responsable.

Le freudisme fait de l'individu une machine, absolument contrôlée par des réflexes subconscients... Il serait bien sûr difficile de prouver que la psychanalyse a été conçue comme une mesure de propagande destructrice, mais dans un sens, ce point n'a pas d'importance. Qu'elle soit consciente ou inconsciente, elle a un effet destructeur.[758]

En général, l'art de la conspiration ne consiste pas tant à créer des mouvements qu'à s'emparer de mouvements existants, souvent inoffensifs et même admirables en eux-mêmes, et à les détourner à des fins subversives.

Ainsi, le contrôle des naissances, qui, s'il était combiné à la restriction de l'immigration étrangère et mis en œuvre sous une direction appropriée, apporterait une solution à l'effrayant problème de la surpopulation, peut, sans ces conditions, devenir une source de faiblesse nationale et de démoralisation. Il est facile de voir comment une limitation de la population indigène servirait la cause des ennemis de l'Angleterre en réduisant ses forces de combat et en faisant de la place aux étrangers indésirables. Le fait que la campagne de contrôle des naissances puisse également être utilisée à des fins néfastes est suggéré par le fait qu'elle ne s'est pas limitée à notre île surpeuplée, mais qu'elle a été poursuivie en France, où la sous-population constitue depuis longtemps une tragédie. En 1903 et 1904, la Ligue de la Régénération Humaine, fondée par Monsieur Paul Robin, publie dans son organe *L'Émancipateur* non seulement des instructions sur "les moyens d'éviter les familles nombreuses", mais aussi des brochures sur "l'amour libre et

---

[758] Communication privée à l'auteur.

la maternité libre".[759] La campagne de suicide racial est donc combinée avec l'affaiblissement de la moralité ; les familles légales doivent être limitées et les naissances illégales encouragées. Ceci est tout à fait conforme aux doctrines du Grand Orient, dont les Temples, rappelle Monsieur Copin Albancelli, prônent le principe de "la libre maternité", appelé dans ce pays "le droit à la maternité".

Il est curieux de constater que l'invention apparemment innocente de l'espéranto reçoit le même soutien. Ce n'est pas surprenant puisque nous savons que l'idée d'une langue universelle hante depuis longtemps l'esprit des francs-maçons. J'ai moi-même vu un document émanant d'un corps de francs-maçons français affirmant que l'espéranto est directement sous le contrôle des trois puissances maçonniques de France — le Grand Orient, la Grande Loge Nationale et le Droit Humain.

Le fait qu'il soit largement utilisé pour promouvoir le bolchevisme a été fréquemment mentionné sur le site. En juillet 1922, M. Bérard, ministre de l'éducation, a publié une circulaire "adressée aux directeurs de toutes les universités, académies et collèges français, les invitant à ne contribuer en aucune façon à l'enseignement de l'espéranto, au motif que les bolcheviks l'utilisent comme l'une de leurs dangereuses formes de propagande".[760] Un correspondant me fait remarquer qu'une autre langue universelle, l'ido, est utilisée à des fins de propagande par les anarchistes et que plusieurs d'entre elles sont utilisées par les bolcheviks. Un correspondant me signale qu'une autre langue universelle, l'Ido, est utilisée pour la propagande par les anarchistes, et que plusieurs revues distribuées par des sociétés révolutionnaires, écrites en Ido, sont "franchement et carrément anarchiques". L'auteur ajoute :

La semaine dernière, j'ai reçu un exemplaire de *Libereso* (Liberté), organe mensuel de la section anarchiste de l'"Étoile émancipatrice" — "Union cosmopolite des idistes de la classe ouvrière". Il préconise l'application des principes anarchistes jusqu'à leurs limites extrêmes, fait l'éloge de "La Ruzo" (ruse), est sarcastique à l'égard du Socialisme et de la Démocratie... Il contient un appel à l'aide (en argent) pour les

---

[759] Paul Bureau, *La Crise morale des Temps nouveaux*, p. 108 (1907).

[760] *Daily Mail*, 14 juillet 1922.

anarchistes emprisonnés en Russie... écrit par Alexander Berkmann et signé par lui avec Emma Goldmann et A. Schapiro.

Voilà donc un mouvement révolutionnaire antisocialiste et même antibolcheviste qui tend à prouver l'opinion que j'ai déjà exprimée, à savoir que le bolchevisme n'est qu'une phase de la conspiration mondiale. Mais si nous expliquons cela par le vieil antagonisme entre les camps révolutionnaires opposés de l'Anarchie et du Socialisme, comment expliquer que le même but destructeur anime des gens qui ne sont ni anarchistes ni socialistes, mais qui ne peuvent être rangés que dans la catégorie de la réaction extrême ? De cette phase du mouvement, Nietzsche fournit l'exemple suprême. Dans ses imprécations contre "le Crucifié", l'avocat de l'autocratie et du militarisme rivalise avec le plus furieux des socialistes révolutionnaires. Tout l'esprit de perversion est contenu dans la description de Nietzsche par son ami Georges Brandes : "Sa pensée se promenait curieusement sur des chemins interdits : "Cette chose passe pour une valeur. Ne pouvons-nous pas la mettre à l'envers ?

Cela est considéré comme un bien. N'est-ce pas plutôt un mal ?" Qu'est-ce que c'est que le satanisme ? Le cas de Nietzsche ne s'explique pas par le fait qu'il est mort fou furieux, puisqu'un certain nombre de personnes apparemment saines d'esprit lui vouent encore une admiration sans bornes et, tout en tournant en dérision le socialisme et en attaquant même le bolchevisme, participent à la guerre contre la civilisation chrétienne. La conspiration existe donc en dehors des milieux dits démocratiques.

Il n'y a pas longtemps, j'ai acheté un roman italien écrit par un anti-socialiste qui contient précisément les mêmes diatribes contre la "société chrétienne-bourgeoise" que l'on trouve dans la littérature anarchiste et bolcheviste.

"La famille, dit l'auteur, est le noyau de la société contemporaine et sa base. Celui qui veut vraiment réformer ou subvertir doit commencer par réformer et subvertir la famille... La famille... est la voie principale de tout malheur, de tout vice, de toute hypocrisie, de toute laideur morale,..." et il poursuit en montrant que les deux pays qui se sont révélés les plus sains et les plus forts sont l'Allemagne et l'Amérique, parce qu'ils ont avancé à grands pas vers l'amour libre.[761]

L'auteur de ces mots n'a peut-être pas d'importance, mais il faut les noter car ils sont symptomatiques et permettent de localiser certains foyers d'infection.

Il est impossible d'observer tous ces mouvements divers autour de nous sans être frappé par la similitude de leur but ; chacun semble faire partie d'un plan commun, qui, comme les pièces séparées d'un puzzle, n'ont aucune signification, mais qui, une fois assemblées, forment un dessin parfaitement clair. Le fait que des membres des différents groupes jouent un rôle double et triple, le même nom apparaissant dans la liste des mécènes d'un journal de contrôle des naissances et dans celle d'une société secrète révolutionnaire, parmi les adeptes de la psychanalyse et les membres d'un comité républicain irlandais, suggère qu'il existe quelque part un point de contact en arrière-plan.

Avec les forces ouvertes comme avec les forces secrètes, la grande méthode de guerre est la capture de l'opinion publique. Une influence cachée derrière la presse contribue puissamment à cette fin. Au cours des sept dernières années, une partie de la propagande désintégratrice la plus subtile a émané de ce que l'on appelle la "presse capitaliste". Le *Daily Herald* n'est que la fanfare de la Révolution. C'est vers les journaux inspirés et patronnés par l'Intelligentsia que nous devons nous tourner pour trouver les doctrines de l'Illuminisme exposées avec l'éloquence la plus persuasive.[762]

Il y a plus de quatre-vingts ans, un Français doté d'un extraordinaire instinct prophétique annonçait non seulement le danger qui viendrait un jour de la Russie, mais que la presse faciliterait la destruction de la civilisation :

Quand notre démocratie cosmopolite, portant ses derniers fruits, aura

---

[761] *Le Smorfie dell' Anima*, de Mario Mariani (1919).

[762] Un rédacteur en chef de l'une des plus importantes revues littéraires constitutionnelles de ce pays m'a fait remarquer, au cours d'une conversation, que « toutes ces absurdités de patriotisme devraient être éliminées » ; un autre rédacteur du même journal m'a dit qu'il ne regretterait pas le moins du monde de voir l'Empire britannique se disloquer.

rendu la guerre odieuse à des populations entières, quand les nations qui se disent les plus civilisées de la terre auront fini de s'abrutir dans leurs débauches politiques,... les vannes du Nord s'ouvriront à nouveau sur nous, alors nous subirons une dernière invasion non pas de barbares ignorants mais de maîtres rusés et éclairés, plus éclairés que nous-mêmes, car ils auront appris de nos propres excès comment nous pouvons et devons être gouvernés.

Ce n'est pas pour rien que la Providence accumule tant de forces inactives à l'Est de l'Europe. Un jour, le géant endormi se lèvera et la force mettra fin au règne des mots. C'est en vain que l'égalité distraite appellera la vieille aristocratie au secours de la liberté ; l'arme reprise trop tard et maniée par des mains trop longtemps inactives sera devenue impuissante. La société périra pour s'être fiée à des paroles vides de sens ou contradictoires ; alors les échos trompeurs de l'opinion publique, les journaux, voulant à tout prix conserver leurs lecteurs, pousseront [le monde] à la ruine, ne serait-ce que pour avoir quelque chose à raconter pendant un mois de plus. Ils tueront la société pour vivre sur son cadavre.[763]

Aujourd'hui, les journaux, qui ne sont plus les échos de l'opinion publique mais ses directeurs suprêmes, ouvrent leurs colonnes à toutes les doctrines de désintégration et les ferment aux arguments qui pourraient arrêter efficacement les forces de destruction.

Quelle est l'influence cachée derrière la presse, derrière tous les mouvements subversifs qui nous entourent ? Y a-t-il plusieurs Puissances à l'œuvre ? Ou bien y a-t-il une puissance, un groupe invisible qui dirige tout le reste, le cercle des *vrais initiés* ?

---

[763] Astolphe de Custine, *La Russie en* 1839, I. 149 (1843).

14. LE PAN-GERMANISME

Nous avons vu au cours de ce livre que l'idée d'une puissance secrète travaillant à la révolution mondiale à travers des mouvements ouverts et des sociétés secrètes, n'est pas nouvelle, mais date du dix-huitième siècle. Afin d'apprécier la continuité de cette idée, récapitulons les témoignages des contemporains, dont certains ont déjà été cités dans leur contexte, mais qui, rassemblés et placés dans l'ordre chronologique, constituent une chaîne de preuves tout à fait remarquable.

En 1789, le marquis de Luchet met en garde la France contre le danger des Illuminati, dont l'objectif est la domination du monde. [764] En conséquence de ce "projet gigantesque", de Luchet prévoit "une série de calamités dont la fin se perd dans l'obscurité des temps, semblables à ces feux souterrains dont l'activité insatiable dévore les entrailles de la terre et qui s'échappent dans l'air par des explosions violentes et dévastatrices."[765]

En 1794, le duc de Brunswick a déclaré dans son manifeste aux loges allemandes

Une grande secte s'est élevée, qui, prenant pour devise le bien et le bonheur de l'homme, a travaillé dans les ténèbres de la conspiration à faire du bonheur de l'humanité une proie pour elle-même. Cette secte est connue de tout le monde : ses frères ne sont pas moins connus que son nom… Le plan qu'ils ont formé pour briser tous les liens sociaux et pour

---

[764] *Essai sur la Secte des Illuminés* (édition 1792), p. 48. A la page 46, de Luchet exprime son idée dans un curieux passaqe qu'il m'est difficile de rendre en anglais : « Il s'est formé au sein des plus épaisses ténèbres, une société d'êtres nouveaux qui se connaissent sans s'être vus, qui s'entendent sans s'être expliqués, qui se servent sans amitié. Cette société a le but de gouverner le monde.... »

[765] Ibid. p. 171.

détruire tout ordre se révèle dans leurs discours et leurs actes… L'orgueil indomptable, la soif du pouvoir, tels étaient les seuls mobiles de cette secte : leurs maîtres n'avaient en vue que les trônes de la terre, et le gouvernement des nations devait être dirigé par leurs clubs nocturnes.[766]

En 1797, Montjoie, parlant de la conspiration orléaniste, à laquelle il avait attribué, dans un ouvrage précédent, toute l'organisation de la Révolution française dans ses premières étapes, observe :

Je n'examinerai pas si ce méchant prince, croyant agir dans son intérêt personnel, n'a pas été mû par cette *main invisible*[767] qui semble avoir créé tous les événements de notre révolution pour nous conduire à un but que nous n'apercevons pas encore, mais que je crois que nous verrons bientôt.[768]

En 1801, Monseigneur de Savine "fait allusion en termes prudents et presque terrifiés à une secte internationale […] une puissance supérieure à toutes les autres […] qui a des armes et des yeux partout et qui gouverne l'Europe aujourd'hui".[769]

En 1817, le chevalier de Malet déclare que "les auteurs de la Révolution ne sont pas plus français qu'allemands, italiens, anglais, etc.

Ils forment une nation particulière qui a pris naissance et s'est développée dans l'obscurité au milieu de toutes les nations civilisées dans le but de les soumettre toutes à sa domination."[770]

En 1835, le Carbonaro Malegari écrit à un autre membre des Carbonari :

Nous formons une association de frères dans tous les points du globe, nous avons des désirs et des intérêts communs, nous visons à

---

[766] Eckert, *La Franc-Maçonnerie dans sa véritable signification*, traduit par l'abbé Gyr (1854), II. 133, 134.

[767] C'est moi qui souligne.

[768] Galart de Montjoie, *Histoire de Marie-Antoinette*, p. 156 (1797).

[769] G. Lenôtre, *Le Dauphin*, trad. anglaise, p. 307.

[770] *Recherches politiques et historiques sur l'existence d'une secte révolutionnaire*, p. 2 (1817).

l'émancipation de l'humanité, nous voulons briser toute espèce de joug, et pourtant il en est un qui est invisible, qui se fait à peine sentir, et qui pèse sur nous. D'où vient-il ? D'où vient-il ? Personne ne le sait, ou du moins personne ne le dit. L'association est secrète, même pour nous, les vétérans des sociétés secrètes.[771]

En 1852, Disraeli écrivait :

Ce ne sont ni les parlements, ni les populations, ni le cours de la nature, ni le cours des événements, qui ont renversé le trône de Louis-Philippe... le trône a été surpris par les Sociétés Secrètes, toujours prêtes à ravager l'Europe... Agissant à l'unisson d'un grand mouvement populaire, elles peuvent détruire la société, comme elles l'ont fait à la fin du siècle dernier.[772]

En 1874, le Père Deschamps, après son étude exhaustive des sociétés secrètes, posait ainsi la question :

Il faut maintenant se demander s'il y a autre chose qu'une identité de doctrines et de communications personnelles entre les membres des différentes sectes, s'il y a vraiment une unité de direction qui lie entre elles toutes les sociétés secrètes, y compris la Franche-Maçonnerie. Nous touchons ici au point le plus mystérieux de l'action des sociétés secrètes, à celui que ces Grands Orients nationaux qui se déclarent indépendants les uns des autres et parfois même s'excommunient mutuellement, cachent le plus soigneusement sous un voile.[773]

Enfin, Deschamps est amené à conclure qu'il existe "un conseil secret qui dirige toutes les sociétés maçonniques",[774] qu'il y a des repaires secrets où les chefs des sectes conviennent ensemble de leur œuvre de destruction.[775]

Il serait facile de multiplier les citations de ce type, tirées de sources

---

[771] J. Crétineau-Joly, *L'Église Romaine en face de la Révolution*, II. *143 (1859)*.

[772] *Lord George Bentinck, A Political Biography*, pp. 552-4 (1852).

[773] *Les Sociétés Secrètes et la Société*, I. 91.

[774] Ibid. II. 243.

[775] Ibid. II. 521.

très diverses. Que les hommes qui ont exprimé ces opinions aient été, comme on nous le dit souvent, atteints d'illusions ou non, il n'en reste pas moins que l'idée d'une main cachée derrière la révolution mondiale existe depuis au moins 135 ans. Si l'on compare ces propos avec la description faite par Monsieur Copin Albancelli d'un cercle intérieur dirigeant secrètement les activités du Grand Orient, et avec les conclusions auxquelles sont parvenus les membres d'autres sociétés secrètes, selon lesquelles un tel cercle existe derrière toutes les sociétés occultes et maçonniques de type subversif, on est nécessairement amené à se poser la question suivante : existe-t-il un cercle ou plutôt une puissance derrière les organisations ouvertes et secrètes qui œuvrent au renversement de l'ordre social existant et de la civilisation chrétienne ? Si oui, quel est ce pouvoir ?

Laissons la spéculation pour le moment et venons-en aux faits connus. Tous ceux qui ont sérieusement étudié ces questions savent qu'il y a actuellement cinq principaux mouvements organisés à l'œuvre dans le monde avec lesquels le gouvernement ordonné doit composer, et qui peuvent être résumés comme suit :

1. La franc-maçonnerie du Grand Orient.

2. La théosophie et ses innombrables ramifications.

3. Le nationalisme agressif, représenté aujourd'hui par le pangermanisme.

4. La finance internationale.

5. La révolution sociale.

On constatera que, à l'exception du quatrième, ces mouvements sont ceux dont je me suis efforcé de retracer l'évolution tout au long de la première partie de ce livre. Il est très significatif que ce n'est qu'à ce stade de mon travail que j'ai découvert qu'il existait des enquêteurs indépendants qui étaient arrivés exactement aux mêmes conclusions que moi.

Le problème qui se pose maintenant est donc le suivant : s'il y a bien une puissance qui dirige tous les mouvements subversifs, s'agit-il de l'un des cinq mouvements énumérés ici ou d'une autre puissance plus puissante et plus invisible ? Pour le savoir, il faut se demander si ces mouvements, apparemment divergents dans leur finalité, ont néanmoins des idées ou des buts communs. On trouvera certainement entre eux un point de similitude fondamental. Tous veulent dominer le monde et le diriger selon des lignes et des règles qui leur sont propres ; plus encore, chacun veut le diriger au seul profit d'une classe d'individus — sociale, intellectuelle ou nationale selon le cas — à l'exclusion de tout être humain en dehors de cette classe. En réalité, chacun aspire à la dictature du monde.

En outre, on remarquera que non seulement ces mouvements principaux, mais aussi les mouvements subversifs mineurs décrits dans le dernier chapitre, ont pour l'essentiel (1) une tendance pro-allemande — aucun, en tout cas, n'est pro-français ni n'encourage le patriotisme britannique, (2) tous contiennent un élément juif — aucun, au moins, n'est "antisémite", et (3) tous ont un antagonisme plus ou moins prononcé avec le christianisme. S'il y a donc une seule puissance derrière eux, est-ce la puissance pangermanique ? Est-ce la puissance juive ? Ou bien la puissance antichrétienne ? Examinons successivement chacune de ces possibilités.

Considéré sous l'aspect d'un nationalisme exagéré, l'esprit du pangermanisme n'est pas nouveau. Le rêve de dominer le monde a hanté l'imagination de nombreuses races depuis l'époque d'Alexandre le Grand jusqu'à Napoléon Ier, mais nulle part ce plan n'a été réalisé par les méthodes machiavéliques qui ont caractérisé la politique étrangère et la diplomatie de la Prusse depuis l'époque de Frédéric le Grand. Ce n'est pas le militarisme prussien qui constitue le crime de l'Allemagne moderne. Le militarisme, dans le sens du courage, du patriotisme, de la discipline et du dévouement, est une chose magnifique. Mais l'esprit du pangermanisme diffère de la conception britannique du patriotisme en ce qu'il supplante les droits de tous les autres peuples et cherche à établir sa domination sur le monde entier. Sous la domination allemande, tout Allemand serait libre et tout autre être humain serait esclave. L'Angleterre, tout en cherchant à faire des conquêtes, a toujours permis aux habitants des territoires conquis de se développer selon leurs propres lignes et a utilisé la législation en grande partie pour les protéger les uns des autres. La préférence du natif de l'Inde pour un juge anglais plutôt que pour un juge de sa propre race en est la preuve. Mais c'est encore l'abandon de tout principe, l'acceptation de la doctrine selon laquelle tout est permis — le mensonge, la trahison, la calomnie et la mauvaise foi — pour parvenir à ses fins, qui a placé l'Allemagne en dehors du concert des nations. Robison décrit le système des Illuminati comme conduisant à la conclusion que "rien ne serait dédaigné, si l'on pouvait faire apparaître que l'Ordre en tirerait un avantage, parce que le grand objectif de l'Ordre était tenu pour supérieur à toute considération".[776] Remplacez le mot Ordre par le mot État, et vous avez le principe même de l'impérialisme allemand moderne.

Il est intéressant de noter que les fondateurs de l'Illuminisme allemand et de l'Impérialisme allemand ont puisé certaines de leurs idées à la même source. Weishaupt et Frédéric le Grand étaient tous deux de fervents élèves de Machiavel, et tous deux ont surpassé leur maître. Cette forme de machiavélisme, poussée à un point dont le philosophe italien n'aurait probablement jamais rêvé, a traversé toute la lutte de la Prusse pour la suprématie et, en même temps, chaque poussée de révolution mondiale dans laquelle l'influence prussienne a joué un rôle. Ainsi, le télégramme d'Ems en 1870, le faux rapport qui a poussé la Russie à la mobilisation en 1914,[777] la violation des traités et de toutes les lois de la guerre civilisée au cours de la dernière guerre, sont le résultat direct de doctrines que l'on peut trouver à l'état embryonnaire dans *Le Prince*. De même, la caractéristique la plus frappante de la Révolution française sous l'inspiration des émissaires de Weishaupt et des agents de la Prusse, et du mouvement révolutionnaire actuel inauguré par Karl Marx et Friedrich Engels, n'est pas tant sa violence que sa ruse machiavélique. L'art que l'on appelle aujourd'hui *camouflage, qui consiste à* maquiller un dessein en quelque chose de tout à fait différent, à faire passer le noir pour le blanc en glorifiant les actions les plus ignobles, à faire passer le blanc pour le noir en méprisant et en ridiculisant toutes les traditions honorables, en un mot la *perversion, a été* réduit à l'état de système par les directeurs secrets de la révolution mondiale. C'est ici que l'on peut déceler le caractère non prolétarien du mouvement. L'ouvrier de tous les pays est le moins machiavélique des êtres ; sa faiblesse réside dans le fait qu'il est trop inarticulé, qu'il ne sait pas présenter sa cause même quand il en a une bonne, et encore moins rendre plausible une mauvaise. Ce n'est que lorsque la révolution mondiale a été prise en main par la faction décrite par Bakounine comme "la société judéo-allemande" qu'elle a repris son caractère machiavélique et est devenue progressivement

---

[776] Robison's *Proofs of a Conspiracy*, p. 107.

[777] Une lettre adressée au *Times* le 23 janvier 1924 en donne un bon aperçu.

l'organisation redoutable qu'elle est aujourd'hui.

Quelques extraits du *Prince* montreront à quel point les Prussiens et les terroristes de France et de Russie ont suivi le manuel de Machiavel pour les despotes :

"Celui qui usurpe le gouvernement d'un État doit exécuter et mettre en pratique toutes les cruautés qu'il juge utiles en une seule fois, afin de ne pas avoir à les renouveler souvent", etc.[778] (Voir le principe allemand de l'"effroi" à exercer contre les habitants d'un territoire envahi et le plan des terroristes français et russes pour réprimer les "contre-révolutionnaires").

"Il est si important pour un prince de prendre sur lui la nature et la disposition d'une bête ; de tout le troupeau, il devrait imiter le lion et le renard"[779] (Voir Frédéric le Grand et les démagogues de France et de Russie).

"Un prince sage et prudent ne peut pas ou ne doit pas respecter sa parole lorsque le respect de celle-ci lui porte préjudice et que les causes pour lesquelles il s'est engagé sont supprimées".[780] (Voir la doctrine allemande du bout de papier et les promesses de la délégation commerciale bolcheviste à Londres de s'abstenir de faire de la propagande).

"Puisque toute la multitude qui se soumet à votre gouvernement n'est pas capable d'être armée, si vous êtes bénéfiques et obligeants envers ceux que vous armez, vous pouvez les rendre plus audacieux avec le reste, car la différence de votre comportement envers le soldat le lie plus fermement à votre service", etc.[781] (Voir le comportement insolent permis aux officiers de l'armée impériale allemande et l'alimentation de l'armée rouge en Russie aux dépens du reste de la population).

"Le prince... est obligé... aux époques convenables de l'année de

---

[778] *Le Prince*, trad. anglaise, par Henry Morley, p. 61.

[779] Ibid. p. 110.

[780] Ibid. p. 110.

[781] Ibid. p. 131.

divertir le peuple par des festins, des pièces de théâtre et des spectacles de récréation… et de lui donner quelque exemple de son humanité et de sa magnificence".[782] (Voir le rôle important joué par les "spectacles" dans la Révolution française et par le théâtre et l'opéra dans la Russie soviétique. Toujours le même projet de "panem ei circenses").

Juste après la chute de Napoléon Ier, un écrivain français publia un livre décrivant la "perversité méthodique" des chefs révolutionnaires et la Révolution comme le début d'un régime machiavélique.[783] Comment ce système a-t-il pu s'établir en France si ce n'est sous la direction des émissaires de Weishaupt et des agents de Frédéric le Grand et de l'Illuminatus Frédéric Guillaume II ?

L'Allemagne était cependant en mesure de se défendre contre les doctrines dévastatrices de l'illuminisme. Toujours foyer de sociétés secrètes, elle devint à la fin du XIXe siècle le foyer spirituel du socialisme. Bien que cela puisse sembler présenter un danger pour l'impérialisme allemand, aucun pays n'est resté aussi libre que l'Allemagne de toute agitation sérieuse. On a bien dit que les Allemands sont théoriquement plus socialistes que les autres nations, mais qu'ils sont beaucoup moins révolutionnaires.

La vérité est que les dirigeants allemands ont toujours su qu'ils pouvaient compter non seulement sur la servilité du peuple, mais aussi sur son ardent esprit national. Toutes les sociétés secrètes, même les plus subversives, étaient traversées par une forte veine de patriotisme, et ce sont les Ordres d'étudiants allemands, d'où les Illuminati tiraient leurs disciples, qui devinrent également le terrain de recrutement de l'idée impérialiste allemande. Au lieu de combattre les forces subversives, l'impérialisme allemand adopta l'expédient bien plus habile de les enrôler à son service.

C'est ainsi qu'en Allemagne, la franc-maçonnerie devint un puissant auxiliaire de l'agrandissement prussien. À partir de 1840, le mot d'ordre

---

[782] *Le Prince*, trad. anglaise, par Henry Morley, pp. 143, 144.

[783] M. Mazères, *De Machiavel et de l'influence de sa doctrine sur les opinions, les mœurs et la politique de la France pendant la* Révolution *(1816)*.

à toutes les loges partit de Berlin,[784] et lors de la révolution de 1848, les francs-maçons d'Allemagne se montrèrent les plus ardents partisans de l'unité allemande sous l'ægis de la Prusse. Plus tard, Bismarck, avec une superbe ingéniosité, enrôla dans la même cause non seulement des francs-maçons et des membres de sociétés secrètes, mais aussi des socialistes et des démocrates. Lassalle et Marx contribuèrent puissamment à la cause du pangermanisme. Dammer, qui succède à Lassalle à la tête du parti socialiste, donne pour instruction à son successeur Fritsche que "dans les réunions qui ont lieu en Saxe, tout en mettant en avant les revendications socialistes, ils ne doivent pas manquer d'exiger l'unité de l'Allemagne sous la domination de la Prusse". Fritsche devait personnellement rendre compte à Bismarck des résultats obtenus lors de ces réunions".[785]

Même en Italie, Bismarck réussit à imposer la politique de l'autocratie allemande à des hommes qui marchent ostensiblement à l'avant-garde de la "liberté". "Je crois à l'unité de l'Allemagne", écrit Mazzini à Bismarck en 1867, "et je la désire comme je désire celle de mon propre pays. J'abhorre l'empire et la suprématie que la France s'arroge sur l'Europe".[786]

Avant 1870, la franc-maçonnerie, partout sur le continent, a aidé la cause de l'Allemagne. "Le pouvoir occulte prêchait le pacifisme et l'humanitarisme en France par le biais de la franc-maçonnerie française, tandis qu'il prêchait le patriotisme en Allemagne par le biais de la franc-maçonnerie allemande".[787] Ainsi, bien que tout au long du dix-neuvième siècle les dirigeants allemands aient permis la diffusion d'idées antagonistes à la religion, jusqu'à ce qu'à l'aube du siècle suivant, l'idée même de Dieu ait été extirpée de l'esprit de nombreux enfants allemands, le gouvernement impérial veillait à ce que rien ne vienne affaiblir le

---

[784] Deschamps, *Les Sociétés Secrètes, etc.* I. p. xcii, citant le « Discours du F. Malapert à la Loge Alsace-Lorraine » dans *La Chaines d'Umon*, pp. 88, 89 (1874) ; ct. Eckert, *La Franc-Maçonnerie dans sa véritable signification*, II. 293.

[785] Deschamps, op. cit. 681.

[786] *Politica Segreta Italiana*, par Diamilla Muller, p. 346 (1891).

[787] Copin Albancelli, *Le Pouvoir occulte contre la France*, p. 388.

patriotisme. En effet, l'obsession pangermaniste en laquelle le patriotisme allemand s'est transformé sous l'influence d'hommes tels que Treitschke et Bernhardi n'était pas moins que le socialisme révolutionnaire, fortifié par l'irréligion parce que fondé sur le droit de la force et l'absence de tout scrupule moral. Ce n'est donc pas le "militarisme" au sens habituel du terme qui a fait de l'Allemagne une menace pour le monde, mais le projet machiavélique d'utiliser pour l'exportation des doctrines sévèrement réprimées à l'intérieur de ses propres frontières.

Je ne m'étendrai pas ici sur le crime commis par l'état-major impérial allemand en envoyant Lénine et ses compagnons bolcheviks en Russie, car j'ai déjà traité longuement de cette question dans une controverse parue dans le *Morning Post* il y a deux ans.[788] Mais tout en reconnaissant la ligne d'argumentation juste et courtoise adoptée par mon adversaire allemand, avec laquelle, sur certains points, je me trouvais complètement d'accord. Mais tout en reconnaissant la justesse et la courtoisie de l'argumentation de mon contradicteur allemand, avec lequel sur certains points je me suis trouvé en parfait accord, j'ai été obligé de reconnaître que l'obstacle à toute compréhension réelle entre nous résidait dans l'impossibilité de lui faire admettre le principe que tous les moyens ne sont pas justifiables pour parvenir à ses fins. Voici comment il s'exprime sur le sujet :

Si Mme Webster... reproche à l'Allemagne d'avoir fait de la propagande séditieuse dans les pays alliés, il faut simplement rappeler que tout est juste dans l'amour et dans la guerre. Dans une guerre, dans un combat de vie ou de mort, on ne regarde pas les armes que l'on prend, ni les valeurs que l'on détruit en utilisant les armes. Le seul conseiller est d'abord le succès de la lutte, le salut de son indépendance.[789]

Tant que l'Allemagne n'abandonnera pas cette doctrine machiavélique, il sera impossible de la traiter comme une puissance

---

[788] Série d'articles intitulés « Boche and Bolshevik » par Nesta H. Webster et Herr Kurt Kerlen, parus dans le *Morning Post* des 26 et 27 avril, 10, 11, 15 et 16 juin 1922. Réimprimé sous forme de livre par la Beckwith Company de New York.

[789] *Boche et Bolchevik*, p 39.

civilisée.

Mais Herr Kerlen accuse l'Angleterre de poursuivre la même politique machiavélique d'encouragement à la sédition à l'étranger. Il ne fait aucun doute que l'Angleterre a propagé le pacifisme en Allemagne et dans d'autres pays ennemis et qu'elle espérait provoquer une révolution politique, c'est-à-dire un soulèvement du peuple allemand contre les dirigeants qui l'avaient conduit à la guerre. (Il faut rappeler que tous les amis de l'Allemagne dans ce pays ont toujours déclaré que le peuple allemand ne voulait pas la guerre et qu'il y avait été entraîné malgré lui par la caste militaire). Mais existe-t-il des preuves que l'Angleterre ait jamais tenté de provoquer une révolution sociale, de saper la moralité et toute croyance en un gouvernement ordonné, en un mot de promouvoir le bolchevisme en Allemagne ou ailleurs ? Herr Kerlen cite la sympathie accordée dans ce pays à la révolution de Kerensky. Mais l'Angleterre, en grande partie sous l'influence des libéraux, a toujours entretenu une idée exagérée de la "tyrannie tzariste" et a honnêtement sympathisé avec tous les efforts, même malavisés, pour "libérer" le peuple russe. En outre, tout au long de la guerre, le Tzar et la Tzarine avaient été constamment présentés comme infidèles aux Alliés — une histoire dont nous savons aujourd'hui qu'elle n'était qu'une infâme calomnie diffusée sans doute par des agents ennemis. Cette idée a même été accréditée dans les milieux conservateurs, trompés par de fausses informations sur la situation en Russie. Il faut avoir vécu le printemps 1917 à Londres pour se rendre compte à quel point non seulement l'opinion publique mais aussi les autorités ont été trompées. Que pouvait-on attendre d'autre lorsque l'opinion des socialistes était acceptée en la matière ? Je sais par expérience que deux des départements gouvernementaux les plus importants se sont complètement trompés, même sur le sujet du bolchevisme, ce qui a eu pour conséquence que des mesures n'ont pas été prises qui auraient pu empêcher sa propagation dans ce pays.

En un mot, la différence essentielle entre l'attitude de l'Allemagne et de l'Angleterre à l'égard de la Russie était que, tandis que l'Angleterre imaginait que la révolution de Kerensky serait pour le bien de la Russie ainsi que pour l'avantage des Alliés, l'Allemagne introduisait délibérément en Russie ce qu'elle savait être un poison.

Toujours fidèle à la maxime du *divide et impera*, l'Allemagne, après avoir mené la Russie à la ruine, a enfin réussi à provoquer des dissensions entre les Alliés. Cette politique, elle l'a poursuivie sans relâche tout au long de la guerre. Ainsi, alors que d'un côté elle assurait aux Français que "les Anglais se battraient jusqu'au dernier souffle du dernier Français", le général Ludendorff donnait au chancelier impérial l'instruction suivante : "Nous devons encore et encore reprendre la phrase du discours de Kuhlmann selon laquelle la question de l'Alsace-Lorraine est la seule qui s'oppose à la paix. Et nous devons insister tout particulièrement sur le fait que le peuple anglais verse son sang pour un but de guerre impérialiste".[790]

Cette propagande fut si habilement menée après la fin de la guerre que, tandis que les officiers anglais revenant en Angleterre des zones occupées déclaraient que l'amabilité des Allemands les avait convaincus que l'Allemagne était vraiment notre amie et que nous devrions avoir une "entente" avec elle plutôt qu'avec la France, les officiers français revenant en France disaient que les Allemands les avaient assurés qu'ils étaient leurs meilleurs amis, que l'Angleterre était le véritable ennemi et qu'il valait mieux rompre l'Entente et former une alliance avec l'Allemagne. En même temps, pas moins de trois lignes de propagande sur les causes de la guerre partaient d'Allemagne, l'une rejetant toute la faute sur les Anglais, l'autre sur les Français, la troisième sur les Juifs, et des brochures reprenant ces théories contradictoires étaient envoyées à des sujets probables dans les pays alliés.[791]

Le plus grand triomphe de l'Allemagne impériale réside dans le fait qu'elle a réussi à enrôler parmi les Alliés les éléments mêmes dont on pouvait le plus s'attendre à ce qu'ils s'opposent à elle. Bien qu'il n'y ait eu aucun pays au monde où la monarchie ait été aussi adorée, le militarisme aussi universellement admiré, où le rang et la naissance aient joué un rôle aussi important et où les classes ouvrières, bien que soignées,

---

[790] *L'état-major général et ses problèmes*, II. 556.

[791] L'un des pamphlets émanant de la première de ces lignes et intitulé « England's War Guilt » (La culpabilité de l'Angleterre dans la guerre) est parvenu au présent auteur. Son but est de montrer que « l'Angleterre seule a été l'agent principal de la guerre » et que Lord Haldane et Sir Edward Grey, en encourageant l'Allemagne à croire que l'Angleterre n'interviendrait pas, l'ont entraînée dans un piège.

aient été maintenues dans une soumission aussi rigide, l'Allemagne, depuis l'époque de Bismarck, a toujours été le "foyer spirituel" des socialistes, des démocrates et des pacifistes britanniques, tout comme en France elle a toujours trouvé ses principaux alliés dans les loges maçonniques. Et ce, bien que les socialistes et francs-maçons allemands n'aient jamais tenté d'user de leur influence en faveur de l'idéal maçonnique et socialiste de fraternité universelle et de paix dans le monde, mais, au contraire, à chaque crise, ils ont jeté leur dévolu sur le parti militaire. Ainsi, avant la guerre franco-prussienne, tandis que les francs-maçons français de la Loge Concordia et les socialistes de la Première Internationale exhortaient leurs frères à s'en remettre au socialisme allemand pour éviter un conflit, les loges prussiennes criaient Hoch! aux couleurs nationales et chantaient les louanges du roi Guillaume et de "l'épée prussienne", et les sociaux-démocrates allemands applaudissaient à la cause de l'unité allemande.[792]

C'est exactement ce qui s'est passé avant la dernière guerre, lorsque Jaurès a assuré à ses camarades socialistes qu'au premier signe de conflit, il n'aurait qu'à communiquer avec Berlin pour enrôler le socialisme allemand dans les intérêts de la paix ; pourtant, à la déclaration de guerre, les socialistes allemands ont voté fermement pour les crédits de guerre, tandis que les socialistes britanniques se sont opposés à la participation à la guerre et ont même, dans certains cas, exprimé leur sympathie à l'égard de l'Allemagne. Et n'oublions jamais que ce n'est pas l'Allemagne socialiste mais l'Allemagne impériale qui a gagné l'allégeance de nos soi-disant démocrates.

Malgré cette trahison des socialistes allemands, malgré le fait qu'ils n'ont rien apporté à la cause du socialisme international ou de la paix mondiale, le parti travailliste britannique n'a jamais hésité, jusqu'à son accession au pouvoir, à défendre publiquement la cause de l'Allemagne. À l'exception de la Fédération sociale-démocrate, tous les organismes socialistes de ce pays ont proclamé leurs sentiments pro-allemands, et la *Justice* seule, parmi tous les organes socialistes, a exprimé sa sympathie pour les souffrances de la France. En fait, tout socialiste qui a osé défendre la cause de la France a immédiatement perdu son influence et

---

[792] Georges Goyau, *L'Idée de Patrie et l'Humanitarisme*, p. in (1913).

sa position dans les cercles socialistes. Quant au *Daily Herald*, s'il avait été édité à Berlin, il n'aurait pas pu soutenir plus fidèlement les intérêts allemands. Lorsque l'Alsace-Lorraine fut restituée à la France, il publia un article montrant combien les habitants de cette province supportaient mal d'être transférés de l'Empire allemand à la République française[793] ; lorsqu'une grève générale menaça ce pays, il saisit l'occasion pour lancer dans les grandes capitales un appel à la révision du traité de Versailles ; en ce qui concerne les réparations, ses efforts pour laisser l'Allemagne s'en tirer complètement ont été, comme il l'a lui-même fait remarquer, "incessants". "Le fait est, déclarait-elle le 17 décembre 1921, que ces exigences fantastiques en matière de réparations ne peuvent être satisfaites et que chaque paiement par lequel l'Allemagne tente de les satisfaire ne fera qu'aggraver les dommages causés à notre propre commerce et à notre propre industrie. Nous avons insisté sur ce point sans relâche pendant trois ans. Aujourd'hui, même le Premier ministre commence à comprendre que nous avions raison, que les intérêts de ce pays exigent que l'on mette au rebut *toute cette mauvaise affaire qui consiste à "faire payer l'Allemagne"*.[794]

En effet, lorsque les intérêts de l'Allemagne étaient en jeu, ce journal,, que Lénine a qualifié de "notre propre organe", mais qui pourrait encore mieux être revendiqué par Ludendorff et Stinnes, était tout à fait prêt à jeter le socialisme aux orties et à plaider la cause du capital. Au moment même où il défendait la politique travailliste d'un prélèvement sur toutes les fortunes dépassant 5 000 livres sterling dans ce pays, le *Daily Herald* s'épanchait presque en larmes sur l'iniquité de la France qui tentait de toucher aux poches des multimillionnaires allemands dont les profits, expliquait-il ensuite avec force détails, n'étaient pas aussi énormes qu'on pourrait le croire compte tenu de la baisse du pouvoir d'achat du mark. La baisse du pouvoir d'achat de la livre n'a cependant jamais été prise en compte dans l'évaluation des profits des employeurs de main-d'œuvre britanniques.[795]

---

[793] Le 19 août 1919.

[794] C'est moi qui souligne.

[795] *Daily Herald* du 26 janvier 1923. Le *Daily Herald était* si sensible aux sentiments des magnats allemands que sa susceptibilité fut profondément

Il suffit de suivre point par point la politique du parti travailliste britannique depuis la guerre pour se rendre compte que si les mesures qu'il préconise peuvent être d'un bénéfice douteux pour les travailleurs, il n'y a aucun doute quant au bénéfice qu'elles apporteraient à l'Allemagne. Avec un million et quart de chômeurs et un grand nombre de membres de la classe ouvrière incapables de se loger, les représentants déclarés du parti travailliste n'ont cessé de réclamer la suppression des restrictions à l'immigration et à l'importation d'étrangers. Ainsi, alors que par le biais des syndicats, le travailleur britannique devait être rigoureusement protégé contre la concurrence de son compatriote, aucun obstacle ne devait être placé sur le chemin de la concurrence de la main-d'œuvre étrangère, souvent sous-payée. Le fait que cette trahison flagrante de leurs intérêts n'ait pas soulevé une tempête de ressentiment parmi les classes ouvrières est certainement la preuve que la doctrine marxienne "l'émancipation des classes ouvrières doit être réalisée par les classes ouvrières elles-mêmes"[796] n'a pas conduit jusqu'à présent à de grands résultats. Emerson l'a bien observé : "Tant qu'un homme pense, il est libre". Les classes laborieuses ne seront jamais libres tant qu'elles n'apprendront pas à penser par elles-mêmes au lieu de laisser les exploiteurs bourgeois du travail penser à leur place.

La main de l'Allemagne derrière le socialisme doit être évidente pour tous ceux qui ne ferment pas délibérément les yeux sur ce fait, et il est significatif de remarquer que plus le socialisme se rapproche du bolchevisme, plus cette influence devient marquée. Ainsi, bien que certains groupes socialistes, tels que la Fédération sociale-démocrate en Angleterre et le Parti socialiste en France, ne se soient pas germanisés, les communistes avoués de tous les pays alliés sont fortement pro-allemands. C'est le cas même en France, où les bolcheviks trouvent de

---

choquée par le correspondant d'un autre journal qui, après avoir déjeuné avec Herr Thyssen, avait manqué de courtoisie en commentant ensuite l'étalage de richesse auquel il avait assisté (*Daily Herald* du 2 février 1923). Pourtant, le journaliste du *Daily Herald* n'avait rien vu d'inélégant dans le fait d'assister à une garden-party au palais de Buckingham et d'en publier un compte rendu narquois sous le titre « Pompes et farces au palais « (date du 21 juillet 1921).

[796] Karl Marx dans son *Préambule du Règlement provisoire de l'Internationale* (1864).

fervents partisans sur dans le groupe dirigé par Marcel Cachin, Froissart et Longuet, petit-fils de Karl Marx.

L'organisation du mouvement bolcheviste a en effet toujours dû une grande partie de son efficacité à la coopération allemande, fournie non seulement par les éléments socialistes mais aussi par les éléments monarchistes d'Allemagne.

Il est nécessaire à cet égard de comprendre le double caractère du parti monarchiste allemand depuis la fin de la guerre. La grande majorité de ses adhérents, animés par rien de plus répréhensible que l'esprit de militarisme et un patriotisme agressif qui s'accroche à la vieille formule de *Deutschland über alles*, sont probablement étrangers à toute intrigue, mais derrière cette masse d'impérialistes honnêtes, et sans doute inconnus d'un grand nombre, se cachent ces sinistres organisations que sont les sociétés secrètes pangermaniques.

Beaucoup d'entre elles, comme par exemple l'*Ostmarkenverein*, ostensiblement institué pour la défense des intérêts allemands sur la frontière russe, existaient avant la guerre ; en effet, il n'y a guère de doute qu'elles se sont poursuivies sans interruption depuis l'époque de la Tugendbund et qu'elles ont toujours conservé leur caractère maçonnique et "illuminé". Mais depuis le début de la Grande Guerre, et plus encore depuis l'Armistice, leur nombre s'est accru jusqu'à être estimé à trois chiffres en 1921. En outre, comme à l'époque de Weishaupt, la Bavière est toujours un centre d'intrigues de sociétés secrètes, et c'est là qu'Escherich a fondé l'*Einwohnerwehr*, parfois connue sous le nom d'*Orgesch* ou Organisation Escherich, dont le siège est à Munich. L'Orgesch a été suivie par le redoutable club des assassins, connu dans le monde entier sous le nom d'Organisation C ou "Consul", du nom de son fondateur, le célèbre capitaine Ehrhardt, dont le surnom était "*der Herr Consul*".

Au cours de l'année 1921, pas moins de 400 assassinats politiques ont été signalés en Allemagne et seraient l'œuvre de sociétés secrètes.

Parmi les crimes attribués à l'initiative de l'Organisation C figurent les meurtres de Herr Erzberger et la tentative d'assassinat de Herr Scheidemann. Quatre-vingts personnes arrêtées pour complicité dans l'assassinat de M. Rathenau seraient également membres de la même société.[797]

Mais comme dans le cas de toutes les sociétés secrètes, les dirigeants visibles ne constituaient pas la véritable hiérarchie ; derrière ce corps actif, il existait un cercle intérieur organisé sur le modèle maçonnique, le Druidenorden, un nom inconnu du public, et derrière celui-ci un autre cercle encore plus secret qui semble ne pas avoir de nom. Ce sont ces cercles intérieurs qui, tout en restant monarchistes en Allemagne, travaillent à d'autres fins à l'étranger et sont liés au mouvement révolutionnaire mondial.

Cette alliance entre les deux extrêmes que sont le monarchisme ardent et le socialisme révolutionnaire existait déjà au début de la guerre ou même avant, et, comme on le sait maintenant, c'est le social-démocrate juif Israël Lazarewitch, alias Helphandt alias Parvus, qui a organisé avec l'état-major allemand le passage de Lénine de la Suisse à la Russie, accompagné de Karl Radek, le juif autrichien déserteur, et d'un certain nombre d'autres juifs.

Depuis des centaines d'années, la Suisse est un centre d'intrigues révolutionnaires et de sociétés secrètes. Dès le XVIe siècle, le pape, écrivant aux rois de France et d'Espagne, les avertit que Genève est "un foyer éternel de révolution", et Joseph de Maistre, citant cette lettre en 1817, déclare que Genève est la métropole des révolutionnaires, dont il décrit l'art de la tromperie comme "le grand secret européen".[798] Par ailleurs, un an plus tôt, il avait désigné l'illuminisme comme la racine de tous les maux à l'œuvre. On sait aujourd'hui qu'au moment où de Maistre écrit ces mots, un cercle intérieur de révolutionnaires, se réclamant d'une filiation directe avec Weishaupt et même d'une secte antérieure existant à la fin du XVe siècle, a profité de la chute de Napoléon Ier pour reconstituer son organisation et a établi son siège en Suisse avec des succursales à Londres et à Paris. Le même cercle secret des Illuminati aurait été intimement lié à l'organisation de la révolution bolcheviste,

---

[797] *The Times*, 30 juin 1922 ; The *Morning Post*, 26 et 30 juin 1922. Un article très curieux et bien informé, d'où sont tirés certains de ces détails, est paru dans le *West Coast Leader*, Lima, Pérou, du 14 décembre 1921.

[798] *Lettres inédites de Joseph de Maistre*, p. 415 (1851).

bien qu'aucun des principaux bolcheviks n'ait été membre du cercle le plus secret, qui est censé être composé d'hommes appartenant aux classes intellectuelles et financières les plus élevées et dont les noms sont restés absolument inconnus. En dehors de ce cercle absolument secret, il existait cependant un cercle semi-secret de hauts initiés de sociétés subversives provenant du monde entier et appartenant à diverses nationalités — allemande, juive, française, russe et même japonaise. Ce groupe, que l'on pourrait qualifier d'anneau actif du cercle intérieur, semble avoir été en contact, sinon sous le contrôle, d'un comité qui se réunissait en Suisse pour mettre en œuvre le programme de la Troisième Internationale.

C'est donc en Suisse que se réunissaient en même temps les grands initiés des sociétés secrètes pangermanistes et que s'établissait un centre actif de propagande pro-allemande, anti-Entente et même bolcheviste. Ces Allemands, bien que monarchistes eux-mêmes, coopèrent avec les forces révolutionnaires secrètes pour semer le trouble dans les pays des Alliés. Au même moment, les conférences de la Deuxième Internationale, auxquelles assistaient des membres de l'I.L.P. britannique, se tenaient en Suisse, et à l'une d'entre elles — la Conférence de Berne de 1919 — les délégués étaient reçus par un mystérieux millionnaire "américain", John de Kay, qui vivait dans un grand style, payait le service de presse à raison de 2 000 francs par jour, prodiguait de l'argent à la conférence et subventionnait en même temps un journal pacifiste et défaitiste appelé *La Feuille*.

Il est donc impossible d'ignorer le rôle de l'Allemagne dans le déclenchement actuel de la révolution mondiale. Dans le Livre blanc britannique sur le bolchevisme en Russie, un Anglais qui a vécu toute la révolution dans ce pays déclare : "Les Allemands ont provoqué des troubles pour réduire la Russie au chaos : Les Allemands ont provoqué des troubles afin de réduire la Russie au chaos. Ils ont imprimé des masses de papier-monnaie pour financer leurs projets ; les billets, dont je possède des spécimens, sont facilement reconnaissables grâce à une marque spéciale.[799]

Que répond l'Allemagne à tout cela ? Simplement que la promotion du bolchevisme était une "nécessité" militaire pour provoquer la chute de

---

[799] Lettre du révérend B. S. Lombard à Lord Curzon, 23 mars 1919.

ses adversaires, mais que la propagande qu'elle utilisait était en réalité d'origine juive, et que c'était la juiverie, et non l'Allemagne, qui était le véritable auteur de la révolution mondiale.

Il est facile de voir comment une telle théorie peut servir la cause du pangermanisme. En effet, si l'Allemagne parvient à nous persuader que les Juifs sont les seuls responsables de la guerre et les seuls auteurs du bolchevisme, nous serons naturellement amenés à conclure que l'Allemagne est, après tout, innocente des crimes qui lui sont imputés et que notre seule sécurité consiste à renoncer aux réparations, à la rétablir dans son ancienne puissance et à nous coaliser avec elle contre un ennemi commun. Nous ferons donc bien d'accepter avec une extrême prudence les conseils sur la question juive émanant de sources allemandes, et de tester la sincérité de l'esprit dans lequel ils sont offerts en considérant les relations qui ont existé jusqu'à présent entre les Allemands et les Juifs.

L'Allemagne est depuis longtemps le foyer de l'"antisémitisme" moderne.

Bien que dans tous les pays et à toutes les époques, mais plus particulièrement dans l'Est de l'Europe au cours du siècle dernier, les Juifs aient souffert d'impopularité, c'est l'Allemagne qui a organisé cette aversion en un plan de campagne précis. Si en Russie, en Galicie et en Pologne, les Juifs ont subi des violences sporadiques de la part des paysans, en Allemagne, ils ont été systématiquement exposés par les autorités à la haine et au mépris. Luther, Kant, Fichte, Schopenhauer, Treitschke, ont successivement invectivé la race juive. L'accès aux loges maçonniques et aux grades d'officiers dans l'armée est refusé aux Juifs, tandis que la société les exclut jusqu'au déclenchement de la guerre.

Il n'en reste pas moins que, de toutes les nations, les Allemands ont toujours été les favoris des Juifs. Tout au long du mouvement d'unification de l'Allemagne sous l'égide de la Prusse, les Juifs ont joué un rôle de premier plan et, au cours de la dernière guerre, l'Allemagne a trouvé en eux certains de ses alliés les plus précieux. Comme l'a récemment souligné Maximilian Harden : "Les services rendus par les Juifs à l'Allemagne pendant la guerre ont été énormes. Le patriotisme des Juifs était irréprochable, dans de nombreux cas même ridicule et offensant par son intensité". Et malgré "l'antisémitisme", Harden déclare : "Il existe une forte affinité entre l'Allemand et le Juif".[800] Pour les Ashkénazes, l'Allemagne, plus encore que la Palestine, est apparue comme la Terre de Promesse. Ainsi, quelques années avant la guerre, le professeur Ludwig Geiger, chef des Juifs libéraux de Berlin, dénonce les "sophismes sionistes" en ces termes :

"Le Juif allemand qui a une voix dans la littérature allemande doit, comme il en a l'habitude depuis un siècle et demi, considérer l'Allemagne seule comme sa patrie, la langue allemande comme sa langue maternelle, et l'avenir de cette nation doit rester le seul sur lequel il fonde ses espoirs."[801]

Comment expliquer cette dévotion sans contrepartie ? Tout simplement par la politique allemande qui consiste à mettre toutes les forces vives à son service. Elle a su utiliser les Juifs comme elle a su utiliser les francs-maçons, les Illuminati et les socialistes à des fins de pangermanisme. Depuis Frédéric le Grand, qui employa le Juif Éphraïm pour frapper de la fausse monnaie, jusqu'à Guillaume II, qui resta en contact avec Rathenau au moyen d'un fil téléphonique privé, les dirigeants de l'Allemagne leur ont toujours permis de coopérer à leurs projets de domination du monde. Alliés de Bismarck, qui les utilisait librement pour remplir ses coffres de guerre, les Juifs ont orienté le pouvoir des sociétés secrètes dans l'intérêt de l'Allemagne ; en 1871, le Juif Bloechreider a conseillé le nouvel Empire allemand sur la meilleure façon d'arracher des indemnités à la France. Et l'Allemagne, tout en insultant les Juifs, remplit néanmoins certaines conditions essentielles à l'entreprise juive. Contrairement à l'Angleterre et à la France, elle ne s'est jamais laissée sérieusement affaiblir par les idées démocratiques et, par conséquent, pour les Juifs — comme pour les Britanniques qui croient en l'autocratie — elle représente le principe de la stabilité.

De plus, l'Allemagne, foyer du militarisme, offre un vaste champ à la spéculation juive. Il suffit de rapprocher un aphorisme de Mirabeau d'un aphorisme de Werner Sombart pour percevoir le lien d'union entre les deux races : "La guerre est l'industrie nationale de la Prusse" et "Les

---

[800] Le *Guardian juif* du 18 janvier 1924.

[801] *Encyclopédie juive*, article sur le sionisme.

guerres sont les récoltes des Juifs". Déjà en 1793 Anacharsis Clootz, l'apôtre de la fraternité universelle et défenseur de la race juive, déclare que si l'on veut empêcher l'Allemagne d'entrer en guerre, il faut persuader les Juifs de retirer leur soutien à ses aventures militaires :

La guerre ne pourrait pas commencer ou durer en Allemagne sans l'activité, l'intelligence et l'argent des Juifs. Les magazines et les munitions de toutes sortes sont fournis par des capitalistes hébreux et tous les agents subalternes de l'approvisionnement militaire sont de la même nation. Nous n'avons qu'à nous entendre avec nos frères, les rabbins, pour obtenir des résultats étonnants, miraculeux.[802]

M. Ford, le constructeur automobile américain, semble être arrivé à peu près à la même conclusion que celle exprimée dans les mots qui lui ont été récemment attribués : "Nous n'avons pas besoin de la Société des Nations pour mettre fin à la guerre. Mettez sous contrôle les cinquante plus riches financiers juifs, qui produisent des guerres pour leur propre profit, et les guerres cesseront".[803]

À une autre occasion, M. Ford aurait déclaré que les Juifs qui ont voyagé avec lui sur le navire de la paix en 1915 "ont fait tout leur possible pour le convaincre" des "relations directes entre le Juif international et la guerre" : ils "sont entrés dans les détails pour me dire par quels moyens les Juifs contrôlaient la guerre — comment ils avaient l'argent, comment ils avaient accaparé tous les matériaux de base nécessaires pour faire la guerre", etc.[804]

Sans absoudre en aucune façon l'Allemagne du crime de la guerre, il est nécessaire de prendre en considération ce facteur secondaire si l'on veut établir la paix entre les nations. Car tant que la soif de guerre subsistera dans le cœur des Allemands et la soif de gain au prix de la souffrance humaine dans le cœur des Juifs, les deux races resteront nécessaires l'une à l'autre et l'affreux cauchemar de la guerre continuera à planer sur le monde.

---

[802] *La République universelle*, p. 186 note (1793).

[803] *Daily Mail*, 21 septembre 1923.

[804] Rapporté dans le *Monde Juif*, 5 janvier 1922.

Il y a donc une grande part de vérité dans l'expression socialiste "guerres des capitalistes", bien que ce ne soit pas dans le sens qu'ils lui attribuent. On remarquera en effet que les capitalistes qui contribuent le plus à faire la guerre sont précisément ceux que les socialistes s'efforcent toujours de mettre à l'abri de tout reproche. L'incident suivant illustrera ce point.

Lors d'une réunion de la Fédération sociale-démocrate, M. Adolphe Smith proposa une résolution appelant les travailleurs organisés de Grande-Bretagne à ne pas se laisser utiliser, dans l'intérêt supposé de leurs compagnons de travail dans d'autres pays, par de sinistres influences financières et militaristes dans le seul but d'affaiblir les nations de l'Entente dans la situation critique actuelle, et les exhortant à rester vigilants face à de telles manœuvres de la part des financiers internationaux pro-allemands, qui étaient en mesure d'exercer une influence réactionnaire considérable au sein des classes riches et officielles de ce pays.[805]

M. Hyndman a ajouté que "le danger le plus grave qui nous menaçait provenait du groupe de capitalistes le plus puissant d'Europe, dirigé par Hugo Stinnes et soutenu par Hindenburg, Ludendorff et le parti militariste en Allemagne". Cette résolution a été contestée par un membre du parti travailliste parlementaire et a finalement été retirée.

La connexion entre l'impérialisme allemand, la finance internationale, l'illuminisme, le bolchevisme et certaines sections du socialisme britannique est donc évidente. L'Allemagne est-elle donc la puissance secrète qui se cache derrière ce que nous appelons le bolchevisme ? L'illuminisme et le pangermanisme sont-ils une seule et même chose ? À cette hypothèse, deux objections se présentent : premièrement, l'esprit de l'Illuminisme et du Bolchevisme existait, comme nous l'avons vu dans les chapitres précédents de ce livre, bien avant la naissance de l'Allemagne moderne ; et deuxièmement, l'Allemagne elle-même n'est pas entièrement à l'abri de la contagion. Car si le danger du bolchevisme en Allemagne a sans doute été largement exagéré pour empêcher les Alliés de faire valoir leurs exigences en matière de désarmement et de réparations, il n'en reste pas moins que le bolchevisme, sous son nom

---

[805] *Morning Post* du 1er août 1921.

éclairé de spartacisme, ne peut être considéré comme un mouvement entièrement mis en scène pour la tromperie de l'Europe. En outre, de même que dans les pays alliés il s'est montré, sous le couvert du pacifisme, sauvagement anti-national et pro-allemand, de même en Allemagne, comme en Hongrie, il a détourné le pacifisme en professant à certains moments de la sympathie pour les Alliés.

Il est donc clair qu'à côté du pangermanisme, une autre puissance est à l'œuvre, une puissance bien plus ancienne, qui cherche à détruire tout esprit national, tout gouvernement ordonné dans tous les pays, y compris l'Allemagne. Quelle est cette puissance ? Une grande partie de l'opinion répond : la puissance juive.

15. LE VÉRITABLE PÉRIL JUIF

En examinant l'immense problème du pouvoir juif, peut-être le plus important auquel le monde moderne est confronté, il est nécessaire de se débarrasser de tous les préjugés et de se demander, dans un esprit de détachement scientifique, s'il existe une preuve certaine qu'une tentative concertée est faite par la juiverie pour dominer le monde et effacer la foi chrétienne.

Les chapitres précédents de ce livre ont montré qu'un tel objectif a existé parmi les Juifs dans le passé. La conception des Juifs en tant que peuple élu qui doit un jour régner sur le monde constitue en effet la base du judaïsme rabbinique.

Il est d'usage dans ce pays de dire que nous devons respecter la religion juive, et ce serait certainement notre devoir si la religion juive était fondée, comme on le suppose généralement, uniquement sur l'Ancien Testament. En effet, bien que nous ne nous considérions pas tenus d'observer le rituel du Pentateuque, nous ne trouvons rien à redire au fait que les Juifs s'acquittent de ce qu'ils considèrent comme leurs devoirs religieux. De plus, bien que l'Ancien Testament dépeigne les Juifs comme une race favorisée — conception qui, selon nous, a été remplacée par la dispensation chrétienne, selon laquelle tous les hommes sont déclarés égaux aux yeux de Dieu — il contient néanmoins une loi de justice très élevée applicable à l'ensemble de l'humanité. C'est en raison de leur universalité que les livres de Job et de l'Ecclésiaste, ainsi que de nombreux passages des Psaumes, d'Isaïe et des petits prophètes, ont lancé un appel éternel à la race humaine. Mais la religion juive s'appuie aujourd'hui sur le Talmud plutôt que sur la Bible. "Le Juif moderne, observe l'un de ses derniers traducteurs juifs, est le produit du Talmud".[806] Le Talmud lui-même n'accorde à la Bible qu'une place

---

[806] Michael Rodkinson (c'est-à-dire Rodkinssohn), dans la Préface à la traduction du Talmud, Vol. I. p. x.

secondaire. Ainsi, le traité talmudique Soferim dit : "La Bible est comme de l'eau, la Mischna est comme du vin, et la Gemara est comme du vin épicé".

Or, le Talmud n'est pas une loi de justice pour toute l'humanité, mais un code méticuleux s'appliquant au seul Juif. Aucun être humain en dehors de la race juive ne peut aller chercher de l'aide ou du réconfort dans le Talmud.

On y chercherait en vain une règle de vie aussi splendide que celle donnée par le prophète Michée : "Il t'a montré, ô homme, ce qui est bon ; et que te demande le Seigneur, sinon d'agir avec justice, d'aimer la miséricorde et de marcher humblement avec ton Dieu ? Dans le Talmud, au contraire, comme le souligne Drach, "les préceptes de justice, d'équité, de charité envers le prochain, non seulement ne s'appliquent pas au chrétien, mais constituent un crime chez celui qui agirait différemment...". Le Talmud interdit expressément de sauver un non-Juif de la mort,... de lui restituer des biens perdus, etc., d'avoir pitié de lui".[807]

La contribution du Talmud aux tendances antisociales du judaïsme moderne est illustrée par le fait que les Karaïtes vivant dans le sud de la Russie, le seul groupe de juifs qui se fonde sur la Bible et non sur le Talmud, dont il n'accepte que les parties conformes à l'enseignement biblique, se sont toujours montrés de bons sujets de l'Empire russe et ont donc joui de droits égaux à ceux du peuple russe qui les entourait. La Grande Catherine a particulièrement favorisé les Karaïtes.

Ainsi, même les Juifs ne sont pas unanimes à soutenir le Talmud ; en effet, comme nous l'avons déjà vu, de nombreux Juifs ont protesté contre le Talmud, qu'ils considèrent comme une barrière entre eux et le reste de la race humaine.

Mais c'est dans la Cabale, plus encore que dans le Talmud, que le rêve judaïque de domination du monde revient avec le plus de persistance. Le

---

[807] Drach, *De l'Harmonie entre l'Église [C] et la Synagogue*, I. 167, citant le traité Aboda-Zara, folio 13 verso, et folio 20 recto ; également traité Baba Kamma, folio 29 verso. Drach ajoute : « On pourrait multiplier ces citations presque à l'infini. »

Zohar en parle d'ailleurs comme d'un *fait accompli*, expliquant que "la fête des Tabernacles est la période où Israël triomphe sur les autres peuples du monde ; c'est pourquoi, au cours de cette fête, nous saisissons le Loulab [branches d'arbres attachées ensemble] et le portons comme un trophée pour montrer que nous avons conquis tous les autres peuples appelés" 'populace' et que nous les dominons." [808] Il est cependant demandé à Dieu d'accorder à ces autres peuples une certaine part de bénédiction, "afin qu'occupés par cette part, ils ne participent ni ne se mêlent à la joie d'Israël lorsqu'il fait descendre les bénédictions d'en haut". La situation peut donc être comparée à celle d'un roi qui, voulant donner une fête à ses amis particuliers, voit sa maison envahie par des gouverneurs importuns qui demandent à y être admis. "Que fait alors le roi ? Il ordonne de servir aux gouverneurs du bœuf et des légumes, qui sont des aliments communs, puis il se met à table avec ses amis et se fait servir les plats les plus délicieux". [809]

Mais cela n'a rien à voir avec le festin qui aura lieu à l'arrivée de l'ère messianique. Après le retour en Palestine des Juifs de toutes les nations et de toutes les parties du monde, le Messie, nous dit le Talmud, les recevra lors d'un somptueux banquet, où ils seront assis à des tables en or et régalés de vin provenant de la cave à vin d'Adam. Le premier plat consistera en un bœuf rôti appelé Béhémoth, si immense qu'il mange chaque jour l'herbe de mille collines ; le deuxième en un poisson monstrueux, le Léviathan ; le troisième en un Léviathan femelle bouilli et mariné ; le quatrième en une gigantesque volaille rôtie appelée Barjuchne, dont l'œuf seul était si énorme que lorsqu'il est tombé du nid, il a écrasé trois cents grands cèdres et que le blanc a débordé de soixante villages. Ce plat doit être suivi par "le dessert le plus splendide et le plus pompeux" que l'on puisse se procurer, y compris les fruits de l'arbre de vie et "les grenades de l'Eden qui sont conservées pour les Justes".

À la fin du banquet, "Dieu donnera un bal à la compagnie ; il s'assiéra lui-même au milieu d'eux, et chacun le désignera du doigt en disant : Voici notre Dieu : nous l'avons attendu, nous nous réjouirons et nous

---

[808] Zohar, section Toldoth Noah, folio 63 *b* (traduction de Pauly, I 373).

[809] Zohar, section Toldoth Noah, folio 646 (traduction de Pauly, I. 376).

nous réjouirons de son salut".[810]

Le commentateur du dix-huitième siècle, dont nous citons le résumé de ces passages, poursuit en observant :

Mais voyons un peu comment les Juifs vivront dans leur ancien pays sous l'administration du Messie. Tout d'abord, les nations étrangères qu'ils laisseront vivre leur construiront des maisons et des villes, cultiveront le sol et planteront des vignes, et tout cela sans même chercher à obtenir la moindre récompense pour leur travail.

Ces nations survivantes leur offriront volontairement toutes leurs richesses et leurs meubles : Les princes et les nobles les accompagneront et seront prêts à leur accorder toute forme d'obéissance sur leur ordre, tandis qu'ils seront eux-mêmes entourés de grandeur et de plaisir, apparaissant à l'étranger dans des vêtements étincelants de joyaux, comme des prêtres de l'onction consacrés à Dieu....

En un mot, la félicité de cette nation sainte, aux temps du Messie, sera telle que sa condition exaltée ne peut entrer dans la conception de l'homme, et encore moins dans l'expression humaine. C'est ce que disent les rabbins. Mais le lecteur intelligent dira sans doute qu'il s'agit du Paradis des fous.[811]

Il est intéressant de noter que cette conception de la manière dont le retour en Palestine doit s'effectuer est parvenue à certains colons modernes. Sir George Adam Smith, après avoir observé le sionisme à l'œuvre en 1918, a écrit :

En visitant une colonie juive récemment établie dans le nord-est du pays, autour de laquelle un haut mur avait été construit par le généreux

---

[810] J. P. Stehelin, *The Traditions of the Jews*, II. 215-20, citant les traités du Talmud Baba Bathra folio 74 *b*, Pesachim folio 32, Bekhoroth folio 57, Massektoth Ta'anith folio 31. Le Zohar fait également référence au Léviathan féminin (section Bô, traduction de Pauly, III. 167). Drach montre que parmi les délices promis par le Talmud après le retour en Palestine, il y aura la permission de manger du porc et du lard. — *De l'Harmonie entre l'Église et la Synagogue*, I. 265, 276, citant le traité Hullin, folio 17, 82.

[811] Stehelin, op. cit. II. 221-4.

mécène, j'ai trouvé les colons assis à l'ombre de ce mur en train de jouer toute la matinée, tandis que des groupes de *fellahs* mal payés s'occupaient de la culture à leur place. J'ai dit que ce n'était certainement pas l'intention de leur mécène en les aidant à s'installer sur leur propre terre. Un juif m'a répondu en allemand : "N'est-il pas écrit : Les fils de l'étranger seront vos laboureurs et vos vignerons". Je sais que de tels agissements sont devenus l'exception dans la colonisation juive de la Palestine, mais ils sont symptomatiques de dangers contre lesquels il faudra se prémunir.[812]

Les fellahin peuvent toutefois s'estimer heureux d'être autorisés à vivre, car, selon plusieurs passages de la Cabale, tous les *goyim seront* balayés de la surface de la terre lorsqu'Israël entrera en possession de ses moyens. Ainsi, le Zohar raconte que le Messie déclarera la guerre au monde entier et que tous les rois du monde finiront par déclarer la guerre au Messie. Mais "le Saint, béni soit-il, déploiera sa force et les exterminera du monde"[813] : Heureux sera le sort d'Israël, que le Saint, béni soit-Il, a choisi parmi les *goyim* dont l'Écriture dit : "Leur œuvre n'est que vanité, c'est une illusion sur dont il faut rire ; ils périront tous quand Dieu les visitera dans sa colère." Au moment où le Saint, béni soit-Il, exterminera tous les *goyim* du monde, Israël seul subsistera, comme il est écrit : "Le Seigneur seul paraîtra grand en ce jour-là."[814]

L'espoir d'une domination mondiale n'est donc pas une idée attribuée aux Juifs par les "antisémites", mais une partie très réelle et essentielle de leurs traditions. Qu'en est-il alors de leur attitude à l'égard du christianisme dans le passé ? Nous avons déjà vu que la haine de la personne et de l'enseignement du Christ ne s'est pas arrêtée au Golgotha, mais qu'elle a été entretenue par les rabbins et perpétuée dans le Talmud et les Toledot Yeshu. La Cabale contient également des passages se référant à la fois au Christ et à Mahomet, si indiciblement immondes qu'il

---

[812] The Very Rev. Sir George Adam Smith, *Syria and the Holy Land*, p. 49 (1918).

[813] Zohar, section Schemoth, folio 7 et 9 *b* ; section Beschalah, folio 58b (de Pauly's trans., III. 32, 36, 41, 260).

[814] Ibid. section Vayschlah, folio 177 *b* (trad. de Pauly, II. p. 298).

serait impossible de les citer ici.

Mais on objectera que les juifs d'Europe occidentale ne connaissent aujourd'hui rien de la Cabale. C'est peut-être le cas, mais la Cabale a imperceptiblement modelé l'esprit du Juif. Comme l'a déclaré un écrivain juif moderne :

Le kabbalisme a contribué à la formation du judaïsme moderne, car sans l'influence de la kabbale, le judaïsme d'aujourd'hui aurait pu être unilatéral, manquant de chaleur et d'imagination. En effet, la Kabbale a pénétré si profondément dans le corps de la foi que beaucoup d'idées et de prières sont maintenant immuablement enracinées dans le corps général de la doctrine et de la pratique orthodoxes. Cet élément ne s'est pas seulement incorporé, mais il a fixé son emprise sur les affections des Juifs et ne peut être éradiqué.[815]

Ce n'est donc pas dans la loi de Moïse tonnée depuis le Sinaï, ni dans le rituel aride du Talmud, mais dans les stupéfiantes imaginations de la Cabale, que les véritables rêves et aspirations de la communauté juive ont été transmis à travers les âges. La croyance en la venue du Messie peut s'éteindre, mais la foi dans le triomphe final d'Israël sur les autres nations du monde brille encore dans le cœur d'une race nourrie de cet espoir depuis des temps immémoriaux. Même le juif libre penseur doit inconsciemment réagir aux incitations de cette vaste et ancienne ambition. Comme l'a exprimé un écrivain français moderne :

Certes, les libres penseurs sectaires pullulent, qui se flattent de n'avoir rien emprunté à la synagogue et de haïr également Jéhovah et Jésus. Mais le monde juif moderne est lui aussi détaché de toute croyance surnaturelle, et la tradition messianique, dont il conserve le culte, se réduit à considérer la race juive comme le véritable Messie.[816]

Un article paru récemment dans la presse juive donne un peu de couleur à cette affirmation : on y explique que, selon l'enseignement de la "Synagogue juive libérale", les beaux passages du cinquante-troisième

---

[815] Hastings' *Encyclopædia of Religion and Ethics*, article sur la Kabbale par H. Loewe.

[816] Eugène Tavernier, *La Religion Nouvelle*, p. 265 (1905).

chapitre d'Isaïe concernant "l'homme de douleur qui connaît la souffrance", que les chrétiens supposent habituellement se rapporter au Messie promis, sont interprétés par la jeunesse juive moderne comme se rapportant à Israël et signifiant que les "souffrances d'Israël ont été causées par les péchés d'autres nations", qui ont ainsi "échappé aux souffrances qu'elles méritaient". En conséquence, "Israël a souffert pour le monde entier".[817] Il est difficile d'imaginer comment cette étonnante prétention peut être maintenue au vu des dénonciations perpétuelles des Israélites dans l'ensemble de l'Ancien Testament. Lors de leur entrée en Canaan, Moïse leur dit clairement que le Seigneur leur Dieu ne leur a pas donné "ce bon pays" à cause de leur justice ou de la droiture de leur cœur[818] ; longtemps après, Daniel déclare que tout Israël a transgressé la loi de Dieu[819] ; Néhémie montre qu'à cause de leur rébellion et de leur désobéissance, ils ont été livrés aux mains de leurs ennemis.[820] Isaïe a parlé des iniquités de Juda en des termes brûlants :

Ah, nation pécheresse, peuple chargé d'iniquité, race de méchants, enfants corrompus ! Lave-toi, purifie-toi, efface de devant mes yeux la méchanceté de tes actions, cesse de faire le mal, apprends à faire le bien, etc.[821]

Ainsi, même la Parole de Dieu elle-même est impuissante à atténuer l'immense mégalomanie de la race juive. Il n'est pas certain que la majorité des juifs considèrent aujourd'hui la Bible comme divinement inspirée. "Les dix commandements que *nous avons* donnés à l'humanité"[822] est une phrase typique de la manière dont Israël s'arroge aujourd'hui la seule paternité des Écritures. La déification de l'humanité par les francs-maçons du Grand Orient trouve son pendant dans la déification d'Israël par le Juif moderne.

---

[817] Le *Guardian juif* du 25 janvier 1924.

[818] Deuter. ix. 5.

[819] Dan. ix. 11.

[820] Neh. ix. 26.

[821] Isa. i. 1-17. Voir aussi Ezek. xx. 13.

[822] *Jewish Guardian* du 1er octobre 1920.

C'est là qu'il faut certainement voir la cause d'une grande partie des souffrances que les Juifs ont endurées dans le passé. Personne, bien sûr, ne justifierait la cruauté avec laquelle ils ont souvent été traités ; cependant, il serait absurde de soutenir qu'il n'y a pas eu de provocation de la part des Juifs. Une race qui s'est toujours considérée comme ayant le droit d'occuper une position privilégiée parmi les nations du monde doit inévitablement rencontrer du ressentiment, et dans une époque ou une population primitive, le ressentiment est susceptible de trouver un exutoire dans une violence choquante pour l'esprit civilisé. En outre, présenter les Juifs comme un peuple doux et tolérant, toujours victime mais jamais auteur de violences, est absolument contraire aux faits historiques. Dans les périodes sombres du passé, les Juifs se sont montrés parfaitement capables de cruauté non seulement envers les autres races, mais aussi entre eux. L'un des premiers pogroms enregistrés à l'ère chrétienne a été perpétré par les Juifs eux-mêmes.

L'historien juif Josèphe décrit le règne de "l'anarchie et de la barbarie" inauguré vers le milieu du premier siècle de notre ère par la bande d'assassins connue sous le nom de Sicarii, qui infestait le pays autour de Jérusalem et qui, au moyen de petits poignards qu'ils portaient cachés sous leurs vêtements, "tuait des hommes pendant le jour et au milieu de la ville, surtout pendant les fêtes où ils se mêlaient à la multitude". Au cours d'un raid nocturne sur la petite ville d'Engaddi, ils massacrèrent plus de sept cents femmes et enfants. [823] Et Josèphe poursuit :

En effet, c'était l'époque la plus fertile en méchancetés de toutes sortes parmi les Juifs, si bien qu'aucune sorte de vilenie n'était laissée sans suite, et que personne ne pouvait, s'il le voulait, inventer une chose mauvaise et nouvelle. Ils étaient si profondément infectés, tant en privé qu'en public, qu'ils rivalisaient les uns avec les autres pour savoir qui irait le plus loin dans l'impiété envers Dieu et dans les actions injustes envers leurs voisins, les hommes au pouvoir opprimant la multitude, et la multitude s'efforçant sincèrement de détruire les hommes au pouvoir.[824]

---

[823] Josèphe, *La guerre des Juifs* (trad. anglaise), IV. 170, 334.

[824] Ibid. V. 152.

Il est donc vain de soutenir, comme le font les juifs et leurs amis —
car le pro-juif est souvent *plus royaliste que le roi* — *que* tous les défauts
du juif moderne sont à attribuer à l'amertume engendrée par la
persécution. Le judaïsme a toujours contenu un élément de cruauté[825] qui
trouve son expression dans le Talmud. C'est du Talmud, et non de la loi
mosaïque, que proviennent les méthodes inhumaines de l'abattage juif.[826]
Le Talmud donne également les instructions les plus horribles pour
l'exécution de la peine capitale, en particulier à l'égard des femmes, par
les méthodes de la lapidation, du brûlage, de l'étouffement ou de
l'assassinat par l'épée. La victime condamnée à être brûlée doit avoir une
écharpe enroulée autour de son cou, dont les deux extrémités sont tirées
fermement par les bourreaux, tandis que sa bouche est forcée de s'ouvrir
avec des pinces et qu'une ficelle allumée y est enfoncée "de sorte qu'elle
coule à travers ses entrailles et rétrécit ses entrailles".[827]

On dira que tout cela appartient au passé. Certes, la pratique décrite
ici peut être considérée comme obsolète, mais l'esprit de cruauté et
d'intolérance qui l'a dictée est toujours vivant. Il suffit d'étudier la presse
juive moderne pour se rendre compte des persécutions dont les Juifs sont
l'objet de la part des membres de leur propre race s'ils enfreignent la
moindre parcelle du code juif.

Si donc "le Juif moderne est le produit du Talmud", c'est là qu'il faut
voir le principal obstacle au progrès juif. On dit qu'Isaac Disraeli, le père
de Lord Beaconsfield, a donné comme raison pour se retirer de la
synagogue que le judaïsme rabbinique, avec ses lois inflexibles et ses
coutumes contraignantes, "coupe les Juifs de la grande famille de
l'humanité".[828] Un tel système est en effet absolument incompatible non
seulement avec l'enseignement chrétien mais avec les idées séculières de
la civilisation occidentale. L'attitude qu'il adopte à l'égard des femmes

---

[825] Voir, par exemple, les descriptions de l'horrible cruauté pratiquée dans les
écoles juives de Pologne au XVIIIe siècle, données dans *The Autobiography of
Solomon Maimon* (Eng. trans., 1888), p. 32.

[826] Traité Hullin, folio 27 *a*.

[827] Talmud, traité Sanhédrin (traduction de Rodkinson, p. 156).

[828] *Encyclopædia Britannica* (édition 1911), article sur Lord Beaconsfield.

suffirait à elle seule à justifier cette affirmation. La prière quotidienne juive, "Béni sois-tu, Seigneur notre Dieu, Roi de l'univers, de ne pas avoir fait de moi une femme !"[829] est un anachronisme ridicule à l'époque actuelle. Selon le Talmud, un office ne peut avoir lieu dans la synagogue que si dix personnes sont présentes, ce nombre garantissant la présence de Dieu dans l'assemblée. Drach explique cependant que ces personnes doivent toutes être des hommes. "S'il y avait neuf hommes et un million de femmes, il n'y aurait pas d'assemblée, car les femmes ne sont rien. Mais il arrive [sur la scène] un seul petit garçon de treize ans et un jour, aussitôt il peut y avoir une sainte assemblée et, selon nos docteurs, il est permis à Dieu d'y être présent."[830]

Par conséquent, lorsque nous disons que nous devons respecter la religion juive, nous ne pouvons pas, si nous savons quelque chose à ce sujet, signifier que nous respectons la partie de cette religion qui est fondée sur les traditions rabbiniques du Talmud et de la Cabale, mais seulement la loi éthique énoncée dans l'Ancien Testament, à laquelle les juifs honnêtes ont fidèlement adhéré et qui est en grande partie en accord avec l'enseignement chrétien.

N'oublions pas que le judaïsme rabbinique est l'ennemi déclaré et implacable du christianisme. La haine du christianisme et de la personne du Christ n'est pas une question d'histoire lointaine, ni ne peut être considérée comme le résultat d'une persécution ; elle fait partie intégrante de la tradition rabbinique qui est née avant toute persécution des juifs par les chrétiens et qui s'est poursuivie dans notre pays bien après la fin de ces persécutions.

C'est là que l'on ne peut manquer de déceler l'origine d'une grande

---

[829] Drach, *De l'Harmonie entre l'Église et la Synagogue*, II. 336. Cette coutume est toujours en vigueur ; voir la plainte très légitime d'une Juive dans le *Jewish World* du 21 décembre 1923, selon laquelle les femmes sont toujours reléguées dans la galerie « pour être cachées derrière la grille, d'où elles peuvent entendre leurs hommes bénir le Tout-Puissant d'un ton strident : 'Tu n'as pas fait de moi une femme' ».

[830] Drach, op. cit. 335, 336, citant le Talmud, traité Meghilla folio 23 verso, traité Berachoth folio 21 verso, traité Sanhédrin folio 2 recto, Maïmonide chap. viii. art 6 ; Schulchan Arukh, etc.

partie de l'enseignement antichrétien virulent qui est diffusé aujourd'hui dans nos milieux. On constatera que cet enseignement suit trois lignes, dont le parcours a été tracé tout au long de ce livre. Elles consistent à profaner la tradition chrétienne en déclarant que le Christ était soit *a)* un mythe, *b)* un maître purement humain doué d'une vertu supérieure et d'une connaissance des lois naturelles, *c)* un fanatique fou [831] ou un malfaiteur. Les deux premières théories sont, comme nous l'avons vu, celles des sociétés secrètes ; la dernière est essentiellement juive. Il est vrai qu'il y a maintenant un mouvement parmi les juifs les plus éclairés pour reconnaître Jésus comme un grand maître ; jusqu'à présent, malheureusement, ce mouvement est accueilli par une hostilité amère de la part des autres, et dans la presse juive actuelle on trouve fréquemment des références méprisantes et même blasphématoires à l'égard du Christ et de la foi chrétienne. Le fait qu'ici, en Angleterre, pendant près de trois cents ans, les Juifs aient été autorisés à vivre en paix et à pratiquer leurs rites religieux sans être inquiétés, qu'ils aient été admis dans la société, dans les loges maçonniques et dans toutes les fonctions de l'État et qu'ils aient rencontré une tolérance et une faveur croissantes, n'a rien fait pour modérer la haine du christianisme inculquée au cours de dix-neuf siècles d'enseignement rabbinique. Ainsi, par exemple, sous le titre "Ce que le christianisme a signifié", on peut lire dans un périodique juif moderne : "Nous pensons à ce que le christianisme, en tant qu'institution, a signifié pour nous, Juifs. Les vingt siècles de son existence ont coïncidé avec la longue tragédie de la dispersion des Juifs parmi les nations... La gentillesse et la considération que nous avons reçues de la part de la chrétienté ont pour la plupart été offertes avec l'attrait des fonts baptismaux. La tragédie juive s'est aggravée dans la mesure où l'incarnation du christianisme, l'Église, a été puissante. Ce n'est que lorsque et là où l'Église a été faible que la vie a été tolérable pour le Juif... La haine du Juif, les explosions anti-juives et les campagnes antisémites ne sont dues à rien tant qu'à l'antipathie envers le Juif qui a été inculquée par le christianisme.... Il y a donc très peu de raisons pour le Juif de se

---

[831] À ce sujet, voir l'article sur « Jésus » dans la *Jewish Encyclopædia*, où le lecteur est renvoyé aux travaux d'O. Holtzmann (« *War Jesus Ekstattker ?* »), qui « reconnaît que des processus mentaux anormaux ont dû intervenir dans les paroles et le comportement de Jésus ».

réjouir de l'institution du christianisme, etc.[832]

L'étude la plus superficielle de l'histoire révélerait la fausseté de cette affirmation. L'antipathie à l'égard du Juif a commencé bien avant l'ère chrétienne ; en Égypte, en Perse et à Rome, il est devenu, à juste titre ou non, l'objet de la suspicion des dirigeants. La raison invoquée par Pharaon pour opprimer les Israélites était que si on les laissait devenir trop puissants, ils pourraient se joindre à l'ennemi en temps de guerre[833] ; les empereurs de Rome les considéraient comme un élément turbulent ; Mahomet déclarait :

"Leur but sera d'encourager le désordre sur la terre, mais Dieu n'aime pas ceux qui encouragent le désordre". [834] Entre-temps, l'antipathie manifestée par le "peuple" dans tous les pays est principalement basée sur des motifs économiques. Ce n'est pas simplement la possession de richesses — qui, selon le credo socialiste, devrait justifier n'importe quelle haine — mais la manière dont elles ont été acquises et l'arrogance avec laquelle elles ont été étalées qui ont éveillé le sentiment populaire à l'encontre des Juifs. Un Fakih arabe, Abu Ishak d'Elvira, a ainsi averti son maître du pouvoir croissant des Juifs en Espagne au milieu du onzième siècle de notre ère : Les Juifs, méprisables parias, sont devenus de grands seigneurs, et leur orgueil et leur arrogance ne connaissent pas de limites... Ne prends pas de tels hommes pour tes ministres, mais abandonne-les à la malédiction, car la terre entière crie contre eux, bientôt elle tremblera et nous périrons tous. Tourne tes yeux vers d'autres pays et regarde comment les Juifs sont traités comme des chiens et tenus à l'écart...

Je suis arrivé à Grenade, et j'y ai vu les Juifs régner.

Ils s'étaient partagé les provinces et la capitale ; partout régnait l'un de ces maudits. Ils percevaient les impôts, ils faisaient la fête, ils étaient somptueusement vêtus, tandis que vos vêtements, ô musulmans, étaient vieux et usés. Ils connaissaient tous les secrets de l'État ; mais c'est une

---

[832] *Monde juif* du 22 décembre. 1920.

[833] Exode. i 10.

[834] Sourate v. 60 (édition Everyman's Library, p. 493).

folie que de se fier à des traîtres ! Alors que les croyants mangeaient le pain de la pauvreté, ils dînaient délicatement dans le palais... Comment pouvons-nous prospérer si nous vivons dans l'ombre et que les Juifs nous éblouissent par la gloire de leur orgueil ?[835]

Dans la France médiévale, le principal reproche fait aux Juifs est de ne pas travailler de leurs mains mais de s'enrichir par une "usure excessive". Au XVe siècle, le prédicateur strasbourgeois Geyler s'interroge : "Les juifs sont-ils au-dessus des chrétiens ? Pourquoi ne travaillent-ils pas de leurs mains ?... pratiquer l'usure n'est pas travailler. C'est exploiter les autres en restant oisif".[836] On pourrait multiplier à l'*infini* les citations de ce type.

Il est donc ridicule d'attribuer la persécution des Juifs au christianisme. Qu'à une époque moins éclairée, l'Église ait adopté des mesures rigoureuses — mais pas plus rigoureuses que ne l'exigeaient ses propres lois — contre les Juifs qui pratiquaient la magie et la sorcellerie doit paraître déplorable à l'esprit moderne, mais il en va de même pour bien d'autres aspects de la vie médiévale. Pourquoi alors se tourner perpétuellement vers le passé ? Si les Juifs ont été persécutés à une époque moins éclairée, il en a été de même pour de nombreux autres groupes de la communauté. Les catholiques étaient persécutés, les protestants étaient persécutés, les hommes étaient mis au pilori pour des délits mineurs, les femmes grondeuses étaient canardées dans l'étang du village. Mais si toutes ces cruautés de l'âge des ténèbres doivent être rappelées et perpétuées sur le plan d'une vendetta tribale, quelle paix peut-il y avoir pour le monde ? Les résultats désastreux de cette tendance ont été observés chez les intellectuels irlandais, nourris depuis leur enfance de l'histoire des torts de l'Irlande, qui, au lieu d'affronter sainement les problèmes actuels, ont désorienté leur esprit en ruminant des griefs historiques, scellant ainsi leur propre destin et précipitant leur pays dans la ruine. De même, les féministes enragées, se référant à des injustices qui ont cessé d'exister depuis longtemps, se sont aigries la vie en se proclamant les éternelles ennemies de l'homme. Emerson, le prophète de la raison, déclarait : "Le seul lest que je connaisse est le

---

[835] Reinhardt Dozy, *Spanish Islam* (trad. anglaise), p. 651.

[836] J. Denais-Darnays, *Les Juifs en France*, p. 17 (1907).

respect de l'heure présente". C'est faute de ce lest que les Juifs sont devenus les victimes d'un fanatisme dans lequel les chrétiens, par une fausse idée de bonté, les ont souvent encouragés. En réalité, rien n'est plus cruel que d'encourager dans l'esprit d'une race nerveuse l'idée de la persécution ; la vraie bonté envers les Juifs consisterait à les exhorter à se débarrasser des souvenirs du martyre passé et à entrer sainement dans la jouissance de leurs bénédictions présentes, qui sont le résultat direct de la civilisation chrétienne.

Examinons ce que le christianisme a réellement fait pour les Juifs. S'il y a tant à dire sur les persécutions qu'ils ont subies, qu'en est-il de l'extraordinaire indulgence dont ils ont fait l'objet du fait du respect chrétien pour la Bible ? Pendant des centaines d'années, les enfants des écoles chrétiennes ont été initiés à l'histoire de l'Ancien Testament et les congrégations chrétiennes ont écouté avec sympathie l'histoire des souffrances d'Israël et de ses espoirs de restauration finale. Tout le soutien apporté au sionisme est né de cette tradition. Le christianisme, si décrié par les Juifs, a donc été leur plus grande protection. Si le christianisme disparaît, toute la théorie selon laquelle les Juifs étaient autrefois le peuple élu disparaît avec lui en ce qui concerne les Gentils, et la race juive, dépouillée de son auréole de faveur divine, devra être jugée sur ses propres mérites.

Dans notre pays, la théorie du peuple élu a été poussée jusqu'à la superstition — une superstition immensément avantageuse pour les Juifs — qui consiste à interpréter le passage de l'Écriture contenant la promesse faite à Abraham : "Je bénirai ceux qui te béniront et je maudirai ceux qui te maudiront", comme signifiant que la faveur accordée aux Juifs — qui ne constituent qu'une fraction de la descendance d'Abraham — apporte avec elle des bénédictions particulières. En réalité, il serait plus facile de montrer par l'histoire que les pays et les souverains qui ont protégé les Juifs ont souvent connu des désastres. La France a banni les Juifs en 1394, puis en 1615, et ne les a réadmis en grand nombre qu'entre 1715 et 1719, de sorte qu'ils ont été absents pendant la période la plus glorieuse de l'histoire de France, le *Grand Siècle* de Louis XIV, et que leur retour a coïncidé avec la Régence, à partir de laquelle on peut dire que la monarchie française a décliné. L'Angleterre a également banni les Juifs en 1290, et c'est pendant les trois siècles et demi où ils sont restés en exil qu'elle a été connue sous le nom de "Merrie England". Le fait que leur retour en force en 1664 ait été suivi l'année suivante par la Grande Peste et l'année d'après par le Grand Incendie de Londres ne semble pas indiquer que les Juifs apportent nécessairement la bonne fortune au pays qui les protège. La vérité est, bien sûr, que la bonté envers toute partie de la race humaine apporte sa propre récompense sous la forme d'une amélioration morale de l'individu ou de la nation qui l'exerce, mais la philanthropie n'est pas plus bénéfique lorsqu'elle est exercée envers le Juif qu'envers le Chinois.

J'insiste donc pour que le problème juif ne soit abordé ni dans l'esprit d'un pro-sémitisme superstitieux, ni dans l'esprit amer de l'"antisémitisme", mais avec un bon sens digne d'une époque éclairée. Pour reprendre les mots de Bernard Lazare, demandons-nous quelle part "le Juif, compte tenu de son esprit, de son caractère, de la nature de sa philosophie et de sa religion", peut prendre aujourd'hui "dans les processus et les mouvements révolutionnaires". Y a-t-il donc des preuves qu'il existe aujourd'hui au sein de la juiverie une conspiration organisée ayant pour objet la domination du monde et la destruction du christianisme, comme le suggèrent les fameux *Protocoles des Sages de Sion ?*[837]

La théorie d'une conspiration juive mondiale ne repose évidemment pas sur les preuves des Protocoles. À en juger par les cris de joie qui ont retenti dans la presse après la publication des articles du *Times*, on pourrait penser qu'avec la soi-disant "réfutation" de ce seul document, tout le dossier contre les Juifs s'est effondré et que les "antisémites" doivent être réduits au silence pour toujours. Mais les arguments des Juifs et de leurs amis vont plus loin ; non seulement ils prétendent qu'il n'y a pas de complot juif, mais aussi qu'il n'y a pas de complot mondial de quelque nature que ce soit. Ils ont d'ailleurs soutenu cette thèse dès le début, et M. Lucien Wolf, dans sa première "réfutation" des Protocoles, a tourné en dérision les tenants du danger des sociétés secrètes avec autant de véhémence qu'il a tourné en dérision l'auteur perfide du Péril juif. On remarquera d'ailleurs toujours que les références aux Illuminati suscitent presque autant de ressentiment de la part de la presse juive que les allusions à caractère directement "antisémite". Barruel, qui a refusé d'incriminer les Juifs, et de Malet, qui ne les a jamais évoqués, sont dénoncés par M. Lucien Wolf comme des alarmistes au même titre que

---

[837] Sur la question des protocoles, voir l'annexe II.

Gougenot des Mousseaux ou Chabauty. Suggérer qu'une Main Cachée ait jamais été à l'œuvre dans le monde, c'est soulever immédiatement une tempête de protestations juives.

Pourtant, les Juifs intelligents doivent être bien conscients que, si les sociétés secrètes ont autant contribué aux révolutions passées que ces écrivains l'ont cru, leur existence et leur influence très réelle n'est pas une question de supposition mais un fait historique. Personne n'a jamais averti le public britannique plus clairement du danger qu'elles représentaient ou du rôle que les Juifs y jouaient que Disraeli, dont les célèbres paroles ont été si souvent citées à ce sujet : "Le monde est gouverné par des personnages très différents de ce qu'imaginent ceux qui ne sont pas dans les coulisses. Qu'est-ce que cela, sinon une reconnaissance claire de la Main Cachée ? Pourquoi Disraeli ne figure-t-il pas avec Barruel, Robison, de Malet et Des Mousseaux dans la liste des alarmistes de M. Wolf ? Est-ce parce que Disraeli a fait valoir la morale selon laquelle, les Juifs étant si dangereux, ils devraient être employés ?

Si, par conséquent, les principaux juifs persistent à diffamer tous ceux qui réitèrent les avertissements formulés par un membre si éminent de leur race, il est inévitable qu'on en vienne à les soupçonner d'avoir quelque intérêt à étouffer de nouvelles révélations.

Laissant de côté toutes les preuves telles que les Protocoles, examinons les raisons de croire en l'existence d'une conspiration juive mondiale. Nous savons avec certitude que les cinq puissances mentionnées plus haut — la Maçonnerie du Grand Orient, la Théosophie, le Pangermanisme, la Finance internationale et la Révolution sociale — ont une existence bien réelle et exercent une influence très nette sur les affaires du monde. Il ne s'agit pas ici d'hypothèses, mais de faits fondés sur des preuves documentaires. Nous connaissons dans chaque cas les noms de nombreux dirigeants, leurs méthodes d'organisation, leurs centres de direction et les buts qu'ils poursuivent. Mais en ce qui concerne le pouvoir juif, nous ne pouvons pas procéder avec la même certitude. Nous ne pouvons pas citer les noms des chefs ou des centres de direction, nous ne pouvons pas produire de preuves documentaires quant à leurs méthodes d'organisation ou à leurs objectifs finaux. L'existence même d'un tel pouvoir, dans le sens d'un corps uni et organisé de Juifs travaillant à la destruction du christianisme et du système social existant, est encore une question de spéculation et non un fait connu. Des enquêtes sur les activités de groupes tels que le B'nai B'rith, Poale Zion, le Bund juif et le Weltverband (ou Union internationale juive des socialistes), pourraient cependant apporter beaucoup de lumière sur cette question. La coutume d'imprimer leur pidgin allemand, appelé yiddish, en caractères hébraïques, fournit aux Juifs un code plus ou moins secret grâce auquel leurs idées et leurs aspirations sont dissimulées à la grande masse des Gentils.

Que le pouvoir juif soit unifié ou non, on trouve des Juifs qui coopèrent avec les cinq pouvoirs dont l'existence est connue, voire qui les dirigent. Ainsi, les Juifs jouent depuis longtemps un rôle de premier plan dans la Maçonnerie du Grand Orient[838] et prédominent dans les degrés supérieurs. Comme nous l'avons déjà vu, la franc-maçonnerie est toujours taxée de subversive dans les pays catholiques. On remarquera également que dans les pays où la franc-maçonnerie est subversive, les juifs sont généralement moins présents dans le mouvement révolutionnaire que dans les pays où la franc-maçonnerie est inexistante ou constitutionnelle. Ainsi, en France, le péril maçonnique est beaucoup plus généralement reconnu que le péril juif ; en Italie, les francs-maçons de ont été interdits par Mussolini, mais les juifs ne sont pas considérés par lui comme un danger particulier ; au Portugal, ce sont les francs-maçons plutôt que les juifs qui ont fait les récentes révolutions. En Hongrie, cependant, les révolutionnaires étaient principalement à la fois juifs et francs-maçons. En revanche, en Angleterre, en Allemagne et en Amérique, où la franc-maçonnerie n'est pas subversive, la question juive est plus évidente. Tout ceci suggère que soit la franc-maçonnerie est la couverture sous laquelle les Juifs, comme les Illuminati, préfèrent travailler, de sorte que là où la couverture n'est pas disponible, ils sont obligés d'apparaître plus ouvertement, soit que la maçonnerie du Grand Orient est la puissance dirigeante qui emploie des Juifs comme agents dans les pays où elle ne peut pas travailler pour son propre compte.

La prépondérance des Juifs dans les rangs d'"Aurora" a déjà été indiquée, de même que l'influence de la Cabale juive dans l'enseignement de la Théosophie et du Rosicrucianisme. Mais il est

---

[838] « Les juifs ont été les plus visibles en relation avec la franc-maçonnerie en France depuis la Révolution » - *Encyclopédie juive*, article sur la franc-maçonnerie.

important de souligner ce dernier point en relation avec l'engouement pour l'occultisme qui se répand dans la société. Ragon a dit : "La Cabale est la clé de toutes les sciences occultes" ; par conséquent, dans ce domaine d'expérience, le Gentil doit toujours être désavantagé par rapport au Juif. En effet, M. Waite, qui ne peut certainement pas être soupçonné d'antisémitisme, va jusqu'à suggérer que le don de la magie cérémonielle a été "la réponse de la juiverie à la chrétienté comme un contre-coup" à "des siècles de persécution".[839] Il serait bon que chaque Gentil qui a été tenté de s'adonner à l'occultisme se rende compte de cette source d'inspiration.

Le rôle des Juifs dans la révolution sociale et en particulier dans le bolchevisme n'a guère besoin d'être commenté. Cependant, puisque la presse juive a choisi de nier ce dernier fait, pourtant très évident, et qu'elle persiste à qualifier de préjugés ou d'"antisémitisme" une simple constatation de faits, il est peut-être bon de citer ici quelques déclarations officielles sur le sujet, qui ne peuvent être niées.

Tout d'abord, il faut rappeler que le fondateur et patron du bolchevisme était le juif Karl Marx, et que c'est l'anarchiste Bakounine, et non le duc de Northumberland, qui l'a qualifié, lui et ses partisans, dans l'Internationale, de "compagnie juive allemande" et de "bureaucratie rouge". Il n'est donc pas surprenant que lorsque la "bureaucratie rouge", fondée sur les doctrines de Marx, a été mise en place en Russie, elle ait été largement dirigée par des Juifs. Voici ce que dit le livre blanc officiel britannique à ce sujet : Extrait du rapport du ministre néerlandais à Petrograd le 6 septembre *1918*, transmis par Sir M. Findlay, à Christiania, à M. Balfour :

Je considère que la suppression immédiate du bolchevisme est la plus grande question qui se pose actuellement au monde, sans même exclure la guerre qui fait toujours rage, et à moins que, comme il a été dit plus haut, le bolchevisme ne soit étouffé dans l'œuf immédiatement, il est destiné à se répandre sous une forme ou une autre en Europe et dans le monde entier, étant donné qu'il est organisé et travaillé par des Juifs qui n'ont pas de nationalité et dont l'unique objectif est de détruire à leurs

---

[839] A. E. Waite, *La tradition secrète dans la franc-maçonnerie*, II. 115.

propres fins l'ordre existant des choses.[840]

M. Alston à Lord Curzon, citant une déclaration du consul britannique à Ekaterinbourg, 23 janvier 1919 :

Les bolcheviks ne peuvent plus être décrits comme un parti politique aux idées communistes extrêmes. Ils forment une classe privilégiée relativement restreinte, capable de terroriser le reste de la population parce qu'elle détient le monopole des armes et des denrées alimentaires. Cette classe se compose principalement d'ouvriers et de soldats, et comprend un grand nombre d'éléments non russes, tels que les Letts, les Esthoniens et les Juifs ; ces derniers sont particulièrement nombreux aux postes les plus élevés.

Lord Kilmarnock à Lord Curzon, citant des informations données par un Français de Petrograd, 3 février 1919 : Les bolcheviks se composaient principalement de Juifs et d'Allemands, extrêmement actifs et entreprenants. Les Russes étaient en grande partie antibolcheviques, mais étaient pour la plupart des rêveurs, incapables d'une action soutenue, qui maintenant, plus que jamais, étaient incapables de se débarrasser du joug de leurs oppresseurs.

M. Alston à Lord Curzon, transmettant le rapport du Consul à Ekaterinbourg du 6 février 1919 :

L'interrogatoire de plusieurs témoins ouvriers et paysans m'a permis de constater qu'un très faible pourcentage de la population de ce district était pro-bolchevique, la majorité des ouvriers de étant favorable à la convocation de l'Assemblée constituante. Les témoins ont également déclaré que les dirigeants bolcheviks ne représentaient pas les classes ouvrières russes, la plupart d'entre eux étant juifs.

Le Révérend B.S. Lombard à Lord Curzon, 23 mars 1919 : J'ai passé dix ans en Russie, et j'étais à Petrograd pendant toute la durée de la révolution... [J'ai eu amplement l'occasion d'étudier les méthodes bolcheviques. Elles sont nées de la propagande allemande et ont été, et

---

[840] Il est significatif de constater que dans la deuxième édition abrégée du Livre blanc publiée par le Foreign Office, ces deux passages les plus importants marqués d'un astérisque ont été omis et que la première édition a été déclarée introuvable.

sont encore, mises en œuvre par des Juifs internationaux. Les Allemands ont provoqué des troubles afin de réduire la Russie au chaos. Ils ont imprimé des masses de papier-monnaie pour financer leurs projets. Les billets, dont je possède des spécimens, sont facilement reconnaissables grâce à une marque spéciale.

Parmi les résultats, l'auteur ajoute :

Toutes les activités commerciales sont paralysées, les magasins sont fermés, les Juifs deviennent propriétaires de la plupart des maisons de commerce et d'horribles scènes de famine se produisent dans les régions rurales.

En Hongrie (où, comme on l'a dit, le socialisme avait été propagé par les Juifs dans les loges maçonniques[841]), l'éclosion du bolchevisme s'est faite sous les auspices de la même race. Citons encore un document officiel sur cette question, le Report on Revolutionary Activities publié par un comité de la législature de New York, dirigé par le sénateur Lusk[842] :

Il n'y a pas d'opposition organisée à Bela Kun. Comme Lénine, il s'entoure de commissaires et dispose d'une autorité absolue. Sur les trente-deux commissaires principaux, vingt-cinq étaient juifs, soit à peu près la même proportion qu'en Russie. Les plus importants d'entre eux forment un directoire de cinq personnes : Bela Kun, Bela Varga, Joseph Pogany, Sigmund Kunfi et un autre. Les autres dirigeants étaient Alpari et Samuely, qui avaient la charge de la Terreur rouge et procédaient à la torture et à l'exécution des bourgeois, en particulier des groupes retenus

---

[841] Sur ce point, voir également une très intéressante brochure intitulée *From Behind* the *Vail*, publiée par Victor Hornyanszky (Budapest, 1920), ainsi que Madame Cécile Tormay, *The Diary of an Outlaw* (1923).

[842] *Revolutionary Radicalism, its History, Purpose, and Tactics, with an Exposition and Discussion of the Steps being taken and required to curb it, being the Report of the Joint Legislative Committee investigating Seditious Activities, filed April 24, 1920. in the Senate of the State of New York* (Albany, J.B. Lyon Company, Printers, 1920).

en otage, les soi-disant contre-révolutionnaires et les paysans.[843]

Le même rapport publie une liste de soixante-seize hommes poursuivis par le Comité sur l'accusation d'anarchie criminelle en Amérique au début de l'année 1920, dont l'écrasante majorité est considérée comme juive d'après leurs noms.[844]

Ces noms parlent d'eux-mêmes et sont publiés sans commentaire sur la nationalité évidente de la majorité des personnes concernées. En fait, le Comité Lusk semble s'être tellement éloigné de l'"antisémitisme" que nulle part dans son vaste rapport de 2008 pages, l'attention n'est attirée sur la prépondérance des Juifs dans le mouvement révolutionnaire, sauf dans le seul passage sur la Hongrie cité plus haut. Le rapport Lusk doit donc être considéré comme un exposé des faits absolument impartial.

Au vu de ces données officielles, comment la presse juive peut-elle prétendre que le lien entre les Juifs et le bolchevisme est une invention malveillante des "antisémites"? Que tous les Juifs ne soient pas bolcheviks et que tous les bolcheviks ne soient pas juifs est évidemment évident; mais que les Juifs jouent un rôle prépondérant dans le bolchevisme, il est absurde de le nier.

On a tenté de montrer que les Juifs ont souffert autant que le reste de la population russe sous le bolchevisme et que la religion juive a rencontré la même hostilité que la foi chrétienne.

Il ne fait aucun doute que de nombreux Juifs ont souffert en Russie, car la violence humaine, une fois laissée sans contrôle, est susceptible de s'exprimer de diverses manières inattendues, et le ressentiment du "prolétariat" russe à l'égard des Juifs ne pouvait qu'éclater sous Lénine comme sous le Tzar. Par ailleurs, une campagne contre le christianisme conduisait inévitablement en Russie, comme en France, à une campagne contre toutes les formes de religion, et les bolcheviks juifs, athées eux-mêmes, étaient sans doute aussi prêts que Lambert de la Révolution française à se retourner contre les croyants de la foi qu'ils avaient abandonnée.

---

[843] *Radicalisme révolutionnaire*, vol. I, p. 374.

[844] Ibid. p. 24.

Pourtant, le fait que la religion juive ait souffert dans la même mesure que le christianisme, ou qu'une campagne organisée ait été menée contre elle par le gouvernement, est réfuté par les lamentations des juifs professants à la mort de Lénine.[845] En effet, comme on le reconnaît généralement, la chute du gouvernement soviétique doit signifier la chute des juifs de la position de privilège qu'ils occupent actuellement.

Il est à nouveau évident que, dans notre propre pays, les Juifs jouent un rôle dans les coulisses du bolchevisme. Le *Patriot a* récemment publié une série d'articles donnant des informations privilégiées sur l'organisation du mouvement révolutionnaire en Grande-Bretagne, où il est dit que l'ensemble du complot est dirigé par un groupe de douze hommes. Ce groupe était à son tour contrôlé par trois de ses membres. Ces trois hommes, comme le révèle la clé, étaient tous juifs, tout comme "le démon sous forme humaine dont la perversion psychologique a produit ce complot"[846] et qui faisait partie d'un groupe en Amérique composé de quatre juifs et d'une juive qui contrôlait un groupe révolutionnaire extérieur de dix-huit personnes.[847] La Fraternité républicaine irlandaise entretenait également d'étroites relations avec un réseau de juifs révolutionnaires en Amérique. Il est d'ailleurs curieux de constater que le langage employé dans certaines correspondances échangées entre les membres d'un groupe intérieur ressemble beaucoup à celui de Weishaupt et de ses compagnons illuminati.

L'influence juive dans les formes moins extrêmes du socialisme dans

---

[845] Parmi ceux qui ont manifesté leur profonde douleur à la mort de Lénine, il y avait des juifs, et pas seulement des juifs d'origine, mais des juifs pratiquants. Nous apprenons que des enfants des écoles juives se sont joints au cortège, tandis que le théâtre d'art hébraïque (Habima) a envoyé une bannière portant l'inscription en hébreu : « Tu as libéré les nations ; on se souviendra de toi à jamais ». En outre, le rabbin Jacob Mase, de Moscou, le Comité de secours juif de cette ville et d'autres organismes juifs ont envoyé des télégrammes de condoléances, tandis que l'Association des auteurs juifs a publié un magazine commémoratif spécial en yiddish dédié à la mémoire de Lénine » — *Monde juif* du 21 janvier 1924.

[846] *Patriot*, pour le 26 avril 1923.

[847] *Ibid.* 3 mai 1923.

ce pays n'est pas moins évidente. Si le parti travailliste est solidement pro-allemand, il est aussi solidement pro-juif. Tout en proclamant haut et fort son pacifisme et en faisant pression pour la réduction des armements, il n'a jamais prononcé un mot de protestation contre l'emploi des troupes britanniques pour défendre les intérêts juifs contre les Arabes en Palestine. Le mot béni de Mésopotamie peut être librement mentionné en relation avec le retrait des troupes des aventures militaires, mais jamais le mot Palestine. Par ailleurs, la libre admission des étrangers, et en particulier des Juifs, dans ce pays a toujours été l'un des principaux axes du programme travailliste. Même le capitaliste juif bénéficie de l'indulgence de nos intellectuels socialistes qui, tout en pestant contre les propriétaires britanniques, n'incluent jamais les millionnaires juifs dans leurs diatribes.

Cela peut peut-être éclairer la question fréquemment posée : Comment peut-on croire que les juifs défendent le socialisme puisqu'ils ont tout à y perdre ? Il n'en reste pas moins que de nombreux Juifs le défendent. Après la récente accession du Parti travailliste au pouvoir, le *Monde juif* a observé :

Le résultat des élections générales en Angleterre est considéré comme très satisfaisant par la presse hébraïque et yiddish. Les journaux hébraïques de Palestine, ainsi que les organes hébraïques et yiddish d'Europe et d'Amérique, expriment leur satisfaction devant le retour au Parlement d'hommes qui ont à maintes reprises assuré le public de leur intention d'adhérer à la déclaration Balfour.[848]

Le Jewish Courier avance une autre raison pour se réjouir de la chute du gouvernement conservateur, à savoir que "les résultats des élections ont éliminé les restes antisémites en Angleterre", car "le gouvernement conservateur comprend plusieurs membres qui sont loin d'être bien disposés à l'égard des Juifs".[849] L'indulgence manifestée à l'égard des Juifs et les honneurs qui leur sont rendus par les hommes d'État conservateurs ne servent donc en rien la cause conservatrice, et le bien-être du pays tout entier est subordonné aux seuls intérêts des Juifs.

---

[848] *Monde juif* du 10 janvier 1924.

[849] Cité dans le *Monde Juif* du 10 janvier 1924.

Il est d'abord difficile de comprendre comment le programme du parti "travailliste", même combiné à un ardent pro-sémitisme, pourrait cependant être en accord avec les intérêts des Juifs, qui n'ont jamais manifesté la moindre hostilité à l'égard du système capitaliste que le socialisme s'efforce de détruire. En effet, le même journal juif qui s'est réjoui de l'arrivée au pouvoir du gouvernement actuel adresse ses félicitations d'anniversaire au Juif le plus riche de ce pays, dont la fortune, poursuit-il avec une certaine complaisance, "ne s'élève pas à moins de 12 000 000 de livres sterling, et s'accroît constamment, en dehors des intérêts qu'elle rapporte, par les profits énormes des affaires dans lesquelles il est intéressé ".[850]

Il semblerait donc qu'aux yeux de la juiverie, tous les capitalistes ne doivent pas être considérés comme des monstres qu'il faut exproprier sans pitié.

Mais en ce qui concerne la guerre contre le capitalisme, il est essentiel de garder à l'esprit que les capitalistes sont de deux sortes : les capitalistes industriels nationaux — en grande partie des Gentils et généralement des hommes de cervelle et d'énergie qui ont créé des entreprises florissantes — et les capitalistes usuriers internationaux, principalement, mais pas exclusivement, des Juifs, qui vivent de la spéculation.

Alors que pour les premiers, les troubles sociaux peuvent s'avérer fatals, pour les seconds, toute perturbation peut être source de profit. Comme l'a bien exprimé M. Georges Batault :

Du point de vue strictement financier, les événements les plus désastreux de l'histoire, guerres ou révolutions, ne sont jamais des catastrophes ; les manipulateurs d'argent et les hommes d'affaires avisés peuvent tirer profit de tout, à condition de le savoir à l'avance et d'être bien informés... Il est certain que les Juifs dispersés sur toute la surface de la terre... sont particulièrement bien placés à cet égard.[851]

Il est significatif de constater que les capitalistes les plus attaqués par les socialistes et les pacifistes ne sont pas ceux qui tirent profit des guerres

---

[850] *Monde juif* du 9 novembre 1922.

[851] *Le Problème Juif.* pp. 41, 43.

et des révolutions, mais ceux qui contribuent à la prospérité du pays et fournissent du travail à des millions de personnes. Les juifs et les socialistes semblent donc trouver ici un point d'accord. Il est évident, en tout cas, que de nombreux juifs riches considèrent qu'ils n'ont rien à craindre de la menace du prélèvement sur le capital et d'autres formes d'expropriation. Ne nous rappelle-t-on pas irrésistiblement le passage des Protocoles — où d'ailleurs le prélèvement sur le capital est spécifiquement mentionné — "Ils ne toucheront pas aux nôtres, parce que le moment de l'attaque nous sera connu et que nous prendrons des mesures pour protéger les nôtres" ?

Mais voyons encore comment le plan socialiste de "nationalisation de tous les moyens de production, de distribution et d'échange" pourrait être concilié même avec les intérêts des capitalistes industriels juifs. Plus nous examinerons cette formule magique qui doit transformer le monde en un Paradis pour les travailleurs, plus nous verrons qu'elle se rapproche du système du Super Capitalisme, dont, comme l'a montré Werner Sombart, les Juifs ont été les principaux inaugurateurs. Les socialistes expliquent volontiers que le "capitalisme" a commencé avec l'introduction de la vapeur ; en réalité, bien sûr, le capitalisme, au sens de la richesse accumulée dans des mains privées, a toujours existé depuis que le premier sauvage a fait ses réserves de nourriture pour l'hiver. Ce que les socialistes entendent réellement par capitalisme, c'est le système moderne de l'industrialisme, qui tend à concentrer tous les moyens de production et de distribution entre les mains d'individus ou de groupes qui, s'ils sont peu scrupuleux, sont capables, en faisant systématiquement suer le travailleur et saigner le consommateur, de mener des opérations sur une échelle si grande qu'ils écrasent toute concurrence de la part du travailleur à domicile ou du petit commerçant.

Mais il est évident qu'avec la demande croissante des travailleurs pour de meilleures conditions de vie et le soutien de plus en plus grand que leur accorde l'opinion publique éclairée, cette possibilité ne peut durer indéfiniment et, à moins d'une violente convulsion, le temps viendra où les grands magnats de l'industrie devront se contenter de profits modérés sur leurs dépenses. Ainsi, bien qu'à première vue il puisse sembler que le super-capitaliste doive désirer maintenir l'ordre actuel des choses, s'il voit loin, il doit se rendre compte que les profits réalisés dans les conditions actuelles doivent bientôt cesser.

Il est donc concevable que même le capitaliste industriel juif puisse voir dans la nationalisation de l'industrie une alternative préférable à la limitation des profits dans l'entreprise privée. La même perspicacité financière et la même habileté dans la gestion qui lui ont permis de contrôler des cercles et des trusts dans le passé lui assureraient une place à la tête des industries nationalisées, qui ne seraient en fait que de gigantesques trusts nominalement sous le contrôle de l'État, mais en réalité, comme toutes les entreprises d'État, entre les mains d'un petit nombre d'hommes. Sous le socialisme, la position de ces trusts serait rendue inexpugnable. En effet, alors que dans le système actuel, tout individu ou groupe peut tenter de briser un trust, une telle concurrence ne serait pas possible dans un État où l'entreprise privée aurait été rendue illégale. Les hommes qui contrôlent les industries nationalisées seraient donc en mesure d'exercer une autorité absolue à la fois sur le travailleur et sur le consommateur. En outre, si le travailleur peut être persuadé d'accepter le plan ultime du communisme, qui est le travail obligatoire en échange d'aucune rémunération monétaire, mais simplement d'une ration quotidienne de nourriture et des autres nécessités de la vie lorsque les fonctionnaires de l'État décident qu'il en a besoin, les directeurs du travail, comme les surveillants dans une plantation d'esclaves, seront en mesure, comme en Russie, d'imposer toutes les conditions qu'ils veulent.

Les Juifs peuvent espérer occuper ces postes, non seulement en raison de leur aptitude à l'organisation sur une si grande échelle, mais aussi parce que leurs relations internationales faciliteraient la vente ou le troc de marchandises entre les pays. La cohésion qui existe entre eux conduirait rapidement à l'accaparement de tous les postes supérieurs par des membres de leur race.

Il est vain de considérer une telle possibilité comme une chimère. C'est ce qui s'est passé en Russie et c'est ce qui se passe aujourd'hui en Allemagne. C'est peut-être là que se trouve le sens profond d'une remarque attribuée à un membre éminent du parti travailliste, selon laquelle, sous le socialisme, un certain capitaliste juif bien connu pourrait bien valoir 10 000 livres sterling par an. Lénine a exprimé à peu près la même idée lorsqu'il a dit que la République soviétique de Russie pourrait avoir besoin d'un millier de spécialistes de premier ordre "pour diriger le travail du peuple" et que "ces grandes "stars" doivent être payées 25 000 roubles chacune", ou même quatre fois cette somme, à supposer qu'il soit nécessaire d'employer des spécialistes étrangers à cette fin.[852]

Mais les capitalistes juifs voient sans doute aussi qu'en Angleterre, comme en Russie, cet état de choses ne serait qu'une phase temporaire, et que l'institution du socialisme, en dépossédant les propriétaires gentils actuels de la richesse et de la propriété, ouvrirait la voie à une ploutocratie juive et allemande. En Russie, la richesse n'a pas été entièrement détruite ; elle a simplement changé de mains, et une classe de nouveaux riches a surgi, qui ne rencontre aucune hostilité de la part des partisans déclarés de l'égalité. Les Juifs qui voient dans l'intelligentsia chrétienne le principal obstacle à leur rêve de puissance mondiale, trouvent donc naturellement dans les promoteurs de la lutte des classes leurs plus précieux alliés. Car l'Intelligentsia chrétienne est le seul obstacle à l'asservissement du prolétariat ; la plupart des mouvements visant à redresser les torts des travailleurs, depuis Lord Shaftesbury, ont pris naissance non pas parmi les travailleurs eux-mêmes, mais parmi les classes supérieures ou moyennes[853] ; une fois celles-ci balayées, une bureaucratie de fer tiendrait les travailleurs à sa merci. Je ne dis pas que c'est le plan, mais je dis qu'une telle hypothèse fournit une raison pour l'indulgence autrement inexplicable affichée par les socialistes partout dans le monde envers les Juifs riches et en même temps pour les fonds énormes que les socialistes semblent avoir à leur disposition.

Si les grands financiers ne sont pas derrière eux, je le répète : d'où vient tout l'argent ? Il semble peu probable qu'il provienne des propriétaires britanniques de richesses et de biens que les socialistes veulent ouvertement déposséder ; le seul corps de financiers qui peut donc être soupçonné de contribuer à cette fin est celui connu sous le nom de "finance internationale", qui est principalement, mais pas exclusivement, juif.

L'influence des Juifs dans les cinq grandes puissances à l'œuvre dans le monde — la Maçonnerie du Grand Orient, la Théosophie, le Pangermanisme, la Finance internationale et la Révolution sociale —

---

[852] Lénine, *Les Soviets au travail*, p. 18.

[853] Je n'ignore pas ici le travail des syndicats, mais ceux-ci auraient été impuissants à améliorer les conditions sans le soutien des hommes de la classe moyenne et supérieure au Parlement.

n'est pas une question de supposition mais de fait. Examinons maintenant le rôle qu'ils jouent dans les mouvements subversifs mineurs énumérés dans un chapitre précédent.

Freud, l'inventeur de la forme la plus dangereuse de psychanalyse, est juif. À ce propos, l'éminent neuropsychiatre américain cité plus haut écrit :

Non seulement la théorie de la psychanalyse de Freud, mais aussi une quantité considérable de propagande pseudo-scientifique du type émanent depuis des années d'un groupe de juifs allemands qui vivent et ont leur siège à Vienne. Depuis sa création, la psychanalyse est entre les mains des juifs. Il n'y a pas une demi-douzaine de médecins dans le monde entier, reconnus comme des autorités dans ce domaine, dont les noms soient identifiés avec ce mouvement et qui ne soient pas juifs.

Il s'agit peut-être d'un accident, mais néanmoins d'un fait.[854]

J'ai déjà évoqué dans un chapitre précédent la question de l'art dégénéré défini dans une circulaire au *New York Herald* comme "la déification de la laideur".[855] Les initiateurs de ce culte sont décrits ici comme un groupe d'adorateurs de Satan à Paris, et les marchands par lesquels le mouvement a été propagé comme des "Allemands", mais nous remarquons parmi les prêteurs à l'exposition où ces "œuvres d'art" ont été présentées plusieurs noms juifs. Un critique a écrit à propos d'un artiste juif bien connu :

Si ces œuvres étaient le produit d'un homme qui n'avait qu'un contrôle imparfait sur son matériel, qui, en trébuchant vers la lumière, s'attardait inévitablement sur beaucoup d'obscurité, qui cherchait la beauté et trouvait la laideur, qui cherchait la pureté et trouvait la saleté — même dans ce cas, on pourrait rester silencieux et espérer que les choses s'améliorent à l'avenir. Mais ici, apparemment, à moins que toute ma lecture ne soit ridiculement erronée, il se délecte de la difformité et se glorifie de la dégradation... Il apporte au monde de l'art un nouvel évangile, un évangile noir, un évangile dans lequel tout doit être inversé

---

[854] Communication privée à l'auteur.

[855] Voir *ante*.

et déformé. Tout ce qui est hideux, tout ce qui a mauvaise réputation, tout ce qui est sordide, tout ce qui est malsain, tout ce qui est dégradé, voilà ce à quoi il faut penser.

Quel meilleur résumé pourrait-on donner de cette tendance à la perversion dénoncée par le prophète Isaïe dans les mots suivants : "Malheur à ceux qui appellent le mal bien et le bien mal, qui mettent les ténèbres pour la lumière et les ténèbres" : "Malheur à ceux qui appellent le mal bien, et le bien mal, qui mettent les ténèbres à la place de la lumière, et la lumière à la place des ténèbres" ? Un organe de la presse juive, avec ce sens de la solidarité qui rassemble toujours les juifs à la défense de leurs compatriotes, aussi coupables soient-ils, décèle immédiatement dans l'expression de l'opinion du critique le travail insidieux de l'"antisémitisme". Un juif plus éclairé, M. Frank L. Emanuel, ayant cependant soutenu le critique païen, le journal juif est obligé d'admettre la justesse de son affirmation selon laquelle "il est lamentable de penser à la proportion indue de jeunes juifs" qui "ont rejoint le mouvement révolutionnaire ou l'imposture de l'"art moderne" dans ce pays".

La même influence se retrouve dans le monde du cinéma où, comme nous l'avons déjà souligné, l'histoire est systématiquement falsifiée dans l'intérêt de la haine de classe, et où tout ce qui peut tendre, tout en restant dans le cadre de la loi actuelle, à saper le patriotisme ou la moralité, est pressé sur le public. Et le commerce du cinéma est presque entièrement entre les mains des Juifs.

Dans le trafic de drogue, les Juifs jouent un rôle de premier plan, tant ici qu'en Amérique. Un éminent médecin new-yorkais m'écrit ce qui suit : Les membres de la brigade fédérale des stupéfiants, rattachée au département du Trésor et chargée de faire respecter les dispositions de la loi Harrison, sont depuis longtemps convaincus qu'il existe une relation directe entre le radicalisme et le narcissisme. Il y a sept à dix ans, on pensait qu'il s'agissait d'une manifestation de la propagande pangermaniste. L'activité des distributeurs et des colporteurs était et est toujours plus importante que les profits considérables qu'ils réalisent, selon leurs dires. Curieusement, le trafic s'est largement interrompu pendant plusieurs semaines après la signature de l'armistice.

Dans un cas, sept médecins agréés de l'"East Side", tous juifs, ont été arrêtés successivement au cours de l'été 1920 pour usage illégitime de prescriptions de stupéfiants, et chaque cabinet perquisitionné contenait de grandes quantités de littérature radicale. De telles associations ne sont pas rares.

En ce qui concerne la distribution, une enquête récente du *Hearst's Magazine* a définitivement révélé que les distributeurs illégitimes étaient presque invariablement de race juive et que les colporteurs étaient exclusivement juifs et italiens.

Nous en avons donc assez dit pour montrer que les juifs jouent un rôle dans tous les mouvements subversifs, que ce soit en tant qu'agents ou en tant que donneurs d'ordre. Un juif chrétien, qui n'est pas un renégat de sa race, mais qui est profondément préoccupé par son développement futur, a déclaré récemment à l'auteur de ces lignes : "Le matérialisme croissant des Juifs a fait d'eux la force la plus destructrice du monde. Le seul espoir pour eux est d'accepter le christianisme. À l'heure actuelle,, ils représentent le plus grand danger auquel la civilisation chrétienne doit faire face."

La reconnaissance de tous ces faits n'implique évidemment pas la croyance que tous les Juifs sont destructeurs. Il y a sans aucun doute des Juifs bons et loyaux — en particulier en France, où les Sépharades prédominent — qui se sont absolument identifiés à leur pays d'adoption et qui sont sincèrement opposés au bolchevisme. Mais ces individus isolés pèsent peu face aux forces massives du judaïsme subversif. La même chose a été observée en Amérique, où un rapport communiqué en privé à l'auteur de ces lignes en 1923 indiquait ce qui suit : Il n'est pas sans signification que la littérature radicale n'est jamais antisémite, mais, au contraire, les manifestes publiés par le Comité exécutif du Parti communiste sont souvent catégoriquement pro-juifs. Pour autant que je sache, il n'y a pas une seule organisation exclusivement juive aux États-Unis qui combatte ouvertement et systématiquement le radicalisme.

Le judaïsme conservateur fidèle aux États-Unis et à ses institutions telles qu'elles ont été conçues par ses fondateurs est inorganisé et inarticulé.

Lorsque, par conséquent, la presse juive proteste contre l'injustice d'associer les Juifs au bolchevisme, on peut légitimement lui répondre : "Qu'a fait la juiverie collectivement pour se dissocier du bolchevisme ?[856] Quelles protestations officielles la presse juive a-t-elle émises contre un mouvement subversif, sauf lorsque les intérêts juifs étaient menacés ?[857] N'a-t-elle pas, au contraire, dénoncé tous les efforts patriotiques pour s'opposer aux forces de destruction chaque fois que ces efforts nécessitaient la révélation des éléments corrompus de la juiverie ?"

Mais ces tactiques ne se sont pas limitées à la seule presse juive.

La presse générale de ce pays, sur laquelle les Juifs exercent un contrôle croissant, a suivi la même politique. Ce processus de pénétration a commencé il y a longtemps sur le continent. Dès 1846, un missionnaire anglais auprès des juifs de Berlin écrivait : Indépendamment des quinze journaux exclusivement juifs d'Allemagne, dont quatre ont fait leur apparition depuis le début de cette année, la presse politique quotidienne d'Europe est en grande partie sous la domination des Juifs ; En tant que contributeurs littéraires, ils influencent presque tous les principaux journaux continentaux, et comme la controverse semble être leur air natal, et qu'ils apportent sur le terrain des énergies mentales d'un timbre peu ordinaire, ils ne manquent pas d'emploi, et si un opposant littéraire s'aventure à essayer d'arrêter la progression du judaïsme vers le pouvoir politique, il se retrouve sous les feux de l'actualité, et exposé à des attaques successives dans la plupart des principaux journaux d'Europe. Tel est le sort d'un prêtre catholique romain de Prague qui a récemment écrit un pamphlet intitulé *Guter Rath für Zeit der Noth*, dirigé contre la progression du pouvoir du judaïsme. Et je suis tellement convaincu de l'étendue de la participation des Juifs à la littérature quotidienne de

---

[856] Madame Cécile Tormay, dans sa description du régime bolcheviste juif en Hongrie, fait une observation éloquente : « On dit que seule une fraction malavisée des Juifs est active dans la destruction de la Hongrie. S'il en est ainsi, pourquoi les Juifs qui représentent la juiverie à Londres, à New York et à la Conférence de paix de Paris ne désavouent-ils pas leurs coreligionnaires tyrans en Hongrie et ne les désignent-ils pas comme tels ? Pourquoi ne répudient-ils pas toute communauté avec eux ? Pourquoi ne protestent-ils pas contre les agressions commises par des hommes de leur race ? (*Journal d'un hors-la-loi*, p. 110, 1923).

[857] Par exemple, lorsque la persécution religieuse en Russie se serait retournée contre les Juifs au printemps 1923.

l'Allemagne, que je ne passe jamais devant une salle de lecture bondée, sans penser que je vois un Juif dans les coulisses, provoquant l'émergence de nouvelles idées et leur développement dans l'esprit sans méfiance du Gentil.[858]

Ne voyons-nous pas les mêmes méthodes poursuivies avec encore plus de vigueur aujourd'hui ? Il n'est pas exagéré de dire qu'il n'y a guère de périodique dans ce pays, à l'exception de *The Patriot*, qui ose s'exprimer librement sur des questions où les intérêts des Juifs sont en jeu.

Le fait est que l'ensemble du monde éducatif, politique et social est imprégné de l'influence juive. Tout homme public, tout politicien moderne, à quelque parti qu'il appartienne, semble trouver de *rigueur d'*avoir son conseiller juif confidentiel à ses côtés, tout comme au Moyen-Âge un prince avait son médecin juif toujours à portée de main pour mélanger ses potions et lui assurer une longue vie. Cela semble dû non seulement à l'utilité du Juif dans le financement des projets, mais aussi à la croyance quasi universelle en l'intelligence supérieure de la race juive que le Juif a réussi à implanter dans l'esprit des Gentils.

Mais le moment est venu de se demander si le Juif est vraiment le surhomme que l'on nous a appris à considérer comme tel. À l'examen, on s'aperçoit que, dans le présent comme dans le passé, ses talents se déploient principalement dans deux directions : la finance et l'occultisme. Assureurs au Moyen Âge, financiers aujourd'hui, les Juifs ont toujours excellé dans la fabrication et la manipulation des richesses. Et de même qu'ils étaient autrefois les grands maîtres de la magie, ils sont aujourd'hui les maîtres de l'art magique, presque, qui consiste à prendre le contrôle de l'esprit des individus et du public.

Pourtant, dans les domaines de la littérature, de la philosophie, de la peinture, de la sculpture, de la politique et même de la science, les Juifs occupent souvent le deuxième ou le troisième rang, et très rarement le premier. On peut citer Heine comme poète de premier ordre, Spinoza

---

[858] *Jewish Intelligence, and Monthly Account of the Proceedings of* the London *Society for Promoting Christianity amongst the Jews*, avril 1846, pp. 111, 112: Lettre du Révérend B. W. Wright.

comme philosophe, Disraeli comme homme d'État, mais il serait difficile de prolonger la liste. Sur la scène et dans la musique seulement, on peut dire que les Juifs ont prouvé qu'ils étaient absolument les égaux de leurs concurrents païens. Le fait est que le Juif n'est généralement pas un homme aux vastes conceptions, ni doté d'une grande originalité d'esprit ; son talent consiste plutôt à élaborer ou à adapter les idées d'autres hommes et à les rendre plus efficaces. C'est ainsi que les inventions les plus importantes des temps modernes n'ont pas été faites par des Juifs, mais ont été fréquemment améliorées par eux. Ni James Watt, ni Stephenson, ni Marconi, ni Edison, ni Pasteur, ni Madame Curie n'étaient de race juive, et l'on pourrait en dire autant de presque tous les grands hommes qui ont vécu depuis l'aube de notre civilisation.

Napoléon n'était pas juif, pas plus que Shakespeare, Bacon, Isaac Newton, Michel-Ange, Léonard de Vinci, Galilée, Dante, Descartes, Molière, Emerson, Abraham Lincoln, Goethe, Kant et même Machiavel.

Livrés à eux-mêmes, quelle civilisation les Juifs ont-ils pu créer ? Alors que l'Égypte, la Grèce et Rome ont laissé des monuments immortels, quels monuments la Palestine a-t-elle légués au monde ?[859]

Les Juifs fournissent donc une moyenne élevée d'intelligence, mais ont-ils jamais produit, au cours des deux derniers millénaires, un génie puissant ?

De plus, à cette moyenne élevée d'intelligence, il faut opposer une moyenne tout aussi élevée de dérangements mentaux. Sur ce point, nous disposons de l'*Encyclopédie juive,* qui indique que les Juifs sont plus sujets aux maladies du système nerveux que les autres races et peuples parmi lesquels ils vivent : Les Juifs sont plus sujets aux maladies du système nerveux que les autres races et peuples parmi lesquels ils vivent.

---

[859] Gustave Le Bon va jusqu'à dire que « les Juifs n'ont jamais possédé ni arts, ni sciences, ni industries, ni rien de ce qui constitue une civilisation.... ». Au temps de leur plus grande puissance, sous le règne de Salomon, c'est de l'étranger qu'ils étaient obligés de faire venir les architectes, les ouvriers, les artistes, dont aucun rival n'existait alors en Israël » — *Les Premières Civilisations,* p. 613 (1889). Il faut cependant rappeler qu'Hiram, le maître d'œuvre, était à moitié, sinon totalement, israélite.

L'hystérie et la neurasthénie semblent les plus fréquentes.

Certains médecins ayant une grande expérience des Juifs sont même allés jusqu'à affirmer que la plupart d'entre eux sont neurasthéniques et hystériques. Tobler affirme que toutes les femmes juives de Palestine sont hystériques ; et Raymond dit qu'à Varsovie, en Pologne, l'hystérie est très fréquemment rencontrée à la fois chez les hommes et les femmes juifs. La population juive de cette seule ville est presque exclusivement la source inépuisable d'approvisionnement en hommes hystériques pour les cliniques de tout le continent (*L'Étude des Maladies du Système Nerveux en Russie*). En ce qui concerne l'Autriche et l'Allemagne, la même tare névrotique des Juifs a été soulignée par Krafft, Ebbing, etc.... À New York, Collins a montré que sur 333 cas de neurasthénie qu'il a observés, plus de 40 % étaient d'origine juive, etc.[860]

Le même neuropsychiatre américain déjà cité attribue la prédominance des Juifs dans le mouvement révolutionnaire en Amérique en grande partie à cette cause :

Les anarchistes sont issus en grande partie des classes criminelles, et la croyance en l'anarchie, *en soi*, est une manifestation psychopathique. Un étudiant de l'anarchie serait donc obligé de couvrir non seulement le domaine de la criminologie, mais aussi son arrière-plan plus significatif et plus important, la psycho-pathologie.

Certains anarchistes sont réellement fous, tandis que d'autres présentent des déficiences psychologiques marquées. En vertu de nos lois actuelles, ils ne peuvent être contraints que s'ils commettent des actes de violence.

En l'état actuel des choses, nos asiles sont remplis de cette classe, ce qui introduit une autre phase de la question. Nos aliénés d'asile sont en grande partie recrutés dans la race juive, du moins recrutés dans une disproportion énorme par rapport à leur nombre dans la population. Le fait que le mouvement révolutionnaire soit si largement composé d'éléments juifs apporte une confirmation intéressante à ce que j'ai dit.

Le *Monde Juif*, commentant récemment le fait "généralement admis"

---

[860] *Encyclopédie juive*, article sur les maladies nerveuses.

que "le pourcentage de troubles mentaux chez les Juifs est beaucoup plus élevé que chez les non-Juifs", pose la question suivante : "La cause est-elle inhérente, c'est-à-dire existe-t-il une disposition raciale à la dégénérescence, ou est-elle le résultat de conditions et de causes externes ? L'auteur se réfère ensuite à un article du *Zukunft* qui soutient l'idée que les terribles expériences vécues par les Juifs au Moyen Âge ont affecté leur système nerveux et que, par conséquent, la cause des troubles mentaux chez eux "n'est pas due à une disposition raciale, n'est pas un principe ethnique, mais est le résultat du sort tragique du peuple juif".[861] On pourrait peut-être la rattacher plus sûrement à l'habitude de ruminer sur ce sort tragique. En tout cas, il est curieux de constater que les deux symptômes reconnus dans les premiers stades de la "paralysie générale des aliénés", la manie d'être l'objet de persécutions et les "idées exaltées" (connues en France sous le nom de *folie des grandeurs*), sont les deux obsessions que le Talmud et la Cabale, avec leurs rêves de domination du monde sous l'égide d'un Messie vengeur, ont inculquées à l'esprit du Juif.

Mais quelles que soient les causes de cette névrose, il n'est certainement pas souhaitable qu'une race qui en est atteinte soit autorisée à contrôler les destinées de l'Empire britannique ou même de n'importe quel pays. Si "toutes les femmes juives de Palestine sont hystériques", on peut supposer que beaucoup de leurs semblables souffrent du même handicap, ce qui n'est certainement pas de bon augure pour le malheureux Arabe qui doit vivre sous leur emprise.

Il est impossible de savoir dans quelle mesure les troubles qui se sont déjà produits en Palestine peuvent être attribués à cette cause. Le nombre croissant de Juifs occupant des postes d'autorité en Angleterre constitue cependant un sujet d'inquiétude beaucoup plus important. Les Juifs et les Arabes sont en tout cas tous deux des Sémites et on peut s'attendre à ce qu'ils aient certaines idées en commun, mais placer une race aryenne hautement civilisée sous le contrôle des Sémites est une autre affaire. Le moment est venu pour chaque Britannique de se demander s'il désire sérieusement voir les traditions de son pays, ces grandes traditions d'honneur, d'intégrité et de justice qui ont fait la grandeur du nom de

---

[861] *Monde juif* du 9 novembre 1922.

l'Angleterre, remplacées par des normes orientales.

Je ne dis pas qu'il n'y a pas de Juifs honorables et droits, mais je maintiens que l'esprit de fair-play qui est l'essence du caractère britannique n'est pas la caractéristique de la race juive en général. L'absence totale de cet esprit, dont témoignent les tentatives des agitateurs pour supprimer la liberté d'expression pendant les élections, ne peut être attribuée aux travailleurs anglais — dont l'instinct "sportif" est très développé — et témoigne du caractère étranger du soi-disant mouvement travailliste. Si l'Angleterre perd l'esprit de fair-play, elle aura perdu son patrimoine national le plus précieux.

Le conservatisme, qui a toujours défendu ces grandes traditions, se laisse hypnotiser par le souvenir de Disraeli et accepte son dicton selon lequel "la tendance naturelle des Juifs est au conservatisme" — d'où l'opportunité de placer des Juifs au contrôle de ses intérêts. Feu M. Hyndman voyait plus loin lorsqu'il nous avertissait que " ceux qui ont l'habitude de considérer tous les Juifs comme essentiellement pratiques et conservateurs, comme certains aussi de s'enrôler du côté du système social dominant, seront obligés de reconsidérer leurs conclusions".[862] Les causes du récent *débâcle* du gouvernement conservateur sont encore obscures, mais le fait demeure que c'est précisément au moment où l'organisation conservatrice est passée en grande partie entre les mains des Juifs que le conservatisme a connu le désastre le plus étonnant de toute son histoire. Si la manière dont la propagande conservatrice a été menée à ce moment-là est un exemple d'efficacité juive, il serait peut-être bon de se demander si, à l'avenir, la tâche ne devrait pas être confiée à de simples Britanniques.

Le seul moyen efficace de combattre le socialisme est de montrer les influences étrangères qui se cachent derrière lui. Tant que le travailleur croira qu'il est le résultat d'un véritable mouvement ouvrier britannique, il fera la sourde oreille à tous les avertissements et la propagande anti-socialiste ne servira qu'à attirer de nouvelles recrues dans le camp socialiste. Mais qu'il soupçonne une seule fois qu'on fait de lui l'instrument d'une intrigue étrangère, et tout son sentiment national

---

[862] H.M. Hyndman, «The Dawn of a Revolutionary Epoch», dans *The Nineteenth Century* pour janvier 1881.

s'affirmera. Il suffit de lui demander s'il veut qu'on lui prenne son travail par l'importation de marchandises étrangères, qu'on s'approprie son logement par des immigrants étrangers, enfin de lui faire comprendre qui sont les gens qui, dans les coulisses, prônent une politique si désastreuse pour ses véritables intérêts, afin d'obtenir son soutien. Les services secrets disposent de preuves accablantes sur ce dernier point, qui auraient pu être rendues publiques sous un gouvernement conservateur, mais des influences invisibles en haut lieu ont ordonné leur suppression. Le slogan "La Grande-Bretagne pour les Britanniques", qui constituerait le contrepoint le plus puissant aux faux slogans du socialisme, a été banni des programmes des conservateurs et le mot même d'"étranger" a été évité de peur de froisser les susceptibilités juives. Ainsi, par déférence pour les Juifs, le conservatisme laisse son arme la plus puissante rouiller dans son arsenal.

En réalité, ces tactiques n'apportent rien à la cause conservatrice. Le grand poids de la juiverie ne sera jamais jeté dans la balance du vrai conservatisme ; ce n'est que dans la mesure où le conservatisme abandonne ses traditions patriotiques et se compromet avec les forces de l'internationalisme qu'il obtiendra un soutien juif considérable. Il suffit de suivre les engagements sur la politique actuelle dans la presse juive pour se rendre compte que le seul critère selon lequel les Juifs jugent un parti politique est la mesure dans laquelle il conférera des avantages exclusifs à leur propre race. La question juive ne consiste donc pas à savoir si les Juifs se verront accorder partout des droits égaux à ceux du reste de l'humanité, mais s'ils seront placés au-dessus de la loi, s'il leur sera permis d'occuper partout une position privilégiée.[863]

Rien de moins ne les satisfera, et toute tentative de s'opposer à cette

---

[863] Un comité a récemment été formé par le Jewish Board of Guardians pour s'occuper de tous les mouvements « antisémites » dans ce pays. Lors d'une réunion de cet organisme, il a été annoncé avec complaisance que « le comité avait obtenu le retrait des affiches d'un journal antisémite des murs d'un établissement important, et que des mesures avaient été prises pour en faire retirer d'autres » (*Jewish Guardian*, 22 février 1924). Nous nous demandons si les Gallois seraient en mesure d'obtenir le retrait d'affiches annonçant de la littérature à caractère anticeltique. On se rapproche dangereusement d'une réalisation des Protocoles.

revendication sera toujours accueillie par le cri de "persécution". En outre, cette position privilégiée ne représente pour une partie de la juiverie qu'une étape sur la voie de la domination du monde. Car si, comme nous l'avons vu par des preuves documentaires, ce plan a toujours existé dans le passé, est-il probable qu'il ait été abandonné au moment même qui semble le plus propice à sa réalisation ? La tendance des événements actuels et le ton de la presse juive ne justifient certainement pas une telle conclusion.

En résumé, je ne pense donc pas que l'on puisse prouver que les Juifs sont la seule cause des troubles mondiaux. Pour établir cette affirmation, il faudrait montrer que les Juifs ont été les auteurs de toutes les convulsions sociales passées dans l'histoire de la civilisation moderne, découvrir leur influence derrière les sectes hérétiques de l'Islam, comme derrière les Illuminati de Bavière et les Anarchistes de Russie. En l'absence de telles preuves concluantes, nous devons donc reconnaître l'existence d'autres forces destructrices à l'œuvre dans le monde.

Mais il ne s'agit pas de sous-estimer l'importance du péril juif.

Bien que l'existence d'un cercle intérieur d'"Anciens" maçonniques reste problématique, la juiverie constitue en elle-même la franc-maçonnerie la plus efficace au monde. Quel besoin d'initiations, de serments, de signes ou de mots de passe chez des gens qui se comprennent parfaitement et qui travaillent partout dans le même but ? Bien plus puissant que le signe de détresse qui appelle les francs-maçons à s'entraider dans les moments de péril, c'est l'appel du sang qui rallie les éléments les plus divergents de la juiverie à la défense de la cause juive.

La vieille plainte des marchands français déjà citée semblerait donc justifiée, à savoir que "les Juifs sont des particules de vif-argent qui, à la moindre inclinaison, se rassemblent en un bloc". Il ne faut donc pas se laisser tromper par le fait qu'ils apparaissent souvent désunis. Il peut y avoir, et il y a en effet, très peu d'unité parmi les Juifs, mais il y a une immense solidarité. Un juif nommé Morel, se référant à la persécution du rabbin Drach converti par les juifs, observe : Que peuvent faire les plus sages mesures des autorités de tous les pays contre la *vaste et permanente conspiration de un peuple* qui, comme un réseau aussi vaste que puissant, étendu sur tout le globe, apporte sa force partout où se produit un événement qui intéresse le nom d'Israélite ?[864]

C'est cette solidarité qui constitue le véritable péril juif et qui, en même temps, fournit la véritable cause de l'"antisémitisme". Si, dans un monde où tous les patriotismes, toutes les traditions nationales et toutes les vertus chrétiennes sont systématiquement détruits par les doctrines du socialisme international, une seule race, une race qui, depuis des temps immémoriaux, a caressé le rêve d'une puissance mondiale, est non seulement autorisée mais encouragée à se consolider, à maintenir toutes ses traditions nationales et à réaliser toutes ses aspirations nationales aux dépens des autres races, il est évident que la civilisation chrétienne doit finir par être anéantie.

La vague de sentiments antijuifs qui, au cours des dernières années, a traversé ce pays n'a rien de commun avec la haine raciale qui inspire l'"antisémitisme" allemand ; elle est simplement la réponse à une prétention que les Britanniques épris de liberté ne veulent pas admettre.

Ceux d'entre nous qui, sacrifiant la popularité et le gain monétaire, osent s'exprimer sur cette question n'ont pas de haine dans leur cœur, mais seulement de l'amour pour leur pays. Nous croyons que non seulement notre sécurité nationale mais aussi nos grandes traditions nationales sont en jeu et que si l'Angleterre ne se réveille pas à temps, elle passera sous la domination étrangère et son influence en tant que bastion de la civilisation chrétienne sera perdue pour le monde.

---

[864] Drach, *De l'Harmonie entre l'Église et la Synagogue*. I. 79 (1844). Il est curieux de constater que l'écrivain juif Margoliouth utilise la même expression lorsqu'il dit : « On a bien remarqué que la maison [de Rothschild] 'était répandue comme un réseau sur les nations' » — History of the Jews in Great Britain, II. 161 (1851).

CONCLUSION

Nous venons de suivre le cheminement des associations qui, au cours de dix-neuf siècles, ont travaillé à saper l'ordre social et moral et surtout la civilisation chrétienne. Nous avons vu aussi que si, d'une part, l'esprit impie de destruction et, d'autre part, l'esprit naturel de révolte contre l'oppression ont toujours existé indépendamment de toute organisation, c'est à des sociétés secrètes utilisant et organisant ces forces que le mouvement révolutionnaire a dû son succès. En outre, nous avons envisagé la possibilité que derrière les sociétés subversives ouvertes et secrètes, il puisse exister un centre de direction caché, et enfin, nous avons observé qu'à l'heure actuelle, de nombreuses lignes d'investigation révèlent une connexion entre ces groupes et le Grand Orient, ou plutôt avec un cercle invisible dissimulé derrière cette grande puissance maçonnique. En même temps, ce cercle n'est manifestement pas de caractère français, puisque partout les activités de la Révolution mondiale sont dirigées contre la France et l'Angleterre, mais rarement contre l'Allemagne et jamais contre les Juifs. Il ne serait pas exagéré de dire qu'aucun mouvement subversif dans le monde d'aujourd'hui n'est soit pro-français, soit pro-britannique, soit "antisémite". Nous devons donc conclure que si une puissance contrôle les autres, c'est soit la puissance pangermanique, soit la puissance juive, soit ce que nous ne pouvons qu'appeler l'Illuminisme.

Cette dernière hypothèse mérite d'être examinée sérieusement. À la lumière de nos connaissances actuelles, il ne semble pas impossible que, si un cercle intérieur de la Révolution mondiale existe, il consiste en un groupe d'hommes purement internationaux dont le but est celui de Weishaupt, c'est-à-dire la destruction du système actuel de la société. Qu'un tel but puisse être sérieusement envisagé est démontré par le fait qu'il est ouvertement proclamé par toute une école d'écrivains et de penseurs allant des doux idéalistes aux féroces anarchistes qui, tout en différant largement quant aux méthodes et aux fins ultimes à atteindre, sont d'accord sur le but commun exprimé par Rabaud de Saint-Étienne en ces termes : "Tout, oui, tout doit être détruit, puisque tout est à refaire".

Il est vain de dire qu'un projet aussi insensé ne peut présenter aucun danger pour le monde ; il n'en reste pas moins qu'un nombre croissant de personnes le considèrent avec une parfaite sérénité. La phrase : "Toutes les civilisations ont disparu, la nôtre disparaîtra sans doute aussi" revient sans cesse dans la bouche d'hommes et de femmes apparemment sains d'esprit qui, qu'ils préconisent ou non une telle éventualité, semblent prêts à l'accepter dans un esprit de fatalité totale et à n'y opposer aucune résistance. Ce qu'ils ignorent, c'est que lorsque la civilisation n'existait qu'en quelques points isolés de la surface de la terre, elle pouvait disparaître à un endroit pour renaître à un autre, mais que maintenant que la civilisation est mondiale, le rêve d'un retour à la nature et aux joies de la sauvagerie évoqué par Rousseau et Weishaupt ne pourra jamais se réaliser. Mais si la civilisation ne peut être détruite matériellement, il est néanmoins possible de lui ôter son âme, de la réduire à une machine morte et sans cœur, sans sentiments humains ni aspirations divines. Les bolcheviks continuent d'exister au milieu des téléphones, de la lumière électrique et des autres commodités de la vie moderne, mais ils ont presque tué l'âme de la Russie. En ce sens, la civilisation peut disparaître, non pas comme les civilisations de l'ancien monde ont disparu, ne laissant derrière elles que des sables désertiques et des ruines croulantes, mais en disparaissant imperceptiblement sous la structure extérieure de nos institutions existantes. Tel est l'objectif final de la révolution mondiale.

S'il existe donc un cercle intérieur composé d'Illuminati animés d'un but purement destructeur, il est concevable qu'ils puissent trouver un appui chez les Allemands qui désirent désintégrer les pays alliés en vue de futures conquêtes, et chez les Juifs qui espèrent établir leur empire sur les ruines de la civilisation chrétienne — d'où la superbe organisation et les immenses ressources financières à la disposition des révolutionnaires mondiaux. D'autre part, il se peut que le centre de direction caché consiste en un cercle de Juifs situé à l'arrière-plan du Grand Orient, ou peut-être, comme les Illuminati du début du XIXe siècle, situé nulle part mais travaillant en accord et utilisant à la fois les Pan-Allemands et les Illuminati païens comme outils.

Sur ce point, je pense qu'il serait dangereux de dogmatiser pour l'instant.

Mais je n'ai aucun doute sur le fait que le problème peut être élucidé. Si les services secrets du monde entier avaient choisi de coordonner et de rendre publics les faits en leur possession, l'ensemble du complot aurait pu être mis à nu depuis longtemps. Un "Département d'enquête sur les mouvements subversifs" aurait dû avoir sa place dans chaque gouvernement ordonné. Ce département aurait pu être créé par le récent gouvernement conservateur en Angleterre, mais la même influence mystérieuse qui a protégé l'ennemi pendant la Grande Guerre a toujours empêché les révélations qui auraient éclairé le pays sur la nature réelle du péril auquel il est confronté. Dans l'état actuel de la politique européenne, la seule voie qui s'offre à ceux qui veulent sauver la civilisation est d'agir indépendamment des gouvernements et de former une contre-organisation dans chaque pays avec des bureaux d'information non officiels entretenant des relations entre eux, tout en conservant chacun son caractère national.

En ce qui concerne notre pays, je suis convaincu que seul un grand mouvement national peut nous sauver de la destruction, un mouvement auquel participeront des hommes de toutes les classes et surtout de la classe ouvrière. Le fascisme a triomphé en Italie parce qu'il n'était pas, comme on l'a absurdement représenté, un mouvement réactionnaire, mais parce qu'il était essentiellement démocratique et progressiste, parce qu'en faisant appel aux instincts les plus nobles de la nature humaine, au patriotisme et à l'abnégation, il a rallié tous les éléments d'une nation désorganisée et désunie autour de l'étendard d'une cause commune.

On ne peut réaliser aucun grand mouvement sans allumer d'abord un feu sacré dans le cœur des hommes ; on ne peut émouvoir des masses de gens en faisant simplement appel à leur intérêt personnel ; il faut qu'ils aient une cause à défendre, une cause qui ne soit pas tout à fait la leur. Le socialisme, tout en recrutant une grande partie de ses adeptes en faisant appel à leurs plus bas instincts, a cependant pu, par ses faux idéaux et ses fausses promesses, allumer un feu dans beaucoup de cœurs généreux, et persuader des enthousiastes trompés qu'ils travaillaient pour le bien-être de l'humanité. Le seul moyen de combattre le socialisme est de créer un contre-enthousiasme pour un véritable idéal.

Pourtant, même Mussolini a constaté qu'un idéal purement séculier ne suffisait pas et que l'esprit de ferveur religieuse était nécessaire pour vaincre l'esprit de matérialisme et de destruction. Car derrière les forces concrètes de la révolution, qu'elles soient pangermaniques, judaïques ou illuministes, au-delà de ce cercle secret invisible qui les dirige peut-être toutes, n'y a-t-il pas une autre force, plus puissante encore, dont il faut tenir compte ?

Si l'on considère les épisodes sombres qui ont marqué l'histoire de la race humaine depuis ses origines, les cultes étranges et horribles, les vagues de sorcellerie, les blasphèmes et les profanations, comment est-il possible d'ignorer l'existence d'une puissance occulte à l'œuvre dans le monde ? Des individus, des sectes ou des races animés par le désir de dominer le monde ont fourni les forces combattantes de la destruction, mais derrière eux se trouvent les véritables puissances des ténèbres en conflit éternel avec les puissances de la lumière.

ANNEXE

I — LES TÉMOIGNAGES JUIFS SUR LE TALMUD

La dénonciation du Talmud par le Juif Pfefferkorn en 1509 et par l'ex-Rabbin Drach en 1844 a été citée au cours de ce livre. Cependant, Graetz, dans son *Histoire des Juifs*, cite un incident de ce type plus ancien sur le site.[865] Au treizième siècle, un juif converti et ancien talmudiste, Donin, qui, lors de son baptême, avait pris le nom de Nicolas, se présenta devant le pape Grégoire IX "et porta des accusations contre le Talmud, disant qu'il déformait les mots de l'Écriture Sainte, et que dans les parties agadiques, on trouvait des représentations honteuses de Dieu", qu'il contenait de nombreuses erreurs grossières et des absurdités, et qu'en outre "il était rempli d'injures contre le fondateur de la religion chrétienne et la Vierge". Donin a démontré que c'est le Talmud qui a empêché les Juifs d'accepter le christianisme et que, sans lui, ils auraient certainement abandonné leur état d'incrédulité". Il affirme encore "que les écrits talmudiques enseignent qu'il est méritoire de tuer le meilleur homme parmi les chrétiens[866]... qu'il est licite de tromper un chrétien sans aucun scrupule ; qu'il est permis aux juifs de rompre une promesse faite sous serment". Graetz qualifie ces accusations de mensongères.

---

[865] *Histoire des Juifs*, Omnia Veritas Ltd, www.omnia-veritas.com.

[866] Confirmé par Werner Sombart, *Les Juifs et la vie économique* : Le Talmud dit : « Tuez même le meilleur des Gentils ». Le Zohar dit également : « La tradition nous dit que le meilleur des Gentils mérite la mort » — Section Vaïqra, folio 14 *b* (de Pauly's trans., Vol. V. p. 42).

Le pape ordonna donc aux juifs de remettre tous leurs exemplaires du Talmud aux dominicains et aux franciscains pour qu'ils les examinent et, si leur jugement corroborait les accusations de Nicolas Donin, ils devaient brûler les volumes du Talmud (9 juin 1239).

En France, Graetz poursuit en racontant que "Louis IX" — c'est-à-dire Saint Louis —, qui est un prêtre et un faible d'esprit, poursuit la même voie. "Le Talmud fut mis à l'épreuve. Quatre rabbins distingués du nord de la France reçurent l'ordre du roi de tenir une discussion publique avec Nicolas, soit pour réfuter les accusations portées contre le Talmud, soit pour confesser les abus contre le christianisme et les blasphèmes contre Dieu qu'il contenait".

Il est impossible d'imaginer une décision plus juste, et la reine-mère, Blanche de Castille, prit soin d'assurer au premier témoin cité que si la vie des rabbins était en danger, elle les protégerait et qu'il n'avait qu'à répondre aux questions qu'on lui poserait. Or, rien n'aurait été plus simple pour les rabbins que d'admettre honnêtement que ces passages offensants existaient, qu'ils avaient été écrits peut-être dans des moments de passion à une époque moins éclairée, qu'ils reconnaissaient l'indélicatesse d'insulter la religion du pays dans lequel ils vivaient et que, par conséquent, de tels passages devaient désormais être supprimés. Mais au lieu d'adopter cette ligne de conduite directe, qui aurait pu mettre fin pour toujours aux attaques contre le livre sacré, les rabbins ont commencé à nier l'existence des "prétendues expressions blasphématoires et immorales" et de déclarer que "les faits odieux relatés dans le Talmud concernant un Jésus, fils de Pantheras, ne se référaient pas à Jésus de Nazareth, mais à un autre d'un nom similaire qui avait vécu longtemps avant lui". Graetz, qui admet qu'il s'agissait d'une erreur et que les passages en question se rapportaient bien au Jésus des chrétiens, représente les rabbins comme ayant été simplement "induits en erreur" sur la question. Mais le roi, qui n'a pas été trompé par les rabbins, a ordonné que toutes les copies du Talmud soient brûlées et, en juin 1242, elles ont été livrées aux flammes.[867]

Le Talmud a cependant continué d'exister, et ce n'est qu'en 1640 que

---

[867] Professeur H. Graetz, *Histoire des Juifs*, Omnia Veritas Ltd.

le Talmud est devenu la norme.

que, comme nous l'avons déjà vu, les passages incriminés contre le Christ ont été expurgés par les rabbins par mesure d'opportunité. Maintenant qu'ils ont été remplacés, on ne cherche plus à nier qu'ils se réfèrent au fondateur du christianisme. À ma connaissance, ils ne figurent dans aucune traduction anglaise du Talmud, mais peuvent être trouvés dans une version anglaise du livre du Dr Gustav H. Dalman, *Jesus Christus im Talmud* (1891).

II — LES PROTOCOLES DES SAGES DE SION

Contrairement aux affirmations de certains auteurs, je n'ai jamais affirmé ma croyance en l'authenticité des Protocoles, mais je l'ai toujours considérée comme une question entièrement ouverte.[868] La seule opinion à laquelle je me suis engagé est que, authentiques ou non, les Protocoles représentent bien le programme de la révolution mondiale et que, vu leur caractère prophétique et leur extraordinaire ressemblance avec les protocoles de certaines sociétés secrètes du passé, ils sont soit l'œuvre d'une telle société, soit celle d'une personne profondément versée dans l'art des sociétés secrètes et qui a su en reproduire les idées et la phraséologie.

La soi-disant réfutation des Protocoles parue dans le *Times* d'août 1922 tend à confirmer cette opinion. Selon ces articles, les Protocoles ont été largement copiés du livre de Maurice Joly, *Dialogues aux Enfers entre Machiavel et Montesquieu*, publié en 1864. Disons-le tout de suite, la ressemblance entre les deux ouvrages ne saurait être fortuite : non seulement des paragraphes entiers sont presque identiques, mais les différents points du programme se succèdent exactement dans le même ordre. Mais la question de savoir si Nilus a copié Joly ou s'il a puisé *à la même source que Joly est une* autre question. On remarquera que Joly, dans sa préface, n'a jamais prétendu être à l'origine du schéma décrit dans son livre ; au contraire, il déclare distinctement qu'il "personnifie en

---

[868] Voir ma *Révolution mondiale*, pp. 296-307. Le malentendu mentionné ci-dessus a pu naître de la ressemblance entre le titre de mon livre et la série d'articles parus dans le *Morning Post* sous le nom de *The Cause of World Unrest (La cause de l'agitation mondiale)*. Compte tenu du fait que ces articles étaient sur certains points en contradiction avec mes propres théories, il ne semble guère nécessaire de préciser qu'ils n'étaient pas mon œuvre. En fait, j'ai ignoré leur existence jusqu'à ce qu'ils soient imprimés, et plus tard, j'ai contribué à quatre articles supplémentaires signés de mon nom.

particulier un système politique qui n'a pas varié un seul jour dans son application depuis la date désastreuse et hélas trop lointaine de son intronisation". S'agit-il seulement du gouvernement de Napoléon III, mis en place douze ans plus tôt ? Ou bien ne s'agit-il pas d'un système de gouvernement machiavélique dont Napoléon III est soupçonné par Joly à ce moment-là d'être le représentant ? Nous avons déjà vu que ce système est dit par M. de Mazères, dans son livre *De Machiavel et de l'influence de sa doctrine sur les opinions, les mœurs et la politique de la France pendant la Révolution*, publié en 1816, avoir été inauguré par la Révolution française, et avoir été continué par Napoléon Ier, contre lequel il porte précisément les mêmes accusations de machiavélisme que Joly porte contre Napoléon III. "L'auteur du *Prince*, écrit-il, a toujours été son guide, et il poursuit en décrivant les cris de perroquet mis dans la bouche du peuple, les écrivains à gages, les journaux salariés, les poètes mercenaires et les ministres corrompus employés pour égarer méthodiquement notre vanité, tout cela par les savants de Machiavel sous les ordres de son disciple le plus intelligent. Nous avons déjà retracé l'évolution de ces méthodes depuis les Illuminati.

Or, c'est précisément au moment où Joly publie ses *Dialogues aux Enfers que* les sociétés secrètes sont particulièrement actives, et comme à cette date un certain nombre de Juifs ont pénétré dans leurs rangs, toute une série d'efforts littéraires dirigés contre les Juifs et les sociétés secrètes marquent la décennie. Eckert, avec son ouvrage sur la franc-maçonnerie en 1852, avait donné l'impulsion ; Crétineau Joly suivit en 1859 avec *L'Église Romaine en face de la Révolution*, reproduisant les documents de la Haute Vente Romaine ; en 1868 vint le livre de l'antisémite allemand Goedsche, et l'année suivante, sur un plan plus élevé, l'ouvrage de Gougenot Des Mousseaux, *Le Juif, le Judaïsme, et la Judaïsation des Peuples Chrétiens*. Entre-temps, en 1860, l'*Alliance israélite universelle* avait vu le jour, ayant pour objet ultime "la grande œuvre de l'humanité, l'anéantissement de l'erreur et du fanatisme, l'union de la société humaine en une fraternité fidèle et solide" — une formule qui rappelle singulièrement la philosophie du Grand Orient ; en 1864, Karl Marx prend le contrôle de l'"Association internationale des travailleurs", créée il y a deux ans, qui absorbe un certain nombre de sociétés secrètes ; la même année, Bakounine fonde son *Alliance sociale démocratique* sur le modèle exact de l'Illuminisme de Weishaupt et, en 1869, rédige sa *Polémique contre les Juifs* (ou *Étude sur les Juifs allemands*), principalement dirigée contre les Juifs de l'*Internationale*.

Les années soixante du siècle dernier marquent donc une époque importante dans l'histoire des sociétés secrètes, et c'est en plein milieu de cette période que Maurice Joly publie son livre.

On se souviendra que parmi les séries de parallèles aux Protocoles que j'ai citées dans *Révolution mondiale*, deux ont été tirées des sources susmentionnées — les documents de la Haute Vente Romaine et le programme de la société secrète de Bakounine, l'*Alliance Sociale Démocratique*. Entre-temps, M. Lucien Wolf avait trouvé un autre parallèle aux Protocoles dans le livre de Goedsche. "Les Protocoles, n'hésite pas à affirmer M. Wolf, sont en somme une imitation amplifiée de l'œuvre de Goedsche[869] et il poursuit en montrant que "Nilus a suivi de très près ce pamphlet". Les Protocoles sont alors déclarés par M. Wolf et ses amis comme étant complètement et définitivement réfutés.

Mais hélas pour le discernement de M. Wolfe ! Les articles du *Times* sont venus abolir l'ensemble de sa théorie soigneusement construite. Ils n'ont cependant pas démoli la mienne ; au contraire, ils ont fourni un autre et très curieux maillon dans la chaîne des preuves. N'est-il pas remarquable, en effet, que l'une des séries de parallèles que j'ai citées soit parue la même année que le livre de Joly, et qu'en l'espace de neuf ans, pas moins de quatre parallèles aux Protocoles aient été découverts ? Récapitulons les événements de cette décennie sous forme de tableau et la proximité des dates apparaîtra plus clairement : 1859. Publication du livre de Crétineau Joly contenant des documents de la Haute Vente Romaine (parallèles cités par moi).

1860. Fondation de l'*Alliance israélite universelle.*

1864. La *1ère Internationale* est reprise par Karl Marx.

"*Alliance Sociale Démocratique* de Bakounine fondée (parallèles cités par moi)."

"Publication du *Dialogue aux Enfers* de Maurice Joly (parallèles cités par le *Times*).

1866. 1er Congrès de l'Internationale à Genève.

---

[869] *Spectateur* du 12 juin 1920.

1868. *Biarritz* de Goedsche (parallèles cités par M. Lucien Wolf).

1869. *Le Juif,* de Gougenot Des Mousseaux, etc. "Bakounine

Polémique contre les Juifs.

On voit donc qu'au moment où Maurice Joly écrit ses *Dialogues,* les idées qu'ils incarnent ont cours dans des milieux très différents. Il est d'ailleurs intéressant de noter que les auteurs des deux derniers ouvrages cités, le catholique et royaliste Des Mousseaux et l'anarchiste Bakounine, entre lesquels il est impossible d'imaginer un quelconque lien, dénoncent tous deux la même année le pouvoir grandissant des Juifs que Bakounine qualifie de "secte la plus redoutable" d'Europe, et affirment à nouveau qu'une fuite d'informations s'est produite dans les sociétés secrètes. Ainsi, en 1870, Bakounine explique que sa société secrète a été dissoute parce que ses secrets ont été divulgués[870] et que son collègue Netchaïeff est arrivé à la conclusion que "pour fonder une société sérieuse et indestructible, il faut s'inspirer de la politique de Machiavel".[871] Entre-temps, Gougenot Des Mousseaux avait raconté dans *Le Juif* qu'en décembre 1865, il avait reçu une lettre d'un homme d'État allemand qui disait : "Depuis la recrudescence révolutionnaire du 18e siècle, il n'y a pas eu de changement : Depuis la recrudescence révolutionnaire de 1848, j'ai eu des relations avec un Juif qui, par vanité, trahissait le secret des sociétés secrètes auxquelles il avait été associé, et qui m'avertissait huit ou dix jours à l'avance de toutes les révolutions qui allaient éclater sur tous les points de l'Europe. Je lui dois la conviction inébranlable que tous ces mouvements de "peuples opprimés", etc., etc., sont conçus par une demi-douzaine d'individus, qui donnent leurs ordres aux sociétés secrètes de toute l'Europe. Le sol est absolument miné sous nos pieds, et les Juifs fournissent un gros contingent de ces mineurs...[872]

Ces mots ont été écrits dans l'année qui a suivi la publication des *Dialogues aux Enfers.*

Il est également important de noter que l'ouvrage de Joly est daté de

---

[870] James Guillaume, *Documents de l'Internationale*, I. 131.

[871] *Correspondance de Bakounine*, publiée par Michael Dragomanov, p. 325.

[872] *Le Juif*, etc., pp. 367, 368.

Genève, lieu de rencontre de tous les révolutionnaires d'Europe, y compris Bakounine, qui s'y trouvait la même année, et où le premier congrès de l'*Internationale* dirigé par Karl Marx s'est tenu deux ans plus tard. Déjà, le camp révolutionnaire était divisé en factions belligérantes, et la rivalité entre Marx et Mazzini avait été remplacée par la lutte entre Marx et Bakounine. Et tous ces hommes étaient membres de sociétés secrètes. Il n'est donc pas improbable que Joly, lui-même révolutionnaire, soit entré en contact, pendant son séjour à Genève, avec les membres de quelque organisation secrète, qui auraient pu lui livrer leurs propres secrets ou ceux d'une organisation rivale qu'ils avaient des raisons de soupçonner de travailler sous le couvert des doctrines révolutionnaires à des fins inavouées. Ainsi, les protocoles d'une société secrète sur le modèle des Illuminati ou de la Haute Vente Romaine ont pu passer entre ses mains et être utilisés par lui pour attaquer Napoléon qui, en raison de ses liens connus avec les Carbonari, aurait pu apparaître à Joly comme le principal représentant de l'art machiavélique de duper le peuple et de l'utiliser comme levier du pouvoir que les sociétés secrètes avaient réduit à un système.

Cela expliquerait la mystérieuse référence de Maurice Joly au "système politique qui n'a pas varié un seul jour dans son application depuis la date désastreuse et hélas trop lointaine de son intronisation". De plus, cela expliquerait la ressemblance entre tous les parallèles avec les Protocoles dans les écrits des Illuminati et le *Projet de Révolution* de Mirabeau à partir de 1789. En effet, si le système n'a jamais varié, le code sur lequel il repose doit être resté sensiblement le même. De plus, s'il n'avait jamais varié jusqu'à l'époque où Joly a écrit, pourquoi aurait-il varié depuis cette date ?

Les règles du tennis sur gazon établies en 1880 ressembleraient probablement beaucoup à celles de 1920 et se suivraient probablement dans le même ordre. Les différences se situeraient là où des améliorations modernes ont été apportées.

Le même processus d'évolution n'a-t-il pas eu lieu entre les dates de publication des ouvrages de Joly et de Nilus ? Je ne partage pas l'opinion du *Morning Post* selon laquelle "l'auteur des Protocoles devait avoir sous les yeux les *Dialogues* de Joly". C'est possible, mais pas prouvé. En effet, j'ai du mal à imaginer que quelqu'un se lançant dans une imposture aussi élaborée n'ait pas eu l'intelligence d'éviter de citer mot pour mot — sans même se préoccuper de les classer dans un ordre différent — des passages d'un livre qui pourrait à tout moment être produit comme preuve contre lui. Car, contrairement à ce qu'affirme le *Times*, les *Dialogues* de Joly ne sont pas un livre rare : on les trouve non seulement au British Museum, mais aussi à la London Library, et j'ai pu récemment en acheter un exemplaire pour la modique somme de 15 francs. Il était donc tout à fait possible que Nilus soit soudainement confronté à la source de son plagiat. Par ailleurs, est-il concevable qu'un plagiaire aussi peu habile et aussi peu imaginatif ait été capable d'améliorer l'original ? Car les Protocoles constituent une amélioration considérable par rapport aux *Dialogues* de Joly. Les passages les plus frappants qu'ils contiennent ne se trouvent pas dans l'ouvrage précédent, ni, ce qui est plus remarquable, plusieurs des étonnantes prophéties concernant l'avenir que le temps a réalisées. C'est ce dernier fait qui constitue l'obstacle le plus insurmontable à la solution du problème des *Temps*.

En résumé, les Protocoles sont soit un simple plagiat de l'œuvre de Maurice Joly, auquel cas les passages prophétiques ajoutés par Nilus ou un autre restent inexpliqués, soit une édition révisée du plan communiqué à Joly en 1864, mis à jour et complété pour s'adapter aux conditions modernes par les continuateurs du complot.

La question de savoir si, dans ce cas, les auteurs des Protocoles étaient juifs ou si les parties juives ont été interpolées par les personnes entre les mains desquelles ils sont tombés est une autre question. Il faut ici admettre l'absence de preuves directes. Un cercle international de révolutionnaires mondiaux travaillant sur le modèle des Illuminati, dont l'existence a déjà été signalée, offre une alternative tout à fait possible aux "Sages de Sion". Il serait cependant plus facile d'absoudre les Juifs de tout soupçon de complicité si eux et leurs amis avaient adopté une attitude plus directe dès la parution des Protocoles. Lorsque, il y a quelques années, un ouvrage du même genre fut dirigé contre les Jésuites, contenant ce que l'on prétendait être un "Plan secret" de révolution ressemblant beaucoup aux Protocoles,[873] les Jésuites ne se livrèrent à

---

[873] *Revolution and War or Britain's Peril and her Secret Foes*, par Vigilant (1913). Une grande partie de ce livre exposant la propagande subtile du socialisme et du pacifisme est admirable ; ce n'est que lorsque l'auteur tente de

aucune invective, ne lancèrent aucun appel pour que le livre soit brûlé par le bourreau ordinaire, n'eurent recours à aucune explication fantastique, mais déclarèrent tranquillement que l'accusation était une invention.

C'est ainsi que l'affaire s'est terminée.

Mais dès la publication des Protocoles, les Juifs et leurs amis ont eu recours à toutes les méthodes tortueuses de défense, ont fait pression sur les éditeurs — réussissant, en fait, à arrêter temporairement les ventes — ont fait appel au ministre de l'Intérieur pour qu'il ordonne leur suppression, ont concocté une réfutation irréfutable après l'autre, toutes mutuellement exclusives les unes des autres, de sorte qu'au moment où la solution maintenant déclarée correcte est apparue, nous avions déjà été assurés une demi-douzaine de fois que les Protocoles avaient été complètement et définitivement réfutés. Et quand enfin une explication vraiment plausible a été découverte, pourquoi n'a-t-elle pas été présentée de manière convaincante ?

Il suffisait d'affirmer que l'origine des Protocoles avait été trouvée dans les travaux de Maurice Joly, parallèles à l'appui. Pourquoi envelopper un bon dossier dans un tissu d'évidences romanesques ? Pourquoi cette parade de sources d'information confidentielles, cette prétention que le livre de Joly était si rare qu'il était presque introuvable, alors qu'une recherche dans les bibliothèques aurait prouvé le contraire ? Pourquoi ces allusions à Constantinople comme lieu "où trouver la clé des sombres secrets", au mystérieux M. X. qui ne souhaite pas que son vrai nom soit connu, et à l'ancien fonctionnaire anonyme de l'Okhrana à qui il a acheté par hasard l'exemplaire des *Dialogues* utilisé pour la fabrication des Protocoles par l'Okhrana lui-même, bien que ce fait ait été inconnu du fonctionnaire en question ? Pourquoi, en outre, M. X., s'il était un propriétaire terrien russe, orthodoxe de religion et monarchiste constitutionnel, serait-il si soucieux de discréditer ses collègues monarchistes en affirmant outrageusement que "la seule organisation maçonnique occulte telle que les Protocoles en parlent" — c'est-à-dire un système machiavélique d'une nature abominable — qu'il avait pu

---

mettre tout cela sur le compte des Jésuites qu'il échoue totalement à étayer son argumentation.

découvrir dans le sud de la Russie "était une organisation monarchiste" ?

Il est donc évident que l'histoire complète des Protocoles n'a pas encore été racontée et qu'il reste encore beaucoup à découvrir sur cette mystérieuse affaire.

Autres titres

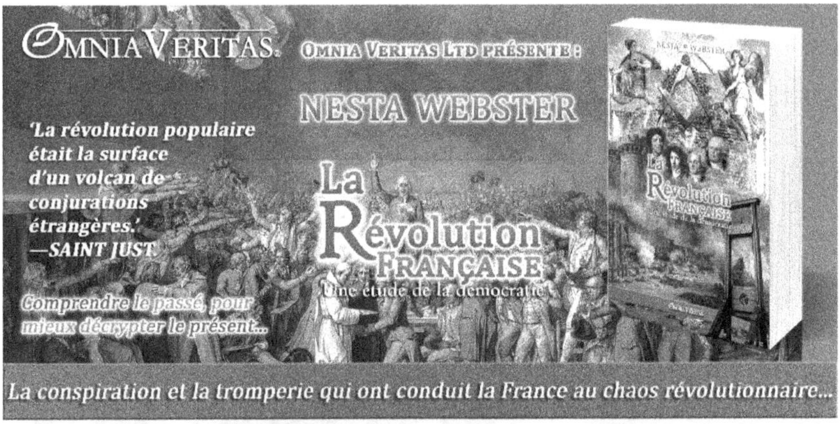

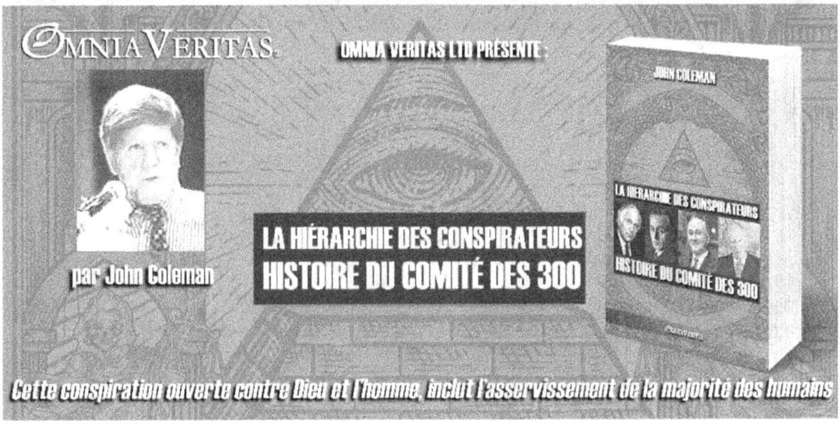

www.ingramcontent.com/pod-product-compliance
Lightning Source LLC
Chambersburg PA
CBHW050545270326
41926CB00012B/1916